Armin Pulic (Hrsg.)

Wettbewerbsrecht
– Gesetzestexte für die Weiterbildung –

2025

AF285876

↗ **www.gesetze-wettbewerbsrecht.de**

Alle Gesetzestexte für die Fort- & Weiterbildung unter www.gesetze-weiterbildung.de

Armin Pulic (Hrsg.)

Wettbewerbsrecht

– Gesetzestexte für die Weiterbildung –

2025

Info, Lernmaterial, Aktualisierungen, Ideen, Wünsche, Kritik:

 www.gesetze-wettbewerbsrecht.de

✉ feedback@gesetze-wettbewerbsrecht.de

**Alle Gesetzestexte für die Fort- und Weiterbildung unter
www.gesetze-weiterbildung.de**

Bibliografische Information der Deutschen Nationalbibliothek:
Die Deutsche Nationalbibliothek verzeichnet diese Publikation in der Deutschen
Nationalbibliografie; detaillierte bibliografische Daten sind im Internet
über http://dnb.dnb.de abrufbar.

© 2025 Armin Pulic (Hrsg.)

Titelgestaltung: Armin Pulic
Titelfoto: © sk_design – Fotolia.com

Verlag: BoD · Books on Demand GmbH
(In de Tarpen 42, 22848 Norderstedt, bod@bod.de)
Druck: Libri Plureos GmbH, Friedensallee 273, 22763 Hamburg
ISBN-13: 9783769328103
Auflage: 9. aktualisierte Auflage | Erscheinungsjahr: 2025

Inhalt

Abkürzungsverzeichnis

ABl.	Amtsblatt der Europäischen Union
ABl. L	Amtsblatt der Europäischen Union - Rechtsvorschriften
ABl. C	Amtsblatt der Europäischen Union - Mitteilungen und Bekanntmachungen
AEUV	Vertrag über die Arbeitsweise der Europäischen Union
Abs.	Absatz
Art.	Artikel
BGB	Bürgerliches Gesetzbuch
BGBl.	Bundesgesetzblatt
BGBl. I	Bundesgesetzblatt Teil I (Bundesgesetze, Verordnungen...)
BGBl. II	Bundesgesetzblatt Teil II (Völkerrechtlichen Übereinkünfte und Verträge...)
Buchst.	Buchstabe
bzgl.	bezüglich
DDG	Digitale-Dienste-Gesetz
GVO	Gruppenfreistellungsverordnung
GWB	Gesetz gegen Wettbewerbsbeschränkungen („Kartellgesetz")
JMStV	Jugendmedienschutz-Staatsvertrag (Staatsvertrag über den Schutz der Menschenwürde und den Jugendschutz in Rundfunk und Telemedien)
JuSchG	Jugendschutzgesetz
MarkenG	Markengesetz (Gesetz über den Schutz von Marken und sonstigen Kennzeichen)
MStV	Medienstaatsvertrag
m.W.v.	mit Wirkung vom
Nr.	Nummer
P2B	Platform-to-Business (vgl. „P2B-Verordnung" – Verordnung (EU) 2019/1150)
PAngV	Preisangabenverordnung
TabakerzG	Tabakerzeugnisgesetz (Gesetz über Tabakerzeugnisse und verwandte Erzeugnisse)
TDDDG	Telekommunikation-Digitale-Dienste-Datenschutz-Gesetz
TKG	Telekommunikationsgesetz
TKTransparenzV	Verordnung zur Förderung der Transparenz auf dem Telekommunikationsmarkt
UKlaG	Unterlassungsklagegesetz (Gesetz über Unterlassungsklagen bei Verbraucherrechts- und anderen Verstößen)
UWG	Gesetz gegen den unlauteren Wettbewerb
Vertikal-GVO	Verordnung (EU) 2022/720 der Kommission vom 10. Mai 2022 über die Anwendung des Artikels 101 Absatz 3 des Vertrags über die Arbeitsweise der Europäischen Union auf Gruppen von vertikalen Vereinbarungen und abgestimmten Verhaltensweisen
vgl.	vergleiche
VO	Verordnung

Gesetz gegen Wettbewerbsbeschränkungen (GWB)

Gesetz gegen Wettbewerbsbeschränkungen
zuletzt geändert durch Art. 25 Gesetz v. 15.07.2024 (BGBl. 2024 I Nr. 236) m.W.v. 01.01.2025
– Nichtamtliche Fassung –

Erster Teil
Wettbewerbsbeschränkungen

Kapitel 1
Wettbewerbsbeschränkende Vereinbarungen, Beschlüsse
und abgestimmte Verhaltensweisen

§ 1 Verbot wettbewerbsbeschränkender Vereinbarungen

Vereinbarungen zwischen Unternehmen, Beschlüsse von Unternehmensvereinigungen und aufeinander abgestimmte Verhaltensweisen, die eine Verhinderung, Einschränkung oder Verfälschung des Wettbewerbs bezwecken oder bewirken, sind verboten.*

§ 2 Freigestellte Vereinbarungen

(1) Vom Verbot des § 1 freigestellt sind Vereinbarungen zwischen Unternehmen, Beschlüsse von Unternehmensvereinigungen oder aufeinander abgestimmte Verhaltensweisen, die unter angemessener Beteiligung der Verbraucher an dem entstehenden Gewinn zur Verbesserung der Warenerzeugung oder -verteilung oder zur Förderung des technischen oder wirtschaftlichen Fortschritts beitragen, ohne dass den beteiligten Unternehmen

1. Beschränkungen auferlegt werden, die für die Verwirklichung dieser Ziele nicht unerlässlich sind, oder

2. Möglichkeiten eröffnet werden, für einen wesentlichen Teil der betreffenden Waren den Wettbewerb auszuschalten.

(2) [1]Bei der Anwendung von Absatz 1 gelten die Verordnungen des Rates oder der Europäischen Kommission über die Anwendung von Artikel 101 Absatz 3 des Vertrages über die Arbeitsweise der Europäischen Union auf bestimmte Gruppen von Vereinbarungen, Beschlüsse von Unternehmensvereinigungen und aufeinander abgestimmte Verhaltensweisen (Gruppenfreistellungsverordnungen) entsprechend. [2]Dies gilt auch, soweit die dort genannten Vereinbarungen, Beschlüsse und Verhaltensweisen nicht geeignet sind, den Handel zwischen den Mitgliedstaaten der Europäischen Union zu beeinträchtigen.

§ 3 Mittelstandskartelle

Vereinbarungen zwischen miteinander im Wettbewerb stehenden Unternehmen und Beschlüsse von Unternehmensvereinigungen, die die Rationalisierung wirtschaftlicher Vorgänge durch zwischenbetriebliche Zusammenarbeit zum Gegenstand haben, erfüllen die Voraussetzungen des § 2 Absatz 1, wenn

1. dadurch der Wettbewerb auf dem Markt nicht wesentlich beeinträchtigt wird und

2. die Vereinbarung oder der Beschluss dazu dient, die Wettbewerbsfähigkeit kleiner oder mittlerer Unternehmen zu verbessern.

---

* vgl. Artikel 101 ff. AEUV

§§ 4 bis 17 (weggefallen)

Kapitel 2
Marktbeherrschung, sonstiges wettbewerbsbeschränkendes Verhalten

§ 18 Marktbeherrschung

(1) Ein Unternehmen ist marktbeherrschend, soweit es als Anbieter oder Nachfrager einer bestimmten Art von Waren oder gewerblichen Leistungen auf dem sachlich und räumlich relevanten Markt

1. ohne Wettbewerber ist,
2. keinem wesentlichen Wettbewerb ausgesetzt ist oder
3. eine im Verhältnis zu seinen Wettbewerbern überragende Marktstellung hat.

(2) Der räumlich relevante Markt kann weiter sein als der Geltungsbereich dieses Gesetzes.

(2a) Der Annahme eines Marktes steht nicht entgegen, dass eine Leistung unentgeltlich erbracht wird.

(3) Bei der Bewertung der Marktstellung eines Unternehmens im Verhältnis zu seinen Wettbewerbern ist insbesondere Folgendes zu berücksichtigen:

1. sein Marktanteil,
2. seine Finanzkraft,
3. sein Zugang zu wettbewerbsrelevanten Daten,
4. sein Zugang zu den Beschaffungs- oder Absatzmärkten,
5. Verflechtungen mit anderen Unternehmen,
6. rechtliche oder tatsächliche Schranken für den Marktzutritt anderer Unternehmen,
7. der tatsächliche oder potenzielle Wettbewerb durch Unternehmen, die innerhalb oder außerhalb des Geltungsbereichs dieses Gesetzes ansässig sind
8. die Fähigkeit, sein Angebot oder seine Nachfrage auf andere Waren oder gewerbliche Leistungen umzustellen, sowie
9. die Möglichkeit der Marktgegenseite, auf andere Unternehmen auszuweichen.

(3a) Insbesondere bei mehrseitigen Märkten und Netzwerken sind bei der Bewertung der Marktstellung eines Unternehmens auch zu berücksichtigen:

1. direkte und indirekte Netzwerkeffekte,
2. die parallele Nutzung mehrerer Dienste und der Wechselaufwand für die Nutzer,
3. seine Größenvorteile im Zusammenhang mit Netzwerkeffekten,
4. sein Zugang zu wettbewerbsrelevanten Daten,
5. innovationsgetriebener Wettbewerbsdruck.

(3b) Bei der Bewertung der Marktstellung eines Unternehmens, das als Vermittler auf mehrseitigen Märkten tätig ist, ist insbesondere auch die Bedeutung der von ihm erbrachten Vermittlungsdienstleistungen für den Zugang zu Beschaffungs- und Absatzmärkten zu berücksichtigen.

(4) Es wird vermutet, dass ein Unternehmen marktbeherrschend ist, wenn es einen Marktanteil von mindestens 40 Prozent hat.

(5) Zwei oder mehr Unternehmen sind marktbeherrschend, soweit

1. zwischen ihnen für eine bestimmte Art von Waren oder gewerblichen Leistungen ein wesentlicher Wettbewerb nicht besteht und

2. sie in ihrer Gesamtheit die Voraussetzungen des Absatzes 1 erfüllen.

(6) Eine Gesamtheit von Unternehmen gilt als marktbeherrschend, wenn sie

1. aus drei oder weniger Unternehmen besteht, die zusammen einen Marktanteil von 50 Prozent erreichen, oder

2. aus fünf oder weniger Unternehmen besteht, die zusammen einen Marktanteil von zwei Dritteln erreichen.

(7) Die Vermutung des Absatzes 6 kann widerlegt werden, wenn die Unternehmen nachweisen, dass

1. die Wettbewerbsbedingungen zwischen ihnen wesentlichen Wettbewerb erwarten lassen oder

2. die Gesamtheit der Unternehmen im Verhältnis zu den übrigen Wettbewerbern keine überragende Marktstellung hat.

(8) Das Bundesministerium für Wirtschaft und Energie berichtet den gesetzgebenden Körperschaften nach Ablauf von drei Jahren nach Inkrafttreten der Regelungen in den Absätzen 2a und 3a über die Erfahrungen mit den Vorschriften.

§ 19 Verbotenes Verhalten von marktbeherrschenden Unternehmen

(1) Der Missbrauch einer marktbeherrschenden Stellung durch ein oder mehrere Unternehmen ist verboten.

(2) Ein Missbrauch liegt insbesondere vor, wenn ein marktbeherrschendes Unternehmen als Anbieter oder Nachfrager einer bestimmten Art von Waren oder gewerblichen Leistungen

1. ein anderes Unternehmen unmittelbar oder mittelbar unbillig behindert oder ohne sachlich gerechtfertigten Grund unmittelbar oder mittelbar anders behandelt als gleichartige Unternehmen;

2. Entgelte oder sonstige Geschäftsbedingungen fordert, die von denjenigen abweichen, die sich bei wirksamem Wettbewerb mit hoher Wahrscheinlichkeit ergeben würden; hierbei sind insbesondere die Verhaltensweisen von Unternehmen auf vergleichbaren Märkten mit wirksamem Wettbewerb zu berücksichtigen;

3. ungünstigere Entgelte oder sonstige Geschäftsbedingungen fordert, als sie das marktbeherrschende Unternehmen selbst auf vergleichbaren Märkten von gleichartigen Abnehmern fordert, es sei denn, dass der Unterschied sachlich gerechtfertigt ist;

4. sich weigert, ein anderes Unternehmen gegen angemessenes Entgelt mit einer solchen Ware oder gewerblichen Leistung zu beliefern, insbesondere ihm Zugang zu Daten, zu Netzen oder anderen Infrastruktureinrichtungen zu gewähren, und die Belieferung oder die Gewährung des Zugangs objektiv notwendig ist, um auf einem vor- oder nachgelagerten Markt tätig zu sein und die Weigerung den wirksamen Wettbewerb auf diesem Markt auszuschalten droht, es sei denn, die Weigerung ist sachlich gerechtfertigt;

5. andere Unternehmen dazu auffordert, ihm ohne sachlich gerechtfertigten Grund Vorteile zu gewähren; hierbei ist insbesondere zu berücksichtigen, ob die Aufforderung für das andere

Unternehmen nachvollziehbar begründet ist und ob der geforderte Vorteil in einem angemessenen Verhältnis zum Grund der Forderung steht.

(3) Absatz 1 in Verbindung mit Absatz 2 Nummer 1 und Nummer 5 gilt auch für Vereinigungen von miteinander im Wettbewerb stehenden Unternehmen im Sinne der §§ 2, 3 und 28 Absatz 1, § 30 Absatz 2a, 2b und § 31 Absatz 1 Nummer 1, 2 und 4. Absatz 1 in Verbindung mit Absatz 2 Nummer 1 gilt auch für Unternehmen, die Preise nach § 28 Absatz 2 oder § 30 Absatz 1 Satz 1 oder § 31 Absatz 1 Nummer 3 binden.

§ 19a Missbräuchliches Verhalten von Unternehmen mit überragender marktübergreifender Bedeutung für den Wettbewerb

(1) [1]Das Bundeskartellamt kann durch Verfügung feststellen, dass einem Unternehmen, das in erheblichem Umfang auf Märkten im Sinne des § 18 Absatz 3a tätig ist, eine überragende marktübergreifende Bedeutung für den Wettbewerb zukommt. [2]Bei der Feststellung der überragenden marktübergreifenden Bedeutung eines Unternehmens für den Wettbewerb sind insbesondere zu berücksichtigen:

1. seine marktbeherrschende Stellung auf einem oder mehreren Märkten,
2. seine Finanzkraft oder sein Zugang zu sonstigen Ressourcen,
3. seine vertikale Integration und seine Tätigkeit auf in sonstiger Weise miteinander verbundenen Märkten,
4. sein Zugang zu wettbewerbsrelevanten Daten,
5. die Bedeutung seiner Tätigkeit für den Zugang Dritter zu Beschaffungs- und Absatzmärkten sowie sein damit verbundener Einfluss auf die Geschäftstätigkeit Dritter.

[3]Die Verfügung nach Satz 1 ist auf fünf Jahre nach Eintritt der Bestandskraft zu befristen.

(2) [1]Das Bundeskartellamt kann im Falle einer Feststellung nach Absatz 1 dem Unternehmen untersagen,

1. beim Vermitteln des Zugangs zu Beschaffungs- und Absatzmärkten die eigenen Angebote gegenüber denen von Wettbewerbern bevorzugt zu behandeln, insbesondere
    a) die eigenen Angebote bei der Darstellung zu bevorzugen;
    b) ausschließlich eigene Angebote auf Geräten vorzuinstallieren oder in anderer Weise in Angebote des Unternehmens zu integrieren;
2. Maßnahmen zu ergreifen, die andere Unternehmen in ihrer Geschäftstätigkeit auf Beschaffungs- oder Absatzmärkten behindern, wenn die Tätigkeit des Unternehmens für den Zugang zu diesen Märkten Bedeutung hat, insbesondere
    a) Maßnahmen zu ergreifen, die zu einer ausschließlichen Vorinstallation oder Integration von Angeboten des Unternehmens führen;
    b) andere Unternehmen daran zu hindern oder es ihnen zu erschweren, ihre eigenen Angebote zu bewerben oder Abnehmer auch über andere als die von dem Unternehmen bereitgestellten oder vermittelten Zugänge zu erreichen;
3. Wettbewerber auf einem Markt, auf dem das Unternehmen seine Stellung, auch ohne marktbeherrschend zu sein, schnell ausbauen kann, unmittelbar oder mittelbar zu behindern, insbesondere

    a)   die Nutzung eines Angebots des Unternehmens mit einer dafür nicht erforderlichen automatischen Nutzung eines weiteren Angebots des Unternehmens zu verbinden, ohne dem Nutzer des Angebots ausreichende Wahlmöglichkeiten hinsichtlich des Umstands und der Art und Weise der Nutzung des anderen Angebots einzuräumen;

    b)   die Nutzung eines Angebots des Unternehmens von der Nutzung eines anderen Angebots des Unternehmens abhängig zu machen;

4.   durch die Verarbeitung wettbewerbsrelevanter Daten, die das Unternehmen gesammelt hat, Marktzutrittsschranken zu errichten oder spürbar zu erhöhen, oder andere Unternehmen in sonstiger Weise zu behindern, oder Geschäftsbedingungen zu fordern, die eine solche Verarbeitung zulassen, insbesondere

    a)   die Nutzung von Diensten davon abhängig zu machen, dass Nutzer der Verarbeitung von Daten aus anderen Diensten des Unternehmens oder eines Drittanbieters zustimmen, ohne den Nutzern eine ausreichende Wahlmöglichkeit hinsichtlich des Umstands, des Zwecks und der Art und Weise der Verarbeitung einzuräumen;

    b)   von anderen Unternehmen erhaltene wettbewerbsrelevante Daten zu anderen als für die Erbringung der eigenen Dienste gegenüber diesen Unternehmen erforderlichen Zwecken zu verarbeiten, ohne diesen Unternehmen eine ausreichende Wahlmöglichkeit hinsichtlich des Umstands, des Zwecks und der Art und Weise der Verarbeitung einzuräumen;

5.   die Interoperabilität von Produkten oder Leistungen oder die Portabilität von Daten zu verweigern oder zu erschweren und damit den Wettbewerb zu behindern;

6.   andere Unternehmen unzureichend über den Umfang, die Qualität oder den Erfolg der erbrachten oder beauftragten Leistung zu informieren oder ihnen in anderer Weise eine Beurteilung des Wertes dieser Leistung zu erschweren;

7.   für die Behandlung von Angeboten eines anderen Unternehmens Vorteile zu fordern, die in keinem angemessenen Verhältnis zum Grund der Forderung stehen, insbesondere

    a)   für deren Darstellung die Übertragung von Daten oder Rechten zu fordern, die dafür nicht zwingend erforderlich sind;

    b)   die Qualität der Darstellung dieser Angebote von der Übertragung von Daten oder Rechten abhängig zu machen, die hierzu in keinem angemessenen Verhältnis stehen.

[2]Dies gilt nicht, soweit die jeweilige Verhaltensweise sachlich gerechtfertigt ist. [3]Die Darlegungs- und Beweislast obliegt insoweit dem Unternehmen. [4]§ 32 Absatz 2 und 3, die §§ 32a und 32b gelten entsprechend. [5]Die Verfügung nach Absatz 2 kann mit der Feststellung nach Absatz 1 verbunden werden.

(3) Die §§ 19 und 20 bleiben unberührt.

(4) Das Bundesministerium für Wirtschaft und Energie berichtet den gesetzgebenden Körperschaften nach Ablauf von vier Jahren nach Inkrafttreten der Regelungen in den Absätzen 1 und 2 über die Erfahrungen mit der Vorschrift.

§ 20 Verbotenes Verhalten von Unternehmen mit relativer oder überlegener Marktmacht

(1) [1]§ 19 Absatz 1 in Verbindung mit Absatz 2 Nummer 1 gilt auch für Unternehmen und Vereinigungen von Unternehmen, soweit von ihnen andere Unternehmen als Anbieter oder Nachfrager einer bestimmten Art von Waren oder gewerblichen Leistungen in der Weise abhängig sind, dass ausreichende und zumutbare Möglichkeiten, auf dritte Unternehmen auszuweichen, nicht bestehen und ein deutliches Ungleichgewicht zur Gegenmacht der anderen Unternehmen besteht (relative Marktmacht). [2]§ 19 Absatz 1 in Verbindung mit Absatz 2 Nummer 1 gilt ferner auch für Unternehmen, die als Vermittler auf mehrseitigen Märkten tätig sind, soweit andere Unternehmen mit Blick auf den Zugang zu Beschaffungs- und Absatzmärkten von ihrer Vermittlungsleistung in der Weise abhängig sind, dass ausreichende und zumutbare Ausweichmöglichkeiten nicht bestehen. [3]Es wird vermutet, dass ein Anbieter einer bestimmten Art von Waren oder gewerblichen Leistungen von einem Nachfrager abhängig im Sinne des Satzes 1 ist, wenn dieser Nachfrager bei ihm zusätzlich zu den verkehrsüblichen Preisnachlässen oder sonstigen Leistungsentgelten regelmäßig besondere Vergünstigungen erlangt, die gleichartigen Nachfragern nicht gewährt werden.

(1a) [1]Eine Abhängigkeit nach Absatz 1 kann sich auch daraus ergeben, dass ein Unternehmen für die eigene Tätigkeit auf den Zugang zu Daten angewiesen ist, die von einem anderen Unternehmen kontrolliert werden. [2]Die Verweigerung des Zugangs zu solchen Daten gegen angemessenes Entgelt kann eine unbillige Behinderung nach Absatz 1 in Verbindung mit § 19 Absatz 1, Absatz 2 Nummer 1 darstellen. [3]Dies gilt auch dann, wenn ein Geschäftsverkehr für diese Daten bislang nicht eröffnet ist.

(2) § 19 Absatz 1 in Verbindung mit Absatz 2 Nummer 5 gilt auch für Unternehmen und Vereinigungen von Unternehmen im Verhältnis zu den von ihnen abhängigen Unternehmen.

(3) [1]Unternehmen mit gegenüber kleinen und mittleren Wettbewerbern überlegener Marktmacht dürfen ihre Marktmacht nicht dazu ausnutzen, solche Wettbewerber unmittelbar oder mittelbar unbillig zu behindern. [2]Eine unbillige Behinderung im Sinne des Satzes 1 liegt insbesondere vor, wenn ein Unternehmen

1. Lebensmittel im Sinne des Artikels 2 der Verordnung (EG) Nr. 178/2002 des Europäischen Parlaments und des Rates zur Festlegung der allgemeinen Grundsätze und Anforderungen des Lebensmittelrechts, zur Errichtung der Europäischen Behörde für Lebensmittelsicherheit und zur Festlegung von Verfahren zur Lebensmittelsicherheit (ABl. L 31 vom 1.2.2002, S. 1), die zuletzt durch die Verordnung (EU) 2019/1381 (ABl. L 231 vom 6.9.2019, S. 1) geändert worden ist, unter Einstandspreis oder

2. andere Waren oder gewerbliche Leistungen nicht nur gelegentlich unter Einstandspreis oder

3. von kleinen oder mittleren Unternehmen, mit denen es auf dem nachgelagerten Markt beim Vertrieb von Waren oder gewerblichen Leistungen im Wettbewerb steht, für deren Lieferung einen höheren Preis fordert, als es selbst auf diesem Markt

anbietet, es sei denn, dies ist jeweils sachlich gerechtfertigt. [3]Einstandspreis im Sinne des Satzes 2 ist der zwischen dem Unternehmen mit überlegener Marktmacht und seinem Lieferanten vereinbarte Preis für die Beschaffung der Ware oder Leistung, auf den allgemein gewährte und im Zeitpunkt des Angebots bereits mit hinreichender Sicherheit feststehende Bezugsvergünstigungen anteilig angerechnet werden, soweit nicht für bestimmte Waren oder Leistungen ausdrücklich etwas anderes vereinbart ist. [4]Das Anbieten von Lebensmitteln unter Einstandspreis ist sachlich gerechtfertigt, wenn es geeignet ist, den Verderb oder die drohende Unverkäuflichkeit der Waren beim Händler durch rechtzeitigen Verkauf zu verhindern sowie in vergleichbar schwerwiegenden Fällen. [5]Werden Lebensmittel an gemeinnützige Einrichtungen zur Verwendung im Rahmen ihrer Aufgaben abgegeben, liegt keine unbillige Behinderung vor.

(3a) Eine unbillige Behinderung im Sinne des Absatzes 3 Satz 1 liegt auch vor, wenn ein Unternehmen mit überlegener Marktmacht auf einem Markt im Sinne des § 18 Absatz 3a die eigenständige Erzielung von Netzwerkeffekten durch Wettbewerber behindert und hierdurch die ernstliche Gefahr begründet, dass der Leistungswettbewerb in nicht unerheblichem Maße eingeschränkt wird

(4) Ergibt sich auf Grund bestimmter Tatsachen nach allgemeiner Erfahrung der Anschein, dass ein Unternehmen seine Marktmacht im Sinne des Absatzes 3 ausgenutzt hat, so obliegt es diesem Unternehmen, den Anschein zu widerlegen und solche anspruchsbegründenden Umstände aus seinem Geschäftsbereich aufzuklären, deren Aufklärung dem betroffenen Wettbewerber oder einem Verband nach § 33 Absatz 4 nicht möglich, dem in Anspruch genommenen Unternehmen aber leicht möglich und zumutbar ist.

(5) Wirtschafts- und Berufsvereinigungen sowie Gütezeichengemeinschaften dürfen die Aufnahme eines Unternehmens nicht ablehnen, wenn die Ablehnung eine sachlich nicht gerechtfertigte ungleiche Behandlung darstellen und zu einer unbilligen Benachteiligung des Unternehmens im Wettbewerb führen würde.

§ 21 Boykottverbot, Verbot sonstigen wettbewerbsbeschränkenden Verhaltens

(1) Unternehmen und Vereinigungen von Unternehmen dürfen nicht ein anderes Unternehmen oder Vereinigungen von Unternehmen in der Absicht, bestimmte Unternehmen unbillig zu beeinträchtigen, zu Liefersperren oder Bezugssperren auffordern.

(2) Unternehmen und Vereinigungen von Unternehmen dürfen anderen Unternehmen keine Nachteile androhen oder zufügen und keine Vorteile versprechen oder gewähren, um sie zu einem Verhalten zu veranlassen, das nach folgenden Vorschriften nicht zum Gegenstand einer vertraglichen Bindung gemacht werden darf:

1. nach diesem Gesetz,
2. nach Artikel 101 oder 102 des Vertrages über die Arbeitsweise der Europäischen Union oder
3. nach einer Verfügung der Europäischen Kommission oder der Kartellbehörde, die auf Grund dieses Gesetzes oder auf Grund der Artikel 101 oder 102 des Vertrages über die Arbeitsweise der Europäischen Union ergangen ist.

(3) Unternehmen und Vereinigungen von Unternehmen dürfen andere Unternehmen nicht zwingen,

1. einer Vereinbarung oder einem Beschluss im Sinne der §§ 2, 3, 28 Absatz 1 oder § 30 Absatz 2a oder Absatz 2b beizutreten oder
2. sich mit anderen Unternehmen im Sinne des § 37 zusammenzuschließen oder
3. in der Absicht, den Wettbewerb zu beschränken, sich im Markt gleichförmig zu verhalten.

(4) Es ist verboten, einem Anderen wirtschaftlichen Nachteil zuzufügen, weil dieser ein Einschreiten der Kartellbehörde beantragt oder angeregt hat.

Kapitel 3
Anwendung des europäischen Wettbewerbsrechts

§ 22 Verhältnis dieses Gesetzes zu den Artikeln 101 und 102 des Vertrages über die Arbeitsweise der Europäischen Union

(1) [1]Auf Vereinbarungen zwischen Unternehmen, Beschlüsse von Unternehmensvereinigungen und aufeinander abgestimmte Verhaltensweisen im Sinne des Artikels 101 Absatz 1 des Vertrages über die Arbeitsweise der Europäischen Union, die den Handel zwischen den Mitgliedstaaten der Europäischen Union im Sinne dieser Bestimmung beeinträchtigen können, können auch die Vorschriften dieses Gesetzes angewandt werden. [2]Ist dies der Fall, ist daneben gemäß Artikel 3 Absatz 1 Satz 1 der Verordnung (EG) Nr. 1/2003 des Rates vom 16. Dezember 2002 zur Durchführung der in den Artikeln 81 und 82 des Vertrages niedergelegten Wettbewerbsregeln (ABl. EG 2003 Nr. L 1 S. 1) auch Artikel 101 des Vertrages über die Arbeitsweise der Europäischen Union anzuwenden.

(2) [1]Die Anwendung der Vorschriften dieses Gesetzes darf gemäß Artikel 3 Absatz 2 Satz 1 der Verordnung (EG) Nr. 1/2003 nicht zum Verbot von Vereinbarungen zwischen Unternehmen, Beschlüssen von Unternehmensvereinigungen und aufeinander abgestimmten Verhaltensweisen führen, welche zwar den Handel zwischen den Mitgliedstaaten der Europäischen Union zu beeinträchtigen geeignet sind, aber

1. den Wettbewerb im Sinne des Artikels 101 Absatz 1 des Vertrages über die Arbeitsweise der Europäischen Union nicht beschränken oder

2. die Bedingungen des Artikels 101 Absatz 3 des Vertrages über die Arbeitsweise der Europäischen Union erfüllen oder

3. durch eine Verordnung zur Anwendung des Artikels 101 Absatz 3 des Vertrages über die Arbeitsweise der Europäischen Union erfasst sind.

[2]Die Vorschriften des Kapitels 2 bleiben unberührt. [3]In anderen Fällen richtet sich der Vorrang von Artikel 101 des Vertrages über die Arbeitsweise der Europäischen Union nach dem insoweit maßgeblichen Recht der Europäischen Union.

(3) [1]Auf Handlungen, die einen nach Artikel 102 des Vertrages über die Arbeitsweise der Europäischen Union verbotenen Missbrauch darstellen, können auch die Vorschriften dieses Gesetzes angewandt werden. [2]Ist dies der Fall, ist daneben gemäß Artikel 3 Absatz 1 Satz 2 der Verordnung (EG) Nr. 1/2003 auch Artikel 102 des Vertrages über die Arbeitsweise der Europäischen Union anzuwenden. [3]Die Anwendung weitergehender Vorschriften dieses Gesetzes bleibt unberührt.

(4) [1]Die Absätze 1 bis 3 gelten unbeschadet des Rechts der Europäischen Union nicht, soweit die Vorschriften über die Zusammenschlusskontrolle angewandt werden. [2]Vorschriften, die überwiegend ein von den Artikeln 101 und 102 des Vertrages über die Arbeitsweise der Europäischen Union abweichendes Ziel verfolgen, bleiben von den Vorschriften dieses Abschnitts unberührt.

§ 23 (weggefallen)

Kapitel 4
Wettbewerbsregeln

§ 24 Begriff, Antrag auf Anerkennung

(1) Wirtschafts- und Berufsvereinigungen können für ihren Bereich Wettbewerbsregeln aufstellen.

(2) Wettbewerbsregeln sind Bestimmungen, die das Verhalten von Unternehmen im Wettbewerb regeln zu dem Zweck, einem den Grundsätzen des lauteren oder der Wirksamkeit eines leistungsgerechten Wettbewerbs zuwiderlaufenden Verhalten im Wettbewerb entgegenzuwirken und ein diesen Grundsätzen entsprechendes Verhalten im Wettbewerb anzuregen.

(3) Wirtschafts- und Berufsvereinigungen können bei der Kartellbehörde die Anerkennung von Wettbewerbsregeln beantragen.

(4) [1]Der Antrag auf Anerkennung von Wettbewerbsregeln hat zu enthalten:

1. Name, Rechtsform und Anschrift der Wirtschafts- oder Berufsvereinigung;
2. Name und Anschrift der Person, die sie vertritt;
3. die Angabe des sachlichen und örtlichen Anwendungsbereichs der Wettbewerbsregeln;
4. den Wortlaut der Wettbewerbsregeln.

[2]Dem Antrag sind beizufügen:

1. die Satzung der Wirtschafts- oder Berufsvereinigung;
2. der Nachweis, dass die Wettbewerbsregeln satzungsmäßig aufgestellt sind;
3. eine Aufstellung von außenstehenden Wirtschafts- oder Berufsvereinigungen und Unternehmen der gleichen Wirtschaftsstufe sowie der Lieferanten- und Abnehmervereinigungen und der Bundesorganisationen der beteiligten Wirtschaftsstufen des betreffenden Wirtschaftszweiges.

[3]In dem Antrag dürfen keine unrichtigen oder unvollständigen Angaben gemacht oder benutzt werden, um für den Antragsteller oder einen anderen die Anerkennung einer Wettbewerbsregel zu erschleichen.

(5) Änderungen und Ergänzungen anerkannter Wettbewerbsregeln sind der Kartellbehörde mitzuteilen.

§ 25 Stellungnahme Dritter

[1]Die Kartellbehörde hat nichtbeteiligten Unternehmen der gleichen Wirtschaftsstufe, Wirtschafts- und Berufsvereinigungen der durch die Wettbewerbsregeln betroffenen Lieferanten und Abnehmer sowie den Bundesorganisationen der beteiligten Wirtschaftsstufen Gelegenheit zur Stellungnahme zu geben. [2]Gleiches gilt für Verbraucherzentralen und andere Verbraucherverbände, die mit öffentlichen Mitteln gefördert werden, wenn die Interessen der Verbraucher erheblich berührt sind. [3]Die Kartellbehörde kann eine öffentliche mündliche Verhandlung über den Antrag auf Anerkennung durchführen, in der es jedermann freisteht, Einwendungen gegen die Anerkennung zu erheben.

§ 26 Anerkennung

(1) [1]Die Anerkennung erfolgt durch Verfügung der Kartellbehörde. [2]Sie hat zum Inhalt, dass die Kartellbehörde von den ihr nach Kapitel 6 zustehenden Befugnissen keinen Gebrauch machen wird.

(2) Soweit eine Wettbewerbsregel gegen das Verbot des § 1 verstößt und nicht nach den §§ 2 und 3 freigestellt ist oder andere Bestimmungen dieses Gesetzes, des Gesetzes gegen den unlauteren Wettbewerb oder eine andere Rechtsvorschrift verletzt, hat die Kartellbehörde den Antrag auf Anerkennung abzulehnen.

(3) Wirtschafts- und Berufsvereinigungen haben die Außerkraftsetzung von ihnen aufgestellter, anerkannter Wettbewerbsregeln der Kartellbehörde mitzuteilen.

(4) Die Kartellbehörde hat die Anerkennung zurückzunehmen oder zu widerrufen, wenn sie nachträglich feststellt, dass die Voraussetzungen für die Ablehnung der Anerkennung nach Absatz 2 vorliegen.

§ 27 Veröffentlichung von Wettbewerbsregeln, Bekanntmachungen

(1) Anerkannte Wettbewerbsregeln sind im Bundesanzeiger zu veröffentlichen.

(2) Im Bundesanzeiger sind bekannt zu machen
1. die Anträge nach § 24 Absatz 3;
2. die Anberaumung von Terminen zur mündlichen Verhandlung nach § 25 Satz 3;
3. die Anerkennung von Wettbewerbsregeln, ihrer Änderungen und Ergänzungen;
4. die Ablehnung der Anerkennung nach § 26 Absatz 2, die Rücknahme oder der Widerruf der Anerkennung von Wettbewerbsregeln nach § 26 Absatz 4.

(3) Mit der Bekanntmachung der Anträge nach Absatz 2 Nummer 1 ist darauf hinzuweisen, dass die Wettbewerbsregeln, deren Anerkennung beantragt ist, bei der Kartellbehörde zur öffentlichen Einsichtnahme ausgelegt sind.

(4) Soweit die Anträge nach Absatz 2 Nummer 1 zur Anerkennung führen, genügt für die Bekanntmachung der Anerkennung eine Bezugnahme auf die Bekanntmachung der Anträge.

(5) Die Kartellbehörde erteilt zu anerkannten Wettbewerbsregeln, die nicht nach Absatz 1 veröffentlicht worden sind, auf Anfrage Auskunft über die Angaben nach § 24 Absatz 4 Satz 1.

Kapitel 5
Sonderregeln für bestimmte Wirtschaftsbereiche

§ 28 Landwirtschaft

(1) [1]§ 1 gilt nicht für Vereinbarungen von landwirtschaftlichen Erzeugerbetrieben sowie für Vereinbarungen und Beschlüsse von Vereinigungen von landwirtschaftlichen Erzeugerbetrieben und Vereinigungen von solchen Erzeugervereinigungen über
1. die Erzeugung oder den Absatz landwirtschaftlicher Erzeugnisse oder
2. die Benutzung gemeinschaftlicher Einrichtungen für die Lagerung, Be- oder Verarbeitung landwirtschaftlicher Erzeugnisse,

sofern sie keine Preisbindung enthalten und den Wettbewerb nicht ausschließen. [2]Als landwirtschaftliche Erzeugerbetriebe gelten auch Pflanzen- und Tierzuchtbetriebe und die auf der Stufe dieser Betriebe tätigen Unternehmen.

(2) Für vertikale Preisbindungen, die die Sortierung, Kennzeichnung oder Verpackung von landwirtschaftlichen Erzeugnissen betreffen, gilt § 1 nicht.

(3) Landwirtschaftliche Erzeugnisse sind die in Anhang I des Vertrages über die Arbeitsweise der Europäischen Union aufgeführten Erzeugnisse sowie die durch Be- oder Verarbeitung dieser Erzeugnisse gewonnenen Waren, deren Be- oder Verarbeitung durch landwirtschaftliche Erzeugerbetriebe oder ihre Vereinigungen durchgeführt zu werden pflegt.

§ 29* Energiewirtschaft

[1]Einem Unternehmen ist es verboten, als Anbieter von Elektrizität, Fernwärme oder leitungsgebundenem Gas (Versorgungsunternehmen) auf einem Markt, auf dem es allein oder zusammen mit anderen Versorgungsunternehmen eine marktbeherrschende Stellung hat, diese Stellung missbräuchlich auszunutzen, indem es

1. Entgelte oder sonstige Geschäftsbedingungen fordert, die ungünstiger sind als diejenigen anderer Versorgungsunternehmen oder von Unternehmen auf vergleichbaren Märkten, es sei denn, das Versorgungsunternehmen weist nach, dass die Abweichung sachlich gerechtfertigt ist, wobei die Umkehr der Darlegungs- und Beweislast nur in Verfahren vor den Kartellbehörden gilt, oder

2. Entgelte fordert, die die Kosten in unangemessener Weise überschreiten.

[2]Kosten, die sich ihrem Umfang nach im Wettbewerb nicht einstellen würden, dürfen bei der Feststellung eines Missbrauchs im Sinne des Satzes 1 nicht berücksichtigt werden. [3]Die §§ 19 und 20 bleiben unberührt.

§ 30 Preisbindung bei Zeitungen und Zeitschriften

(1) [1]§ 1 gilt nicht für vertikale Preisbindungen, durch die ein Unternehmen, das Zeitungen oder Zeitschriften herstellt, die Abnehmer dieser Erzeugnisse rechtlich oder wirtschaftlich bindet, bei der Weiterveräußerung bestimmte Preise zu vereinbaren oder ihren Abnehmern die gleiche Bindung bis zur Weiterveräußerung an den letzten Verbraucher aufzuerlegen. [2]Zu Zeitungen und Zeitschriften zählen auch Produkte, die Zeitungen oder Zeitschriften reproduzieren oder substituieren und bei Würdigung der Gesamtumstände als überwiegend verlagstypisch anzusehen sind, sowie kombinierte Produkte, bei denen eine Zeitung oder eine Zeitschrift im Vordergrund steht.

(2) [1]Vereinbarungen der in Absatz 1 bezeichneten Art sind, soweit sie Preise und Preisbestandteile betreffen, schriftlich abzufassen. [2]Es genügt, wenn die Beteiligten Urkunden unterzeichnen, die auf eine Preisliste oder auf Preismitteilungen Bezug nehmen. [3]§ 126 Absatz 2 des Bürgerlichen Gesetzbuchs findet keine Anwendung.

(2a) [1]§ 1 gilt nicht für Branchenvereinbarungen zwischen Vereinigungen von Unternehmen, die nach Absatz 1 Preise für Zeitungen oder Zeitschriften binden (Presseverlage), einerseits und Vereinigungen von deren Abnehmern, die im Preis gebundene Zeitungen und Zeitschriften mit Remissionsrecht beziehen und mit Remissionsrecht an Letztveräußerer verkaufen (Presse-Grossisten), andererseits für die von diesen Vereinigungen

---

* § 187 Abs. 1 GWB: «§ 29 ist nach dem 31. Dezember 2027 nicht mehr anzuwenden.»

jeweils vertretenen Unternehmen, soweit in diesen Branchenvereinbarungen der flächendeckende und diskriminierungsfreie Vertrieb von Zeitungs- und Zeitschriftensortimenten durch die Presse-Grossisten, insbesondere dessen Voraussetzungen und dessen Vergütungen sowie die dadurch abgegoltenen Leistungen geregelt sind. [2]Insoweit sind die in Satz 1 genannten Vereinigungen und die von ihnen jeweils vertretenen Presseverlage und Presse-Grossisten zur Sicherstellung eines flächendeckenden und diskriminierungsfreien Vertriebs von Zeitungen und Zeitschriften im stationären Einzelhandel im Sinne von Artikel 106 Absatz 2 des Vertrages über die Arbeitsweise der Europäischen Union mit Dienstleistungen von allgemeinem wirtschaftlichem Interesse betraut. [3]Die §§ 19 und 20 bleiben unberührt.

(2b) [*] [1]§ 1 gilt nicht für Vereinbarungen zwischen Zeitungs- oder Zeitschriftenverlagen über eine verlagswirtschaftliche Zusammenarbeit, soweit die Vereinbarung den Beteiligten ermöglicht, ihre wirtschaftliche Basis für den intermedialen Wettbewerb zu stärken. [2]Satz 1 gilt nicht für eine Zusammenarbeit im redaktionellen Bereich. [3]Die Unternehmen haben auf Antrag einen Anspruch auf eine Entscheidung der Kartellbehörde nach § 32c, wenn

1. bei einer Vereinbarung nach Satz 1 die Voraussetzungen für ein Verbot nach Artikel 101 Absatz 1 des Vertrages über die Arbeitsweise der Europäischen Union nach den der Kartellbehörde vorliegenden Erkenntnissen nicht gegeben sind und

2. die Antragsteller ein erhebliches rechtliches und wirtschaftliches Interesse an dieser Entscheidung haben.

[4]Die §§ 19 und 20 bleiben unberührt.

(3) [1]Das Bundeskartellamt kann von Amts wegen oder auf Antrag eines gebundenen Abnehmers die Preisbindung für unwirksam erklären und die Anwendung einer neuen gleichartigen Preisbindung verbieten, wenn

1. die Preisbindung missbräuchlich gehandhabt wird oder

2. die Preisbindung oder ihre Verbindung mit anderen Wettbewerbsbeschränkungen geeignet ist, die gebundenen Waren zu verteuern oder ein Sinken ihrer Preise zu verhindern oder ihre Erzeugung oder ihren Absatz zu beschränken.

[2]Soweit eine Branchenvereinbarung nach Absatz 2a oder eine Vereinbarung nach Absatz 2b einen Missbrauch der Freistellung darstellt, kann das Bundeskartellamt diese ganz oder teilweise für unwirksam erklären.

(4) Das Bundesministerium für Wirtschaft und Energie berichtet den gesetzgebenden Körperschaften nach Ablauf von fünf Jahren nach Inkrafttreten der Regelung in den Absätzen 2b und 3 Satz 2 über die Erfahrungen mit der Vorschrift.

§ 31 Verträge der Wasserwirtschaft

(1) Das Verbot wettbewerbsbeschränkender Vereinbarungen nach § 1 gilt nicht für Verträge von Unternehmen der öffentlichen Versorgung mit Wasser (Wasserversorgungsunternehmen) mit

---

[*] vgl. § 187 Abs. 6 GWB

1. anderen Wasserversorgungsunternehmen oder mit Gebietskörperschaften, soweit sich damit ein Vertragsbeteiligter verpflichtet, in einem bestimmten Gebiet eine öffentliche Wasserversorgung über feste Leitungswege zu unterlassen;

2. Gebietskörperschaften, soweit sich damit eine Gebietskörperschaft verpflichtet, die Verlegung und den Betrieb von Leitungen auf oder unter öffentlichen Wegen für eine bestehende oder beabsichtigte unmittelbare öffentliche Wasserversorgung von Letztverbrauchern im Gebiet der Gebietskörperschaft ausschließlich einem Versorgungsunternehmen zu gestatten;

3. Wasserversorgungsunternehmen der Verteilungsstufe, soweit sich damit ein Wasserversorgungsunternehmen der Verteilungsstufe verpflichtet, seine Abnehmer mit Wasser über feste Leitungswege nicht zu ungünstigeren Preisen oder Bedingungen zu versorgen, als sie das zuliefernde Wasserversorgungsunternehmen seinen vergleichbaren Abnehmern gewährt;

4. anderen Wasserversorgungsunternehmen, soweit sie zu dem Zweck abgeschlossen sind, bestimmte Versorgungsleistungen über feste Leitungswege einem oder mehreren Versorgungsunternehmen ausschließlich zur Durchführung der öffentlichen Versorgung zur Verfügung zu stellen.

(2) Verträge nach Absatz 1 sowie ihre Änderungen und Ergänzungen bedürfen der Schriftform.

(3) Durch Verträge nach Absatz 1 oder die Art ihrer Durchführung darf die durch die Freistellung von den Vorschriften dieses Gesetzes erlangte Stellung im Markt nicht missbraucht werden.

(4) Ein Missbrauch liegt insbesondere vor, wenn

1. das Marktverhalten eines Wasserversorgungsunternehmens den Grundsätzen zuwiderläuft, die für das Marktverhalten von Unternehmen bei wirksamem Wettbewerb bestimmend sind, oder

2. ein Wasserversorgungsunternehmen von seinen Abnehmern ungünstigere Preise oder Geschäftsbedingungen fordert als gleichartige Wasserversorgungsunternehmen, es sei denn, das Wasserversorgungsunternehmen weist nach, dass der Unterschied auf abweichenden Umständen beruht, die ihm nicht zurechenbar sind, oder

3. ein Wasserversorgungsunternehmen Entgelte fordert, die die Kosten in unangemessener Weise überschreiten; anzuerkennen sind die Kosten, die bei einer rationellen Betriebsführung anfallen.

(5) Ein Missbrauch liegt nicht vor, wenn ein Wasserversorgungsunternehmen sich insbesondere aus technischen oder hygienischen Gründen weigert, mit einem anderen Unternehmen Verträge über die Einspeisung von Wasser in sein Versorgungsnetz abzuschließen, und eine damit verbundene Entnahme (Durchleitung) verweigert.

§ 31a Wasserwirtschaft, Meldepflicht

(1) [1]Verträge nach § 31 Absatz 1 Nummer 1, 2 und 4 sowie ihre Änderungen und Ergänzungen bedürfen zu ihrer Wirksamkeit der vollständigen Anmeldung bei der Kartellbehörde. [2]Bei der Anmeldung sind für jedes beteiligte Unternehmen anzugeben:

1. Firma oder sonstige Bezeichnung,
2. Ort der Niederlassung oder Sitz,
3. Rechtsform und Anschrift sowie

4. Name und Anschrift des bestellten Vertreters oder des sonstigen Bevollmächtigten, bei juristischen Personen des gesetzlichen Vertreters.

(2) Die Beendigung oder Aufhebung der in § 31 Absatz 1 Nummer 1, 2 und 4 genannten Verträge ist der Kartellbehörde mitzuteilen.

§ 31b Wasserwirtschaft, Aufgaben und Befugnisse der Kartellbehörde, Sanktionen

(1) Die Kartellbehörde erteilt zu den nach § 31 Absatz 1 Nummer 1, 2 und 4 freigestellten Verträgen auf Anfrage Auskunft über

1. Angaben nach § 31a und

2. den wesentlichen Inhalt der Verträge und Beschlüsse, insbesondere Angaben über den Zweck, über die beabsichtigten Maßnahmen und über Geltungsdauer, Kündigung, Rücktritt und Austritt.

(2) Die Kartellbehörde erlässt Verfügungen nach diesem Gesetz, die die öffentliche Versorgung mit Wasser über feste Leitungswege betreffen, im Benehmen mit der Fachaufsichtsbehörde.

(3) Die Kartellbehörde kann in Fällen des Missbrauchs nach § 31 Absatz 4

1. die beteiligten Unternehmen verpflichten, einen beanstandeten Missbrauch abzustellen,

2. die beteiligten Unternehmen verpflichten, die Verträge oder Beschlüsse zu ändern, oder

3. die Verträge und Beschlüsse für unwirksam erklären.

(4) Bei einer Entscheidung über eine Maßnahme nach Absatz 3 berücksichtigt die Kartellbehörde Sinn und Zweck der Freistellung und insbesondere das Ziel einer möglichst sicheren und preisgünstigen Versorgung.

(5) Absatz 3 gilt entsprechend, soweit ein Wasserversorgungsunternehmen eine marktbeherrschende Stellung innehat.

(6) § 19 bleibt unberührt.

Kapitel 6
Befugnisse der Kartellbehörden, Sanktionen

§ 32 Abstellung und nachträgliche Feststellung von Zuwiderhandlungen

(1) Die Kartellbehörde kann Unternehmen oder Vereinigungen von Unternehmen verpflichten, eine Zuwiderhandlung gegen eine Vorschrift dieses Teils oder gegen Artikel 101 oder 102 des Vertrages über die Arbeitsweise der Europäischen Union abzustellen.

(2) [1]Sie kann ihnen hierzu alle erforderlichen Abhilfemaßnahmen verhaltensorientierter oder struktureller Art vorschreiben, die gegenüber der festgestellten Zuwiderhandlung verhältnismäßig und für eine wirksame Abstellung der Zuwiderhandlung erforderlich sind. [2]Abhilfemaßnahmen struktureller Art können nur in Ermangelung einer verhaltensorientierten Abhilfemaßnahme von gleicher Wirksamkeit festgelegt werden, oder wenn letztere im Vergleich zu Abhilfemaßnahmen struktureller Art mit einer größeren Belastung für die beteiligten Unternehmen verbunden wäre.

(2a) [1]In der Abstellungsverfügung kann die Kartellbehörde eine Rückerstattung der aus dem kartellrechtswidrigen Verhalten erwirtschafteten Vorteile anordnen. [2]Die in den erwirtschafteten Vorteilen enthaltenen

Zinsvorteile können geschätzt werden. [3]Nach Ablauf der in der Abstellungsverfügung bestimmten Frist für die Rückerstattung sind die bis zu diesem Zeitpunkt erwirtschafteten Vorteile entsprechend § 288 Absatz 1 Satz 2 und § 289 Satz 1 des Bürgerlichen Gesetzbuchs zu verzinsen.

(3) Soweit ein berechtigtes Interesse besteht, kann die Kartellbehörde auch eine Zuwiderhandlung feststellen, nachdem diese beendet ist.

§ 32a Einstweilige Maßnahmen

(1) [1]Die Kartellbehörde kann von Amts wegen einstweilige Maßnahmen anordnen, wenn eine Zuwiderhandlung im Sinne des § 32 Absatz 1 überwiegend wahrscheinlich erscheint und die einstweilige Maßnahme zum Schutz des Wettbewerbs oder aufgrund einer unmittelbar drohenden, schwerwiegenden Beeinträchtigung eines anderen Unternehmens geboten ist. [2]Dies gilt nicht, sofern das betroffene Unternehmen Tatsachen glaubhaft macht, nach denen die Anordnung eine unbillige, nicht durch überwiegende öffentliche Interessen gebotene Härte zur Folge hätte.

(2) [1]Die Anordnung gemäß Absatz 1 ist zu befristen. [2]Die Frist kann verlängert werden. [3]Sie soll insgesamt ein Jahr nicht überschreiten.

§ 32b Verpflichtungszusagen

(1) [1]Bieten Unternehmen im Rahmen eines Verfahrens nach § 30 Absatz 3, § 31b Absatz 3 oder § 32 an, Verpflichtungen einzugehen, die geeignet sind, die ihnen von der Kartellbehörde nach vorläufiger Beurteilung mitgeteilten Bedenken auszuräumen, so kann die Kartellbehörde für diese Unternehmen die Verpflichtungszusagen durch Verfügung für bindend erklären. [2]Die Verfügung hat zum Inhalt, dass die Kartellbehörde vorbehaltlich des Absatzes 2 von ihren Befugnissen nach den § 30 Absatz 3, § 31b Absatz 3, §§ 32 und 32a keinen Gebrauch machen wird. [3]Sie kann befristet werden.

(2) Die Kartellbehörde kann die Verfügung nach Absatz 1 aufheben und das Verfahren wieder aufnehmen, wenn

1. sich die tatsächlichen Verhältnisse in einem für die Verfügung wesentlichen Punkt nachträglich geändert haben,
2. die beteiligten Unternehmen ihre Verpflichtungen nicht einhalten oder
3. die Verfügung auf unvollständigen, unrichtigen oder irreführenden Angaben der Parteien beruht.

§ 32c Kein Anlass zum Tätigwerden

(1) [1]Sind die Voraussetzungen für ein Verbot nach den §§ 1, 19 bis 21 und 29, nach Artikel 101 Absatz 1 oder Artikel 102 des Vertrages über die Arbeitsweise der Europäischen Union nach den der Kartellbehörde vorliegenden Erkenntnissen nicht gegeben, so kann sie entscheiden, dass für sie kein Anlass besteht, tätig zu werden. [2]Die Entscheidung hat zum Inhalt, dass die Kartellbehörde vorbehaltlich neuer Erkenntnisse von ihren Befugnissen nach den §§ 32 und 32a keinen Gebrauch machen wird. [3]Sie hat keine Freistellung von einem Verbot im Sinne des Satzes 1 zum Inhalt.

(2) Unabhängig von den Voraussetzungen nach Absatz 1 kann die Kartellbehörde auch mitteilen, dass sie im Rahmen ihres Aufgreifermessens von der Einleitung eines Verfahrens absieht.

(3) Das Bundeskartellamt kann allgemeine Verwaltungsgrundsätze über die Ausübung seines nach Absatz 1 und 2 bestehenden Ermessens festlegen.

(4) [1]Unternehmen oder Unternehmensvereinigungen haben auf Antrag gegenüber dem Bundeskartellamt einen Anspruch auf eine Entscheidung nach Absatz 1, wenn im Hinblick auf eine Zusammenarbeit mit Wettbewerbern ein erhebliches rechtliches und wirtschaftliches Interesse an einer solchen Entscheidung besteht. [2]Das Bundeskartellamt soll innerhalb von sechs Monaten über einen Antrag nach Satz 1 entscheiden.

§ 32d Entzug der Freistellung

Haben Vereinbarungen, Beschlüsse von Unternehmensvereinigungen oder aufeinander abgestimmte Verhaltensweisen, die unter eine Gruppenfreistellungsverordnung fallen, in einem Einzelfall Wirkungen, die mit § 2 Absatz 1 oder mit Artikel 101 Absatz 3 des Vertrages über die Arbeitsweise der Europäischen Union unvereinbar sind und auf einem Gebiet im Inland auftreten, das alle Merkmale eines gesonderten räumlichen Marktes aufweist, so kann die Kartellbehörde den Rechtsvorteil der Gruppenfreistellung in diesem Gebiet entziehen.

§ 32e Untersuchungen einzelner Wirtschaftszweige und einzelner Arten von Vereinbarungen

(1) Lassen Umstände vermuten, dass der Wettbewerb im Inland möglicherweise eingeschränkt oder verfälscht ist, können das Bundeskartellamt und die obersten Landesbehörden die Untersuchung eines bestimmten Wirtschaftszweiges oder – Sektor übergreifend – einer bestimmten Art von Vereinbarungen oder Verhaltensweisen durchführen (Sektoruntersuchung).

(2) [1]Im Rahmen der Sektoruntersuchung können das Bundeskartellamt und die obersten Landesbehörden die zur Anwendung der Vorschriften dieses Teils oder des Artikels 101 oder 102 des Vertrages über die Arbeitsweise der Europäischen Union erforderlichen Ermittlungen durchführen. [2]Sie können dabei von den betreffenden Unternehmen und Vereinigungen Auskünfte verlangen, insbesondere die Unterrichtung über sämtliche Vereinbarungen, Beschlüsse und aufeinander abgestimmte Verhaltensweisen.

(3) Das Bundeskartellamt soll die Sektoruntersuchung innerhalb von 18 Monaten nach der Einleitung abschließen.

(4) [1]Das Bundeskartellamt veröffentlicht einen Bericht über die Ergebnisse der Sektoruntersuchung, die obersten Landesbehörden können einen solchen Bericht veröffentlichen. [2]Das Bundeskartellamt und die obersten Landesbehörden können Dritte um Stellungnahme bitten. [3]Das Bundeskartellamt kann in dem Bericht nach Satz 1 wettbewerbspolitische Empfehlungen aussprechen; es leitet in diesem Fall den Bericht der Bundesregierung zu.

(5) § 49 Absatz 1 sowie die §§ 57 bis 59b und 61 gelten entsprechend.

(6) [1]Die Die Absätze 1 bis 4 Satz 1 und 2 und Absatz 5 gelten entsprechend bei begründetem Verdacht des Bundeskartellamts auf erhebliche, dauerhafte oder wiederholte Verstöße gegen verbraucherrechtliche Vorschriften, die nach ihrer Art oder ihrem Umfang die Interessen einer Vielzahl von Verbraucherinnen und

Verbrauchern beeinträchtigen. [2]Dies gilt nicht, wenn die Durchsetzung der Vorschriften nach Satz 1 in die Zuständigkeit anderer Bundesbehörden fällt. [3]Absatz 5 gilt mit der Maßgabe, dass die Regelungen zum Betreten von Räumlichkeiten der Betroffenen zum Zweck der Einsichtnahme und Prüfung von Unterlagen gemäß § 59a sowie die Regelungen zur Beschlagnahme nach § 58, zu Durchsuchungen nach § 59b keine Anwendung finden.

(7) Der Anspruch auf Ersatz der Aufwendungen einer Abmahnung nach § 13 Absatz 3 des Gesetzes gegen den unlauteren Wettbewerb ist ab der Veröffentlichung eines Abschlussberichts über eine Sektoruntersuchung nach Absatz 6 für vier Monate ausgeschlossen.

§ 32f Maßnahmen nach einer Sektoruntersuchung

(1) [1]Nach der Veröffentlichung eines Berichts nach § 32e Absatz 4 zu einer Sektoruntersuchung nach § 32e Absatz 1 hat das Bundeskartellamt unbeschadet seiner sonstigen Befugnisse die weiteren Befugnisse gemäß den Absätzen 2 bis 4. [2]Dies gilt nicht in Fällen des § 32e Absatz 6.

(2) [1]Wenn objektiv nachvollziehbare Anhaltspunkte dafür bestehen, dass durch künftige Zusammenschlüsse der wirksame Wettbewerb im Inland in einem oder mehreren der in dem Bericht nach § 32e Absatz 4 untersuchten Wirtschaftszweige im Sinne von § 36 Absatz 1 erheblich behindert werden könnte, kann das Bundeskartellamt Unternehmen durch Verfügung verpflichten, innerhalb eines Zeitraums von drei Jahren ab Zustellung der Verfügung jeden Zusammenschluss im Sinne von § 37 in einem oder mehreren dieser Wirtschaftszweige nach § 39 anzumelden. [2]Die Anmeldepflicht nach Satz 1 gilt nur für Zusammenschlüsse, bei denen der Erwerber im letzten Geschäftsjahr Umsatzerlöse im Inland von mehr als 50 Millionen Euro und das zu erwerbende Unternehmen im letzten Geschäftsjahr Umsatzerlöse im Inland von mehr als 1 Million Euro erzielt hat. [3]§ 36 Absatz 1 Satz 2 Nummer 2 ist auf von dem Unternehmen in den untersuchten Wirtschaftszweigen angemeldete Zusammenschlüsse nicht anzuwenden. [4]Im Übrigen gelten die auf Zusammenschlüsse im Sinne des Kapitels 7 anwendbaren Vorschriften dieses Gesetzes. [5]Sofern die Voraussetzungen nach Satz 1 nach Ablauf des Zeitraums von drei Jahren fortbestehen, kann das Bundeskartellamt die Anmeldeverpflichtung um drei Jahre verlängern; wiederholte Verlängerungen um jeweils drei Jahre sind bis zu dreimal zulässig.

(3) [1]Das Bundeskartellamt kann durch Verfügung feststellen, dass eine erhebliche und fortwährende Störung des Wettbewerbs auf mindestens einem mindestens bundesweiten Markt, mehreren einzelnen Märkten oder marktübergreifend vorliegt, soweit die Anwendung der sonstigen Befugnisse nach Teil 1 nach den im Zeitpunkt der Entscheidung beim Bundeskartellamt vorliegenden Erkenntnissen voraussichtlich nicht ausreichend erscheint, um die Störung des Wettbewerbs wirksam und dauerhaft zu beseitigen. [2]Die Verfügung nach Satz 1 ergeht gegenüber einem oder mehreren Unternehmen, die als Adressaten von Maßnahmen nach Satz 6 oder Absatz 4 in Betracht kommen. [3]Adressaten von Maßnahmen können Unternehmen sein, die durch ihr Verhalten und ihre Bedeutung für die Marktstruktur zur Störung des Wettbewerbs wesentlich beitragen. [4]Bei der Auswahl der Adressaten und der Abhilfemaßnahmen ist insbesondere auch die Marktstellung des Unternehmens zu berücksichtigen. [5]Das Bundeskartellamt kann die Verfügung nach Satz 1 durch Beschluss zu einem späteren Zeitpunkt auf weitere Unternehmen im Sinne der Sätze 2 und 3 ausdehnen. [6]Das Bundeskartellamt kann im Falle einer Feststellung nach Satz 1 den betroffenen Unternehmen alle Abhilfemaßnahmen

verhaltensorientierter oder struktureller Art vorschreiben, die zur Beseitigung oder Verringerung der Störung des Wettbewerbs erforderlich sind. [7]Die Abhilfemaßnahmen können insbesondere Folgendes zum Gegenstand haben:

1. die Gewährung des Zugangs zu Daten, Schnittstellen, Netzen oder sonstigen Einrichtungen,
2. Vorgaben zu den Geschäftsbeziehungen zwischen Unternehmen auf den untersuchten Märkten und auf verschiedenen Marktstufen,
3. Verpflichtung zur Etablierung transparenter, diskriminierungsfreier und offener Normen und Standards durch Unternehmen,
4. Vorgaben zu bestimmten Vertragsformen oder Vertragsgestaltungen einschließlich vertraglicher Regelungen zur Informationsoffenlegung,
5. das Verbot der einseitigen Offenlegung von Informationen, die ein Parallelverhalten von Unternehmen begünstigen,
6. die buchhalterische oder organisatorische Trennung von Unternehmens- oder Geschäftsbereichen.

[8]§ 32 Absatz 2 gilt entsprechend.

(4) [1]Das Bundeskartellamt kann unter den Voraussetzungen des Absatzes 3 marktbeherrschende Unternehmen sowie Unternehmen mit einer überragenden marktübergreifenden Bedeutung für den Wettbewerb nach § 19a Absatz 1 durch Verfügung dazu verpflichten, Unternehmensanteile oder Vermögen zu veräußern, wenn zu erwarten ist, dass durch diese Maßnahme die erhebliche und fortwährende Störung des Wettbewerbs beseitigt oder erheblich verringert wird. [2]Abhilfemaßnahmen nach Satz 1 dürfen nur angeordnet werden, wenn Abhilfemaßnahmen nach Absatz 3 Satz 6 nicht möglich sind, nicht von gleicher Wirksamkeit oder im Vergleich zu Abhilfemaßnahmen nach Satz 1 mit einer größeren Belastung für das Unternehmen verbunden wären. [3]Vor Erlass der Verfügung ist der Monopolkommission und den nach § 48 Absatz 1 zuständigen obersten Landesbehörden, in deren Gebiet das Unternehmen seinen Sitz hat, Gelegenheit zur Stellungnahme zu geben. [4]Die Verfügung nach Satz 1 ist im Bundesanzeiger bekannt zu machen. [5]§ 43 Absatz 3 ist entsprechend anzuwenden mit der Maßgabe, dass nur die Angaben nach § 39 Absatz 3 Satz 2 Nummer 1 und 2 bekannt zu machen sind. [6]Die Verfügung kann mit Nebenbestimmungen verbunden werden. [7]§ 41 Absatz 3 Satz 2 und Absatz 4 gilt entsprechend. [8]Der Vermögensteil muss nur veräußert werden, wenn der Erlös mindestens 50 Prozent desjenigen Wertes beträgt, den ein vom Bundeskartellamt beauftragter Wirtschaftsprüfer für den Zeitpunkt des der Entflechtungsanordnung nach Satz 1 vorangegangenen Jahresabschlusses festgestellt hat. [9]Soweit der tatsächliche Verkaufserlös den vom beauftragten Wirtschaftsprüfer festgestellten Wert unterschreitet, erhält das veräußernde Unternehmen eine zusätzliche Zahlung in Höhe der Hälfte der Differenz zwischen dem festgestellten Wert und dem tatsächlichen Verkaufserlös. [10]Erstreckt sich die Verfügung auf Vermögensteile, die vor der Einleitung eines Verfahrens nach diesem Absatz Gegenstand einer bestandskräftigen Freigabe eines Zusammenschlusses durch das Bundeskartellamt oder die Europäische Kommission waren oder nach der Erteilung einer bestandskräftigen Ministererlaubnis erworben wurden, so ist die Verfügung nur zulässig, wenn der Zeitraum zwischen ihrer Zustellung und der Zustellung der fusionskontrollrechtlichen

Verfügung größer als zehn Jahre ist. [11]Ist kein Hauptprüfverfahren eingeleitet worden, so tritt an die Stelle der Zustellung der Verfügung der Ablauf der Frist nach § 40 Absatz 1 Satz 1. [12]Teile des Vermögens, die ein Unternehmen aufgrund einer Verpflichtung nach diesem Absatz oder aufgrund einer Verpflichtungszusage nach Absatz 6 veräußert hat, darf das Unternehmen innerhalb von fünf Jahren nach der Veräußerung nicht zurückerwerben, es sei denn, es weist nach, dass sich die Marktverhältnisse so geändert haben, dass eine erhebliche und fortwährende Störung des Wettbewerbs nicht mehr vorliegt.

(5) [1]Eine Störung des Wettbewerbs kann insbesondere in folgenden Fällen vorliegen:

1. unilaterale Angebots- oder Nachfragemacht,
2. Beschränkungen des Marktzutritts, des Marktaustritts oder der Kapazitäten von Unternehmen oder des Wechsels zu einem anderen Anbieter oder Nachfrager,
3. gleichförmiges oder koordiniertes Verhalten oder
4. Abschottung von Einsatzfaktoren oder Kunden durch vertikale Beziehungen.

[2]Bei der Prüfung, ob eine Störung des Wettbewerbs vorliegt, soll insbesondere Folgendes berücksichtigt werden:

1. Anzahl, Größe, Finanzkraft und Umsätze der auf den betroffenen Märkten oder marktübergreifend tätigen Unternehmen, die Marktanteilsverhältnisse sowie der Grad der Unternehmenskonzentration,
2. Verflechtungen der Unternehmen auf den betroffenen, den vor- und nachgelagerten oder in sonstiger Weise miteinander verbundenen Märkten,
3. Preise, Mengen, Auswahl und Qualität der angebotenen Produkte oder Dienstleistungen auf den betroffenen Märkten,
4. Transparenz und Homogenität der Güter auf den betroffenen Märkten,
5. Verträge und Vereinbarungen zwischen Unternehmen auf den betroffenen Märkten,
6. Grad der Dynamik auf den betroffenen Märkten sowie
7. dargelegte Effizienzvorteile, insbesondere Kosteneinsparungen oder Innovationen, bei angemessener Beteiligung der Verbraucher.

[3]Eine Störung des Wettbewerbs ist fortwährend, wenn diese über einen Zeitraum von drei Jahren dauerhaft vorgelegen hat oder wiederholt aufgetreten ist und zum Zeitpunkt der Verfügung nach Absatz 3 keine Anhaltspunkte bestehen, dass die Störung innerhalb von zwei Jahren mit überwiegender Wahrscheinlichkeit entfallen wird.

(6) § 32b gilt für Verfahren nach den Absätzen 3 und 4 entsprechend.

(7) Verfügungen nach den Absätzen 2 bis 4 sollen innerhalb von 18 Monaten nach der Veröffentlichung des Abschlussberichts nach § 32e Absatz 4 ergehen.

(8) [1]Auf Märkten in den von der Bundesnetzagentur regulierten Sektoren Eisenbahn, Post und Telekommunikation, für die sektorspezifisches Wettbewerbsrecht gilt, sowie den regulierten Elektrizitäts- und Gasversorgungsnetzen gemäß dem Energiewirtschaftsgesetz bedarf das Bundeskartellamt zur Ergreifung von Abhilfemaßnahmen nach den Absätzen 3 und 4 des Einvernehmens der Bundesnetzagentur; die Bundesnetzagentur

veröffentlicht hierzu jeweils eine Stellungnahme. ²Mögliche Abhilfemaßnahmen nach den Absätzen 3 und 4 sind bei der Prüfung im Rahmen der Marktanalyse nach § 37 Absatz 2 Nummer 3 des Postgesetzes und § 11 Absatz 2 Nummer 3 des Telekommunikationsgesetzes nicht zu berücksichtigen.

(9) Das Bundesministerium für Wirtschaft und Klimaschutz berichtet den gesetzgebenden Körperschaften nach Ablauf von zehn Jahren nach Inkrafttreten der Regelungen in den Absätzen 1 bis 8 über die Erfahrungen mit der Vorschrift.

§ 32g Untersuchung von möglichen Verstößen gegen die Verordnung (EU) 2022/1925 (Digital Markets Act)

(1) Das Bundeskartellamt kann eine Untersuchung bei einer möglichen Nichteinhaltung der Artikel 5, 6 oder 7 der Verordnung (EU) 2022/1925 des Europäischen Parlaments und des Rates vom 14. September 2022 über bestreitbare und faire Märkte im digitalen Sektor und zur Änderung der Richtlinien (EU) 2019/1937 und (EU) 2020/1828 (Gesetz über digitale Märkte) (ABl. L 265 vom 12.10.2022, S. 1) durch ein nach Artikel 3 der Verordnung benanntes Unternehmen durchführen.

(2) ¹Das Bundeskartellamt kann alle für die Untersuchung nach Absatz 1 erforderlichen Ermittlungen durchführen. ²Die §§ 57 bis 59b und 61 gelten entsprechend. ³Sofern die Ermittlungen einen möglichen Verstoß gegen Artikel 7 der Verordnung (EU) 2022/1925 zum Gegenstand haben, gibt das Bundeskartellamt der Bundesnetzagentur die Möglichkeit zur Stellungnahme.

(3) ¹Das Bundeskartellamt erstattet der Europäischen Kommission Bericht über die Ergebnisse der Untersuchung nach Absatz 1. ²Es kann einen Bericht über die Ergebnisse der Untersuchung veröffentlichen.

§ 33 Beseitigungs- und Unterlassungsanspruch

(1) Wer gegen eine Vorschrift dieses Teils oder gegen Artikel 101 oder 102 des Vertrages über die Arbeitsweise der Europäischen Union oder gegen die Artikel 5, 6 oder 7 der Verordnung (EU) 2022/1925 verstößt (Rechtsverletzer) oder wer gegen eine Verfügung der Kartellbehörde verstößt, ist gegenüber dem Betroffenen zur Beseitigung der Beeinträchtigung und bei Wiederholungsgefahr zur Unterlassung verpflichtet.

(2) Der Unterlassungsanspruch besteht bereits dann, wenn eine Zuwiderhandlung droht.

(3) Betroffen ist, wer als Mitbewerber oder sonstiger Marktbeteiligter durch den Verstoß beeinträchtigt ist.

(4) Die Ansprüche aus Absatz 1 können auch geltend gemacht werden von

1. rechtsfähigen Verbänden zur Förderung gewerblicher oder selbstständiger beruflicher Interessen, wenn

    a) ihnen eine erhebliche Anzahl betroffener Unternehmen im Sinne des Absatzes 3 angehört und

    b) sie insbesondere nach ihrer personellen, sachlichen und finanziellen Ausstattung imstande sind, ihre satzungsmäßigen Aufgaben der Verfolgung gewerblicher oder selbstständiger beruflicher Interessen tatsächlich wahrzunehmen;

2. qualifizierten Verbraucherverbänden, die in der Liste nach § 4 des Unterlassungsklagengesetzes eingetragen sind, und qualifizierten Einrichtungen aus anderen Mitgliedstaaten der Europäischen

Union, die in dem Verzeichnis der Europäischen Kommission nach Artikel 5 Absatz 1 Satz 4 der Richtlinie (EU) 2020/1828 des Europäischen Parlaments und des Rates vom 25. November 2020 über Verbandsklagen zum Schutz der Kollektivinteressen der Verbraucher und zur Aufhebung der Richtlinie 2009/22/EG (ABl. L 409 vom 4.12.2020, S. 1) eingetragen sind.

§ 33a Schadensersatzpflicht [*]

(1) Wer einen Verstoß nach § 33 Absatz 1 vorsätzlich oder fahrlässig begeht, ist zum Ersatz des daraus entstehenden Schadens verpflichtet.

(2) [1]Es wird widerleglich vermutet, dass ein Kartell einen Schaden verursacht. [2]Ein Kartell im Sinne dieses Abschnitts ist eine Absprache oder abgestimmte Verhaltensweise zwischen zwei oder mehr Wettbewerbern zwecks Abstimmung ihres Wettbewerbsverhaltens auf dem Markt oder Beeinflussung der relevanten Wettbewerbsparameter. [3]Zu solchen Absprachen oder Verhaltensweisen gehören unter anderem

1. die Festsetzung oder Koordinierung der An- oder Verkaufspreise oder sonstiger Geschäftsbedingungen,
2. die Aufteilung von Produktions- oder Absatzquoten,
3. die Aufteilung von Märkten und Kunden einschließlich Angebotsabsprachen, Einfuhr- und Ausfuhrbeschränkungen oder
4. gegen andere Wettbewerber gerichtete wettbewerbsschädigende Maßnahmen.

[4]Es wird widerleglich vermutet, dass Rechtsgeschäfte über Waren oder Dienstleistungen mit kartellbeteiligten Unternehmen, die sachlich, zeitlich und räumlich in den Bereich eines Kartells fallen, von diesem Kartell erfasst waren.

(3) [1]Für die Bemessung des Schadens gilt § 287 der Zivilprozessordnung. [2]Dabei kann insbesondere der anteilige Gewinn, den der Rechtsverletzer durch den Verstoß gegen Absatz 1 erlangt hat, berücksichtigt werden.

(4) [1]Geldschulden nach Absatz 1 hat der Schuldner ab Eintritt des Schadens zu verzinsen. [2]Die §§ 288 und 289 Satz 1 des Bürgerlichen Gesetzbuchs finden entsprechende Anwendung.

§ 33b Bindungswirkung von Entscheidungen einer Wettbewerbsbehörde [**]

[1]Wird wegen eines Verstoßes gegen eine Vorschrift dieses Teils oder gegen Artikel 101 oder 102 des Vertrages über die Arbeitsweise der Europäischen Union oder wegen eines Verstoßes gegen die Artikel 5, 6 oder 7 der Verordnung (EU) 2022/1925 Schadensersatz gefordert, so ist das Gericht an den bestandskräftigen Benennungsbeschluss der Europäischen Kommission nach Artikel 3 der Verordnung (EU) Nr. 2022/1925 und an die Feststellung des Verstoßes gebunden, wie sie in einer bestandskräftigen Entscheidung der Kartellbehörde, der Europäischen Kommission oder der Wettbewerbsbehörde oder des als solche handelnden Gerichts in einem anderen Mitgliedstaat der Europäischen Union getroffen wurde. [2]Das Gleiche gilt für

---

[*] vgl. § 187 Abs. 3 GWB
[**] vgl. § 187 Abs. 3 GWB

entsprechende Feststellungen in rechtskräftigen Gerichtsentscheidungen, die infolge der Anfechtung von Entscheidungen nach Satz 1 ergangen sind. [3]Diese Verpflichtung gilt unbeschadet der Rechte und Pflichten nach Artikel 267 des Vertrages über die Arbeitsweise der Europäischen Union.

§ 33c Schadensabwälzung ***

(1) [1]Wird eine <u>Ware oder Dienstleistung</u> zu einem <u>überteuerten Preis bezogen</u> (Preisaufschlag), so ist der Schaden nicht deshalb ausgeschlossen, weil die Ware oder Dienstleistung weiterveräußert wurde. [2]Der Schaden des Abnehmers ist ausgeglichen, soweit der Abnehmer einen Preisaufschlag, der durch einen Verstoß nach § 33 Absatz 1 verursacht worden ist, an seine Abnehmer (mittelbare Abnehmer) weitergegeben hat (Schadensabwälzung). [3]Davon unberührt bleibt der Anspruch des Geschädigten auf Ersatz seines entgangenen Gewinns nach § 252 des Bürgerlichen Gesetzbuchs, soweit der entgangene Gewinn durch die Weitergabe des Preisaufschlags verursacht worden ist.

(2) Dem Grunde nach wird zugunsten eines mittelbaren Abnehmers vermutet, dass der Preisaufschlag auf ihn abgewälzt wurde, wenn

1. der Rechtsverletzer einen Verstoß gegen § 1 oder 19 oder Artikel 101 oder 102 des Vertrages über die Arbeitsweise der Europäischen Union begangen hat,

2. der Verstoß einen Preisaufschlag für den unmittelbaren Abnehmer des Rechtsverletzers zur Folge hatte und

3. der mittelbare Abnehmer Waren oder Dienstleistungen erworben hat, die

    a) Gegenstand des Verstoßes waren,

    b) aus Waren oder Dienstleistungen hervorgegangen sind, die Gegenstand des Verstoßes waren, oder

    c) Waren oder Dienstleistungen enthalten haben, die Gegenstand des Verstoßes waren.

(3) [1]Die Vermutung einer Schadensabwälzung nach Absatz 2 findet keine Anwendung, wenn glaubhaft gemacht wird, dass der Preisaufschlag nicht oder nicht vollständig an den mittelbaren Abnehmer weitergegeben wurde. [2]Für mittelbare Abnehmer gilt § 33a Absatz 2 Satz 4 in Bezug auf Waren oder Dienstleistungen nach Absatz 2 Satz 1 Nummer 3 entsprechend.

(4) Die Absätze 1 bis 3 finden entsprechende Anwendung für den Fall, dass der Verstoß gegen § 1 oder 19 oder Artikel 101 oder 102 des Vertrages über die Arbeitsweise der Europäischen Union die Belieferung des Rechtsverletzers betrifft.

(5) Bei der Entscheidung über den Umfang der Schadensabwälzung findet § 287 der Zivilprozessordnung entsprechende Anwendung.

*** vgl. § 187 Abs. 3, 4 GWB

§ 33d Gesamtschuldnerische Haftung [*]

(1) [1]Begehen mehrere gemeinschaftlich einen Verstoß im Sinne des § 33a Absatz 1, sind sie als Gesamtschuldner zum Ersatz des daraus entstehenden Schadens verpflichtet. [2]Im Übrigen finden die §§ 830 und 840 Absatz 1 des Bürgerlichen Gesetzbuchs Anwendung.

(2) [1]Das Verhältnis, in dem die Gesamtschuldner untereinander für die Verpflichtung zum Ersatz und den Umfang des zu leistenden Ersatzes haften, hängt von den Umständen ab, insbesondere davon, in welchem Maß sie den Schaden verursacht haben. [2]Im Übrigen finden die §§ 421 bis 425 sowie 426 Absatz 1 Satz 2 und Absatz 2 des Bürgerlichen Gesetzbuchs Anwendung.

(3) [1]Verstoßen mehrere Unternehmen gegen § 1 oder 19 oder gegen Artikel 101 oder 102 des Vertrages über die Arbeitsweise der Europäischen Union, so ist die Verpflichtung eines kleinen oder mittleren Unternehmens im Sinne der Empfehlung 2003/361/EG der Kommission vom 6. Mai 2003 betreffend die Definition der Kleinstunternehmen sowie der kleinen und mittleren Unternehmen (ABl. L 124 vom 20.5.2003, S. 36) zum Schadensersatz nach § 33a Absatz 1 auf den Ersatz des Schadens beschränkt, der seinen unmittelbaren und mittelbaren Abnehmern oder Lieferanten aus dem Verstoß entsteht, wenn

1. sein Anteil an dem relevanten Markt während des Zeitraums, in dem der Verstoß begangen wurde, stets weniger als 5 Prozent betrug und

2. die regelmäßige Ersatzpflicht nach Absatz 1 seine wirtschaftliche Lebensfähigkeit unwiederbringlich gefährden und seine Aktiva jeden Werts berauben würde.

[2]Anderen Geschädigten ist das kleine oder mittlere Unternehmen nur zum Ersatz des aus dem Verstoß gemäß § 33a Absatz 1 entstehenden Schadens verpflichtet, wenn sie von den übrigen Rechtsverletzern mit Ausnahme des Kronzeugen keinen vollständigen Ersatz erlangen konnten. [3]§ 33e Absatz 2 findet entsprechende Anwendung.

(4) [1]Die übrigen Rechtsverletzer können von dem kleinen oder mittleren Unternehmen im Sinne von Absatz 3 Satz 1 Ausgleichung nach Absatz 2 nur bis zur Höhe des Schadens verlangen, den dieses seinen unmittelbaren und mittelbaren Abnehmern oder Lieferanten verursacht hat. [2]Satz 1 gilt nicht für die Ausgleichung von Schäden, die anderen als den unmittelbaren oder mittelbaren Abnehmern oder Lieferanten der beteiligten Rechtsverletzer aus dem Verstoß entstehen.

(5) Die Beschränkung der Haftung nach den Absätzen 3 und 4 ist ausgeschlossen, wenn

1. das kleine oder mittlere Unternehmen den Verstoß organisiert oder

2. das kleine oder mittlere Unternehmen die anderen Rechtsverletzer zur Teilnahme an dem Verstoß gezwungen hat oder

3. in der Vergangenheit bereits die Beteiligung des kleinen oder mittleren Unternehmens an einem sonstigen Verstoß gegen § 1 oder 19 oder Artikel 101 oder 102 des Vertrages über die Arbeitsweise der Europäischen Union oder gegen Wettbewerbsrecht im Sinne des § 89e Absatz 2 behördlich oder gerichtlich festgestellt worden ist.

---

[*] vgl. § 187 Abs. 3 GWB

§ 33e Kronzeuge *

(1) [1]Abweichend von § 33a Absatz 1 ist ein an einem Kartell beteiligtes Unternehmen oder eine an dem Kartell beteiligte natürliche Person, dem oder der im Rahmen eines Kronzeugenprogramms der vollständige Erlass der Geldbuße gewährt wurde (Kronzeuge), nur zum Ersatz des Schadens verpflichtet, der seinen oder ihren unmittelbaren und mittelbaren Abnehmern oder Lieferanten aus dem Verstoß entsteht. [2]Anderen Geschädigten ist der Kronzeuge nur zum Ersatz des aus dem Verstoß gemäß § 33a Absatz 1 entstehenden Schadens verpflichtet, wenn sie von den übrigen Rechtsverletzern keinen vollständigen Ersatz erlangen konnten.

(2) In Fällen nach Absatz 1 Satz 2 ist der Kronzeuge nicht zum Ersatz des Schadens verpflichtet, soweit die Schadensersatzansprüche gegen die übrigen Rechtsverletzer bereits verjährt sind.

(3) [1]Die übrigen Rechtsverletzer können von dem Kronzeugen Ausgleichung nach § 33d Absatz 2 nur bis zur Höhe des Schadens verlangen, den dieser seinen unmittelbaren und mittelbaren Abnehmern oder Lieferanten verursacht hat. [2]Diese Beschränkung gilt nicht für die Ausgleichung von Schäden, die anderen als den unmittelbaren oder mittelbaren Abnehmern oder Lieferanten der an dem Kartell beteiligten Unternehmen aus dem Verstoß entstehen.

§ 33f Wirkungen des Vergleichs *

(1) [1]Wenn nicht anders vereinbart, wird im Falle einer durch einvernehmliche Streitbeilegung erzielten Einigung (Vergleich) über einen Schadensersatzanspruch nach § 33a Absatz 1 der sich vergleichende Gesamtschuldner in Höhe seines Anteils an dem Schaden von seiner Haftung gegenüber dem sich vergleichenden Geschädigten befreit. [2]Die übrigen Gesamtschuldner sind nur zum Ersatz des Schadens verpflichtet, der nach Abzug des Anteils des sich vergleichenden Gesamtschuldners verbleibt. [3]Den Ersatz des verbliebenen Schadens kann der sich vergleichende Geschädigte von dem sich vergleichenden Gesamtschuldner nur verlangen, wenn der sich vergleichende Geschädigte von den übrigen Gesamtschuldnern insoweit keinen vollständigen Ersatz erlangen konnte. [4]Satz 3 findet keine Anwendung, wenn die Vergleichsparteien dies in dem Vergleich ausgeschlossen haben.

(2) Gesamtschuldner, die nicht an dem Vergleich nach Absatz 1 beteiligt sind, können von dem sich vergleichenden Gesamtschuldner keine Ausgleichung nach § 33d Absatz 2 für den Ersatz des Schadens des sich vergleichenden Geschädigten verlangen, der nach Abzug des Anteils des sich vergleichenden Gesamtschuldners verblieben ist.

§ 33g Anspruch auf Herausgabe von Beweismitteln und Erteilung von Auskünften *

(1) Wer im Besitz von Beweismitteln ist, die für die Erhebung eines auf Schadensersatz gerichteten Anspruchs nach § 33a Absatz 1 erforderlich sind, ist verpflichtet, sie demjenigen herauszugeben, der glaubhaft

---

* vgl. § 187 Abs. 3 GWB
* vgl. § 187 Abs. 3 GWB

macht, einen solchen Schadensersatzanspruch zu haben, wenn dieser die Beweismittel so genau bezeichnet, wie dies auf Grundlage der mit zumutbarem Aufwand zugänglichen Tatsachen möglich ist.

(2) [1]Wer im Besitz von Beweismitteln ist, die für die Verteidigung gegen einen auf Schadensersatz gerichteten Anspruch nach § 33a Absatz 1 erforderlich sind, ist verpflichtet, sie demjenigen herauszugeben, gegen den ein Rechtsstreit über den Anspruch nach Absatz 1 oder den Anspruch auf Schadensersatz nach § 33a Absatz 1 rechtshängig ist, wenn dieser die Beweismittel so genau bezeichnet, wie dies auf Grundlage der mit zumutbarem Aufwand zugänglichen Tatsachen möglich ist. [2]Der Anspruch nach Satz 1 besteht auch, wenn jemand Klage auf Feststellung erhoben hat, dass ein anderer keinen Anspruch nach § 33a Absatz 1 gegen ihn hat, und er den der Klage zugrunde liegenden Verstoß im Sinne des § 33a Absatz 1 nicht bestreitet.

(3) [1]Die Herausgabe von Beweismitteln nach den Absätzen 1 und 2 ist ausgeschlossen, soweit sie unter Berücksichtigung der berechtigten Interessen der Beteiligten unverhältnismäßig ist. [2]Bei der Abwägung sind insbesondere zu berücksichtigen:

1. in welchem Umfang der Antrag auf zugängliche Informationen und Beweismittel gestützt wird,
2. der Umfang der Beweismittel und die Kosten der Herausgabe, insbesondere, wenn die Beweismittel von einem Dritten verlangt werden,
3. der Ausschluss der Ausforschung von Tatsachen, die für den Anspruch nach § 33a Absatz 1 oder für die Verteidigung gegen diesen Anspruch nicht erheblich sind,
4. die Bindungswirkung von Entscheidungen nach § 33b,
5. die Wirksamkeit der öffentlichen Durchsetzung des Kartellrechts und
6. der Schutz von Betriebs- und Geschäftsgeheimnissen und sonstiger vertraulicher Informationen und welche Vorkehrungen zu deren Schutz bestehen.

[3]Das Interesse desjenigen, gegen den der Anspruch nach § 33a Absatz 1 geltend gemacht wird, die Durchsetzung des Anspruchs zu vermeiden, ist nicht zu berücksichtigen.

(4) [1]Ausgeschlossen ist die Herausgabe eines Dokuments oder einer Aufzeichnung, auch über den Inhalt einer Vernehmung im wettbewerbsbehördlichen Verfahren, wenn und soweit darin eine freiwillige Erklärung seitens oder im Namen eines Unternehmens oder einer natürlichen Person gegenüber einer Wettbewerbsbehörde enthalten ist,

1. in der das Unternehmen oder die natürliche Person die Kenntnis von einem Kartell und seine beziehungsweise ihre Beteiligung daran darlegt und die eigens zu dem Zweck formuliert wurde, im Rahmen eines Kronzeugenprogramms bei der Wettbewerbsbehörde den Erlass oder die Ermäßigung der Geldbuße zu erwirken (Kronzeugenerklärung) oder
2. die ein Anerkenntnis oder den Verzicht auf das Bestreiten seiner Beteiligung an einer Zuwiderhandlung gegen das Kartellrecht und seiner Verantwortung für diese Zuwiderhandlung enthält und die eigens für den Zweck formuliert wurde, der Wettbewerbsbehörde die Anwendung eines vereinfachten oder beschleunigten Verfahrens zu ermöglichen (Vergleichsausführungen).

[2]Nicht von der Kronzeugenerklärung umfasst sind Beweismittel, die unabhängig von einem wettbewerbsbehördlichen Verfahren vorliegen, unabhängig davon, ob diese Informationen in den Akten einer

Wettbewerbsbehörde enthalten sind oder nicht. [3]Behauptet ein Verpflichteter, ein Beweismittel oder Teile davon seien nach Satz 1 von der Herausgabe ausgeschlossen, kann der Anspruchsteller insoweit die Herausgabe an das zuständige Gericht nach § 89b Absatz 8 allein zum Zweck der Prüfung verlangen.

(5) Bis zum vollständigen Abschluss des wettbewerbsbehördlichen Verfahrens oder des Verfahrens zur Durchsetzung der Verordnung (EU) 2022/1925 gegen alle Beteiligten ist die Herausgabe von Beweismitteln ausgeschlossen, soweit sie Folgendes enthalten:

1. Informationen, die von einer natürlichen oder juristischen Person oder Personenvereinigung eigens für das wettbewerbsbehördliche Verfahren erstellt wurden,
2. Mitteilungen der Wettbewerbsbehörde an die Beteiligten in dem Verfahren oder
3. Vergleichsausführungen, die zurückgezogen wurden.

(6) [1]Die Herausgabe von Beweismitteln nach den Absätzen 1 und 2 kann verweigert werden, soweit der Besitzer in einem Rechtsstreit über einen Anspruch nach § 33a Absatz 1 dieses Gesetzes gemäß § 383 Absatz 1 Nummer 4 bis 6 oder gemäß § 384 Nummer 3 der Zivilprozessordnung zur Zeugnisverweigerung berechtigt wäre. [2]In diesem Fall kann der Anspruchsteller die Herausgabe der Beweismittel an das zuständige Gericht zur Entscheidung nach § 89b Absatz 6 verlangen. Satz 2 ist nicht anzuwenden auf

1. Personen im Sinne des § 383 Absatz 1 Nummer 4 und 5 der Zivilprozessordnung, soweit sie nach dieser Vorschrift zur Zeugnisverweigerung berechtigt wären, und
2. Personen im Sinne des § 203 Absatz 1 Nummer 1 bis 5, Absatz 2 und 3 des Strafgesetzbuchs, soweit sie nach § 383 Absatz 1 Nummer 6 der Zivilprozessordnung zur Zeugnisverweigerung berechtigt wären.

[3]Geistlichen stehen ihre berufsmäßig tätigen Gehilfen und die Personen gleich, die bei ihnen zur Vorbereitung auf den Beruf tätig sind.

(7) Macht der nach Absatz 1 oder Absatz 2 Verpflichtete zu der Herausgabe der Beweismittel Aufwendungen, die er den Umständen nach für erforderlich halten darf, kann er von dem anderen Teil den Ersatz dieser Aufwendungen verlangen.

(8) Erteilt der Verpflichtete nach Absatz 1 oder 2 die Auskunft vorsätzlich oder grob fahrlässig falsch, unvollständig oder gar nicht oder gibt er Beweismittel vorsätzlich oder grob fahrlässig fehlerhaft, unvollständig oder gar nicht heraus, ist er dem Anspruchsteller zum Ersatz des daraus entstehenden Schadens verpflichtet.

(9) [1]Die von dem Verpflichteten nach den Absätzen 1 und 2 erteilten Auskünfte oder herausgegebenen Beweismittel dürfen in einem Strafverfahren oder in einem Verfahren nach dem Gesetz über Ordnungswidrigkeiten wegen einer vor der Erteilung der Auskunft oder der Herausgabe eines Beweismittels begangenen Tat gegen den Verpflichteten oder gegen einen in § 52 Absatz 1 der Strafprozessordnung bezeichneten Angehörigen nur mit Zustimmung des Verpflichteten verwertet werden. [2]Dies gilt auch, wenn die Auskunft im Rahmen einer Zeugen- oder Parteivernehmung erteilt oder wiederholt wird. [3]Die Sätze 1 und 2 finden keine Anwendung in Verfahren gegen Unternehmen.

(10) Die Absätze 1 bis 9 sowie die §§ 89b bis 89d über die Herausgabe von Beweismitteln gelten für die Erteilung von Auskünften entsprechend.

§ 33h Verjährung

(1) Ansprüche aus § 33 Absatz 1 und § 33a Absatz 1 verjähren in fünf Jahren.

(2) Die Verjährungsfrist beginnt mit dem Schluss des Jahres, in dem

    1.   der Anspruch entstanden ist,

    2.   der Anspruchsberechtigte Kenntnis erlangt hat oder ohne grobe Fahrlässigkeit hätte erlangen müssen

        a)   von den Umständen, die den Anspruch begründen, und davon, dass sich daraus ein Verstoß nach § 33 Absatz 1 ergibt, sowie

        b)   von der Identität des Rechtsverletzers und

    3.   der den Anspruch begründende Verstoß nach § 33 Absatz 1 beendet worden ist.

(3) Ansprüche aus § 33 Absatz 1 und § 33a Absatz 1 verjähren ohne Rücksicht auf die Kenntnis oder grob fahrlässige Unkenntnis von den Umständen nach Absatz 2 Nummer 2 in zehn Jahren von dem Zeitpunkt an, in dem

    1.   der Anspruch entstanden ist und

    2.   der Verstoß nach § 33 Absatz 1 beendet wurde.

(4) Im Übrigen verjähren die Ansprüche in 30 Jahren nach dem Verstoß nach § 33 Absatz 1, der den Schaden ausgelöst hat.

(5) Verjährung tritt ein, wenn eine der Fristen nach den Absätzen 1, 3 oder 4 abgelaufen ist.

(6) ¹Die Verjährung eines Anspruchs nach § 33 Absatz 1 oder nach § 33a Absatz 1 wird gehemmt, wenn

    1.   eine Kartellbehörde Maßnahmen im Hinblick auf eine Untersuchung oder auf ihr Verfahren wegen eines Verstoßes im Sinne des § 33 Absatz 1 trifft;

    2.   die Europäische Kommission oder eine Wettbewerbsbehörde eines anderen Mitgliedstaates der Europäischen Union oder das als solche handelnde Gericht Maßnahmen im Hinblick auf eine Untersuchung oder auf ihr Verfahren wegen eines Verstoßes gegen Artikel 101 oder 102 des Vertrages über die Arbeitsweise der Europäischen Union oder gegen eine Bestimmung des nationalen Wettbewerbsrechts eines anderen Mitgliedstaates der Europäischen Union im Sinne des § 89e Absatz 2 trifft;

    3.   die Europäische Kommission oder eine Behörde, die die in Artikel 1 Absatz 6 der Verordnung (EU) 2022/1925 genannten Vorschriften anwendet, Maßnahmen im Hinblick auf eine Untersuchung oder auf ihr Verfahren wegen eines Verstoßes gegen die Artikel 5, 6 oder 7 der Verordnung (EU) Nr. 2022/1925 trifft, oder

    4.   der Anspruchsberechtigte gegen den Rechtsverletzer Klage auf Auskunft oder Herausgabe von Beweismitteln nach § 33g erhoben hat.

²Die Hemmung endet ein Jahr nach der bestands- und rechtskräftigen Entscheidung oder der anderweitigen Erledigung des Verfahrens. ³§ 204 Absatz 2 Satz 2 und 3 des Bürgerlichen Gesetzbuchs findet entsprechende Anwendung.

(7) Die <u>Verjährungsfrist eines Anspruchs auf Ausgleichung</u> nach § 33d Absatz 2 wegen der Befriedigung eines <u>Schadensersatzanspruchs</u> nach § 33a Absatz 1 <u>beginnt mit</u> der <u>Befriedigung dieses Schadensersatzanspruchs.</u>

(8) ¹Abweichend von Absatz 2 beginnt die Verjährungsfrist des Schadensersatzanspruchs nach § 33a Absatz 1 von Geschädigten,

1. die nicht unmittelbare oder mittelbare Abnehmer oder Lieferanten des Kronzeugen sind, gegen den Kronzeugen mit dem Schluss des Jahres, in dem der Geschädigte von den übrigen Rechtsverletzern keinen vollständigen Ersatz seines aus dem Verstoß entstehenden Schadens erlangen konnte;

2. die nicht unmittelbare oder mittelbare Abnehmer oder Lieferanten eines kleinen oder mittleren Unternehmens nach § 33d Absatz 3 Satz 1 sind, gegen dieses Unternehmen mit dem Schluss des Jahres, in dem der Geschädigte nach § 33d Absatz 3 Satz 2 von den übrigen Rechtsverletzern mit Ausnahme des Kronzeugen keinen vollständigen Ersatz seines aus dem Verstoß entstehenden Schadens erlangen konnte.

²Absatz 3 findet keine Anwendung auf Schadensersatzansprüche, deren Verjährungsfrist nach Maßgabe dieses Absatzes beginnt.

§ 34 Vorteilsabschöpfung durch die Kartellbehörde

(1) Hat ein Unternehmen <u>vorsätzlich oder fahrlässig gegen eine Vorschrift dieses Teils, gegen Artikel 101 oder 102 des Vertrages über die Arbeitsweise der Europäischen Union</u> oder eine <u>Verfügung der Kartellbehörde verstoßen und</u> dadurch einen <u>wirtschaftlichen Vorteil</u> erlangt, kann die Kartellbehörde die <u>Abschöpfung des wirtschaftlichen</u> Vorteils anordnen und dem Unternehmen die Zahlung eines entsprechenden Geldbetrags auferlegen.

(2) ¹Absatz 1 gilt nicht, soweit der wirtschaftliche Vorteil abgeschöpft ist durch

1. Schadensersatzleistungen,
2. Festsetzung der Geldbuße,
3. Anordnung der Einziehung von Taterträgen oder
4. Rückerstattung.

²Soweit das Unternehmen Leistungen nach Satz 1 erst nach der Vorteilsabschöpfung erbringt, ist der abgeführte Geldbetrag in Höhe der nachgewiesenen Zahlungen an das Unternehmen zurückzuerstatten.

(3) ¹Wäre die Durchführung der Vorteilsabschöpfung eine unbillige Härte, soll die Anordnung auf einen angemessenen Geldbetrag beschränkt werden oder ganz unterbleiben. ²Sie soll auch unterbleiben, wenn der wirtschaftliche Vorteil gering ist.

(4) ¹Es wird vermutet, dass ein Verstoß gegen Vorschriften der Kapitel 1, 2 oder 5 dieses Teils, gegen Artikel 101 oder 102 des Vertrages über die Arbeitsweise der Europäischen Union oder gegen eine Verfügung der Kartellbehörde nach § 19a oder nach Kapitel 6 dieses Teils einen wirtschaftlichen Vorteil verursacht hat. ²Die Höhe des wirtschaftlichen Vorteils kann geschätzt werden. ³Für die Schätzung der Vorteilshöhe gilt § 287 der Zivilprozessordnung entsprechend mit der Maßgabe, dass eine überwiegende Wahrscheinlichkeit genügt.

[4]Es wird vermutet, dass der wirtschaftliche Vorteil nach Satz 1 mindestens 1 Prozent der Umsätze beträgt, die im Inland mit den Produkten oder Dienstleistungen, die mit der Zuwiderhandlung in Zusammenhang stehen, erzielt wurden. [5]Der Vermutung nach Satz 4 ist der Abschöpfungszeitraum nach Absatz 5 Satz 1 zugrunde zu legen. [6]Gegen die Vermutung nach Satz 1 in Verbindung mit Satz 4 kann nicht vorgebracht werden, dass kein wirtschaftlicher Vorteil oder ein Vorteil in nur geringer Höhe angefallen ist. [7]Sie kann nur widerlegt werden, soweit das Unternehmen nachweist, dass weder die am Verstoß unmittelbar beteiligte juristische Person oder Personenvereinigung noch das Unternehmen im Abschöpfungszeitraum einen Gewinn in entsprechender Höhe erzielt hat. [8]Bei der Ermittlung des Gewinns des Unternehmens nach Satz 7 ist der weltweite Gewinn aller natürlichen und juristischen Personen sowie Personenvereinigungen zugrunde zu legen, die als wirtschaftliche Einheit operieren. [9]Die Vermutung nach Satz 1 in Verbindung mit Satz 4 gilt nicht, wenn die Erlangung eines Vorteils aufgrund der besonderen Natur des Verstoßes ausgeschlossen ist. [10]Der abzuführende Geldbetrag ist zahlenmäßig zu bestimmen und darf 10 Prozent des Gesamtumsatzes des Unternehmens oder der Unternehmensvereinigung, der in dem der Behördenentscheidung vorausgegangenen Geschäftsjahr erzielt worden ist, nicht übersteigen.

(5) [1]Die Vorteilsabschöpfung kann nur innerhalb einer Frist von bis zu sieben Jahren seit Beendigung der Zuwiderhandlung und längstens für einen Zeitraum von fünf Jahren (Abschöpfungszeitraum) angeordnet werden. [2]§ 33h Absatz 6 gilt entsprechend. [3]Im Falle einer bestandskräftigen Entscheidung im Sinne des § 33b Satz 1 oder einer rechtskräftigen Gerichtsentscheidung im Sinne des § 33b Satz 2 beginnt die Frist nach Satz 1 erneut.

§ 34a Vorteilsabschöpfung durch Verbände

(1) Wer einen Verstoß im Sinne des § 34 Absatz 1 vorsätzlich begeht und hierdurch zu Lasten einer Vielzahl von Abnehmern oder Anbietern einen wirtschaftlichen Vorteil erlangt, kann von den gemäß § 33 Absatz 4 zur Geltendmachung eines Unterlassungsanspruchs Berechtigten auf Herausgabe dieses wirtschaftlichen Vorteils an den Bundeshaushalt in Anspruch genommen werden, soweit nicht die Kartellbehörde die Abschöpfung des wirtschaftlichen Vorteils durch Verhängung einer Geldbuße, durch Einziehung von Taterträgen, durch Rückerstattung oder nach § 34 Absatz 1 anordnet.

(2) [1]Auf den Anspruch sind Leistungen anzurechnen, die das Unternehmen auf Grund des Verstoßes erbracht hat. [2]§ 34 Absatz 2 Satz 2 gilt entsprechend.

(3) Beanspruchen mehrere Gläubiger die Vorteilsabschöpfung, gelten die §§ 428 bis 430 des Bürgerlichen Gesetzbuchs entsprechend.

(4) [1]Die Gläubiger haben dem Bundeskartellamt über die Geltendmachung von Ansprüchen nach Absatz 1 Auskunft zu erteilen. [2]Sie können vom Bundeskartellamt Erstattung der für die Geltendmachung des Anspruchs erforderlichen Aufwendungen verlangen, soweit sie vom Schuldner keinen Ausgleich erlangen können. [3]Der Erstattungsanspruch ist auf die Höhe des an den Bundeshaushalt abgeführten wirtschaftlichen Vorteils beschränkt.

(5) [1]Ansprüche nach Absatz 1 verjähren in fünf Jahren. [2]Die §§ 33b und 33h Absatz 6 gelten entsprechend.

Kapitel 7
Zusammenschlusskontrolle

§ 35 Geltungsbereich der Zusammenschlusskontrolle

(1) Die Vorschriften über die Zusammenschlusskontrolle finden Anwendung, wenn im letzten Geschäftsjahr vor dem Zusammenschluss

1. die beteiligten Unternehmen insgesamt weltweit Umsatzerlöse von mehr als 500 Millionen Euro und

2. im Inland mindestens ein beteiligtes Unternehmen Umsatzerlöse von mehr als 50 Millionen Euro und ein anderes beteiligtes Unternehmen Umsatzerlöse von mehr als 17,5 Millionen Euro

erzielt haben.

(1a) Die Vorschriften über die Zusammenschlusskontrolle finden auch Anwendung, wenn

1. die Voraussetzungen des Absatzes 1 Nummer 1 erfüllt sind,

2. im Inland im letzten Geschäftsjahr vor dem Zusammenschluss

    a) ein beteiligtes Unternehmen Umsatzerlöse von mehr als 50 Millionen Euro erzielt hat und

    b) weder das zu erwerbende Unternehmen noch ein anderes beteiligtes Unternehmen Umsatzerlöse von jeweils mehr als 17,5 Millionen Euro erzielt haben,

3. der Wert der Gegenleistung für den Zusammenschluss mehr als 400 Millionen Euro beträgt und

4. das zu erwerbende Unternehmen nach Nummer 2 in erheblichem Umfang im Inland tätig ist.

(2) [1]Absatz 1 gilt nicht, für Zusammenschlüsse durch die Zusammenlegung öffentlicher Einrichtungen und Betriebe, die mit einer kommunalen Gebietsreform einhergehen. [2]Die Absätze 1 und 1a gelten nicht, wenn alle am Zusammenschluss beteiligten Unternehmen

1. Mitglied einer kreditwirtschaftlichen Verbundgruppe im Sinne des § 8b Absatz 4 Satz 8 des Körperschaftsteuergesetzes sind,

2. im Wesentlichen für die Unternehmen der kreditwirtschaftlichen Verbundgruppe, deren Mitglied sie sind, Dienstleistungen erbringen und

3. bei der Tätigkeit nach Nummer 2 keine eigenen vertraglichen Endkundenbeziehungen unterhalten.

[3]Satz 2 gilt nicht für Zusammenschlüsse von Zentralbanken und Girozentralen im Sinne des § 21 Absatz 2 Nummer 2 des Kreditwesengesetzes.

(3) Die Vorschriften dieses Gesetzes finden keine Anwendung, soweit die Europäische Kommission nach der Verordnung (EG) Nr. 139/2004 des Rates vom 20. Januar 2004 über die Kontrolle von Unternehmenszusammenschlüssen in ihrer jeweils geltenden Fassung ausschließlich zuständig ist.

§ 36 Grundsätze für die Beurteilung von Zusammenschlüssen

(1) [1]Ein Zusammenschluss, durch den wirksamer Wettbewerb erheblich behindert würde, insbesondere von dem zu erwarten ist, dass er eine marktbeherrschende Stellung begründet oder verstärkt, ist vom Bundeskartellamt zu untersagen. [2]Dies gilt nicht, wenn

1. die beteiligten Unternehmen nachweisen, dass durch den Zusammenschluss auch Verbesserungen der Wettbewerbsbedingungen eintreten und diese Verbesserungen die Behinderung des Wettbewerbs überwiegen, oder

2. die Untersagungsvoraussetzungen ausschließlich auf Märkten vorliegen, auf denen seit mindestens fünf Jahren Waren oder gewerbliche Leistungen angeboten werden und auf denen im letzten Kalenderjahr im Inland insgesamt weniger als 20 Millionen Euro umgesetzt wurden, es sei denn, es handelt sich um Märkte im Sinne des § 18 Absatz 2a oder einen Fall des § 35 Absatz 1a, oder

3. die marktbeherrschende Stellung eines Zeitungs- oder Zeitschriftenverlags verstärkt wird, der einen kleinen oder mittleren Zeitungs- oder Zeitschriftenverlag übernimmt, falls nachgewiesen wird, dass der übernommene Verlag in den letzten drei Jahren jeweils in der Gewinn- und Verlustrechnung nach § 275 des Handelsgesetzbuchs einen erheblichen Jahresfehlbetrag auszuweisen hatte und er ohne den Zusammenschluss in seiner Existenz gefährdet wäre. Ferner muss nachgewiesen werden, dass vor dem Zusammenschluss kein anderer Erwerber gefunden wurde, der eine wettbewerbskonformere Lösung sichergestellt hätte.

(2) [1]Ist ein beteiligtes Unternehmen ein abhängiges oder herrschendes Unternehmen im Sinne des § 17 des Aktiengesetzes oder ein Konzernunternehmen im Sinne des § 18 des Aktiengesetzes, sind die so verbundenen Unternehmen als einheitliches Unternehmen anzusehen. [2]Wirken mehrere Unternehmen derart zusammen, dass sie gemeinsam einen beherrschenden Einfluss auf ein anderes Unternehmen ausüben können, gilt jedes von ihnen als herrschendes.

(3) Steht einer Person oder Personenvereinigung, die nicht Unternehmen ist, die Mehrheitsbeteiligung an einem Unternehmen zu, gilt sie als Unternehmen.

§ 37 Zusammenschluss

(1) Ein Zusammenschluss liegt in folgenden Fällen vor:

1. Erwerb des Vermögens eines anderen Unternehmens ganz oder zu einem wesentlichen Teil; das gilt auch, wenn ein im Inland tätiges Unternehmen, dessen Vermögen erworben wird, noch keine Umsatzerlöse erzielt hat;

2. Erwerb der unmittelbaren oder mittelbaren Kontrolle durch ein oder mehrere Unternehmen über die Gesamtheit oder Teile eines oder mehrerer anderer Unternehmen. Die Kontrolle wird durch Rechte, Verträge oder andere Mittel begründet, die einzeln oder zusammen unter Berücksichtigung aller tatsächlichen und rechtlichen Umstände die Möglichkeit gewähren, einen bestimmenden Einfluss auf die Tätigkeit eines Unternehmens auszuüben, insbesondere durch

    a) Eigentums- oder Nutzungsrechte an einer Gesamtheit oder an Teilen des Vermögens des Unternehmens,

b) Rechte oder Verträge, die einen bestimmenden Einfluss auf die Zusammensetzung, die Beratungen oder Beschlüsse der Organe des Unternehmens gewähren;

das gilt auch, wenn ein im Inland tätiges Unternehmen noch keine Umsatzerlöse erzielt hat;

3. Erwerb von Anteilen an einem anderen Unternehmen, wenn die Anteile allein oder zusammen mit sonstigen, dem Unternehmen bereits gehörenden Anteilen

a) 50 vom Hundert oder

b) 25 vom Hundert

des Kapitals oder der Stimmrechte des anderen Unternehmens erreichen. Zu den Anteilen, die dem Unternehmen gehören, rechnen auch die Anteile, die einem anderen für Rechnung dieses Unternehmens gehören und, wenn der Inhaber des Unternehmens ein Einzelkaufmann ist, auch die Anteile, die sonstiges Vermögen des Inhabers sind. Erwerben mehrere Unternehmen gleichzeitig oder nacheinander Anteile im vorbezeichneten Umfang an einem anderen Unternehmen, gilt dies hinsichtlich der Märkte, auf denen das andere Unternehmen tätig ist, auch als Zusammenschluss der sich beteiligenden Unternehmen untereinander;

4. jede sonstige Verbindung von Unternehmen, auf Grund deren ein oder mehrere Unternehmen unmittelbar oder mittelbar einen wettbewerblich erheblichen Einfluss auf ein anderes Unternehmen ausüben können.

(2) Ein Zusammenschluss liegt auch dann vor, wenn die beteiligten Unternehmen bereits vorher zusammengeschlossen waren, es sei denn, der Zusammenschluss führt nicht zu einer wesentlichen Verstärkung der bestehenden Unternehmensverbindung.

(3) [1]Erwerben Kreditinstitute, Finanzinstitute oder Versicherungsunternehmen Anteile an einem anderen Unternehmen zum Zwecke der Veräußerung, gilt dies nicht als Zusammenschluss, solange sie das Stimmrecht aus den Anteilen nicht ausüben und sofern die Veräußerung innerhalb eines Jahres erfolgt. [2]Diese Frist kann vom Bundeskartellamt auf Antrag verlängert werden, wenn glaubhaft gemacht wird, dass die Veräußerung innerhalb der Frist unzumutbar war.

§ 38 Berechnung der Umsatzerlöse, der Marktanteile und des Wertes der Gegenleistung

(1) [1]Für die Ermittlung der Umsatzerlöse gilt § 277 Absatz 1 des Handelsgesetzbuchs. [2]Verwendet ein Unternehmen für seine regelmäßige Rechnungslegung ausschließlich einen anderen international anerkannten Rechnungslegungsstandard, so ist für die Ermittlung der Umsatzerlöse dieser Standard maßgeblich. [3]Umsatzerlöse aus Lieferungen und Leistungen zwischen verbundenen Unternehmen (Innenumsatzerlöse) sowie Verbrauchsteuern bleiben außer Betracht.

(2) Für den Handel mit Waren sind nur drei Viertel der Umsatzerlöse in Ansatz zu bringen.

(3) Für den Verlag, die Herstellung und den Vertrieb von Zeitungen, Zeitschriften und deren Bestandteilen ist das Vierfache der Umsatzerlöse und für die Herstellung, den Vertrieb und die Veranstaltung von Rundfunkprogrammen und den Absatz von Rundfunkwerbezeiten ist das Achtfache der Umsatzerlöse in Ansatz zu bringen.

(4) [1]An die Stelle der Umsatzerlöse tritt bei Kreditinstituten, Finanzinstituten, Bausparkassen sowie bei externen Kapitalverwaltungsgesellschaften im Sinne des § 17 Absatz 2 Nummer 1 des Kapitalanlagegesetzbuchs der Gesamtbetrag der in § 34 Absatz 2 Satz 1 Nummer 1 Buchstabe a bis e der Kreditinstituts-Rechnungslegungsverordnung in der jeweils geltenden Fassung genannten Erträge abzüglich der Umsatzsteuer und sonstiger direkt auf diese Erträge erhobener Steuern. [2]Bei Versicherungsunternehmen sind die Prämieneinnahmen des letzten abgeschlossenen Geschäftsjahres maßgebend. [3]Prämieneinnahmen sind die Einnahmen aus dem Erst- und Rückversicherungsgeschäft einschließlich der in Rückdeckung gegebenen Anteile.

(4a) Die Gegenleistung nach § 35 Absatz 1a umfasst

1. alle Vermögensgegenstände und sonstigen geldwerten Leistungen, die der Veräußerer vom Erwerber im Zusammenhang mit dem Zusammenschluss nach § 37 Absatz 1 erhält, (Kaufpreis) und

2. den Wert etwaiger vom Erwerber übernommener Verbindlichkeiten.

(5) [1]Wird ein Zusammenschluss durch den Erwerb von Teilen eines oder mehrerer Unternehmen bewirkt, so ist unabhängig davon, ob diese Teile eigene Rechtspersönlichkeit besitzen, auf Seiten des Veräußerers nur der Umsatz oder der Marktanteil zu berücksichtigen, der auf die veräußerten Teile entfällt. [2]Dies gilt nicht, sofern beim Veräußerer die Kontrolle im Sinne des § 37 Absatz 1 Nummer 2 oder 25 Prozent oder mehr der Anteile verbleiben. [3]Zwei oder mehr Erwerbsvorgänge im Sinne von Satz 1, die innerhalb von zwei Jahren zwischen denselben Personen oder Unternehmen getätigt werden, werden als ein einziger Zusammenschluss behandelt, wenn dadurch die Umsatzschwellen des § 35 Absatz 1 erreicht oder die Voraussetzungen des § 35 Absatz 1a erfüllt werden; als Zeitpunkt des Zusammenschlusses gilt der letzte Erwerbsvorgang.

§ 39 Anmelde- und Anzeigepflicht

(1) [1]Zusammenschlüsse sind vor dem Vollzug beim Bundeskartellamt gemäß den Absätzen 2 und 3 anzumelden. [2]Elektronische Anmeldungen sind zulässig über:

1. die vom Bundeskartellamt eingerichtete zentrale De-Mail-Adresse im Sinne des De-Mail-Gesetzes,

2. die vom Bundeskartellamt eingerichtete zentrale E-Mail-Adresse für Dokumente mit qualifizierter elektronischer Signatur,

3. das besondere elektronische Behördenpostfach gegen ein elektronisches oder ein mit Datum und Unterschrift versehenes schriftliches Empfangsbekenntnis sowie

4. eine hierfür bestimmte Internetplattform.

(2) Zur Anmeldung sind verpflichtet:

1. die am Zusammenschluss beteiligten Unternehmen,

2. in den Fällen des § 37 Absatz 1 Nummer 1 und 3 auch der Veräußerer.

(3) [1]In der Anmeldung ist die Form des Zusammenschlusses anzugeben. [2]Die Anmeldung muss ferner über jedes beteiligte Unternehmen folgende Angaben enthalten:

1. die Firma oder sonstige Bezeichnung und den Ort der Niederlassung oder den Sitz;

2. die Art des Geschäftsbetriebes;

3. die Umsatzerlöse im Inland, in der Europäischen Union und weltweit; anstelle der Umsatzerlöse sind bei Kreditinstituten, Finanzinstituten, Bausparkassen sowie bei externen Kapitalverwaltungsgesellschaften im Sinne des § 17 Absatz 2 Nummer 1 des Kapitalanlagegesetzbuchs der Gesamtbetrag der Erträge gemäß § 38 Absatz 4, bei Versicherungsunternehmen die Prämieneinnahmen anzugeben; im Fall des § 35 Absatz 1a ist zusätzlich auch der Wert der Gegenleistung für den Zusammenschluss nach § 38 Absatz 4a, einschließlich der Grundlagen für seine Berechnung, anzugeben;

3a. im Fall des § 35 Absatz 1a Angaben zu Art und Umfang der Tätigkeit im Inland;

4. die Marktanteile einschließlich der Grundlagen für ihre Berechnung oder Schätzung, wenn diese im Geltungsbereich dieses Gesetzes oder in einem wesentlichen Teil desselben für die beteiligten Unternehmen zusammen mindestens 20 vom Hundert erreichen;

5. beim Erwerb von Anteilen an einem anderen Unternehmen die Höhe der erworbenen und der insgesamt gehaltenen Beteiligung;

6. eine zustellungsbevollmächtigte Person im Inland, sofern sich der Sitz des Unternehmens nicht im Geltungsbereich dieses Gesetzes befindet.

[3]In den Fällen des § 37 Absatz 1 Nummer 1 oder 3 sind die Angaben nach Satz 2 Nummer 1 und 6 auch für den Veräußerer zu machen. [4]Ist ein beteiligtes Unternehmen ein verbundenes Unternehmen, sind die Angaben nach Satz 2 Nummer 1 und 2 auch über die verbundenen Unternehmen und die Angaben nach Satz 2 Nummer 3 und Nummer 4 über jedes am Zusammenschluss beteiligte Unternehmen und die mit ihm verbundenen Unternehmen insgesamt zu machen sowie die Konzernbeziehungen, Abhängigkeits- und Beteiligungsverhältnisse zwischen den verbundenen Unternehmen mitzuteilen. [5]In der Anmeldung dürfen keine unrichtigen oder unvollständigen Angaben gemacht oder benutzt werden, um die Kartellbehörde zu veranlassen, eine Untersagung nach § 36 Absatz 1 oder eine Mitteilung nach § 40 Absatz 1 zu unterlassen.

(4) [1]Eine Anmeldung ist nicht erforderlich, wenn die Europäische Kommission einen Zusammenschluss an das Bundeskartellamt verwiesen hat und dem Bundeskartellamt die nach Absatz 3 erforderlichen Angaben in deutscher Sprache vorliegen. [2]Das Bundeskartellamt teilt den beteiligten Unternehmen unverzüglich den Zeitpunkt des Eingangs der Verweisungsentscheidung mit und unterrichtet sie zugleich darüber, inwieweit die nach Absatz 3 erforderlichen Angaben in deutscher Sprache vorliegen.

(5) Das Bundeskartellamt kann von jedem beteiligten Unternehmen Auskunft über Marktanteile einschließlich der Grundlagen für die Berechnung oder Schätzung sowie über den Umsatzerlös bei einer bestimmten Art von Waren oder gewerblichen Leistungen, den das Unternehmen im letzten Geschäftsjahr vor dem Zusammenschluss erzielt hat, sowie über die Tätigkeit eines Unternehmens im Inland einschließlich von Angaben zu Zahlen und Standorten seiner Kunden sowie der Orte, an denen seine Angebote erbracht und bestimmungsgemäß genutzt werden, verlangen.

(6) [1]Anmeldepflichtige Zusammenschlüsse, die entgegen Absatz 1 Satz 1 nicht vor dem Vollzug angemeldet wurden, sind von den beteiligten Unternehmen unverzüglich beim Bundeskartellamt anzuzeigen. [2]§ 41 bleibt unberührt.

§ 39a (aufgehoben)

§ 40 Verfahren der Zusammenschlusskontrolle

(1) ¹Das Bundeskartellamt darf einen Zusammenschluss, der ihm angemeldet worden ist, nur untersagen, wenn es den anmeldenden Unternehmen innerhalb einer Frist von einem Monat seit Eingang der vollständigen Anmeldung mitteilt, dass es in die Prüfung des Zusammenschlusses (Hauptprüfverfahren) eingetreten ist. ²Das Hauptprüfverfahren soll eingeleitet werden, wenn eine weitere Prüfung des Zusammenschlusses erforderlich ist.

(2) ¹Im Hauptprüfverfahren entscheidet das Bundeskartellamt durch Verfügung, ob der Zusammenschluss untersagt oder freigegeben wird. ²Wird die Verfügung nicht innerhalb von fünf Monaten nach Eingang der vollständigen Anmeldung den anmeldenden Unternehmen zugestellt, gilt der Zusammenschluss als freigegeben. ³Die Verfahrensbeteiligten sind unverzüglich über den Zeitpunkt der Zustellung der Verfügung zu unterrichten. ⁴Dies gilt nicht, wenn

1. die anmeldenden Unternehmen einer Fristverlängerung zugestimmt haben,

2. das Bundeskartellamt wegen unrichtiger Angaben oder wegen einer nicht rechtzeitig erteilten Auskunft nach § 39 Absatz 5 oder § 59 die Mitteilung nach Absatz 1 oder die Untersagung des Zusammenschlusses unterlassen hat,

3. eine zustellungsbevollmächtigte Person im Inland entgegen § 39 Absatz 3 Satz 2 Nummer 6 nicht mehr benannt ist.

⁵Die Frist nach Satz 2 wird gehemmt, wenn das Bundeskartellamt von einem am Zusammenschluss beteiligten Unternehmen eine Auskunft nach § 59 erneut anfordern muss, weil das Unternehmen ein vorheriges Auskunftsverlangen nach § 59 aus Umständen, die von ihm zu vertreten sind, nicht rechtzeitig oder nicht vollständig beantwortet hat. ⁶Die Hemmung endet, wenn das Unternehmen dem Bundeskartellamt die Auskunft vollständig übermittelt hat. ⁷Die Frist verlängert sich um einen Monat, wenn ein anmeldendes Unternehmen in einem Verfahren dem Bundeskartellamt erstmals Vorschläge für Bedingungen oder Auflagen nach Absatz 3 unterbreitet.

(3) ¹Die Freigabe kann mit Bedingungen und Auflagen verbunden werden, um sicherzustellen, dass die beteiligten Unternehmen den Verpflichtungen nachkommen, die sie gegenüber dem Bundeskartellamt eingegangen sind, um eine Untersagung abzuwenden. ²Die Bedingungen und Auflagen dürfen sich nicht darauf richten, die beteiligten Unternehmen einer laufenden Verhaltenskontrolle zu unterstellen.

(3a) ¹Die Freigabe kann widerrufen oder geändert werden, wenn sie auf unrichtigen Angaben beruht, arglistig herbeigeführt worden ist oder die beteiligten Unternehmen einer mit ihr verbundenen Auflage zuwiderhandeln. ²Im Falle der Nichterfüllung einer Auflage gilt § 41 Absatz 4 entsprechend.

(4) ¹Vor einer Untersagung ist den obersten Landesbehörden, in deren Gebiet die beteiligten Unternehmen ihren Sitz haben, Gelegenheit zur Stellungnahme zu geben. ²In Verfahren nach § 172a des Fünften Buches Sozialgesetzbuch ist vor einer Untersagung das Benehmen mit den zuständigen Aufsichtsbehörden nach § 90 des Vierten Buches Sozialgesetzbuch herzustellen. ³Vor einer Untersagung in Verfahren, die den Bereich der

bundesweiten Verbreitung von Fernsehprogrammen durch private Veranstalter betreffen, ist das Benehmen mit der Kommission zur Ermittlung der Konzentration im Medienbereich herzustellen.

(5) Die Fristen nach den Absätzen 1 und 2 Satz 2 beginnen in den Fällen des § 39 Absatz 4 Satz 1, wenn die Verweisungsentscheidung beim Bundeskartellamt eingegangen ist und die nach § 39 Absatz 3 erforderlichen Angaben in deutscher Sprache vorliegen.

(6) Wird eine Freigabe des Bundeskartellamts durch gerichtlichen Beschluss rechtskräftig ganz oder teilweise aufgehoben, beginnt die Frist nach Absatz 2 Satz 2 mit Eintritt der Rechtskraft von Neuem.

§ 41 Vollzugsverbot, Entflechtung

(1) [1]Die Unternehmen dürfen einen Zusammenschluss, der vom Bundeskartellamt nicht freigegeben ist, nicht vor Ablauf der Fristen nach § 40 Absatz 1 Satz 1 und Absatz 2 Satz 2 vollziehen oder am Vollzug dieses Zusammenschlusses mitwirken. [2]Rechtsgeschäfte, die gegen dieses Verbot verstoßen, sind unwirksam. [3]Dies gilt nicht

1. für Verträge über Grundstücksgeschäfte, sobald sie durch Eintragung in das Grundbuch rechtswirksam geworden sind,

2. für Verträge über die Umwandlung, Eingliederung oder Gründung eines Unternehmens und für Unternehmensverträge im Sinne der §§ 291 und 292 des Aktiengesetzes, sobald sie durch Eintragung in das zuständige Register rechtswirksam geworden sind, sowie

3. für andere Rechtsgeschäfte, wenn der nicht angemeldete Zusammenschluss nach Vollzug angezeigt und das Entflechtungsverfahren nach Absatz 3 eingestellt wurde, weil die Untersagungsvoraussetzungen nicht vorlagen, oder die Wettbewerbsbeschränkung infolge einer Auflösungsanordnung nach Absatz 3 Satz 2 in Verbindung mit Satz 3 beseitigt wurde oder eine Ministererlaubnis nach § 42 erteilt worden ist.

(1a) Absatz 1 steht der Verwirklichung von Erwerbsvorgängen nicht entgegen, bei denen die Kontrolle, Anteile oder wettbewerblich erheblicher Einfluss im Sinne von § 37 Absatz 1 oder 2 von mehreren Veräußerern entweder im Wege eines öffentlichen Übernahmeangebots oder im Wege einer Reihe von Rechtsgeschäften mit Wertpapieren, einschließlich solchen, die in andere zum Handel an einer Börse oder an einem ähnlichen Markt zugelassene Wertpapiere konvertierbar sind, über eine Börse erworben werden, sofern der Zusammenschluss gemäß § 39 unverzüglich beim Bundeskartellamt angemeldet wird und der Erwerber die mit den Anteilen verbundenen Stimmrechte nicht oder nur zur Erhaltung des vollen Wertes seiner Investition auf Grund einer vom Bundeskartellamt nach Absatz 2 erteilten Befreiung ausübt.

(2) [1]Das Bundeskartellamt kann auf Antrag Befreiungen vom Vollzugsverbot erteilen, wenn die beteiligten Unternehmen hierfür wichtige Gründe geltend machen, insbesondere um schweren Schaden von einem beteiligten Unternehmen oder von Dritten abzuwenden. [2]Die Befreiung kann jederzeit, auch vor der Anmeldung, erteilt und mit Bedingungen und Auflagen verbunden werden. [3]§ 40 Absatz 3a gilt entsprechend.

(3) [1]Ein vollzogener Zusammenschluss, der die Untersagungsvoraussetzungen nach § 36 Absatz 1 erfüllt, ist aufzulösen, wenn nicht die Bundesministerin oder der Bundesminister für Wirtschaft und Energie nach § 42 die Erlaubnis zu dem Zusammenschluss erteilt. [2]Das Bundeskartellamt ordnet die zur Auflösung des

Zusammenschlusses erforderlichen Maßnahmen an. [3]Die Wettbewerbsbeschränkung kann auch auf andere Weise als durch Wiederherstellung des früheren Zustands beseitigt werden.

(4) Zur Durchsetzung seiner Anordnung kann das Bundeskartellamt insbesondere

1. (weggefallen)
2. die Ausübung des Stimmrechts aus Anteilen an einem beteiligten Unternehmen, die einem anderen beteiligten Unternehmen gehören oder ihm zuzurechnen sind, untersagen oder einschränken,
3. einen Treuhänder bestellen, der die Auflösung des Zusammenschlusses herbeiführt.

§ 42 Ministererlaubnis

(1) [1]Die Bundesministerin oder der Bundesminister für Wirtschaft und Energie erteilt auf Antrag die Erlaubnis zu einem vom Bundeskartellamt untersagten Zusammenschluss, wenn im Einzelfall die Wettbewerbsbeschränkung von gesamtwirtschaftlichen Vorteilen des Zusammenschlusses aufgewogen wird oder der Zusammenschluss durch ein überragendes Interesse der Allgemeinheit gerechtfertigt ist. [2]Hierbei ist auch die Wettbewerbsfähigkeit der beteiligten Unternehmen auf Märkten außerhalb des Geltungsbereichs dieses Gesetzes zu berücksichtigen. [3]Die Erlaubnis darf nur erteilt werden, wenn durch das Ausmaß der Wettbewerbsbeschränkung die marktwirtschaftliche Ordnung nicht gefährdet wird. [4]Weicht die Entscheidung vom Votum der Stellungnahme ab, die die Monopolkommission nach Absatz 5 Satz 1 erstellt hat, ist dies in der Verfügung gesondert zu begründen.

(2) [1]Die Erlaubnis kann mit Bedingungen und Auflagen verbunden werden. [2]§ 40 Absatz 3 Satz 2 und Absatz 3a gilt entsprechend.

(3) [1]Der Antrag ist innerhalb einer Frist von einem Monat seit Zustellung der Untersagung oder einer Auflösungsanordnung nach § 41 Absatz 3 Satz 1 ohne vorherige Untersagung beim Bundesministerium für Wirtschaft und Energie schriftlich zu stellen. [2]Wird die Untersagung angefochten, beginnt die Frist in dem Zeitpunkt, in dem die Untersagung unanfechtbar wird. [3]Wird die Auflösungsanordnung nach § 41 Absatz 3 Satz 1 angefochten, beginnt die Frist zu dem Zeitpunkt, zu dem die Auflösungsanordnung unanfechtbar wird.

(4) [1]Die Bundesministerin oder der Bundesminister für Wirtschaft und Energie soll über den Antrag innerhalb von vier Monaten entscheiden. [2]Wird die Entscheidung nicht innerhalb dieser Frist getroffen, teilt das Bundesministerium für Wirtschaft und Energie die Gründe hierfür dem Deutschen Bundestag unverzüglich schriftlich mit. [3]Wird die Verfügung den antragstellenden Unternehmen nicht innerhalb von sechs Monaten nach Eingang des vollständigen Antrags zugestellt, gilt der Antrag auf die Ministererlaubnis als abgelehnt. [4]Das Bundesministerium für Wirtschaft und Energie kann die Frist nach Satz 3 auf Antrag der antragstellenden Unternehmen um bis zu zwei Monate verlängern. [5]In diesem Fall ist Satz 3 nicht anzuwenden und die Verfügung ist den antragstellenden Unternehmen innerhalb der Frist nach Satz 4 zuzustellen.

(5) [1]Vor der Entscheidung nach Absatz 4 Satz 1 ist eine Stellungnahme der Monopolkommission einzuholen und den obersten Landesbehörden, in deren Gebiet die beteiligten Unternehmen ihren Sitz haben, Gelegenheit zur Stellungnahme zu geben. [2]Im Fall eines Antrags auf Erlaubnis eines untersagten Zusammenschlusses im Bereich der bundesweiten Verbreitung von Fernsehprogrammen durch private Veranstalter ist zusätzlich eine Stellungnahme der Kommission zur Ermittlung der Konzentration im Medienbereich einzuholen. [3]Die

Monopolkommission soll ihre Stellungnahme innerhalb von zwei Monaten nach Aufforderung durch das Bundesministerium für Wirtschaft und Energie abgeben.

(6) Das Bundesministerium für Wirtschaft und Energie erlässt Leitlinien über die Durchführung des Verfahrens.

§ 43 Bekanntmachungen

(1) Die Einleitung des Hauptprüfverfahrens durch das Bundeskartellamt nach § 40 Absatz 1 Satz 1 und der Antrag auf Erteilung einer Ministererlaubnis sind unverzüglich im Bundesanzeiger bekannt zu machen.

(2) Im Bundesanzeiger sind bekannt zu machen

1. die Verfügung des Bundeskartellamts nach § 40 Absatz 2,
2. die Ministererlaubnis, deren Widerruf, Änderung oder Ablehnung,
3. die Rücknahme, der Widerruf oder die Änderung der Freigabe des Bundeskartellamts,
4. die Auflösung eines Zusammenschlusses und die sonstigen Anordnungen des Bundeskartellamts nach § 41 Absatz 3 und 4.

(3) Bekannt zu machen nach Absatz 1 und 2 sind jeweils die Angaben nach § 39 Absatz 3 Satz 1 sowie Satz 2 Nummer 1 und 2.

§ 43a Evaluierung

Das Bundesministerium für Wirtschaft und Energie berichtet den gesetzgebenden Körperschaften nach Ablauf von drei Jahren nach Inkrafttreten der Vorschrift über die Erfahrungen mit den Regelungen von § 35 Absatz 1a, § 37 Absatz 1 Nummer 1 und § 38 Absatz 4a.

Kapitel 8
Monopolkommission

§ 44 Aufgaben

(1) [1]Die Monopolkommission erstellt alle zwei Jahre ein Gutachten, in dem sie den Stand und die absehbare Entwicklung der Unternehmenskonzentration in der Bundesrepublik Deutschland beurteilt, die Anwendung der wettbewerbsrechtlichen Vorschriften anhand abgeschlossener Verfahren würdigt, sowie zu sonstigen aktuellen wettbewerbspolitischen Fragen Stellung nimmt. [2]Das Gutachten soll bis zum 30. Juni des Jahres abgeschlossen sein, in dem das Gutachten zu erstellen ist. [3]Die Bundesregierung kann die Monopolkommission mit der Erstattung zusätzlicher Gutachten beauftragen. [4]Darüber hinaus kann die Monopolkommission nach ihrem Ermessen Gutachten oder andere Stellungnahmen erstellen. [5]Die Möglichkeit zur Stellungnahme nach § 75 Absatz 5 bleibt unberührt.

(2) [1]Die Monopolkommission ist nur an den durch dieses Gesetz begründeten Auftrag gebunden und in ihrer Tätigkeit unabhängig. [2]Vertritt eine Minderheit bei der Abfassung der Gutachten eine abweichende Auffassung, so kann sie diese in dem Gutachten zum Ausdruck bringen.

(3) [1]Die Monopolkommission leitet ihre Gutachten der Bundesregierung zu. [2]Die Bundesregierung legt Gutachten nach Absatz 1 den gesetzgebenden Körperschaften unverzüglich vor. [3]Die Bundesregierung nimmt zu

den Gutachten nach Absatz 1 Satz 1 in angemessener Frist Stellung, zu sonstigen Gutachten nach Absatz 1 kann sie Stellung nehmen, wenn und soweit sie dies für angezeigt hält. [4]Die jeweiligen fachlich zuständigen Bundesministerien und die Monopolkommission tauschen sich auf Verlangen zu den Inhalten der Gutachten aus. [5]Die Gutachten werden von der Monopolkommission veröffentlicht. [6]Bei Gutachten nach Absatz 1 Satz 1 erfolgt dies zu dem Zeitpunkt, zu dem sie von der Bundesregierung der gesetzgebenden Körperschaft vorgelegt werden.

(4) [1]In ihren Gutachten kann die Monopolkommission Empfehlungen für die Durchführung von Sektoruntersuchungen nach § 32e Absatz 1 aussprechen. [2]Soweit das Bundeskartellamt der Empfehlung für eine Sektoruntersuchung nach § 32e Absatz 1 innerhalb von zwölf Monaten nach der Veröffentlichung des Gutachtens nicht gefolgt ist, nimmt es Stellung zu der Empfehlung.

§ 45 Mitglieder

(1) [1]Die Monopolkommission besteht aus <u>fünf Mitgliedern</u>, die über <u>besondere volkswirtschaftliche, betriebswirtschaftliche, sozialpolitische, technologische oder wirtschaftsrechtliche Kenntnisse und Erfahrungen</u> verfügen müssen. [2]Die Monopolkommission wählt aus ihrer Mitte <u>einen Vorsitzenden</u>.

(2) [1]Die Mitglieder der Monopolkommission werden <u>auf Vorschlag der Bundesregierung</u> durch den <u>Bundespräsidenten</u> für die <u>Dauer von vier Jahren</u> berufen. [2]Wiederberufungen sind zulässig. [3]Die Bundesregierung hört die Mitglieder der Kommission an, bevor sie neue Mitglieder vorschlägt. [4]Die Mitglieder sind berechtigt, ihr Amt durch Erklärung gegenüber dem Bundespräsidenten niederzulegen. [5]Scheidet ein Mitglied vorzeitig aus, so wird ein neues Mitglied für die Dauer der Amtszeit des ausgeschiedenen Mitglieds berufen.

(3) [1]Die Mitglieder der Monopolkommission dürfen weder der Regierung oder einer gesetzgebenden Körperschaft des Bundes oder eines Landes noch dem öffentlichen Dienst des Bundes, eines Landes oder einer sonstigen juristischen Person des öffentlichen Rechts, es sei denn als Hochschullehrer oder als Mitarbeiter eines wissenschaftlichen Instituts, angehören. [2]Ferner dürfen sie weder einen Wirtschaftsverband noch eine Arbeitgeber- oder Arbeitnehmerorganisation repräsentieren oder zu diesen in einem ständigen Dienst- oder Geschäftsbesorgungsverhältnis stehen. [3]Sie dürfen auch nicht während des letzten Jahres vor der Berufung zum Mitglied der Monopolkommission eine derartige Stellung innegehabt haben.

§ 46 Beschlüsse, Organisation, Rechte und Pflichten der Mitglieder

(1) Die <u>Beschlüsse</u> der Monopolkommission bedürfen der <u>Zustimmung von mindestens drei Mitgliedern</u>.

(2) [1]Die Monopolkommission hat eine Geschäftsordnung und verfügt über eine Geschäftsstelle. [2]Diese hat die Aufgabe, die Monopolkommission wissenschaftlich, administrativ und technisch zu unterstützen.

(2a) [1]Die Monopolkommission kann Einsicht in die von der Kartellbehörde geführten Akten einschließlich Betriebs- und Geschäftsgeheimnisse und personenbezogener Daten nehmen, soweit dies zur ordnungsgemäßen Erfüllung ihrer Aufgaben erforderlich ist. [2]Dies gilt auch für die Erstellung der Gutachten nach § 78 des Eisenbahnregulierungsgesetzes, § 62 des Energiewirtschaftsgesetzes, § 84 des Postgesetzes sowie nach § 195 Absatz 2 des Telekommunikationsgesetzes.

(2b) [1]Im Rahmen der Akteneinsicht kann die Monopolkommission bei der Kartellbehörde in elektronischer Form vorliegende Daten, einschließlich Betriebs- und Geschäftsgeheimnissen und personenbezogener Daten, selbstständig auswerten, soweit dies zur ordnungsgemäßen Erfüllung ihrer Aufgaben erforderlich ist. [2]Dies gilt auch für die Erstellung der Gutachten nach § 78 des Eisenbahnregulierungsgesetzes, § 62 des Energiewirtschaftsgesetzes, § 84 des Postgesetzes sowie nach § 195 Absatz 2 des Telekommunikationsgesetzes.

(3) [1]Die Mitglieder der Monopolkommission und die Angehörigen der Geschäftsstelle sind zur Verschwiegenheit über die Beratungen und die von der Monopolkommission als vertraulich bezeichneten Beratungsunterlagen verpflichtet. [2]Die Pflicht zur Verschwiegenheit bezieht sich auch auf Informationen und Daten, die der Monopolkommission gegeben und als vertraulich bezeichnet werden oder die gemäß Absatz 2a oder 2b erlangt worden sind.

(4) [1]Die Mitglieder der Monopolkommission erhalten eine pauschale Entschädigung sowie Ersatz ihrer Reisekosten. [2]Diese werden vom Bundesministerium für Wirtschaft und Energie festgesetzt. [3]Die Kosten der Monopolkommission trägt der Bund.

§ 47 Übermittlung statistischer Daten

(1) [1]Für die Begutachtung der Entwicklung der Unternehmenskonzentration werden der Monopolkommission vom Statistischen Bundesamt aus Wirtschaftsstatistiken (Statistik im produzierenden Gewerbe, Handwerksstatistik, Außenhandelsstatistik, Steuerstatistik, Verkehrsstatistik, Statistik im Handel und Gastgewerbe, Dienstleistungsstatistik) und dem Statistikregister zusammengefasste Einzelangaben über die Vomhundertanteile der größten Unternehmen, Betriebe oder fachlichen Teile von Unternehmen des jeweiligen Wirtschaftsbereichs

a) am Wert der zum Absatz bestimmten Güterproduktion,

b) am Umsatz,

c) an der Zahl der tätigen Personen,

d) an den Lohn- und Gehaltssummen,

e) an den Investitionen,

f) am Wert der gemieteten und gepachteten Sachanlagen,

g) an der Wertschöpfung oder dem Rohertrag,

h) an der Zahl der jeweiligen Einheiten

übermittelt. [2]Satz 1 gilt entsprechend für die Übermittlung von Angaben über die Vomhundertanteile der größten Unternehmensgruppen. [3]Für die Zuordnung der Angaben zu Unternehmensgruppen übermittelt die Monopolkommission dem Statistischen Bundesamt Namen und Anschriften der Unternehmen, deren Zugehörigkeit zu einer Unternehmensgruppe sowie Kennzeichen zur Identifikation. [4]Die zusammengefassten Einzelangaben dürfen nicht weniger als drei Unternehmensgruppen, Unternehmen, Betriebe oder fachliche Teile von Unternehmen betreffen. [5]Durch Kombination oder zeitliche Nähe mit anderen übermittelten oder allgemein zugänglichen Angaben darf kein Rückschluss auf zusammengefasste Angaben von weniger als drei Unternehmensgruppen, Unternehmen, Betrieben oder fachlichen Teile von Unternehmen möglich sein. [6]Für die

Berechnung von summarischen Konzentrationsmaßen, insbesondere Herfindahl-Indizes und Gini-Koeffizienten, gilt dies entsprechend. [7]Die statistischen Ämter der Länder stellen die hierfür erforderlichen Einzelangaben dem Statistischen Bundesamt zur Verfügung.

(2) [1]Personen, die zusammengefasste Einzelangaben nach Absatz 1 erhalten sollen, sind vor der Übermittlung zur Geheimhaltung besonders zu verpflichten, soweit sie nicht Amtsträger oder für den öffentlichen Dienst besonders Verpflichtete sind. [2]§ 1 Absatz 2, 3 und 4 Nummer 2 des Verpflichtungsgesetzes gilt entsprechend. Personen, die nach Satz 1 besonders verpflichtet worden sind, stehen für die Anwendung der Vorschriften des Strafgesetzbuches über die Verletzung von Privatgeheimnissen (§ 203 Absatz 2, 5 und 6; §§ 204, 205) und des Dienstgeheimnisses (§ 353b Absatz 1) den für den öffentlichen Dienst besonders Verpflichteten gleich.

(3) [1]Die zusammengefassten Einzelangaben dürfen nur für die Zwecke verwendet werden, für die sie übermittelt wurden. [2]Sie sind zu löschen, sobald der in Absatz 1 genannte Zweck erfüllt ist.

(4) Bei der Monopolkommission muss durch organisatorische und technische Maßnahmen sichergestellt sein, dass nur Amtsträger, für den öffentlichen Dienst besonders Verpflichtete oder Verpflichtete nach Absatz 2 Satz 1 Empfänger von zusammengefassten Einzelangaben sind.

(5) Die Übermittlungen sind nach Maßgabe des § 16 Absatz 9 des Bundesstatistikgesetzes aufzuzeichnen. Die Aufzeichnungen sind mindestens fünf Jahre aufzubewahren.

(6) Bei der Durchführung der Wirtschaftsstatistiken nach Absatz 1 sind die befragten Unternehmen schriftlich oder elektronisch zu unterrichten, dass die zusammengefassten Einzelangaben nach Absatz 1 der Monopolkommission übermittelt werden dürfen.

Kapitel 9
Markttransparenzstellen für den Großhandel mit Strom und Gas und für Kraftstoffe

Abschnitt 1: Markttransparenzstelle für den Großhandel im Bereich Strom und Gas

§ 47a Einrichtung, Zuständigkeit, Organisation

(1) [1]Zur Sicherstellung einer wettbewerbskonformen Bildung der Großhandelspreise von Elektrizität und Gas wird eine Markttransparenzstelle bei der Bundesnetzagentur für Elektrizität, Gas, Telekommunikation, Post und Eisenbahnen (Bundesnetzagentur) eingerichtet. [2]Sie beobachtet laufend die Vermarktung und den Handel mit Elektrizität und Erdgas auf der Großhandelsstufe.

(2) Die Aufgaben der Markttransparenzstelle nehmen die Bundesnetzagentur und das Bundeskartellamt einvernehmlich wahr.

(3) [1]Die Einzelheiten der einvernehmlichen Zusammenarbeit werden in einer vom Bundesministerium für Wirtschaft und Energie zu genehmigenden Kooperationsvereinbarung zwischen dem Bundeskartellamt und der Bundesnetzagentur näher geregelt. [2]In der Vereinbarung ist insbesondere Folgendes zu regeln:
1. die Besetzung und Geschäftsverteilung sowie
2. eine Koordinierung der Datenerhebung und des Daten- und Informationsaustausches.

(4) Das Bundesministerium für Wirtschaft und Energie wird ermächtigt, durch Rechtsverordnung Vorgaben zur Ausgestaltung der Kooperationsvereinbarung zu erlassen.

(5) [1]Entscheidungen der Markttransparenzstelle trifft die Person, die sie leitet. [2]§ 51 Absatz 5 gilt für alle Mitarbeiterinnen und Mitarbeiter der Markttransparenzstelle entsprechend.

§ 47b Aufgaben

(1) [1]Die Markttransparenzstelle beobachtet laufend den gesamten Großhandel mit Elektrizität und Erdgas, unabhängig davon, ob er auf physikalische oder finanzielle Erfüllung gerichtet ist, um Auffälligkeiten bei der Preisbildung aufzudecken, die auf Missbrauch von Marktbeherrschung, Insiderinformationen oder auf Marktmanipulation beruhen können. [2]Die Markttransparenzstelle beobachtet zu diesem Zweck auch die Erzeugung, den Kraftwerkseinsatz und die Vermarktung von Elektrizität und Erdgas durch die Erzeugungsunternehmen sowie die Vermarktung von Elektrizität und Erdgas als Regelenergie. [3]Die Markttransparenzstelle kann Wechselwirkungen zwischen den Großhandelsmärkten für Elektrizität und Erdgas und dem Emissionshandelssystem berücksichtigen.

(2) [1]Die Markttransparenzstelle überwacht als nationale Marktüberwachungsstelle gemäß Artikel 7 Absatz 2 Unterabsatz 2 der Verordnung (EU) Nr. 1227/2011 des Europäischen Parlaments und des Rates vom 25. Oktober 2011 über die Integrität und Transparenz des Energiegroßhandelsmarkts (ABl. L 326 vom 8.12.2011, S. 1) zusammen mit der Bundesnetzagentur den Großhandel mit Elektrizität und Erdgas. [2]Sie arbeitet dabei mit der Agentur für die Zusammenarbeit der Energieregulierungsbehörden nach Artikel 7 Absatz 2 und Artikel 10 der Verordnung (EU) Nr. 1227/2011 zusammen.

(3) [1]Die Markttransparenzstelle erhebt und sammelt die Daten und Informationen, die sie zur Erfüllung ihrer Aufgaben benötigt. [2]Dabei berücksichtigt sie Meldepflichten der Mitteilungsverpflichteten gegenüber den in § 47i genannten Behörden oder Aufsichtsstellen sowie Meldepflichten, die von der Europäischen Kommission nach Artikel 8 Absatz 2 und 6 der Verordnung (EU) Nr. 1227/2011 festzulegen sind. [3]Für die Datenerfassung sind nach Möglichkeit bestehende Quellen und Meldesysteme zu nutzen.

(4) Die Bundesnetzagentur kann die Markttransparenzstelle mit der Erhebung und Auswertung von Daten beauftragen, soweit dies zur Erfüllung ihrer Aufgaben nach der Verordnung (EU) Nr. 1227/2011 erforderlich ist.

(5) [1]Die Markttransparenzstelle gibt vor Erlass von Festlegungen nach § 47g in Verbindung mit der nach § 47f zu erlassenden Rechtsverordnung betroffenen Behörden, Interessenvertretern und Marktteilnehmern vorab Gelegenheit zur Stellungnahme innerhalb einer festgesetzten Frist. [2]Zur Vorbereitung dieser Konsultationen erstellt und ergänzt die Markttransparenzstelle bei Bedarf eine detaillierte Liste aller Daten und Kategorien von Daten, die ihr die in § 47e Absatz 1 genannten Mitteilungspflichtigen auf Grund der §§ 47e und 47g und der nach § 47f zu erlassenden Rechtsverordnung laufend mitzuteilen haben, einschließlich des Zeitpunkts, an dem die Daten zu übermitteln sind, des Datenformats und der einzuhaltenden Übertragungswege sowie möglicher alternativer Meldekanäle. [3]Die Markttransparenzstelle ist nicht an die Stellungnahmen gebunden.

(6) Die Markttransparenzstelle wertet die erhaltenen Daten und Informationen kontinuierlich aus, um insbesondere festzustellen, ob Anhaltspunkte für einen Verstoß gegen die §§ 1, 19, 20 oder 29 dieses Gesetzes, die Artikel 101 oder 102 des Vertrages über die Arbeitsweise der Europäischen Union, das Wertpapierhandelsgesetz, das Börsengesetz oder die Verbote nach den Artikeln 3 und 5 der Verordnung (EU) Nr. 1227/2011 vorliegen.

(7) [1]Gibt es Anhaltspunkte dafür, dass eine natürliche oder juristische Person gegen die in Absatz 6 genannten gesetzlichen Bestimmungen verstößt, muss die Markttransparenzstelle umgehend die zuständigen Behörden informieren und den Vorgang an sie abgeben. [2]Bei Verdacht eines Verstoßes gegen die §§ 1, 19, 20 und 29 dieses Gesetzes oder gegen die Artikel 101 und 102 des Vertrages über die Arbeitsweise der Europäischen Union informiert die Markttransparenzstelle die zuständige Beschlussabteilung im Bundeskartellamt. [3]Kommt die Prüfzuständigkeit mehrerer Behörden in Betracht, so informiert die Markttransparenzstelle jede dieser Behörden über den Verdachtsfall und über die Benachrichtigung der anderen Behörden. [4]Die Markttransparenzstelle leitet alle von den Behörden benötigten oder angeforderten Informationen und Daten unverzüglich an diese gemäß § 47i weiter.

(8) Die Absätze 1 bis 3 können auch Anwendung finden auf die Erzeugung und Vermarktung im Ausland und auf Handelsgeschäfte, die im Ausland stattfinden, sofern sie sich auf die Preisbildung von Elektrizität und Erdgas im Geltungsbereich dieses Gesetzes auswirken.

§ 47c Datenverwendung

(1) Die Markttransparenzstelle stellt die nach § 47b Absatz 3 erhaltenen Daten ferner folgenden Stellen zur Verfügung:

1. dem Bundeskartellamt für die Durchführung des Monitorings nach § 48 Absatz 3,
2. der Bundesnetzagentur für die Durchführung des Monitorings nach § 35 des Energiewirtschaftsgesetzes,
3. der zuständigen Beschlussabteilung im Bundeskartellamt für Fusionskontrollverfahren nach den §§ 35 bis 41 und für Sektoruntersuchungen nach § 32e sowie
4. der Bundesnetzagentur zur Erfüllung ihrer weiteren Aufgaben nach dem Energiewirtschaftsgesetz, insbesondere zur Überwachung von Transparenzverpflichtungen nach den Anhängen der folgenden Verordnungen:
   a) Verordnung (EG) Nr. 714/2009 des Europäischen Parlaments und des Rates vom 13. Juli 2009 über die Netzzugangsbedingungen für den grenzüberschreitenden Stromhandel und zur Aufhebung der Verordnung (EG) Nr. 1228/2003 (ABl. L 211 vom 14.8.2009, S. 15),
   b) Verordnung (EG) Nr. 715/2009 des Europäischen Parlaments und des Rates vom 13. Juli 2009 über die Bedingungen für den Zugang zu den Erdgasfernleitungsnetzen und zur Aufhebung der Verordnung (EG) Nr. 1775/2005 (ABl. L 211 vom 14.8.2009, S. 36) und
   c) Verordnung (EU) Nr. 994/2010 des Europäischen Parlaments und des Rates vom 20. Oktober 2010 über Maßnahmen zur Gewährleistung der sicheren Erdgasversorgung und zur Aufhebung der Richtlinie 2004/67/EG des Rates (ABl. L 295 vom 12.11.2010, S. 1).

(2) Die Markttransparenzstelle stellt die Daten ferner dem Bundesministerium für Wirtschaft und Energie und der Bundesnetzagentur zur Erfüllung ihrer Aufgaben nach § 54a des Energiewirtschaftsgesetzes zur Verfügung.

(3) Die Daten können dem Statistischen Bundesamt für dessen Aufgaben nach dem Energiestatistikgesetz und nach § 2 des Gesetzes über die Preisstatistik und der Monopolkommission für deren Aufgaben nach diesem Gesetz und nach § 62 des Energiewirtschaftsgesetzes zur Verfügung gestellt werden.

(4) [1]Die Markttransparenzstelle darf die Daten in anonymisierter Form ferner Bundesministerien für eigene oder in deren Auftrag durchzuführende wissenschaftliche Studien zur Verfügung stellen, wenn die Daten zur Erreichung dieser Zwecke erforderlich sind. [2]Daten, die Betriebs- und Geschäftsgeheimnisse darstellen, dürfen von der Markttransparenzstelle nur herausgegeben werden, wenn ein Bezug zu einem Unternehmen nicht mehr hergestellt werden kann. [3]Die Bundesministerien dürfen die nach Satz 1 von der Markttransparenzstelle erhaltenen Daten auch Dritten zur Durchführung wissenschaftlicher Studien im Auftrag zur Verfügung stellen, wenn diese ihnen gegenüber die Fachkunde nachgewiesen und die vertrauliche Behandlung der Daten zugesichert haben.

§ 47d Befugnisse

(1) [1]Zur Erfüllung ihrer Aufgaben hat die Markttransparenzstelle die Befugnisse nach §§ 59, 59a und 59b gegenüber natürlichen und juristischen Personen. [2]Sie kann nach Maßgabe des § 47f Festlegungen gegenüber einzelnen, einer Gruppe oder allen der in § 47e Absatz 1 genannten Personen und Unternehmen in den in § 47g genannten Festlegungsbereichen treffen zur Datenkategorie, zum Zeitpunkt und zur Form der Übermittlung. [3]Die Markttransparenzstelle ist nach Maßgabe des § 47f befugt, die Festlegung bei Bedarf zu ändern, soweit dies zur Erfüllung ihrer Aufgaben erforderlich ist. [4]Sie kann insbesondere vorgeben, dass eine Internetplattform zur Eingabe der angeforderten Auskünfte sowie der Mitteilungen verwendet werden muss. [5]Die Markttransparenzstelle kann nach Maßgabe des § 47f darüber hinaus vorgeben, dass Auskünfte und Daten an einen zur Datenerfassung beauftragten Dritten geliefert werden; Auswertung und Nutzung findet allein bei der Markttransparenzstelle statt. [6]Die §§ 48 und 49 des Verwaltungsverfahrensgesetzes bleiben unberührt. [7]Die §§ 50f, 54, 56 bis 58, 61 Absatz 1 und 2, die §§ 63, 64, 66, 67, 70, 73 bis 80, 82a, 83, 85, 91 und 92 gelten entsprechend. [8]Für Entscheidungen, die die Markttransparenzstelle durch Festlegungen trifft, kann die Zustellung nach § 61 durch eine öffentliche Bekanntgabe im Bundesanzeiger ersetzt werden. [9]Für Auskunftpflichten nach Satz 1 und Mitteilungspflichten nach § 47e gilt § 55 der Strafprozessordnung entsprechend.

(2) [1]Die Markttransparenzstelle hat als nationale Marktüberwachungsstelle im Sinne des Artikels 7 Absatz 2 Unterabsatz 2 der Verordnung (EU) Nr. 1227/2011 zudem die Rechte gemäß Artikel 7 Absatz 2 Unterabsatz 1, Absatz 3 Unterabsatz 2 Satz 2, Artikel 4 Absatz 2 Satz 2, Artikel 8 Absatz 5 Satz 1 und Artikel 16 der Verordnung (EU) Nr. 1227/2011. [2]Absatz 1 gilt entsprechend.

(3) Die Markttransparenzstelle kann bei der Behörde, an die sie einen Verdachtsfall nach § 47b Absatz 7 Satz 1 abgegeben hat, eine Mitteilung über den Abschluss der Untersuchung anfordern.

§ 47e Mitteilungspflichten

(1) Folgende Personen und Unternehmen unterliegen neben den in § 47g genannten Mitteilungspflichtigen der Mitteilungspflicht nach den Absätzen 2 bis 5:

1. Großhändler im Sinne des § 3 Nummer 21 des Energiewirtschaftsgesetzes,
2. Energieversorgungsunternehmen im Sinne des § 3 Nummer 18 des Energiewirtschaftsgesetzes,
3. Betreiber von Energieanlagen im Sinne des § 3 Nummer 15 des Energiewirtschaftsgesetzes, ausgenommen Betreiber von Verteileranlagen der Letztverbraucher oder bei der Gasversorgung Betreiber der letzten Absperrvorrichtungen von Verbrauchsanlagen,
4. Kunden im Sinne des § 3 Nummer 24 des Energiewirtschaftsgesetzes, ausgenommen Haushaltskunden im Sinne des § 3 Nummer 22 des Energiewirtschaftsgesetzes und
5. Handelsplattformen.

(2) [1]Die Mitteilungspflichtigen haben der Markttransparenzstelle die nach Maßgabe des § 47f in Verbindung mit § 47g konkretisierten Handels-, Transport-, Kapazitäts-, Erzeugungs- und Verbrauchsdaten aus den Märkten zu übermitteln, auf denen sie tätig sind. [2]Dazu gehören Angaben

1. zu den Transaktionen an den Großhandelsmärkten, an denen mit Elektrizität und Erdgas gehandelt wird, einschließlich der Handelsaufträge, mit genauen Angaben über die erworbenen und veräußerten Energiegroßhandelsprodukte, die vereinbarten Preise und Mengen, die Tage und Uhrzeiten der Ausführung, die Parteien und Begünstigten der Transaktionen,
2. zur Kapazität und Auslastung von Anlagen zur Erzeugung und Speicherung, zum Verbrauch oder zur Übertragung oder Fernleitung von Strom oder Erdgas oder über die Kapazität und Auslastung von Anlagen für verflüssigtes Erdgas (LNG-Anlagen), einschließlich der geplanten oder ungeplanten Nichtverfügbarkeit dieser Anlagen oder eines Minderverbrauchs,
3. im Bereich der Elektrizitätserzeugung, die eine Identifikation einzelner Erzeugungseinheiten ermöglichen,
4. zu Kosten, die im Zusammenhang mit dem Betrieb der meldepflichtigen Erzeugungseinheiten entstehen, insbesondere zu Grenzkosten, Brennstoffkosten, CO_2-Kosten, Opportunitätskosten und Anfahrkosten,
5. zu technischen Informationen, die für den Betrieb der meldepflichtigen Erzeugungsanlagen relevant sind, insbesondere zu Mindeststillstandszeiten, Mindestlaufzeiten und zur Mindestproduktion,
6. zu geplanten Stilllegungen oder Kaltreserven,
7. zu Bezugsrechtsverträgen,
8. zu Investitionsvorhaben sowie
9. zu Importverträgen und zur Regelenergie im Bereich Erdgashandel.

(3) [1]Die Daten sind der Markttransparenzstelle nach Maßgabe der §§ 47f und 47g im Wege der Datenfernübertragung und, soweit angefordert, laufend zu übermitteln. [2]Stellt die Markttransparenzstelle Formularvorlagen bereit, sind die Daten in dieser Form elektronisch zu übermitteln.

(4) Die jeweilige Mitteilungspflicht gilt als erfüllt, wenn

1. Meldepflichtige nach Absatz 1 die zu meldenden oder angeforderten Informationen entsprechend Artikel 8 der Verordnung (EU) Nr. 1227/2011 gemeldet haben und ein zeitnaher Datenzugriff durch die Markttransparenzstelle gesichert ist oder

2. Dritte die zu meldenden oder angeforderten Informationen im Namen eines Meldepflichtigen nach Absatz 1 auch in Verbindung mit § 47f Nummer 3 und 4 übermittelt haben und dies der Markttransparenzstelle mitgeteilt wird oder

3. Meldepflichtige nach Absatz 1 auch in Verbindung mit § 47f Nummer 3 und 4 die zu meldenden oder angeforderten Informationen an einen nach § 47d Absatz 1 Satz 5 in Verbindung mit § 47f Nummer 2 beauftragten Dritten übermittelt haben oder

4. Meldepflichtige nach Absatz 1 Nummer 3 in Verbindung mit § 47g Absatz 6 die zu meldenden oder angeforderten Informationen entsprechend den Anforderungen des Erneuerbare-Energien-Gesetzes oder einer auf dieses Gesetz gestützten Rechtsverordnung an den Netzbetreiber gemeldet haben, dies der Markttransparenzstelle mitgeteilt wird und ein zeitnaher Datenzugriff durch die Markttransparenzstelle gesichert ist.

(5) [1]Die Verpflichtungen nach den Absätzen 1 bis 4 gelten für Unternehmen, wenn sie an einer inländischen Börse zur Teilnahme am Handel zugelassen sind oder wenn sich ihre Tätigkeiten im Geltungsbereich dieses Gesetzes auswirken. [2]Übermittelt ein Unternehmen mit Sitz außerhalb des Geltungsbereichs dieses Gesetzes die verlangten Informationen nicht, so kann die Markttransparenzstelle zudem die zuständige Behörde des Sitzstaates ersuchen, geeignete Maßnahmen zur Verbesserung des Zugangs zu diesen Informationen zu treffen.

§ 47f Verordnungsermächtigung

Das Bundesministerium für Wirtschaft und Energie wird ermächtigt, im Wege der Rechtsverordnung, die nicht der Zustimmung des Bundesrates bedarf, im Einvernehmen mit dem Bundesministerium der Finanzen unter Berücksichtigung der Anforderungen von Durchführungsrechtsakten nach Artikel 8 Absatz 2 oder Absatz 6 der Verordnung (EU) Nr. 1227/2011

1. nähere Bestimmungen zu Art, Inhalt und Umfang derjenigen Daten und Informationen, die die Markttransparenzstelle nach § 47d Absatz 1 Satz 2 durch Festlegungen von den zur Mitteilung Verpflichteten anfordern kann, zu erlassen sowie zum Zeitpunkt und zur Form der Übermittlung dieser Daten,

2. nähere Bestimmungen zu Art, Inhalt und Umfang derjenigen Daten und Informationen, die nach § 47d Absatz 1 Satz 5 an beauftragte Dritte geliefert werden sollen, zu erlassen sowie zum Zeitpunkt und zur Form der Übermittlung und zu den Adressaten dieser Daten,

3. vorzusehen, dass folgende Stellen der Markttransparenzstelle laufend Aufzeichnungen der Energiegroßhandelstransaktionen übermitteln:

    a) organisierte Märkte,

    b) Systeme zur Zusammenführung von Kauf- und Verkaufsaufträgen oder Meldesysteme,

    c) Handelsüberwachungsstellen an Börsen, an denen mit Strom und Gas gehandelt wird, sowie

    d)   die in § 47i genannten Behörden,

4.   vorzusehen, dass eine Börse oder ein geeigneter Dritter die Angaben nach § 47e Absatz 2 in Verbindung mit § 47g auf Kosten der Mitteilungsverpflichteten übermitteln darf oder zu übermitteln hat, und die Einzelheiten hierzu festzulegen oder die Markttransparenzstelle zu entsprechenden Festlegungen zu ermächtigen,

5.   angemessene Bagatellgrenzen für die Meldung von Transaktionen und Daten festzulegen und Übergangsfristen für den Beginn der Mitteilungspflichten vorzusehen sowie

6.   eine Registrierungspflicht für die Meldepflichtigen vorzusehen und die Markttransparenzstelle zu ermächtigen, den Meldepflichtigen hierfür ein zu nutzendes Registrierungsportal vorzugeben und die inhaltlichen und technischen Details der Registrierung festzulegen.

§ 47g Festlegungsbereiche

(1) Die Markttransparenzstelle entscheidet nach Maßgabe von § 47d Absatz 1 und § 47e sowie der nach § 47f zu erlassenden Rechtsverordnung durch Festlegungen zu den in den Absätzen 2 bis 12 genannten Bereichen, welche Daten und Kategorien von Daten wie zu übermitteln sind.

(2) (aufgehoben)

(3) Die Markttransparenzstelle kann festlegen, dass Betreiber von Erzeugungseinheiten mit mehr als 1 Megawatt und bis zu 10 Megawatt installierter Erzeugungskapazität je Einheit jährlich die Gesamtsumme der installierten Erzeugungskapazität aller Erzeugungseinheiten in der jeweiligen Regelzone, getrennt nach Erzeugungsart, angeben.

(4) Die Markttransparenzstelle kann festlegen, dass Betreiber von Verbrauchseinheiten von Elektrizität Angaben zu den folgenden Daten und Kategorien von Daten übermitteln:

1.   der geplante und ungeplante Minderverbrauch bei Verbrauchseinheiten mit mehr als 25 Megawatt maximaler Verbrauchskapazität je Verbrauchseinheit und

2.   die Vorhaltung und Einspeisung von Regelenergie.

(5) Die Markttransparenzstelle kann festlegen, dass Betreiber von Übertragungsnetzen im Sinne des § 3 Nummer 10 des Energiewirtschaftsgesetzes Angaben zu den folgenden Daten und Kategorien von Daten übermitteln:

1.   die Übertragungskapazität an Grenzkuppelstellen auf stündlicher Basis,

2.   die Im- und Exportdaten auf stündlicher Basis,

3.   die prognostizierte und die tatsächliche Einspeisung von Anlagen, die nach dem Erneuerbare-Energien-Gesetz vergütet werden, auf stündlicher Basis,

4.   die Verkaufsangebote, die im Rahmen der Verordnung zur Weiterentwicklung des bundesweiten Ausgleichsmechanismus getätigt wurden, auf stündlicher Basis und

5.   die Angebote und Ergebnisse der Regelenergieauktionen.

(6) Die Markttransparenzstelle kann festlegen, dass Betreiber von Anlagen zur Erzeugung von Strom aus erneuerbaren Energien mit mehr als 10 Megawatt installierter Erzeugungskapazität Angaben zu den folgenden Daten und Kategorien von Daten übermitteln:

1. die erzeugten Mengen nach Anlagentyp und

2. die Wahl der Veräußerungsform im Sinne des § 21b Absatz 1 des Erneuerbare-Energien-Gesetzes und die auf die jeweilige Veräußerungsform entfallenden Mengen.

(7) Die Markttransparenzstelle kann festlegen, dass Handelsplattformen für den Handel mit Strom und Erdgas Angaben zu den folgenden Daten und Kategorien von Daten übermitteln:

1. die Angebote, die auf den Plattformen getätigt wurden,

2. die Handelsergebnisse und

3. die außerbörslichen, nicht standardisierten Handelsgeschäfte, bei denen die Vertragspartner individuell bilaterale Geschäfte aushandeln (OTC-Geschäfte), deren geld- und warenmäßige Besicherung (Clearing) über die Handelsplattform erfolgt.

(8) [1]Die Markttransparenzstelle kann festlegen, dass Großhändler im Sinne des § 3 Nummer 21 des Energiewirtschaftsgesetzes, die mit Strom handeln, Angaben zu den in § 47e Absatz 2 Nummer 1 genannten Transaktionen übermitteln, soweit diese Transaktionen nicht von Absatz 7 erfasst sind. [2]Beim Handel mit Strom aus erneuerbaren Energien kann die Markttransparenzstelle auch festlegen, dass Großhändler nach Satz 1 Angaben zur Form der Direktvermarktung im Sinne des § 3 Nummer 16 des Erneuerbare-Energien-Gesetzes sowie zu den danach gehandelten Strommengen übermitteln.

(9) Die Markttransparenzstelle kann festlegen, dass Großhändler im Sinne des § 3 Nummer 21 des Energiewirtschaftsgesetzes, die mit Erdgas handeln, Angaben zu den folgenden Daten und Kategorien von Daten übermitteln:

1. die Grenzübergangsmengen und -preise und einen Abgleich von Import- und Exportmengen,

2. die im Inland geförderten Gasmengen und ihre Erstabsatzpreise,

3. die Importverträge (Grenzübergangsverträge),

4. die Liefermengen getrennt nach Distributionsstufe im Bereich der Verteilung,

5. die getätigten Transaktionen mit Großhandelskunden und Fernleitungsnetzbetreibern sowie mit Betreibern von Speicheranlagen und Anlagen für verflüssigtes Erdgas (LNG-Anlagen) im Rahmen von Gasversorgungsverträgen und Energiederivate nach § 3 Nummer 15a des Energiewirtschaftsgesetzes, die auf Gas bezogen sind, einschließlich Laufzeit, Menge, Datum und Uhrzeit der Ausführung, Laufzeit-, Liefer- und Abrechnungsbestimmungen und Transaktionspreisen,

6. die Angebote und Ergebnisse eigener Erdgasauktionen,

7. die bestehenden Gasbezugs- und Gaslieferverträge und

8. die sonstigen Gashandelsaktivitäten, die als OTC-Geschäfte durchgeführt werden.

(10) Die Markttransparenzstelle kann festlegen, dass Betreiber von Fernleitungsnetzen im Sinne des § 3 Nummer 5 des Energiewirtschaftsgesetzes Angaben zu folgenden Daten und Kategorien von Daten übermitteln:

1. die bestehenden Kapazitätsverträge,

2. die vertraglichen Vereinbarungen mit Dritten über Lastflusszusagen und

3. die Angebote und Ergebnisse von Ausschreibungen über Lastflusszusagen.

(11) Die Markttransparenzstelle kann festlegen, dass Marktgebietsverantwortliche im Sinne des § 3 Nummer 26a des Energiewirtschaftsgesetzes Angaben zu folgenden Daten und Kategorien von Daten übermitteln:

1. die bestehenden Regelenergieverträge,
2. die Angebote und Ergebnisse von Regelenergieauktionen und -ausschreibungen,
3. die getätigten Transaktionen an Handelsplattformen und
4. die sonstigen Gashandelsaktivitäten, die als OTC-Geschäfte durchgeführt werden.

(12) Die Markttransparenzstelle kann festlegen, dass im Bereich der Regelenergie und von Biogas Angaben über die Beschaffung externer Regelenergie, über Ausschreibungsergebnisse sowie über die Einspeisung und Vermarktung von Biogas übermittelt werden.

§ 47h Berichtspflichten, Veröffentlichungen

(1) Die Markttransparenzstelle unterrichtet das Bundesministerium für Wirtschaft und Energie über die Übermittlung von Informationen nach § 47b Absatz 7 Satz 1.

(2) [1]Die Markttransparenzstelle erstellt alle zwei Jahre einen Bericht über ihre Tätigkeit. [2]Soweit der Großhandel mit Elektrizität und Erdgas betroffen ist, erstellt sie ihn im Einvernehmen mit dem Bundeskartellamt. [3]Geschäftsgeheimnisse, von denen die Markttransparenzstelle bei der Durchführung ihrer Aufgaben Kenntnis erhalten hat, werden aus dem Bericht entfernt. [4]Der Bericht wird auf der Internetseite der Markttransparenzstelle veröffentlicht. [5]Der Bericht kann zeitgleich mit dem Bericht des Bundeskartellamts nach § 53 Absatz 3 erfolgen und mit diesem verbunden werden.

(3) Die Markttransparenzstelle veröffentlicht die nach § 47b Absatz 5 erstellten Listen und deren Entwürfe auf ihrer Internetseite.

(4) [1]Die Markttransparenzstelle kann im Einvernehmen mit dem Bundeskartellamt zur Verbesserung der Transparenz im Großhandel diejenigen Erzeugungs- und Verbrauchsdaten veröffentlichen, die bisher auf der Transparenzplattform der European Energy Exchange AG und der Übertragungsnetzbetreiber veröffentlicht werden, sobald diese Veröffentlichung eingestellt wird. [2]Die nach dem Energiewirtschaftsgesetz und darauf basierenden Rechtsverordnungen sowie die nach europäischem Recht bestehenden Veröffentlichungspflichten der Marktteilnehmer zur Verbesserung der Transparenz auf den Strom- und Gasmärkten bleiben unberührt.

§ 47i Zusammenarbeit mit anderen Behörden und Aufsichtsstellen

(1) [1]Das Bundeskartellamt und die Bundesnetzagentur arbeiten bei der Wahrnehmung der Aufgaben der Markttransparenzstelle nach § 47b mit folgenden Stellen zusammen:

1. der Bundesanstalt für Finanzdienstleistungsaufsicht,
2. den Börsenaufsichtsbehörden sowie Handelsüberwachungsstellen derjenigen Börsen, an denen Elektrizität und Gas sowie Energiederivate im Sinne des § 3 Nummer 15a des Energiewirtschaftsgesetzes gehandelt werden,
3. der Agentur für die Zusammenarbeit der Energieregulierungsbehörden und der Europäischen Kommission, soweit diese Aufgaben nach der Verordnung (EU) Nr. 1227/2011 wahrnehmen, und

4.   den Regulierungsbehörden anderer Mitgliedstaaten.

[2]Diese Stellen können unabhängig von der jeweils gewählten Verfahrensart untereinander Informationen einschließlich personenbezogener Daten und Betriebs- und Geschäftsgeheimnisse austauschen, soweit dies zur Erfüllung ihrer jeweiligen Aufgaben erforderlich ist. [3]Sie können diese Informationen in ihren Verfahren verwerten. Beweisverwertungsverbote bleiben unberührt. [4]Die Regelungen über die Rechtshilfe in Strafsachen sowie Amts- und Rechtshilfeabkommen bleiben unberührt.

(2) Die Markttransparenzstelle kann mit Zustimmung des Bundesministeriums für Wirtschaft und Energie Kooperationsvereinbarungen mit der Bundesanstalt für Finanzdienstleistungsaufsicht, den Börsenaufsichtsbehörden sowie Handelsüberwachungsstellen derjenigen Börsen, an denen Elektrizität und Gas sowie Energiederivate im Sinne des § 3 Nummer 15a des Energiewirtschaftsgesetzes gehandelt werden, und der Agentur für die Zusammenarbeit der Energieregulierungsbehörden schließen.

§ 47j Vertrauliche Informationen, operationelle Zuverlässigkeit, Datenschutz

(1) [1]Informationen, die die Markttransparenzstelle bei ihrer Aufgabenerfüllung im gewöhnlichen Geschäftsverkehr erlangt oder erstellt hat, unterliegen der Vertraulichkeit. [2]Die Beschäftigten bei der Markttransparenzstelle sind zur Verschwiegenheit über die vertraulichen Informationen im Sinne des Satzes 1 verpflichtet. [3]Andere Personen, die vertrauliche Informationen erhalten sollen, sind vor der Übermittlung besonders zur Geheimhaltung zu verpflichten, soweit sie nicht Amtsträger oder für den öffentlichen Dienst besonders Verpflichtete sind. [4]§ 1 Absatz 2, 3 und 4 Nummer 2 des Verpflichtungsgesetzes gilt entsprechend.

(2) [1]Die Markttransparenzstelle stellt zusammen mit der Bundesnetzagentur die operationelle Zuverlässigkeit der Datenbeobachtung sicher und gewährleistet Vertraulichkeit, Integrität und Schutz der eingehenden Informationen. [2]Die Markttransparenzstelle ist dabei an dasselbe Maß an Vertraulichkeit gebunden wie die übermittelnde Stelle oder die Stelle, welche die Informationen erhoben hat. [3]Die Markttransparenzstelle ergreift alle erforderlichen Maßnahmen, um den Missbrauch der in ihren Systemen verwalteten Informationen und den nicht autorisierten Zugang zu ihnen zu verhindern. [4]Die Markttransparenzstelle ermittelt Quellen betriebstechnischer Risiken und minimiert diese Risiken durch die Entwicklung geeigneter Systeme, Kontrollen und Verfahren.

(3) Für Personen, die Daten nach § 47d Absatz 1 Satz 5 erhalten sollen oder die nach § 47c Absatz 4 Daten erhalten, gilt Absatz 1 entsprechend.

(4) Die Markttransparenzstelle darf personenbezogene Daten, die ihr zur Erfüllung ihrer Aufgaben nach § 47b mitgeteilt werden, nur speichern, verändern und nutzen, soweit dies zur Erfüllung der in ihrer Zuständigkeit liegenden Aufgaben und für die Zwecke der Zusammenarbeit nach Artikel 7 Absatz 2 und Artikel 16 der Verordnung (EU) Nr. 1227/2011 erforderlich ist.

(5) Die Akteneinsicht der von den Entscheidungen der Markttransparenzstelle nach § 47b Absatz 5 und 7, § 47d Absatz 1 und 2, den §§ 47e und 47g sowie nach § 81 Absatz 2 Nummer 2 Buchstabe c und d, Nummer 5a und 6 in eigenen Rechten Betroffenen ist beschränkt auf die Unterlagen, die allein dem Rechtsverhältnis zwischen dem Betroffenen und der Markttransparenzstelle zuzuordnen sind.

Abschnitt 2: Markttransparenzstelle für Kraftstoffe

§ 47k Marktbeobachtung im Bereich Kraftstoffe

(1) [1]Beim Bundeskartellamt wird eine Markttransparenzstelle für Kraftstoffe eingerichtet. [2]Sie beobachtet die Wertschöpfungsstufen der Herstellung von und des Handels mit Kraftstoffen, um den Kartellbehörden die Aufdeckung und Sanktionierung von Verstößen gegen die §§ 1, 19 und 20 dieses Gesetzes und die Artikel 101 und 102 des Vertrages über die Arbeitsweise der Europäischen Union zu erleichtern. [3]Sie nimmt ihre Aufgaben nach Maßgabe der Absätze 2 bis 9 wahr.

(2) [1]Betreiber von öffentlichen Tankstellen, die Letztverbrauchern Kraftstoffe zu selbst festgesetzten Preisen anbieten, sind verpflichtet, nach Maßgabe der Rechtsverordnung nach Absatz 8

1.   bei jeder Änderung ihrer Kraftstoffpreise diese in Echtzeit und unterschieden nach der jeweiligen Kraftstoffsorte sowie

2.   die im Laufe eines bestimmten Zeitraums abgegebenen Kraftstoffmengen unterschieden nach der jeweiligen Kraftstoffsorte

an die Markttransparenzstelle für Kraftstoffe zu übermitteln. [2]Werden dem Betreiber die Verkaufspreise von einem anderen Unternehmen vorgegeben, so ist das Unternehmen, das über die Preissetzungshoheit verfügt, zur Übermittlung verpflichtet.

(3) [1]Kraftstoffe im Sinne dieser Vorschrift sind Ottokraftstoffe und Dieselkraftstoffe. [2]Öffentliche Tankstellen sind Tankstellen, die sich an öffentlich zugänglichen Orten befinden und die ohne Beschränkung des Personenkreises aufgesucht werden können.

(4) [1]Bestehen Anhaltspunkte dafür, dass ein Unternehmen gegen die in Absatz 1 genannten gesetzlichen Bestimmungen verstößt, muss die Markttransparenzstelle für Kraftstoffe umgehend die zuständige Kartellbehörde informieren und den Vorgang an sie abgeben. [2]Hierzu oder auf Anfrage einer Kartellbehörde leitet sie alle von dieser für deren Aufgaben nach diesem Gesetz benötigten oder angeforderten Informationen und Daten unverzüglich an diese weiter. [3]Die Markttransparenzstelle für Kraftstoffe stellt die von ihr nach Absatz 2 erhobenen Daten ferner den folgenden Behörden und Stellen zur Verfügung:

1.   dem Bundesministerium für Wirtschaft und Energie für statistische Zwecke und zu Evaluierungszwecken sowie

2.   der Monopolkommission für deren Aufgaben nach diesem Gesetz.

[4]Standortinformationen, aggregierte oder ältere Daten kann die Markttransparenzstelle für Kraftstoffe auch an weitere Behörden und Stellen der unmittelbaren Bundes- und Landesverwaltung für deren gesetzliche Aufgaben weitergeben, Mengendaten jedoch nur derart aggregiert, dass die Betriebs- und Geschäftsgeheimnisse der einzelnen Betreiber gewahrt bleiben.

(5) [1]Die Markttransparenzstelle für Kraftstoffe wird nach Maßgabe der Rechtsverordnung nach Absatz 8 ermächtigt, die nach Absatz 2 erhobenen Preisdaten elektronisch an Anbieter von Verbraucher-Informationsdiensten zum Zweck der Verbraucherinformation weiterzugeben. [2]Bei der Veröffentlichung oder Weitergabe dieser Preisdaten an Verbraucherinnen und Verbraucher müssen die Anbieter von Verbraucher-Informationsdiensten die in der Rechtsverordnung nach Absatz 8 Nummer 5 näher geregelten Vorgaben einhalten. [3]Die

Markttransparenzstelle für Kraftstoffe ist befugt, bei Nichteinhaltung dieser Vorgaben von einer Weitergabe der Daten abzusehen.

(6) Die Markttransparenzstelle für Kraftstoffe stellt die operationelle Zuverlässigkeit der Datenbeobachtung sicher und gewährleistet Vertraulichkeit, Integrität und Schutz der eingehenden Informationen.

(7) Zur Erfüllung ihrer Aufgaben hat die Markttransparenzstelle für Kraftstoffe die Befugnisse nach §§ 59, 59a und 59b.

(8) [1]Das Bundesministerium für Wirtschaft und Energie wird ermächtigt, im Wege der Rechtsverordnung, die nicht der Zustimmung des Bundesrates bedarf, Vorgaben zu den Meldepflichten nach Absatz 2 und zur Weitergabe der Preisdaten nach Absatz 5 zu erlassen, insbesondere

1. nähere Bestimmungen zum genauen Zeitpunkt oder Zeitraum sowie zur Art und Form der Übermittlung der Daten nach Absatz 2 zu erlassen,

2. angemessene Bagatellgrenzen für die Meldepflicht nach Absatz 2 vorzusehen und unterhalb dieser Schwelle für den Fall einer freiwilligen Unterwerfung unter die Meldepflichten nach Absatz 2 nähere Bestimmungen zu erlassen,

3. nähere Bestimmungen zu den Anforderungen an die Anbieter von Verbraucher-Informationsdiensten nach Absatz 5 zu erlassen,

4. nähere Bestimmungen zu Inhalt, Art, Form und Umfang der Weitergabe der Preisdaten durch die Markttransparenzstelle für Kraftstoffe an die Anbieter nach Absatz 5 zu erlassen sowie

5. nähere Bestimmungen zu Inhalt, Art, Form und Umfang der Veröffentlichung oder Weitergabe der Preisdaten an Verbraucherinnen und Verbraucher durch die Anbieter von Verbraucher-Informationsdiensten nach Absatz 5 zu erlassen.

[2]Die Rechtsverordnung ist dem Bundestag vom Bundesministerium für Wirtschaft und Energie zuzuleiten. [3]Sie kann durch Beschluss des Bundestages geändert oder abgelehnt werden. [4]Änderungen oder die Ablehnung sind dem Bundesministerium für Wirtschaft und Energie vom Bundestag zuzuleiten. [5]Hat sich der Bundestag nach Ablauf von drei Sitzungswochen nach Eingang der Rechtsverordnung nicht mit ihr befasst, gilt die Zustimmung des Bundestages als erteilt.

(9) [1]Entscheidungen der Markttransparenzstelle für Kraftstoffe trifft die Person, die sie leitet. [2]§ 51 Absatz 5 gilt für alle Mitarbeiterinnen und Mitarbeiter der Markttransparenzstelle für Kraftstoffe entsprechend.

Abschnitt 3: Evaluierung

§ 47l Evaluierung der Markttransparenzstellen

[1]Das Bundesministerium für Wirtschaft und Energie berichtet den gesetzgebenden Körperschaften über die Ergebnisse der Arbeit der Markttransparenzstellen und die hieraus gewonnenen Erfahrungen. [2]Die Berichterstattung für den Großhandel mit Strom und Gas erfolgt fünf Jahre nach Beginn der Mitteilungspflichten nach § 47e Absatz 2 bis 5 in Verbindung mit der Rechtsverordnung nach § 47f. [3]Die Berichterstattung für den Kraftstoffbereich erfolgt drei Jahre nach Beginn der Meldepflicht nach § 47k Absatz 2 in Verbindung mit der

Rechtsverordnung nach § 47k Absatz 8 und soll insbesondere auf die Preisentwicklung und die Situation der mittelständischen Mineralölwirtschaft eingehen.

Zweiter Teil
Kartellbehörden

Kapitel 1
Allgemeine Vorschriften

§ 48 Zuständigkeit

(1) Kartellbehörden sind das Bundeskartellamt, das Bundesministerium für Wirtschaft und Energie und die nach Landesrecht zuständigen obersten Landesbehörden.

(2) [1]Weist eine Vorschrift dieses Gesetzes eine Zuständigkeit nicht einer bestimmten Kartellbehörde zu, so nimmt das Bundeskartellamt die in diesem Gesetz der Kartellbehörde übertragenen Aufgaben und Befugnisse wahr, wenn die Wirkung des wettbewerbsbeschränkenden oder diskriminierenden Verhaltens oder einer Wettbewerbsregel über das Gebiet eines Landes hinausreicht. [2]In allen übrigen Fällen nimmt diese Aufgaben und Befugnisse die nach Landesrecht zuständige oberste Landesbehörde wahr.

(3) [1]Das Bundeskartellamt führt ein Monitoring durch über den Grad der Transparenz, auch der Großhandelspreise, sowie den Grad und die Wirksamkeit der Marktöffnung und den Umfang des Wettbewerbs auf Großhandels- und Endkundenebene auf den Strom- und Gasmärkten sowie an Elektrizitäts- und Gasbörsen. [2]Das Bundeskartellamt wird die beim Monitoring gewonnenen Daten der Bundesnetzagentur unverzüglich zur Verfügung stellen.

§ 49 Bundeskartellamt und oberste Landesbehörde

(1) [1]Leitet das Bundeskartellamt ein Verfahren ein oder führt es Ermittlungen durch, so benachrichtigt es gleichzeitig die oberste Landesbehörde, in deren Gebiet die betroffenen Unternehmen ihren Sitz haben. [2]Leitet eine oberste Landesbehörde ein Verfahren ein oder führt sie Ermittlungen durch, so benachrichtigt sie gleichzeitig das Bundeskartellamt.

(2) [1]Die oberste Landesbehörde hat eine Sache an das Bundeskartellamt abzugeben, wenn nach § 48 Absatz 2 Satz 1 oder nach § 50 Absatz 1 die Zuständigkeit des Bundeskartellamts begründet ist. [2]Das Bundeskartellamt hat eine Sache an die oberste Landesbehörde abzugeben, wenn nach § 48 Absatz 2 Satz 2 die Zuständigkeit der obersten Landesbehörde begründet ist.

(3) [1]Auf Antrag des Bundeskartellamts kann die oberste Landesbehörde eine Sache, für die nach § 48 Absatz 2 Satz 2 ihre Zuständigkeit begründet ist, an das Bundeskartellamt abgeben, wenn dies aufgrund der Umstände der Sache angezeigt ist. [2]Mit der Abgabe wird das Bundeskartellamt zuständige Kartellbehörde.

(4) [1]Auf Antrag der obersten Landesbehörde kann das Bundeskartellamt eine Sache, für die nach § 48 Absatz 2 Satz 1 seine Zuständigkeit begründet ist, an die oberste Landesbehörde abgeben, wenn dies aufgrund der Umstände der Sache angezeigt ist. [2]Mit der Abgabe wird die oberste Landesbehörde zuständige Kartellbehörde. [3]Vor der Abgabe benachrichtigt das Bundeskartellamt die übrigen betroffenen obersten

Landesbehörden. [4]Die Abgabe erfolgt nicht, sofern ihr eine betroffene oberste Landesbehörde innerhalb einer vom Bundeskartellamt zu setzenden Frist widerspricht.

§ 50 Vollzug des europäischen Rechts

(1) Abweichend von § 48 Absatz 2 ist das Bundeskartellamt für die Anwendung der Artikel 101 und 102 des Vertrages über die Arbeitsweise der Europäischen Union zuständige Wettbewerbsbehörde im Sinne des Artikels 35 Absatz 1 der Verordnung (EG) Nr. 1/2003.

(2) [1]Zuständige Wettbewerbsbehörde für die Mitwirkung an Verfahren der Europäischen Kommission oder der Wettbewerbsbehörden der anderen Mitgliedstaaten der Europäischen Union zur Anwendung der Artikel 101 und 102 des Vertrages über die Arbeitsweise der Europäischen Union sowie für die Mitwirkung bei der Anwendung der Verordnung (EU) 2022/1925 durch die Europäische Kommission ist das Bundeskartellamt. [2]Es gelten die bei der Anwendung dieses Gesetzes maßgeblichen Verfahrensvorschriften.

(3) Die Bediensteten der Wettbewerbsbehörde eines Mitgliedstaates der Europäischen Union und andere von dieser Wettbewerbsbehörde ermächtigte oder benannte Begleitpersonen sind befugt, an Durchsuchungen und Vernehmungen mitzuwirken, die das Bundeskartellamt im Namen und für Rechnung dieser Wettbewerbsbehörde nach Artikel 22 Absatz 1 der Verordnung (EG) Nr. 1/2003 durchführt.

(4) [1]In anderen als in den Absätzen 1 bis 3 bezeichneten Fällen nimmt das Bundeskartellamt die Aufgaben wahr, die den Behörden der Mitgliedstaaten der Europäischen Union in den Artikeln 104 und 105 des Vertrages über die Arbeitsweise der Europäischen Union sowie in Verordnungen nach Artikel 103 des Vertrages über die Arbeitsweise der Europäischen Union, auch in Verbindung mit Artikel 43 Absatz 2, Artikel 100 Absatz 2, Artikel 105 Absatz 3 und Artikel 352 Absatz 1 des Vertrages über die Arbeitsweise der Europäischen Union, übertragen sind. [2]Im Beratenden Ausschuss für die Kontrolle von Unternehmenszusammenschlüssen nach Artikel 19 der Verordnung (EG) Nr. 139/2004 wird die Bundesrepublik Deutschland durch das Bundesministerium für Wirtschaft und Energie oder das Bundeskartellamt vertreten. [3]Absatz 2 Satz 2 gilt entsprechend.

§ 50a Ermittlungen im Netzwerk der europäischen Wettbewerbsbehörden

(1) [1]Das Bundeskartellamt darf im Namen und für Rechnung der Wettbewerbsbehörde eines anderen Mitgliedstaates der Europäischen Union und nach Maßgabe des innerstaatlichen Rechts Durchsuchungen und sonstige Maßnahmen zur Sachverhaltsaufklärung durchführen, um festzustellen, ob Unternehmen oder Unternehmensvereinigungen im Rahmen von Verfahren zur Durchsetzung von Artikel 101 oder 102 des Vertrages über die Arbeitsweise der Europäischen Union die ihnen bei Ermittlungsmaßnahmen obliegenden Pflichten verletzt oder Entscheidungen der ersuchenden Behörde nicht befolgt haben. [2]Das Bundeskartellamt kann von der ersuchenden Behörde die Erstattung aller im Zusammenhang mit diesen Ermittlungsmaßnahmen entstandenen vertretbaren Kosten, einschließlich Übersetzungs-, Personal- und Verwaltungskosten, verlangen, sofern nicht im Rahmen der Gegenseitigkeit auf eine Erstattung verzichtet wurde.

(2) [1]Das Bundeskartellamt kann die Wettbewerbsbehörde eines anderen Mitgliedstaates der Europäischen Union ersuchen, Ermittlungsmaßnahmen nach Absatz 1 durchzuführen. [2]Alle im Zusammenhang mit diesen Ermittlungsmaßnahmen entstandenen vertretbaren zusätzlichen Kosten, einschließlich Übersetzungs-,

Personal- und Verwaltungskosten, werden auf Antrag der ersuchten Behörde vom Bundeskartellamt erstattet, sofern nicht im Rahmen der Gegenseitigkeit auf eine Erstattung verzichtet wurde.

(3) Die erhobenen Informationen werden in entsprechender Anwendung des § 50d ausgetauscht und verwendet.

§ 50b Zustellung im Netzwerk der europäischen Wettbewerbsbehörden

(1) Auf Ersuchen der Wettbewerbsbehörde eines anderen Mitgliedstaates der Europäischen Union stellt das Bundeskartellamt in deren Namen einem Unternehmen, einer Unternehmensvereinigung oder einer natürlichen Person im Inland folgende Unterlagen zu:

1. jede Art vorläufiger Beschwerdepunkte zu mutmaßlichen Verstößen gegen Artikel 101 oder 102 des Vertrages über die Arbeitsweise der Europäischen Union;

2. Entscheidungen, die Artikel 101 oder 102 des Vertrages über die Arbeitsweise der Europäischen Union zur Anwendung bringen;

3. sonstige Verfahrensakte, die in Verfahren zur Durchsetzung der Artikel 101 oder 102 des Vertrages über die Arbeitsweise der Europäischen Union erlassen wurden und nach den Vorschriften des nationalen Rechts zuzustellen sind sowie

4. sonstige Unterlagen, die mit der Anwendung der Artikel 101 oder 102 des Vertrages über die Arbeitsweise der Europäischen Union, einschließlich der Vollstreckung von verhängten Geldbußen oder Zwangsgeldern, in Zusammenhang stehen.

(2) ¹Das Ersuchen um Zustellung von Unterlagen nach Absatz 1 an einen Empfänger, der im Anwendungsbereich dieses Gesetzes ansässig ist, erfolgt durch Übermittlung eines einheitlichen Titels in deutscher Sprache, dem die zuzustellende Unterlage beizufügen ist. ²Der einheitliche Titel enthält:

1. den Namen und die Anschrift sowie gegebenenfalls weitere Informationen, durch die der Empfänger identifiziert werden kann,

2. eine Zusammenfassung der relevanten Fakten und Umstände,

3. eine Zusammenfassung des Inhalts der zuzustellenden Unterlage,

4. Name, Anschrift und sonstige Kontaktinformationen der ersuchten Behörde und

5. die Zeitspanne, innerhalb derer die Zustellung erfolgen sollte, beispielsweise gesetzliche Fristen oder Verjährungsfristen.

(3) ¹Das Bundeskartellamt kann die Zustellung verweigern, wenn das Ersuchen den Anforderungen nach Absatz 2 nicht entspricht oder die Durchführung der Zustellung der öffentlichen Ordnung offensichtlich widersprechen würde. ²Will das Bundeskartellamt die Zustellung verweigern oder werden weitere Informationen benötigt, informiert es die ersuchende Behörde hierüber. ³Anderenfalls stellt es die entsprechenden Unterlagen unverzüglich zu.

(4) ¹Die Zustellung richtet sich nach den Vorschriften des Verwaltungszustellungsgesetzes. ²§ 5 Absatz 4 des Verwaltungszustellungsgesetzes sowie § 178 Absatz 1 Nummer 2 der Zivilprozessordnung sind auf die Zustellung an Unternehmen und Vereinigungen von Unternehmen entsprechend anzuwenden.

(5) [1]Das Bundeskartellamt ist befugt, die Zustellung seiner Entscheidungen und sonstiger Unterlagen im Sinne des Absatzes 1 durch die Wettbewerbsbehörde eines anderen Mitgliedstaates in seinem Namen zu bewirken. [2]Das Ersuchen um Zustellung ist in Form eines einheitlichen Titels entsprechend Absatz 2 nebst einer Übersetzung dieses einheitlichen Titels in die Amtssprache oder eine der Amtssprachen des ersuchten Mitgliedstaates unter Beifügung der zuzustellenden Unterlage an die dort zuständige Wettbewerbsbehörde zu richten. [3]Eine Übersetzung der zuzustellenden Unterlage in die Amtssprache oder in eine der Amtssprachen des Mitgliedstaates der ersuchten Behörde ist nur dann erforderlich, wenn das nationale Recht des ersuchten Mitgliedstaates dies vorschreibt. [4]Zum Nachweis der Zustellung genügt das Zeugnis der ersuchten Behörde.

(6) [1]Auf Verlangen der ersuchten Behörde erstattet das Bundeskartellamt die der ersuchten Behörde infolge der Zustellung entstandenen Kosten, insbesondere für benötigte Übersetzungen oder Personal- und Verwaltungsaufwand, soweit diese Kosten vertretbar sind. [2]Das Bundeskartellamt kann ein entsprechendes Verlangen an eine ersuchende Behörde stellen, wenn dem Bundeskartellamt bei der Zustellung für die ersuchende Behörde solche Kosten entstanden sind.

(7) [1]Über Streitigkeiten in Bezug auf die Rechtmäßigkeit einer durch das Bundeskartellamt erstellten und im Hoheitsgebiet einer anderen Wettbewerbsbehörde zuzustellenden Unterlage sowie über Streitigkeiten in Bezug auf die Wirksamkeit einer Zustellung, die das Bundeskartellamt im Namen der Wettbewerbsbehörde eines anderen Mitgliedstaates übernimmt, entscheidet das nach diesem Gesetz zuständige Gericht. [2]Es gilt deutsches Recht.

§ 50c Vollstreckung im Netzwerk der europäischen Wettbewerbsbehörden

(1) Auf Ersuchen der Wettbewerbsbehörde eines anderen Mitgliedstaates der Europäischen Union vollstreckt das Bundeskartellamt Entscheidungen, durch die in Verfahren zur Anwendung von Artikel 101 oder 102 des Vertrages über die Arbeitsweise der Europäischen Union Geldbußen oder Zwangsgelder festgesetzt werden, sofern die zu vollstreckende Entscheidung bestandskräftig ist und die ersuchende Behörde aufgrund hinreichender Bemühungen, die Entscheidung in ihrem Hoheitsgebiet zu vollstrecken, mit Sicherheit feststellen konnte, dass das Unternehmen oder die Unternehmensvereinigung dort über keine zur Einziehung der Geldbuße bzw. des Zwangsgeldes ausreichenden Vermögenswerte verfügt.

(2) [1]Auf Ersuchen der Wettbewerbsbehörde eines anderen Mitgliedstaates der Europäischen Union kann das Bundeskartellamt auch in anderen, von Absatz 1 nicht erfassten Fällen bestandskräftige Entscheidungen, durch die in Verfahren zur Anwendung von Artikel 101 oder 102 des Vertrages über die Arbeitsweise der Europäischen Union Geldbußen oder Zwangsgelder festgesetzt werden, vollstrecken. [2]Dies gilt insbesondere, wenn das Unternehmen oder die Vereinigung von Unternehmen, gegen die die Entscheidung vollstreckbar ist, über keine Niederlassung im Mitgliedstaat der ersuchenden Wettbewerbsbehörde verfügt.

(3) [1]Für das Ersuchen nach Absatz 1 oder Absatz 2 gilt § 50b Absatz 2 mit der Maßgabe, dass die Unterlage, aus der die Vollstreckung begehrt wird, an die Stelle der zuzustellenden Unterlage tritt. [2]Der einheitliche Titel umfasst neben den in § 50b Absatz 2 Satz 2 genannten Inhalten:

1. Informationen über die Entscheidung, die die Vollstreckung im Mitgliedstaat der ersuchenden Behörde erlaubt, sofern diese nicht bereits im Rahmen des § 50b Absatz 2 Nummer 3 vorgelegt wurden,

2. den Zeitpunkt, zu dem die Entscheidung bestandskräftig wurde,

3. die Höhe der Geldbuße oder des Zwangsgeldes, sowie

4. im Fall des Absatzes 1 Nachweise, dass die ersuchende Behörde ausreichende Anstrengungen unternommen hat, die Forderung in ihrem Hoheitsgebiet zu vollstrecken.

[3]Die Vollstreckung erfolgt auf Grundlage des einheitlichen Titels, der zur Vollstreckung im ersuchten Mitgliedstaat ermächtigt, ohne dass es eines Anerkennungsaktes bedarf.

(4) [1]Das Bundeskartellamt kann die Vollstreckung im Fall des Absatzes 1 nur verweigern, wenn das Ersuchen den Anforderungen nach Absatz 3 nicht entspricht oder die Durchführung der Vollstreckung der öffentlichen Ordnung offensichtlich widersprechen würde. [2]Will das Bundeskartellamt die Vollstreckung verweigern oder benötigt es weitere Informationen, informiert es die ersuchende Behörde hierüber. [3]Anderenfalls leitet es unverzüglich die Vollstreckung ein.

(5) [1]Soweit dieses Gesetz keine abweichenden Regelungen trifft, richtet sich die Vollstreckung von Bußgeldern nach §§ 89 ff. des Gesetzes über Ordnungswidrigkeiten und die Vollstreckung von Zwangsgeldern nach den Vorschriften des Verwaltungsvollstreckungsgesetzes. [2]Geldbußen oder Zwangsgelder, die in einer anderen Währung verhängt wurden, werden vom Bundeskartellamt nach dem im Zeitpunkt der ausländischen Entscheidung maßgeblichen Kurswert in Euro umgerechnet. [3]Der Erlös aus der Vollstreckung fließt der Bundeskasse zu.

(6) [1]Das Bundeskartellamt macht die im Zusammenhang mit der Vollstreckung nach dieser Vorschrift entstandenen Kosten gemeinsam mit dem Buß- oder Zwangsgeld bei dem Unternehmen beziehungsweise der Unternehmensvereinigung geltend, gegen das oder gegen die die Entscheidung vollstreckbar ist. [2]Reicht der Vollstreckungserlös nicht aus, um die im Zusammenhang mit der Vollstreckung entstandenen Kosten zu decken, so kann das Bundeskartellamt von der ersuchenden Behörde verlangen, die nach Abzug des Vollstreckungserlöses verbleibenden Kosten zu tragen.

(7) [1]Das Bundeskartellamt ist befugt, die Wettbewerbsbehörde eines anderen Mitgliedstaates der Europäischen Union um die Vollstreckung von Entscheidungen, durch die in Verfahren zur Anwendung von Artikel 101 oder 102 des Vertrages über die Arbeitsweise der Europäischen Union Geldbußen oder Zwangsgelder festgesetzt werden, zu ersuchen. [2]§ 50b Absatz 5 Satz 2 und 3 gilt entsprechend. [3]Für den Inhalt des einheitlichen Titels gilt darüber hinaus Absatz 3 Satz 2. [4]Gelingt es der ersuchten Behörde nicht, die ihr im Zusammenhang mit der Vollstreckung entstandenen Kosten, einschließlich Übersetzungs-, Personal- und Verwaltungskosten, aus den beigetriebenen Buß- oder Zwangsgeldern zu decken, so werden diese Kosten auf Antrag der ersuchten Behörde vom Bundeskartellamt erstattet.

(8) [1]Über Streitigkeiten in Bezug auf die Rechtmäßigkeit einer durch das Bundeskartellamt erlassenen und im Hoheitsgebiet einer anderen Wettbewerbsbehörde zu vollstreckenden Entscheidung sowie über die Rechtmäßigkeit des einheitlichen Titels, der zur Vollstreckung einer Entscheidung in einem anderen Mitgliedstaat

berechtigt, entscheidet das nach diesem Gesetz zuständige Gericht. ²Es gilt deutsches Recht. ³Gleiches gilt für Streitigkeiten in Bezug auf die Durchführung einer Vollstreckung, die das Bundeskartellamt für die Wettbewerbsbehörde eines anderen Mitgliedstaates vornimmt.

§ 50d Informationsaustausch im Netzwerk der europäischen Wettbewerbsbehörden

(1) Das Bundeskartellamt ist nach Artikel 12 Absatz 1 der Verordnung (EG) Nr. 1/2003 befugt, der Europäischen Kommission und den Wettbewerbsbehörden der anderen Mitgliedstaaten der Europäischen Union zum Zweck der Anwendung der Artikel 101 und 102 des Vertrages über die Arbeitsweise der Europäischen Union und vorbehaltlich Absatz 2

1. tatsächliche und rechtliche Umstände, einschließlich vertraulicher Angaben, insbesondere Betriebs- und Geschäftsgeheimnisse, mitzuteilen und entsprechende Dokumente und Daten zu übermitteln sowie

2. diese Wettbewerbsbehörden um die Übermittlung von Informationen nach Nummer 1 zu ersuchen, diese zu empfangen und als Beweismittel zu verwenden.

(2) Kronzeugenerklärungen dürfen der Wettbewerbsbehörde eines anderen Mitgliedstaates der Europäischen Union nur übermittelt werden, wenn

1. der Steller eines Antrags auf Kronzeugenbehandlung der Übermittlung seiner Kronzeugenerklärung an die andere Wettbewerbsbehörde zustimmt oder

2. bei der anderen Wettbewerbsbehörde von demselben Antragsteller ein Antrag auf Kronzeugenbehandlung eingegangen ist und dieser sich auf ein und dieselbe Zuwiderhandlung bezieht, sofern es dem Antragsteller zu dem Zeitpunkt, zu dem die Kronzeugenerklärung weitergeleitet wird, nicht freisteht, die der anderen Wettbewerbsbehörde vorgelegten Informationen zurückzuziehen.

(3) ¹Das Bundeskartellamt darf die empfangenen Informationen nur zum Zweck der Anwendung von Artikel 101 oder 102 des Vertrages über die Arbeitsweise der Europäischen Union sowie in Bezug auf den Untersuchungsgegenstand als Beweismittel verwenden, für den sie von der übermittelnden Behörde erhoben wurden. ²Werden Vorschriften dieses Gesetzes jedoch nach Maßgabe des Artikels 12 Absatz 2 Satz 2 der Verordnung (EG) Nr. 1/2003 angewandt, so können nach Absatz 1 ausgetauschte Informationen auch für die Anwendung dieses Gesetzes verwendet werden.

(4) ¹Informationen, die das Bundeskartellamt nach Absatz 1 erhalten hat, können zum Zweck der Verhängung von Sanktionen gegen natürliche Personen nur als Beweismittel verwendet werden, wenn das Recht der übermittelnden Behörde ähnlich geartete Sanktionen in Bezug auf Verstöße gegen Artikel 101 oder 102 des Vertrages über die Arbeitsweise der Europäischen Union vorsieht. ²Falls die Voraussetzungen des Satzes 1 nicht erfüllt sind, ist eine Verwendung als Beweismittel auch dann möglich, wenn die Informationen in einer Weise erhoben worden sind, die hinsichtlich der Wahrung der Verteidigungsrechte natürlicher Personen das gleiche Schutzniveau wie nach dem für das Bundeskartellamt geltenden Recht gewährleistet. ³Das Beweisverwertungsverbot nach Satz 1 steht einer Verwendung der Beweise gegen juristische Personen oder Personenvereinigungen nicht entgegen. ⁴Die Beachtung verfassungsrechtlich begründeter Verwertungsverbote bleibt unberührt

§ 50e Sonstige Zusammenarbeit mit ausländischen Wettbewerbsbehörden

(1) Das Bundeskartellamt hat die in § 50d Absatz 1 genannten Befugnisse auch in anderen Fällen, in denen es zum Zweck der Anwendung kartellrechtlicher Vorschriften mit der Europäischen Kommission oder den Wettbewerbsbehörden anderer Staaten zusammenarbeitet.

(2) [1]Das Bundeskartellamt darf Informationen nach § 50d Absatz 1 nur unter dem Vorbehalt übermitteln, dass die empfangende Wettbewerbsbehörde

1. die Informationen nur zum Zweck der Anwendung kartellrechtlicher Vorschriften sowie in Bezug auf den Untersuchungsgegenstand als Beweismittel verwendet, für den sie das Bundeskartellamt erhoben hat, und

2. den Schutz vertraulicher Informationen wahrt und diese nur an Dritte übermittelt, wenn das Bundeskartellamt der Übermittlung zustimmt; das gilt auch für die Offenlegung von vertraulichen Informationen in Gerichts- oder Verwaltungsverfahren.

[2]Vertrauliche Angaben, einschließlich Betriebs- und Geschäftsgeheimnisse, aus Verfahren der Zusammenschlusskontrolle dürfen durch das Bundeskartellamt nur mit Zustimmung des Unternehmens übermittelt werden, das diese Angaben vorgelegt hat.

(3) Die Regelungen über die Rechtshilfe in Strafsachen sowie Amts- und Rechtshilfeabkommen bleiben unberührt.

§ 50f Zusammenarbeit mit anderen Behörden

(1) [1]Die Kartellbehörden, Regulierungsbehörden, die oder der Bundesbeauftragte für den Datenschutz und die Informationsfreiheit und die Landesbeauftragten für Datenschutz sowie die zuständigen Behörden im Sinne des § 2 des EU-Verbraucherschutzdurchführungsgesetzes können unabhängig von der jeweils gewählten Verfahrensart untereinander Informationen einschließlich personenbezogener Daten und Betriebs- und Geschäftsgeheimnisse austauschen, soweit dies zur Erfüllung ihrer jeweiligen Aufgaben erforderlich ist, sowie diese in ihren Verfahren verwerten. [2]Beweisverwertungsverbote bleiben unberührt.

(2) [1]Die Kartellbehörden arbeiten im Rahmen der Erfüllung ihrer Aufgaben mit der Bundesanstalt für Finanzdienstleistungsaufsicht, der Deutschen Bundesbank, den zuständigen Aufsichtsbehörden nach § 90 des Vierten Buches Sozialgesetzbuch und den Landesmedienanstalten sowie der Kommission zur Ermittlung der Konzentration im Medienbereich zusammen. [2]Die Kartellbehörden tauschen mit den Landesmedienanstalten und der Kommission zur Ermittlung der Konzentration im Medienbereich gegenseitig Erkenntnisse aus, soweit dies für die Erfüllung ihrer jeweiligen Aufgaben erforderlich ist; mit den übrigen in Satz 1 genannten Behörden können sie entsprechend auf Anfrage Erkenntnisse austauschen. [3]Dies gilt nicht

1. für vertrauliche Informationen, insbesondere Betriebs- und Geschäftsgeheimnisse, sowie

2. für Informationen, die nach § 50d dieses Gesetzes, nach der Verordnung (EU) 2022/1925 oder nach Artikel 12 der Verordnung (EG) Nr. 1/2003 erlangt worden sind.

[4]Die Sätze 2 und 3 Nummer 1 lassen die Regelungen des Wertpapiererwerbs- und Übernahmegesetzes sowie des Gesetzes über den Wertpapierhandel über die Zusammenarbeit mit anderen Behörden unberührt.

(3) [1]Das Bundeskartellamt kann Angaben der an einem Zusammenschluss beteiligten Unternehmen, die ihm nach § 39 Absatz 3 gemacht worden sind, an andere Behörden übermitteln, soweit dies zur Verfolgung der in § 4 Absatz 1 Nummer 1 bzw. Nummern 4, 4a und § 5 Absatz 2, 3 des Außenwirtschaftsgesetzes genannten Zwecke erforderlich ist. [2]Bei Zusammenschlüssen mit gemeinschaftsweiter Bedeutung im Sinne des Artikels 1 Absatz 1 der Verordnung (EG) Nr. 139/2004 des Rates vom 20. Januar 2004 über die Kontrolle von Unternehmenszusammenschlüssen in ihrer jeweils geltenden Fassung steht dem Bundeskartellamt die Befugnis nach Satz 1 nur hinsichtlich solcher Angaben zu, welche von der Europäischen Kommission nach Artikel 4 Absatz 3 dieser Verordnung veröffentlicht worden sind.

Kapitel 2
Bundeskartellamt

§ 51 Sitz, Organisation

(1) [1]Das Bundeskartellamt ist eine selbstständige Bundesoberbehörde mit dem Sitz in Bonn. [2]Es gehört zum Geschäftsbereich des Bundesministeriums für Wirtschaft und Energie.

(2) [1]Die Entscheidungen des Bundeskartellamts werden von den Beschlussabteilungen getroffen, die nach Bestimmung des Bundesministeriums für Wirtschaft und Energie gebildet werden. [2]Im Übrigen regelt der Präsident die Verteilung und den Gang der Geschäfte des Bundeskartellamts durch eine Geschäftsordnung; sie bedarf der Bestätigung durch das Bundesministerium für Wirtschaft und Energie.

(3) Die Beschlussabteilungen entscheiden in der Besetzung mit einem oder einer Vorsitzenden und zwei Beisitzenden.

(4) Vorsitzende und Beisitzende der Beschlussabteilungen müssen Beamte auf Lebenszeit sein und die Befähigung zum Richteramt oder zum höheren Verwaltungsdienst haben.

(5) Die Mitglieder des Bundeskartellamts dürfen weder ein Unternehmen innehaben oder leiten noch dürfen sie Mitglied des Vorstandes oder des Aufsichtsrates eines Unternehmens, eines Kartells oder einer Wirtschafts- oder Berufsvereinigung sein.

§ 52 Veröffentlichung allgemeiner Weisungen

Soweit das Bundesministerium für Wirtschaft und Energie dem Bundeskartellamt allgemeine Weisungen für den Erlass oder die Unterlassung von Verfügungen nach diesem Gesetz erteilt, sind diese Weisungen im Bundesanzeiger zu veröffentlichen.

§ 53 Tätigkeitsbericht und Monitoringberichte

(1) [1]Das Bundeskartellamt veröffentlicht alle zwei Jahre einen Bericht über seine Tätigkeit sowie über die Lage und Entwicklung auf seinem Aufgabengebiet. [2]In den Bericht sind die allgemeinen Weisungen des Bundesministeriums für Wirtschaft und Energie nach § 52 aufzunehmen. [3]Es veröffentlicht ferner fortlaufend seine Verwaltungsgrundsätze.

(2) Die Bundesregierung leitet den Bericht des Bundeskartellamts dem Bundestag unverzüglich mit ihrer Stellungnahme zu.

(3) ¹Das Bundeskartellamt erstellt einen Bericht über seine Monitoringtätigkeit nach § 48 Absatz 3 Satz 1 im Einvernehmen mit der Bundesnetzagentur, soweit Aspekte der Regulierung der Leitungsnetze betroffen sind, und leitet ihn der Bundesnetzagentur zu. ²Das Bundeskartellamt erstellt als Teil des Monitorings nach § 48 Absatz 3 Satz 1 mindestens alle zwei Jahre einen Bericht über seine Monitoringergebnisse zu den Wettbewerbsverhältnissen im Bereich der Erzeugung elektrischer Energie. ³Das Bundeskartellamt kann den Bericht unabhängig von dem Monitoringbericht nach Satz 1 veröffentlichen.

(4) Das Bundeskartellamt kann der Öffentlichkeit auch fortlaufend über seine Tätigkeit sowie über die Lage und Entwicklung auf seinem Aufgabengebiet berichten.

(5) ¹Das Bundeskartellamt soll jede Bußgeldentscheidung wegen eines Verstoßes gegen § 1 oder 19 bis 21 oder Artikel 101 oder 102 des Vertrages über die Arbeitsweise der Europäischen Union spätestens nach Abschluss des behördlichen Bußgeldverfahrens auf seiner Internetseite mitteilen. ²Die Mitteilung soll mindestens Folgendes enthalten:

1. Angaben zu dem in der Bußgeldentscheidung festgestellten Sachverhalt,
2. Angaben zu der Art des Verstoßes und dem Zeitraum, in dem der Verstoß begangen wurde,
3. Angaben zu den Unternehmen, gegen die Geldbußen festgesetzt oder Geldbußen im Rahmen eines Kronzeugenprogramms vollständig erlassen wurden,
4. Angaben zu den betroffenen Waren und Dienstleistungen,
5. den Hinweis, dass Personen, denen aus dem Verstoß ein Schaden entstanden ist, den Ersatz dieses Schadens verlangen können, sowie,
6. wenn die Bußgeldentscheidung bereits rechtskräftig ist, den Hinweis auf die Bindungswirkung von Entscheidungen einer Wettbewerbsbehörde nach § 33b.

Dritter Teil
Verfahren und Rechtsschutz bei überlangen Gerichtsverfahren

Kapitel 1
Verwaltungssachen

Abschnitt 1: Verfahren vor den Kartellbehörden

§ 54 Einleitung des Verfahrens, Beteiligte, Beteiligtenfähigkeit

(1) ¹Die Kartellbehörde leitet ein Verfahren von Amts wegen oder auf Antrag ein. ²Die Kartellbehörde kann auf entsprechendes Ersuchen zum Schutz eines Beschwerdeführers ein Verfahren von Amts wegen einleiten. ³Soweit sich nicht aus den besonderen Bestimmungen dieses Gesetzes Abweichungen ergeben, sind für das Verfahren die allgemeinen Vorschriften der Verwaltungsverfahrensgesetze anzuwenden.

(2) An dem Verfahren vor der Kartellbehörde ist oder sind beteiligt,

1. wer die Einleitung eines Verfahrens beantragt hat;
2. Kartelle, Unternehmen, Wirtschafts- oder Berufsvereinigungen, gegen die sich das Verfahren richtet;

3. Personen und Personenvereinigungen, deren Interessen durch die Entscheidung erheblich berührt werden und die die Kartellbehörde auf ihren Antrag zu dem Verfahren beigeladen hat; Interessen der Verbraucherzentralen und anderer Verbraucherverbände, die mit öffentlichen Mitteln gefördert werden, werden auch dann erheblich berührt, wenn sich die Entscheidung auf eine Vielzahl von Verbrauchern auswirkt und dadurch die Interessen der Verbraucher insgesamt erheblich berührt werden;

4. in den Fällen des § 37 Absatz 1 Nummer 1 oder 3 auch der Veräußerer.

(3) An Verfahren vor obersten Landesbehörden ist auch das Bundeskartellamt beteiligt.

(4) Fähig, am Verfahren vor der Kartellbehörde beteiligt zu sein, sind außer natürlichen und juristischen Personen auch nichtrechtsfähige Personenvereinigungen

§ 55 Vorabentscheidung über Zuständigkeit

(1) ¹Macht ein Beteiligter die örtliche oder sachliche Unzuständigkeit der Kartellbehörde geltend, so kann die Kartellbehörde über die Zuständigkeit vorab entscheiden. ²Die Verfügung kann selbstständig mit der Beschwerde angefochten werden; die Beschwerde hat aufschiebende Wirkung.

(2) Hat ein Beteiligter die örtliche oder sachliche Unzuständigkeit der Kartellbehörde nicht geltend gemacht, so kann eine Beschwerde nicht darauf gestützt werden, dass die Kartellbehörde ihre Zuständigkeit zu Unrecht angenommen hat.

§ 56 Anhörung, Akteneinsicht, mündliche Verhandlung

(1) ¹Die Kartellbehörde hat den Beteiligten Gelegenheit zur Stellungnahme zu geben. ²Über die Form der Anhörung entscheidet die Kartellbehörde nach pflichtgemäßem Ermessen. ³Die Kartellbehörde kann die Anhörung auch mündlich durchführen, wenn die besonderen Umstände des Falles dies erfordern.

(2) Vertretern der von dem Verfahren berührten Wirtschaftskreise kann die Kartellbehörde in geeigneten Fällen Gelegenheit zur Stellungnahme geben.

(3) ¹Die Beteiligten können bei der Kartellbehörde die das Verfahren betreffenden Akten einsehen, soweit deren Kenntnis zur Geltendmachung oder Verteidigung ihrer rechtlichen Interessen erforderlich ist. ²Die Einsicht erfolgt durch Übersendung von Kopien aus der Verfahrensakte, durch Ausdruck der betreffenden Teile der Verfahrensakte oder durch Übersendung entsprechender elektronischer Dokumente an den Beteiligten auf seine Kosten.

(4) ¹Die Behörde hat die Einsicht in die Unterlagen zu versagen, soweit dies aus wichtigen Gründen, insbesondere zur Sicherstellung der ordnungsgemäßen Erfüllung der Aufgaben der Behörde sowie zur Wahrung des Geheimschutzes oder von Betriebs- oder Geschäftsgeheimnissen oder sonstigen schutzwürdigen Interessen des Betroffenen, geboten ist. ²In Entwürfe zu Entscheidungen, die Arbeiten zu ihrer Vorbereitung und die Dokumente, die Abstimmungen betreffen, wird Akteneinsicht nicht gewährt.

(5) ¹Die Kartellbehörde kann Dritten Auskünfte aus den ein Verfahren betreffenden Akten erteilen oder Einsicht in diese gewähren, soweit diese hierfür ein berechtigtes Interesse darlegen. ²Absatz 4 gilt entsprechend. ³Soweit die Akteneinsicht oder die Auskunft der Erhebung eines Schadensersatzanspruchs wegen eines

Verstoßes nach § 33 Absatz 1 oder der Vorbereitung dieser Erhebung dienen soll, ist sie auf Einsicht in Entscheidungen nach den §§ 32 bis 32d sowie 60 begrenzt.

(6) [1]Die Kartellbehörde kann von den Beteiligten sowie von Dritten verlangen, mit der Übersendung von Anmeldungen, Stellungnahmen, Unterlagen oder sonstigen Auskünften oder im Anschluss an die Übersendung auf die in Absatz 4 genannten Geheimnisse hinzuweisen und diese in den Unterlagen entsprechend kenntlich zu machen. [2]Erfolgt dies trotz entsprechenden Verlangens nicht, darf die Kartellbehörde von der Zustimmung zur Offenlegung im Rahmen der Gewährung von Akteneinsicht ausgehen.

(7) [1]Auf Antrag eines Beteiligten oder von Amts wegen kann die Kartellbehörde eine öffentliche mündliche Verhandlung durchführen. [2]Für die Verhandlung oder für einen Teil davon ist die Öffentlichkeit auszuschließen, wenn sie eine Gefährdung der öffentlichen Ordnung, insbesondere des Wohls des Bundes oder eines Landes, oder eine Gefährdung eines wichtigen Betriebs- oder Geschäftsgeheimnisses besorgen lässt. [3]In den Fällen des § 32f Absatz 3 Satz 6 und Absatz 4 hat das Bundeskartellamt nach Einleitung des Verfahrens eine öffentliche mündliche Verhandlung durchzuführen. [4]In den Fällen des § 42 hat das Bundesministerium für Wirtschaft und Klimaschutz eine öffentliche mündliche Verhandlung durchzuführen. [5]Mit Einverständnis der Beteiligten kann in den Fällen des § 32f Absatz 3 Satz 6 und Absatz 4 sowie des § 42 ohne mündliche Verhandlung entschieden werden. [6]In der öffentlichen mündlichen Verhandlung hat die Monopolkommission in den Fällen des § 32f Absatz 3 Satz 6 und Absatz 4 sowie des § 42 das Recht, gehört zu werden; in den Fällen des § 42 hat sie das Recht, die Stellungnahme, die sie nach § 42 Absatz 5 erstellt hat, zu erläutern.

(8) Die §§ 45 und 46 des Verwaltungsverfahrensgesetzes sind anzuwenden.

§ 57 Ermittlungen, Beweiserhebung

(1) Die Kartellbehörde kann alle Ermittlungen führen und alle Beweise erheben, die erforderlich sind.

(2) [1]Für den Beweis durch Augenschein, Zeugen und Sachverständige sind § 372 Absatz 1, die §§ 376, 377, 378, 380 bis 387, 390, 395 bis 397, 398 Absatz 1 und die §§ 401, 402, 404, 404a, 406 bis 409, 411 bis 414 der Zivilprozessordnung sinngemäß anzuwenden; Haft darf nicht verhängt werden. [2]Für die Entscheidung über die Beschwerde ist das Oberlandesgericht zuständig.

(3) [1]Über die Zeugenaussage soll eine Niederschrift aufgenommen werden, die von dem ermittelnden Mitglied der Kartellbehörde und, wenn ein Urkundsbeamter zugezogen ist, auch von diesem zu unterschreiben ist. [2]Die Niederschrift soll Ort und Tag der Verhandlung sowie die Namen der Mitwirkenden und Beteiligten ersehen lassen.

(4) [1]Die Niederschrift ist dem Zeugen zur Genehmigung vorzulesen oder zur eigenen Durchsicht vorzulegen. [2]Die erteilte Genehmigung ist zu vermerken und von dem Zeugen zu unterschreiben. [3]Unterbleibt die Unterschrift, so ist der Grund hierfür anzugeben.

(5) Bei der Vernehmung von Sachverständigen sind die Bestimmungen der Absätze 3 und 4 entsprechend anzuwenden.

(6) [1]Die Kartellbehörde kann das Amtsgericht um die Beeidigung von Zeugen ersuchen, wenn sie die Beeidigung zur Herbeiführung einer wahrheitsgemäßen Aussage für notwendig erachtet. [2]Über die Beeidigung entscheidet das Gericht.

§ 58 Beschlagnahme

(1) [1]Die Bediensteten der Kartellbehörde können <u>Gegenstände, die als Beweismittel für die Ermittlung von Bedeutung sein können,</u> beschlagnahmen. [2]Die Beschlagnahme ist dem davon Betroffenen unverzüglich bekannt zu machen.

(2) Die Kartellbehörde soll binnen drei Tagen die gerichtliche Bestätigung bei dem Amtsgericht, in dessen Bezirk sie ihren Sitz hat, beantragen, wenn bei der Beschlagnahme weder der davon Betroffene noch ein erwachsener Angehöriger anwesend war oder wenn der Betroffene und im Fall seiner Abwesenheit ein erwachsener Angehöriger des Betroffenen gegen die Beschlagnahme ausdrücklich Widerspruch erhoben hat.

(3) [1]Der Betroffene kann gegen die Beschlagnahme jederzeit die richterliche Entscheidung nachsuchen. [2]Hierüber ist er zu belehren. [3]Über den Antrag entscheidet das nach Absatz 2 zuständige Gericht.

(4) [1]Gegen die richterliche Entscheidung ist die Beschwerde zulässig. [2]Die §§ 306 bis 310 und 311a der Strafprozessordnung gelten entsprechend.

§ 59 Auskunftsverlangen

(1) [1]Soweit es zur Erfüllung der in diesem Gesetz der Kartellbehörde übertragenen Aufgaben erforderlich ist, kann die Kartellbehörde bis zum Eintritt der Bestandskraft ihrer Entscheidung von Unternehmen und Unternehmensvereinigungen die Erteilung von Auskünften sowie die Herausgabe von Unterlagen verlangen. [2]Die Unternehmen und Unternehmensvereinigungen sind verpflichtet, diese innerhalb einer angemessenen Frist zu erteilen oder herauszugeben. [3]Die Verpflichtung erstreckt sich auf alle Informationen und Unterlagen, die dem Unternehmen oder der Unternehmensvereinigung zugänglich sind. [4]Dies umfasst auch allgemeine Marktstudien, die der Einschätzung oder Analyse der Wettbewerbsbedingungen oder der Marktlage dienen und sich im Besitz des Unternehmens oder der Unternehmensvereinigung befinden. [5]Die Verpflichtung gilt auch für die näheren Umstände des Postverkehrs. [6]Das Postgeheimnis nach Artikel 10 des Grundgesetzes wird insoweit eingeschränkt. [7]Die Kartellbehörde kann vorgeben, in welcher Form die Auskünfte zu erteilen sind; insbesondere kann sie vorgeben, dass eine Internetplattform zur Eingabe der Informationen verwendet werden muss. [8]Vertreter des Unternehmens oder der Unternehmensvereinigung können von der Kartellbehörde zu einer Befragung bestellt werden. [9]Gegenüber juristischen Personen sowie Personenvereinigungen, die keine Unternehmen oder Unternehmensvereinigungen sind, gelten die Sätze 1 bis 8 entsprechend.

(2) [1]Die Inhaber der Unternehmen und ihre Vertretung sowie bei juristischen Personen und Personenvereinigungen auch die zur Vertretung berufenen Personen sind verpflichtet, die verlangten Auskünfte im Namen des Unternehmens, der Unternehmensvereinigung oder der juristischen Person oder Personenvereinigung zu erteilen und die verlangten Unterlagen herauszugeben. [2]Gegenüber der Kartellbehörde ist eine für die Erteilung der Auskünfte verantwortliche Leitungsperson zu benennen.

(3) [1]Das Auskunftsverlangen muss verhältnismäßig sein. [2]Es darf den Adressaten nicht zum Geständnis einer Straftat, einer Ordnungswidrigkeit oder einer Zuwiderhandlung gegen eine Vorschrift dieses Gesetzes oder gegen Artikel 101 oder 102 des Vertrages über die Arbeitsweise der Europäischen Union zwingen. [3]Soweit natürliche Personen aufgrund von Auskunftsverlangen nach den Absätzen 1 und 2 zur Mitwirkung in Form der Erteilung von Auskünften oder der Herausgabe von Unterlagen verpflichtet sind, müssen sie, falls

die Informationserlangung auf andere Weise wesentlich erschwert oder nicht zu erwarten ist, auch Tatsachen offenbaren, die geeignet sind, eine Verfolgung wegen einer Straftat oder einer Ordnungswidrigkeit herbeizuführen. [4]Jedoch darf eine Auskunft, die die natürliche Person infolge ihrer Verpflichtung nach Absatz 1 und 2 erteilt, in einem Strafverfahren oder in einem Verfahren nach diesem Gesetz oder dem Gesetz über Ordnungswidrigkeiten nur mit Zustimmung der betreffenden natürlichen Person gegen diese oder einen in § 52 Absatz 1 der Strafprozessordnung bezeichneten Angehörigen verwendet werden.

(4) [1]Absatz 1 Satz 1 bis 6 und Absatz 3 Satz 1 gelten entsprechend für Auskunftsverlangen, die an natürliche Personen gerichtet werden. [2]Insoweit ist § 55 der Strafprozessordnung entsprechend anzuwenden, es sei denn, dass die Auskunft nur die Gefahr der Verfolgung im kartellbehördlichen Bußgeldverfahren begründet und die Kartellbehörde der natürlichen Person im Rahmen ihres pflichtgemäßen Ermessens eine Nichtverfolgungszusage erteilt hat.

(5) [1]Das Bundesministerium für Wirtschaft und Energie oder die oberste Landesbehörde fordert die Auskunft durch schriftliche Einzelverfügung, das Bundeskartellamt fordert sie durch Beschluss an. [2]Darin sind die Rechtsgrundlage, der Gegenstand und der Zweck des Auskunftsverlangens anzugeben und eine angemessene Frist zur Erteilung der Auskunft ist zu bestimmen.

§ 59a Prüfung von geschäftlichen Unterlagen

(1) Soweit es zur Erfüllung der in diesem Gesetz der Kartellbehörde übertragenen Aufgaben erforderlich ist, kann die Kartellbehörde bis zum Eintritt der Bestandskraft ihrer Entscheidung bei Unternehmen und Unternehmensvereinigungen innerhalb der üblichen Geschäftszeiten die geschäftlichen Unterlagen einsehen und prüfen.

(2) Die Inhaber der Unternehmen und ihre Vertretung sowie bei juristischen Personen und Personenvereinigungen auch die zur Vertretung berufenen Personen sind verpflichtet, die geschäftlichen Unterlagen zur Einsichtnahme und Prüfung vorzulegen und die Prüfung dieser geschäftlichen Unterlagen sowie das Betreten von Geschäftsräumen und -grundstücken zu dulden.

(3) Personen, die von der Kartellbehörde mit der Vornahme von Prüfungen beauftragt werden, dürfen die Räume der Unternehmen und Vereinigungen von Unternehmen betreten.

(4) Das Grundrecht des Artikels 13 des Grundgesetzes wird durch die Absätze 2 und 3 eingeschränkt.

(5) [1]Das Bundesministerium für Wirtschaft und Energie oder die oberste Landesbehörde ordnet die Prüfung durch schriftliche Einzelverfügung, das Bundeskartellamt ordnet sie durch Beschluss mit Zustimmung des Präsidenten an. [2]In der Anordnung sind Zeitpunkt, Rechtsgrundlage, Gegenstand und Zweck der Prüfung anzugeben.

§ 59b Durchsuchungen

(1) [1]Zur Erfüllung der ihr in diesem Gesetz übertragenen Aufgaben kann die Kartellbehörde Geschäftsräume, Wohnungen, Grundstücke und Sachen durchsuchen, wenn zu vermuten ist, dass sich dort Unterlagen befinden, die die Kartellbehörde nach den §§ 59 und 59a einsehen, prüfen oder herausverlangen darf. [2]Das

Grundrecht des Artikels 13 des Grundgesetzes wird insofern eingeschränkt. [3]§ 104 Absatz 1 und 3 der Strafprozessordnung gilt entsprechend.

(2) [1]Durchsuchungen können nur auf Anordnung des Amtsrichters des Gerichts, in dessen Bezirk die Kartellbehörde ihren Sitz hat, vorgenommen werden. [2]Auf die Anfechtung dieser Anordnung sind die §§ 306 bis 310 und 311a der Strafprozessordnung entsprechend anzuwenden. [3]Bei Gefahr im Verzuge können die von der Kartellbehörde mit der Durchsuchung beauftragten Personen während der Geschäftszeit die erforderlichen Durchsuchungen ohne richterliche Anordnung vornehmen.

(3) [1]Die Bediensteten der Kartellbehörde sowie von dieser ermächtigte oder benannte Personen sind insbesondere befugt,

1. sämtliche Bücher und Geschäftsunterlagen, unabhängig davon, in welcher Form sie vorhanden oder gespeichert sind, zu prüfen und Zugang zu allen Informationen zu erlangen, die für den von der Durchsuchung Betroffenen zugänglich sind,

2. betriebliche Räumlichkeiten, Bücher und Unterlagen jeder Art für die Dauer und in dem Ausmaß zu versiegeln, wie es für den Zweck der Durchsuchung erforderlich ist, und

3. bei der Durchsuchung von Unternehmen oder Unternehmensvereinigungen von allen Vertretern oder Mitarbeitern des Unternehmens oder der Unternehmensvereinigung Informationen, die den Zugang zu Beweismitteln ermöglichen könnten, sowie Erläuterungen zu Fakten oder Unterlagen, die mit dem Gegenstand und dem Zweck der Durchsuchung in Verbindung stehen könnten, zu verlangen und ihre Antworten zu Protokoll zu nehmen; das Verlangen muss unter ausdrücklichem Hinweis auf die Pflicht zur Mitwirkung erfolgen und ist in das Protokoll aufzunehmen.

[2]Soweit natürliche Personen nach Satz 1 Nummer 3 zur Mitwirkung in Form der Erteilung von Informationen verpflichtet sind, müssen sie, falls die Informationserlangung auf andere Weise wesentlich erschwert oder nicht zu erwarten ist, auch Tatsachen offenbaren, die geeignet sind, eine Verfolgung wegen einer Straftat oder einer Ordnungswidrigkeit herbeizuführen. [3]Jedoch darf eine Auskunft, die die natürliche Person infolge ihrer Verpflichtung nach Satz 1 Nummer 3 erteilt, in einem Strafverfahren oder in einem Verfahren nach diesem Gesetz oder dem Gesetz über Ordnungswidrigkeiten nur mit Zustimmung der betreffenden natürlichen Person gegen diese oder einen in § 52 Absatz 1 der Strafprozessordnung bezeichneten Angehörigen verwendet werden.

(4) An Ort und Stelle ist eine Niederschrift über die Durchsuchung und ihr wesentliches Ergebnis aufzunehmen, aus der sich, falls keine richterliche Anordnung ergangen ist, auch die Tatsachen ergeben, die zur Annahme einer Gefahr im Verzuge geführt haben.

(5) [1]§ 108 Absatz 1 und § 110 der Strafprozessordnung gelten entsprechend. [2]Die Betroffenen haben die Durchsuchung zu dulden. [3]Die Duldung kann im Fall der Durchsuchung von Geschäftsräumen sowie geschäftlich genutzten Grundstücken und Sachen gegenüber Unternehmen und Unternehmensvereinigungen mit einem Zwangsgeld entsprechend § 86a durchgesetzt werden.

§ 60 Einstweilige Anordnungen

Die Kartellbehörde kann bis zur endgültigen Entscheidung über

1. eine Verfügung nach § 31b Absatz 3, § 40 Absatz 2, § 41 Absatz 3 oder einen Widerruf oder eine Änderung einer Freigabe nach § 40 Absatz 3a,
2. eine Erlaubnis nach § 42 Absatz 1, ihren Widerruf oder ihre Änderung nach § 42 Absatz 2 Satz 2 in Verbindung mit § 40 Absatz 3a,
3. eine Verfügung nach § 26 Absatz 4, § 30 Absatz 3 oder § 34 Absatz 1

einstweilige Anordnungen zur Regelung eines einstweiligen Zustandes treffen.

§ 61 Verfahrensabschluss, Begründung der Verfügung, Zustellung

(1) [1]Verfügungen der Kartellbehörde sind zu begründen und mit einer Belehrung über das zulässige Rechtsmittel den Beteiligten nach den Vorschriften des Verwaltungszustellungsgesetzes zuzustellen. [2]§ 5 Absatz 4 des Verwaltungszustellungsgesetzes und § 178 Absatz 1 Nummer 2 der Zivilprozessordnung sind auf Unternehmen und Vereinigungen von Unternehmen sowie auf Auftraggeber im Sinne des § 98 entsprechend anzuwenden. [3]Verfügungen, die gegenüber einem Unternehmen mit Sitz außerhalb des Geltungsbereichs dieses Gesetzes ergehen, stellt die Kartellbehörde der im Inland ansässigen Person zu, die das Unternehmen dem Bundeskartellamt als zustellungsbevollmächtigt benannt hat. [4]Hat das Unternehmen keine zustellungsbevollmächtigte Person benannt und ist bei Unternehmen oder Vereinigungen von Unternehmen mit Sitz innerhalb der Europäischen Union keine Zustellung nach § 50b möglich oder verspricht diese keinen Erfolg, so stellt die Kartellbehörde die Verfügungen durch Bekanntmachung im Bundesanzeiger zu.

(2) Soweit ein Verfahren nicht mit einer Verfügung abgeschlossen wird, die den Beteiligten nach Absatz 1 zugestellt wird, ist seine Beendigung den Beteiligten schriftlich oder elektronisch mitzuteilen.

(3) [1]Verfügungen der Kartellbehörde nach § 30 Absatz 3, § 31b Absatz 3, den §§ 32 bis 32b und 32d sind im Bundesanzeiger bekannt zu machen. [2]Entscheidungen nach § 32c Absatz 1 können von der Kartellbehörde veröffentlicht werden.

§ 62 Gebührenpflichtige Handlungen

(1) [1]Im Verfahren vor der Kartellbehörde werden Kosten (Gebühren und Auslagen) zur Deckung des Verwaltungsaufwandes erhoben. [2]Als individuell zurechenbare öffentliche Leistungen sind gebührenpflichtig (gebührenpflichtige Handlungen):

1. Anmeldungen nach § 31a Absatz 1 und § 39 Absatz 1; bei von der Europäischen Kommission an das Bundeskartellamt verwiesenen Zusammenschlüssen steht der Verweisungsantrag an die Europäische Kommission oder die Anmeldung bei der Europäischen Kommission der Anmeldung nach § 39 Absatz 1 gleich;
2. Amtshandlungen aufgrund der §§ 19a, 26, 30 Absatz 3, des § 31b Absatz 1 und 3, der §§ 32 bis 32d, 34 - jeweils auch in Verbindung mit den §§ 50 bis 50f - und der §§ 36, 39, 40, 41, 42 und 60;
3. Einstellungen des Entflechtungsverfahrens nach § 41 Absatz 3;
4. Erteilung von beglaubigten Abschriften aus den Akten der Kartellbehörde;

5. Gewährung von Einsicht in kartellbehördliche Akten oder die Erteilung von Auskünften daraus nach § 56 Absatz 5 oder nach § 406e oder 475 der Strafprozessordnung.

[3]Daneben werden als Auslagen die Kosten der Veröffentlichungen, der öffentlichen Bekanntmachungen und von weiteren Ausfertigungen, Kopien und Auszügen sowie die in entsprechender Anwendung des Justizvergütungs- und -entschädigungsgesetzes zu zahlenden Beträge erhoben. [4]Auf die Gebühr für die Freigabe oder Untersagung eines Zusammenschlusses nach § 36 Absatz 1 sind die Gebühren für die Anmeldung eines Zusammenschlusses nach § 39 Absatz 1 anzurechnen.

(2) [1]Die Höhe der Gebühren bestimmt sich nach dem personellen und sachlichen Aufwand der Kartellbehörde unter Berücksichtigung der wirtschaftlichen Bedeutung, die der Gegenstand der gebührenpflichtigen Handlung hat. [2]Die Gebührensätze dürfen jedoch nicht übersteigen:

1. 50.000 Euro in den Fällen der §§ 36, 39, 40, 41 Absatz 3 und 4 und des § 42;
2. 25.000 Euro in den Fällen der §§ 19a, 31b Absatz 3, der §§ 32 und 32b Absatz 1 sowie des § 32c Absatz 1 und der §§ 32d, 34 und 41 Absatz 2 Satz 1 und 2;
3. 5.000 Euro in den Fällen der Gewährung von Einsicht in kartellbehördliche Akten oder der Erteilung von Auskünften daraus nach § 56 Absatz 5 oder nach § 406e oder 475 der Strafprozessordnung;
4. 5.000 Euro in den Fällen des § 26 Absatz 1 und 2, des § 30 Absatz 3, des § 31a Absatz 1 und des § 31b Absatz 1;
5. 17,50 Euro für die Erteilung beglaubigter Abschriften nach Absatz 1 Satz 2 Nummer 4 sowie
6. folgende Beträge:
   a) in den Fällen des § 40 Absatz 3a auch in Verbindung mit § 41 Absatz 2 Satz 3 und § 42 Absatz 2 Satz 2 den Betrag für die Freigabe, Befreiung oder Erlaubnis,
   b) 250 Euro für Verfügungen in Bezug auf Vereinbarungen oder Beschlüsse der in § 28 Absatz 1 bezeichneten Art,
   c) im Fall des § 26 Absatz 4 den Betrag für die Entscheidung nach § 26 Absatz 1,
   d) in den Fällen der §§ 32a und 60 ein Fünftel der Gebühr in der Hauptsache.

[3]Ist der personelle oder sachliche Aufwand der Kartellbehörde unter Berücksichtigung des wirtschaftlichen Wertes der gebührenpflichtigen Handlung im Einzelfall außergewöhnlich hoch, kann die Gebühr bis auf das Doppelte erhöht werden. [4]Aus Gründen der Billigkeit kann die unter Berücksichtigung der Sätze 1 bis 3 ermittelte Gebühr bis auf ein Zehntel ermäßigt werden.

(3) Zur Abgeltung mehrfacher gleichartiger Amtshandlungen oder gleichartiger Anmeldungen desselben Gebührenschuldners können Pauschgebührensätze, die den geringen Umfang des Verwaltungsaufwandes berücksichtigen, vorgesehen werden.

(4) [1]Gebühren dürfen nicht erhoben werden

1. für mündliche und schriftliche Auskünfte und Anregungen;
2. wenn sie bei richtiger Behandlung der Sache nicht entstanden wären;

3. in den Fällen des § 42, wenn die vorangegangene Verfügung des Bundeskartellamts nach § 36 Absatz 1 oder § 41 Absatz 3 aufgehoben worden ist.

²Nummer 1 findet keine Anwendung, soweit Auskünfte aus einer kartellbehördlichen Akte nach § 56 Absatz 5 oder nach § 406e oder 475 der Strafprozessordnung erteilt werden.

(5) ¹Wird ein Antrag zurückgenommen, bevor darüber entschieden ist, so ist die Hälfte der Gebühr zu entrichten. ²Das gilt auch, wenn die Anmeldung eines Zusammenschlusses zurückgenommen wird, bevor ein Hauptprüfverfahren eingeleitet wurde.

(6) ¹Kostenschuldner ist

1. in den Fällen des Absatzes 1 Satz 2 Nummer 1, wer eine Anmeldung oder einen Verweisungsantrag eingereicht hat;

2. in den Fällen des Absatzes 1 Satz 2 Nummer 2, wer durch einen Antrag oder eine Anmeldung die Tätigkeit der Kartellbehörde veranlasst hat, oder derjenige, gegen den eine Verfügung der Kartellbehörde ergangen ist;

3. in den Fällen des Absatzes 1 Satz 2 Nummer 3, wer nach § 39 Absatz 2 zur Anmeldung verpflichtet war;

4. in den Fällen des Absatzes 1 Satz 2 Nummer 4, wer die Herstellung der Abschriften veranlasst hat;

5. in den Fällen des Absatzes 1 Satz 2 Nummer 5, wer die Gewährung von Einsicht in kartellbehördliche Akten oder die Erteilung von Auskünften daraus nach § 56 Absatz 5 oder nach § 406e oder 475 der Strafprozessordnung beantragt hat.

²Kostenschuldner ist auch, wer die Zahlung der Kosten durch eine vor der Kartellbehörde abgegebene oder ihr mitgeteilte Erklärung übernommen hat oder wer für die Kostenschuld eines anderen kraft Gesetzes haftet. ³Mehrere Kostenschuldner haften als Gesamtschuldner.

(7) ¹Der Anspruch auf Zahlung der Gebühren verjährt in vier Jahren nach der Gebührenfestsetzung. ²Der Anspruch auf Erstattung der Auslagen verjährt in vier Jahren nach ihrer Entstehung.

(8) ¹Die Bundesregierung wird ermächtigt, durch Rechtsverordnung, die der Zustimmung des Bundesrates bedarf, die Gebührensätze und die Erhebung der Gebühren vom Kostenschuldner in Durchführung der Vorschriften der Absätze 1 bis 6 sowie die Erstattung von Auslagen nach Absatz 1 Satz 3 zu regeln. ²Sie kann dabei auch Vorschriften über die Kostenbefreiung von juristischen Personen des öffentlichen Rechts, über die Verjährung sowie über die Kostenerhebung erlassen.

(9) Durch Rechtsverordnung der Bundesregierung, die der Zustimmung des Bundesrates bedarf, wird das Nähere über die Erstattung der durch das Verfahren vor der Kartellbehörde entstehenden Kosten nach den Grundsätzen des § 71 bestimmt.

Abschnitt 2: Gemeinsame Bestimmungen für Rechtsbehelfsverfahren

§ 63 Beteiligte am Rechtsbehelfsverfahren

(1) Verfügungen An dem Rechtsbehelfsverfahren sind beteiligt:

1. der Rechtsbehelfsführer,
2. die Kartellbehörde, deren Verfügung angefochten wird,
3. Personen und Personenvereinigungen, deren Interessen durch die Entscheidung erheblich berührt werden und die die Kartellbehörde auf ihren Antrag zu dem Verfahren beigeladen hat.

(2) Richtet sich der Rechtsbehelf gegen eine Verfügung einer obersten Landesbehörde oder einen Beschluss des Beschwerdegerichts, der eine solche Verfügung betrifft, ist auch das Bundeskartellamt an dem Verfahren beteiligt.

(3) Fähig, am Rechtsbehelfsverfahren beteiligt zu sein, sind außer natürlichen und juristischen Personen auch nichtrechtsfähige Personenvereinigungen.

§ 64 Anwaltszwang

¹Beteiligten müssen sich durch einen Rechtsanwalt als Bevollmächtigten vertreten lassen. ²Die Kartellbehörde kann sich durch ein Mitglied der Behörde vertreten lassen.

§ 65 Mündliche Verhandlung

(1) Das Gericht entscheidet über die Beschwerde und über die Rechtsbeschwerde aufgrund mündlicher Verhandlung; mit Einverständnis der Beteiligten kann ohne mündliche Verhandlung entschieden werden.

(2) Sind die Beteiligten in dem Verhandlungstermin trotz rechtzeitiger Ladung nicht erschienen oder ordnungsgemäß vertreten, so kann gleichwohl in der Sache verhandelt und entschieden werden.

§ 66 Aufschiebende Wirkung

(1) Rechtsbehelfe haben aufschiebende Wirkung, soweit durch die angefochtene Verfügung

1. eine Verfügung nach § 26 Absatz 4, § 30 Absatz 3, § 31b Absatz 3, § 32 Absatz 2a Satz 1, § 32f Absatz 3 Satz 6 und Absatz 4 oder § 34 Absatz 1 getroffen wird oder
2. eine Erlaubnis nach § 42 Absatz 2 Satz 2 in Verbindung mit § 40 Absatz 3a widerrufen oder geändert wird,

oder soweit der angefochtene Beschluss des Beschwerdegerichts eine solche Verfügung betrifft.

(2) ¹Wird eine Verfügung, durch die eine einstweilige Anordnung nach § 60 getroffen wurde, angefochten, so kann das Gericht im Rechtsbehelfsverfahren anordnen, dass die Vollziehung der angefochtenen Verfügung ganz oder teilweise ausgesetzt wird. ²Die Anordnung kann jederzeit aufgehoben oder geändert werden.

§ 67 Anordnung der sofortigen Vollziehung

(1) Die Kartellbehörde kann in den Fällen des § 66 Absatz 1 die sofortige Vollziehung der Verfügung anordnen, wenn dies im öffentlichen Interesse oder im überwiegenden Interesse eines Beteiligten geboten ist.

(2) Die Anordnung nach Absatz 1 kann bereits vor der Einreichung der Beschwerde getroffen werden.

(3) ¹Auf Antrag kann das Gericht der Hauptsache die aufschiebende Wirkung ganz oder teilweise wiederherstellen, wenn

1. die Voraussetzungen für die Anordnung nach Absatz 1 nicht vorgelegen haben oder nicht mehr vorliegen oder

2. ernstliche Zweifel an der Rechtmäßigkeit der angefochtenen Verfügung bestehen oder

3. die Vollziehung für den Betroffenen eine unbillige, nicht durch überwiegende öffentliche Interessen gebotene Härte zur Folge hätte.

²In den Fällen, in denen der Rechtsbehelf keine aufschiebende Wirkung hat, kann die Kartellbehörde die Vollziehung aussetzen; die Aussetzung soll erfolgen, wenn die Voraussetzungen des Satzes 1 Nummer 3 vorliegen. ³Das Gericht der Hauptsache kann auf Antrag die aufschiebende Wirkung ganz oder teilweise anordnen, wenn die Voraussetzungen des Satzes 1 Nummer 2 oder 3 vorliegen. ⁴Hat ein Dritter einen Rechtsbehelf gegen eine Verfügung nach § 40 Absatz 2 eingelegt, ist der Antrag des Dritten auf Erlass einer Anordnung nach Satz 3 nur zulässig, wenn dieser geltend macht, durch die Verfügung in seinen Rechten verletzt zu sein.

(4) ¹Der Antrag nach Absatz 3 Satz 1 oder 3 ist schon vor Einreichung der Beschwerde zulässig. ²Die Tatsachen, auf die der Antrag gestützt wird, sind vom Antragsteller glaubhaft zu machen. ³Ist die Verfügung im Zeitpunkt der Entscheidung schon vollzogen, kann das Gericht auch die Aufhebung der Vollziehung anordnen. ⁴Die Wiederherstellung und die Anordnung der aufschiebenden Wirkung können von der Leistung einer Sicherheit oder von anderen Auflagen abhängig gemacht werden. ⁵Sie können auch befristet werden.

(5) Beschlüsse über Anträge nach Absatz 3 können jederzeit geändert oder aufgehoben werden.

§ 68 Einstweilige Anordnungen im Rechtsbehelfsverfahren

¹§ 60 gilt für Rechtsbehelfsverfahren entsprechend. ²Dies gilt nicht für die Fälle des § 67. ³Für den Erlass einstweiliger Anordnungen im Rechtsbehelfsverfahren ist das Gericht der Hauptsache zuständig.

§ 69 Abhilfe bei Verletzung des Anspruchs auf rechtliches Gehör

(1) ¹Auf die Rüge eines durch eine gerichtliche Entscheidung beschwerten Beteiligten ist das Verfahren fortzuführen, wenn

1. ein Rechtsmittel oder ein anderer Rechtsbehelf gegen die Entscheidung nicht gegeben ist und

2. das Gericht den Anspruch dieses Beteiligten auf rechtliches Gehör in entscheidungserheblicher Weise verletzt hat.

²Gegen eine der Endentscheidung vorausgehende Entscheidung findet die Rüge nicht statt.

(2) ¹Die Rüge ist innerhalb von zwei Wochen nach Kenntnis von der Verletzung des rechtlichen Gehörs zu erheben; der Zeitpunkt der Kenntniserlangung ist glaubhaft zu machen. ²Nach Ablauf eines Jahres seit Bekanntgabe der angegriffenen Entscheidung kann die Rüge nicht mehr erhoben werden. ³Formlos mitgeteilte Entscheidungen gelten mit dem vierten Tage nach Aufgabe zur Post als bekannt gegeben. ⁴Die Rüge ist schriftlich oder zur Niederschrift des Urkundsbeamten der Geschäftsstelle bei dem Gericht zu erheben, dessen Entscheidung angegriffen wird. ⁵Die Rüge soll die angegriffene Entscheidung bezeichnen und das Vorliegen der in Absatz 1 Satz 1 Nummer 2 genannten Voraussetzung darlegen.

(3) Den übrigen Beteiligten ist, soweit erforderlich, Gelegenheit zur Stellungnahme zu geben.

(4) [1]Ist die Rüge nicht statthaft oder nicht in der gesetzlichen Form oder Frist erhoben, so ist sie als unzulässig zu verwerfen. [2]Ist die Rüge unbegründet, weist das Gericht sie zurück. [3]Die Entscheidung ergeht durch unanfechtbaren Beschluss. [4]Der Beschluss soll kurz begründet werden.

(5) [1]Ist die Rüge begründet, so hilft ihr das Gericht ab, indem es das Verfahren fortführt, soweit dies aufgrund der Rüge geboten ist. [2]Das Verfahren wird in die Lage zurückversetzt, in der es sich vor dem Schluss der mündlichen Verhandlung befand. [3]Im schriftlichen Verfahren tritt an die Stelle des Schlusses der mündlichen Verhandlung der Zeitpunkt, bis zu dem Schriftsätze eingereicht werden können. [4]Für den Ausspruch des Gerichts ist § 343 der Zivilprozessordnung anzuwenden.

(6) § 149 Absatz 1 Satz 2 der Verwaltungsgerichtsordnung ist entsprechend anzuwenden.

§ 70 Akteneinsicht

(1) [1]Die in § 63 Absatz 1 Nummer 1 und 2 und Absatz 2 bezeichneten Beteiligten können die Akten des Gerichts einsehen und sich durch die Geschäftsstelle auf ihre Kosten Ausfertigungen, Auszüge und Abschriften erstellen lassen. [2]§ 299 Absatz 3 der Zivilprozessordnung gilt entsprechend.

(2) [1]Einsicht in Vorakten, Beiakten, Gutachten und Auskünfte ist nur mit Zustimmung der Stellen zulässig, denen die Akten gehören oder die die Äußerung eingeholt haben. [2]Die Kartellbehörde hat die Zustimmung zur Einsicht in die ihr gehörenden Unterlagen zu versagen, soweit dies aus wichtigen Gründen, insbesondere zur Wahrung von Betriebs- oder Geschäftsgeheimnissen, geboten ist. [3]Wird die Einsicht abgelehnt oder ist sie unzulässig, dürfen diese Unterlagen der Entscheidung nur insoweit zugrunde gelegt werden, als ihr Inhalt vorgetragen worden ist. [4]Das Gericht kann die Offenlegung von Tatsachen oder Beweismitteln, deren Geheimhaltung aus wichtigen Gründen, insbesondere zur Wahrung von Betriebs- oder Geschäftsgeheimnissen, verlangt wird, nach Anhörung des von der Offenlegung Betroffenen durch Beschluss anordnen, soweit es für die Entscheidung auf diese Tatsachen oder Beweismittel ankommt, andere Möglichkeiten der Sachaufklärung nicht bestehen und nach Abwägung aller Umstände des Einzelfalles die Bedeutung der Sache für die Sicherung des Wettbewerbs das Interesse des Betroffenen an der Geheimhaltung überwiegt. [5]Der Beschluss ist zu begründen. [6]In dem Verfahren nach Satz 4 muss sich der Betroffene nicht anwaltlich vertreten lassen.

(3) Den in § 63 Absatz 1 Nummer 3 bezeichneten Beteiligten kann das Gericht nach Anhörung des Verfügungsberechtigten Akteneinsicht in gleichem Umfang gewähren.

§ 71 Kostentragung und -festsetzung

[1]Das Gericht kann anordnen, dass die Kosten, die zur zweckentsprechenden Erledigung der Angelegenheit notwendig waren, von einem Beteiligten ganz oder teilweise zu erstatten sind, wenn dies der Billigkeit entspricht. [2]Hat ein Beteiligter Kosten durch ein unbegründetes Rechtsmittel oder durch grobes Verschulden veranlasst, so sind ihm die Kosten aufzuerlegen. [3]Im Übrigen gelten die Vorschriften der Zivilprozessordnung über das Kostenfestsetzungsverfahren und die Zwangsvollstreckung aus Kostenfestsetzungsbeschlüssen entsprechend.

§ 71a (aufgehoben)

§ 72 Geltung von Vorschriften des Gerichtsverfassungsgesetzes und der Zivilprozessordnung

Soweit nichts anderes bestimmt ist, gelten entsprechend

1. die Vorschriften der §§ 169 bis 201 des Gerichtsverfassungsgesetzes über Öffentlichkeit, Sitzungspolizei, Gerichtssprache, Beratung und Abstimmung sowie über den Rechtsschutz bei überlangen Gerichtsverfahren;

2. die Vorschriften der Zivilprozessordnung über Ausschließung und Ablehnung eines Richters, über Prozessbevollmächtigte und Beistände, über die Zustellung von Amts wegen, über Ladungen, Termine und Fristen, über die Anordnung des persönlichen Erscheinens der Parteien, über die Verbindung mehrerer Prozesse, über die Erledigung des Zeugen- und Sachverständigenbeweises sowie über die sonstigen Arten des Beweisverfahrens, über die Wiedereinsetzung in den vorigen Stand gegen die Versäumung einer Frist sowie über den elektronischen Rechtsverkehr.

Abschnitt 3: Beschwerde

§ 73 Zulässigkeit, Zuständigkeit

(1) [1]Gegen Verfügungen der Kartellbehörde ist die Beschwerde zulässig. [2]Sie kann auch auf neue Tatsachen und Beweismittel gestützt werden.

(2) [1]Die Beschwerde steht den am Verfahren vor der Kartellbehörde Beteiligten im Sinne des § 54 Absatz 2 und 3 zu. [2]Gegen eine Verfügung, durch die eine Erlaubnis nach § 42 erteilt wird, steht die Beschwerde einem Dritten nur zu, wenn er geltend macht, durch die Verfügung in seinen Rechten verletzt zu sein.

(3) [1]Die Beschwerde ist auch gegen die Unterlassung einer beantragten Verfügung der Kartellbehörde zulässig, auf deren Vornahme der Antragsteller ein Recht zu haben behauptet. [2]Als Unterlassung gilt es auch, wenn die Kartellbehörde den Antrag auf Vornahme der Verfügung ohne zureichenden Grund in angemessener Frist nicht beschieden hat. [3]Die Unterlassung ist dann einer Ablehnung gleichzuachten.

(4) [1]Über die Beschwerde entscheidet das für den Sitz der Kartellbehörde zuständige Oberlandesgericht, in den Fällen der §§ 35 bis 42 das für den Sitz des Bundeskartellamts zuständige Oberlandesgericht, und zwar auch dann, wenn sich die Beschwerde gegen eine Verfügung des Bundesministeriums für Wirtschaft und Energie richtet. [2]§ 36 der Zivilprozessordnung gilt entsprechend. [3]Für Streitigkeiten über Entscheidungen des Bundeskartellamts, die die freiwillige Vereinigung von Krankenkassen nach § 158 des Fünften Buches Sozialgesetzbuch betreffen, gilt § 202 Satz 3 des Sozialgerichtsgesetzes.

(5) Der Bundesgerichtshof entscheidet als Beschwerdegericht im ersten und letzten Rechtszug über sämtliche Streitigkeiten gegen Verfügungen des Bundeskartellamts

1. nach § 19a, auch in Verbindung mit §§ 19, 20 und Artikel 102 des Vertrages über die Arbeitsweise der Europäischen Union sowie § 32 Absatz 1, 2 und 3,

2. nach den §§ 32a und 32b, soweit diese Vorschriften auf Sachverhalte im Sinne des § 19a angewendet werden,

jeweils einschließlich aller selbständig anfechtbaren Verfahrenshandlungen.

§ 74 Frist und Form

(1) ¹Die Beschwerde ist binnen einer Frist von einem Monat bei der Kartellbehörde, deren Verfügung angefochten wird, schriftlich einzureichen. ²Die Frist beginnt mit der Zustellung der Verfügung der Kartellbehörde. ³Wird in den Fällen des § 36 Absatz 1 Antrag auf Erteilung einer Erlaubnis nach § 42 gestellt, so beginnt die Frist für die Beschwerde gegen die Verfügung des Bundeskartellamts mit der Zustellung der Verfügung des Bundesministeriums für Wirtschaft und Energie. ⁴Es genügt, wenn die Beschwerde innerhalb der Frist bei dem Beschwerdegericht eingeht.

(2) Ergeht entsprechend § 73 Absatz 3 Satz 2 auf einen Antrag keine Verfügung, so ist die Beschwerde an keine Frist gebunden.

(3) ¹Die Beschwerde ist innerhalb von zwei Monaten nach Zustellung der angefochtenen Verfügung zu begründen. ²Im Fall des Absatzes 1 Satz 3 beginnt die Frist mit der Zustellung der Verfügung des Bundesministeriums für Wirtschaft und Energie. ³Wird diese Verfügung angefochten, beginnt die Frist zu dem Zeitpunkt, zu dem die Untersagung unanfechtbar wird. ⁴Im Fall des Absatzes 2 beträgt die Frist einen Monat; sie beginnt mit der Einlegung der Beschwerde. ⁵Die Frist kann auf Antrag von dem oder der Vorsitzenden des Beschwerdegerichts verlängert werden.

(4) Die Beschwerdebegründung muss enthalten:

1. die Erklärung, inwieweit die Verfügung angefochten und ihre Abänderung oder Aufhebung beantragt wird,

2. die Angabe der Tatsachen und Beweismittel, auf die sich die Beschwerde stützt.

(5) Die Beschwerdeschrift und die Beschwerdebegründung müssen durch einen Rechtsanwalt unterzeichnet sein; dies gilt nicht für Beschwerden der Kartellbehörden.

§ 75 Untersuchungsgrundsatz

(1) Das Beschwerdegericht erforscht den Sachverhalt von Amts wegen.

(2) Der oder die Vorsitzende hat darauf hinzuwirken, dass Formfehler beseitigt, unklare Anträge erläutert, sachdienliche Anträge gestellt, ungenügende tatsächliche Angaben ergänzt, ferner alle für die Feststellung und Beurteilung des Sachverhalts wesentlichen Erklärungen abgegeben werden.

(3) ¹Das Beschwerdegericht kann den Beteiligten aufgeben, sich innerhalb einer zu bestimmenden Frist über aufklärungsbedürftige Punkte zu äußern, Beweismittel zu bezeichnen und in ihren Händen befindliche Urkunden sowie andere Beweismittel vorzulegen. ²Bei Versäumung der Frist kann nach Lage der Sache ohne Berücksichtigung der nicht beigebrachten Beweismittel entschieden werden.

(4) ¹Wird die Anforderung nach § 59 Absatz 5 oder die Anordnung nach § 59a Absatz 5 mit der Beschwerde angefochten, hat die Kartellbehörde die tatsächlichen Anhaltspunkte glaubhaft zu machen. ²§ 294 Absatz 1 der Zivilprozessordnung findet Anwendung. ³Eine Glaubhaftmachung ist nicht erforderlich, soweit § 20 voraussetzt, dass Unternehmen von Unternehmen in der Weise abhängig sind, dass ausreichende und zumutbare Ausweichmöglichkeiten nicht bestehen.

(5) Der Bundesgerichtshof kann in Verfahren nach § 73 Absatz 5 eine Stellungnahme der Monopolkommission einholen.

§ 76 Beschwerdeentscheidung

(1) [1]Das Beschwerdegericht entscheidet durch Beschluss nach seiner freien, aus dem Gesamtergebnis des Verfahrens gewonnenen Überzeugung. [2]Der Beschluss darf nur auf Tatsachen und Beweismittel gestützt werden, zu denen die Beteiligten sich äußern konnten. [3]Das Beschwerdegericht kann hiervon abweichen, soweit Beigeladenen aus wichtigen Gründen, insbesondere zur Wahrung von Betriebs- oder Geschäftsgeheimnissen, Akteneinsicht nicht gewährt und der Akteninhalt aus diesen Gründen auch nicht vorgetragen worden ist. [4]Dies gilt nicht für solche Beigeladene, die an dem streitigen Rechtsverhältnis derart beteiligt sind, dass die Entscheidung auch ihnen gegenüber nur einheitlich ergehen kann.

(2) [1]Hält das Beschwerdegericht die Verfügung der Kartellbehörde für unzulässig oder unbegründet, so hebt es diese auf. [2]Hat sich die Verfügung vorher durch Zurücknahme oder auf andere Weise erledigt, so spricht das Beschwerdegericht auf Antrag aus, dass die Verfügung der Kartellbehörde unzulässig oder unbegründet gewesen ist, wenn der Beschwerdeführer ein berechtigtes Interesse an dieser Feststellung hat.

(3) Hat sich eine Verfügung nach den §§ 32 bis 32b oder § 32d wegen nachträglicher Änderung der tatsächlichen Verhältnisse oder auf andere Weise erledigt, so spricht das Beschwerdegericht auf Antrag aus, ob, in welchem Umfang und bis zu welchem Zeitpunkt die Verfügung begründet gewesen ist.

(4) Hält das Beschwerdegericht die Ablehnung oder Unterlassung der Verfügung für unzulässig oder unbegründet, so spricht es die Verpflichtung der Kartellbehörde aus, die beantragte Verfügung vorzunehmen.

(5) [1]Die Verfügung ist auch dann unzulässig oder unbegründet, wenn die Kartellbehörde von ihrem Ermessen fehlsamen Gebrauch gemacht hat, insbesondere, wenn sie die gesetzlichen Grenzen des Ermessens überschritten oder durch die Ermessensentscheidung Sinn und Zweck dieses Gesetzes verletzt hat. [2]Die Würdigung der gesamtwirtschaftlichen Lage und Entwicklung ist hierbei der Nachprüfung des Gerichts entzogen.

(6) Der Beschluss ist zu begründen und mit einer Rechtsmittelbelehrung den Beteiligten zuzustellen.

Abschnitt 4: Rechtsbeschwerde und Nichtzulassungsbeschwerde

§ 77 Zulassung, absolute Rechtsbeschwerdegründe

(1) [1]Gegen Beschlüsse der Oberlandesgerichte findet die Rechtsbeschwerde an den Bundesgerichtshof statt, wenn das Oberlandesgericht die Rechtsbeschwerde zugelassen hat. [2]Für Beschlüsse des Landessozialgerichts in Streitigkeiten, die die freiwillige Vereinigung von Krankenkassen nach § 158 des Fünften Buches Sozialgesetzbuch betreffen, gilt § 202 Satz 3 des Sozialgerichtsgesetzes.

(2) Die Rechtsbeschwerde ist zuzulassen, wenn

    1.   eine Rechtsfrage von grundsätzlicher Bedeutung zu entscheiden ist oder

    2.   die Fortbildung des Rechts oder die Sicherung einer einheitlichen Rechtsprechung eine Entscheidung des Bundesgerichtshofs erfordert.

(3) [1]Über die Zulassung oder Nichtzulassung der Rechtsbeschwerde ist in der Entscheidung des Oberlandesgerichts zu befinden. [2]Die Nichtzulassung ist zu begründen.

(4) Einer Zulassung zur Einlegung der Rechtsbeschwerde gegen Entscheidungen des Beschwerdegerichts bedarf es nicht, wenn einer der folgenden Mängel des Verfahrens vorliegt und gerügt wird:

1. wenn das beschließende Gericht nicht vorschriftsmäßig besetzt war,
2. wenn bei der Entscheidung ein Richter mitgewirkt hat, der von der Ausübung des Richteramtes kraft Gesetzes ausgeschlossen oder wegen Besorgnis der Befangenheit mit Erfolg abgelehnt war,
3. wenn einem Beteiligten das rechtliche Gehör versagt war,
4. wenn ein Beteiligter im Verfahren nicht nach Vorschrift des Gesetzes vertreten war, sofern er nicht der Führung des Verfahrens ausdrücklich oder stillschweigend zugestimmt hat,
5. wenn die Entscheidung aufgrund einer mündlichen Verhandlung ergangen ist, bei der die Vorschriften über die Öffentlichkeit des Verfahrens verletzt worden sind, oder
6. wenn die Entscheidung nicht mit Gründen versehen ist.

§ 78 Nichtzulassungsbeschwerde

(1) Die Nichtzulassung der Rechtsbeschwerde kann von den am Beschwerdeverfahren Beteiligten durch Nichtzulassungsbeschwerde angefochten werden.

(2) [1]Über die Nichtzulassungsbeschwerde entscheidet der Bundesgerichtshof durch Beschluss, der zu begründen ist. [2]Der Beschluss kann ohne mündliche Verhandlung ergehen.

(3) [1]Die Nichtzulassungsbeschwerde ist binnen einer Frist von einem Monat schriftlich bei dem Oberlandesgericht einzulegen. [2]Die Frist beginnt mit der Zustellung der angefochtenen Entscheidung.

(4) [1]Die Nichtzulassungsbeschwerde ist innerhalb von zwei Monaten nach Zustellung der Entscheidung des Beschwerdegerichts zu begründen. [2]Die Frist kann auf Antrag von dem oder der Vorsitzenden verlängert werden. [3]In der Begründung der Nichtzulassungsbeschwerde müssen die Zulassungsgründe des § 77 Absatz 2 dargelegt werden.

(5) Die Nichtzulassungsbeschwerdeschrift und -begründung müssen durch einen Rechtsanwalt unterzeichnet sein; dies gilt nicht für Nichtzulassungsbeschwerden der Kartellbehörden.

(6) [1]Wird die Rechtsbeschwerde nicht zugelassen, so wird die Entscheidung des Oberlandesgerichts mit der Zustellung des Beschlusses des Bundesgerichtshofs rechtskräftig. [2]Wird die Rechtsbeschwerde zugelassen, so wird das Verfahren als Rechtsbeschwerdeverfahren fortgesetzt. [3]In diesem Fall gilt die form- und fristgerechte Einlegung der Nichtzulassungsbeschwerde als Einlegung der Rechtsbeschwerde. [4]Mit der Zustellung der Entscheidung beginnt die Frist für die Begründung der Rechtsbeschwerde.

§ 79 Rechtsbeschwerdeberechtigte, Form und Frist

(1) Die Rechtsbeschwerde steht den am Beschwerdeverfahren Beteiligten zu.

(2) [1]Die Rechtsbeschwerde kann nur darauf gestützt werden, dass die Entscheidung auf einer Verletzung des Rechts beruht; die §§ 546 und 547 der Zivilprozessordnung gelten entsprechend. [2]Die Rechtsbeschwerde

kann nicht darauf gestützt werden, dass die Kartellbehörde unter Verletzung des § 48 oder des § 50 Absatz 1 ihre Zuständigkeit zu Unrecht angenommen hat.

(3) ¹Die Rechtsbeschwerde ist binnen einer Frist von einem Monat schriftlich bei dem Oberlandesgericht einzulegen. ²Die Frist beginnt mit der Zustellung der angefochtenen Entscheidung.

(4) ¹Die Rechtsbeschwerde ist innerhalb von zwei Monaten nach Zustellung der Entscheidung des Beschwerdegerichts zu begründen. ²Die Frist kann auf Antrag von dem oder der Vorsitzenden verlängert werden. ³Die Begründung muss die Erklärung enthalten, inwieweit die Entscheidung des Beschwerdegerichts angefochten und ihre Abänderung oder Aufhebung beantragt wird. ⁴Ist die Rechtsbeschwerde aufgrund einer Nichtzulassungsbeschwerde zugelassen worden, kann zur Begründung der Rechtsbeschwerde auf die Begründung der Nichtzulassungsbeschwerde Bezug genommen werden.

(5) Die Rechtsbeschwerdeschrift und -begründung müssen durch einen Rechtsanwalt unterzeichnet sein; dies gilt nicht für Rechtsbeschwerden der Kartellbehörden.

(6) Der Bundesgerichtshof ist an die in der angefochtenen Entscheidung getroffenen tatsächlichen Feststellungen gebunden, außer, wenn in Bezug auf diese Feststellungen zulässige und begründete Rechtsbeschwerdegründe vorgebracht sind.

§ 80 Rechtsbeschwerdeentscheidung

(1) Der Bundesgerichtshof entscheidet durch Beschluss.

(2) Ist die Rechtsbeschwerde unzulässig, so verwirft sie der Bundesgerichtshof.

(3) Ist die Rechtsbeschwerde unbegründet, so weist der Bundesgerichtshof die Rechtsbeschwerde zurück.

(4) ¹Ist die Rechtsbeschwerde begründet, so kann der Bundesgerichtshof

1. in der Sache entsprechend § 76 Absatz 2 bis 5 selbst entscheiden,
2. den angefochtenen Beschluss aufheben und die Sache zur anderweitigen Verhandlung und Entscheidung zurückverweisen.

²Der Bundesgerichtshof verweist den Rechtsstreit zurück, wenn der im Rechtsbeschwerdeverfahren entsprechend § 142 Absatz 1 Satz 2 in Verbindung mit § 65 Absatz 2 der Verwaltungsgerichtsordnung Beigeladene ein berechtigtes Interesse daran hat.

(5) Ergibt die Begründung der Beschwerdeentscheidung zwar eine Rechtsverletzung, stellt sich die Beschwerdeentscheidung selbst aber aus anderen Gründen als richtig dar, so ist die Rechtsbeschwerde zurückzuweisen.

(6) Das Beschwerdegericht hat seiner Entscheidung nach einer Zurückverweisung die rechtliche Beurteilung des Bundesgerichtshofs zugrunde zu legen.

(7) Der Beschluss ist zu begründen und den Beteiligten zuzustellen.

Kapitel 2
Bußgeldsachen

Abschnitt 1: Bußgeldvorschriften

§ 81 Bußgeldtatbestände

(1) Ordnungswidrig handelt, wer gegen den Vertrag über die Arbeitsweise der Europäischen Union in der Fassung der Bekanntmachung vom 9. Mai 2008 (ABl. C 115 vom 9.5.2008, S. 47) verstößt, indem er vorsätzlich oder fahrlässig

1. entgegen Artikel 101 Absatz 1 eine Vereinbarung trifft, einen Beschluss fasst oder Verhaltensweisen aufeinander abstimmt oder

2. entgegen Artikel 102 Satz 1 eine beherrschende Stellung missbräuchlich ausnutzt.

(2) Ordnungswidrig handelt, wer vorsätzlich oder fahrlässig

1. einer Vorschrift der §§ 1, 19, 20 Absatz 1 bis 3 Satz 1, Absatz 3a oder Absatz 5, des § 21 Absatz 3 oder 4, des § 29 Satz 1 oder des § 41 Absatz 1 Satz 1 über das Verbot einer dort genannten Vereinbarung, eines dort genannten Beschlusses, einer aufeinander abgestimmten Verhaltensweise, des Missbrauchs einer marktbeherrschenden Stellung, des Missbrauchs einer Marktstellung oder einer überlegenen Marktmacht, einer unbilligen Behinderung oder unterschiedlichen Behandlung, der Ablehnung der Aufnahme eines Unternehmens, der Ausübung eines Zwangs, der Zufügung eines wirtschaftlichen Nachteils oder des Vollzugs eines Zusammenschlusses zuwiderhandelt,

2. einer vollziehbaren Anordnung nach

   a) § 19a Absatz 2, § 30 Absatz 3, § 31b Absatz 3 Nummer 1 und 3, § 32 Absatz 1, § 32a Absatz 1, § 32b Absatz 1 Satz 1, § 32f Absatz 3 Satz 6 oder Absatz 4 Satz 1, § 41 Absatz 4 Nummer 2, auch in Verbindung mit § 40 Absatz 3a Satz 2, auch in Verbindung mit § 41 Absatz 2 Satz 3 oder § 42 Absatz 2 Satz 2, oder § 60 oder

   b) § 39 Absatz 5 oder

   c) § 47d Absatz 1 Satz 2 in Verbindung mit einer Rechtsverordnung nach § 47f Nummer 1 oder

   d) § 47d Absatz 1 Satz 5 erster Halbsatz in Verbindung mit einer Rechtsverordnung nach § 47f Nummer 2

   zuwiderhandelt,

3. entgegen § 39 Absatz 1 einen Zusammenschluss nicht richtig oder nicht vollständig anmeldet,

4. entgegen § 39 Absatz 6 eine Anzeige nicht, nicht richtig, nicht vollständig oder nicht rechtzeitig erstattet,

5. einer vollziehbaren Auflage nach § 40 Absatz 3 Satz 1 oder § 42 Absatz 2 Satz 1 zuwiderhandelt,

5a. einer Rechtsverordnung nach § 47f Nummer 3 Buchstabe a, b oder c oder einer vollziehbaren Anordnung aufgrund einer solchen Rechtsverordnung zuwiderhandelt, soweit die Rechtsverordnung für einen bestimmten Tatbestand auf diese Bußgeldvorschrift verweist,

5b. entgegen § 47k Absatz 2 Satz 1, auch in Verbindung mit Satz 2, jeweils in Verbindung mit einer Rechtsverordnung nach § 47k Absatz 8 Satz 1 Nummer 1 oder Nummer 2, eine dort genannte Änderung oder Mengenangabe nicht, nicht richtig, nicht vollständig oder nicht rechtzeitig übermittelt,

6. entgegen § 59 Absatz 2 oder Absatz 4, auch in Verbindung mit § 47d Absatz 1 Satz 1, § 47k Absatz 7 oder § 82b Absatz 1, ein Auskunftsverlangen nicht, nicht richtig, nicht vollständig oder nicht rechtzeitig beantwortet oder Unterlagen nicht, nicht vollständig oder nicht rechtzeitig herausgibt,

7. entgegen § 59 Absatz 1 Satz 8, auch in Verbindung mit § 82b Absatz 1, nicht zu einer Befragung erscheint,

8. entgegen § 59a Absatz 2, auch in Verbindung mit § 47d Absatz 1 Satz 1 und § 47k Absatz 7, geschäftliche Unterlagen nicht, nicht vollständig oder nicht rechtzeitig zur Einsichtnahme und Prüfung vorlegt oder die Prüfung von geschäftlichen Unterlagen sowie das Betreten von Geschäftsräumen und -grundstücken nicht duldet,

9. entgegen § 59b Absatz 5 Satz 2, auch in Verbindung mit § 82b Absatz 1, eine Durchsuchung von Geschäftsräumen oder geschäftlich genutzten Grundstücken oder Sachen nicht duldet,

10. ein Siegel bricht, das von den Bediensteten der Kartellbehörde oder von einer von diesen Bediensteten ermächtigten oder benannten Person gemäß § 59b Absatz 3 Satz 1 Nummer 2, auch in Verbindung mit § 82b Absatz 1, angebracht worden ist, oder

11. ein Verlangen nach § 59b Absatz 3 Satz 1 Nummer 3, auch in Verbindung mit § 82b Absatz 1, nicht, nicht richtig, nicht vollständig oder nicht rechtzeitig beantwortet.

(3) Ordnungswidrig handelt, wer

1. entgegen § 21 Absatz 1 zu einer Liefersperre oder Bezugssperre auffordert,

2. entgegen § 21 Absatz 2 einen Nachteil androht oder zufügt oder einen Vorteil verspricht oder gewährt oder

3. entgegen § 24 Absatz 4 Satz 3 oder § 39 Absatz 3 Satz 5 eine Angabe macht oder benutzt.

§ 81a Geldbußen gegen Unternehmen

(1) Hat jemand als Leitungsperson im Sinne des § 30 Absatz 1 Nummer 1 bis 5 des Gesetzes über Ordnungswidrigkeiten eine Ordnungswidrigkeit nach § 81 begangen, durch die Pflichten, welche das Unternehmen treffen, verletzt worden sind oder das Unternehmen bereichert worden ist oder werden sollte, so kann auch gegen weitere juristische Personen oder Personenvereinigungen, die das Unternehmen zum Zeitpunkt der Begehung der Ordnungswidrigkeit gebildet haben und die auf die juristische Person oder Personenvereinigung, deren Leitungsperson die Ordnungswidrigkeit begangen hat, unmittelbar oder mittelbar einen bestimmenden Einfluss ausgeübt haben, eine Geldbuße festgesetzt werden.

(2) [1]Im Fall einer Gesamtrechtsnachfolge oder einer partiellen Gesamtrechtsnachfolge durch Aufspaltung (§ 123 Absatz 1 des Umwandlungsgesetzes) kann die Geldbuße nach Absatz 1 auch gegen den oder die Rechtsnachfolger festgesetzt werden. [2]Im Bußgeldverfahren tritt der Rechtsnachfolger oder treten die Rechtsnachfolger in die Verfahrensstellung ein, in der sich der Rechtsvorgänger zum Zeitpunkt des Wirksamwerdens der Rechtsnachfolge befunden hat. [3]§ 30 Absatz 2a Satz 2 des Gesetzes über Ordnungswidrigkeiten findet

insoweit keine Anwendung. ⁴Satz 3 gilt auch für die Rechtsnachfolge nach § 30 Absatz 2a Satz 1 des Gesetzes über Ordnungswidrigkeiten, soweit eine Ordnungswidrigkeit nach § 81 zugrunde liegt.

(3) ¹Die Geldbuße nach § 30 Absatz 1 und 2 des Gesetzes über Ordnungswidrigkeiten sowie nach Absatz 1 kann auch gegen die juristischen Personen oder Personenvereinigungen festgesetzt werden, die das Unternehmen in wirtschaftlicher Kontinuität fortführen (wirtschaftliche Nachfolge). ²Für das Verfahren gilt Absatz 2 Satz 2 entsprechend.

(4) ¹In den Fällen der Absätze 1 bis 3 bestimmen sich das Höchstmaß der Geldbuße und die Verjährung nach dem für die Ordnungswidrigkeit geltenden Recht. ²Die Geldbuße nach Absatz 1 kann selbstständig festgesetzt werden.

(5) Soweit in den Fällen der Absätze 1 bis 3 gegen mehrere juristische Personen oder Personenvereinigungen wegen derselben Ordnungswidrigkeit Geldbußen festgesetzt werden, finden die Vorschriften zur Gesamtschuld entsprechende Anwendung.

§ 81b Geldbußen gegen Unternehmensvereinigungen

(1) Wird gegen eine Unternehmensvereinigung als juristische Person oder Personenvereinigung im Sinne des § 30 des Gesetzes gegen Ordnungswidrigkeiten eine Geldbuße nach § 81c Absatz 4 festgesetzt und ist die Unternehmensvereinigung selbst nicht zahlungsfähig, so setzt die Kartellbehörde eine angemessene Frist, binnen derer die Unternehmensvereinigung von ihren Mitgliedern Beiträge zur Zahlung der Geldbuße verlangt.

(2) Sind die Beiträge zur Zahlung der Geldbuße innerhalb der nach Absatz 1 gesetzten Frist nicht in voller Höhe entrichtet worden, so kann die Kartellbehörde die Zahlung des ausstehenden Betrags der Geldbuße direkt von jedem Unternehmen verlangen, dessen Vertreter den Entscheidungsgremien der Unternehmensvereinigung zum Zeitpunkt der Begehung der Ordnungswidrigkeit angehört haben.

(3) Soweit dies nach einem Verlangen nach Absatz 2 zur vollständigen Zahlung der Geldbuße notwendig ist, kann die Kartellbehörde die Zahlung des ausstehenden Betrags der Geldbuße auch von jedem Mitglied der Unternehmensvereinigung verlangen, das auf dem von der Ordnungswidrigkeit betroffenen Markt tätig war.

(4) Eine Zahlung nach den Absätzen 2 und 3 kann nicht von Unternehmen verlangt werden, die darlegen, dass sie

1. entweder von der Existenz dieses Beschlusses keine Kenntnis hatten oder sich vor Einleitung des Verfahrens der Kartellbehörde aktiv davon distanziert haben und

2. den die Geldbuße nach § 81 begründenden Beschluss der Unternehmensvereinigung nicht umgesetzt haben.

(5) Das Verlangen nach Zahlung des ausstehenden Betrags der Geldbuße darf für ein einzelnes Unternehmen 10 Prozent des in dem der Behördenentscheidung vorausgegangenen Geschäftsjahr erzielten Gesamtumsatzes des jeweiligen Unternehmens nicht übersteigen.

(6) Die Absätze 1 bis 5 finden keine Anwendung in Bezug auf Mitglieder der Unternehmensvereinigung,

1. gegen die im Zusammenhang mit der Ordnungswidrigkeit eine Geldbuße festgesetzt wurde oder

2. denen nach § 81k ein Erlass der Geldbuße gewährt wurde.

§ 81c Höhe der Geldbuße

(1) [1]Die Ordnungswidrigkeit kann in den Fällen des § 81 Absatz 1, 2 Nummer 1, 2 Buchstabe a und Nummer 5 und Absatz 3 mit einer Geldbuße bis zu einer Million Euro geahndet werden. [2]In den übrigen Fällen des § 81 kann die Ordnungswidrigkeit mit einer Geldbuße bis zu einhunderttausend Euro geahndet werden.

(2) [1]Im Fall eines Unternehmens oder einer Unternehmensvereinigung kann bei Verstößen nach § 81 Absatz 1, 2 Nummer 1, 2 Buchstabe a und Nummer 5 sowie Absatz 3 über Absatz 1 hinaus eine höhere Geldbuße verhängt werden. [2]Die Geldbuße darf 10 Prozent des in dem der Behördenentscheidung vorausgegangenen Geschäftsjahr erzielten Gesamtumsatzes des Unternehmens oder der Unternehmensvereinigung nicht übersteigen.

(3) [1]Im Fall eines Unternehmens oder einer Unternehmensvereinigung kann bei Verstößen nach § 81 Absatz 2 Nummer 2 Buchstabe b, Nummer 3 sowie 6 bis 11 über Absatz 1 hinaus eine höhere Geldbuße verhängt werden. [2]Die Geldbuße darf 1 Prozent des in dem der Behördenentscheidung vorausgegangenen Geschäftsjahr erzielten Gesamtumsatzes des Unternehmens oder der Unternehmensvereinigung nicht übersteigen.

(4) [1]Wird gegen eine Unternehmensvereinigung eine Geldbuße wegen einer Ordnungswidrigkeit gemäß § 81 Absatz 1 festgesetzt, die mit den Tätigkeiten ihrer Mitglieder im Zusammenhang steht, so darf diese abweichend von Absatz 2 Satz 2 10 Prozent der Summe des in dem der Behördenentscheidung vorausgegangenen Geschäftsjahr erzielten Gesamtumsatzes derjenigen Mitglieder, die auf dem von der Ordnungswidrigkeit betroffenen Markt tätig waren, nicht übersteigen. [2]Dabei bleiben die Umsätze von solchen Mitgliedern unberücksichtigt, gegen die im Zusammenhang mit der Ordnungswidrigkeit bereits eine Geldbuße festgesetzt wurde oder denen nach § 81k ein Erlass der Geldbuße gewährt wurde.

(5) [1]Bei der Ermittlung des Gesamtumsatzes ist der weltweite Umsatz aller natürlichen und juristischen Personen sowie Personenvereinigungen zugrunde zu legen, die als wirtschaftliche Einheit operieren. [2]Die Höhe des Gesamtumsatzes kann geschätzt werden.

§ 81d Zumessung der Geldbuße

(1) [1]Bei der Festsetzung der Höhe der Geldbuße ist sowohl die Schwere der Zuwiderhandlung als auch deren Dauer zu berücksichtigen. [2]Bei Geldbußen, die gegen Unternehmen oder Unternehmensvereinigungen wegen wettbewerbsbeschränkender Vereinbarungen, Beschlüssen oder abgestimmter Verhaltensweisen nach § 1 dieses Gesetzes oder Artikel 101 des Vertrages über die Arbeitsweise der Europäischen Union oder wegen verbotener Verhaltensweisen nach den §§ 19, 20 oder 21 oder nach Artikel 102 des Vertrages über die Arbeitsweise der Europäischen Union festgesetzt werden, kommen als abzuwägende Umstände insbesondere in Betracht:

1. die Art und das Ausmaß der Zuwiderhandlung, insbesondere die Größenordnung der mit der Zuwiderhandlung in unmittelbarem oder mittelbarem Zusammenhang stehenden Umsätze,

2. die Bedeutung der von der Zuwiderhandlung betroffenen Produkte und Dienstleistungen,

3. die Art der Ausführung der Zuwiderhandlung,

4. vorausgegangene Zuwiderhandlungen des Unternehmens sowie vor der Zuwiderhandlung getroffene, angemessene und wirksame Vorkehrungen zur Vermeidung und Aufdeckung von Zuwiderhandlungen und

5. das Bemühen des Unternehmens, die Zuwiderhandlung aufzudecken und den Schaden wiedergutzumachen sowie nach der Zuwiderhandlung getroffene Vorkehrungen zur Vermeidung und Aufdeckung von Zuwiderhandlungen.

[3]Bei der Berücksichtigung des Ausmaßes, der Größenordnung und der Bedeutung im Sinne des Satzes 2 Nummer 1 und 2 können Schätzungen zugrunde gelegt werden.

(2) [1]Bei der Zumessung der Geldbuße sind die wirtschaftlichen Verhältnisse des Unternehmens oder der Unternehmensvereinigung maßgeblich. [2]Haben sich diese während oder nach der Tat infolge des Erwerbs durch einen Dritten verändert, so ist eine geringere Höhe der gegenüber dem Unternehmen oder der Unternehmensvereinigung zuvor angemessenen Geldbuße zu berücksichtigen.

(3) [1]§ 17 Absatz 4 des Gesetzes über Ordnungswidrigkeiten findet mit der Maßgabe Anwendung, dass der wirtschaftliche Vorteil, der aus der Ordnungswidrigkeit gezogen wurde, durch die Geldbuße nach § 81c abgeschöpft werden kann. [2]Dient die Geldbuße allein der Ahndung, ist dies bei der Zumessung entsprechend zu berücksichtigen.

(4) Das Bundeskartellamt kann allgemeine Verwaltungsgrundsätze über die Ausübung seines Ermessens bei der Bemessung der Geldbuße, insbesondere für die Feststellung der Bußgeldhöhe und für die Zusammenarbeit mit ausländischen Wettbewerbsbehörden, festlegen.

§ 81e Ausfallhaftung im Übergangszeitraum

(1) Erlischt die nach § 30 des Gesetzes über Ordnungswidrigkeiten verantwortliche juristische Person oder Personenvereinigung nach der Bekanntgabe der Einleitung des Bußgeldverfahrens oder wird Vermögen verschoben mit der Folge, dass ihr oder ihrem Rechtsnachfolger gegenüber eine nach den §§ 81c und 81d in Bezug auf das Unternehmen angemessene Geldbuße nicht festgesetzt oder voraussichtlich nicht vollstreckt werden kann, so kann gegen juristische Personen oder Personenvereinigungen, die zum Zeitpunkt der Bekanntgabe der Einleitung des Bußgeldverfahrens das Unternehmen gebildet und auf die verantwortliche juristische Person oder Personenvereinigung oder ihren Rechtsnachfolger unmittelbar oder mittelbar einen bestimmenden Einfluss ausgeübt haben oder die nach der Bekanntgabe der Einleitung des Bußgeldverfahrens Rechtsnachfolger im Sinne des § 81a Absatz 2 oder wirtschaftlicher Nachfolger im Sinne des § 81a Absatz 3 werden, ein Haftungsbetrag in Höhe der nach den §§ 81c und 81d in Bezug auf das Unternehmen angemessenen Geldbuße festgesetzt werden.

(2) § 81a Absatz 2 und 3 gilt für die Haftung nach Absatz 1 entsprechend.

(3) [1]Für das Verfahren zur Festsetzung und Vollstreckung des Haftungsbetrages gelten die Vorschriften über die Festsetzung und Vollstreckung einer Geldbuße entsprechend. [2]Für die Verjährungsfrist gilt das für die Ordnungswidrigkeit geltende Recht entsprechend. [3]§ 31 Absatz 3 des Gesetzes über Ordnungswidrigkeiten gilt mit der Maßgabe entsprechend, dass die Verjährung mit Eintritt der Voraussetzungen nach Absatz 1 beginnt.

(4) Sofern gegen mehrere juristische Personen oder Personenvereinigungen eines Unternehmens wegen derselben Ordnungswidrigkeit Geldbußen und Haftungsbeträge festgesetzt werden, darf im Vollstreckungsverfahren diesen gegenüber insgesamt nur eine Beitreibung bis zur Erreichung des höchsten festgesetzten Einzelbetrages erfolgen

§ 81f Verzinsung der Geldbuße

[1]Im Bußgeldbescheid festgesetzte Geldbußen gegen juristische Personen und Personenvereinigungen sind zu verzinsen; die Verzinsung beginnt vier Wochen nach Zustellung des Bußgeldbescheides. [2]§ 288 Absatz 1 Satz 2 und § 289 Satz 1 des Bürgerlichen Gesetzbuchs sind entsprechend anzuwenden. [3]Die Verjährungsfrist beträgt drei Jahre und beginnt mit dem Ablauf des Kalenderjahres, in dem die festgesetzte Geldbuße vollständig gezahlt oder beigetrieben wurde.

§ 81g Verjährung der Geldbuße

(1) [1]Die Verjährung der Verfolgung von Ordnungswidrigkeiten nach § 81 bestimmt sich nach den Vorschriften des Gesetzes über Ordnungswidrigkeiten auch dann, wenn die Tat durch Verbreiten von Druckschriften begangen wird. [2]Die Verfolgung der Ordnungswidrigkeiten nach § 81 Absatz 1, 2 Nummer 1 und Absatz 3 verjährt in fünf Jahren.

(2) Eine Unterbrechung der Verjährung nach § 33 Absatz 1 Nummer 1 des Gesetzes über Ordnungswidrigkeiten wird auch durch den Erlass des ersten an den Betroffenen gerichteten Auskunftsverlangens nach § 82b Absatz 1 in Verbindung mit § 59 bewirkt, sofern es binnen zwei Wochen zugestellt wird, ansonsten durch dessen Zustellung.

(3) [1]Die Verjährung ruht, solange die Europäische Kommission oder die Wettbewerbsbehörde eines anderen Mitgliedstaates der Europäischen Union aufgrund einer Beschwerde oder von Amts wegen mit einem Verfahren wegen eines Verstoßes gegen Artikel 101 oder 102 des Vertrages über die Arbeitsweise der Europäischen Union gegen dieselbe Vereinbarung, denselben Beschluss oder dieselbe Verhaltensweise wie die Kartellbehörde befasst ist. [2]Das Ruhen der Verjährung beginnt mit den § 33 Absatz 1 des Gesetzes über Ordnungswidrigkeiten sowie Absatz 2 entsprechenden Handlungen dieser Wettbewerbsbehörden. [3]Das Ruhen der Verjährung dauert fort bis zu dem Tag, an dem die andere Wettbewerbsbehörde ihr Verfahren vollständig beendet, indem sie eine abschließende Entscheidung erlässt oder zu dem Schluss gelangt, dass zu weiteren Maßnahmen ihrerseits kein Anlass besteht. [4]Das Ruhen der Verjährung wirkt gegenüber allen Unternehmen oder Unternehmensvereinigungen, die an der Zuwiderhandlung beteiligt waren.

(4) [1]Die Verjährung tritt spätestens mit dem Tag ein, an dem die doppelte Verjährungsfrist verstrichen ist. [2]Diese Frist verlängert sich abweichend von § 33 Absatz 3 Satz 2 des Gesetzes über Ordnungswidrigkeiten um den Zeitraum, in dem die Bußgeldentscheidung Gegenstand eines Verfahrens ist, das bei einer gerichtlichen Instanz anhängig ist.

Abschnitt 2: Kronzeugenprogramm

§ 81h Ziel und Anwendungsbereich

(1) Die Kartellbehörde kann an Kartellen beteiligten natürlichen Personen, Unternehmen und Unternehmensvereinigungen (Kartellbeteiligte), die durch ihre Kooperation mit der Kartellbehörde dazu beitragen, ein Kartell aufzudecken, die Geldbuße erlassen oder reduzieren (Kronzeugenbehandlung).

(2) Die Regelungen dieses Abschnitts gelten für Bußgeldverfahren der Kartellbehörden zur Ahndung von Kartellen in Anwendung des § 81 Absatz 1 Nummer 1 dieses Gesetzes in Verbindung mit Artikel 101 des Vertrages über die Arbeitsweise der Europäischen Union und § 81 Absatz 2 Nummer 1 in Verbindung mit § 1 dieses Gesetzes.

(3) [1]Das Bundeskartellamt kann allgemeine Verwaltungsgrundsätze über die Ausübung seines Ermessens bei der Anwendung des Kronzeugenprogramms sowie der Gestaltung des Verfahrens festlegen. [2]Die Verwaltungsgrundsätze sind im Bundesanzeiger zu veröffentlichen

§ 81i Antrag auf Kronzeugenbehandlung

(1) [1]Eine Kronzeugenbehandlung ist nur auf Antrag möglich. [2]Kartellbeteiligte können wegen einer verfolgbaren Tat einen Antrag auf Kronzeugenbehandlung bei der zuständigen Kartellbehörde stellen. [3]Der Antrag muss detaillierte Informationen zu allen in § 81m Absatz 1 Satz 2 aufgelisteten Angaben enthalten und zusammen mit den entsprechenden Beweismitteln eingereicht werden.

(2) [1]Ein Antrag auf Kronzeugenbehandlung, der für ein Unternehmen abgegeben wird, gilt, soweit nicht ausdrücklich etwas anderes erklärt wird, für alle juristischen Personen oder Personenvereinigungen, die im Zeitpunkt der Antragstellung das Unternehmen bilden. [2]Er gilt auch für deren derzeitige sowie frühere Mitglieder von Aufsichts- und Leitungsorganen und Mitarbeiter.

(3) [1]Der Antrag kann schriftlich oder nach § 32a der Strafprozessordnung elektronisch in deutscher, in englischer Sprache oder, nach Absprache zwischen der Kartellbehörde und dem Antragsteller, in einer anderen Sprache der Europäischen Union gestellt werden. [2]Nimmt die Kartellbehörde einen Antrag in einer anderen als der deutschen Sprache entgegen, so kann sie vom Antragsteller verlangen, unverzüglich eine deutsche Übersetzung beizubringen. [3]In Absprache mit der Kartellbehörde kann ein Antrag auch in Textform oder mündlich gestellt werden.

(4) Auf Ersuchen des Antragstellers bestätigt die Kartellbehörde den Eingang des Antrags mit Datum und Uhrzeit

§ 81j Allgemeine Voraussetzungen für die Kronzeugenbehandlung

(1) Die Kronzeugenbehandlung kann nur gewährt werden, wenn der Antragsteller

1. seine Kenntnis von dem Kartell und seine Beteiligung daran in dem Antrag auf Kronzeugenbehandlung gegenüber der Kartellbehörde offenlegt oder ein Kartellbeteiligter im Fall eines zu seinen Gunsten geltenden Antrags umfassend an der Aufklärung des Sachverhalts mitwirkt;

2. seine Beteiligung an dem Kartell unmittelbar nach Stellung des Antrags auf Kronzeugenbehandlung beendet, soweit nicht einzelne Handlungen nach Auffassung der Kartellbehörde möglicherweise erforderlich sind, um die Integrität ihrer Untersuchung zu wahren;

3. ab dem Zeitpunkt der Stellung des Antrags auf Kronzeugenbehandlung bis zur Beendigung des kartellbehördlichen Verfahrens gegenüber allen Kartellbeteiligten der Pflicht zur ernsthaften, fortgesetzten und zügigen Kooperation genügt; diese beinhaltet insbesondere, dass er

    a) unverzüglich alle ihm zugänglichen Informationen über und Beweise für das Kartell zur Verfügung stellt,

    b) jede Anfrage beantwortet, die zur Feststellung des Sachverhalts beitragen kann,

    c) dafür sorgt, dass Mitglieder der Aufsichts- und Leitungsorgane sowie sonstige Mitarbeiter für Befragungen zur Verfügung stehen; bei früheren Mitgliedern der Aufsichts- und Leitungsorgane sowie sonstigen früheren Mitarbeitern genügt es, hierauf hinzuwirken,

    d) Informationen über und Beweise für das Kartell nicht vernichtet, verfälscht oder unterdrückt und

    e) weder die Tatsache der Stellung eines Antrags auf Kronzeugenbehandlung noch dessen Inhalt offenlegt, bis die Kartellbehörde ihn von dieser Pflicht entbindet;

4. während er die Stellung des Antrags auf Kronzeugenbehandlung erwogen hat,

    a) Informationen über oder Beweise für das Kartell weder vernichtet, noch verfälscht oder unterdrückt und

    b) weder die beabsichtigte Stellung des Antrags auf Kronzeugenbehandlung noch dessen beabsichtigten Inhalt offengelegt hat; dies gilt mit Ausnahme der Offenlegung gegenüber anderen Wettbewerbsbehörden.

(2) Die Voraussetzungen des Absatzes 1 finden entsprechend Anwendung auf diejenigen Kartellbeteiligten, zu deren Gunsten der Antrag auf Kronzeugenbehandlung gemäß § 81i Absatz 2 gestellt ist.

§ 81k Erlass der Geldbuße

(1) Die Kartellbehörde sieht von der Verhängung einer Geldbuße gegenüber einem Kartellbeteiligten ab, wenn er

1. die in § 81j genannten Voraussetzungen erfüllt und

2. als Erster Beweismittel vorlegt, die die Kartellbehörde zu dem Zeitpunkt, zu dem sie den Antrag auf Kronzeugenbehandlung erhält, erstmals in die Lage versetzen, einen Durchsuchungsbeschluss zu erwirken.

(2) Von der Verhängung einer Geldbuße gegenüber einem Kartellbeteiligten ist in der Regel abzusehen, wenn er

1. die in § 81j genannten Voraussetzungen erfüllt und

2. als Erster Beweismittel vorlegt, die, wenn die Kartellbehörde bereits in der Lage ist, einen Durchsuchungsbeschluss zu erwirken, erstmals den Nachweis der Tat ermöglichen und kein anderer Kartellbeteiligter bereits die Voraussetzungen für einen Erlass nach Absatz 1 erfüllt hat.

(3) Ein Erlass der Geldbuße kommt nicht in Betracht, wenn der Kartellbeteiligte Schritte unternommen hat, um andere Kartellbeteiligte zur Beteiligung am oder zum Verbleib im Kartell zu zwingen

§ 81l Ermäßigung der Geldbuße

(1) Die Kartellbehörde kann gegenüber einem Kartellbeteiligten die Geldbuße ermäßigen, wenn er

    1.   die in § 81j genannten Voraussetzungen erfüllt und

    2.   Beweismittel für das Kartell vorlegt, die im Hinblick auf den Nachweis der Tat gegenüber den Informationen und Beweismitteln, die der Kartellbehörde bereits vorliegen, einen erheblichen Mehrwert aufweisen.

(2) Der Umfang der Ermäßigung richtet sich insbesondere nach dem Nutzen der Informationen und Beweismittel sowie nach dem Zeitpunkt der Anträge auf Kronzeugenbehandlung.

(3) Übermittelt ein Antragsteller als Erster stichhaltige Beweise, die die Kartellbehörde zur Feststellung zusätzlicher Tatsachen heranzieht und zur Festsetzung höherer Geldbußen gegenüber anderen Kartellbeteiligten verwendet, oder wirkt ein Kartellbeteiligter im Fall eines Antrags zu seinen Gunsten an deren erstmaliger Übermittlung umfassend mit, so werden diese Tatsachen bei der Festsetzung der Geldbuße gegen den Antragsteller beziehungsweise gegen den begünstigten Kartellbeteiligten nicht berücksichtigt

§ 81m Marker

(1) [1]Ein Kartellbeteiligter kann sich an die Kartellbehörde wenden, um zunächst die Bereitschaft zur Zusammenarbeit zu erklären (Marker), um einen Rang in der Reihenfolge des Eingangs der Anträge auf Kronzeugenbehandlung zu erhalten. [2]Ein Marker soll mindestens die folgenden Angaben in Kurzform enthalten:

    1.   den Namen und die Anschrift des Antragstellers,

    2.   die Namen der übrigen Kartellbeteiligten,

    3.   die betroffenen Produkte und Gebiete,

    4.   die Dauer und die Art der Tat, insbesondere auch betreffend die eigene Beteiligung, und

    5.   Informationen über alle bisherigen oder über etwaige künftige Anträge auf Kronzeugenbehandlung im Zusammenhang mit dem Kartell bei anderen Kartellbehörden, anderen europäischen Wettbewerbsbehörden oder sonstigen ausländischen Wettbewerbsbehörden.

(2) [1]Ein Marker kann mündlich oder in Textform erklärt werden. [2]§ 81i Absatz 2, 3 Satz 1 und 2 und Absatz 4 gilt entsprechend.

(3) [1]Die Kartellbehörde setzt eine angemessene Frist, vor deren Ablauf der Antragsteller einen Antrag auf Kronzeugenbehandlung, einschließlich detaillierter Informationen zu allen in Absatz 1 Satz 2 aufgelisteten Angaben zusammen mit den entsprechenden Beweismitteln, einzureichen hat. [2]Für den Rang des ausgearbeiteten Antrags auf Kronzeugenbehandlung nach Satz 1 ist der Zeitpunkt des Markers nach Absatz 1 maßgeblich, soweit der Antragsteller die ihm obliegenden Pflichten fortwährend erfüllt. [3]In diesem Fall gelten alle ordnungsgemäß bis zum Ablauf der nach Satz 1 gesetzten Frist beigebrachten Informationen und Beweismittel als zum Zeitpunkt des Markers vorgelegt

§ 81n Kurzantrag

(1) [1]Die Kartellbehörde nimmt von Kartellbeteiligten, die bei der Europäischen Kommission in Bezug auf dasselbe Kartell einen Antrag auf Kronzeugenbehandlung stellen, einen Kurzantrag an. [2]Dies gilt nur, wenn sich der Antrag auf mehr als drei Mitgliedstaaten als von dem Kartell betroffene Gebiete bezieht.

(2) [1]Für Kurzanträge gilt § 81m Absatz 1 Satz 2, Absatz 2 und 3 Satz 3 und 4 entsprechend. [2]Zusätzlich sind Angaben über die Mitgliedstaaten zu machen, in denen sich die Beweismittel für das Kartell wahrscheinlich befinden.

(3) Die Kartellbehörde verlangt die Vorlage eines vollständigen Antrags auf Kronzeugenbehandlung, sobald ihr die Europäische Kommission mitgeteilt hat, dass sie den Fall weder insgesamt noch in Teilen weiterverfolgt, oder wenn weitere Angaben für die Abgrenzung oder die Zuweisung des Falles notwendig sind.

(4) Reicht der Antragsteller den vollständigen Antrag auf Kronzeugenbehandlung innerhalb der von der Kartellbehörde festgesetzten Frist ein, gilt der vollständige Antrag als zum Zeitpunkt des Eingangs des Kurzantrags vorgelegt, soweit der Kurzantrag dieselbe Tat, dieselben betroffenen Produkte, Gebiete und Kartellbeteiligten sowie dieselbe Dauer des Kartells erfasst wie der bei der Europäischen Kommission gestellte Antrag auf Kronzeugenbehandlung

Abschnitt 3: Bußgeldverfahren

§ 82 Zuständigkeiten in Kartellbußgeldsachen

(1) Verwaltungsbehörden im Sinne des § 36 Absatz 1 Nummer 1 des Gesetzes über Ordnungswidrigkeiten sind

1. die Bundesnetzagentur als Markttransparenzstelle für Strom und Gas bei Ordnungswidrigkeiten nach § 81 Absatz 2 Nummer 2 Buchstabe c und d, Nummer 5a, 6, soweit ein Verstoß gegen § 47d Absatz 1 Satz 1 in Verbindung mit § 59 Absatz 2 oder Absatz 4 vorliegt, und Nummer 8, soweit ein Verstoß gegen § 47d Absatz 1 Satz 1 in Verbindung mit § 59a Absatz 2 vorliegt,

2. das Bundeskartellamt als Markttransparenzstelle für Kraftstoffe bei Ordnungswidrigkeiten nach § 81 Absatz 2 Nummer 5b, 6, soweit ein Verstoß gegen § 47k Absatz 7 in Verbindung mit § 59 Absatz 2 oder Absatz 4 vorliegt, und Nummer 8, soweit ein Verstoß gegen § 47k Absatz 7 in Verbindung mit § 59a Absatz 2 vorliegt, und

3. in den übrigen Fällen von § 81 das Bundeskartellamt und die nach Landesrecht zuständige oberste Landesbehörde jeweils für ihren Geschäftsbereich.

(2) [1]Die Kartellbehörde ist für Verfahren wegen der Festsetzung einer Geldbuße gegen eine juristische Person oder Personenvereinigung nach § 30 des Gesetzes über Ordnungswidrigkeiten in Fällen ausschließlich zuständig, denen

1. eine Straftat, die auch den Tatbestand des § 81 Absatz 1, 2 Nummer 1 und Absatz 3 verwirklicht, oder

2. eine vorsätzliche oder fahrlässige Ordnungswidrigkeit nach § 130 des Gesetzes über Ordnungswidrigkeiten, bei der eine mit Strafe bedrohte Pflichtverletzung auch den Tatbestand des § 81 Absatz 1, 2 Nummer 1 und Absatz 3 verwirklicht,

zugrunde liegt. ²Dies gilt nicht, wenn die Behörde das § 30 des Gesetzes über Ordnungswidrigkeiten betreffende Verfahren an die Staatsanwaltschaft abgibt. ³In den Fällen des Satzes 1 sollen sich die Staatsanwaltschaft und die Kartellbehörde gegenseitig frühzeitig über geplante Ermittlungsschritte mit Außenwirkung, insbesondere über Durchsuchungen, unterrichten.

§ 82a Befugnisse und Zuständigkeiten im Verfahren nach Einspruchseinlegung

(1) ¹Verfahren nach Einspruch gegen eine Bußgeldentscheidung ist § 69 Absatz 4 und 5 Satz 1 zweiter Halbsatz des Gesetzes über Ordnungswidrigkeiten nicht anzuwenden. ²Die Staatsanwaltschaft hat die Akten an das nach § 83 zuständige Gericht zu übersenden. ³Im gerichtlichen Bußgeldverfahren verfügt die Kartellbehörde über dieselben Rechte wie die Staatsanwaltschaft; im Verfahren vor dem Bundesgerichtshof vertritt allein der Generalbundesanwalt das öffentliche Interesse. ⁴§ 76 des Gesetzes über Ordnungswidrigkeiten ist nicht anzuwenden.

(2) ¹Sofern das Bundeskartellamt als Verwaltungsbehörde des Vorverfahrens tätig war, erfolgt die Vollstreckung der Geldbuße und des Geldbetrages, dessen Einziehung nach § 29a des Gesetzes über Ordnungswidrigkeiten angeordnet wurde, durch das Bundeskartellamt als Vollstreckungsbehörde aufgrund einer von dem Urkundsbeamten der Geschäftsstelle des Gerichts zu erteilenden, mit der Bescheinigung der Vollstreckbarkeit versehenen beglaubigten Abschrift der Urteilsformel entsprechend den Vorschriften über die Vollstreckung von Bußgeldbescheiden. ²Die Geldbußen und die Geldbeträge, deren Einziehung nach § 29a des Gesetzes über Ordnungswidrigkeiten angeordnet wurde, fließen der Bundeskasse zu, die auch die der Staatskasse auferlegten Kosten trägt.

§ 82b Besondere Ermittlungsbefugnisse

(1) ¹InVerfahren zur Festsetzung einer Geldbuße nach § 81 oder zur Festsetzung eines Haftungsbetrages nach § 81e sind über § 46 Absatz 2 des Gesetzes über Ordnungswidrigkeiten hinaus § 59 Absatz 1, 2, 3 Satz 1 und 2, Absatz 4 und 5 und im Rahmen von Durchsuchungen § 59b Absatz 3 Satz 1 und Absatz 5 Satz 2 und 3 entsprechend anzuwenden. ²§ 59 Absatz 4 Satz 2 ist bei Auskunftsverlangen und Herausgabeverlangen nach § 59 Absatz 1 und 2 oder Verlangen nach § 59b Absatz 3 Satz 1 Nummer 3 in Bezug auf natürliche Personen entsprechend anzuwenden.

(2) Absatz 1 Satz 2 und § 59 Absatz 1, 2, 3 Satz 1 und 2, Absatz 4 und 5 gelten für die Erteilung einer Auskunft oder die Herausgabe von Unterlagen an das Gericht entsprechend.

(3) ¹Schriftliche oder protokollierte Auskünfte, die aufgrund von Auskunftsverlangen nach Absatz 1 in Verbindung mit § 59 erteilt wurden, sowie Protokolle nach Absatz 1 in Verbindung mit § 59b Absatz 3 Satz 1 Nummer 3 können als Urkunden in das gerichtliche Verfahren eingebracht werden. ²§ 250 der Strafprozessordnung ist insoweit nicht anzuwenden.

§ 83 Zuständigkeit des Oberlandesgerichts im gerichtlichen Verfahren

(1) [1]Im gerichtlichen Verfahren wegen einer Ordnungswidrigkeit nach § 81 entscheidet das Oberlandesgericht, in dessen Bezirk die zuständige Kartellbehörde ihren Sitz hat; es entscheidet auch über einen Antrag auf gerichtliche Entscheidung (§ 62 des Gesetzes über Ordnungswidrigkeiten) in den Fällen des § 52 Abs. 2 Satz 3 und des § 69 Abs. 1 Satz 2 des Gesetzes über Ordnungswidrigkeiten sowie gegen Maßnahmen, die die Kartellbehörde während des gerichtlichen Bußgeldverfahrens getroffen hat. [2]§ 140 Abs. 1 Nr. 1 der Strafprozessordnung in Verbindung mit § 46 Abs. 1 des Gesetzes über Ordnungswidrigkeiten findet keine Anwendung.

(2) Das Oberlandesgericht entscheidet in der Besetzung von drei Mitgliedern mit Einschluss des vorsitzenden Mitglieds.

§ 84 Rechtsbeschwerde zum Bundesgerichtshof

[1]Über die Rechtsbeschwerde (§ 79 des Gesetzes über Ordnungswidrigkeiten) entscheidet der Bundesgerichtshof. [2]Hebt er die angefochtene Entscheidung auf, ohne in der Sache selbst zu entscheiden, so verweist er die Sache an das Oberlandesgericht, dessen Entscheidung aufgehoben wird, zurück.

§ 85 Wiederaufnahmeverfahren gegen Bußgeldbescheid

Im Wiederaufnahmeverfahren gegen den Bußgeldbescheid der Kartellbehörde (§ 85 Absatz 4 des Gesetzes über Ordnungswidrigkeiten) entscheidet das nach § 83 zuständige Gericht.

§ 86 Gerichtliche Entscheidungen bei der Vollstreckung

Die bei der Vollstreckung notwendig werdenden gerichtlichen Entscheidungen (§ 104 des Gesetzes über Ordnungswidrigkeiten) werden von dem nach § 83 zuständigen Gericht erlassen.

Kapitel 3

Vollstreckung

§ 86a Vollstreckung

[1]Die Kartellbehörde kann ihre Anordnungen nach den für die Vollstreckung von Verwaltungsmaßnahmen geltenden Vorschriften durchsetzen. [2]Die Höhe des Zwangsgeldes gegen Unternehmen oder Unternehmensvereinigungen kann für jeden Tag des Verzugs ab dem in der Androhung bestimmten Zeitpunkt bis zu 5 Prozent des im vorausgegangenen Geschäftsjahr erzielten durchschnittlichen weltweiten Tagesgesamtumsatzes des Unternehmens oder der Unternehmensvereinigung betragen.

Kapitel 4
Bürgerliche Rechtsstreitigkeiten

§ 87 Ausschließliche Zuständigkeit der Landgerichte

[1]Für bürgerliche Rechtsstreitigkeiten, die die Anwendung von Vorschriften des Teils 1, des Artikels 101 oder 102 des Vertrages über die Arbeitsweise der Europäischen Union oder des Artikels 53 oder 54 des Abkommens über den Europäischen Wirtschaftsraum oder der Artikel 5, 6 oder 7 der Verordnung (EU) 2022/1925 betreffen, sind ohne Rücksicht auf den Wert des Streitgegenstands die Landgerichte ausschließlich zuständig. [2]Satz 1 gilt auch, wenn die Entscheidung eines Rechtsstreits ganz oder teilweise von einer Entscheidung, die nach diesem Gesetz zu treffen ist, oder von der Anwendbarkeit des Artikels 101 oder 102 des Vertrages über die Arbeitsweise der Europäischen Union oder des Artikels 53 oder 54 des Abkommens über den Europäischen Wirtschaftsraum oder der Artikel 5, 6 oder 7 der Verordnung (EU) 2022/1925 abhängt.

§ 88 Klageverbindung

Mit der Klage nach § 87 kann die Klage wegen eines anderen Anspruchs verbunden werden, wenn dieser im rechtlichen oder unmittelbaren wirtschaftlichen Zusammenhang mit dem Anspruch steht, der bei dem nach § 87 zuständigen Gericht geltend zu machen ist; dies gilt auch dann, wenn für die Klage wegen des anderen Anspruchs eine ausschließliche Zuständigkeit gegeben ist.

§ 89 Zuständigkeit eines Landgerichts für mehrere Gerichtsbezirke

(1) [1]Die Landesregierungen werden ermächtigt, durch Rechtsverordnung bürgerliche Rechtsstreitigkeiten, für die nach § 87 ausschließlich die Landgerichte zuständig sind, einem Landgericht für die Bezirke mehrerer Landgerichte zuzuweisen, wenn eine solche Zusammenfassung der Rechtspflege in Kartellsachen oder der kohärenten Durchsetzung der Verordnung (EU) 2022/1925, insbesondere der Sicherung einer einheitlichen Rechtsprechung, dienlich ist. [2]Die Landesregierungen können die Ermächtigung auf die Landesjustizverwaltungen übertragen.

(2) Durch Staatsverträge zwischen Ländern kann die Zuständigkeit eines Landgerichts für einzelne Bezirke oder das gesamte Gebiet mehrerer Länder begründet werden.

(3) Die Parteien können sich vor den nach den Absätzen 1 und 2 bestimmten Gerichten auch anwaltlich durch Personen vertreten lassen, die bei dem Gericht zugelassen sind, vor das der Rechtsstreit ohne die Regelung nach den Absätzen 1 und 2 gehören würde.

§ 89a Streitwertanpassung, Kostenerstattung

(1) [1]Macht in einer Rechtsstreitigkeit, in der ein Anspruch nach den §§ 33, 33a Absatz 1 oder § 34a geltend gemacht wird, eine Partei glaubhaft, dass die Belastung mit den Prozesskosten nach dem vollen Streitwert ihre wirtschaftliche Lage erheblich gefährden würde, so kann das Gericht auf ihren Antrag anordnen, dass die Verpflichtung dieser Partei zur Zahlung von Gerichtskosten sich nach einem ihrer Wirtschaftslage angepassten Teil des Streitwerts bemisst. [2]Das Gericht kann die Anordnung davon abhängig machen, dass die Partei glaubhaft macht, dass die von ihr zu tragenden Kosten des Rechtsstreits weder unmittelbar noch mittelbar

von einem Dritten übernommen werden. [3]Die Anordnung hat zur Folge, dass die begünstigte Partei die Gebühren ihres Rechtsanwalts ebenfalls nur nach diesem Teil des Streitwerts zu entrichten hat. [4]Soweit ihr Kosten des Rechtsstreits auferlegt werden oder soweit sie diese übernimmt, hat sie die von dem Gegner entrichteten Gerichtsgebühren und die Gebühren seines Rechtsanwalts nur nach dem Teil des Streitwerts zu erstatten. [5]Soweit die außergerichtlichen Kosten dem Gegner auferlegt oder von ihm übernommen werden, kann der Rechtsanwalt der begünstigten Partei seine Gebühren von dem Gegner nach dem für diesen geltenden Streitwert beitreiben.

(2) [1]Der Antrag nach Absatz 1 kann vor der Geschäftsstelle des Gerichts zur Niederschrift erklärt werden. [2]Er ist vor der Verhandlung zur Hauptsache anzubringen. [3]Danach ist er nur zulässig, wenn der angenommene oder festgesetzte Streitwert später durch das Gericht heraufgesetzt wird. [4]Vor der Entscheidung über den Antrag ist der Gegner zu hören.

(3) [1]Ist in einer Rechtsstreitigkeit, in der ein Anspruch nach § 33a Absatz 1 geltend gemacht wird, ein Nebenintervenient einer Hauptpartei beigetreten, hat der Gegner, soweit ihm Kosten des Rechtsstreits auferlegt werden oder soweit er sie übernimmt, die Rechtsanwaltskosten der Nebenintervention nur nach dem Gegenstandswert zu erstatten, den das Gericht nach freiem Ermessen festsetzt. [2]Bei mehreren Nebeninterventionen darf die Summe der Gegenstandswerte der einzelnen Nebeninterventionen den Streitwert der Hauptsache nicht übersteigen.

§ 89b Verfahren

(1) Für die Erteilung von Auskünften gemäß § 33g gilt § 142 der Zivilprozessordnung entsprechend.

(2) § 142 Absatz 2 der Zivilprozessordnung findet mit der Maßgabe Anwendung, dass sich die Zumutbarkeit nach § 33g Absatz 3 bis 6 bestimmt.

(3) Über den Anspruch nach § 33g Absatz 1 oder 2 kann das Gericht durch Zwischenurteil entscheiden, wenn er in dem Rechtsstreit über den Anspruch auf Ersatz des Schadens nach § 33a Absatz 1 gegen die andere Partei erhoben wird. Ergeht ein Zwischenurteil, so ist es in Betreff der Rechtsmittel als Endurteil anzusehen.

(4) Das Gericht kann den Rechtsstreit über den auf Schadensersatz gerichteten Anspruch nach § 33a Absatz 1 auf Antrag aussetzen

1. bis zur Erledigung des wegen des Anspruchs nach § 33g Absatz 1 oder 2 geführten Rechtsstreits oder

2. für einen Zeitraum von bis zu zwei Jahren, wenn und solange die Parteien sich an einem Verfahren beteiligen, das zum Ziel hat, den Rechtsstreit über den Schadensersatzanspruch außergerichtlich beizulegen.

(5) [1]Gegen denjenigen, dessen Verstoß gegen eine Vorschrift des Teils 1 oder gegen Artikel 101 oder 102 des Vertrages über die Arbeitsweise der Europäischen Union oder gegen die Artikel 5, 6 oder 7 der Verordnung (EU) 2022/1925 durch eine gemäß § 33b bindende Entscheidung der Wettbewerbsbehörde festgestellt wurde, kann die Herausgabe dieser Entscheidung der Wettbewerbsbehörde bei Vorliegen der Voraussetzungen des § 33g im Wege der einstweiligen Verfügung auch ohne die Darlegung und Glaubhaftmachung der in

den §§ 935 und 940 der Zivilprozessordnung bezeichneten Voraussetzungen angeordnet werden. [2]Eine Anordnung nach Satz 1 setzt keine Eilbedürftigkeit voraus. [3]Der Antragsgegner ist vor der Anordnung anzuhören.

(6) [1]Auf Antrag kann das Gericht nach Anhörung der Betroffenen durch Beschluss die Offenlegung von Beweismitteln oder die Erteilung von Auskünften anordnen, deren Geheimhaltung aus wichtigen Gründen verlangt wird oder deren Offenlegung beziehungsweise Erteilung nach § 33g Absatz 6 verweigert wird, soweit

1. es diese für die Durchsetzung eines Anspruchs nach § 33a Absatz 1 oder die Verteidigung gegen diesen Anspruch als sachdienlich erachtet und

2. nach Abwägung aller Umstände des Einzelfalles das Interesse des Anspruchstellers an der Offenlegung das Interesse des Betroffenen an der Geheimhaltung überwiegt.

[2]Der Beschluss ist zu begründen. [3]Gegen den Beschluss findet sofortige Beschwerde statt.

(7) [1]Das Gericht trifft die erforderlichen Maßnahmen, um den im Einzelfall gebotenen Schutz von Betriebs- und Geschäftsgeheimnissen und anderen vertraulichen Informationen zu gewährleisten. [2]Insbesondere kann das Gericht einen öffentlich bestellten Sachverständigen mit einem Gutachten zu dem erforderlichen Umfang des im Einzelfall gebotenen Schutzes beauftragen, sofern dieser Sachverständige berufsrechtlich zur Verschwiegenheit verpflichtet worden ist.

(8) [1]Auf begründeten Antrag einer Partei in einem Rechtsstreit über den Anspruch nach § 33a Absatz 1, § 33g Absatz 1 oder 2 prüft das Gericht die ihm aufgrund des Anspruchs nach § 33g Absatz 4 allein zum Zweck der Prüfung vorgelegten Beweismittel darauf, ob sie Kronzeugenerklärungen oder Vergleichsausführungen, die nicht zurückgezogen wurden, enthalten. [2]Das Gericht legt die Beweismittel den Parteien vor, soweit

1. sie keine Kronzeugenerklärungen oder Vergleichsausführungen, die nicht zurückgezogen wurden, enthalten und

2. im Übrigen die Voraussetzungen für die Herausgabe nach § 33g vorliegen.

[3]Hierüber entscheidet das Gericht durch Beschluss. [4]Vor Beschlüssen nach diesem Absatz ist die Wettbewerbsbehörde anzuhören, gegenüber der die Kronzeugenerklärung oder Vergleichsausführung abgegeben worden ist. [5]Die Mitglieder des Gerichts sind zur Geheimhaltung verpflichtet; die Entscheidungsgründe dürfen den Inhalt der geheim gehaltenen Beweismittel nicht erkennen lassen. [6]Gegen Beschlüsse nach diesem Absatz findet sofortige Beschwerde statt.

§ 89c Offenlegung aus der Behördenakte *

(1) [1]In einem Rechtsstreit wegen eines Anspruchs nach § 33a Absatz 1 oder nach § 33g Absatz 1 oder 2 kann das Gericht auf Antrag einer Partei bei der Wettbewerbsbehörde die Vorlegung von Urkunden und Gegenständen ersuchen, die sich in deren Akten zu einem Verfahren befinden oder in einem Verfahren amtlich verwahrt werden, wenn der Antragsteller glaubhaft macht, dass er

1. einen Anspruch auf Schadensersatz nach § 33a Absatz 1 gegen eine andere Partei hat und

---

* vgl. § 187 Abs. 4 GWB

2. die in der Akte vermuteten Informationen nicht mit zumutbarem Aufwand von einer anderen Partei oder einem Dritten erlangen kann.

[2]Das Gericht entscheidet über den Antrag durch Beschluss. [3]Gegen den Beschluss findet sofortige Beschwerde statt.

(2) [1]Das Gericht kann dem Antragsteller die vorgelegten Urkunden und Gegenstände zugänglich machen oder ihm Auskünfte daraus erteilen, soweit

1. es seinem Antrag entspricht,

2. die Tatsachen oder Beweismittel zur Erhebung eines Anspruchs nach § 33a Absatz 1 oder zur Verteidigung gegen diesen Anspruch erforderlich sind und

3. die Zugänglichmachung oder Auskunftserteilung nicht unverhältnismäßig ist.

[2]Das Gericht hat von der Offenlegung Betroffene und die Wettbewerbsbehörde vor der Zugänglichmachung oder Auskunftserteilung anzuhören. [3]Tatsachen und Beweismittel, deren Geheimhaltung aus wichtigen Gründen verlangt wird, sind von der Zugänglichmachung oder Auskunftserteilung auszunehmen. [4]§ 89b Absatz 6 findet entsprechende Anwendung.

(3) [1]Das Ersuchen nach Absatz 1 oder um die Erteilung amtlicher Auskünfte von der Wettbewerbsbehörde ist ausgeschlossen, soweit es unverhältnismäßig ist. [2]Bei der Entscheidung über das Ersuchen nach Absatz 1, über das Ersuchen um die Erteilung amtlicher Auskünfte von der Wettbewerbsbehörde sowie über die Zugänglichmachung oder Auskunftserteilung nach Absatz 2 berücksichtigt das Gericht neben § 33g Absatz 3 insbesondere auch

1. die Bestimmtheit des Antrags hinsichtlich der in der Akte der Wettbewerbsbehörde erwarteten Beweismittel nach deren Art, Gegenstand und Inhalt,

2. die Anhängigkeit des Anspruchs nach § 33a Absatz 1,

3. die Wirksamkeit der öffentlichen Durchsetzung des Kartellrechts oder der Verordnung (EU) 2022/1925, insbesondere den Einfluss der Offenlegung auf laufende Verfahren und auf die Funktionsfähigkeit von Kronzeugenprogrammen und Vergleichsverfahren.

(4) [1]Die Wettbewerbsbehörde kann die Vorlegung von Urkunden und Gegenständen, die sich in ihren Akten zu einem Verfahren befinden oder in einem Verfahren amtlich verwahrt werden, ablehnen, soweit sie Folgendes enthalten:

1. Kronzeugenerklärungen,

2. Vergleichsausführungen, die nicht zurückgezogen wurden,

3. interne Vermerke der Behörden oder

4. Kommunikation der Wettbewerbsbehörden untereinander oder mit der Generalstaatsanwaltschaft am Sitz des für die Wettbewerbsbehörde zuständigen Oberlandesgerichts oder dem Generalbundesanwalt beim Bundesgerichtshof.

[2]§ 33g Absatz 5 und § 89b Absatz 8 finden entsprechende Anwendung; letztere Regelung mit der Maßgabe, dass sie auch für die Überprüfung von Urkunden und Gegenständen im Sinne des Satzes 1 Nummer 3 und 4 gilt.

(5) [1]Die §§ 406e und 475 der Strafprozessordnung finden neben den Absätzen 1 bis 3 keine Anwendung, soweit die Einsicht in die kartellbehördliche Akte oder die Auskunft der Erhebung eines Schadensersatzanspruchs wegen eines Verstoßes nach § 33 Absatz 1 oder der Vorbereitung dieser Erhebung dienen soll. [2]Das Recht, aufgrund dieser Vorschriften Einsicht in Bußgeldbescheide zu begehren, die eine Kartellbehörde erlassen hat, bleibt unberührt. § 33g Absatz 1 und 2 findet keine Anwendung auf Wettbewerbsbehörden, die im Besitz von Beweismitteln sind.

(6) [1]Die Regelungen der Absätze 1 bis 5 gelten entsprechend für Behörden und Gerichte, die Akten, Bestandteile oder Kopien von Akten einer Wettbewerbsbehörde in ihren Akten haben. [2]Die Wettbewerbsbehörde, die die Akte führt oder geführt hat, ist nach Absatz 2 Satz 2 zu beteiligen.

§ 89d Beweisregeln [*]

(1) Beweismittel, die allein durch Einsicht in die Akten einer Wettbewerbsbehörde oder nach § 89c erlangt worden sind, können nur Beweis für Tatsachen in einem Rechtsstreit über einen Anspruch auf Schadensersatz wegen eines Verstoßes nach § 33 Absatz 1 erbringen, wenn derjenige, dem die Einsicht gewährt worden ist, oder dessen Rechtsnachfolger Partei in dem Rechtsstreit ist.

(2) Kronzeugenerklärungen und Vergleichsausführungen, die allein durch Einsicht in die Akten einer Behörde oder eines Gerichts oder nach § 89c erlangt worden sind, können keinen Beweis für Tatsachen in einem Rechtsstreit über einen Anspruch auf Schadensersatz wegen eines Verstoßes nach § 33 Absatz 1 erbringen.

(3) Beweismittel im Sinne von § 33g Absatz 5, die allein durch Einsicht in die Akten einer Behörde oder eines Gerichts oder nach § 89c erlangt worden sind, können keinen Beweis für Tatsachen in einem Rechtsstreit über einen Anspruch auf Schadensersatz wegen eines Verstoßes nach § 33 Absatz 1 erbringen, bis die Wettbewerbsbehörde ihr Verfahren vollständig durch Erlass einer Entscheidung oder in anderer Weise gegen jeden Beteiligten beendet hat.

(4) Die §§ 142, 144, § 371 Absatz 2, § 371a Absatz 1 Satz 1, die §§ 421, 422, 428, 429 und 432 der Zivilprozessordnung finden in einem Rechtsstreit über einen Anspruch auf Schadensersatz wegen eines Verstoßes nach § 33 Absatz 1 oder über einen Anspruch nach § 33g Absatz 1 oder Absatz 2 nur Anwendung, soweit in Bezug auf die vorzulegende Urkunde oder den vorzulegenden Gegenstand auch ein Anspruch auf Herausgabe von Beweismitteln nach § 33g gegen den zur Vorlage Verpflichteten besteht, es sei denn, es besteht ein vertraglicher Anspruch auf Vorlage gegen den Verpflichteten. Satz 1 gilt entsprechend für die Vorlage durch Behörden bei Urkunden und Gegenständen, die sich in der Akte einer Wettbewerbsbehörde befinden oder in einem Verfahren amtlich verwahrt werden, mit der Maßgabe, dass in Bezug auf das betreffende Beweismittel auch die Voraussetzungen für eine Vorlage nach § 89c Absatz 1 bis 4 und 6 vorliegen müssen.

---

[*] vgl. § 187 Abs. 4 GWB

§ 89e Gemeinsame Vorschriften für die §§ 33g und 89b bis 89d *

(1) [1]Wettbewerbsbehörden im Sinne der §§ 33g und 89b bis 89d sind

1. das Bundeskartellamt,
2. die nach Landesrecht zuständigen obersten Landesbehörden,
3. die Europäische Kommission und
4. die Wettbewerbsbehörden anderer Mitgliedstaaten der Europäischen Union.

[2]Im Rahmen der Anwendung der §§ 33g und 89b bis 89d auf Verstöße nach der Verordnung (EU) 2022/1925 gelten als Wettbewerbsbehörden die Europäische Kommission sowie Behörden, die die in Artikel 1 Absatz 6 der Verordnung (EU) 2022/1925 genannten Vorschriften anwenden.

(2) Absatz 1 sowie die §§ 33g, 89b bis 89d finden entsprechende Anwendung auf die Durchsetzung von Schadensersatzansprüchen oder Verteidigung gegen Schadensersatzansprüche wegen Zuwiderhandlungen gegen Bestimmungen des nationalen Rechts eines anderen Mitgliedstaates der Europäischen Union,

1. mit denen überwiegend das gleiche Ziel verfolgt wird wie mit den Artikeln 101 und 102 des Vertrages über die Arbeitsweise der Europäischen Union und
2. die nach Artikel 3 Absatz 1 der Verordnung (EG) Nr. 1/2003 auf denselben Fall und parallel zum Wettbewerbsrecht der Europäischen Union angewandt werden.

Davon ausgenommen sind nationale Rechtsvorschriften, mit denen natürlichen Personen strafrechtliche Sanktionen auferlegt werden, es sei denn, solche strafrechtlichen Sanktionen dienen als Mittel, um das für Unternehmen geltende Wettbewerbsrecht durchzusetzen.

Kapitel 5
Gemeinsame Bestimmungen

§ 90 Benachrichtigung und Beteiligung der Kartellbehörden

(1) [1]Die deutschen Gerichte unterrichten das Bundeskartellamt über alle Rechtsstreitigkeiten, deren Entscheidung ganz oder teilweise von der Anwendung der Vorschriften dieses Gesetzes, von einer Entscheidung, die nach diesen Vorschriften zu treffen ist, oder von der Anwendung von Artikel 101 oder 102 des Vertrages über die Arbeitsweise der Europäischen Union oder von Artikel 53 oder 54 des Abkommens über den europäischen Wirtschaftsraum oder von der Anwendung der Verordnung (EU) 2022/1925 abhängt. [2]Dies gilt auch in den Fällen einer entsprechenden Anwendung der genannten Vorschriften. [3]Satz 1 gilt nicht für Rechtsstreitigkeiten über Entscheidungen nach § 42. [4]Das Gericht hat dem Bundeskartellamt auf Verlangen Abschriften von allen Schriftsätzen, Protokollen, Verfügungen und Entscheidungen zu übersenden.

(2) [1]Der Präsident des Bundeskartellamts kann, wenn er es zur Wahrung des öffentlichen Interesses als angemessen erachtet, aus den Mitgliedern des Bundeskartellamts eine Vertretung bestellen, die befugt ist, dem Gericht schriftliche Erklärungen abzugeben, auf Tatsachen und Beweismittel hinzuweisen, den Terminen

---

* vgl. § 187 Abs. 4 GWB

beizuwohnen, in ihnen Ausführungen zu machen und Fragen an Parteien, Zeugen und Sachverständige zu richten. [2]Schriftliche Erklärungen der vertretenden Person sind den Parteien von dem Gericht mitzuteilen.

(3) Reicht die Bedeutung des Rechtsstreits nicht über das Gebiet eines Landes hinaus, so tritt im Rahmen des Absatzes 1 Satz 4 und des Absatzes 2 die oberste Landesbehörde an die Stelle des Bundeskartellamts.

(4) Die Absätze 1 und 2 gelten entsprechend für Rechtsstreitigkeiten, die die Durchsetzung eines nach § 30 gebundenen Preises gegenüber einem gebundenen Abnehmer oder einem anderen Unternehmen zum Gegenstand haben.

(5) [1]Das Bundeskartellamt kann auf Antrag eines Gerichts, das über einen Schadensersatzanspruch nach § 33a Absatz 1 Satz 1 zu entscheiden hat, eine Stellungnahme zur Höhe des Schadens abgeben, der durch den Verstoß entstanden ist. [2]Die Rechte des Präsidenten des Bundeskartellamts nach Absatz 2 bleiben unberührt.

(6) [1]Absatz 1 Satz 4 und Absatz 2 gelten entsprechend für Streitigkeiten vor Gericht, die erhebliche, dauerhafte oder wiederholte Verstöße gegen verbraucherrechtliche Vorschriften zum Gegenstand haben, die nach ihrer Art oder ihrem Umfang die Interessen einer Vielzahl von Verbraucherinnen und Verbrauchern beeinträchtigen. [2]Dies gilt nicht, wenn die Durchsetzung der Vorschriften nach Satz 1 in die Zuständigkeit anderer Bundesbehörden fällt.

§ 90a Zusammenarbeit der Gerichte mit der Europäischen Kommission und den Kartellbehörden

(1) [1]In allen gerichtlichen Verfahren, in denen der Artikel 101 oder 102 des Vertrages über die Arbeitsweise der Europäischen Union oder die Verordnung (EU) 2022/1925 zur Anwendung kommt, übermittelt das Gericht der Europäischen Kommission über das Bundeskartellamt eine Abschrift jeder Entscheidung unverzüglich nach deren Zustellung an die Parteien. [2]Das Bundeskartellamt darf der Europäischen Kommission die Unterlagen übermitteln, die es nach § 90 Absatz 1 Satz 4 erhalten hat.

(2) [1]Die Europäische Kommission kann in Verfahren nach Absatz 1 aus eigener Initiative dem Gericht schriftliche Stellungnahmen übermitteln. [2]Das Gericht übermittelt der Europäischen Kommission alle zur Beurteilung des Falls notwendigen Schriftstücke, wenn diese darum nach Artikel 15 Absatz 3 Satz 5 der Verordnung (EG) Nr. 1/2003 oder nach Artikel 39 Absatz 4 der Verordnung (EU) 2022/1925 ersucht. [3]Das Gericht übermittelt dem Bundeskartellamt und den Parteien eine Kopie einer Stellungnahme der Europäischen Kommission nach Artikel 15 Absatz 3 Satz 3 der Verordnung (EG) Nr. 1/2003. [4]Die Europäische Kommission kann in der mündlichen Verhandlung auch mündlich Stellung nehmen.

(3) [1]Das Gericht kann in Verfahren nach Absatz 1 die Europäische Kommission um die Übermittlung ihr vorliegender Informationen oder um Stellungnahmen zu Fragen bitten, die die Anwendung des Artikels 101 oder 102 des Vertrages über die Arbeitsweise der Europäischen Union oder der Verordnung (EU) 2022/1925 betreffen. [2]Das Gericht unterrichtet die Parteien über ein Ersuchen nach Satz 1 und übermittelt diesen und dem Bundeskartellamt eine Kopie der Antwort der Europäischen Kommission.

(4) In den Fällen der Absätze 2 und 3 kann der Geschäftsverkehr zwischen dem Gericht und der Europäischen Kommission auch über das Bundeskartellamt erfolgen.

§ 91 Kartellsenat beim Oberlandesgericht

[1]Bei den Oberlandesgerichten wird ein Kartellsenat gebildet. [2]Er entscheidet über die ihm gemäß § 57 Abs. 2 Satz 2, § 73 Absatz 4, §§ 83, 85 und 86 zugewiesenen Rechtssachen, über die Berufung gegen Endurteile und die Beschwerde gegen sonstige Entscheidungen in bürgerlichen Rechtsstreitigkeiten nach § 87 sowie über Verbandsklagen nach dem Verbraucherrechtedurchsetzungsgesetz, die Ansprüche und Rechtsverhältnisse in den in § 87 aufgeführten bürgerlichen Rechtsstreitigkeiten betreffen.

§ 92 Zuständigkeit eines Oberlandesgerichts oder des Obersten Landesgerichts für mehrere Gerichtsbezirke in Verwaltungs- und Bußgeldsachen

(1) [1]Sind in einem Land mehrere Oberlandesgerichte errichtet, so können die Rechtssachen, für die nach § 57 Absatz 2 Satz 2, § 73 Absatz 4, §§ 83, 85 und 86 ausschließlich die Oberlandesgerichte zuständig sind, von den Landesregierungen durch Rechtsverordnung einem oder einigen der Oberlandesgerichte oder dem Obersten Landesgericht zugewiesen werden, wenn eine solche Zusammenfassung der Rechtspflege in Kartellsachen, insbesondere der Sicherung einer einheitlichen Rechtsprechung, dienlich ist. [2]Die Landesregierungen können die Ermächtigung auf die Landesjustizverwaltungen übertragen.

(2) Durch Staatsverträge zwischen Ländern kann die Zuständigkeit eines Oberlandesgerichts oder Obersten Landesgerichts für einzelne Bezirke oder das gesamte Gebiet mehrerer Länder begründet werden.

§ 93 Zuständigkeit für Berufung und Beschwerde

§ 92 Absatz 1 und 2 gilt entsprechend für die Entscheidung über die Berufung gegen Endurteile und die Beschwerde gegen sonstige Entscheidungen in bürgerlichen Rechtsstreitigkeiten nach § 87.

§ 94 Kartellsenat beim Bundesgerichtshof

(1) Beim Bundesgerichtshof wird ein Kartellsenat gebildet; er entscheidet im ersten und letzten Rechtszug über die in § 73 Absatz 5 genannten Verfügungen des Bundeskartellamts und über folgende Rechtsmittel:

1. in Verwaltungssachen über die Rechtsbeschwerde gegen Entscheidungen der Oberlandesgerichte (§§ 77, 79, 80) und über die Nichtzulassungsbeschwerde (§ 78);

2. in Bußgeldverfahren über die Rechtsbeschwerde gegen Entscheidungen der Oberlandesgerichte (§ 84);

3. in bürgerlichen Rechtsstreitigkeiten nach § 87

   a) über die Revision einschließlich der Nichtzulassungsbeschwerde gegen Endurteile der Oberlandesgerichte,

   b) über die Sprungrevision gegen Endurteile der Landgerichte,

   c) über die Rechtsbeschwerde gegen Beschlüsse der Oberlandesgerichte in den Fällen des § 574 Abs. 1 der Zivilprozessordnung.

4. in Verbandsklageverfahren nach dem Verbraucherrechtedurchsetzungsgesetz, die Ansprüche und Rechtsverhältnisse in den in § 87 aufgeführten bürgerlichen Rechtsstreitigkeiten betreffen,

   a) über die Revision gegen Urteile der Oberlandesgerichte und

b)   über die Rechtsbeschwerde gegen Beschlüsse der Oberlandesgerichte in den Fällen des § 574 Absatz 1 der Zivilprozessordnung.

(2) Der Kartellsenat gilt im Sinne des § 132 des Gerichtsverfassungsgesetzes in Bußgeldsachen als Strafsenat, in allen übrigen Sachen als Zivilsenat.

§ 95 Ausschließliche Zuständigkeit

Die Die Zuständigkeit der nach diesem Gesetz zur Entscheidung berufenen Gerichte ist ausschließlich.

§ 96 (weggefallen)

Vierter Teil
Vergabe von öffentlichen Aufträgen und Konzessionen

Kapitel 1
Vergabeverfahren

Abschnitt 1: Grundsätze, Definitionen und Anwendungsbereich

§ 97 Grundsätze der Vergabe

(1) [1]Öffentliche Aufträge und Konzessionen werden im Wettbewerb und im Wege transparenter Verfahren vergeben. [2]Dabei werden die Grundsätze der Wirtschaftlichkeit und der Verhältnismäßigkeit gewahrt.

(2) Die Teilnehmer an einem Vergabeverfahren sind gleich zu behandeln, es sei denn, eine Ungleichbehandlung ist aufgrund dieses Gesetzes ausdrücklich geboten oder gestattet.

(3) Bei der Vergabe werden Aspekte der Qualität und der Innovation sowie soziale und umweltbezogene Aspekte nach Maßgabe dieses Teils berücksichtigt.

(4) [1]Mittelständische Interessen sind bei der Vergabe öffentlicher Aufträge vornehmlich zu berücksichtigen. [2]Leistungen sind in der Menge aufgeteilt (Teillose) und getrennt nach Art oder Fachgebiet (Fachlose) zu vergeben. [3]Mehrere Teil- oder Fachlose dürfen zusammen vergeben werden, wenn wirtschaftliche oder technische Gründe dies erfordern. [4]Wird ein Unternehmen, das nicht öffentlicher Auftraggeber oder Sektorenauftraggeber ist, mit der Wahrnehmung oder Durchführung einer öffentlichen Aufgabe betraut, verpflichtet der öffentliche Auftraggeber oder Sektorenauftraggeber das Unternehmen, sofern es Unteraufträge vergibt, nach den Sätzen 1 bis 3 zu verfahren.

(5) Für das Senden, Empfangen, Weiterleiten und Speichern von Daten in einem Vergabeverfahren verwenden Auftraggeber und Unternehmen grundsätzlich elektronische Mittel nach Maßgabe der aufgrund des § 113 erlassenen Verordnungen.

(6) Unternehmen haben Anspruch darauf, dass die Bestimmungen über das Vergabeverfahren eingehalten werden.

§ 98 Auftraggeber

Auftraggeber im Sinne dieses Teils sind öffentliche Auftraggeber im Sinne des § 99, Sektorenauftraggeber im Sinne des § 100 und Konzessionsgeber im Sinne des § 101.

§ 99 Öffentliche Auftraggeber

Öffentliche Auftraggeber sind

1. Gebietskörperschaften sowie deren Sondervermögen,

2. andere juristische Personen des öffentlichen und des privaten Rechts, die zu dem besonderen Zweck gegründet wurden, im Allgemeininteresse liegende Aufgaben nichtgewerblicher Art zu erfüllen, sofern

   a) sie überwiegend von Stellen nach Nummer 1 oder 3 einzeln oder gemeinsam durch Beteiligung oder auf sonstige Weise finanziert werden,

   b) ihre Leitung der Aufsicht durch Stellen nach Nummer 1 oder 3 unterliegt oder

   c) mehr als die Hälfte der Mitglieder eines ihrer zur Geschäftsführung oder zur Aufsicht berufenen Organe durch Stellen nach Nummer 1 oder 3 bestimmt worden sind;

   dasselbe gilt, wenn diese juristische Person einer anderen juristischen Person des öffentlichen oder privaten Rechts einzeln oder gemeinsam mit anderen die überwiegende Finanzierung gewährt, über deren Leitung die Aufsicht ausübt oder die Mehrheit der Mitglieder eines zur Geschäftsführung oder Aufsicht berufenen Organs bestimmt hat,

3. Verbände, deren Mitglieder unter Nummer 1 oder 2 fallen,

4. natürliche oder juristische Personen des privaten Rechts sowie juristische Personen des öffentlichen Rechts, soweit sie nicht unter Nummer 2 fallen, in den Fällen, in denen sie für Tiefbaumaßnahmen, für die Errichtung von Krankenhäusern, Sport-, Erholungs- oder Freizeiteinrichtungen, Schul-, Hochschul- oder Verwaltungsgebäuden oder für damit in Verbindung stehende Dienstleistungen und Wettbewerbe von Stellen, die unter die Nummern 1, 2 oder 3 fallen, Mittel erhalten, mit denen diese Vorhaben zu mehr als 50 Prozent subventioniert werden.

§ 100 Sektorenauftraggeber

(1) Sektorenauftraggeber sind

1. öffentliche Auftraggeber gemäß § 99 Nummer 1 bis 3, die eine Sektorentätigkeit gemäß § 102 ausüben,

2. natürliche oder juristische Personen des privaten Rechts, die eine Sektorentätigkeit gemäß § 102 ausüben, wenn

   a) diese Tätigkeit auf der Grundlage von besonderen oder ausschließlichen Rechten ausgeübt wird, die von einer zuständigen Behörde gewährt wurden, oder

   b) öffentliche Auftraggeber gemäß § 99 Nummer 1 bis 3 auf diese Personen einzeln oder gemeinsam einen beherrschenden Einfluss ausüben können.

(2) [1]Besondere oder ausschließliche Rechte im Sinne von Absatz 1 Nummer 2 Buchstabe a sind Rechte, die dazu führen, dass die Ausübung dieser Tätigkeit einem oder mehreren Unternehmen vorbehalten wird und

dass die Möglichkeit anderer Unternehmen, diese Tätigkeit auszuüben, erheblich beeinträchtigt wird. [2]Keine besonderen oder ausschließlichen Rechte in diesem Sinne sind Rechte, die aufgrund eines Verfahrens nach den Vorschriften dieses Teils oder aufgrund eines sonstigen Verfahrens gewährt wurden, das angemessen bekannt gemacht wurde und auf objektiven Kriterien beruht.

(3) Die Ausübung eines beherrschenden Einflusses im Sinne von Absatz 1 Nummer 2 Buchstabe b wird vermutet, wenn ein öffentlicher Auftraggeber gemäß § 99 Nummer 1 bis 3

1. unmittelbar oder mittelbar die Mehrheit des gezeichneten Kapitals des Unternehmens besitzt,
2. über die Mehrheit der mit den Anteilen am Unternehmen verbundenen Stimmrechte verfügt oder
3. mehr als die Hälfte der Mitglieder des Verwaltungs-, Leitungs- oder Aufsichtsorgans des Unternehmens bestellen kann.

§ 101 Konzessionsgeber

(1) Konzessionsgeber sind

1. öffentliche Auftraggeber gemäß § 99 Nummer 1 bis 3, die eine Konzession vergeben,
2. Sektorenauftraggeber gemäß § 100 Absatz 1 Nummer 1, die eine Sektorentätigkeit gemäß § 102 Absatz 2 bis 6 ausüben und eine Konzession zum Zweck der Ausübung dieser Tätigkeit vergeben,
3. Sektorenauftraggeber gemäß § 100 Absatz 1 Nummer 2, die eine Sektorentätigkeit gemäß § 102 Absatz 2 bis 6 ausüben und eine Konzession zum Zweck der Ausübung dieser Tätigkeit vergeben.

(2) § 100 Absatz 2 und 3 gilt entsprechend.

§ 102 Sektorentätigkeiten

(1) [1]Sektorentätigkeiten im Bereich Wasser sind

1. die Bereitstellung oder das Betreiben fester Netze zur Versorgung der Allgemeinheit im Zusammenhang mit der Gewinnung, der Fortleitung und der Abgabe von Trinkwasser,
2. die Einspeisung von Trinkwasser in diese Netze.

[2]Als Sektorentätigkeiten gelten auch Tätigkeiten nach Satz 1, die im Zusammenhang mit Wasserbau-, Bewässerungs- oder Entwässerungsvorhaben stehen, sofern die zur Trinkwasserversorgung bestimmte Wassermenge mehr als 20 Prozent der Gesamtwassermenge ausmacht, die mit den entsprechenden Vorhaben oder Bewässerungs- oder Entwässerungsanlagen zur Verfügung gestellt wird oder die im Zusammenhang mit der Abwasserbeseitigung oder -behandlung steht. [3]Die Einspeisung von Trinkwasser in feste Netze zur Versorgung der Allgemeinheit durch einen Sektorenauftraggeber nach § 100 Absatz 1 Nummer 2 gilt nicht als Sektorentätigkeit, sofern die Erzeugung von Trinkwasser durch den betreffenden Auftraggeber erfolgt, weil dessen Verbrauch für die Ausübung einer Tätigkeit erforderlich ist, die keine Sektorentätigkeit nach den Absätzen 1 bis 4 ist, und die Einspeisung in das öffentliche Netz nur von dem Eigenverbrauch des betreffenden Auftraggebers abhängt und bei Zugrundelegung des Durchschnitts der letzten drei Jahre einschließlich des

laufenden Jahres nicht mehr als 30 Prozent der gesamten Trinkwassererzeugung des betreffenden Auftraggebers ausmacht.

(2) Sektorentätigkeiten im Bereich Elektrizität sind

    1.   die Bereitstellung oder das Betreiben fester Netze zur Versorgung der Allgemeinheit im Zusammenhang mit der Erzeugung, der Fortleitung und der Abgabe von Elektrizität,

    2.   die Einspeisung von Elektrizität in diese Netze, es sei denn,

        a)   die Elektrizität wird durch den Sektorenauftraggeber nach § 100 Absatz 1 Nummer 2 erzeugt, weil ihr Verbrauch für die Ausübung einer Tätigkeit erforderlich ist, die keine Sektorentätigkeit nach den Absätzen 1 bis 4 ist, und

        b)   die Einspeisung hängt nur von dem Eigenverbrauch des Sektorenauftraggebers ab und macht bei Zugrundelegung des Durchschnitts der letzten drei Jahre einschließlich des laufenden Jahres nicht mehr als 30 Prozent der gesamten Energieerzeugung des Sektorenauftraggebers aus.

(3) Sektorentätigkeiten im Bereich von Gas und Wärme sind

    1.   die Bereitstellung oder das Betreiben fester Netze zur Versorgung der Allgemeinheit im Zusammenhang mit der Erzeugung, der Fortleitung und der Abgabe von Gas und Wärme,

    2.   die Einspeisung von Gas und Wärme in diese Netze, es sei denn,

        a)   die Erzeugung von Gas oder Wärme durch den Sektorenauftraggeber nach § 100 Absatz 1 Nummer 2 ergibt sich zwangsläufig aus der Ausübung einer Tätigkeit, die keine Sektorentätigkeit nach den Absätzen 1 bis 4 ist, und

        b)   die Einspeisung zielt nur darauf ab, diese Erzeugung wirtschaftlich zu nutzen und macht bei Zugrundelegung des Durchschnitts der letzten drei Jahre einschließlich des laufenden Jahres nicht mehr als 20 Prozent des Umsatzes des Sektorenauftraggebers aus.

(4) Sektorentätigkeiten im Bereich Verkehrsleistungen sind die Bereitstellung oder das Betreiben von Netzen zur Versorgung der Allgemeinheit mit Verkehrsleistungen per Eisenbahn, automatischen Systemen, Straßenbahn, Trolleybus, Bus oder Seilbahn; ein Netz gilt als vorhanden, wenn die Verkehrsleistung gemäß den von einer zuständigen Behörde festgelegten Bedingungen erbracht wird; dazu gehören die Festlegung der Strecken, die Transportkapazitäten und die Fahrpläne.

(5) Sektorentätigkeiten im Bereich Häfen und Flughäfen sind Tätigkeiten im Zusammenhang mit der Nutzung eines geografisch abgegrenzten Gebiets mit dem Zweck, für Luft-, See- oder Binnenschifffahrtsverkehrsunternehmen Flughäfen, See- oder Binnenhäfen oder andere Terminaleinrichtungen bereitzustellen.

(6) Sektorentätigkeiten im Bereich fossiler Brennstoffe sind Tätigkeiten zur Nutzung eines geografisch abgegrenzten Gebiets zum Zweck

    1.   der Förderung von Öl oder Gas oder

    2.   der Exploration oder Förderung von Kohle oder anderen festen Brennstoffen.

(7) [1]Für die Zwecke der Absätze 1 bis 3 umfasst der Begriff „Einspeisung" die Erzeugung und Produktion sowie den Groß- und Einzelhandel. [2]Die Erzeugung von Gas fällt unter Absatz 6.

§ 103 Öffentliche Aufträge, Rahmenvereinbarungen und Wettbewerbe

(1) Öffentliche Aufträge sind entgeltliche Verträge zwischen öffentlichen Auftraggebern oder Sektorenauftraggebern und Unternehmen über die Beschaffung von Leistungen, die die Lieferung von Waren, die Ausführung von Bauleistungen oder die Erbringung von Dienstleistungen zum Gegenstand haben.

(2) [1]Lieferaufträge sind Verträge zur Beschaffung von Waren, die insbesondere Kauf oder Ratenkauf oder Leasing, Mietverhältnisse oder Pachtverhältnisse mit oder ohne Kaufoption betreffen. [2]Die Verträge können auch Nebenleistungen umfassen.

(3) [1]Bauaufträge sind Verträge über die Ausführung oder die gleichzeitige Planung und Ausführung

1. von Bauleistungen im Zusammenhang mit einer der Tätigkeiten, die in Anhang II der Richtlinie 2014/24/EU des Europäischen Parlaments und des Rates vom 26. Februar 2014 über die öffentliche Auftragsvergabe und zur Aufhebung der Richtlinie 2004/18/EG (ABl. L 94 vom 28.3.2014, S. 65) und Anhang I der Richtlinie 2014/25/EU des Europäischen Parlaments und des Rates vom 26. Februar 2014 über die Vergabe von Aufträgen durch Auftraggeber im Bereich der Wasser-, Energie- und Verkehrsversorgung sowie der Postdienste und zur Aufhebung der Richtlinie 2004/17/EG (ABl. L 94 vom 28.3.2014, S. 243) genannt sind, oder

2. eines Bauwerkes für den öffentlichen Auftraggeber oder Sektorenauftraggeber, das Ergebnis von Tief- oder Hochbauarbeiten ist und eine wirtschaftliche oder technische Funktion erfüllen soll.

[2]Ein Bauauftrag liegt auch vor, wenn ein Dritter eine Bauleistung gemäß den vom öffentlichen Auftraggeber oder Sektorenauftraggeber genannten Erfordernissen erbringt, die Bauleistung dem Auftraggeber unmittelbar wirtschaftlich zugutekommt und dieser einen entscheidenden Einfluss auf Art und Planung der Bauleistung hat.

(4) Als Dienstleistungsaufträge gelten die Verträge über die Erbringung von Leistungen, die nicht unter die Absätze 2 und 3 fallen.

(5) [1]Rahmenvereinbarungen sind Vereinbarungen zwischen einem oder mehreren öffentlichen Auftraggebern oder Sektorenauftraggebern und einem oder mehreren Unternehmen, die dazu dienen, die Bedingungen für die öffentlichen Aufträge, die während eines bestimmten Zeitraums vergeben werden sollen, festzulegen, insbesondere in Bezug auf den Preis. [2]Für die Vergabe von Rahmenvereinbarungen gelten, soweit nichts anderes bestimmt ist, dieselben Vorschriften wie für die Vergabe entsprechender öffentlicher Aufträge.

(6) Wettbewerbe sind Auslobungsverfahren, die dem Auftraggeber aufgrund vergleichender Beurteilung durch ein Preisgericht mit oder ohne Verteilung von Preisen zu einem Plan oder einer Planung verhelfen sollen.

§ 104 Verteidigungs- oder sicherheitsspezifische öffentliche Aufträge

(1) Verteidigungs- oder sicherheitsspezifische öffentliche Aufträge sind öffentliche Aufträge, deren Auftragsgegenstand mindestens eine der folgenden Leistungen umfasst:

1. die Lieferung von Militärausrüstung, einschließlich dazugehöriger Teile, Bauteile oder Bausätze,

2. die Lieferung von Ausrüstung, die im Rahmen eines Verschlusssachenauftrags vergeben wird, einschließlich der dazugehörigen Teile, Bauteile oder Bausätze,

3. Liefer-, Bau- und Dienstleistungen in unmittelbarem Zusammenhang mit der in den Nummern 1 und 2 genannten Ausrüstung in allen Phasen des Lebenszyklus der Ausrüstung oder

4. Bau- und Dienstleistungen speziell für militärische Zwecke oder Bau- und Dienstleistungen, die im Rahmen eines Verschlusssachenauftrags vergeben werden.

(2) Militärausrüstung ist jede Ausrüstung, die eigens zu militärischen Zwecken konzipiert oder für militärische Zwecke angepasst wird und zum Einsatz als Waffe, Munition oder Kriegsmaterial bestimmt ist.

(3) Ein Verschlusssachenauftrag im Sinne dieser Vorschrift ist ein Auftrag im speziellen Bereich der nichtmilitärischen Sicherheit, der ähnliche Merkmale aufweist und ebenso schutzbedürftig ist wie ein Auftrag über die Lieferung von Militärausrüstung im Sinne des Absatzes 1 Nummer 1 oder wie Bau- und Dienstleistungen speziell für militärische Zwecke im Sinne des Absatzes 1 Nummer 4, und

1. bei dessen Erfüllung oder Erbringung Verschlusssachen nach § 4 des Gesetzes über die Voraussetzungen und das Verfahren von Sicherheitsüberprüfungen des Bundes oder nach den entsprechenden Bestimmungen der Länder verwendet werden oder

2. der Verschlusssachen im Sinne der Nummer 1 erfordert oder beinhaltet.

§ 105 Konzessionen

(1) Konzessionen sind entgeltliche Verträge, mit denen ein oder mehrere Konzessionsgeber ein oder mehrere Unternehmen

1. mit der Erbringung von Bauleistungen betrauen (Baukonzessionen); dabei besteht die Gegenleistung entweder allein in dem Recht zur Nutzung des Bauwerks oder in diesem Recht zuzüglich einer Zahlung; oder

2. mit der Erbringung und der Verwaltung von Dienstleistungen betrauen, die nicht in der Erbringung von Bauleistungen nach Nummer 1 bestehen (Dienstleistungskonzessionen); dabei besteht die Gegenleistung entweder allein in dem Recht zur Verwertung der Dienstleistungen oder in diesem Recht zuzüglich einer Zahlung.

(2) [1]In Abgrenzung zur Vergabe öffentlicher Aufträge geht bei der Vergabe einer Bau- oder Dienstleistungskonzession das Betriebsrisiko für die Nutzung des Bauwerks oder für die Verwertung der Dienstleistungen auf den Konzessionsnehmer über. [2]Dies ist der Fall, wenn

1. unter normalen Betriebsbedingungen nicht gewährleistet ist, dass die Investitionsaufwendungen oder die Kosten für den Betrieb des Bauwerks oder die Erbringung der Dienstleistungen wieder erwirtschaftet werden können, und

2. der Konzessionsnehmer den Unwägbarkeiten des Marktes tatsächlich ausgesetzt ist, sodass potenzielle geschätzte Verluste des Konzessionsnehmers nicht vernachlässigbar sind.

[3]Das Betriebsrisiko kann ein Nachfrage- oder Angebotsrisiko sein.

§ 106 Schwellenwerte

(1) ¹Dieser Teil gilt für die Vergabe von öffentlichen Aufträgen und Konzessionen sowie die Ausrichtung von Wettbewerben, deren geschätzter Auftrags- oder Vertragswert ohne Umsatzsteuer die jeweils festgelegten Schwellenwerte erreicht oder überschreitet. ²§ 114 Absatz 2 bleibt unberührt.

(2) Der jeweilige Schwellenwert ergibt sich

1. für öffentliche Aufträge und Wettbewerbe, die von öffentlichen Auftraggebern vergeben werden, aus Artikel 4 der Richtlinie 2014/24/EU in der jeweils geltenden Fassung; der sich hieraus für zentrale Regierungsbehörden ergebende Schwellenwert ist von allen obersten Bundesbehörden sowie allen oberen Bundesbehörden und vergleichbaren Bundeseinrichtungen anzuwenden,

2. für öffentliche Aufträge und Wettbewerbe, die von Sektorenauftraggebern zum Zweck der Ausübung einer Sektorentätigkeit vergeben werden, aus Artikel 15 der Richtlinie 2014/25/EU in der jeweils geltenden Fassung,

3. für verteidigungs- oder sicherheitsspezifische öffentliche Aufträge aus Artikel 8 der Richtlinie 2009/81/EG des Europäischen Parlaments und des Rates vom 13. Juli 2009 über die Koordinierung der Verfahren zur Vergabe bestimmter Bau-, Liefer- und Dienstleistungsaufträge in den Bereichen Verteidigung und Sicherheit und zur Änderung der Richtlinien 2004/17/EG und 2004/18/EG (ABl. L 216 vom 20.8.2009, S. 76) in der jeweils geltenden Fassung,

4. für Konzessionen aus Artikel 8 der Richtlinie 2014/23/EU des Europäischen Parlaments und des Rates vom 26. Februar 2014 über die Konzessionsvergabe (ABl. L 94 vom 28.3.2014, S. 1) in der jeweils geltenden Fassung.

(3) Das Bundesministerium für Wirtschaft und Energie gibt die geltenden Schwellenwerte unverzüglich, nachdem sie im Amtsblatt der Europäischen Union veröffentlicht worden sind, im Bundesanzeiger bekannt.

§ 107 Allgemeine Ausnahmen

(1) Dieser Teil ist nicht anzuwenden auf die Vergabe von öffentlichen Aufträgen und Konzessionen

1. zu Schiedsgerichts- und Schlichtungsdienstleistungen,

2. für den Erwerb, die Miete oder die Pacht von Grundstücken, vorhandenen Gebäuden oder anderem unbeweglichem Vermögen sowie Rechten daran, ungeachtet ihrer Finanzierung,

3. zu Arbeitsverträgen,

4. zu Dienstleistungen des Katastrophenschutzes, des Zivilschutzes und der Gefahrenabwehr, die von gemeinnützigen Organisationen oder Vereinigungen erbracht werden und die unter die Referenznummern des Common Procurement Vocabulary 75250000-3, 75251000-0, 75251100-1, 75251110-4, 75251120-7, 75252000-7, 75222000-8, 98113100-9 und 85143000-3 mit Ausnahme des Einsatzes von Krankenwagen zur Patientenbeförderung fallen; gemeinnützige Organisationen oder Vereinigungen im Sinne dieser Nummer sind insbesondere die Hilfsorganisationen, die nach Bundes- oder Landesrecht als Zivil- und Katastrophenschutzorganisationen anerkannt sind.

(2) ¹Dieser Teil ist ferner nicht auf öffentliche Aufträge und Konzessionen anzuwenden,

1. bei denen die Anwendung dieses Teils den Auftraggeber dazu zwingen würde, im Zusammenhang mit dem Vergabeverfahren oder der Auftragsausführung Auskünfte zu erteilen, deren Preisgabe seiner Ansicht nach wesentlichen Sicherheitsinteressen der Bundesrepublik Deutschland im Sinne des Artikels 346 Absatz 1 Buchstabe a des Vertrags über die Arbeitsweise der Europäischen Union widerspricht, oder

2. die dem Anwendungsbereich des Artikels 346 Absatz 1 Buchstabe b des Vertrags über die Arbeitsweise der Europäischen Union unterliegen.

[2]Wesentliche Sicherheitsinteressen im Sinne des Artikels 346 Absatz 1 des Vertrags über die Arbeitsweise der Europäischen Union können insbesondere berührt sein, wenn der öffentliche Auftrag oder die Konzession verteidigungsindustrielle Schlüsseltechnologien betrifft. [3]Ferner können im Fall des Satzes 1 Nummer 1 wesentliche Sicherheitsinteressen im Sinne des Artikels 346 Absatz 1 Buchstabe a des Vertrags über die Arbeitsweise der Europäischen Union insbesondere berührt sein, wenn der öffentliche Auftrag oder die Konzession

1. sicherheitsindustrielle Schlüsseltechnologien betreffen oder

2. Leistungen betreffen, die
   a) für den Grenzschutz, die Bekämpfung des Terrorismus oder der organisierten Kriminalität oder für verdeckte Tätigkeiten der Polizei oder der Sicherheitskräfte bestimmt sind, oder
   b) Verschlüsselung betreffen

und soweit ein besonders hohes Maß an Vertraulichkeit erforderlich ist.

§ 108 Ausnahmen bei öffentlich-öffentlicher Zusammenarbeit

(1) Dieser Teil ist nicht anzuwenden auf die Vergabe von öffentlichen Aufträgen, die von einem öffentlichen Auftraggeber im Sinne des § 99 Nummer 1 bis 3 an eine juristische Person des öffentlichen oder privaten Rechts vergeben werden, wenn

1. der öffentliche Auftraggeber über die juristische Person eine ähnliche Kontrolle wie über seine eigenen Dienststellen ausübt,

2. mehr als 80 Prozent der Tätigkeiten der juristischen Person der Ausführung von Aufgaben dienen, mit denen sie von dem öffentlichen Auftraggeber oder von einer anderen juristischen Person, die von diesem kontrolliert wird, betraut wurde, und

3. an der juristischen Person keine direkte private Kapitalbeteiligung besteht, mit Ausnahme nicht beherrschender Formen der privaten Kapitalbeteiligung und Formen der privaten Kapitalbeteiligung ohne Sperrminorität, die durch gesetzliche Bestimmungen vorgeschrieben sind und die keinen maßgeblichen Einfluss auf die kontrollierte juristische Person vermitteln.

(2) [1]Die Ausübung einer Kontrolle im Sinne von Absatz 1 Nummer 1 wird vermutet, wenn der öffentliche Auftraggeber einen ausschlaggebenden Einfluss auf die strategischen Ziele und die wesentlichen Entscheidungen der juristischen Person ausübt. [2]Die Kontrolle kann auch durch eine andere juristische Person ausgeübt werden, die von dem öffentlichen Auftraggeber auf gleiche Weise kontrolliert wird.

(3) [1]Absatz 1 gilt auch für die Vergabe öffentlicher Aufträge, die von einer kontrollierten juristischen Person, die zugleich öffentlicher Auftraggeber im Sinne des § 99 Nummer 1 bis 3 ist, an den kontrollierenden öffentlichen Auftraggeber oder an eine von diesem öffentlichen Auftraggeber kontrollierte andere juristische Person vergeben werden. [2]Voraussetzung ist, dass keine direkte private Kapitalbeteiligung an der juristischen Person besteht, die den öffentlichen Auftrag erhalten soll. Absatz 1 Nummer 3 zweiter Halbsatz gilt entsprechend.

(4) Dieser Teil ist nicht anzuwenden auf die Vergabe von öffentlichen Aufträgen, bei denen der öffentliche Auftraggeber im Sinne des § 99 Nummer 1 bis 3 über eine juristische Person des privaten oder öffentlichen Rechts zwar keine Kontrolle im Sinne des Absatzes 1 Nummer 1 ausübt, aber

1. der öffentliche Auftraggeber gemeinsam mit anderen öffentlichen Auftraggebern über die juristische Person eine ähnliche Kontrolle ausübt wie jeder der öffentlichen Auftraggeber über seine eigenen Dienststellen,

2. mehr als 80 Prozent der Tätigkeiten der juristischen Person der Ausführung von Aufgaben dienen, mit denen sie von den öffentlichen Auftraggebern oder von einer anderen juristischen Person, die von diesen Auftraggebern kontrolliert wird, betraut wurde, und

3. an der juristischen Person keine direkte private Kapitalbeteiligung besteht; Absatz 1 Nummer 3 zweiter Halbsatz gilt entsprechend.

(5) Eine gemeinsame Kontrolle im Sinne von Absatz 4 Nummer 1 besteht, wenn

1. sich die beschlussfassenden Organe der juristischen Person aus Vertretern sämtlicher teilnehmender öffentlicher Auftraggeber zusammensetzen; ein einzelner Vertreter kann mehrere oder alle teilnehmenden öffentlichen Auftraggeber vertreten,

2. die öffentlichen Auftraggeber gemeinsam einen ausschlaggebenden Einfluss auf die strategischen Ziele und die wesentlichen Entscheidungen der juristischen Person ausüben können und

3. die juristische Person keine Interessen verfolgt, die den Interessen der öffentlichen Auftraggeber zuwiderlaufen.

(6) Dieser Teil ist ferner nicht anzuwenden auf Verträge, die zwischen zwei oder mehreren öffentlichen Auftraggebern im Sinne des § 99 Nummer 1 bis 3 geschlossen werden, wenn

1. der Vertrag eine Zusammenarbeit zwischen den beteiligten öffentlichen Auftraggebern begründet oder erfüllt, um sicherzustellen, dass die von ihnen zu erbringenden öffentlichen Dienstleistungen im Hinblick auf die Erreichung gemeinsamer Ziele ausgeführt werden,

2. die Durchführung der Zusammenarbeit nach Nummer 1 ausschließlich durch Überlegungen im Zusammenhang mit dem öffentlichen Interesse bestimmt wird und

3. die öffentlichen Auftraggeber auf dem Markt weniger als 20 Prozent der Tätigkeiten erbringen, die durch die Zusammenarbeit nach Nummer 1 erfasst sind.

(7) [1]Zur Bestimmung des prozentualen Anteils nach Absatz 1 Nummer 2, Absatz 4 Nummer 2 und Absatz 6 Nummer 3 wird der durchschnittliche Gesamtumsatz der letzten drei Jahre vor Vergabe des öffentlichen Auftrags oder ein anderer geeigneter tätigkeitsgestützter Wert herangezogen. [2]Ein geeigneter tätigkeitsgestützter Wert sind zum Beispiel die Kosten, die der juristischen Person oder dem öffentlichen Auftraggeber in dieser

Zeit in Bezug auf Liefer-, Bau- und Dienstleistungen entstanden sind. [3]Liegen für die letzten drei Jahre keine Angaben über den Umsatz oder einen geeigneten alternativen tätigkeitsgestützten Wert wie zum Beispiel Kosten vor oder sind sie nicht aussagekräftig, genügt es, wenn der tätigkeitsgestützte Wert insbesondere durch Prognosen über die Geschäftsentwicklung glaubhaft gemacht wird.

(8) Die Absätze 1 bis 7 gelten entsprechend für Sektorenauftraggeber im Sinne des § 100 Absatz 1 Nummer 1 hinsichtlich der Vergabe von öffentlichen Aufträgen sowie für Konzessionsgeber im Sinne des § 101 Absatz 1 Nummer 1 und 2 hinsichtlich der Vergabe von Konzessionen.

§ 109 Ausnahmen für Vergaben auf der Grundlage internationaler Verfahrensregeln

(1) Dieser Teil ist nicht anzuwenden, wenn öffentliche Aufträge, Wettbewerbe oder Konzessionen

1.   nach Vergabeverfahren zu vergeben oder durchzuführen sind, die festgelegt werden durch

    a)   ein Rechtsinstrument, das völkerrechtliche Verpflichtungen begründet, wie eine im Einklang mit den EU-Verträgen geschlossene internationale Übereinkunft oder Vereinbarung zwischen der Bundesrepublik Deutschland und einem oder mehreren Staaten, die nicht Vertragsparteien des Übereinkommens über den Europäischen Wirtschaftsraum sind, oder ihren Untereinheiten über Liefer-, Bau- oder Dienstleistungen für ein von den Unterzeichnern gemeinsam zu verwirklichendes oder zu nutzendes Projekt, oder

    b)   eine internationale Organisation oder

2.   gemäß den Vergaberegeln einer internationalen Organisation oder internationalen Finanzierungseinrichtung bei vollständiger Finanzierung der öffentlichen Aufträge und Wettbewerbe durch diese Organisation oder Einrichtung zu vergeben sind; für den Fall einer überwiegenden Kofinanzierung öffentlicher Aufträge und Wettbewerbe durch eine internationale Organisation oder eine internationale Finanzierungseinrichtung einigen sich die Parteien auf die anwendbaren Vergabeverfahren.

(2) Für verteidigungs- oder sicherheitsspezifische öffentliche Aufträge ist § 145 Nummer 7 und für Konzessionen in den Bereichen Verteidigung und Sicherheit ist § 150 Nummer 7 anzuwenden.

§ 110 Vergabe von öffentlichen Aufträgen und Konzessionen, die verschiedene Leistungen zum Gegenstand haben

(1) [1]Öffentliche Aufträge, die verschiedene Leistungen wie Liefer-, Bau- oder Dienstleistungen zum Gegenstand haben, werden nach den Vorschriften vergeben, denen der Hauptgegenstand des Auftrags zuzuordnen ist. [2]Dasselbe gilt für die Vergabe von Konzessionen, die sowohl Bau- als auch Dienstleistungen zum Gegenstand haben.

(2) Der Hauptgegenstand öffentlicher Aufträge und Konzessionen, die

1.   teilweise aus Dienstleistungen, die den Vorschriften zur Vergabe von öffentlichen Aufträgen über soziale und andere besondere Dienstleistungen im Sinne des § 130 oder Konzessionen über soziale und andere besondere Dienstleistungen im Sinne des § 153 unterfallen, und teilweise aus anderen Dienstleistungen bestehen oder

2.   teilweise aus Lieferleistungen und teilweise aus Dienstleistungen bestehen,

wird danach bestimmt, welcher geschätzte Wert der jeweiligen Liefer- oder Dienstleistungen am höchsten ist.

§ 111 Vergabe von öffentlichen Aufträgen und Konzessionen, deren Teile unterschiedlichen rechtlichen Regelungen unterliegen

(1) Sind die verschiedenen Teile eines öffentlichen Auftrags, die jeweils unterschiedlichen rechtlichen Regelungen unterliegen, objektiv trennbar, so dürfen getrennte Aufträge für jeden Teil oder darf ein Gesamtauftrag vergeben werden.

(2) Werden getrennte Aufträge vergeben, so wird jeder einzelne Auftrag nach den Vorschriften vergeben, die auf seine Merkmale anzuwenden sind.

(3) Wird ein Gesamtauftrag vergeben,

1. kann der Auftrag ohne Anwendung dieses Teils vergeben werden, wenn ein Teil des Auftrags die Voraussetzungen des § 107 Absatz 2 Nummer 1 oder 2 erfüllt und die Vergabe eines Gesamtauftrags aus objektiven Gründen gerechtfertigt ist,

2. kann der Auftrag nach den Vorschriften über die Vergabe von verteidigungs- oder sicherheitsspezifischen Aufträgen vergeben werden, wenn ein Teil des Auftrags diesen Vorschriften unterliegt und die Vergabe eines Gesamtauftrags aus objektiven Gründen gerechtfertigt ist,

3. sind die Vorschriften zur Vergabe von öffentlichen Aufträgen durch Sektorenauftraggeber anzuwenden, wenn ein Teil des Auftrags diesen Vorschriften unterliegt und der Wert dieses Teils den geltenden Schwellenwert erreicht oder überschreitet; dies gilt auch dann, wenn der andere Teil des Auftrags den Vorschriften über die Vergabe von Konzessionen unterliegt,

4. sind die Vorschriften zur Vergabe von öffentlichen Aufträgen durch öffentliche Auftraggeber anzuwenden, wenn ein Teil des Auftrags den Vorschriften zur Vergabe von Konzessionen und ein anderer Teil des Auftrags den Vorschriften zur Vergabe von öffentlichen Aufträgen durch öffentliche Auftraggeber unterliegt und wenn der Wert dieses Teils den geltenden Schwellenwert erreicht oder überschreitet,

5. sind die Vorschriften dieses Teils anzuwenden, wenn ein Teil des Auftrags den Vorschriften dieses Teils und ein anderer Teil des Auftrags sonstigen Vorschriften außerhalb dieses Teils unterliegt; dies gilt ungeachtet des Wertes des Teils, der sonstigen Vorschriften außerhalb dieses Teils unterliegen würde und ungeachtet ihrer rechtlichen Regelung.

(4) Sind die verschiedenen Teile eines öffentlichen Auftrags, die jeweils unterschiedlichen rechtlichen Regelungen unterliegen, objektiv nicht trennbar,

1. wird der Auftrag nach den Vorschriften vergeben, denen der Hauptgegenstand des Auftrags zuzuordnen ist; enthält der Auftrag Elemente einer Dienstleistungskonzession und eines Lieferauftrags, wird der Hauptgegenstand danach bestimmt, welcher geschätzte Wert der jeweiligen Dienst- oder Lieferleistungen höher ist,

2. kann der Auftrag ohne Anwendung der Vorschriften dieses Teils oder gemäß den Vorschriften über die Vergabe von verteidigungs- oder sicherheitsspezifischen öffentlichen Aufträgen

vergeben werden, wenn der Auftrag Elemente enthält, auf die § 107 Absatz 2 Nummer 1 oder 2 anzuwenden ist.

(5) Die Entscheidung, einen Gesamtauftrag oder getrennte Aufträge zu vergeben, darf nicht zu dem Zweck getroffen werden, die Auftragsvergabe von den Vorschriften zur Vergabe öffentlicher Aufträge und Konzessionen auszunehmen.

(6) Auf die Vergabe von Konzessionen sind die Absätze 1, 2 und 3 Nummer 1 und 2 sowie die Absätze 4 und 5 entsprechend anzuwenden.

§ 112 Vergabe von öffentlichen Aufträgen und Konzessionen, die verschiedene Tätigkeiten umfassen

(1) Umfasst ein öffentlicher Auftrag mehrere Tätigkeiten, von denen eine Tätigkeit eine Sektorentätigkeit im Sinne des § 102 darstellt, dürfen getrennte Aufträge für die Zwecke jeder einzelnen Tätigkeit oder darf ein Gesamtauftrag vergeben werden.

(2) Werden getrennte Aufträge vergeben, so wird jeder einzelne Auftrag nach den Vorschriften vergeben, die auf seine Merkmale anzuwenden sind.

(3) ¹Wird ein Gesamtauftrag vergeben, unterliegt dieser Auftrag den Bestimmungen, die für die Tätigkeit gelten, für die der Auftrag hauptsächlich bestimmt ist. ²Ist der Auftrag sowohl für eine Sektorentätigkeit im Sinne des § 102 als auch für eine Tätigkeit bestimmt, die Verteidigungs- oder Sicherheitsaspekte umfasst, ist § 111 Absatz 3 Nummer 1 und 2 entsprechend anzuwenden.

(4) Die Entscheidung, einen Gesamtauftrag oder getrennte Aufträge zu vergeben, darf nicht zu dem Zweck getroffen werden, die Auftragsvergabe von den Vorschriften dieses Teils auszunehmen.

(5) Ist es objektiv unmöglich, festzustellen, für welche Tätigkeit der Auftrag hauptsächlich bestimmt ist, unterliegt die Vergabe

1. den Vorschriften zur Vergabe von öffentlichen Aufträgen durch öffentliche Auftraggeber, wenn eine der Tätigkeiten, für die der Auftrag bestimmt ist, unter diese Vorschriften fällt,

2. den Vorschriften zur Vergabe von öffentlichen Aufträgen durch Sektorenauftraggeber, wenn der Auftrag sowohl für eine Sektorentätigkeit im Sinne des § 102 als auch für eine Tätigkeit bestimmt ist, die in den Anwendungsbereich der Vorschriften zur Vergabe von Konzessionen fallen würde,

3. den Vorschriften zur Vergabe von öffentlichen Aufträgen durch Sektorenauftraggeber, wenn der Auftrag sowohl für eine Sektorentätigkeit im Sinne des § 102 als auch für eine Tätigkeit bestimmt ist, die weder in den Anwendungsbereich der Vorschriften zur Vergabe von Konzessionen noch in den Anwendungsbereich der Vorschriften zur Vergabe öffentlicher Aufträge durch öffentliche Auftraggeber fallen würde.

(6) ¹Umfasst eine Konzession mehrere Tätigkeiten, von denen eine Tätigkeit eine Sektorentätigkeit im Sinne des § 102 darstellt, sind die Absätze 1 bis 4 entsprechend anzuwenden. ²Ist es objektiv unmöglich, festzustellen, für welche Tätigkeit die Konzession hauptsächlich bestimmt ist, unterliegt die Vergabe

1. den Vorschriften zur Vergabe von Konzessionen durch Konzessionsgeber im Sinne des § 101 Absatz 1 Nummer 1, wenn eine der Tätigkeiten, für die die Konzession bestimmt ist, diesen

Bestimmungen und die andere Tätigkeit den Bestimmungen für die Vergabe von Konzessionen durch Konzessionsgeber im Sinne des § 101 Absatz 1 Nummer 2 oder Nummer 3 unterliegt,

2. den Vorschriften zur Vergabe von öffentlichen Aufträgen durch öffentliche Auftraggeber, wenn eine der Tätigkeiten, für die die Konzession bestimmt ist, unter diese Vorschriften fällt,

3. den Vorschriften zur Vergabe von Konzessionen, wenn eine der Tätigkeiten, für die die Konzession bestimmt ist, diesen Vorschriften und die andere Tätigkeit weder den Vorschriften zur Vergabe von öffentlichen Aufträgen durch Sektorenauftraggeber noch den Vorschriften zur Vergabe öffentlicher Aufträge durch öffentliche Auftraggeber unterliegt.

§ 113 Verordnungsermächtigung

[1]Die Bundesregierung wird ermächtigt, durch Rechtsverordnungen mit Zustimmung des Bundesrates die Einzelheiten zur Vergabe von öffentlichen Aufträgen und Konzessionen sowie zur Ausrichtung von Wettbewerben zu regeln. [2]Diese Ermächtigung umfasst die Befugnis zur Regelung von Anforderungen an den Auftragsgegenstand und an das Vergabeverfahren, insbesondere zur Regelung

1. der Schätzung des Auftrags- oder Vertragswertes,

2. der Leistungsbeschreibung, der Bekanntmachung, der Verfahrensarten und des Ablaufs des Vergabeverfahrens, der Nebenangebote, der Vergabe von Unteraufträgen sowie der Vergabe öffentlicher Aufträge und Konzessionen, die soziale und andere besondere Dienstleistungen betreffen,

3. der besonderen Methoden und Instrumente in Vergabeverfahren und für Sammelbeschaffungen einschließlich der zentralen Beschaffung,

4. des Sendens, Empfangens, Weiterleitens und Speicherns von Daten einschließlich der Regelungen zum Inkrafttreten der entsprechenden Verpflichtungen,

5. der Auswahl und Prüfung der Unternehmen und Angebote sowie des Abschlusses des Vertrags,

6. der Aufhebung des Vergabeverfahrens,

7. der verteidigungs- oder sicherheitsspezifischen Anforderungen im Hinblick auf den Geheimschutz, auf die allgemeinen Regelungen zur Wahrung der Vertraulichkeit, auf die Versorgungssicherheit sowie auf die besonderen Regelungen für die Vergabe von Unteraufträgen,

8. der Voraussetzungen, nach denen Sektorenauftraggeber, Konzessionsgeber oder Auftraggeber nach dem Bundesberggesetz von der Verpflichtung zur Anwendung dieses Teils befreit werden können, sowie des dabei anzuwendenden Verfahrens einschließlich der erforderlichen Ermittlungsbefugnisse des Bundeskartellamtes und der Einzelheiten der Kostenerhebung; Vollstreckungserleichterungen dürfen vorgesehen werden.

[3]Die Rechtsverordnungen sind dem Bundestag zuzuleiten. [4]Die Zuleitung erfolgt vor der Zuleitung an den Bundesrat. [5]Die Rechtsverordnungen können durch Beschluss des Bundestages geändert oder abgelehnt werden. [6]Der Beschluss des Bundestages wird der Bundesregierung zugeleitet. [7]Hat sich der Bundestag nach Ablauf von drei Sitzungswochen seit Eingang der Rechtsverordnungen nicht mit ihnen befasst, so werden die unveränderten Rechtsverordnungen dem Bundesrat zugeleitet.

§ 114 Monitoring und Vergabestatistik

(1) [1]Die obersten Bundesbehörden und die Länder erstatten in ihrem jeweiligen Zuständigkeitsbereich dem Bundesministerium für Wirtschaft und Energie über die Anwendung der Vorschriften dieses Teils und der aufgrund des § 113 erlassenen Rechtsverordnungen bis zum 15. Februar 2017 und danach auf Anforderung schriftlich Bericht. [2]Zu berichten ist regelmäßig über die jeweils letzten drei Kalenderjahre, die der Anforderung vorausgegangen sind.

(2) [1]Das Statistische Bundesamt erstellt im Auftrag des Bundesministeriums für Wirtschaft und Energie eine Vergabestatistik. [2]Zu diesem Zweck übermitteln Auftraggeber im Sinne des § 98 an das Statistische Bundesamt Daten zu öffentlichen Aufträgen im Sinne des § 103 Absatz 1 unabhängig von deren geschätzten Auftragswert und zu Konzessionen im Sinne des § 105. [3]Das Bundesministerium für Wirtschaft und Energie wird ermächtigt, im Einvernehmen mit dem Bundesministerium des Innern, für Bau und Heimat durch Rechtsverordnung mit Zustimmung des Bundesrates die Einzelheiten der Vergabestatistik sowie der Datenübermittlung durch die meldende Stelle einschließlich des technischen Ablaufs, des Umfangs der zu übermittelnden Daten, der Wertgrenzen für die Erhebung sowie den Zeitpunkt des Inkrafttretens und der Anwendung der entsprechenden Verpflichtungen zu regeln.

Abschnitt 2: Vergabe von öffentlichen Aufträgen durch öffentliche Auftraggeber

Unterabschnitt 1: Anwendungsbereich

§ 115 Anwendungsbereich

Dieser Abschnitt ist anzuwenden auf die Vergabe von öffentlichen Aufträgen und die Ausrichtung von Wettbewerben durch öffentliche Auftraggeber.

§ 116 Besondere Ausnahmen

(1) Dieser Teil ist nicht anzuwenden auf die Vergabe von öffentlichen Aufträgen durch öffentliche Auftraggeber, wenn diese Aufträge Folgendes zum Gegenstand haben:

1. Rechtsdienstleistungen, die eine der folgenden Tätigkeiten betreffen:
   a) Vertretung eines Mandanten durch einen Rechtsanwalt in
      aa) Gerichts- oder Verwaltungsverfahren vor nationalen oder internationalen Gerichten, Behörden oder Einrichtungen,
      bb) nationalen oder internationalen Schiedsgerichts- oder Schlichtungsverfahren,
   b) Rechtsberatung durch einen Rechtsanwalt, sofern diese zur Vorbereitung eines Verfahrens im Sinne von Buchstabe a dient oder wenn konkrete Anhaltspunkte dafür vorliegen und eine hohe Wahrscheinlichkeit besteht, dass die Angelegenheit, auf die sich die Rechtsberatung bezieht, Gegenstand eines solchen Verfahrens werden wird,
   c) Beglaubigungen und Beurkundungen, sofern sie von Notaren vorzunehmen sind,
   d) Tätigkeiten von gerichtlich bestellten Betreuern, Vormündern, Pflegern, Verfahrensbeiständen, Sachverständigen oder Verwaltern oder sonstige Rechtsdienstleistungen, deren

Erbringer durch ein Gericht dafür bestellt oder durch Gesetz dazu bestimmt werden, um bestimmte Aufgaben unter der Aufsicht dieser Gerichte wahrzunehmen, oder

e)   Tätigkeiten, die zumindest teilweise mit der Ausübung von hoheitlichen Befugnissen verbunden sind,

2.   Forschungs- und Entwicklungsdienstleistungen, es sei denn, es handelt sich um Forschungs- und Entwicklungsdienstleistungen, die unter die Referenznummern des Common Procurement Vocabulary 73000000-2 bis 73120000-9, 73300000-5, 73420000-2 und 73430000-5 fallen und bei denen

a)   die Ergebnisse ausschließlich Eigentum des Auftraggebers für seinen Gebrauch bei der Ausübung seiner eigenen Tätigkeit werden und

b)   die Dienstleistung vollständig durch den Auftraggeber vergütet wird,

3.   den Erwerb, die Entwicklung, die Produktion oder die Koproduktion von Sendematerial für audiovisuelle Mediendienste oder Hörfunkmediendienste, wenn diese Aufträge von Anbietern von audiovisuellen Mediendiensten oder Hörfunkmediendiensten vergeben werden, die Ausstrahlungszeit oder die Bereitstellung von Sendungen, wenn diese Aufträge an Anbieter von audiovisuellen Mediendiensten oder Hörfunkmediendiensten vergeben werden,

4.   finanzielle Dienstleistungen im Zusammenhang mit der Ausgabe, dem Verkauf, dem Ankauf oder der Übertragung von Wertpapieren oder anderen Finanzinstrumenten, Dienstleistungen der Zentralbanken sowie mit der Europäischen Finanzstabilisierungsfazilität und dem Europäischen Stabilitätsmechanismus durchgeführte Transaktionen,

5.   Kredite und Darlehen, auch im Zusammenhang mit der Ausgabe, dem Verkauf, dem Ankauf oder der Übertragung von Wertpapieren oder anderen Finanzinstrumenten oder

6.   Dienstleistungen, die an einen öffentlichen Auftraggeber nach § 99 Nummer 1 bis 3 vergeben werden, der ein auf Gesetz oder Verordnung beruhendes ausschließliches Recht hat, die Leistungen zu erbringen.

(2) Dieser Teil ist ferner nicht auf öffentliche Aufträge und Wettbewerbe anzuwenden, die hauptsächlich den Zweck haben, dem öffentlichen Auftraggeber die Bereitstellung oder den Betrieb öffentlicher Kommunikationsnetze oder die Bereitstellung eines oder mehrerer elektronischer Kommunikationsdienste für die Öffentlichkeit zu ermöglichen.

§ 117 Besondere Ausnahmen für Vergaben, die Verteidigungs- oder Sicherheitsaspekte umfassen

Bei öffentlichen Aufträgen und Wettbewerben, die Verteidigungs- oder Sicherheitsaspekte umfassen, ohne verteidigungs- oder sicherheitsspezifische Aufträge zu sein, ist dieser Teil nicht anzuwenden,

1.   soweit der Schutz wesentlicher Sicherheitsinteressen der Bundesrepublik Deutschland nicht durch weniger einschneidende Maßnahmen gewährleistet werden kann, zum Beispiel durch Anforderungen, die auf den Schutz der Vertraulichkeit der Informationen abzielen, die der öffentliche Auftraggeber im Rahmen eines Vergabeverfahrens zur Verfügung stellt,

2.   soweit die Voraussetzungen des Artikels 346 Absatz 1 Buchstabe a des Vertrags über die Arbeitsweise der Europäischen Union erfüllt sind,

3. wenn die Vergabe und die Ausführung des Auftrags für geheim erklärt werden oder nach den Rechts- oder Verwaltungsvorschriften besondere Sicherheitsmaßnahmen erfordern; Voraussetzung hierfür ist eine Feststellung darüber, dass die betreffenden wesentlichen Interessen nicht durch weniger einschneidende Maßnahmen gewährleistet werden können, zum Beispiel durch Anforderungen, die auf den Schutz der Vertraulichkeit der Informationen abzielen,

4. wenn der öffentliche Auftraggeber verpflichtet ist, die Vergabe oder Durchführung nach anderen Vergabeverfahren vorzunehmen, die festgelegt sind durch

     a) eine im Einklang mit den EU-Verträgen geschlossene internationale Übereinkunft oder Vereinbarung zwischen der Bundesrepublik Deutschland und einem oder mehreren Staaten, die nicht Vertragsparteien des Übereinkommens über den Europäischen Wirtschaftsraum sind, oder ihren Untereinheiten über Liefer-, Bau- oder Dienstleistungen für ein von den Unterzeichnern gemeinsam zu verwirklichendes oder zu nutzendes Projekt,

     b) eine internationale Übereinkunft oder Vereinbarung im Zusammenhang mit der Stationierung von Truppen, die Unternehmen betrifft, die ihren Sitz in der Bundesrepublik Deutschland oder einem Staat haben, der nicht Vertragspartei des Übereinkommens über den Europäischen Wirtschaftsraums ist, oder

     c) eine internationale Organisation oder

5. wenn der öffentliche Auftraggeber gemäß den Vergaberegeln einer internationalen Organisation oder internationalen Finanzierungseinrichtung einen öffentlichen Auftrag vergibt oder einen Wettbewerb ausrichtet und dieser öffentliche Auftrag oder Wettbewerb vollständig durch diese Organisation oder Einrichtung finanziert wird. Im Falle einer überwiegenden Kofinanzierung durch eine internationale Organisation oder eine internationale Finanzierungseinrichtung einigen sich die Parteien auf die anwendbaren Vergabeverfahren.

§ 118 Bestimmten Auftragnehmern vorbehaltene öffentliche Aufträge

(1) Öffentliche Auftraggeber können das Recht zur Teilnahme an Vergabeverfahren Werkstätten für Menschen mit Behinderungen und Unternehmen vorbehalten, deren Hauptzweck die soziale und berufliche Integration von Menschen mit Behinderungen oder von benachteiligten Personen ist, oder bestimmen, dass öffentliche Aufträge im Rahmen von Programmen mit geschützten Beschäftigungsverhältnissen durchzuführen sind.

(2) Voraussetzung ist, dass mindestens 30 Prozent der in diesen Werkstätten oder Unternehmen Beschäftigten Menschen mit Behinderungen oder benachteiligte Personen sind.

Unterabschnitt 2: Vergabeverfahren und Auftragsausführung

§ 119 Verfahrensarten

(1) Die Vergabe von öffentlichen Aufträgen erfolgt im offenen Verfahren, im nicht offenen Verfahren, im Verhandlungsverfahren, im wettbewerblichen Dialog oder in der Innovationspartnerschaft.

(2) [1]Öffentlichen Auftraggebern stehen das offene Verfahren und das nicht offene Verfahren, das stets einen Teilnahmewettbewerb erfordert, nach ihrer Wahl zur Verfügung. [2]Die anderen Verfahrensarten stehen nur zur Verfügung, soweit dies aufgrund dieses Gesetzes gestattet ist.

(3) Das offene Verfahren ist ein Verfahren, in dem der öffentliche Auftraggeber eine unbeschränkte Anzahl von Unternehmen öffentlich zur Abgabe von Angeboten auffordert.

(4) Das nicht offene Verfahren ist ein Verfahren, bei dem der öffentliche Auftraggeber nach vorheriger öffentlicher Aufforderung zur Teilnahme eine beschränkte Anzahl von Unternehmen nach objektiven, transparenten und nichtdiskriminierenden Kriterien auswählt (Teilnahmewettbewerb), die er zur Abgabe von Angeboten auffordert.

(5) Das Verhandlungsverfahren ist ein Verfahren, bei dem sich der öffentliche Auftraggeber mit oder ohne Teilnahmewettbewerb an ausgewählte Unternehmen wendet, um mit einem oder mehreren dieser Unternehmen über die Angebote zu verhandeln.

(6) [1]Der wettbewerbliche Dialog ist ein Verfahren zur Vergabe öffentlicher Aufträge mit dem Ziel der Ermittlung und Festlegung der Mittel, mit denen die Bedürfnisse des öffentlichen Auftraggebers am besten erfüllt werden können. [2]Nach einem Teilnahmewettbewerb eröffnet der öffentliche Auftraggeber mit den ausgewählten Unternehmen einen Dialog zur Erörterung aller Aspekte der Auftragsvergabe.

(7) [1]Die Innovationspartnerschaft ist ein Verfahren zur Entwicklung innovativer, noch nicht auf dem Markt verfügbarer Liefer-, Bau- oder Dienstleistungen und zum anschließenden Erwerb der daraus hervorgehenden Leistungen. [2]Nach einem Teilnahmewettbewerb verhandelt der öffentliche Auftraggeber in mehreren Phasen mit den ausgewählten Unternehmen über die Erst- und Folgeangebote.

§ 120 Besondere Methoden und Instrumente in Vergabeverfahren

(1) Ein dynamisches Beschaffungssystem ist ein zeitlich befristetes, ausschließlich elektronisches Verfahren zur Beschaffung marktüblicher Leistungen, bei denen die allgemein auf dem Markt verfügbaren Merkmale den Anforderungen des öffentlichen Auftraggebers genügen.

(2) [1]Eine elektronische Auktion ist ein sich schrittweise wiederholendes elektronisches Verfahren zur Ermittlung des wirtschaftlichsten Angebots. [2]Jeder elektronischen Auktion geht eine vollständige erste Bewertung aller Angebote voraus.

(3) [1]Ein elektronischer Katalog ist ein auf der Grundlage der Leistungsbeschreibung erstelltes Verzeichnis der zu beschaffenden Liefer-, Bau- und Dienstleistungen in einem elektronischen Format. [2]Er kann insbesondere beim Abschluss von Rahmenvereinbarungen eingesetzt werden und Abbildungen, Preisinformationen und Produktbeschreibungen umfassen.

(4) [1]Eine zentrale Beschaffungsstelle ist ein öffentlicher Auftraggeber, der für andere öffentliche Auftraggeber dauerhaft Liefer- und Dienstleistungen beschafft, öffentliche Aufträge vergibt oder Rahmenvereinbarungen abschließt (zentrale Beschaffungstätigkeit). [2]Öffentliche Auftraggeber können Liefer- und Dienstleistungen von zentralen Beschaffungsstellen erwerben oder Liefer-, Bau- und Dienstleistungsaufträge mittels zentraler Beschaffungsstellen vergeben. [3]Öffentliche Aufträge zur Ausübung zentraler Beschaffungstätigkeiten können an eine zentrale Beschaffungsstelle vergeben werden, ohne ein Vergabeverfahren nach den Vorschriften

dieses Teils durchzuführen. [4]Derartige Dienstleistungsaufträge können auch Beratungs- und Unterstützungsleistungen bei der Vorbereitung oder Durchführung von Vergabeverfahren umfassen. [5]Die Teile 1 bis 3 bleiben unberührt.

§ 121 Leistungsbeschreibung

(1) [1]In der Leistungsbeschreibung ist der Auftragsgegenstand so eindeutig und erschöpfend wie möglich zu beschreiben, sodass die Beschreibung für alle Unternehmen im gleichen Sinne verständlich ist und die Angebote miteinander verglichen werden können. [2]Die Leistungsbeschreibung enthält die Funktions- oder Leistungsanforderungen oder eine Beschreibung der zu lösenden Aufgabe, deren Kenntnis für die Erstellung des Angebots erforderlich ist, sowie die Umstände und Bedingungen der Leistungserbringung.

(2) Bei der Beschaffung von Leistungen, die zur Nutzung durch natürliche Personen vorgesehen sind, sind bei der Erstellung der Leistungsbeschreibung außer in ordnungsgemäß begründeten Fällen die Zugänglichkeitskriterien für Menschen mit Behinderungen oder die Konzeption für alle Nutzer zu berücksichtigen.

(3) Die Leistungsbeschreibung ist den Vergabeunterlagen beizufügen.

§ 122 Eignung

(1) Öffentliche Aufträge werden an fachkundige und leistungsfähige (geeignete) Unternehmen vergeben, die nicht nach den §§ 123 oder 124 ausgeschlossen worden sind.

(2) [1]Ein Unternehmen ist geeignet, wenn es die durch den öffentlichen Auftraggeber im Einzelnen zur ordnungsgemäßen Ausführung des öffentlichen Auftrags festgelegten Kriterien (Eignungskriterien) erfüllt. [2]Die Eignungskriterien dürfen ausschließlich Folgendes betreffen:

1. Befähigung und Erlaubnis zur Berufsausübung,
2. wirtschaftliche und finanzielle Leistungsfähigkeit,
3. technische und berufliche Leistungsfähigkeit.

(3) Der Nachweis der Eignung und des Nichtvorliegens von Ausschlussgründen nach den §§ 123 und 124 kann ganz oder teilweise durch die Teilnahme an Präqualifizierungssystemen erbracht werden.

(4) [1]Eignungskriterien müssen mit dem Auftragsgegenstand in Verbindung und zu diesem in einem angemessenen Verhältnis stehen. [2]Sie sind in der Auftragsbekanntmachung, der Vorinformation oder der Aufforderung zur Interessensbestätigung aufzuführen.

§ 123 Zwingende Ausschlussgründe *

(1) Öffentliche Auftraggeber schließen ein Unternehmen zu jedem Zeitpunkt des Vergabeverfahrens von der Teilnahme aus, wenn sie Kenntnis davon haben, dass eine Person, deren Verhalten nach Absatz 3 dem Unternehmen zuzurechnen ist, rechtskräftig verurteilt oder gegen das Unternehmen eine Geldbuße nach § 30 des Gesetzes über Ordnungswidrigkeiten rechtskräftig festgesetzt worden ist wegen einer Straftat nach:

1. § 129 des Strafgesetzbuchs (Bildung krimineller Vereinigungen), § 129a des Strafgesetzbuchs (Bildung terroristischer Vereinigungen) oder § 129b des Strafgesetzbuchs (Kriminelle und terroristische Vereinigungen im Ausland),

2. § 89c des Strafgesetzbuchs (Terrorismusfinanzierung) oder wegen der Teilnahme an einer solchen Tat oder wegen der Bereitstellung oder Sammlung finanzieller Mittel in Kenntnis dessen, dass diese finanziellen Mittel ganz oder teilweise dazu verwendet werden oder verwendet werden sollen, eine Tat nach § 89a Absatz 2 Nummer 2 des Strafgesetzbuchs zu begehen,

3. § 261 des Strafgesetzbuchs (Geldwäsche),

4. § 263 des Strafgesetzbuchs (Betrug), soweit sich die Straftat gegen den Haushalt der Europäischen Union oder gegen Haushalte richtet, die von der Europäischen Union oder in ihrem Auftrag verwaltet werden,

5. § 264 des Strafgesetzbuchs (Subventionsbetrug), soweit sich die Straftat gegen den Haushalt der Europäischen Union oder gegen Haushalte richtet, die von der Europäischen Union oder in ihrem Auftrag verwaltet werden,

6. § 299 des Strafgesetzbuchs (Bestechlichkeit und Bestechung im geschäftlichen Verkehr), §§ 299a und 299b des Strafgesetzbuchs (Bestechlichkeit und Bestechung im Gesundheitswesen),

7. § 108e Strafgesetzbuchs (Bestechlichkeit und Bestechung von Mandatsträgern) oder § 108f des Strafgesetzbuchs (unzulässige Interessenwahrnehmung),

8. den §§ 333 und 334 des Strafgesetzbuchs (Vorteilsgewährung und Bestechung), jeweils auch in Verbindung mit § 335a des Strafgesetzbuchs (Ausländische und internationale Bedienstete),

9. Artikel 2 § 2 des Gesetzes zur Bekämpfung internationaler Bestechung (Bestechung ausländischer Abgeordneter im Zusammenhang mit internationalem Geschäftsverkehr) oder

10. den §§ 232, 232a Absatz 1 bis 5, den §§ 232b bis 233a des Strafgesetzbuches (Menschenhandel, Zwangsprostitution, Zwangsarbeit, Ausbeutung der Arbeitskraft, Ausbeutung unter Ausnutzung einer Freiheitsberaubung).

---

* § 1 Abs. 1, 2 Wettbewerbsregistergesetz (WRegG): «(1) Beim Bundeskartellamt (Registerbehörde) wird ein Register zum Schutz des Wettbewerbs um öffentliche Aufträge und Konzessionen (Wettbewerbsregister) eingerichtet und geführt.

(2) Mit dem Wettbewerbsregister werden Auftraggebern im Sinne von § 98 des Gesetzes gegen Wettbewerbsbeschränkungen Informationen über Ausschlussgründe im Sinne der §§ 123 und 124 des Gesetzes gegen Wettbewerbsbeschränkungen zur Verfügung gestellt.»

(2) Einer Verurteilung oder der Festsetzung einer Geldbuße im Sinne des Absatzes 1 stehen eine Verurteilung oder die Festsetzung einer Geldbuße nach den vergleichbaren Vorschriften anderer Staaten gleich.

(3) Das Verhalten einer rechtskräftig verurteilten Person ist einem Unternehmen zuzurechnen, wenn diese Person als für die Leitung des Unternehmens Verantwortlicher gehandelt hat; dazu gehört auch die Überwachung der Geschäftsführung oder die sonstige Ausübung von Kontrollbefugnissen in leitender Stellung.

(4) [1]Öffentliche Auftraggeber schließen ein Unternehmen zu jedem Zeitpunkt des Vergabeverfahrens von der Teilnahme an einem Vergabeverfahren aus, wenn

1. das Unternehmen seinen Verpflichtungen zur Zahlung von Steuern, Abgaben oder Beiträgen zur Sozialversicherung nicht nachgekommen ist und dies durch eine rechtskräftige Gerichts- oder bestandskräftige Verwaltungsentscheidung festgestellt wurde oder

2. die öffentlichen Auftraggeber auf sonstige geeignete Weise die Verletzung einer Verpflichtung nach Nummer 1 nachweisen können.

[2]Satz 1 ist nicht anzuwenden, wenn das Unternehmen seinen Verpflichtungen dadurch nachgekommen ist, dass es die Zahlung vorgenommen oder sich zur Zahlung der Steuern, Abgaben und Beiträge zur Sozialversicherung einschließlich Zinsen, Säumnis- und Strafzuschlägen verpflichtet hat.

(5) [1]Von einem Ausschluss nach Absatz 1 kann abgesehen werden, wenn dies aus zwingenden Gründen des öffentlichen Interesses geboten ist. [2]Von einem Ausschluss nach Absatz 4 Satz 1 kann abgesehen werden, wenn dies aus zwingenden Gründen des öffentlichen Interesses geboten ist oder ein Ausschluss offensichtlich unverhältnismäßig wäre. [3]§ 125 bleibt unberührt.

§ 124 Fakultative Ausschlussgründe [*]

(1) Öffentliche Auftraggeber können unter Berücksichtigung des Grundsatzes der Verhältnismäßigkeit ein Unternehmen zu jedem Zeitpunkt des Vergabeverfahrens von der Teilnahme an einem Vergabeverfahren ausschließen, wenn

1. das Unternehmen bei der Ausführung öffentlicher Aufträge nachweislich gegen geltende umwelt-, sozial- oder arbeitsrechtliche Verpflichtungen verstoßen hat,

2. das Unternehmen zahlungsunfähig ist, über das Vermögen des Unternehmens ein Insolvenzverfahren oder ein vergleichbares Verfahren beantragt oder eröffnet worden ist, die Eröffnung eines solchen Verfahrens mangels Masse abgelehnt worden ist, sich das Unternehmen im Verfahren der Liquidation befindet oder seine Tätigkeit eingestellt hat,

---

[*] § 1 Abs. 1, 2 Wettbewerbsregistergesetz (WRegG): «(1) Beim Bundeskartellamt (Registerbehörde) wird ein Register zum Schutz des Wettbewerbs um öffentliche Aufträge und Konzessionen (Wettbewerbsregister) eingerichtet und geführt.

(2) Mit dem Wettbewerbsregister werden Auftraggebern im Sinne von § 98 des Gesetzes gegen Wettbewerbsbeschränkungen Informationen über Ausschlussgründe im Sinne der §§ 123 und 124 des Gesetzes gegen Wettbewerbsbeschränkungen zur Verfügung gestellt.»

3. das Unternehmen im Rahmen der beruflichen Tätigkeit nachweislich eine schwere Verfehlung begangen hat, durch die die Integrität des Unternehmens infrage gestellt wird; § 123 Absatz 3 ist entsprechend anzuwenden,

4. der öffentliche Auftraggeber über hinreichende Anhaltspunkte dafür verfügt, dass das Unternehmen mit anderen Unternehmen Vereinbarungen getroffen oder Verhaltensweisen aufeinander abgestimmt hat, die eine Verhinderung, Einschränkung oder Verfälschung des Wettbewerbs bezwecken oder bewirken,

5. ein Interessenkonflikt bei der Durchführung des Vergabeverfahrens besteht, der die Unparteilichkeit und Unabhängigkeit einer für den öffentlichen Auftraggeber tätigen Person bei der Durchführung des Vergabeverfahrens beeinträchtigen könnte und der durch andere, weniger einschneidende Maßnahmen nicht wirksam beseitigt werden kann,

6. eine Wettbewerbsverzerrung daraus resultiert, dass das Unternehmen bereits in die Vorbereitung des Vergabeverfahrens einbezogen war, und diese Wettbewerbsverzerrung nicht durch andere, weniger einschneidende Maßnahmen beseitigt werden kann,

7. das Unternehmen eine wesentliche Anforderung bei der Ausführung eines früheren öffentlichen Auftrags oder Konzessionsvertrags erheblich oder fortdauernd mangelhaft erfüllt hat und dies zu einer vorzeitigen Beendigung, zu Schadensersatz oder zu einer vergleichbaren Rechtsfolge geführt hat,

8. das Unternehmen in Bezug auf Ausschlussgründe oder Eignungskriterien eine schwerwiegende Täuschung begangen oder Auskünfte zurückgehalten hat oder nicht in der Lage ist, die erforderlichen Nachweise zu übermitteln, oder

9. das Unternehmen
   a) versucht hat, die Entscheidungsfindung des öffentlichen Auftraggebers in unzulässiger Weise zu beeinflussen,
   b) versucht hat, vertrauliche Informationen zu erhalten, durch die es unzulässige Vorteile beim Vergabeverfahren erlangen könnte, oder
   c) fahrlässig oder vorsätzlich irreführende Informationen übermittelt hat, die die Vergabeentscheidung des öffentlichen Auftraggebers erheblich beeinflussen könnten, oder versucht hat, solche Informationen zu übermitteln.

(2) § 21 des Arbeitnehmer-Entsendegesetzes, § 98c des Aufenthaltsgesetzes, § 19 des Mindestlohngesetzes, § 21 des Schwarzarbeitsbekämpfungsgesetzes und § 22 des Lieferkettensorgfaltspflichtengesetzes vom 16. Juli 2021 (BGBl. I S. 2959) bleiben unberührt.

§ 125 Selbstreinigung

(1) [1]Öffentliche Auftraggeber schließen ein Unternehmen, bei dem ein Ausschlussgrund nach § 123 oder § 124 vorliegt, nicht von der Teilnahme an dem Vergabeverfahren aus, wenn das Unternehmen nachgewiesen hat, dass es

1. für jeden durch eine Straftat oder ein Fehlverhalten verursachten Schaden einen Ausgleich gezahlt oder sich zur Zahlung eines Ausgleichs verpflichtet hat,

2. die Tatsachen und Umstände, die mit der Straftat oder dem Fehlverhalten und dem dadurch verursachten Schaden in Zusammenhang stehen, durch eine aktive Zusammenarbeit mit den Ermittlungsbehörden und dem öffentlichen Auftraggeber umfassend geklärt hat, und

3. konkrete technische, organisatorische und personelle Maßnahmen ergriffen hat, die geeignet sind, weitere Straftaten oder weiteres Fehlverhalten zu vermeiden.

²§ 123 Absatz 4 Satz 2 bleibt unberührt.

(2) ¹Öffentliche Auftraggeber bewerten die von dem Unternehmen ergriffenen Selbstreinigungsmaßnahmen und berücksichtigen dabei die Schwere und die besonderen Umstände der Straftat oder des Fehlverhaltens. ²Erachten die öffentlichen Auftraggeber die Selbstreinigungsmaßnahmen des Unternehmens als unzureichend, so begründen sie diese Entscheidung gegenüber dem Unternehmen.

§ 126 Zulässiger Zeitraum für Ausschlüsse

Wenn ein Unternehmen, bei dem ein Ausschlussgrund vorliegt, keine oder keine ausreichenden Selbstreinigungsmaßnahmen nach § 125 ergriffen hat, darf es

1. bei Vorliegen eines Ausschlussgrundes nach § 123 höchstens fünf Jahre ab dem Tag der rechtskräftigen Verurteilung von der Teilnahme an Vergabeverfahren ausgeschlossen werden,

2. bei Vorliegen eines Ausschlussgrundes nach § 124 höchstens drei Jahre ab dem betreffenden Ereignis von der Teilnahme an Vergabeverfahren ausgeschlossen werden.

§ 127 Zuschlag

(1) ¹Der Zuschlag wird auf das wirtschaftlichste Angebot erteilt. Grundlage dafür ist eine Bewertung des öffentlichen Auftraggebers, ob und inwieweit das Angebot die vorgegebenen Zuschlagskriterien erfüllt. ²Das wirtschaftlichste Angebot bestimmt sich nach dem besten Preis-Leistungs-Verhältnis. ³Zu dessen Ermittlung können neben dem Preis oder den Kosten auch qualitative, umweltbezogene oder soziale Aspekte berücksichtigt werden.

(2) Verbindliche Vorschriften zur Preisgestaltung sind bei der Ermittlung des wirtschaftlichsten Angebots zu beachten.

(3) ¹Die Zuschlagskriterien müssen mit dem Auftragsgegenstand in Verbindung stehen. ²Diese Verbindung ist auch dann anzunehmen, wenn sich ein Zuschlagskriterium auf Prozesse im Zusammenhang mit der Herstellung, Bereitstellung oder Entsorgung der Leistung, auf den Handel mit der Leistung oder auf ein anderes Stadium im Lebenszyklus der Leistung bezieht, auch wenn sich diese Faktoren nicht auf die materiellen Eigenschaften des Auftragsgegenstandes auswirken.

(4) ¹Die Zuschlagskriterien müssen so festgelegt und bestimmt sein, dass die Möglichkeit eines wirksamen Wettbewerbs gewährleistet wird, der Zuschlag nicht willkürlich erteilt werden kann und eine wirksame Überprüfung möglich ist, ob und inwieweit die Angebote die Zuschlagskriterien erfüllen. ²Lassen öffentliche

Auftraggeber Nebenangebote zu, legen sie die Zuschlagskriterien so fest, dass sie sowohl auf Hauptangebote als auch auf Nebenangebote anwendbar sind.

(5) Die Zuschlagskriterien und deren Gewichtung müssen in der Auftragsbekanntmachung oder den Vergabeunterlagen aufgeführt werden.

§ 128 Auftragsausführung

(1) Unternehmen haben bei der Ausführung des öffentlichen Auftrags alle für sie geltenden rechtlichen Verpflichtungen einzuhalten, insbesondere Steuern, Abgaben und Beiträge zur Sozialversicherung zu entrichten, die arbeitsschutzrechtlichen Regelungen einzuhalten und den Arbeitnehmerinnen und Arbeitnehmern wenigstens diejenigen Mindestarbeitsbedingungen einschließlich des Mindestentgelts zu gewähren, die nach dem Mindestlohngesetz, einem nach dem Tarifvertragsgesetz mit den Wirkungen des Arbeitnehmer-Entsendegesetzes für allgemein verbindlich erklärten Tarifvertrag oder einer nach § 7, § 7a oder § 11 des Arbeitnehmer-Entsendegesetzes oder einer nach § 3a des Arbeitnehmerüberlassungsgesetzes erlassenen Rechtsverordnung für die betreffende Leistung verbindlich vorgegeben werden.

(2) ¹Öffentliche Auftraggeber können darüber hinaus besondere Bedingungen für die Ausführung eines Auftrags (Ausführungsbedingungen) festlegen, sofern diese mit dem Auftragsgegenstand entsprechend § 127 Absatz 3 in Verbindung stehen. ²Die Ausführungsbedingungen müssen sich aus der Auftragsbekanntmachung oder den Vergabeunterlagen ergeben. Sie können insbesondere wirtschaftliche, innovationsbezogene, umweltbezogene, soziale oder beschäftigungspolitische Belange oder den Schutz der Vertraulichkeit von Informationen umfassen.

§ 129 Zwingend zu berücksichtigende Ausführungsbedingungen

Ausführungsbedingungen, die der öffentliche Auftraggeber dem beauftragten Unternehmen verbindlich vorzugeben hat, dürfen nur aufgrund eines Bundes- oder Landesgesetzes festgelegt werden.

§§ 129a bis 129b (weggefallen)

§ 130 Vergabe von öffentlichen Aufträgen über soziale und andere besondere Dienstleistungen

(1) ¹Bei der Vergabe von öffentlichen Aufträgen über soziale und andere besondere Dienstleistungen im Sinne des Anhangs XIV der Richtlinie 2014/24/EU stehen öffentlichen Auftraggebern das offene Verfahren, das nicht offene Verfahren, das Verhandlungsverfahren mit Teilnahmewettbewerb, der wettbewerbliche Dialog und die Innovationspartnerschaft nach ihrer Wahl zur Verfügung. ²Ein Verhandlungsverfahren ohne Teilnahmewettbewerb steht nur zur Verfügung, soweit dies aufgrund dieses Gesetzes gestattet ist.

(2) Abweichend von § 132 Absatz 3 ist die Änderung eines öffentlichen Auftrags über soziale und andere besondere Dienstleistungen im Sinne des Anhangs XIV der Richtlinie 2014/24/EU ohne Durchführung eines neuen Vergabeverfahrens zulässig, wenn der Wert der Änderung nicht mehr als 20 Prozent des ursprünglichen Auftragswertes beträgt.

§ 131 Vergabe von öffentlichen Aufträgen über Personenverkehrsleistungen im Eisenbahnverkehr

(1) [1]Bei der Vergabe von öffentlichen Aufträgen, deren Gegenstand Personenverkehrsleistungen im Eisenbahnverkehr sind, stehen öffentlichen Auftraggebern das offene und das nicht offene Verfahren, das Verhandlungsverfahren mit Teilnahmewettbewerb, der wettbewerbliche Dialog und die Innovationspartnerschaft nach ihrer Wahl zur Verfügung. [2]Ein Verhandlungsverfahren ohne Teilnahmewettbewerb steht nur zur Verfügung, soweit dies aufgrund dieses Gesetzes gestattet ist.

(2) Anstelle des § 108 Absatz 1 ist Artikel 5 Absatz 2 der Verordnung (EG) Nr. 1370/2007 des Europäischen Parlaments und des Rates vom 23. Oktober 2007 über öffentliche Personenverkehrsdienste auf Schiene und Straße und zur Aufhebung der Verordnungen (EWG) Nr. 1191/69 und (EWG) Nr. 1107/70 des Rates (ABl. L 315 vom 3.12.2007, S. 1) anzuwenden. Artikel 5 Absatz 5 und Artikel 7 Absatz 2 der Verordnung (EG) Nr. 1370/2007 bleiben unberührt.

(3) [1]Öffentliche Auftraggeber, die öffentliche Aufträge im Sinne von Absatz 1 vergeben, sollen gemäß Artikel 4 Absatz 5 der Verordnung (EG) Nr. 1370/2007 verlangen, dass bei einem Wechsel des Betreibers der Personenverkehrsleistung der ausgewählte Betreiber die Arbeitnehmerinnen und Arbeitnehmer, die beim bisherigen Betreiber für die Erbringung dieser Verkehrsleistung beschäftigt waren, übernimmt und ihnen die Rechte gewährt, auf die sie Anspruch hätten, wenn ein Übergang gemäß § 613a des Bürgerlichen Gesetzbuchs erfolgt wäre. [2]Für den Fall, dass ein öffentlicher Auftraggeber die Übernahme von Arbeitnehmerinnen und Arbeitnehmern im Sinne von Satz 1 verlangt, beschränkt sich das Verlangen auf diejenigen Arbeitnehmerinnen und Arbeitnehmer, die für die Erbringung der übergehenden Verkehrsleistung unmittelbar erforderlich sind. [3]Der öffentliche Auftraggeber soll Regelungen vorsehen, durch die eine missbräuchliche Anpassung tarifvertraglicher Regelungen zu Lasten des neuen Betreibers zwischen der Veröffentlichung der Auftragsbekanntmachung und der Übernahme des Betriebes ausgeschlossen wird. [4]Der bisherige Betreiber ist nach Aufforderung durch den öffentlichen Auftraggeber verpflichtet, alle hierzu erforderlichen Angaben zu machen.

§ 132 Auftragsänderungen während der Vertragslaufzeit

(1) [1]Wesentliche Änderungen eines öffentlichen Auftrags während der Vertragslaufzeit erfordern ein neues Vergabeverfahren. [2]Wesentlich sind Änderungen, die dazu führen, dass sich der öffentliche Auftrag erheblich von dem ursprünglich vergebenen öffentlichen Auftrag unterscheidet. [3]Eine wesentliche Änderung liegt insbesondere vor, wenn

1. mit der Änderung Bedingungen eingeführt werden, die, wenn sie für das ursprüngliche Vergabeverfahren gegolten hätten,
   a) die Zulassung anderer Bewerber oder Bieter ermöglicht hätten,
   b) die Annahme eines anderen Angebots ermöglicht hätten oder
   c) das Interesse weiterer Teilnehmer am Vergabeverfahren geweckt hätten,
2. mit der Änderung das wirtschaftliche Gleichgewicht des öffentlichen Auftrags zugunsten des Auftragnehmers in einer Weise verschoben wird, die im ursprünglichen Auftrag nicht vorgesehen war,
3. mit der Änderung der Umfang des öffentlichen Auftrags erheblich ausgeweitet wird oder

4. ein neuer Auftragnehmer den Auftragnehmer in anderen als den in Absatz 2 Satz 1 Nummer 4 vorgesehenen Fällen ersetzt.

(2) ¹Unbeschadet des Absatzes 1 ist die Änderung eines öffentlichen Auftrags ohne Durchführung eines neuen Vergabeverfahrens zulässig, wenn

1. in den ursprünglichen Vergabeunterlagen klare, genaue und eindeutig formulierte Überprüfungsklauseln oder Optionen vorgesehen sind, die Angaben zu Art, Umfang und Voraussetzungen möglicher Auftragsänderungen enthalten, und sich aufgrund der Änderung der Gesamtcharakter des Auftrags nicht verändert,

2. zusätzliche Liefer-, Bau- oder Dienstleistungen erforderlich geworden sind, die nicht in den ursprünglichen Vergabeunterlagen vorgesehen waren, und ein Wechsel des Auftragnehmers

   a) aus wirtschaftlichen oder technischen Gründen nicht erfolgen kann und

   b) mit erheblichen Schwierigkeiten oder beträchtlichen Zusatzkosten für den öffentlichen Auftraggeber verbunden wäre,

3. die Änderung aufgrund von Umständen erforderlich geworden ist, die der öffentliche Auftraggeber im Rahmen seiner Sorgfaltspflicht nicht vorhersehen konnte, und sich aufgrund der Änderung der Gesamtcharakter des Auftrags nicht verändert oder

4. ein neuer Auftragnehmer den bisherigen Auftragnehmer ersetzt

   a) aufgrund einer Überprüfungsklausel im Sinne von Nummer 1,

   b) aufgrund der Tatsache, dass ein anderes Unternehmen, das die ursprünglich festgelegten Anforderungen an die Eignung erfüllt, im Zuge einer Unternehmensumstrukturierung, wie zum Beispiel durch Übernahme, Zusammenschluss, Erwerb oder Insolvenz, ganz oder teilweise an die Stelle des ursprünglichen Auftragnehmers tritt, sofern dies keine weiteren wesentlichen Änderungen im Sinne des Absatzes 1 zur Folge hat, oder

   c) aufgrund der Tatsache, dass der öffentliche Auftraggeber selbst die Verpflichtungen des Hauptauftragnehmers gegenüber seinen Unterauftragnehmern übernimmt.

²In den Fällen des Satzes 1 Nummer 2 und 3 darf der Preis um nicht mehr als 50 Prozent des Wertes des ursprünglichen Auftrags erhöht werden. ³Bei mehreren aufeinander folgenden Änderungen des Auftrags gilt diese Beschränkung für den Wert jeder einzelnen Änderung, sofern die Änderungen nicht mit dem Ziel vorgenommen werden, die Vorschriften dieses Teils zu umgehen.

(3) ¹Die Änderung eines öffentlichen Auftrags ohne Durchführung eines neuen Vergabeverfahrens ist ferner zulässig, wenn sich der Gesamtcharakter des Auftrags nicht ändert und der Wert der Änderung

1. die jeweiligen Schwellenwerte nach § 106 nicht übersteigt und

2. bei Liefer- und Dienstleistungsaufträgen nicht mehr als 10 Prozent und bei Bauaufträgen nicht mehr als 15 Prozent des ursprünglichen Auftragswertes beträgt.

²Bei mehreren aufeinander folgenden Änderungen ist der Gesamtwert der Änderungen maßgeblich.

(4) Enthält der Vertrag eine Indexierungsklausel, wird für die Wertberechnung gemäß Absatz 2 Satz 2 und 3 sowie gemäß Absatz 3 der höhere Preis als Referenzwert herangezogen.

(5) Änderungen nach Absatz 2 Satz 1 Nummer 2 und 3 sind im Amtsblatt der Europäischen Union bekannt zu machen.

§ 133 Kündigung von öffentlichen Aufträgen in besonderen Fällen

(1) Unbeschadet des § 135 können öffentliche Auftraggeber einen öffentlichen Auftrag während der Vertragslaufzeit kündigen, wenn

1. eine wesentliche Änderung vorgenommen wurde, die nach § 132 ein neues Vergabeverfahren erfordert hätte,

2. zum Zeitpunkt der Zuschlagserteilung ein zwingender Ausschlussgrund nach § 123 Absatz 1 bis 4 vorlag oder

3. der öffentliche Auftrag aufgrund einer schweren Verletzung der Verpflichtungen aus dem Vertrag über die Arbeitsweise der Europäischen Union oder aus den Vorschriften dieses Teils, die der Europäische Gerichtshof in einem Verfahren nach Artikel 258 des Vertrags über die Arbeitsweise der Europäischen Union festgestellt hat, nicht an den Auftragnehmer hätte vergeben werden dürfen.

(2) [1]Wird ein öffentlicher Auftrag gemäß Absatz 1 gekündigt, kann der Auftragnehmer einen seinen bisherigen Leistungen entsprechenden Teil der Vergütung verlangen. [2]Im Fall des Absatzes 1 Nummer 2 steht dem Auftragnehmer ein Anspruch auf Vergütung insoweit nicht zu, als seine bisherigen Leistungen infolge der Kündigung für den öffentlichen Auftraggeber nicht von Interesse sind.

(3) Die Berechtigung, Schadensersatz zu verlangen, wird durch die Kündigung nicht ausgeschlossen.

§ 134 Informations- und Wartepflicht

(1) [1]Öffentliche Auftraggeber haben die Bieter, deren Angebote nicht berücksichtigt werden sollen, über den Namen des Unternehmens, dessen Angebot angenommen werden soll, über die Gründe der vorgesehenen Nichtberücksichtigung ihres Angebots und über den frühesten Zeitpunkt des Vertragsschlusses unverzüglich in Textform zu informieren. [2]Dies gilt auch für Bewerber, denen keine Information über die Ablehnung ihrer Bewerbung zur Verfügung gestellt wurde, bevor die Mitteilung über die Zuschlagsentscheidung an die betroffenen Bieter ergangen ist.

(2) [1]Ein Vertrag darf erst 15 Kalendertage nach Absendung der Information nach Absatz 1 geschlossen werden. [2]Wird die Information auf elektronischem Weg oder per Fax versendet, verkürzt sich die Frist auf zehn Kalendertage. [3]Die Frist beginnt am Tag nach der Absendung der Information durch den Auftraggeber; auf den Tag des Zugangs beim betroffenen Bieter und Bewerber kommt es nicht an.

(3) [1]Die Informationspflicht entfällt in Fällen, in denen das Verhandlungsverfahren ohne Teilnahmewettbewerb wegen besonderer Dringlichkeit gerechtfertigt ist. [2]Im Fall verteidigungs- oder sicherheitsspezifischer Aufträge können öffentliche Auftraggeber beschließen, bestimmte Informationen über die Zuschlagserteilung oder den Abschluss einer Rahmenvereinbarung nicht mitzuteilen, soweit die Offenlegung den Gesetzesvollzug behindert, dem öffentlichen Interesse, insbesondere Verteidigungs- oder Sicherheitsinteressen,

zuwiderläuft, berechtigte geschäftliche Interessen von Unternehmen schädigt oder den lauteren Wettbewerb zwischen ihnen beeinträchtigen könnte.

§ 135 Unwirksamkeit

(1) Ein öffentlicher Auftrag ist von Anfang an unwirksam, wenn der öffentliche Auftraggeber

    1.   gegen § 134 verstoßen hat oder

    2.   den Auftrag ohne vorherige Veröffentlichung einer Bekanntmachung im Amtsblatt der Europäischen Union vergeben hat, ohne dass dies aufgrund Gesetzes gestattet ist,

und dieser Verstoß in einem Nachprüfungsverfahren festgestellt worden ist.

(2) ¹Die Unwirksamkeit nach Absatz 1 kann nur festgestellt werden, wenn sie im Nachprüfungsverfahren innerhalb von 30 Kalendertagen nach der Information der betroffenen Bieter und Bewerber durch den öffentlichen Auftraggeber über den Abschluss des Vertrags, jedoch nicht später als sechs Monate nach Vertragsschluss geltend gemacht worden ist. ²Hat der Auftraggeber die Auftragsvergabe im Amtsblatt der Europäischen Union bekannt gemacht, endet die Frist zur Geltendmachung der Unwirksamkeit 30 Kalendertage nach Veröffentlichung der Bekanntmachung der Auftragsvergabe im Amtsblatt der Europäischen Union.

(3) ¹Die Unwirksamkeit nach Absatz 1 Nummer 2 tritt nicht ein, wenn

    1.   der öffentliche Auftraggeber der Ansicht ist, dass die Auftragsvergabe ohne vorherige Veröffentlichung einer Bekanntmachung im Amtsblatt der Europäischen Union zulässig ist,

    2.   der öffentliche Auftraggeber eine Bekanntmachung im Amtsblatt der Europäischen Union veröffentlicht hat, mit der er die Absicht bekundet, den Vertrag abzuschließen, und

    3.   der Vertrag nicht vor Ablauf einer Frist von mindestens zehn Kalendertagen, gerechnet ab dem Tag nach der Veröffentlichung dieser Bekanntmachung, abgeschlossen wurde.

²Die Bekanntmachung nach Satz 1 Nummer 2 muss den Namen und die Kontaktdaten des öffentlichen Auftraggebers, die Beschreibung des Vertragsgegenstands, die Begründung der Entscheidung des Auftraggebers, den Auftrag ohne vorherige Veröffentlichung einer Bekanntmachung im Amtsblatt der Europäischen Union zu vergeben, und den Namen und die Kontaktdaten des Unternehmens, das den Zuschlag erhalten soll, umfassen.

Abschnitt 3: Vergabe von öffentlichen Aufträgen in besonderen Bereichen und von Konzessionen

Unterabschnitt 1: Vergabe von öffentlichen Aufträgen durch Sektorenauftraggeber

§ 136 Anwendungsbereich

Dieser Unterabschnitt ist anzuwenden auf die Vergabe von öffentlichen Aufträgen und die Ausrichtung von Wettbewerben durch Sektorenauftraggeber zum Zweck der Ausübung einer Sektorentätigkeit.

§ 137 Besondere Ausnahmen

(1) Dieser Teil ist nicht anzuwenden auf die Vergabe von öffentlichen Aufträgen durch Sektorenauftraggeber zum Zweck der Ausübung einer Sektorentätigkeit, wenn die Aufträge Folgendes zum Gegenstand haben:

1. Rechtsdienstleistungen im Sinne des § 116 Absatz 1 Nummer 1,
2. Forschungs- und Entwicklungsdienstleistungen im Sinne des § 116 Absatz 1 Nummer 2,
3. Ausstrahlungszeit oder Bereitstellung von Sendungen, wenn diese Aufträge an Anbieter von audiovisuellen Mediendiensten oder Hörfunkmediendiensten vergeben werden,
4. finanzielle Dienstleistungen im Sinne des § 116 Absatz 1 Nummer 4,
5. Kredite und Darlehen im Sinne des § 116 Absatz 1 Nummer 5,
6. Dienstleistungen im Sinne des § 116 Absatz 1 Nummer 6, wenn diese Aufträge aufgrund eines ausschließlichen Rechts vergeben werden,
7. die Beschaffung von Wasser im Rahmen der Trinkwasserversorgung,
8. die Beschaffung von Energie oder von Brennstoffen zur Energieerzeugung im Rahmen der Energieversorgung oder
9. die Weiterveräußerung oder Vermietung an Dritte, wenn
   a) dem Sektorenauftraggeber kein besonderes oder ausschließliches Recht zum Verkauf oder zur Vermietung des Auftragsgegenstandes zusteht und
   b) andere Unternehmen die Möglichkeit haben, den Auftragsgegenstand unter den gleichen Bedingungen wie der betreffende Sektorenauftraggeber zu verkaufen oder zu vermieten.

(2) Dieser Teil ist ferner nicht anzuwenden auf die Vergabe von öffentlichen Aufträgen und die Ausrichtung von Wettbewerben, die Folgendes zum Gegenstand haben:

1. Liefer-, Bau- und Dienstleistungen sowie die Ausrichtung von Wettbewerben durch Sektorenauftraggeber nach § 100 Absatz 1 Nummer 2, soweit sie anderen Zwecken dienen als einer Sektorentätigkeit, oder
2. die Durchführung von Sektorentätigkeiten außerhalb des Gebietes der Europäischen Union, wenn der Auftrag in einer Weise vergeben wird, die nicht mit der tatsächlichen Nutzung eines Netzes oder einer Anlage innerhalb dieses Gebietes verbunden ist.

§ 138 Besondere Ausnahme für die Vergabe an verbundene Unternehmen

(1) Dieser Teil ist nicht anzuwenden auf die Vergabe von öffentlichen Aufträgen,

1. die ein Sektorenauftraggeber an ein verbundenes Unternehmen vergibt oder

2. die ein Gemeinschaftsunternehmen, das ausschließlich mehrere Sektorenauftraggeber zur Durchführung einer Sektorentätigkeit gebildet haben, an ein Unternehmen vergibt, das mit einem dieser Sektorenauftraggeber verbunden ist.

(2) Ein verbundenes Unternehmen im Sinne des Absatzes 1 ist

1. ein Unternehmen, dessen Jahresabschluss mit dem Jahresabschluss des Auftraggebers in einem Konzernabschluss eines Mutterunternehmens entsprechend § 271 Absatz 2 des Handelsgesetzbuchs nach den Vorschriften über die Vollkonsolidierung einzubeziehen ist, oder

2. ein Unternehmen, das

    a) mittelbar oder unmittelbar einem beherrschenden Einfluss nach § 100 Absatz 3 des Sektorenauftraggebers unterliegen kann,

    b) einen beherrschenden Einfluss nach § 100 Absatz 3 auf den Sektorenauftraggeber ausüben kann oder

    c) gemeinsam mit dem Auftraggeber aufgrund der Eigentumsverhältnisse, der finanziellen Beteiligung oder der für das Unternehmen geltenden Bestimmungen dem beherrschenden Einfluss nach § 100 Absatz 3 eines anderen Unternehmens unterliegt.

(3) Absatz 1 gilt für Liefer-, Bau- oder Dienstleistungsaufträge, sofern unter Berücksichtigung aller Liefer-, Bau- oder Dienstleistungen, die von dem verbundenen Unternehmen während der letzten drei Jahre in der Europäischen Union erbracht wurden, mindestens 80 Prozent des im jeweiligen Leistungssektor insgesamt erzielten durchschnittlichen Umsatzes dieses Unternehmens aus der Erbringung von Liefer-, Bau- oder Dienstleistungen für den Sektorenauftraggeber oder andere mit ihm verbundene Unternehmen stammen.

(4) Werden gleiche oder gleichartige Liefer-, Bau- oder Dienstleistungen von mehr als einem mit dem Sektorenauftraggeber verbundenen und mit ihm wirtschaftlich zusammengeschlossenen Unternehmen erbracht, so werden die Prozentsätze nach Absatz 3 unter Berücksichtigung des Gesamtumsatzes errechnet, den diese verbundenen Unternehmen mit der Erbringung der jeweiligen Liefer-, Dienst- oder Bauleistung erzielen.

(5) Liegen für die letzten drei Jahre keine Umsatzzahlen vor, genügt es, wenn das Unternehmen etwa durch Prognosen über die Tätigkeitsentwicklung glaubhaft macht, dass die Erreichung des nach Absatz 3 geforderten Umsatzziels wahrscheinlich ist.

§ 139 Besondere Ausnahme für die Vergabe durch oder an ein Gemeinschaftsunternehmen

(1) Dieser Teil ist nicht anzuwenden auf die Vergabe von öffentlichen Aufträgen,

1. die ein Gemeinschaftsunternehmen, das mehrere Sektorenauftraggeber ausschließlich zur Durchführung von Sektorentätigkeiten gebildet haben, an einen dieser Auftraggeber vergibt oder

2. die ein Sektorenauftraggeber, der einem Gemeinschaftsunternehmen im Sinne der Nummer 1 angehört, an dieses Gemeinschaftsunternehmen vergibt.

(2) Voraussetzung ist, dass

1. das Gemeinschaftsunternehmen im Sinne des Absatzes 1 Nummer 1 gebildet wurde, um die betreffende Sektorentätigkeit während eines Zeitraums von mindestens drei Jahren durchzuführen, und

2.	in dem Gründungsakt des Gemeinschaftsunternehmens festgelegt wird, dass die das Gemein-schaftsunternehmen bildenden Sektorenauftraggeber dem Gemeinschaftsunternehmen mindes-tens während desselben Zeitraums angehören werden.

§ 140 Besondere Ausnahme für unmittelbar dem Wettbewerb ausgesetzte Tätigkeiten

(1) [1]Dieser Teil ist nicht anzuwenden auf öffentliche Aufträge, die zum Zweck der Ausübung einer Sektoren-tätigkeit vergeben werden, wenn die Sektorentätigkeit unmittelbar dem Wettbewerb auf Märkten ausgesetzt ist, die keiner Zugangsbeschränkung unterliegen. [2]Dasselbe gilt für Wettbewerbe, die im Zusammenhang mit der Sektorentätigkeit ausgerichtet werden.

(2) [1]Für Gutachten und Stellungnahmen, die aufgrund der nach § 113 Satz 2 Nummer 8 erlassenen Rechts-verordnung vorgenommen werden, erhebt das Bundeskartellamt Kosten (Gebühren und Auslagen) zur De-ckung des Verwaltungsaufwands. [2]§ 62 Absatz 1 Satz 3 und Absatz 2 Satz 1, Satz 2 Nummer 1, Satz 3 und 4, Absatz 5 Satz 1 sowie Absatz 6 Satz 1 Nummer 2, Satz 2 und 3 gilt entsprechend. [3]Hinsichtlich der Mög-lichkeit zur Beschwerde über die Kostenentscheidung gilt § 73 Absatz 1 und 4 entsprechend.

§ 141 Verfahrensarten

(1) Sektorenauftraggebern stehen das offene Verfahren, das nicht offene Verfahren, das Verhandlungsver-fahren mit Teilnahmewettbewerb und der wettbewerbliche Dialog nach ihrer Wahl zur Verfügung.

(2) Das Verhandlungsverfahren ohne Teilnahmewettbewerb und die Innovationspartnerschaft stehen nur zur Verfügung, soweit dies aufgrund dieses Gesetzes gestattet ist.

§ 142 Sonstige anwendbare Vorschriften

Im Übrigen gelten für die Vergabe von öffentlichen Aufträgen durch Sektorenauftraggeber zum Zweck der Ausübung von Sektorentätigkeiten die §§ 118 und 119, soweit in § 141 nicht abweichend geregelt, die §§ 120 bis 129, 130 in Verbindung mit Anhang XVII der Richtlinie 2014/25/EU sowie die §§ 131 bis 135 mit der Maß-gabe entsprechend, dass

1.	Sektorenauftraggeber abweichend von § 122 Absatz 1 und 2 die Unternehmen anhand objektiver Krite-rien auswählen, die allen interessierten Unternehmen zugänglich sind,

2.	Sektorenauftraggeber nach § 100 Absatz 1 Nummer 2 ein Unternehmen nach § 123 ausschließen kön-nen, aber nicht ausschließen müssen,

3.	§ 132 Absatz 2 Satz 2 und 3 nicht anzuwenden ist.

§ 143 Regelung für Auftraggeber nach dem Bundesberggesetz

(1) [1]Sektorenauftraggeber, die nach dem Bundesberggesetz berechtigt sind, Erdöl, Gas, Kohle oder andere feste Brennstoffe aufzusuchen oder zu gewinnen, müssen bei der Vergabe von Liefer-, Bau- oder Dienstleis-tungsaufträgen oberhalb der Schwellenwerte nach § 106 Absatz 2 Nummer 2 zur Durchführung der Aufsu-chung oder Gewinnung von Erdöl, Gas, Kohle oder anderen festen Brennstoffen die Grundsätze der Nichtdis-kriminierung und der wettbewerbsorientierten Auftragsvergabe beachten. [2]Insbesondere müssen sie Unter-nehmen, die ein Interesse an einem solchen Auftrag haben können, ausreichend informieren und bei der

Auftragsvergabe objektive Kriterien zugrunde legen. [3]Die Sätze 1 und 2 gelten nicht für die Vergabe von Aufträgen, deren Gegenstand die Beschaffung von Energie oder Brennstoffen zur Energieerzeugung ist.

(2) [1]Die Auftraggeber nach Absatz 1 erteilen der Europäischen Kommission über das Bundesministerium für Wirtschaft und Energie Auskunft über die Vergabe der unter diese Vorschrift fallenden Aufträge nach Maßgabe der Entscheidung 93/327/EWG der Kommission vom 13. Mai 1993 zur Festlegung der Voraussetzungen, unter denen die öffentlichen Auftraggeber, die geographisch abgegrenzte Gebiete zum Zwecke der Suche oder Förderung von Erdöl, Gas, Kohle oder anderen Festbrennstoffen nutzen, der Kommission Auskunft über die von ihnen vergebenen Aufträge zu erteilen haben (ABI. L 129 vom 27.5.1993, S. 25). [2]Sie können über das Verfahren gemäß der Rechtsverordnung nach § 113 Satz 2 Nummer 8 unter den dort geregelten Voraussetzungen eine Befreiung von der Pflicht zur Anwendung dieser Bestimmung erreichen.

Unterabschnitt 2: Vergabe von verteidigungs- oder sicherheitsspezifischen öffentlichen Aufträgen

§ 144 Anwendungsbereich

Dieser Unterabschnitt ist anzuwenden auf die Vergabe von verteidigungs- oder sicherheitsspezifischen öffentlichen Aufträgen durch öffentliche Auftraggeber und Sektorenauftraggeber.

§ 145 Besondere Ausnahmen für die Vergabe von verteidigungs- oder sicherheitsspezifischen öffentlichen Aufträgen

Dieser Teil ist nicht anzuwenden auf die Vergabe von verteidigungs- oder sicherheitsspezifischen öffentlichen Aufträgen, die

1. den Zwecken nachrichtendienstlicher Tätigkeiten dienen,
2. im Rahmen eines Kooperationsprogramms vergeben werden, das
   a) auf Forschung und Entwicklung beruht und
   b) mit mindestens einem anderen Mitgliedstaat der Europäischen Union für die Entwicklung eines neuen Produkts und gegebenenfalls die späteren Phasen des gesamten oder eines Teils des Lebenszyklus dieses Produkts durchgeführt wird;

   beim Abschluss eines solchen Abkommens teilt die Europäische Kommission den Anteil der Forschungs- und Entwicklungsausgaben an den Gesamtkosten des Programms, die Vereinbarung über die Kostenteilung und gegebenenfalls den geplanten Anteil der Beschaffungen je Mitgliedstaat mit,
3. in einem Staat außerhalb der Europäischen Union vergeben werden; zu diesen Aufträgen gehören auch zivile Beschaffungen im Rahmen des Einsatzes von Streitkräften oder von Polizeien des Bundes oder der Länder außerhalb des Gebiets der Europäischen Union, wenn der Einsatz es erfordert, dass im Einsatzgebiet ansässige Unternehmen beauftragt werden; zivile Beschaffungen sind Beschaffungen nicht-militärischer Produkte und Beschaffungen von Bau- oder Dienstleistungen für logistische Zwecke,
4. die Bundesregierung, eine Landesregierung oder eine Gebietskörperschaft an eine andere Regierung oder an eine Gebietskörperschaft eines anderen Staates vergibt und die Folgendes zum Gegenstand haben:

a)   die Lieferung von Militärausrüstung im Sinne des § 104 Absatz 2 oder die Lieferung von Ausrüstung, die im Rahmen eines Verschlusssachenauftrags im Sinne des § 104 Absatz 3 vergeben wird,

b)   Bau- und Dienstleistungen, die in unmittelbarem Zusammenhang mit dieser Ausrüstung stehen,

c)   Bau- und Dienstleistungen speziell für militärische Zwecke oder

d)   Bau- und Dienstleistungen, die im Rahmen eines Verschlusssachenauftrags im Sinne des § 104 Absatz 3 vergeben werden,

5.   Finanzdienstleistungen mit Ausnahme von Versicherungsdienstleistungen zum Gegenstand haben,

6.   Forschungs- und Entwicklungsdienstleistungen zum Gegenstand haben, es sei denn, die Ergebnisse werden ausschließlich Eigentum des Auftraggebers für seinen Gebrauch bei der Ausübung seiner eigenen Tätigkeit und die Dienstleistung wird vollständig durch den Auftraggeber vergütet, oder

7.   besonderen Verfahrensregeln unterliegen,

a)   die sich aus einem internationalen Abkommen oder einer internationalen Vereinbarung ergeben, das oder die zwischen einem oder mehreren Mitgliedstaaten der Europäischen Union und einem oder mehreren Staaten, die nicht Vertragsparteien des Übereinkommens über den Europäischen Wirtschaftsraum sind, geschlossen wurde,

b)   die sich aus einem internationalen Abkommen oder einer internationalen Vereinbarung im Zusammenhang mit der Stationierung von Truppen ergeben, das oder die Unternehmen eines Mitgliedstaates der Europäischen Union oder eines anderen Staates betrifft, oder

c)   die für eine internationale Organisation gelten, wenn diese für ihre Zwecke Beschaffungen tätigt oder wenn ein Mitgliedstaat öffentliche Aufträge nach diesen Regeln vergeben muss.

§ 146 Verfahrensarten

[1]Bei der Vergabe von verteidigungs- oder sicherheitsspezifischen öffentlichen Aufträgen stehen öffentlichen Auftraggebern und Sektorenauftraggebern das nicht offene Verfahren und das Verhandlungsverfahren mit Teilnahmewettbewerb nach ihrer Wahl zur Verfügung. [2]Das Verhandlungsverfahren ohne Teilnahmewettbewerb und der wettbewerbliche Dialog stehen nur zur Verfügung, soweit dies aufgrund dieses Gesetzes gestattet ist.

§ 147 Sonstige anwendbare Vorschriften

[1]Im Übrigen gelten für die Vergabe von verteidigungs- oder sicherheitsspezifischen öffentlichen Aufträgen die §§ 119, 120, 121 Absatz 1 und 3 sowie die §§ 122 bis 135 mit der Maßgabe entsprechend, dass ein Unternehmen gemäß § 124 Absatz 1 auch dann von der Teilnahme an einem Vergabeverfahren ausgeschlossen werden kann, wenn das Unternehmen nicht die erforderliche Vertrauenswürdigkeit aufweist, um Risiken für die nationale Sicherheit auszuschließen. [2]Der Nachweis, dass Risiken für die nationale Sicherheit nicht auszuschließen sind, kann auch mit Hilfe geschützter Datenquellen erfolgen.

Unterabschnitt 3: Vergabe von Konzessionen

§ 148 Anwendungsbereich

Dieser Unterabschnitt ist anzuwenden auf die Vergabe von Konzessionen durch Konzessionsgeber.

§ 149 Besondere Ausnahmen

Dieser Teil ist nicht anzuwenden auf die Vergabe von:

1. Konzessionen zu Rechtsdienstleistungen im Sinne des § 116 Absatz 1 Nummer 1,
2. Konzessionen zu Forschungs- und Entwicklungsdienstleistungen im Sinne des § 116 Absatz 1 Nummer 2,
3. Konzessionen zu audiovisuellen Mediendiensten oder Hörfunkmediendiensten im Sinne des § 116 Absatz 1 Nummer 3,
4. Konzessionen zu finanziellen Dienstleistungen im Sinne des § 116 Absatz 1 Nummer 4,
5. Konzessionen zu Krediten und Darlehen im Sinne des § 116 Absatz 1 Nummer 5,
6. Dienstleistungskonzessionen, die an einen Konzessionsgeber nach § 101 Absatz 1 Nummer 1 oder Nummer 2 aufgrund eines auf Gesetz oder Verordnung beruhenden ausschließlichen Rechts vergeben werden,
7. Dienstleistungskonzessionen, die an ein Unternehmen aufgrund eines ausschließlichen Rechts vergeben werden, das diesem im Einklang mit den nationalen und unionsrechtlichen Rechtsvorschriften über den Marktzugang für Tätigkeiten nach § 102 Absatz 2 bis 6 gewährt wurde; ausgenommen hiervon sind Dienstleistungskonzessionen für Tätigkeiten, für die die Unionsvorschriften keine branchenspezifischen Transparenzverpflichtungen vorsehen; Auftraggeber, die einem Unternehmen ein ausschließliches Recht im Sinne dieser Vorschrift gewähren, setzen die Europäische Kommission hierüber binnen eines Monats nach Gewährung dieses Rechts in Kenntnis,
8. Konzessionen, die hauptsächlich dazu dienen, dem Konzessionsgeber im Sinne des § 101 Absatz 1 Nummer 1 die Bereitstellung oder den Betrieb öffentlicher Kommunikationsnetze oder die Bereitstellung eines oder mehrerer elektronischer Kommunikationsdienste für die Öffentlichkeit zu ermöglichen,
9. Konzessionen im Bereich Wasser, die
   a) die Bereitstellung oder das Betreiben fester Netze zur Versorgung der Allgemeinheit im Zusammenhang mit der Gewinnung, dem Transport oder der Verteilung von Trinkwasser oder die Einspeisung von Trinkwasser in diese Netze betreffen oder
   b) mit einer Tätigkeit nach Buchstabe a im Zusammenhang stehen und einen der nachfolgend aufgeführten Gegenstände haben:
   aa) Wasserbau-, Bewässerungs- und Entwässerungsvorhaben, sofern die zur Trinkwasserversorgung bestimmte Wassermenge mehr als 20 Prozent der Gesamtwassermenge ausmacht, die mit den entsprechenden Vorhaben oder Bewässerungs- oder Entwässerungsanlagen zur Verfügung gestellt wird, oder
   bb) Abwasserbeseitigung oder -behandlung,

10. Dienstleistungskonzessionen zu Lotteriedienstleistungen, die unter die Referenznummer des Common Procurement Vocabulary 92351100-7 fallen, und die einem Unternehmen auf der Grundlage eines ausschließlichen Rechts gewährt werden,

11. Konzessionen, die Konzessionsgeber im Sinne des § 101 Absatz 1 Nummer 2 und 3 zur Durchführung ihrer Tätigkeiten in einem nicht der Europäischen Union angehörenden Staat in einer Weise vergeben, die nicht mit der physischen Nutzung eines Netzes oder geografischen Gebiets in der Europäischen Union verbunden ist, oder

12. Konzessionen, die im Bereich der Luftverkehrsdienste auf der Grundlage der Erteilung einer Betriebsgenehmigung im Sinne der Verordnung (EG) Nr. 1008/2008 des Europäischen Parlaments und des Rates vom 24. September 2008 über gemeinsame Vorschriften für die Durchführung von Luftverkehrsdiensten in der Gemeinschaft (ABl. L 293 vom 31.10.2008, S. 3) vergeben werden, oder von Konzessionen, die die Beförderung von Personen im Sinne des § 1 des Personenbeförderungsgesetzes betreffen.

§ 150 Besondere Ausnahmen für die Vergabe von Konzessionen in den Bereichen Verteidigung und Sicherheit

Dieser Teil ist nicht anzuwenden auf die Vergabe von Konzessionen in den Bereichen Verteidigung und Sicherheit,

1. bei denen die Anwendung der Vorschriften dieses Teils den Konzessionsgeber verpflichten würde, Auskünfte zu erteilen, deren Preisgabe seines Erachtens den wesentlichen Sicherheitsinteressen der Bundesrepublik Deutschland zuwiderläuft, oder wenn die Vergabe und Durchführung der Konzession als geheim zu erklären sind oder von besonderen Sicherheitsmaßnahmen gemäß den geltenden Rechts- oder Verwaltungsvorschriften begleitet sein müssen, sofern der Konzessionsgeber festgestellt hat, dass die betreffenden wesentlichen Interessen nicht durch weniger einschneidende Maßnahmen gewahrt werden können, wie beispielsweise durch Anforderungen, die auf den Schutz der Vertraulichkeit der Informationen abzielen, die Konzessionsgeber im Rahmen eines Konzessionsvergabeverfahrens zur Verfügung stellen,

2. die im Rahmen eines Kooperationsprogramms vergeben werden, das
   a) auf Forschung und Entwicklung beruht und
   b) mit mindestens einem anderen Mitgliedstaat der Europäischen Union für die Entwicklung eines neuen Produkts und gegebenenfalls die späteren Phasen des gesamten oder eines Teils des Lebenszyklus dieses Produkts durchgeführt wird,

3. die die Bundesregierung an eine andere Regierung für in unmittelbarem Zusammenhang mit Militärausrüstung oder sensibler Ausrüstung stehende Bau- und Dienstleistungen oder für Bau- und Dienstleistungen speziell für militärische Zwecke oder für sensible Bau- und Dienstleistungen vergibt,

4. die in einem Staat, der nicht Vertragspartei des Übereinkommens über den Europäischen Wirtschaftsraum ist, im Rahmen des Einsatzes von Truppen außerhalb des Gebiets der Europäischen Union

vergeben werden, wenn der Einsatz erfordert, dass diese Konzessionen an im Einsatzgebiet ansässige Unternehmen vergeben werden,

5. die durch andere Ausnahmevorschriften dieses Teils erfasst werden,

6. die nicht bereits gemäß den Nummern 1 bis 5 ausgeschlossen sind, wenn der Schutz wesentlicher Sicherheitsinteressen der Bundesrepublik Deutschland nicht durch weniger einschneidende Maßnahmen garantiert werden kann, wie beispielsweise durch Anforderungen, die auf den Schutz der Vertraulichkeit der Informationen abzielen, die Konzessionsgeber im Rahmen eines Konzessionsvergabeverfahrens zur Verfügung stellen, oder

7. die besonderen Verfahrensregeln unterliegen,

    a) die sich aus einem internationalen Abkommen oder einer internationalen Vereinbarung ergeben, das oder die zwischen einem oder mehreren Mitgliedstaaten der Europäischen Union und einem oder mehreren Staaten, die nicht Vertragsparteien des Übereinkommens über den Europäischen Wirtschaftsraum sind, geschlossen wurde,

    b) die sich aus einem internationalen Abkommen oder einer internationalen Vereinbarung im Zusammenhang mit der Stationierung von Truppen ergeben, das oder die Unternehmen eines Mitgliedstaates der Europäischen Union oder eines anderen Staates betrifft, oder

    c) die für eine internationale Organisation gelten, wenn diese für ihre Zwecke Beschaffungen tätigt oder wenn ein Mitgliedstaat der Europäischen Union Aufträge nach diesen Regeln vergeben muss.

§ 151 Verfahren

[1]Konzessionsgeber geben die Absicht bekannt, eine Konzession zu vergeben. [2]Auf die Veröffentlichung der Konzessionsvergabeabsicht darf nur verzichtet werden, soweit dies aufgrund dieses Gesetzes zulässig ist. [3]Im Übrigen dürfen Konzessionsgeber das Verfahren zur Vergabe von Konzessionen vorbehaltlich der aufgrund dieses Gesetzes erlassenen Verordnung zu den Einzelheiten des Vergabeverfahrens frei ausgestalten.

§ 152 Anforderungen im Konzessionsvergabeverfahren

(1) Zur Leistungsbeschreibung ist § 121 Absatz 1 und 3 entsprechend anzuwenden.

(2) Konzessionen werden an geeignete Unternehmen im Sinne des § 122 vergeben.

(3) [1]Der Zuschlag wird auf der Grundlage objektiver Kriterien erteilt, die sicherstellen, dass die Angebote unter wirksamen Wettbewerbsbedingungen bewertet werden, sodass ein wirtschaftlicher Gesamtvorteil für den Konzessionsgeber ermittelt werden kann. [2]Die Zuschlagskriterien müssen mit dem Konzessionsgegenstand in Verbindung stehen und dürfen dem Konzessionsgeber keine uneingeschränkte Wahlfreiheit einräumen. [3]Sie können qualitative, umweltbezogene oder soziale Belange umfassen. [4]Die Zuschlagskriterien müssen mit einer Beschreibung einhergehen, die eine wirksame Überprüfung der von den Bietern übermittelten Informationen gestatten, damit bewertet werden kann, ob und inwieweit die Angebote die Zuschlagskriterien erfüllen.

(4) Die Vorschriften zur Auftragsausführung nach § 128 und zu den zwingend zu berücksichtigenden Ausführungsbedingungen nach § 129 sind entsprechend anzuwenden.

§ 153 Vergabe von Konzessionen über soziale und andere besondere Dienstleistungen

Für das Verfahren zur Vergabe von Konzessionen, die soziale und andere besondere Dienstleistungen im Sinne des Anhangs IV der Richtlinie 2014/23/EU betreffen, sind die §§ 151 und 152 anzuwenden.

§ 154 Sonstige anwendbare Vorschriften

Im Übrigen sind für die Vergabe von Konzessionen einschließlich der Konzessionen nach § 153 folgende Vorschriften entsprechend anzuwenden:

1. § 118 hinsichtlich vorbehaltener Konzessionen,
2. die §§ 123 bis 126 mit der Maßgabe, dass
   a) Konzessionsgeber nach § 101 Absatz 1 Nummer 3 ein Unternehmen unter den Voraussetzungen des § 123 ausschließen können, aber nicht ausschließen müssen,
   b) Konzessionsgeber im Fall einer Konzession in den Bereichen Verteidigung und Sicherheit ein Unternehmen von der Teilnahme an einem Vergabeverfahren ausschließen können, wenn das Unternehmen nicht die erforderliche Vertrauenswürdigkeit aufweist, um Risiken für die nationale Sicherheit auszuschließen; der Nachweis kann auch mithilfe geschützter Datenquellen erfolgen,
3. § 131 Absatz 2 und 3 und § 132 mit der Maßgabe, dass
   a) § 132 Absatz 2 Satz 2 und 3 für die Vergabe von Konzessionen, die Tätigkeiten nach § 102 Absatz 2 bis 6 betreffen, nicht anzuwenden ist.
   b) die Obergrenze des § 132 Absatz 3 Nummer 2 für Bau- und Dienstleistungskonzessionen einheitlich 10 Prozent des Wertes der ursprünglichen Konzession beträgt und
   c) bei Fehlen einer vertraglichen Indexierungsklausel im Sinne des § 132 Absatz 4 der aktualisierte Wert unter Berücksichtigung der durchschnittlichen Inflationsrate in Deutschland berechnet wird.
4. die §§ 133 bis 135,
5. § 138 hinsichtlich der Vergabe von Konzessionen durch Konzessionsgeber im Sinne des § 101 Absatz 1 Nummer 2 und 3 an verbundene Unternehmen,
6. § 139 hinsichtlich der Vergabe von Konzessionen durch Konzessionsgeber im Sinne des § 101 Absatz 1 Nummer 2 und 3 an ein Gemeinschaftsunternehmen oder durch Gemeinschaftsunternehmen an einen Konzessionsgeber im Sinne des § 101 Absatz 1 Nummer 2 und 3 und
7. § 140 hinsichtlich der Vergabe von Konzessionen durch Konzessionsgeber im Sinne des § 101 Absatz 1 Nummer 2 und 3 für unmittelbar dem Wettbewerb ausgesetzte Tätigkeiten.

Kapitel 2
Nachprüfungsverfahren

Abschnitt 1: Nachprüfungsbehörden

§ 155 Grundsatz

Unbeschadet der Prüfungsmöglichkeiten von Aufsichtsbehörden unterliegt die Vergabe öffentlicher Aufträge und von Konzessionen der Nachprüfung durch die Vergabekammern.

§ 156 Vergabekammern

(1) Die Nachprüfung der Vergabe öffentlicher Aufträge und der Vergabe von Konzessionen nehmen die Vergabekammern des Bundes für die dem Bund zuzurechnenden öffentlichen Aufträge und Konzessionen, die Vergabekammern der Länder für die diesen zuzurechnenden öffentlichen Aufträge und Konzessionen wahr.

(2) Rechte aus § 97 Absatz 6 sowie sonstige Ansprüche gegen Auftraggeber, die auf die Vornahme oder das Unterlassen einer Handlung in einem Vergabeverfahren gerichtet sind, können nur vor den Vergabekammern und dem Beschwerdegericht geltend gemacht werden.

(3) Die Zuständigkeit der ordentlichen Gerichte für die Geltendmachung von Schadensersatzansprüchen und die Befugnisse der Kartellbehörden zur Verfolgung von Verstößen insbesondere gegen die §§ 19 und 20 bleiben unberührt.

§ 157 Besetzung, Unabhängigkeit

(1) Die Vergabekammern üben ihre Tätigkeit im Rahmen der Gesetze unabhängig und in eigener Verantwortung aus.

(2) [1]Die Vergabekammern entscheiden in der Besetzung mit einem Vorsitzenden und zwei Beisitzern, von denen einer ein ehrenamtlicher Beisitzer ist. [2]Der Vorsitzende und der hauptamtliche Beisitzer müssen Beamte auf Lebenszeit mit der Befähigung zum höheren Verwaltungsdienst oder vergleichbar fachkundige Angestellte sein. [3]Der Vorsitzende oder der hauptamtliche Beisitzer muss die Befähigung zum Richteramt haben; in der Regel soll dies der Vorsitzende sein. [4]Die Beisitzer sollen über gründliche Kenntnisse des Vergabewesens, die ehrenamtlichen Beisitzer auch über mehrjährige praktische Erfahrungen auf dem Gebiet des Vergabewesens verfügen. [5]Bei der Überprüfung der Vergabe von verteidigungs- oder sicherheitsspezifischen Aufträgen im Sinne des § 104 können die Vergabekammern abweichend von Satz 1 auch in der Besetzung mit einem Vorsitzenden und zwei hauptamtlichen Beisitzern entscheiden.

(3) [1]Die Kammer kann das Verfahren dem Vorsitzenden oder dem hauptamtlichen Beisitzer ohne mündliche Verhandlung durch unanfechtbaren Beschluss zur alleinigen Entscheidung übertragen. [2]Diese Übertragung ist nur möglich, sofern die Sache keine wesentlichen Schwierigkeiten in tatsächlicher oder rechtlicher Hinsicht aufweist und die Entscheidung nicht von grundsätzlicher Bedeutung sein wird.

(4) [1]Die Mitglieder der Kammer werden für eine Amtszeit von fünf Jahren bestellt. [2]Sie entscheiden unabhängig und sind nur dem Gesetz unterworfen.

§ 158 Einrichtung, Organisation

(1) [1]Der Bund richtet die erforderliche Anzahl von Vergabekammern beim Bundeskartellamt ein. [2]Einrichtung und Besetzung der Vergabekammern sowie die Geschäftsverteilung bestimmt der Präsident des Bundeskartellamts. [3]Ehrenamtliche Beisitzer und deren Stellvertreter ernennt er auf Vorschlag der Spitzenorganisationen der öffentlich-rechtlichen Kammern. [4]Der Präsident des Bundeskartellamts erlässt nach Genehmigung durch das Bundesministerium für Wirtschaft und Energie eine Geschäftsordnung und veröffentlicht diese im Bundesanzeiger.

(2) [1]Die Einrichtung, Organisation und Besetzung der in diesem Abschnitt genannten Stellen (Nachprüfungsbehörden) der Länder bestimmen die nach Landesrecht zuständigen Stellen, mangels einer solchen Bestimmung die Landesregierung, die die Ermächtigung weiter übertragen kann. [2]Die Länder können gemeinsame Nachprüfungsbehörden einrichten.

§ 159 Abgrenzung der Zuständigkeit der Vergabekammern

(1) Die Vergabekammer des Bundes ist zuständig für die Nachprüfung der Vergabeverfahren

1. des Bundes;

2. von öffentlichen Auftraggebern im Sinne des § 99 Nummer 2, von Sektorenauftraggebern im Sinne des § 100 Absatz 1 Nummer 1 in Verbindung mit § 99 Nummer 2 und Konzessionsgebern im Sinne des § 101 Absatz 1 Nummer 1 in Verbindung mit § 99 Nummer 2, sofern der Bund die Beteiligung überwiegend verwaltet oder die sonstige Finanzierung überwiegend gewährt hat oder über die Leitung überwiegend die Aufsicht ausübt oder die Mitglieder des zur Geschäftsführung oder zur Aufsicht berufenen Organs überwiegend bestimmt hat, es sei denn, die an dem Auftraggeber Beteiligten haben sich auf die Zuständigkeit einer anderen Vergabekammer geeinigt;

3. von Sektorenauftraggebern im Sinne des § 100 Absatz 1 Nummer 2 und von Konzessionsgebern im Sinne des § 101 Absatz 1 Nummer 3, sofern der Bund auf sie einen beherrschenden Einfluss ausübt; ein beherrschender Einfluss liegt vor, wenn der Bund unmittelbar oder mittelbar die Mehrheit des gezeichneten Kapitals des Auftraggebers besitzt oder über die Mehrheit der mit den Anteilen des Auftraggebers verbundenen Stimmrechte verfügt oder mehr als die Hälfte der Mitglieder des Verwaltungs-, Leitungs- oder Aufsichtsorgans des Auftraggebers bestellen kann;

4. von Auftraggebern im Sinne des § 99 Nummer 4, sofern der Bund die Mittel überwiegend bewilligt hat;

5. die im Rahmen der Organleihe für den Bund durchgeführt werden;

6. in Fällen, in denen sowohl die Vergabekammer des Bundes als auch eine oder mehrere Vergabekammern der Länder zuständig sind.

(2) [1]Wird das Vergabeverfahren von einem Land im Rahmen der Auftragsverwaltung für den Bund durchgeführt, ist die Vergabekammer dieses Landes zuständig. [2]Ist in entsprechender Anwendung des Absatzes 1

Nummer 2 bis 5 ein Auftraggeber einem Land zuzuordnen, ist die Vergabekammer des jeweiligen Landes zuständig.

(3) ¹In allen anderen Fällen wird die Zuständigkeit der Vergabekammern nach dem Sitz des Auftraggebers bestimmt. ²Bei länderübergreifenden Beschaffungen benennen die Auftraggeber in der Vergabebekanntmachung nur eine zuständige Vergabekammer.

Abschnitt 2: Verfahren vor der Vergabekammer

§ 160 Einleitung, Antrag

(1) Die Vergabekammer leitet ein Nachprüfungsverfahren nur auf Antrag ein.

(2) ¹Antragsbefugt ist jedes Unternehmen, das ein Interesse an dem öffentlichen Auftrag oder der Konzession hat und eine Verletzung in seinen Rechten nach § 97 Absatz 6 durch Nichtbeachtung von Vergabevorschriften geltend macht. ²Dabei ist darzulegen, dass dem Unternehmen durch die behauptete Verletzung der Vergabevorschriften ein Schaden entstanden ist oder zu entstehen droht.

(3) ¹Der Antrag ist unzulässig, soweit

1. der Antragsteller den geltend gemachten Verstoß gegen Vergabevorschriften vor Einreichen des Nachprüfungsantrags erkannt und gegenüber dem Auftraggeber nicht innerhalb einer Frist von zehn Kalendertagen gerügt hat; der Ablauf der Frist nach § 134 Absatz 2 bleibt unberührt,

2. Verstöße gegen Vergabevorschriften, die aufgrund der Bekanntmachung erkennbar sind, nicht spätestens bis zum Ablauf der in der Bekanntmachung benannten Frist zur Bewerbung oder zur Angebotsabgabe gegenüber dem Auftraggeber gerügt werden,

3. Verstöße gegen Vergabevorschriften, die erst in den Vergabeunterlagen erkennbar sind, nicht spätestens bis zum Ablauf der Frist zur Bewerbung oder zur Angebotsabgabe gegenüber dem Auftraggeber gerügt werden,

4. mehr als 15 Kalendertage nach Eingang der Mitteilung des Auftraggebers, einer Rüge nicht abhelfen zu wollen, vergangen sind.

²Satz 1 gilt nicht bei einem Antrag auf Feststellung der Unwirksamkeit des Vertrags nach § 135 Absatz 1 Nummer 2. ³§ 134 Absatz 1 Satz 2 bleibt unberührt.

§ 161 Form, Inhalt

(1) ¹Der Antrag ist schriftlich bei der Vergabekammer einzureichen und unverzüglich zu begründen. ²Er soll ein bestimmtes Begehren enthalten. ³Ein Antragsteller ohne Wohnsitz oder gewöhnlichen Aufenthalt, Sitz oder Geschäftsleitung im Geltungsbereich dieses Gesetzes hat einen Empfangsbevollmächtigten im Geltungsbereich dieses Gesetzes zu benennen.

(2) Die Begründung muss die Bezeichnung des Antragsgegners, eine Beschreibung der behaupteten Rechtsverletzung mit Sachverhaltsdarstellung und die Bezeichnung der verfügbaren Beweismittel enthalten sowie darlegen, dass die Rüge gegenüber dem Auftraggeber erfolgt ist; sie soll, soweit bekannt, die sonstigen Beteiligten benennen.

§ 162 Verfahrensbeteiligte, Beiladung

[1]Verfahrensbeteiligte sind der Antragsteller, der Auftraggeber und die Unternehmen, deren Interessen durch die Entscheidung schwerwiegend berührt werden und die deswegen von der Vergabekammer beigeladen worden sind. [2]Die Entscheidung über die Beiladung ist unanfechtbar.

§ 163 Untersuchungsgrundsatz

(1) [1]Die Vergabekammer erforscht den Sachverhalt von Amts wegen. Sie kann sich dabei auf das beschränken, was von den Beteiligten vorgebracht wird oder ihr sonst bekannt sein muss. [2]Zu einer umfassenden Rechtmäßigkeitskontrolle ist die Vergabekammer nicht verpflichtet. [3]Sie achtet bei ihrer gesamten Tätigkeit darauf, dass der Ablauf des Vergabeverfahrens nicht unangemessen beeinträchtigt wird.

(2) [1]Die Vergabekammer prüft den Antrag darauf, ob er offensichtlich unzulässig oder unbegründet ist. [2]Dabei berücksichtigt die Vergabekammer auch einen vorsorglich hinterlegten Schriftsatz (Schutzschrift) des Auftraggebers. [3]Sofern der Antrag nicht offensichtlich unzulässig oder unbegründet ist, übermittelt die Vergabekammer dem Auftraggeber eine Kopie des Antrags und fordert bei ihm die Akten an, die das Vergabeverfahren dokumentieren (Vergabeakten). [4]Der Auftraggeber hat die Vergabeakten der Kammer sofort zur Verfügung zu stellen. [5]Die §§ 57 bis 59 Absatz 1 bis 4, § 59a Absatz 1 bis 3 und § 59b sowie § 61 gelten entsprechend.

§ 164 Aufbewahrung vertraulicher Unterlagen

(1) Die Vergabekammer stellt die Vertraulichkeit von Verschlusssachen und anderen vertraulichen Informationen sicher, die in den von den Parteien übermittelten Unterlagen enthalten sind.

(2) Die Mitglieder der Vergabekammern sind zur Geheimhaltung verpflichtet; die Entscheidungsgründe dürfen Art und Inhalt der geheim gehaltenen Urkunden, Akten, elektronischen Dokumente und Auskünfte nicht erkennen lassen.

§ 165 Akteneinsicht

(1) Die Beteiligten können die Akten bei der Vergabekammer einsehen und sich durch die Geschäftsstelle auf ihre Kosten Ausfertigungen, Auszüge oder Abschriften erteilen lassen.

(2) Die Vergabekammer hat die Einsicht in die Unterlagen zu versagen, soweit dies aus wichtigen Gründen, insbesondere des Geheimschutzes oder zur Wahrung von Betriebs- oder Geschäftsgeheimnissen, geboten ist.

(3) [1]Jeder Beteiligte hat mit Übersendung seiner Akten oder Stellungnahmen auf die in Absatz 2 genannten Geheimnisse hinzuweisen und diese in den Unterlagen entsprechend kenntlich zu machen. [2]Erfolgt dies nicht, kann die Vergabekammer von seiner Zustimmung auf Einsicht ausgehen.

(4) Die Versagung der Akteneinsicht kann nur im Zusammenhang mit der sofortigen Beschwerde in der Hauptsache angegriffen werden.

§ 166 Mündliche Verhandlung

(1) [1]Die Vergabekammer entscheidet aufgrund einer mündlichen Verhandlung, die sich auf einen Termin beschränken soll. [2]Alle Beteiligten haben Gelegenheit zur Stellungnahme. [3]Mit Zustimmung der Beteiligten oder bei Unzulässigkeit oder bei offensichtlicher Unbegründetheit des Antrags kann nach Lage der Akten entschieden werden.

(2) Auch wenn die Beteiligten in dem Verhandlungstermin nicht erschienen oder nicht ordnungsgemäß vertreten sind, kann in der Sache verhandelt und entschieden werden.

§ 167 Beschleunigung

(1) [1]Die Vergabekammer trifft und begründet ihre Entscheidung schriftlich innerhalb einer Frist von fünf Wochen ab Eingang des Antrags. [2]Bei besonderen tatsächlichen oder rechtlichen Schwierigkeiten kann der Vorsitzende im Ausnahmefall die Frist durch Mitteilung an die Beteiligten um den erforderlichen Zeitraum verlängern. [3]Dieser Zeitraum soll nicht länger als zwei Wochen dauern. Er begründet diese Verfügung schriftlich.

(2) [1]Die Beteiligten haben an der Aufklärung des Sachverhalts mitzuwirken, wie es einem auf Förderung und raschen Abschluss des Verfahrens bedachten Vorgehen entspricht. [2]Den Beteiligten können Fristen gesetzt werden, nach deren Ablauf weiterer Vortrag unbeachtet bleiben kann.

§ 168 Entscheidung der Vergabekammer

(1) [1]Die Vergabekammer entscheidet, ob der Antragsteller in seinen Rechten verletzt ist und trifft die geeigneten Maßnahmen, um eine Rechtsverletzung zu beseitigen und eine Schädigung der betroffenen Interessen zu verhindern. [2]Sie ist an die Anträge nicht gebunden und kann auch unabhängig davon auf die Rechtmäßigkeit des Vergabeverfahrens einwirken.

(2) [1]Ein wirksam erteilter Zuschlag kann nicht aufgehoben werden. [2]Hat sich das Nachprüfungsverfahren durch Erteilung des Zuschlags, durch Aufhebung oder durch Einstellung des Vergabeverfahrens oder in sonstiger Weise erledigt, stellt die Vergabekammer auf Antrag eines Beteiligten fest, ob eine Rechtsverletzung vorgelegen hat. [3]§ 167 Absatz 1 gilt in diesem Fall nicht.

(3) [1]Die Entscheidung der Vergabekammer ergeht durch Verwaltungsakt. [2]Die Vollstreckung richtet sich, auch gegen einen Hoheitsträger, nach den Verwaltungsvollstreckungsgesetzen des Bundes und der Länder. [3]Die Höhe des Zwangsgeldes beträgt mindestens 1.000 Euro und höchstens 10 Millionen Euro. [4]§ 61 Absatz 1 und 2 gilt entsprechend.

§ 169 Aussetzung des Vergabeverfahrens

(1) Informiert die Vergabekammer den Auftraggeber in Textform über den Antrag auf Nachprüfung, darf dieser vor einer Entscheidung der Vergabekammer und dem Ablauf der Beschwerdefrist nach § 172 Absatz 1 den Zuschlag nicht erteilen.

(2) [1]Die Vergabekammer kann dem Auftraggeber auf seinen Antrag oder auf Antrag des Unternehmens, das nach § 134 vom Auftraggeber als das Unternehmen benannt ist, das den Zuschlag erhalten soll, gestatten, den Zuschlag nach Ablauf von zwei Wochen seit Bekanntgabe dieser Entscheidung zu erteilen, wenn unter

Berücksichtigung aller möglicherweise geschädigten Interessen sowie des Interesses der Allgemeinheit an einem raschen Abschluss des Vergabeverfahrens die nachteiligen Folgen einer Verzögerung der Vergabe bis zum Abschluss der Nachprüfung die damit verbundenen Vorteile überwiegen. [2]Bei der Abwägung ist das Interesse der Allgemeinheit an einer wirtschaftlichen Erfüllung der Aufgaben des Auftraggebers zu berücksichtigen; bei verteidigungs- oder sicherheitsspezifischen Aufträgen im Sinne des § 104 sind zusätzlich besondere Verteidigungs- und Sicherheitsinteressen zu berücksichtigen. [3]Die besonderen Verteidigungs- und Sicherheitsinteressen überwiegen in der Regel, wenn der öffentliche Auftrag oder die Konzession im unmittelbaren Zusammenhang steht mit

1. einer Krise,
2. einem mandatierten Einsatz der Bundeswehr,
3. einer einsatzgleichen Verpflichtung der Bundeswehr oder
4. einer Bündnisverpflichtung.

[4]Die Vergabekammer berücksichtigt dabei auch die allgemeinen Aussichten des Antragstellers im Vergabeverfahren, den Auftrag oder die Konzession zu erhalten. [5]Die Erfolgsaussichten des Nachprüfungsantrags müssen nicht in jedem Fall Gegenstand der Abwägung sein. [6]Das Beschwerdegericht kann auf Antrag das Verbot des Zuschlags nach Absatz 1 wiederherstellen; § 168 Absatz 2 Satz 1 bleibt unberührt. [7]Wenn die Vergabekammer den Zuschlag nicht gestattet, kann das Beschwerdegericht auf Antrag des Auftraggebers unter den Voraussetzungen der Sätze 1 bis 4 den sofortigen Zuschlag gestatten. [8]Für das Verfahren vor dem Beschwerdegericht gilt § 176 Absatz 2 Satz 1 und 2 und Absatz 3 entsprechend. [9]Eine sofortige Beschwerde nach § 171 Absatz 1 ist gegen Entscheidungen der Vergabekammer nach diesem Absatz nicht zulässig.

(3) [1]Sind Rechte des Antragstellers aus § 97 Absatz 6 im Vergabeverfahren auf andere Weise als durch den drohenden Zuschlag gefährdet, kann die Kammer auf besonderen Antrag mit weiteren vorläufigen Maßnahmen in das Vergabeverfahren eingreifen. [2]Sie legt dabei den Beurteilungsmaßstab des Absatzes 2 Satz 1 zugrunde. [3]Diese Entscheidung ist nicht selbständig anfechtbar. [4]Die Vergabekammer kann die von ihr getroffenen weiteren vorläufigen Maßnahmen nach den Verwaltungsvollstreckungsgesetzen des Bundes und der Länder durchsetzen; die Maßnahmen sind sofort vollziehbar. [5]§ 86a Satz 2 gilt entsprechend.

(4) [1]Macht der Auftraggeber das Vorliegen der Voraussetzungen nach § 117 Nummer 1 bis 3 oder § 150 Nummer 1 oder 6 geltend, entfällt das Verbot des Zuschlags nach Absatz 1 fünf Werktage nach Zustellung eines entsprechenden Schriftsatzes an den Antragsteller; die Zustellung ist durch die Vergabekammer unverzüglich nach Eingang des Schriftsatzes vorzunehmen. [2]Auf Antrag kann das Beschwerdegericht das Verbot des Zuschlags wiederherstellen. [3]§ 176 Absatz 1 Satz 1, Absatz 2 Satz 1 sowie Absatz 3 und 4 ist entsprechend anzuwenden.

§ 170 Ausschluss von abweichendem Landesrecht

Soweit dieser Abschnitt Regelungen zum Verwaltungsverfahren enthält, darf hiervon durch Landesrecht nicht abgewichen werden.

Abschnitt 3: Sofortige Beschwerde

§ 171 Zulässigkeit, Zuständigkeit

(1) ¹Gegen Entscheidungen der Vergabekammer ist die sofortige Beschwerde zulässig. ²Sie steht den am Verfahren vor der Vergabekammer Beteiligten zu.

(2) Die sofortige Beschwerde ist auch zulässig, wenn die Vergabekammer über einen Antrag auf Nachprüfung nicht innerhalb der Frist des § 167 Absatz 1 entschieden hat; in diesem Fall gilt der Antrag als abgelehnt.

(3) ¹Über die sofortige Beschwerde entscheidet ausschließlich das für den Sitz der Vergabekammer zuständige Oberlandesgericht. ²Bei den Oberlandesgerichten wird ein Vergabesenat gebildet.

(4) ¹Rechtssachen nach den Absätzen 1 und 2 können von den Landesregierungen durch Rechtsverordnung anderen Oberlandesgerichten oder dem Obersten Landesgericht zugewiesen werden. ²Die Landesregierungen können die Ermächtigung auf die Landesjustizverwaltungen übertragen.

§ 172 Frist, Form, Inhalt

(1) Die sofortige Beschwerde ist binnen einer Notfrist von zwei Wochen, die mit der Zustellung der Entscheidung, im Fall des § 171 Absatz 2 mit dem Ablauf der Frist beginnt, schriftlich bei dem Beschwerdegericht einzulegen.

(2) ¹Die sofortige Beschwerde ist zugleich mit ihrer Einlegung zu begründen. ²Die Beschwerdebegründung muss enthalten:

1. die Erklärung, inwieweit die Entscheidung der Vergabekammer angefochten und eine abweichende Entscheidung beantragt wird,
2. die Angabe der Tatsachen und Beweismittel, auf die sich die Beschwerde stützt.

(3) ¹Die Beschwerdeschrift muss durch einen Rechtsanwalt unterzeichnet sein. ²Dies gilt nicht für Beschwerden von juristischen Personen des öffentlichen Rechts.

(4) Mit der Einlegung der Beschwerde sind die anderen Beteiligten des Verfahrens vor der Vergabekammer vom Beschwerdeführer durch Übermittlung einer Ausfertigung der Beschwerdeschrift zu unterrichten.

§ 173 Wirkung

(1) Die sofortige Beschwerde hat aufschiebende Wirkung gegenüber der Entscheidung der Vergabekammer. Die aufschiebende Wirkung entfällt zwei Wochen nach Ablauf der Beschwerdefrist. Hat die Vergabekammer den Antrag auf Nachprüfung abgelehnt, so kann das Beschwerdegericht auf Antrag des Beschwerdeführers die aufschiebende Wirkung bis zur Entscheidung über die Beschwerde verlängern.

(2) ¹Das Gericht lehnt den Antrag nach Absatz 1 Satz 3 ab, wenn unter Berücksichtigung aller möglicherweise geschädigten Interessen die nachteiligen Folgen einer Verzögerung der Vergabe bis zur Entscheidung über die Beschwerde die damit verbundenen Vorteile überwiegen. ²Bei der Abwägung ist das Interesse der Allgemeinheit an einer wirtschaftlichen Erfüllung der Aufgaben des Auftraggebers zu berücksichtigen; bei verteidigungs- oder sicherheitsspezifischen Aufträgen im Sinne des § 104 sind zusätzlich besondere Verteidigungs- und Sicherheitsinteressen zu berücksichtigen. ³Die besonderen Verteidigungs- und

Sicherheitsinteressen überwiegen in der Regel, wenn der öffentliche Auftrag oder die Konzession im unmittelbaren Zusammenhang steht mit

1. einer Krise,
2. einem mandatierten Einsatz der Bundeswehr,
3. einer einsatzgleichen Verpflichtung der Bundeswehr oder
4. einer Bündnisverpflichtung.

[4]Das Gericht berücksichtigt bei seiner Entscheidung auch die Erfolgsaussichten der Beschwerde, die allgemeinen Aussichten des Antragstellers im Vergabeverfahren, den öffentlichen Auftrag oder die Konzession zu erhalten, und das Interesse der Allgemeinheit an einem raschen Abschluss des Vergabeverfahrens.

(3) Hat die Vergabekammer dem Antrag auf Nachprüfung durch Untersagung des Zuschlags stattgegeben, so unterbleibt dieser, solange nicht das Beschwerdegericht die Entscheidung der Vergabekammer nach § 176 oder § 178 aufhebt.

§ 174 Beteiligte am Beschwerdeverfahren

An dem Verfahren vor dem Beschwerdegericht beteiligt sind die an dem Verfahren vor der Vergabekammer Beteiligten.

§ 175 Verfahrensvorschriften

(1) [1]Vor dem Beschwerdegericht müssen sich die Beteiligten durch einen Rechtsanwalt als Bevollmächtigten vertreten lassen. [2]Juristische Personen des öffentlichen Rechts können sich durch Beamte oder Angestellte mit Befähigung zum Richteramt vertreten lassen.

(2) Die §§ 65, 69 bis 72 mit Ausnahme der Verweisung auf § 227 Absatz 3 der Zivilprozessordnung, § 75 Absatz 1 bis 3, § 76 Absatz 1 und 6, die §§ 165 und 167 Absatz 2 Satz 1 sind entsprechend anzuwenden.

§ 176 Vorabentscheidung über den Zuschlag

(1) [1]Auf Antrag des Auftraggebers oder auf Antrag des Unternehmens, das nach § 134 vom Auftraggeber als das Unternehmen benannt ist, das den Zuschlag erhalten soll, kann das Gericht den weiteren Fortgang des Vergabeverfahrens und den Zuschlag gestatten, wenn unter Berücksichtigung aller möglicherweise geschädigten Interessen die nachteiligen Folgen einer Verzögerung der Vergabe bis zur Entscheidung über die Beschwerde die damit verbundenen Vorteile überwiegen. [2]Bei der Abwägung ist das Interesse der Allgemeinheit an einer wirtschaftlichen Erfüllung der Aufgaben des Auftraggebers zu berücksichtigen; bei verteidigungs- oder sicherheitsspezifischen Aufträgen im Sinne des § 104 sind zusätzlich besondere Verteidigungs- und Sicherheitsinteressen zu berücksichtigen. [3]Die besonderen Verteidigungs- und Sicherheitsinteressen überwiegen in der Regel, wenn der öffentliche Auftrag oder die Konzession im unmittelbaren Zusammenhang steht mit

1. einer Krise,
2. einem mandatierten Einsatz der Bundeswehr,
3. einer einsatzgleichen Verpflichtung der Bundeswehr oder

4.   einer Bündnisverpflichtung.

[4]Das Gericht berücksichtigt bei seiner Entscheidung auch die Erfolgsaussichten der sofortigen Beschwerde, die allgemeinen Aussichten des Antragstellers im Vergabeverfahren, den öffentlichen Auftrag oder die Konzession zu erhalten, und das Interesse der Allgemeinheit an einem raschen Abschluss des Vergabeverfahrens.

(2) [1]Der Antrag ist schriftlich zu stellen und gleichzeitig zu begründen. [2]Die zur Begründung des Antrags vorzutragenden Tatsachen sowie der Grund für die Eilbedürftigkeit sind glaubhaft zu machen. [3]Bis zur Entscheidung über den Antrag kann das Verfahren über die Beschwerde ausgesetzt werden.

(3) [1]Die Entscheidung ist unverzüglich, längstens innerhalb von fünf Wochen nach Eingang des Antrags zu treffen und zu begründen; bei besonderen tatsächlichen oder rechtlichen Schwierigkeiten kann der Vorsitzende im Ausnahmefall die Frist durch begründete Mitteilung an die Beteiligten um den erforderlichen Zeitraum verlängern. [2]Die Entscheidung kann ohne mündliche Verhandlung ergehen. [3]Ihre Begründung erläutert Rechtmäßigkeit oder Rechtswidrigkeit des Vergabeverfahrens. [4]§ 175 ist anzuwenden.

(4) Gegen eine Entscheidung nach dieser Vorschrift ist ein Rechtsmittel nicht zulässig.

§ 177 Ende des Vergabeverfahrens nach Entscheidung des Beschwerdegerichts

Ist der Auftraggeber mit einem Antrag nach § 176 vor dem Beschwerdegericht unterlegen, gilt das Vergabeverfahren nach Ablauf von zehn Tagen nach Zustellung der Entscheidung als beendet, wenn der Auftraggeber nicht die Maßnahmen zur Herstellung der Rechtmäßigkeit des Verfahrens ergreift, die sich aus der Entscheidung ergeben; das Verfahren darf nicht fortgeführt werden.

§ 178 Beschwerdeentscheidung

[1]Hält das Gericht die Beschwerde für begründet, so hebt es die Entscheidung der Vergabekammer auf. [2]In diesem Fall entscheidet das Gericht in der Sache selbst oder spricht die Verpflichtung der Vergabekammer aus, unter Berücksichtigung der Rechtsauffassung des Gerichts über die Sache erneut zu entscheiden. [3]Auf Antrag stellt es fest, ob das Unternehmen, das die Nachprüfung beantragt hat, durch den Auftraggeber in seinen Rechten verletzt ist. [4]§ 168 Absatz 2 gilt entsprechend.

§ 179 Bindungswirkung und Vorlagepflicht

(1) Wird wegen eines Verstoßes gegen Vergabevorschriften Schadensersatz begehrt und hat ein Verfahren vor der Vergabekammer stattgefunden, ist das ordentliche Gericht an die bestandskräftige Entscheidung der Vergabekammer und die Entscheidung des Oberlandesgerichts sowie gegebenenfalls des nach Absatz 2 angerufenen Bundesgerichtshofs über die Beschwerde gebunden.

(2) [1]Will ein Oberlandesgericht von einer Entscheidung eines anderen Oberlandesgerichts oder des Bundesgerichtshofs abweichen, so legt es die Sache dem Bundesgerichtshof vor. [2]Der Bundesgerichtshof entscheidet anstelle des Oberlandesgerichts. [3]Der Bundesgerichtshof kann sich auf die Entscheidung der Divergenzfrage beschränken und dem Beschwerdegericht die Entscheidung in der Hauptsache übertragen, wenn dies

nach dem Sach- und Streitstand des Beschwerdeverfahrens angezeigt scheint. [4]Die Vorlagepflicht gilt nicht im Verfahren nach § 173 Absatz 1 Satz 3 und nach § 176.

§ 180 Schadensersatz bei Rechtsmissbrauch

(1) Erweist sich der Antrag nach § 160 oder die sofortige Beschwerde nach § 171 als von Anfang an ungerechtfertigt, ist der Antragsteller oder der Beschwerdeführer verpflichtet, dem Gegner und den Beteiligten den Schaden zu ersetzen, der ihnen durch den Missbrauch des Antrags- oder Beschwerderechts entstanden ist.

(2) Ein Missbrauch des Antrags- oder Beschwerderechts ist es insbesondere,

1.   die Aussetzung oder die weitere Aussetzung des Vergabeverfahrens durch vorsätzlich oder grob fahrlässig vorgetragene falsche Angaben zu erwirken;

2.   die Überprüfung mit dem Ziel zu beantragen, das Vergabeverfahren zu behindern oder Konkurrenten zu schädigen;

3.   einen Antrag in der Absicht zu stellen, ihn später gegen Geld oder andere Vorteile zurückzunehmen.

(3) Erweisen sich die von der Vergabekammer entsprechend einem besonderen Antrag nach § 169 Absatz 3 getroffenen vorläufigen Maßnahmen als von Anfang an ungerechtfertigt, hat der Antragsteller dem Auftraggeber den aus der Vollziehung der angeordneten Maßnahme entstandenen Schaden zu ersetzen.

§ 181 Anspruch auf Ersatz des Vertrauensschadens

[1]Hat der Auftraggeber gegen eine den Schutz von Unternehmen bezweckende Vorschrift verstoßen und hätte das Unternehmen ohne diesen Verstoß bei der Wertung der Angebote eine echte Chance gehabt, den Zuschlag zu erhalten, die aber durch den Rechtsverstoß beeinträchtigt wurde, so kann das Unternehmen Schadensersatz für die Kosten der Vorbereitung des Angebots oder der Teilnahme an einem Vergabeverfahren verlangen. [2]Weiterreichende Ansprüche auf Schadensersatz bleiben unberührt.

§ 182 Kosten des Verfahrens vor der Vergabekammer

(1) [1]Für Amtshandlungen der Vergabekammern werden Kosten (Gebühren und Auslagen) zur Deckung des Verwaltungsaufwandes erhoben. [2]Das Verwaltungskostengesetz vom 23. Juni 1970 (BGBl. I S. 821) in der am 14. August 2013 geltenden Fassung ist anzuwenden.

(2) [1]Die Gebühr beträgt mindestens 2 500 Euro; dieser Betrag kann aus Gründen der Billigkeit bis auf ein Zehntel ermäßigt werden. [2]Die Gebühr soll den Betrag von 50 000 Euro nicht überschreiten; sie kann im Einzelfall, wenn der Aufwand oder die wirtschaftliche Bedeutung außergewöhnlich hoch ist, bis zu einem Betrag von 100 000 Euro erhöht werden.

(3) [1]Soweit ein Beteiligter im Verfahren unterliegt, hat er die Kosten zu tragen. [2]Mehrere Kostenschuldner haften als Gesamtschuldner. [3]Kosten, die durch Verschulden eines Beteiligten entstanden sind, können diesem auferlegt werden. [4]Hat sich der Antrag vor Entscheidung der Vergabekammer durch Rücknahme oder anderweitig erledigt, ist die Hälfte der Gebühr zu entrichten. [5]Die Entscheidung, wer die Kosten zu tragen hat,

erfolgt nach billigem Ermessen. [6]Aus Gründen der Billigkeit kann von der Erhebung von Gebühren ganz oder teilweise abgesehen werden.

(4) [1]Soweit ein Beteiligter im Nachprüfungsverfahren unterliegt, hat er die zur zweckentsprechenden Rechtsverfolgung oder Rechtsverteidigung notwendigen Aufwendungen des Antragsgegners zu tragen.

[2]Die Aufwendungen der Beigeladenen sind nur erstattungsfähig, soweit sie die Vergabekammer aus Billigkeit der unterlegenen Partei auferlegt. [3]Hat sich der Antrag durch Rücknahme oder anderweitig erledigt, erfolgt die Entscheidung, wer die zur zweckentsprechenden Rechtsverfolgung oder Rechtsverteidigung notwendigen Aufwendungen anderer Beteiligter zu tragen hat, nach billigem Ermessen; in Bezug auf die Erstattung der Aufwendungen der Beigeladenen gilt im Übrigen Satz 2 entsprechend. [4]§ 80 Absatz 1, 2 und 3 Satz 2 des Verwaltungsverfahrensgesetzes und die entsprechenden Vorschriften der Verwaltungsverfahrensgesetze der Länder gelten entsprechend. [5]Ein gesondertes Kostenfestsetzungsverfahren findet nicht statt.

§ 183 Korrekturmechanismus der Kommission

(1) Erhält die Bundesregierung im Laufe eines Vergabeverfahrens vor Abschluss des Vertrags eine Mitteilung der Europäischen Kommission, dass diese der Auffassung ist, es liege ein schwerer Verstoß gegen das Recht der Europäischen Union zur Vergabe öffentlicher Aufträge oder zur Vergabe von Konzessionen vor, der zu beseitigen sei, teilt das Bundesministerium für Wirtschaft und Energie dies dem Auftraggeber mit.

(2) Der Auftraggeber ist verpflichtet, innerhalb von 14 Kalendertagen nach Eingang dieser Mitteilung dem Bundesministerium für Wirtschaft und Energie eine umfassende Darstellung des Sachverhalts zu geben und darzulegen, ob der behauptete Verstoß beseitigt wurde, oder zu begründen, warum er nicht beseitigt wurde, ob das Vergabeverfahren Gegenstand eines Nachprüfungsverfahrens ist oder aus sonstigen Gründen ausgesetzt wurde.

(3) Ist das Vergabeverfahren Gegenstand eines Nachprüfungsverfahrens oder wurde es ausgesetzt, so ist der Auftraggeber verpflichtet, das Bundesministerium für Wirtschaft und Energie unverzüglich über den Ausgang des Verfahrens zu informieren.

§ 184 Unterrichtungspflichten der Nachprüfungsinstanzen

Die Vergabekammern und die Oberlandesgerichte unterrichten das Bundesministerium für Wirtschaft und Energie bis zum 31. Januar eines jeden Jahres über die Anzahl der Nachprüfungsverfahren des Vorjahres und deren Ergebnisse.

Fünfter Teil
Anwendungsbereich der Teile 1 bis 3

§ 185 Unternehmen der öffentlichen Hand, Geltungsbereich

(1) [1]Die Vorschriften des Ersten bis Dritten Teils dieses Gesetzes sind auch auf Unternehmen anzuwenden, die ganz oder teilweise im Eigentum der öffentlichen Hand stehen oder die von ihr verwaltet oder betrieben werden. [2]Die §§ 19, 20 und 31b Absatz 5 sind nicht anzuwenden auf öffentlich-rechtliche Gebühren oder

Beiträge. [3]Die Vorschriften des Ersten bis Dritten Teils dieses Gesetzes sind nicht auf die Deutsche Bundesbank und die Kreditanstalt für Wiederaufbau anzuwenden.

(2) Die Vorschriften des Ersten bis Dritten Teils dieses Gesetzes sind auf alle Wettbewerbsbeschränkungen anzuwenden, die sich im Geltungsbereich dieses Gesetzes auswirken, auch wenn sie außerhalb des Geltungsbereichs dieses Gesetzes veranlasst werden.

(3) Die Vorschriften des Energiewirtschaftsgesetzes stehen der Anwendung der §§ 19, 20 und 29 nicht entgegen, soweit in § 111 des Energiewirtschaftsgesetzes keine andere Regelung getroffen ist.

(4) [1]Die Vorschriften des Ersten bis Dritten Teils dieses Gesetzes sind nicht auf Treuhandverwaltungen, Kapitalmaßnahmen oder Enteignungen nach den §§ 17, 17a oder 18 des Energiesicherungsgesetzes anzuwenden. [2]Satz 1 gilt entsprechend für Übertragungen von Vermögensgegenständen nach § 17 Absatz 5 Satz 2 oder § 17b des Energiesicherungsgesetzes an juristische Personen des öffentlichen Rechts oder des Privatrechts, deren Anteile ausschließlich vom Bund oder von der Kreditanstalt für Wiederaufbau unmittelbar oder mittelbar gehalten werden. [3]Satz 1 gilt nicht für Privatisierungen nach § 17b Absatz 2 Satz 3 oder § 20 Absatz 3 des Energiesicherungsgesetzes.

Sechster Teil
Übergangs- und Schlussbestimmungen

§ 186 Anwendungsbestimmung zu § 47k

(1) Das Bundesministerium für Wirtschaft und Klimaschutz hat

1.   das Vorliegen der erforderlichen technischen Voraussetzungen für eine Übermittlung der abgegebenen Mengen nach § 47k Absatz 2 Satz 1 Nummer 2 in Verbindung mit der Rechtsverordnung nach § 47k Absatz 8 festzustellen und

2.   Feststellung nach Nummer 1 im Bundesanzeiger bekannt zu machen.

(2) § 47k Absatz 2 Satz 1 Nummer 2 ist nach Ablauf des Monats, der auf den Monat folgt, in dem die Bekanntmachung nach Absatz 1 Nummer 2 erfolgt, anzuwenden; dieser Tag ist vom Bundesministerium für Wirtschaft und Klimaschutz unverzüglich im Bundesanzeiger bekannt zu machen.

§ 187 Übergangsbestimmungen

(1) § 29 ist nach dem 31. Dezember 2027 nicht mehr anzuwenden.

(2) Vergabeverfahren, die vor dem 18. April 2016 begonnen haben, einschließlich der sich an diese anschließenden Nachprüfungsverfahren sowie am 18. April 2016 anhängige Nachprüfungsverfahren werden nach dem Recht zu Ende geführt, das zum Zeitpunkt der Einleitung des Verfahrens galt.

(3) [1]Mit Ausnahme von § 33c Absatz 5 sind die §§ 33a bis 33f nur auf Schadensersatzansprüche anwendbar, die nach dem 26. Dezember 2016 entstanden sind. [2]§ 33h ist auf nach dem 26. Dezember 2016 entstandene Ansprüche nach § 33 Absatz 1 oder § 33a Absatz 1 sowie auf vor dem 27. Dezember 2016 entstandene Unterlassungs-, Beseitigungs- und Schadensersatzansprüche wegen eines Verstoßes gegen eine Vorschrift im Sinne des § 33 Absatz 1 oder gegen eine Verfügung der Kartellbehörde anzuwenden, die am 9. Juni 2017

noch nicht verjährt waren. [3]Der Beginn, die Hemmung, die Ablaufhemmung und der Neubeginn der Verjährung der Ansprüche, die vor dem 27. Dezember 2016 entstanden sind, bestimmen sich jedoch für die Zeit bis zum 8. Juni 2017 nach den bisher für diese Ansprüche jeweils geltenden Verjährungsvorschriften.

(4) § 33c Absatz 5 und die §§ 33g sowie 89b bis 89e sind unabhängig vom Zeitpunkt der Entstehung der Schadensersatzansprüche nur in Rechtsstreiten anzuwenden, in denen nach dem 26. Dezember 2016 Klage erhoben worden ist.

(5) [1]§ 81a findet Anwendung, wenn das Erlöschen der nach § 30 des Gesetzes über Ordnungswidrigkeiten verantwortlichen juristischen Person oder Personenvereinigung oder die Verschiebung von Vermögen nach dem 9. Juni 2017 erfolgt. [2]War die Tat zu diesem Zeitpunkt noch nicht beendet, gehen die Regelungen des § 81 Absatz 3a bis 3e vor.

(6) § 30 Absatz 2b findet nur Anwendung auf Vereinbarungen, die nach dem 9. Juni 2017 und vor dem 31. Dezember 2027 wirksam geworden sind.

(7) [1]Für einen Zusammenschluss, für den die Anmeldung nach § 39 zwischen dem 1. März 2020 und dem Ablauf des 31. Mai 2020 beim Bundeskartellamt eingegangen ist, beträgt die Frist nach § 40 Absatz 1 Satz 1 zwei Monate und die Frist nach § 40 Absatz 2 Satz 2 sechs Monate. [2]Satz 1 gilt auch im Fall des § 40 Absatz 5. [3]Die Sätze 1 und 2 gelten nicht, wenn am 29. Mai 2020

1. die Frist nach § 40 Absatz 1 Satz 1 abgelaufen war, ohne dass das Bundeskartellamt den anmeldenden Unternehmen mitgeteilt hat, dass es in die Prüfung des Zusammenschlusses (Hauptprüfverfahren) eingetreten ist,

2. die Frist nach § 40 Absatz 2 Satz 2 abgelaufen war oder

3. der Zusammenschluss vom Bundeskartellamt freigegeben worden war.

(8) § 81f Satz 1 ist in der Zeit bis zum Ablauf des 30. Juni 2021 nicht anzuwenden, soweit für die Zahlung einer Geldbuße Zahlungserleichterungen nach § 18 oder § 93 des Gesetzes über Ordnungswidrigkeiten gewährt sind.

(9) [1]Die §§ 35 bis 41 sind nicht anzuwenden auf einen Zusammenschluss im Krankenhausbereich, soweit

1. der Zusammenschluss eine standortübergreifende Konzentration von mehreren Krankenhäusern oder einzelnen Fachrichtungen mehrerer Krankenhäuser zum Gegenstand hat,

2. dem Zusammenschluss keine anderen wettbewerbsrechtlichen Vorschriften entgegenstehen und dies das Land bei Antragstellung nach der Krankenhausstrukturfonds-Verordnung bestätigt hat,

3. das Vorliegen der weiteren Voraussetzungen für eine Förderung nach § 12a Absatz 1 Satz 4 des Krankenhausfinanzierungsgesetzes in Verbindung mit § 11 Absatz 1 Nummer 2 der Krankenhausstrukturfonds-Verordnung oder nach § 12b Absatz 1 Satz 4 Nummer 1 des Krankenhausfinanzierungsgesetzes in einem Auszahlungsbescheid auf der Grundlage der Krankenhausstrukturfonds-Verordnung festgestellt wurde und

4. der Zusammenschluss bis zum 31. Dezember 2038 vollzogen wird.

[2]Werden Zusammenschlüsse im Krankenhausbereich beim Bundeskartellamt nach § 39 Absatz 1 angemeldet, ist das Bundeskartellamt darüber zu informieren, inwieweit ein Antrag auf Förderung aus den Mitteln des

Krankenhausstrukturfonds oder des Transformationsfonds gestellt wurde; ein Zusammenschluss im Sinne des Satzes 1 ist dem Bundeskartellamt nach Vollzug anzuzeigen. [3]Für die Evaluierung dieser Regelung sind die §§ 32e und 21 Absatz 3 Satz 8 des Krankenhausentgeltgesetzes entsprechend anzuwenden. [4]Für die Zwecke der Evaluierung und zur Untersuchung der Auswirkungen dieser Regelung auf die Wettbewerbsverhältnisse und die Versorgungsqualität können Daten aus der amtlichen Krankenhausstatistik zusammengeführt werden. [5]Diese Regelung ist anzuwenden auf Zusammenschlüsse, die ab dem 1. Januar 2031 vollzogen werden.

(10) [1]Die §§ 35 bis 41 sind nicht anzuwenden auf einen Zusammenschluss im Krankenhausbereich, sofern

1. der Zusammenschluss eine standortübergreifende Konzentration von mehreren Krankenhäusern im Sinne des § 2 Nummer 1 des Krankenhausfinanzierungsgesetzes oder einzelnen Fachrichtungen solcher Krankenhäuser zum Gegenstand hat,

2. die für die Krankenhausplanung zuständigen Landesbehörden der Bundesländer, in denen die am Zusammenschluss beteiligten Krankenhäuser oder einzelnen Fachrichtungen solcher Krankenhäuser belegen sind, - im Falle der Zuständigkeit mehrerer Landesbehörden einvernehmlich - schriftlich bestätigen, dass sie den Zusammenschluss zur Verbesserung der Krankenhausversorgung für erforderlich halten und dem Zusammenschluss nach vorliegenden Erkenntnissen keine anderen wettbewerbsrechtlichen Vorschriften entgegenstehen,

3. der Zusammenschluss bis zum 31. Dezember 2030 vollzogen wird.

[2]Anträge auf schriftliche Bestätigung nach Satz 1 Nummer 2 sind unverzüglich durch die zuständigen Landesministerien auf ihren Internetseiten unter Nennung der Zusammenschlussbeteiligten zu veröffentlichen. [3]Die für die Krankenhausplanung zuständigen Landesbehörden der Bundesländer setzen sich mit dem Bundeskartellamt vor einer Bestätigung nach Satz 1 Nummer 2 ins Benehmen. [4]Über den Antrag nach Satz 1 Nummer 2 darf nicht vor Ablauf von einem Monat nach der Veröffentlichung entschieden werden. [5]Eine Anmeldung eines Zusammenschlusses im Sinne des Satzes 1 Nummer 1 und 3 ist beim Bundeskartellamt nach § 39 Absatz 1 erst dann zulässig, wenn die Zusammenschlussparteien gegenüber dem Bundeskartellamt nachweisen, dass ihr Antrag auf schriftliche Bestätigung nach Satz 1 Nummer 2 durch die zuständigen Landesbehörden abgelehnt oder nicht innerhalb von zwei Monaten beschieden wurde. [6]Das Bundesministerium für Wirtschaft und Klimaschutz berichtet auf Grundlage einer Stellungnahme der Monopolkommission den gesetzgebenden Körperschaften spätestens nach Ablauf von sechs Jahren nach Inkrafttreten der Regelungen in den Sätzen 1 bis 4 über die Erfahrungen mit dieser Vorschrift. [7]Für Datenanforderungen des Bundesministeriums für Wirtschaft und Klimaschutz und der Monopolkommission zur Evaluierung im Sinne dieses Absatzes ist § 21 Absatz 3 Satz 8 des Krankenhausentgeltgesetzes entsprechend anzuwenden, soweit die Krankenhäuser von einem Zusammenschluss im Sinne des Satzes 1 betroffen sind. [8]§ 21 Absatz 3 Satz 9 des Krankenhausentgeltgesetzes findet insofern keine Anwendung. [9]Für die Zwecke der Evaluierung und zur Untersuchung der Auswirkungen dieser Regelungen auf die Wettbewerbsverhältnisse und die Krankenhausversorgung können Daten aus der amtlichen Krankenhausstatistik zusammengeführt werden.

(11) [1]Das Bundesministerium für Wirtschaft und Klimaschutz wird ermächtigt, durch Rechtsverordnung ohne Zustimmung des Bundesrates im Hinblick auf das Abkommen zwischen dem Bundesministerium für Wirtschaft und Klimaschutz der Bundesrepublik Deutschland und dem Eidgenössischen Departement für Wirtschaft, Bildung und Forschung der Schweizerischen Eidgenossenschaft über Zusammenarbeit und Koordinierung der Wettbewerbsbehörden, zu bestimmen, dass

1. Informationen ausschließlich in kartellbehördlichen Verfahren und sich daran anschließenden Rechtsbehelfsverfahren sowie nur für die Zwecke, für die sie von der schweizerischen Wettbewerbsbehörde übermittelt wurden, verwendet werden dürfen und

2. eine Pflicht zur Wahrung der Vertraulichkeit sowie ein Ausschluss der Offenlegung gegenüber anderen staatlichen Stellen sowie Dritten zu beachten ist,

soweit sich die in dem Abkommen von der Bundesrepublik Deutschland übernommenen Verpflichtungen und gewährten Rechte im Rahmen der nach den §§ 50a bis 50f zulässigen zwischenbehördlichen Zusammenarbeit halten. [2]Bestimmungen einer Rechtsverordnung nach Satz 1 sind erst ab dem Tag anzuwenden, ab dem das in Satz 1 bezeichnete Abkommen wirksam geworden ist. [3]Das Bundesministerium für Wirtschaft und Klimaschutz gibt den Tag unter Angabe der Bezeichnung des Abkommens zwischen dem Bundesministerium für Wirtschaft und Klimaschutz der Bundesrepublik Deutschland und dem Eidgenössischen Departement für Wirtschaft, Bildung und Forschung der Schweizerischen Eidgenossenschaft über Zusammenarbeit und Koordinierung der Wettbewerbsbehörden und dessen Fundstelle im Bundesgesetzblatt bekannt.

(12) [1]Das Bundeskartellamt kann eine Verfügung nach § 32f Absatz 2 auch auf der Grundlage einer Sektoruntersuchung nach § 32e erlassen, die am 7. November 2023 bereits abgeschlossen war, wenn die Veröffentlichung des Abschlussberichts nach § 32e Absatz 4 zu diesem Zeitpunkt weniger als ein Jahr zurücklag. [2]In den Fällen des Satzes 1 ist § 32f Absatz 7 mit der Maßgabe anzuwenden, dass die Frist am 7. November 2023 zu laufen beginnt.

Anlage (weggefallen)

Vertrag über die Arbeitsweise der Europäischen Union (AEUV)

Vertrag über die Arbeitsweise der Europäischen Union (Konsolidierte Fassung)
– Nichtamtliche Fassung (Auszug) –

Gliederung
DRITTER TEIL - Die internen Politiken und Maßnahmen der Union (Art. 26 – 197 AEUV)
- **Titel II: Der freie Warenverkehr (Art. 28 – 37 AEUV)**
  - ○ Kapitel 1: Die Zollunion (Art. 30 – 32 AEUV)
  - ○ Kapitel 2: Die Zusammenarbeit (Art. 33 AEUV)
  - ○ Kapitel 3: Verbot von mengenmäßigen Beschränkungen zwischen den Mitgliedstaaten (Art. 34 – 37 AEUV)

[...]

- **Titel IV: Die Freizügigkeit, der freie Dienstleistungs- und Kapitalverkehr (Art. 45 – 66 AEUV)**
  - ○ Kapitel 1: Die Arbeitskräfte (Art. 45 – 48 AEUV)
  - ○ Kapitel 2: Das Niederlassungsrecht (Art. 49 – 55 AEUV)
  - ○ Kapitel 3: Dienstleistungen (Art. 56 – 62 AEUV)
  - ○ Kapitel 4: Der Kapital- und Zahlungsverkehr (Art. 63 – 66 AEUV)

[...]

- **Titel VII: Gemeinsame Regeln betreffend Wettbewerb, Steuerfragen und Angleichung der Rechtsvorschriften (Art. 101 – 118 AEUV)**
  - ○ Kapitel 1: Wettbewerbsregeln (§§ 101 – 109 AEUV)
    - -- Abschnitt 1: Vorschriften für Unternehmen (Art. 101 – 106 AEUV)
    - -- Abschnitt 2: Staatliche Beihilfen (Art. 107 – 109 AEUV)

TITELII
DER FREIE WARENVERKEHR

Artikel 28
(ex-Artikel 23 EGV)

(1) Die Union umfasst eine Zollunion, die sich auf den gesamten Warenaustausch erstreckt; sie umfasst das Verbot, zwischen den Mitgliedstaaten Ein- und Ausfuhrzölle und Abgaben gleicher Wirkung zu erheben, sowie die Einführung eines Gemeinsamen Zolltarifs gegenüber dritten Ländern.

(2) Artikel 30 und Kapitel 3 dieses Titels gelten für die aus den Mitgliedstaaten stammenden Waren sowie für diejenigen Waren aus dritten Ländern, die sich in den Mitgliedstaaten im freien Verkehr befinden.

Artikel 29
(ex-Artikel 24 EGV)

Als im freien Verkehr eines Mitgliedstaats befindlich gelten diejenigen Waren aus dritten Ländern, für die in dem betreffenden Mitgliedstaat die Einfuhrförmlichkeiten erfüllt sowie die vorgeschriebenen Zölle und Abgaben gleicher Wirkung erhoben und nicht ganz oder teilweise rückvergütet worden sind.

KAPITEL 1
DIE ZOLLUNION

Artikel 30
(ex-Artikel 25 EGV)

[1]Ein- und Ausfuhrzölle oder Abgaben gleicher Wirkung sind zwischen den Mitgliedstaaten verboten. [2]Dieses Verbot gilt auch für Finanzzölle.

Artikel 31
(ex-Artikel 26 EGV)

Der Rat legt die Sätze des Gemeinsamen Zolltarifs auf Vorschlag der Kommission fest.

Artikel 32
(ex-Artikel 27 EGV)

Bei der Ausübung der ihr aufgrund dieses Kapitels übertragenen Aufgaben geht die Kommission von folgenden Gesichtspunkten aus:

a) der Notwendigkeit, den Handelsverkehr zwischen den Mitgliedstaaten und dritten Ländern zu fördern;

b) der Entwicklung der Wettbewerbsbedingungen innerhalb der Union, soweit diese Entwicklung zu einer Zunahme der Wettbewerbsfähigkeit der Unternehmen führt;

c) dem Versorgungsbedarf der Union an Rohstoffen und Halbfertigwaren; hierbei achtet die Kommission darauf, zwischen den Mitgliedstaaten die Wettbewerbsbedingungen für Fertigwaren nicht zu verfälschen;

d) der Notwendigkeit, ernsthafte Störungen im Wirtschaftsleben der Mitgliedstaaten zu vermeiden und eine rationelle Entwicklung der Erzeugung sowie eine Ausweitung des Verbrauchs innerhalb der Union zu gewährleisten.

KAPITEL 2
DIE ZUSAMMENARBEIT

Artikel 33
(ex-Artikel 135 EGV)

Das Europäische Parlament und der Rat treffen im Rahmen des Geltungsbereichs der Verträge gemäß dem ordentlichen Gesetzgebungsverfahren Maßnahmen zum Ausbau der Zusammenarbeit im Zollwesen zwischen den Mitgliedstaaten sowie zwischen den Mitgliedstaaten und der Kommission.

KAPITEL 3
VERBOT VON MENGENMÄßIGEN BESCHRÄNKUNGEN
ZWISCHEN DEN MITGLIEDSTAATEN

Artikel 34
(ex-Artikel 28 EGV)

Mengenmäßige Einfuhrbeschränkungen sowie alle Maßnahmen gleicher Wirkung sind zwischen den Mitgliedstaaten verboten.

Artikel 35
(ex-Artikel 29 EGV)

Mengenmäßige Ausfuhrbeschränkungen sowie alle Maßnahmen gleicher Wirkung sind zwischen den Mitgliedstaaten verboten.

Artikel 36
(ex-Artikel 30 EGV)

[1]Die Bestimmungen der Artikel 34 und 35 stehen Einfuhr-, Ausfuhr- und Durchfuhrverboten oder -beschränkungen nicht entgegen, die aus Gründen der öffentlichen Sittlichkeit, Ordnung und Sicherheit, zum Schutze der Gesundheit und des Lebens von Menschen, Tieren oder Pflanzen, des nationalen Kulturguts von künstlerischem, geschichtlichem oder archäologischem Wert oder des gewerblichen und kommerziellen Eigentums gerechtfertigt sind. [2]Diese Verbote oder Beschränkungen dürfen jedoch weder ein Mittel zur willkürlichen Diskriminierung noch eine verschleierte Beschränkung des Handels zwischen den Mitgliedstaaten darstellen.

Artikel 37
(ex-Artikel 31 EGV)

(1) [1]Die Mitgliedstaaten formen ihre staatlichen Handelsmonopole derart um, dass jede Diskriminierung in den Versorgungs- und Absatzbedingungen zwischen den Angehörigen der Mitgliedstaaten ausgeschlossen ist.

[2]Dieser Artikel gilt für alle Einrichtungen, durch die ein Mitgliedstaat unmittelbar oder mittelbar die Einfuhr oder die Ausfuhr zwischen den Mitgliedstaaten rechtlich oder tatsächlich kontrolliert, lenkt oder merklich beeinflusst. [3]Er gilt auch für die von einem Staat auf andere Rechtsträger übertragenen Monopole.

(2) Die Mitgliedstaaten unterlassen jede neue Maßnahme, die den in Absatz 1 genannten Grundsätzen widerspricht oder die Tragweite der Artikel über das Verbot von Zöllen und mengenmäßigen Beschränkungen zwischen den Mitgliedstaaten einengt.

(3) Ist mit einem staatlichen Handelsmonopol eine Regelung zur Erleichterung des Absatzes oder der Verwertung landwirtschaftlicher Erzeugnisse verbunden, so sollen bei der Anwendung dieses Artikels gleichwertige Sicherheiten für die Beschäftigung und Lebenshaltung der betreffenden Erzeuger gewährleistet werden.

TITEL IV
DIE FREIZÜGIGKEIT, DER FREIE DIENSTLEISTUNGS- UND KAPITALVERKEHR

KAPITEL 1
DIE ARBEITSKRÄFTE

Artikel 45
(ex-Artikel 39 EGV)

(1) Innerhalb der Union ist die Freizügigkeit der Arbeitnehmer gewährleistet.

(2) Sie umfasst die Abschaffung jeder auf der Staatsangehörigkeit beruhenden unterschiedlichen Behandlung der Arbeitnehmer der Mitgliedstaaten in Bezug auf Beschäftigung, Entlohnung und sonstige Arbeitsbedingungen.

(3) Sie gibt - vorbehaltlich der aus Gründen der öffentlichen Ordnung, Sicherheit und Gesundheit gerechtfertigten Beschränkungen - den Arbeitnehmern das Recht,

  a) sich um tatsächlich angebotene Stellen zu bewerben;

  b) sich zu diesem Zweck im Hoheitsgebiet der Mitgliedstaaten frei zu bewegen;

  c) sich in einem Mitgliedstaat aufzuhalten, um dort nach den für die Arbeitnehmer dieses Staates geltenden Rechts- und Verwaltungsvorschriften eine Beschäftigung auszuüben;

  d) nach Beendigung einer Beschäftigung im Hoheitsgebiet eines Mitgliedstaats unter Bedingungen zu verbleiben, welche die Kommission durch Verordnungen festlegt.

(4) Dieser Artikel findet keine Anwendung auf die Beschäftigung in der öffentlichen Verwaltung.

Artikel 46
(ex-Artikel 40 EGV)

Das Europäische Parlament und der Rat treffen gemäß dem ordentlichen Gesetzgebungsverfahren und nach Anhörung des Wirtschafts- und Sozialausschusses durch Richtlinien oder Verordnungen alle erforderlichen Maßnahmen, um die Freizügigkeit der Arbeitnehmer im Sinne des Artikels 45 herzustellen, insbesondere

  a) durch Sicherstellung einer engen Zusammenarbeit zwischen den einzelstaatlichen Arbeitsverwaltungen;

  b) durch die Beseitigung der Verwaltungsverfahren und -praktiken sowie der für den Zugang zu verfügbaren Arbeitsplätzen vorgeschriebenen Fristen, die sich aus innerstaatlichen Rechtsvorschriften oder vorher zwischen den Mitgliedstaaten geschlossenen Übereinkünften ergeben und deren Beibehaltung die Herstellung der Freizügigkeit der Arbeitnehmer hindert;

  c) durch die Beseitigung aller Fristen und sonstigen Beschränkungen, die in innerstaatlichen Rechtsvorschriften oder vorher zwischen den Mitgliedstaaten geschlossenen Übereinkünften vorgesehen sind und die den Arbeitnehmern der anderen Mitgliedstaaten für die freie Wahl des Arbeitsplatzes andere Bedingungen als den inländischen Arbeitnehmern auferlegen;

d) durch die Schaffung geeigneter Verfahren für die Zusammenführung und den Ausgleich von Angebot und Nachfrage auf dem Arbeitsmarkt zu Bedingungen, die eine ernstliche Gefährdung der Lebenshaltung und des Beschäftigungsstands in einzelnen Gebieten und Industrien ausschließen.

Artikel 47
(ex-Artikel 41 EGV)

Die Mitgliedstaaten fördern den Austausch junger Arbeitskräfte im Rahmen eines gemeinsamen Programms.

Artikel 48
(ex-Artikel 42 EGV)

[1]Das Europäische Parlament und der Rat beschließen gemäß dem ordentlichen Gesetzgebungsverfahren die auf dem Gebiet der sozialen Sicherheit für die Herstellung der Freizügigkeit der Arbeitnehmer notwendigen Maßnahmen; zu diesem Zweck führen sie insbesondere ein System ein, das zu- und abwandernden Arbeitnehmern und Selbstständigen sowie deren anspruchsberechtigten Angehörigen Folgendes sichert:

a) die Zusammenrechnung aller nach den verschiedenen innerstaatlichen Rechtsvorschriften berücksichtigten Zeiten für den Erwerb und die Aufrechterhaltung des Leistungsanspruchs sowie für die Berechnung der Leistungen;

b) die Zahlung der Leistungen an Personen, die in den Hoheitsgebieten der Mitgliedstaaten wohnen.

[2]Erklärt ein Mitglied des Rates, dass ein Entwurf eines Gesetzgebungsakts nach Absatz 1 wichtige Aspekte seines Systems der sozialen Sicherheit, insbesondere dessen Geltungsbereich, Kosten oder Finanzstruktur, verletzen oder dessen finanzielles Gleichgewicht beeinträchtigen würde, so kann es beantragen, dass der Europäische Rat befasst wird. [3]In diesem Fall wird das ordentliche Gesetzgebungsverfahren ausgesetzt. [4]Nach einer Aussprache geht der Europäische Rat binnen vier Monaten nach Aussetzung des Verfahrens wie folgt vor:

a) er verweist den Entwurf an den Rat zurück, wodurch die Aussetzung des ordentlichen Gesetzgebungsverfahrens beendet wird, oder

b) er sieht von einem Tätigwerden ab, oder aber er ersucht die Kommission um Vorlage eines neuen Vorschlags; in diesem Fall gilt der ursprünglich vorgeschlagene Rechtsakt als nicht erlassen.

KAPITEL 2
DIE ARBEITSKRÄFTE

Artikel 49
(ex-Artikel 43 EGV)

[1]Die Beschränkungen der freien Niederlassung von Staatsangehörigen eines Mitgliedstaats im Hoheitsgebiet eines anderen Mitgliedstaats sind nach Maßgabe der folgenden Bestimmungen verboten. [2]Das Gleiche gilt für Beschränkungen der Gründung von Agenturen, Zweigniederlassungen oder Tochtergesellschaften durch Angehörige eines Mitgliedstaats, die im Hoheitsgebiet eines Mitgliedstaats ansässig sind.

[3]Vorbehaltlich des Kapitels über den Kapitalverkehr umfasst die Niederlassungsfreiheit die Aufnahme und Ausübung selbstständiger Erwerbstätigkeiten sowie die Gründung und Leitung von Unternehmen, insbesondere von Gesellschaften im Sinne des Artikels 54 Absatz 2, nach den Bestimmungen des Aufnahmestaats für seine eigenen Angehörigen.

Artikel 50
(ex-Artikel 44 EGV)

(1) Das Europäische Parlament und der Rat erlassen gemäß dem ordentlichen Gesetzgebungsverfahren und nach Anhörung des Wirtschafts- und Sozialausschusses Richtlinien zur Verwirklichung der Niederlassungsfreiheit für eine bestimmte Tätigkeit.

(2) Das Europäische Parlament, der Rat und die Kommission erfüllen die Aufgaben, die ihnen aufgrund der obigen Bestimmungen übertragen sind, indem sie insbesondere

a)   im Allgemeinen diejenigen Tätigkeiten mit Vorrang behandeln, bei denen die Niederlassungsfreiheit die Entwicklung der Produktion und des Handels in besonderer Weise fördert;

b)   eine enge Zusammenarbeit zwischen den zuständigen Verwaltungen der Mitgliedstaaten sicherstellen, um sich über die besondere Lage auf den verschiedenen Tätigkeitsgebieten innerhalb der Union zu unterrichten;

c)   die aus innerstaatlichen Rechtsvorschriften oder vorher zwischen den Mitgliedstaaten geschlossenen Übereinkünften abgeleiteten Verwaltungsverfahren und -praktiken ausschalten, deren Beibehaltung der Niederlassungsfreiheit entgegensteht;

d)   dafür Sorge tragen, dass Arbeitnehmer eines Mitgliedstaats, die im Hoheitsgebiet eines anderen Mitgliedstaats beschäftigt sind, dort verbleiben und eine selbstständige Tätigkeit unter denselben Voraussetzungen ausüben können, die sie erfüllen müssten, wenn sie in diesen Staat erst zu dem Zeitpunkt einreisen würden, in dem sie diese Tätigkeit aufzunehmen beabsichtigen;

e)   den Erwerb und die Nutzung von Grundbesitz im Hoheitsgebiet eines Mitgliedstaats durch Angehörige eines anderen Mitgliedstaats ermöglichen, soweit hierdurch die Grundsätze des Artikels 39 Absatz 2 nicht beeinträchtigt werden;

f)   veranlassen, dass bei jedem in Betracht kommenden Wirtschaftszweig die Beschränkungen der Niederlassungsfreiheit in Bezug auf die Voraussetzungen für die Errichtung von Agenturen, Zweigniederlassungen und Tochtergesellschaften im Hoheitsgebiet eines Mitgliedstaats sowie für den Eintritt des Personals der Hauptniederlassung in ihre Leitungs- oder Überwachungsorgane schrittweise aufgehoben werden;

g)   soweit erforderlich, die Schutzbestimmungen koordinieren, die in den Mitgliedstaaten den Gesellschaften im Sinne des Artikels 54 Absatz 2 im Interesse der Gesellschafter sowie Dritter vorgeschrieben sind, um diese Bestimmungen gleichwertig zu gestalten;

h)   sicherstellen, dass die Bedingungen für die Niederlassung nicht durch Beihilfen der Mitgliedstaaten verfälscht werden.

Artikel 51

(ex-Artikel 45 EGV)

[1]Auf Tätigkeiten, die in einem Mitgliedstaat dauernd oder zeitweise mit der Ausübung öffentlicher Gewalt verbunden sind, findet dieses Kapitel in dem betreffenden Mitgliedstaat keine Anwendung.

[2]Das Europäische Parlament und der Rat können gemäß dem ordentlichen Gesetzgebungsverfahren beschließen, dass dieses Kapitel auf bestimmte Tätigkeiten keine Anwendung findet.

Artikel 52

(ex-Artikel 46 EGV)

(1) Dieses Kapitel und die aufgrund desselben getroffenen Maßnahmen beeinträchtigen nicht die Anwendbarkeit der Rechts- und Verwaltungsvorschriften, die eine Sonderregelung für Ausländer vorsehen und aus Gründen der öffentlichen Ordnung, Sicherheit oder Gesundheit gerechtfertigt sind.

(2) Das Europäische Parlament und der Rat erlassen gemäß dem ordentlichen Gesetzgebungsverfahren Richtlinien für die Koordinierung der genannten Vorschriften.

Artikel 53

(ex-Artikel 47 EGV)

(1) Um die Aufnahme und Ausübung selbstständiger Tätigkeiten zu erleichtern, erlassen das Europäische Parlament und der Rat gemäß dem ordentlichen Gesetzgebungsverfahren Richtlinien für die gegenseitige Anerkennung der Diplome, Prüfungszeugnisse und sonstigen Befähigungsnachweise sowie für die Koordinierung der Rechts- und Verwaltungsvorschriften der Mitgliedstaaten über die Aufnahme und Ausübung selbstständiger Tätigkeiten.

(2) Die schrittweise Aufhebung der Beschränkungen für die ärztlichen, arztähnlichen und pharmazeutischen Berufe setzt die Koordinierung der Bedingungen für die Ausübung dieser Berufe in den einzelnen Mitgliedstaaten voraus.

Artikel 54

(ex-Artikel 48 EGV)

[1]Für die Anwendung dieses Kapitels stehen die nach den Rechtsvorschriften eines Mitgliedstaats gegründeten Gesellschaften, die ihren satzungsmäßigen Sitz, ihre Hauptverwaltung oder ihre Hauptniederlassung innerhalb der Union haben, den natürlichen Personen gleich, die Angehörige der Mitgliedstaaten sind.

[2]Als Gesellschaften gelten die Gesellschaften des bürgerlichen Rechts und des Handelsrechts einschließlich der Genossenschaften und die sonstigen juristischen Personen des öffentlichen und privaten Rechts mit Ausnahme derjenigen, die keinen Erwerbszweck verfolgen.

Artikel 55

(ex-Artikel 294 EGV)

Unbeschadet der sonstigen Bestimmungen der Verträge stellen die Mitgliedstaaten die Staatsangehörigen der anderen Mitgliedstaaten hinsichtlich ihrer Beteiligung am Kapital von Gesellschaften im Sinne des Artikels 54 den eigenen Staatsangehörigen gleich.

KAPITEL 3
DIENSTLEISTUNGEN

Artikel 56
(ex-Artikel 49 EGV)

[1]Die Beschränkungen des freien Dienstleistungsverkehrs innerhalb der Union für Angehörige der Mitgliedstaaten, die in einem anderen Mitgliedstaat als demjenigen des Leistungsempfängers ansässig sind, sind nach Maßgabe der folgenden Bestimmungen verboten.

[2]Das Europäische Parlament und der Rat können gemäß dem ordentlichen Gesetzgebungsverfahren beschließen, dass dieses Kapitel auch auf Erbringer von Dienstleistungen Anwendung findet, welche die Staatsangehörigkeit eines dritten Landes besitzen und innerhalb der Union ansässig sind.

Artikel 57
(ex-Artikel 50 EGV)

[1]Dienstleistungen im Sinne der Verträge sind Leistungen, die in der Regel gegen Entgelt erbracht werden, soweit sie nicht den Vorschriften über den freien Waren- und Kapitalverkehr und über die Freizügigkeit der Personen unterliegen.

[2]Als Dienstleistungen gelten insbesondere:
    a) gewerbliche Tätigkeiten,
    b) kaufmännische Tätigkeiten,
    c) handwerkliche Tätigkeiten,
    d) freiberufliche Tätigkeiten.

[3]Unbeschadet des Kapitels über die Niederlassungsfreiheit kann der Leistende zwecks Erbringung seiner Leistungen seine Tätigkeit vorübergehend in dem Mitgliedstaat ausüben, in dem die Leistung erbracht wird, und zwar unter den Voraussetzungen, welche dieser Mitgliedstaat für seine eigenen Angehörigen vorschreibt.

Artikel 58
(ex-Artikel 51 EGV)

(1) Für den freien Dienstleistungsverkehr auf dem Gebiet des Verkehrs gelten die Bestimmungen des Titels über den Verkehr.

(2) Die Liberalisierung der mit dem Kapitalverkehr verbundenen Dienstleistungen der Banken und Versicherungen wird im Einklang mit der Liberalisierung des Kapitalverkehrs durchgeführt.

Artikel 59
(ex-Artikel 52 EGV)

(1) Das Europäische Parlament und der Rat erlassen gemäß dem ordentlichen Gesetzgebungsverfahren und nach Anhörung des Wirtschafts- und Sozialausschusses Richtlinien zur Liberalisierung einer bestimmten Dienstleistung.

(2) Bei den in Absatz 1 genannten Richtlinien sind im Allgemeinen mit Vorrang diejenigen Dienstleistungen zu berücksichtigen, welche die Produktionskosten unmittelbar beeinflussen oder deren Liberalisierung zur Förderung des Warenverkehrs beiträgt.

Artikel 60
(ex-Artikel 53 EGV)

[1]Die Mitgliedstaaten bemühen sich, über das Ausmaß der Liberalisierung der Dienstleistungen, zu dem sie aufgrund der Richtlinien gemäß Artikel 59 Absatz 1 verpflichtet sind, hinauszugehen, falls ihre wirtschaftliche Gesamtlage und die Lage des betreffenden Wirtschaftszweigs dies zulassen. [2]Die Kommission richtet entsprechende Empfehlungen an die betreffenden Staaten.

Artikel 61
(ex-Artikel 54 EGV)

Solange die Beschränkungen des freien Dienstleistungsverkehrs nicht aufgehoben sind, wendet sie jeder Mitgliedstaat ohne Unterscheidung nach Staatsangehörigkeit oder Aufenthaltsort auf alle in Artikel 56 Absatz 1 bezeichneten Erbringer von Dienstleistungen an.

Artikel 62
(ex-Artikel 55 EGV)

Die Bestimmungen der Artikel 51 bis 54 finden auf das in diesem Kapitel geregelte Sachgebiet Anwendung.

KAPITEL 4
DER KAPITAL- UND ZAHLUNGSVERKEHR

Artikel 63
(ex-Artikel 56 EGV)

(1) Im Rahmen der Bestimmungen dieses Kapitels sind alle Beschränkungen des Kapitalverkehrs zwischen den Mitgliedstaaten sowie zwischen den Mitgliedstaaten und dritten Ländern verboten.

(2) Im Rahmen der Bestimmungen dieses Kapitels sind alle Beschränkungen des Zahlungsverkehrs zwischen den Mitgliedstaaten sowie zwischen den Mitgliedstaaten und dritten Ländern verboten.

Artikel 64
(ex-Artikel 57 EGV)

(1) [1]Artikel 63 berührt nicht die Anwendung derjenigen Beschränkungen auf dritte Länder, die am 31. Dezember 1993 aufgrund einzelstaatlicher Rechtsvorschriften oder aufgrund von Rechtsvorschriften der Union für den Kapitalverkehr mit dritten Ländern im Zusammenhang mit Direktinvestitionen einschließlich Anlagen in Immobilien, mit der Niederlassung, der Erbringung von Finanzdienstleistungen oder der Zulassung von Wertpapieren zu den Kapitalmärkten bestehen. [2]Für in Bulgarien, Estland und Ungarn bestehende Beschränkungen nach innerstaatlichem Recht ist der maßgebliche Zeitpunkt der 31. Dezember 1999. [3]Für in Kroatien nach innerstaatlichem Recht bestehende Beschränkungen ist der maßgebliche Zeitpunkt der 31. Dezember 2002.

(2) Unbeschadet der anderen Kapitel der Verträge sowie ihrer Bemühungen um eine möglichst weit gehende Verwirklichung des Zieles eines freien Kapitalverkehrs zwischen den Mitgliedstaaten und dritten Ländern beschließen das Europäische Parlament und der Rat gemäß dem ordentlichen Gesetzgebungsverfahren Maßnahmen für den Kapitalverkehr mit dritten Ländern im Zusammenhang mit Direktinvestitionen einschließlich Anlagen in Immobilien, mit der Niederlassung, der Erbringung von Finanzdienstleistungen oder der Zulassung von Wertpapieren zu den Kapitalmärkten.

(3) Abweichend von Absatz 2 kann nur der Rat gemäß einem besonderen Gesetzgebungsverfahren und nach Anhörung des Europäischen Parlaments Maßnahmen einstimmig beschließen, die im Rahmen des Unionsrechts für die Liberalisierung des Kapitalverkehrs mit Drittländern einen Rückschritt darstellen.

Artikel 65
(ex-Artikel 58 EGV)

(1) Artikel 63 berührt nicht das Recht der Mitgliedstaaten,

a)   die einschlägigen Vorschriften ihres Steuerrechts anzuwenden, die Steuerpflichtige mit unterschiedlichem Wohnort oder Kapitalanlageort unterschiedlich behandeln,

b)   die unerlässlichen Maßnahmen zu treffen, um Zuwiderhandlungen gegen innerstaatliche Rechts- und Verwaltungsvorschriften, insbesondere auf dem Gebiet des Steuerrechts und der Aufsicht über Finanzinstitute, zu verhindern, sowie Meldeverfahren für den Kapitalverkehr zwecks administrativer oder statistischer Information vorzusehen oder Maßnahmen zu ergreifen, die aus Gründen der öffentlichen Ordnung oder Sicherheit gerechtfertigt sind.

(2) Dieses Kapitel berührt nicht die Anwendbarkeit von Beschränkungen des Niederlassungsrechts, die mit den Verträgen vereinbar sind.

(3) Die in den Absätzen 1 und 2 genannten Maßnahmen und Verfahren dürfen weder ein Mittel zur willkürlichen Diskriminierung noch eine verschleierte Beschränkung des freien Kapital- und Zahlungsverkehrs im Sinne des Artikels 63 darstellen.

(4) ¹Sind keine Maßnahmen nach Artikel 64 Absatz 3 erlassen worden, so kann die Kommission oder, wenn diese binnen drei Monaten nach der Vorlage eines entsprechenden Antrags des betreffenden Mitgliedstaats keinen Beschluss erlassen hat, der Rat einen Beschluss erlassen, mit dem festgelegt wird, dass die von einem Mitgliedstaat in Bezug auf ein oder mehrere Drittländer getroffenen restriktiven steuerlichen Maßnahmen insofern als mit den Verträgen vereinbar anzusehen sind, als sie durch eines der Ziele der Union gerechtfertigt und mit dem ordnungsgemäßen Funktionieren des Binnenmarkts vereinbar sind. ²Der Rat beschließt einstimmig auf Antrag eines Mitgliedstaats.

Artikel 66
(ex-Artikel 59 EGV)

Falls Kapitalbewegungen nach oder aus dritten Ländern unter außergewöhnlichen Umständen das Funktionieren der Wirtschafts- und Währungsunion schwerwiegend stören oder zu stören drohen, kann der Rat auf Vorschlag der Kommission und nach Anhörung der Europäischen Zentralbank gegenüber dritten Ländern

Schutzmaßnahmen mit einer Geltungsdauer von höchstens sechs Monaten treffen, wenn diese unbedingt erforderlich sind.

[...]

TITEL VII
GEMEINSAME REGELN BETREFFEND WETTBEWERB, STEUERFRAGEN UND ANGLEICHUNG DER RECHTSVORSCHRIFTEN

KAPITEL 1
WETTBEWERBSREGELN

ABSCHNITT 1
VORSCHRIFTEN FÜR UNTERNEHMEN

Artikel 101
(ex-Artikel 81 EGV)

(1)* Mit dem Binnenmarkt <u>unvereinbar</u> und <u>verboten</u> sind alle <u>Vereinbarungen</u> zwischen Unternehmen, Beschlüsse von Unternehmensvereinigungen und <u>aufeinander abgestimmte Verhaltensweisen</u>, welche den <u>Handel zwischen Mitgliedstaaten zu beeinträchtigen</u> geeignet sind und eine <u>Verhinderung</u>, <u>Einschränkung</u> oder <u>Verfälschung des Wettbewerbs</u> <u>innerhalb des Binnenmarkts</u> <u>bezwecken oder bewirken</u>, insbesondere

a) die unmittelbare oder mittelbare <u>Festsetzung der An- oder Verkaufspreise</u> oder sonstiger <u>Geschäftsbedingungen</u>;

b) die <u>Einschränkung oder Kontrolle</u> der <u>Erzeugung</u>, des <u>Absatzes</u>, der <u>technischen Entwicklung</u> oder der <u>Investitionen</u>;

c) die <u>Aufteilung der Märkte</u> oder <u>Versorgungsquellen</u>;

d) die Anwendung <u>unterschiedlicher Bedingungen</u> bei gleichwertigen Leistungen <u>gegenüber Handelspartnern</u>, wodurch diese <u>im Wettbewerb benachteiligt</u> werden;

e) die <u>an den Abschluss von Verträgen geknüpfte Bedingung</u>, dass die <u>Vertragspartner</u> zusätzliche <u>Leistungen</u> annehmen, die <u>weder sachlich</u> noch <u>nach Handelsbrauch</u> in <u>Beziehung zum Vertragsgegenstand</u> stehen.

(2) Die nach diesem Artikel <u>verbotenen Vereinbarungen oder Beschlüsse sind nichtig.</u>

(3)** Die Bestimmungen des Absatzes 1 <u>können für nicht anwendbar erklärt werden</u> auf

– Vereinbarungen oder Gruppen von Vereinbarungen zwischen Unternehmen,

– Beschlüsse oder Gruppen von Beschlüssen von Unternehmensvereinigungen,

– aufeinander abgestimmte Verhaltensweisen oder Gruppen von solchen,

---

* vgl. Art. 101 Abs. 3 AEUV sowie u. a. Verordnung (EU) 2022/720 (Vertikal-GVO)

** vgl. Verordnung (EU) 2022/720 (Vertikal-GVO), Verordnung (EU) Nr. 461/2010 (Kfz-GVO)...

die unter angemessener Beteiligung der Verbraucher an dem entstehenden Gewinn zur Verbesserung der Warenerzeugung oder -verteilung oder zur Förderung des technischen oder wirtschaftlichen Fortschritts beitragen, ohne dass den beteiligten Unternehmen

a) Beschränkungen auferlegt werden, die für die Verwirklichung dieser Ziele nicht unerlässlich sind, oder

b) Möglichkeiten eröffnet werden, für einen wesentlichen Teil der betreffenden Waren den Wettbewerb auszuschalten.

Artikel 102

(ex-Artikel 82 EGV)

[1]Mit dem Binnenmarkt unvereinbar und verboten ist die missbräuchliche Ausnutzung einer beherrschenden Stellung auf dem Binnenmarkt oder auf einem wesentlichen Teil desselben durch ein oder mehrere Unternehmen, soweit dies dazu führen kann, den Handel zwischen Mitgliedstaaten zu beeinträchtigen. [2]Dieser Missbrauch kann insbesondere in Folgendem bestehen:

a) der unmittelbaren oder mittelbaren Erzwingung von unangemessenen Einkaufs- oder Verkaufspreisen oder sonstigen Geschäftsbedingungen;

b) der Einschränkung der Erzeugung, des Absatzes oder der technischen Entwicklung zum Schaden der Verbraucher;

c) der Anwendung unterschiedlicher Bedingungen bei gleichwertigen Leistungen gegenüber Handelspartnern, wodurch diese im Wettbewerb benachteiligt werden;

d) der an den Abschluss von Verträgen geknüpften Bedingung, dass die Vertragspartner zusätzliche Leistungen annehmen, die weder sachlich noch nach Handelsbrauch in Beziehung zum Vertragsgegenstand stehen.

Artikel 103

(ex-Artikel 83 EGV)

(1) Die zweckdienlichen Verordnungen oder Richtlinien zur Verwirklichung der in den Artikeln 101 und 102 niedergelegten Grundsätze werden vom Rat auf Vorschlag der Kommission und nach Anhörung des Europäischen Parlaments beschlossen.

(2) Die in Absatz 1 vorgesehenen Vorschriften bezwecken insbesondere,

a) die Beachtung der in Artikel 101 Absatz 1 und Artikel 102 genannten Verbote durch die Einführung von Geldbußen und Zwangsgeldern zu gewährleisten;

b) die Einzelheiten der Anwendung des Artikels 101 Absatz 3 festzulegen; dabei ist dem Erfordernis einer wirksamen Überwachung bei möglichst einfacher Verwaltungskontrolle Rechnung zu tragen;

c) gegebenenfalls den Anwendungsbereich der Artikel 101 und 102 für die einzelnen Wirtschaftszweige näher zu bestimmen;

d) die Aufgaben der Kommission und des Gerichtshofs der Europäischen Union bei der Anwendung der in diesem Absatz vorgesehenen Vorschriften gegeneinander abzugrenzen;

e) das Verhältnis zwischen den innerstaatlichen Rechtsvorschriften einerseits und den in diesem Abschnitt enthaltenen oder aufgrund dieses Artikels getroffenen Bestimmungen andererseits festzulegen.

Artikel 104

(ex-Artikel 84 EGV)

Bis zum Inkrafttreten der gemäß Artikel 103 erlassenen Vorschriften entscheiden die Behörden der Mitgliedstaaten im Einklang mit ihren eigenen Rechtsvorschriften und den Bestimmungen der Artikel 101, insbesondere Absatz 3, und 102 über die Zulässigkeit von Vereinbarungen, Beschlüssen und aufeinander abgestimmten Verhaltensweisen sowie über die missbräuchliche Ausnutzung einer beherrschenden Stellung auf dem Binnenmarkt.

Artikel 105

(ex-Artikel 85 EGV)

(1) [1]Unbeschadet des Artikels 104 achtet die Kommission auf die Verwirklichung der in den Artikeln 101 und 102 niedergelegten Grundsätze. [2]Sie untersucht auf Antrag eines Mitgliedstaats oder von Amts wegen in Verbindung mit den zuständigen Behörden der Mitgliedstaaten, die ihr Amtshilfe zu leisten haben, die Fälle, in denen Zuwiderhandlungen gegen diese Grundsätze vermutet werden. [3]Stellt sie eine Zuwiderhandlung fest, so schlägt sie geeignete Mittel vor, um diese abzustellen.

(2) [1]Wird die Zuwiderhandlung nicht abgestellt, so trifft die Kommission in einem mit Gründen versehenen Beschluss die Feststellung, dass eine derartige Zuwiderhandlung vorliegt. [2]Sie kann den Beschluss veröffentlichen und die Mitgliedstaaten ermächtigen, die erforderlichen Abhilfemaßnahmen zu treffen, deren Bedingungen und Einzelheiten sie festlegt.

(3) Die Kommission kann Verordnungen zu den Gruppen von Vereinbarungen erlassen, zu denen der Rat nach Artikel 103 Absatz 2 Buchstabe b eine Verordnung oder Richtlinie erlassen hat.

Artikel 106

(ex-Artikel 86 EGV)

(1) Die Mitgliedstaaten werden in Bezug auf öffentliche Unternehmen und auf Unternehmen, denen sie besondere oder ausschließliche Rechte gewähren, keine den Verträgen und insbesondere den Artikeln 18 und 101 bis 109 widersprechende Maßnahmen treffen oder beibehalten.

(2) [1]Für Unternehmen, die mit Dienstleistungen von allgemeinem wirtschaftlichem Interesse betraut sind oder den Charakter eines Finanzmonopols haben, gelten die Vorschriften der Verträge, insbesondere die Wettbewerbsregeln, soweit die Anwendung dieser Vorschriften nicht die Erfüllung der ihnen übertragenen besonderen Aufgabe rechtlich oder tatsächlich verhindert. [2]Die Entwicklung des Handelsverkehrs darf nicht in einem Ausmaß beeinträchtigt werden, das dem Interesse der Union zuwiderläuft.

(3) Die Kommission achtet auf die Anwendung dieses Artikels und richtet erforderlichenfalls geeignete Richtlinien oder Beschlüsse an die Mitgliedstaaten.

ABSCHNITT 2
STAATLICHE BEIHILFEN

Artikel 107
(ex-Artikel 87 EGV)

(1) Soweit in den Verträgen nicht etwas anderes bestimmt ist, sind staatliche oder aus staatlichen Mitteln gewährte Beihilfen gleich welcher Art, die durch die Begünstigung bestimmter Unternehmen oder Produktionszweige den Wettbewerb verfälschen oder zu verfälschen drohen, mit dem Binnenmarkt unvereinbar, soweit sie den Handel zwischen Mitgliedstaaten beeinträchtigen.

(2) Mit dem Binnenmarkt vereinbar sind:

a) Beihilfen sozialer Art an einzelne Verbraucher, wenn sie ohne Diskriminierung nach der Herkunft der Waren gewährt werden;

b) Beihilfen zur Beseitigung von Schäden, die durch Naturkatastrophen oder sonstige außergewöhnliche Ereignisse entstanden sind;

c) Beihilfen für die Wirtschaft bestimmter, durch die Teilung Deutschlands betroffener Gebiete der Bundesrepublik Deutschland, soweit sie zum Ausgleich der durch die Teilung verursachten wirtschaftlichen Nachteile erforderlich sind. Der Rat kann fünf Jahre nach dem Inkrafttreten des Vertrags von Lissabon auf Vorschlag der Kommission einen Beschluss erlassen, mit dem dieser Buchstabe aufgehoben wird.

(3) Als mit dem Binnenmarkt vereinbar können angesehen werden:

a) Beihilfen zur Förderung der wirtschaftlichen Entwicklung von Gebieten, in denen die Lebenshaltung außergewöhnlich niedrig ist oder eine erhebliche Unterbeschäftigung herrscht, sowie der in Artikel 349 genannten Gebiete unter Berücksichtigung ihrer strukturellen, wirtschaftlichen und sozialen Lage;

b) Beihilfen zur Förderung wichtiger Vorhaben von gemeinsamem europäischem Interesse oder zur Behebung einer beträchtlichen Störung im Wirtschaftsleben eines Mitgliedstaats;

c) Beihilfen zur Förderung der Entwicklung gewisser Wirtschaftszweige oder Wirtschaftsgebiete, soweit sie die Handelsbedingungen nicht in einer Weise verändern, die dem gemeinsamen Interesse zuwiderläuft;

d) Beihilfen zur Förderung der Kultur und der Erhaltung des kulturellen Erbes, soweit sie die Handels- und Wettbewerbsbedingungen in der Union nicht in einem Maß beeinträchtigen, das dem gemeinsamen Interesse zuwiderläuft;

e) sonstige Arten von Beihilfen, die der Rat durch einen Beschluss auf Vorschlag der Kommission bestimmt.

Artikel 108

(ex-Artikel 88 EGV)

(1) Die Kommission überprüft fortlaufend in Zusammenarbeit mit den Mitgliedstaaten die in diesen bestehenden Beihilferegelungen. Sie schlägt ihnen die zweckdienlichen Maßnahmen vor, welche die fortschreitende Entwicklung und das Funktionieren des Binnenmarkts erfordern.

(2) [1]Stellt die Kommission fest, nachdem sie den Beteiligten eine Frist zur Äußerung gesetzt hat, dass eine von einem Staat oder aus staatlichen Mitteln gewährte Beihilfe mit dem Binnenmarkt nach Artikel 107 unvereinbar ist oder dass sie missbräuchlich angewandt wird, so beschließt sie, dass der betreffende Staat sie binnen einer von ihr bestimmten Frist aufzuheben oder umzugestalten hat.
[2]Kommt der betreffende Staat diesem Beschluss innerhalb der festgesetzten Frist nicht nach, so kann die Kommission oder jeder betroffene Staat in Abweichung von den Artikeln 258 und 259 den Gerichtshof der Europäischen Union unmittelbar anrufen.
[3]Der Rat kann einstimmig auf Antrag eines Mitgliedstaats beschließen, dass eine von diesem Staat gewährte oder geplante Beihilfe in Abweichung von Artikel 107 oder von den nach Artikel 109 erlassenen Verordnungen als mit dem Binnenmarkt vereinbar gilt, wenn außergewöhnliche Umstände einen solchen Beschluss rechtfertigen. [4]Hat die Kommission bezüglich dieser Beihilfe das in Unterabsatz 1 dieses Absatzes vorgesehene Verfahren bereits eingeleitet, so bewirkt der Antrag des betreffenden Staates an den Rat die Aussetzung dieses Verfahrens, bis der Rat sich geäußert hat. [5]Äußert sich der Rat nicht binnen drei Monaten nach Antragstellung, so beschließt die Kommission.

(3) [1]Die Kommission wird von jeder beabsichtigten Einführung oder Umgestaltung von Beihilfen so rechtzeitig unterrichtet, dass sie sich dazu äußern kann. [2]Ist sie der Auffassung, dass ein derartiges Vorhaben nach Artikel 107 mit dem Binnenmarkt unvereinbar ist, so leitet sie unverzüglich das in Absatz 2 vorgesehene Verfahren ein. [3]Der betreffende Mitgliedstaat darf die beabsichtigte Maßnahme nicht durchführen, bevor die Kommission einen abschließenden Beschluss erlassen hat.

(4) Die Kommission kann Verordnungen zu den Arten von staatlichen Beihilfen erlassen, für die der Rat nach Artikel 109 festgelegt hat, dass sie von dem Verfahren nach Absatz 3 ausgenommen werden können.

Artikel 109

(ex-Artikel 89 EGV)

Der Rat kann auf Vorschlag der Kommission und nach Anhörung des Europäischen Parlaments alle zweckdienlichen Durchführungsverordnungen zu den Artikeln 107 und 108 erlassen und insbesondere die Bedingungen für die Anwendung des Artikels 108 Absatz 3 sowie diejenigen Arten von Beihilfen festlegen, die von diesem erfahren ausgenommen sind.

[…]

„Vertikal-GVO" – Verordnung (EU) 2022/720

Verordnung (EU) 2022/720 der Kommission vom 10. Mai 2022 über die Anwendung des Artikels 101 Absatz 3 des Vertrags über die Arbeitsweise der Europäischen Union auf Gruppen von vertikalen Vereinbarungen und abgestimmten Verhaltensweisen
– Nichtamtliche Fassung (Auszüge) –

Artikel 1
Begriffsbestimmungen

(1) Für die Zwecke dieser Verordnung gelten folgende Begriffsbestimmungen:

a) „vertikale Vereinbarung" ist eine Vereinbarung oder abgestimmte Verhaltensweise zwischen zwei oder mehr Unternehmen, die für die Zwecke der Vereinbarung oder der abgestimmten Verhaltensweise jeweils auf einer anderen Stufe der Produktions- oder Vertriebskette tätig sind und die die Bedingungen betrifft, zu denen die beteiligten Unternehmen Waren oder Dienstleistungen beziehen, verkaufen oder weiterverkaufen dürfen;

b) „vertikale Beschränkung" ist eine Wettbewerbsbeschränkung in einer vertikalen Vereinbarung, die unter Artikel 101 Absatz 1 AEUV fällt;

c) „Wettbewerber" ist ein tatsächlicher oder potenzieller Wettbewerber; „tatsächlicher Wettbewerber" ist ein Unternehmen, das auf demselben relevanten Markt tätig ist; „potenzieller Wettbewerber" ist ein Unternehmen, bei dem realistisch und nicht nur hypothetisch davon ausgegangen werden kann, dass es ohne die vertikale Vereinbarung wahrscheinlich innerhalb kurzer Zeit die zusätzlichen Investitionen tätigen oder andere Kosten auf sich nehmen würde, die erforderlich wären, um in den relevanten Markt einzutreten;

d) „Anbieter" ist auch ein Unternehmen, das Online-Vermittlungsdienste erbringt;

e) „Online-Vermittlungsdienste" sind Dienste der Informationsgesellschaft im Sinne des Artikels 1 Absatz 1 Buchstabe b der Richtlinie (EU) 2015/1535 des Europäischen Parlaments und des Rates, die es Unternehmen ermöglichen, Waren oder Dienstleistungen anzubieten,

    i) indem sie die Einleitung direkter Transaktionen mit anderen Unternehmen vermitteln oder

    ii) indem sie die Einleitung direkter Transaktionen zwischen diesen Unternehmen und Endverbrauchern vermitteln,

unabhängig davon, ob und wo die Transaktionen letztlich abgeschlossen werden.

f) „Wettbewerbsverbot" ist eine unmittelbare oder mittelbare Verpflichtung, die den Abnehmer veranlasst, keine Waren oder Dienstleistungen herzustellen, zu beziehen, zu verkaufen oder weiterzuverkaufen, die mit den Vertragswaren oder -dienstleistungen im Wettbewerb stehen, oder eine unmittelbare oder mittelbare Verpflichtung des Abnehmers, auf dem relevanten Markt mehr als 80 % seines Gesamtbezugs an Vertragswaren oder -dienstleistungen und ihren Substituten, der anhand des Werts des Bezugs oder, falls in der Branche üblich, am bezogenen Volumen im vorangehenden Kalenderjahr berechnet wird, vom Anbieter oder von einem anderen vom Anbieter benannten Unternehmen zu beziehen;

g) „selektive Vertriebssysteme" sind Vertriebssysteme, in denen sich der Anbieter verpflichtet, die Vertragswaren oder -dienstleistungen unmittelbar oder mittelbar nur an Händler zu verkaufen, die anhand festgelegter Merkmale ausgewählt werden, und in denen sich diese Händler verpflichten, die betreffenden Waren oder Dienstleistungen nicht an Händler zu verkaufen, die innerhalb des vom Anbieter für den Betrieb dieses Systems festgelegten Gebiets nicht zum Vertrieb zugelassen sind;

h) „Alleinvertriebssysteme" sind Vertriebssysteme, in denen der Anbieter ein Gebiet oder eine Kundengruppe sich selbst oder höchstens fünf Abnehmern exklusiv zuweist und allen anderen Abnehmern Beschränkungen in Bezug auf den aktiven Verkauf in das exklusiv zugewiesene Gebiet oder an die exklusiv zugewiesene Kundengruppe auferlegt;

i) „Rechte des geistigen Eigentums" umfassen unter anderem gewerbliche Schutzrechte, Know-how, Urheberrechte und verwandte Schutzrechte;

j) „Know-how" ist eine Gesamtheit nicht patentgeschützter praktischer Kenntnisse, die der Anbieter durch Erfahrung und Erprobung gewonnen hat und die geheim, wesentlich und identifiziert sind; in diesem Zusammenhang bedeutet „geheim", dass das Know-how nicht allgemein bekannt oder leicht zugänglich ist; „wesentlich" bedeutet, dass das Know-how für den Abnehmer bei der Verwendung, dem Verkauf oder dem Weiterverkauf der Vertragswaren oder -dienstleistungen bedeutsam und nützlich ist; „identifiziert" bedeutet, dass das Know-how so umfassend beschrieben ist, dass überprüft werden kann, ob die Merkmale „geheim" und „wesentlich" erfüllt sind;

k) „Abnehmer" ist auch ein Unternehmen, das auf der Grundlage einer unter Artikel 101 Absatz 1 AEUV fallenden Vereinbarung Waren oder Dienstleistungen für Rechnung eines anderen Unternehmens verkauft;

l) „aktiver Verkauf" ist die gezielte Ansprache von Kunden durch Besuche, Schreiben, E-Mails, Anrufe oder sonstige Formen der direkten Kommunikation oder durch gezielte Werbung und Absatzförderung, offline oder online, beispielsweise durch Printmedien oder digitale Medien, einschließlich Online-Medien, Preisvergleichsdiensten oder Suchmaschinenwerbung, die auf Kunden in bestimmten Gebieten oder aus bestimmten Kundengruppen ausgerichtet sind, durch den Betrieb einer Website mit einer Top-Level-Domain, die bestimmten Gebieten entspricht, oder durch das Angebot von in bestimmten Gebieten üblichen Sprachoptionen auf einer Website, sofern diese Sprachen sich von denen unterscheiden, die in dem Gebiet, in dem der Abnehmer niedergelassen ist, üblicherweise verwendet werden;

m) „passiver Verkauf" ist ein auf unaufgeforderte Anfragen einzelner Kunden zurückgehender Verkauf, einschließlich der Lieferung von Waren an oder der Erbringung von Dienstleistungen für solche Kunden, der nicht durch gezielte Ansprache der betreffenden Kunden, Kundengruppen oder Kunden in den betreffenden Gebieten ausgelöst wurde und den Verkauf infolge der Teilnahme an öffentlichen Vergabeverfahren oder privaten Aufforderungen zur Interessensbekundung einschließt.

(2) [1]Für die Zwecke dieser Verordnung schließen die Begriffe „Unternehmen", „Anbieter" und „Abnehmer" die jeweils mit diesen verbundenen Unternehmen ein.

[2]„Verbundene Unternehmen" sind:

a) Unternehmen, in denen ein an der Vereinbarung beteiligtes Unternehmen unmittelbar oder mittelbar

    i) die Befugnis hat, mehr als die Hälfte der Stimmrechte auszuüben, oder

    ii) die Befugnis hat, mehr als die Hälfte der Mitglieder des Leitungs- oder Aufsichtsorgans oder der zur gesetzlichen Vertretung berufenen Organe zu bestellen, oder

    iii) das Recht hat, die Geschäfte des Unternehmens zu führen;

b) Unternehmen, die in einem an der Vereinbarung beteiligten Unternehmen unmittelbar oder mittelbar die unter Buchstabe a aufgeführten Rechte oder Befugnisse haben, oder

c) Unternehmen, in denen ein unter Buchstabe b genanntes Unternehmen unmittelbar oder mittelbar die unter Buchstabe a aufgeführten Rechte oder Befugnisse hat, oder

d) Unternehmen, in denen ein an der Vereinbarung beteiligtes Unternehmen gemeinsam mit einem oder mehreren der unter den Buchstaben a, b und c genannten Unternehmen oder in denen zwei oder mehr der zuletzt genannten Unternehmen gemeinsam die unter Buchstabe a aufgeführten Rechte oder Befugnisse haben, oder

e) Unternehmen, in denen die folgenden Unternehmen gemeinsam die unter Buchstabe a aufgeführten Rechte oder Befugnisse haben:

    i) an der Vereinbarung beteiligte Unternehmen oder mit ihnen jeweils verbundene Unternehmen im Sinne der Buchstaben a bis d, oder

    ii) eines oder mehrere der an der Vereinbarung beteiligten Unternehmen oder eines oder mehrere der mit ihnen verbundenen Unternehmen im Sinne der Buchstaben a bis d und ein oder mehrere dritte Unternehmen.

Artikel 2
Freistellung

(1) [1]Nach Artikel 101 Absatz 3 AEUV und nach Maßgabe dieser Verordnung gilt Artikel 101 Absatz 1 AEUV nicht für vertikale Vereinbarungen. [2]Diese Freistellung gilt, soweit solche Vereinbarungen vertikale Beschränkungen enthalten.

(2) [1]Die Freistellung nach Absatz 1 gilt nur dann für vertikale Vereinbarungen zwischen einer Unternehmensvereinigung und einem ihrer Mitglieder oder zwischen einer solchen Vereinigung und einem einzelnen

Anbieter, wenn alle Mitglieder der Vereinigung Wareneinzelhändler sind und wenn keines ihrer Mitglieder zusammen mit seinen verbundenen Unternehmen einen <u>jährlichen Gesamtumsatz von mehr als 50 Mio. EUR</u> erwirtschaftet. [2]Vertikale Vereinbarungen solcher Vereinigungen werden von dieser Verordnung unbeschadet der Anwendbarkeit des Artikels 101 AEUV auf horizontale Vereinbarungen zwischen den Mitgliedern einer solchen Vereinigung sowie auf Beschlüsse der Vereinigung erfasst.

(3) [1]Die Freistellung nach Absatz 1 gilt für vertikale Vereinbarungen, die Bestimmungen enthalten, die die Übertragung von Rechten des geistigen Eigentums an den Abnehmer oder die Nutzung solcher Rechte durch den Abnehmer betreffen, sofern diese Bestimmungen nicht Hauptgegenstand der Vereinbarung sind und sofern sie sich unmittelbar auf die Nutzung, den Verkauf oder den Weiterverkauf von Waren oder Dienstleistungen durch den Abnehmer oder seine Kunden beziehen. [2]Die Freistellung gilt unter der Voraussetzung, dass diese Bestimmungen für die Vertragswaren oder -dienstleistungen keine Wettbewerbsbeschränkungen enthalten, die denselben Zweck verfolgen wie vertikale Beschränkungen, die durch diese Verordnung nicht freigestellt sind.

(4) [1]Die <u>Freistellung nach Absatz 1 gilt nicht für</u> <u>vertikale Vereinbarungen</u> <u>zwischen Wettbewerbern</u>. [2]Diese Freistellung <u>gilt jedoch</u> für <u>zwischen konkurrierenden Unternehmen</u> geschlossene, nicht <u>wechselseitige vertikale Vereinbarungen, wenn</u>

a) der <u>Anbieter auf der vorgelagerten Stufe</u> als Hersteller, Importeur oder Großhändler und zugleich auf der nachgelagerten Stufe als Importeur, Großhändler oder Einzelhändler von Waren tätig ist, während der Abnehmer ein auf der nachgelagerten Stufe tätiger Importeur, Großhändler oder Einzelhändler, jedoch kein Wettbewerber auf der vorgelagerten Stufe ist, auf der er die Vertragswaren bezieht, <u>oder</u>

b) der <u>Anbieter ein auf mehreren Handelsstufen</u> tätiger Dienstleister ist, der Abnehmer demgegenüber Dienstleistungen auf der Einzelhandelsstufe anbietet und auf der Handelsstufe, auf der er die Vertragsdienstleistungen bezieht, kein Wettbewerber ist.

(5) Die <u>Ausnahmen nach Absatz 4 Buchstaben a und b</u> gelten <u>nicht für den Informationsaustausch</u> zwischen Anbietern und Abnehmern, der entweder nicht direkt die Umsetzung der vertikalen Vereinbarung betrifft oder nicht zur Verbesserung der Produktion oder des Vertriebs der Vertragswaren oder -dienstleistungen erforderlich ist oder keine dieser beiden Voraussetzungen erfüllt.

(6) Die <u>Ausnahmen nach Absatz 4 Buchstaben a und b</u> gelten <u>nicht für vertikale Vereinbarungen</u> in Bezug auf die <u>Bereitstellung von Online-Vermittlungsdiensten,</u> wenn der Anbieter der <u>Online-Vermittlungsdienste</u> ein <u>Wettbewerber auf dem relevanten Markt</u> für den Verkauf der vermittelten Waren oder Dienstleistungen ist.

(7) Diese Verordnung <u>gilt nicht</u> für <u>vertikale Vereinbarungen,</u> deren Gegenstand in den Geltungsbereich einer <u>anderen Gruppenfreistellungsverordnung</u> fällt, außer wenn dies in einer solchen Verordnung vorgesehen ist.

Artikel 3
Marktanteilsschwelle

(1) Die Freistellung nach Artikel 2 gilt nur, wenn der Anteil des Anbieters an dem relevanten Markt, auf dem er die Vertragswaren oder -dienstleistungen anbietet, und der Anteil des Abnehmers an dem relevanten Markt, auf dem er die Vertragswaren oder -dienstleistungen bezieht, jeweils nicht mehr als 30 % beträgt.

(2) Bezieht ein Unternehmen im Rahmen einer Mehrparteienvereinbarung die Vertragswaren oder -dienstleistungen von einem an der Vereinbarung beteiligten Unternehmen und verkauft es sie anschließend an ein anderes, ebenfalls an der Vereinbarung beteiligtes Unternehmen, so gilt die Freistellung nach Artikel 2 nur, wenn es die Voraussetzungen des Absatzes 1 als Abnehmer wie auch als Anbieter erfüllt.

Artikel 4
Beschränkungen, die zum Ausschluss des Rechtsvorteils
der Gruppenfreistellung führen — Kernbeschränkungen

Die Freistellung nach Artikel 2 gilt nicht für vertikale Vereinbarungen, die unmittelbar oder mittelbar, für sich allein oder in Verbindung mit anderen Umständen unter der Kontrolle der Vertragsparteien Folgendes bezwecken:

a) Die Beschränkung der Möglichkeit des Abnehmers, seinen Verkaufspreis selbst festzusetzen; dies gilt unbeschadet der Möglichkeit des Anbieters, Höchstverkaufspreise festzusetzen oder Preisempfehlungen auszusprechen, sofern sich diese nicht infolge der Ausübung von Druck oder der Gewährung von Anreizen durch eines der beteiligten Unternehmen tatsächlich wie Fest- oder Mindestverkaufspreise auswirken;

b) wenn der Anbieter ein Alleinvertriebssystem betreibt, die Beschränkung des Gebiets oder der Kunden, in das bzw. an die der Alleinvertriebshändler die Vertragswaren oder -dienstleistungen aktiv oder passiv verkaufen darf, mit Ausnahme

   i) der Beschränkung des aktiven Verkaufs durch den Alleinvertriebshändler und durch seine Direktkunden in ein Gebiet oder an eine Kundengruppe, das bzw. die dem Anbieter vorbehalten ist oder von dem Anbieter höchstens fünf weiteren Alleinvertriebshändlern exklusiv zugewiesen wurde,

   ii) der Beschränkung des aktiven oder passiven Verkaufs durch den Alleinvertriebshändler und durch seine Kunden an nicht zugelassene Händler in einem Gebiet, in dem der Anbieter ein selektives Vertriebssystem für die Vertragswaren oder -dienstleistungen betreibt,

   iii) der Beschränkung des Niederlassungsorts des Alleinvertriebshändlers,

   iv) der Beschränkung des aktiven oder passiven Verkaufs an Endverbraucher durch einen Alleinvertriebshändler, der auf der Großhandelsstufe tätig ist,

   v) der Beschränkung der Möglichkeit des Alleinvertriebshändlers, Teile, die zur Weiterverwendung geliefert werden, aktiv oder passiv an Kunden zu verkaufen, die diese Teile für die Herstellung derselben Art von Waren verwenden würden, wie sie der Anbieter herstellt;

c) wenn der Anbieter ein selektives Vertriebssystem betreibt;

    i) die Beschränkung der Gebiete oder Kunden, in bzw. an die die Mitglieder des selektiven Vertriebssystems die Vertragswaren oder -dienstleistungen aktiv oder passiv verkaufen dürfen, mit Ausnahme

        1. der Beschränkung des aktiven Verkaufs durch Mitglieder des selektiven Vertriebssystems und durch ihre Direktkunden in ein Gebiet oder an eine Kundengruppe, das bzw. die dem Anbieter vorbehalten ist oder von dem Anbieter höchstens fünf Alleinvertriebshändlern exklusiv zugewiesen wurde,

        2. der Beschränkung des aktiven oder passiven Verkaufs durch Mitglieder des selektiven Vertriebssystems und durch ihre Kunden an nicht zugelassene Händler in dem Gebiet, in dem das selektive Vertriebssystem betrieben wird,

        3. der Beschränkung des Niederlassungsorts der Mitglieder des selektiven Vertriebssystems,

        4. der Beschränkung des aktiven oder passiven Verkaufs an Endverbraucher durch auf der Großhandelsstufe tätige Mitglieder des selektiven Vertriebssystems,

        5. der Beschränkung der Möglichkeit, Teile, die zur Weiterverwendung geliefert werden, aktiv oder passiv an Kunden zu verkaufen, die diese Teile für die Herstellung derselben Art von Waren verwenden würden, wie sie der Anbieter herstellt;

    ii) die Beschränkung von Querlieferungen zwischen Mitgliedern des selektiven Vertriebssystems, die auf derselben Handelsstufe oder unterschiedlichen Handelsstufen tätig sind;

    iii) die Beschränkung des aktiven oder passiven Verkaufs an Endverbraucher durch auf der Einzelhandelsstufe tätige Mitglieder des selektiven Vertriebssystems, unbeschadet Buchstabe c Ziffer i Nummern 1 und 3;

d) wenn der Anbieter weder ein Alleinvertriebssystem noch ein selektives Vertriebssystem betreibt, die Beschränkung der Gebiete oder Kunden, in bzw. an die der Abnehmer die Vertragswaren oder -dienstleistungen aktiv oder passiv verkaufen darf, mit Ausnahme

    i) der Beschränkung des aktiven Verkaufs durch den Abnehmer und durch seine Direktkunden in ein Gebiet oder an eine Kundengruppe, das bzw. die dem Anbieter vorbehalten ist oder von dem Anbieter höchstens fünf Alleinvertriebshändlern exklusiv zugewiesen wurde,

    ii)   der Beschränkung des aktiven oder passiven Verkaufs durch den Abnehmer und durch seine Kunden an nicht zugelassene Händler in einem Gebiet, in dem der Anbieter ein selektives Vertriebssystem für die Vertragswaren oder -dienstleistungen betreibt,

    iii)   der Beschränkung des Niederlassungsorts des Abnehmers,

    iv)   der Beschränkung des aktiven oder passiven Verkaufs an Endverbraucher durch einen Abnehmer, der auf der Großhandelsstufe tätig ist,

    v)   der Beschränkung der Möglichkeit des Abnehmers, Teile, die zur Weiterverwendung geliefert werden, aktiv oder passiv an Kunden zu verkaufen, die diese Teile für die Herstellung derselben Art von Waren verwenden würden, wie sie der Anbieter herstellt;

e)   die Verhinderung der wirksamen Nutzung des Internets zum Verkauf der Vertragswaren oder -dienstleistungen durch den Abnehmer oder seine Kunden, da dies eine Beschränkung des Gebiets oder der Kunden, in das bzw. an die die Vertragswaren oder -dienstleistungen verkauft werden dürfen, im Sinne der Buchstaben b, c oder d darstellt, unbeschadet der Möglichkeit, dem Abnehmer Folgendes aufzuerlegen:

    i)   andere Beschränkungen des Online-Verkaufs oder

    ii)   Beschränkungen der Online-Werbung, die nicht darauf abzielen, die Nutzung eines ganzen Online-Werbekanals zu verhindern;

f)   die zwischen einem Anbieter von Teilen und einem Abnehmer, der diese Teile weiterverwendet, vereinbarte Beschränkung der Möglichkeit des Anbieters, die Teile als Ersatzteile an Endverbraucher, Reparaturbetriebe, Großhändler oder andere Dienstleister zu verkaufen, die der Abnehmer nicht mit der Reparatur oder Wartung seiner Waren betraut hat.

Artikel 5
Nicht freigestellte Beschränkungen

(1) Die Freistellung nach Artikel 2 gilt nicht für die folgenden, in vertikalen Vereinbarungen enthaltenen Verpflichtungen:

a)   unmittelbare oder mittelbare Wettbewerbsverbote, die für eine unbestimmte Dauer oder für eine Dauer von mehr als 5 Jahren gelten,

b)   unmittelbare oder mittelbare Verpflichtungen, die den Abnehmer veranlassen, Waren oder Dienstleistungen nach Beendigung der Vereinbarung nicht herzustellen, zu beziehen, zu verkaufen oder weiterzuverkaufen,

c)   unmittelbare oder mittelbare Verpflichtungen, die die Mitglieder eines selektiven Vertriebssystems veranlassen, Marken bestimmter konkurrierender Anbieter nicht zu verkaufen,

d)   unmittelbare oder mittelbare Verpflichtungen, die einen Abnehmer von Online-Vermittlungsdiensten veranlassen, Endverbrauchern Waren oder Dienstleistungen nicht über konkurrierende Online-Vermittlungsdienste zu günstigeren Bedingungen anzubieten, zu verkaufen oder weiterzuverkaufen.

(2) Abweichend von Absatz 1 Buchstabe a gilt die Begrenzung auf fünf Jahre nicht, wenn die Vertragswaren oder -dienstleistungen vom Abnehmer in Räumlichkeiten und auf Grundstücken verkauft werden, die im Eigentum des Anbieters stehen oder von diesem von nicht mit dem Abnehmer verbundenen Dritten gemietet oder gepachtet worden sind, und das Wettbewerbsverbot nicht über den Zeitraum hinausreicht, in dem der Abnehmer diese Räumlichkeiten und Grundstücke nutzt.

(3) [1]Abweichend von Absatz 1 Buchstabe b gilt die Freistellung nach Artikel 2 für unmittelbare oder mittelbare Verpflichtungen, die den Abnehmer veranlassen, Waren oder Dienstleistungen nach Beendigung der Vereinbarung nicht herzustellen, zu beziehen, zu verkaufen oder weiterzuverkaufen, sofern sämtliche folgenden Voraussetzungen erfüllt sind:

a)   die Verpflichtungen beziehen sich auf Waren oder Dienstleistungen, die mit den Vertragswaren oder -dienstleistungen im Wettbewerb stehen;

b)   die Verpflichtungen beschränken sich auf Räumlichkeiten und Grundstücke, von denen aus der Abnehmer während der Vertragslaufzeit seine Geschäfte betrieben hat;

c)   das Wettbewerbsverbot ist unerlässlich, um Know-how, das dem Abnehmer vom Anbieter übertragen wurde, zu schützen;

d)   die Dauer der Verpflichtungen ist auf höchstens ein Jahr nach Beendigung der Vereinbarung begrenzt.

[2]Absatz 1 Buchstabe b gilt unbeschadet der Möglichkeit, Nutzung und Offenlegung von nicht allgemein zugänglichem Know-how unbefristeten Beschränkungen zu unterwerfen.

Artikel 6
Entzug des Rechtsvorteils im Einzelfall

(1) [1]Nach Artikel 29 Absatz 1 der Verordnung (EG) Nr. 1/2003 des Rates kann die Kommission den Rechtsvorteil der vorliegenden Verordnung entziehen, wenn sie in einem bestimmten Fall feststellt, dass eine vertikale Vereinbarung, für die die Freistellung nach Artikel 2 der vorliegenden Verordnung gilt, dennoch Wirkungen hat, die mit Artikel 101 Absatz 3 AEUV unvereinbar sind. [2]Solche Wirkungen können beispielsweise auftreten, wenn der relevante Markt für die Bereitstellung von Online-Vermittlungsdiensten stark konzentriert ist und der Wettbewerb zwischen den Anbietern solcher Dienste durch die kumulative Wirkung paralleler Netze ähnlicher Vereinbarungen beschränkt wird, die die Möglichkeiten von Abnehmern von Online-Vermittlungsdiensten beschränken, Waren oder Dienstleistungen über ihre Direktvertriebskanäle Endnutzern zu günstigeren Bedingungen anzubieten, zu verkaufen oder weiterzuverkaufen.

(2) Die Wettbewerbsbehörde eines Mitgliedstaats kann den aus dieser Verordnung erwachsenden Rechtsvorteil entziehen, wenn die Voraussetzungen nach Artikel 29 Absatz 2 der Verordnung (EG) Nr. 1/2003 erfüllt sind.

Artikel 7
Nichtanwendung dieser Verordnung

Nach Artikel 1a der Verordnung Nr. 19/65/EWG kann die Kommission durch Verordnung erklären, dass in Fällen, in denen mehr als 50 % des relevanten Marktes von parallelen Netzen gleichartiger vertikaler Beschränkungen abgedeckt werden, die vorliegende Verordnung auf vertikale Vereinbarungen, die bestimmte Beschränkungen des Wettbewerbs auf diesem Markt enthalten, keine Anwendung findet.

Artikel 8
Anwendung der Marktanteilsschwelle

Für die Anwendung der Marktanteilsschwellen im Sinne des Artikels 3 gelten folgende Vorschriften:

a) der Marktanteil des Anbieters wird anhand des Absatzwerts und der Marktanteil des Abnehmers anhand des Bezugswerts berechnet. Liegen keine Angaben über den Absatz- bzw. Bezugswert vor, so können zur Ermittlung des Marktanteils des betreffenden Unternehmens Schätzungen vorgenommen werden, die auf anderen verlässlichen Marktdaten einschließlich der Absatz- und Bezugsmengen beruhen;

b) die Marktanteile werden anhand der Angaben für das vorangegangene Kalenderjahr ermittelt;

c) der Marktanteil des Anbieters schließt Waren oder Dienstleistungen ein, die zum Zweck des Verkaufs an vertikal integrierte Händler geliefert werden;

d) beträgt ein Marktanteil ursprünglich nicht mehr als 30 % und überschreitet er anschließend diese Schwelle, so gilt die Freistellung nach Artikel 2 im Anschluss an das Jahr, in dem die Schwelle von 30 % erstmals überschritten wurde, noch für zwei weitere Kalenderjahre;

e) der Marktanteil der in Artikel 1 Absatz 2 Unterabsatz 2 Buchstabe e genannten Unternehmen wird zu gleichen Teilen jedem Unternehmen zugerechnet, das die in Buchstabe a des genannten Unterabsatzes aufgeführten Rechte oder Befugnisse hat.

Artikel 9
Anwendung der Umsatzschwelle

(1) [1]Für die Berechnung des jährlichen Gesamtumsatzes im Sinne des Artikels 2 Absatz 2 sind die Umsätze zu addieren, die das jeweilige an der vertikalen Vereinbarung beteiligte Unternehmen und die mit ihm verbundenen Unternehmen im vorangegangenen Geschäftsjahr mit allen Waren und Dienstleistungen ohne Steuern und sonstige Abgaben erzielt haben. Dabei werden Umsätze zwischen dem an der vertikalen Vereinbarung beteiligten Unternehmen und den mit ihm verbundenen Unternehmen oder zwischen den mit ihm verbundenen Unternehmen nicht mitgerechnet.

(2) Die Freistellung nach Artikel 2 bleibt bestehen, wenn der jährliche Gesamtumsatz im Zeitraum von zwei aufeinanderfolgenden Geschäftsjahren die Schwelle um nicht mehr als 10 % übersteigt.

Artikel 10
Übergangszeitraum

Das Verbot nach Artikel 101 Absatz 1 AEUV gilt in der Zeit vom 1. Juni 2022 bis zum 31. Mai 2023 nicht für bereits am 31. Mai 2022 in Kraft befindliche Vereinbarungen, die zwar die Freistellungskriterien dieser Verordnung nicht erfüllen, aber am 31. Mai 2022 die Freistellungskriterien der Verordnung (EU) Nr. 330/2010 erfüllt haben.

Artikel 11
Geltungsdauer

Diese Verordnung tritt am 1. Juni 2022 in Kraft.

Ihre Geltungsdauer endet am 31. Mai 2034.

„EG-Fusionskontrollverordnung" – Verordnung (EG) Nr. 139/2004

Verordnung (EG) Nr. 139/2004 des Rates vom 20. Januar 2004 über die Kontrolle von Unternehmenszusammen-schlüssen („EG-Fusionskontrollverordnung")
– Nichtamtliche Fassung (Auszüge) –

Artikel 1
Anwendungsbereich

(1) Unbeschadet des Artikels 4 Absatz 5 und des Artikels 22 gilt diese Verordnung für alle Zusammen-schlüsse von gemeinschaftsweiter Bedeutung im Sinne dieses Artikels.

(2) Ein Zusammenschluss hat gemeinschaftsweite Bedeutung, wenn folgende Umsätze erzielt werden:

a) ein weltweiter Gesamtumsatz aller beteiligten Unternehmen zusammen von mehr als 5 Mrd. EUR und

b) ein gemeinschaftsweiter Gesamtumsatz von mindestens zwei beteiligten Unternehmen von je-weils mehr als 250 Mio. EUR;

dies gilt nicht, wenn die beteiligten Unternehmen jeweils mehr als zwei Drittel ihres gemeinschaftsweiten Gesamtumsatzes in ein und demselben Mitgliedstaat erzielen.

(3) Ein Zusammenschluss, der die in Absatz 2 vorgesehenen Schwellen nicht erreicht, hat gemeinschafts-weite Bedeutung, wenn

a) der weltweite Gesamtumsatz aller beteiligten Unternehmen zusammen mehr als 2,5 Mrd. EUR beträgt,

b) der Gesamtumsatz aller beteiligten Unternehmen in mindestens drei Mitgliedstaaten jeweils 100 Mio. EUR übersteigt,

c) in jedem von mindestens drei von Buchstabe b) erfassten Mitgliedstaaten der Gesamtumsatz von mindestens zwei beteiligten Unternehmen jeweils mehr als 25 Mio. EUR beträgt und

d) der gemeinschaftsweite Gesamtumsatz von mindestens zwei beteiligten Unternehmen jeweils 100 Mio. EUR übersteigt;

dies gilt nicht, wenn die beteiligten Unternehmen jeweils mehr als zwei Drittel ihres gemeinschaftsweiten Gesamtumsatzes in ein und demselben Mitgliedstaat erzielen.

(4) Vor dem 1. Juli 2009 erstattet die Kommission dem Rat auf der Grundlage statistischer Angaben, die die Mitgliedstaaten regelmäßig übermitteln können, über die Anwendung der in den Absätzen 2 und 3 vorgesehenen Schwellen und Kriterien Bericht, wobei sie Vorschläge gemäß Absatz 5 unterbreiten kann.

(5) Der Rat kann im Anschluss an den in Absatz 4 genannten Bericht auf Vorschlag der Kommission mit qualifizierter Mehrheit die in Absatz 3 aufgeführten Schwellen und Kriterien ändern.

Artikel 2
Beurteilung von Zusammenschlüssen

(1) Zusammenschlüsse im Sinne dieser Verordnung sind nach Maßgabe der Ziele dieser Verordnung und der folgenden Bestimmungen auf ihre Vereinbarkeit mit dem Gemeinsamen Markt zu prüfen.

Bei dieser Prüfung berücksichtigt die Kommission:

a)   die Notwendigkeit, im Gemeinsamen Markt wirksamen Wettbewerb aufrechtzuerhalten und zu entwickeln, insbesondere im Hinblick auf die Struktur aller betroffenen Märkte und den tatsächlichen oder potenziellen Wettbewerb durch innerhalb oder außerhalb der Gemeinschaft ansässige Unternehmen;

b)   die Marktstellung sowie die wirtschaftliche Macht und die Finanzkraft der beteiligten Unternehmen, die Wahlmöglichkeiten der Lieferanten und Abnehmer, ihren Zugang zu den Beschaffungs- und Absatzmärkten, rechtliche oder tatsächliche Marktzutrittsschranken, die Entwicklung des Angebots und der Nachfrage bei den jeweiligen Erzeugnissen und Dienstleistungen, die Interessen der Zwischen- und Endverbraucher sowie die Entwicklung des technischen und wirtschaftlichen Fortschritts, sofern diese dem Verbraucher dient und den Wettbewerb nicht behindert.

(2) Zusammenschlüsse, durch die wirksamer Wettbewerb im Gemeinsamen Markt oder in einem wesentlichen Teil desselben nicht erheblich behindert würde, insbesondere durch Begründung oder Verstärkung einer beherrschenden Stellung, sind für mit dem Gemeinsamen Markt vereinbar zu erklären.

(3) Zusammenschlüsse, durch die wirksamer Wettbewerb im Gemeinsamen Markt oder in einem wesentlichen Teil desselben erheblich behindert würde, insbesondere durch Begründung oder Verstärkung einer beherrschenden Stellung, sind für mit dem Gemeinsamen Markt unvereinbar zu erklären.

(4) Soweit die Gründung eines Gemeinschaftsunternehmens, das einen Zusammenschluss gemäß Artikel 3 darstellt, die Koordinierung des Wettbewerbsverhaltens unabhängig bleibender Unternehmen bezweckt oder bewirkt, wird eine solche Koordinierung nach den Kriterien des Artikels 81 Absätze 1 und 3 des Vertrags beurteilt, um festzustellen, ob das Vorhaben mit dem Gemeinsamen Markt vereinbar ist.

(5) Bei dieser Beurteilung berücksichtigt die Kommission insbesondere, ob

—   es auf dem Markt des Gemeinschaftsunternehmens oder auf einem diesem vor- oder nachgelagerten Markt oder auf einem benachbarten oder eng mit ihm verknüpften Markt eine nennenswerte und gleichzeitige Präsenz von zwei oder mehr Gründerunternehmen gibt;

—   die unmittelbar aus der Gründung des Gemeinschaftsunternehmens erwachsende Koordinierung den beteiligten Unternehmen die Möglichkeit eröffnet, für einen wesentlichen Teil der betreffenden Waren und Dienstleistungen den Wettbewerb auszuschalten.

Artikel 3
Definition des Zusammenschlusses

(1) Ein Zusammenschluss wird dadurch bewirkt, dass eine dauerhafte Veränderung der Kontrolle in der Weise stattfindet, dass

a) zwei oder mehr bisher voneinander unabhängige Unternehmen oder Unternehmensteile fusionieren oder dass

b) eine oder mehrere Personen, die bereits mindestens ein Unternehmen kontrollieren, oder ein oder mehrere Unternehmen durch den Erwerb von Anteilsrechten oder Vermögenswerten, durch Vertrag oder in sonstiger Weise die unmittelbare oder mittelbare Kontrolle über die Gesamtheit oder über Teile eines oder mehrerer anderer Unternehmen erwerben.

(2) Die Kontrolle wird durch Rechte, Verträge oder andere Mittel begründet, die einzeln oder zusammen unter Berücksichtigung aller tatsächlichen oder rechtlichen Umstände die Möglichkeit gewähren, einen bestimmenden Einfluss auf die Tätigkeit eines Unternehmens auszuüben, insbesondere durch:

a) Eigentums - oder Nutzungsrechte an der Gesamtheit oder an Teilen des Vermögens des Unternehmens;

b) Rechte oder Verträge, die einen bestimmenden Einfluss auf die Zusammensetzung, die Beratungen oder Beschlüsse der Organe des Unternehmens gewähren.

(3) Die Kontrolle wird für die Personen oder Unternehmen begründet,

a) die aus diesen Rechten oder Verträgen selbst berechtigt sind, oder

b) die, obwohl sie aus diesen Rechten oder Verträgen nicht selbst berechtigt sind, die Befugnis haben, die sich daraus ergebenden Rechte auszuüben.

(4) Die Gründung eines Gemeinschaftsunternehmens, das auf Dauer alle Funktionen einer selbstständigen wirtschaftlichen Einheit erfüllt, stellt einen Zusammenschluss im Sinne von Absatz 1 Buchstabe b) dar.

(5) Ein Zusammenschluss wird nicht bewirkt,

a) wenn Kreditinstitute, sonstige Finanzinstitute oder Versicherungsgesellschaften, deren normale Tätigkeit Geschäfte und den Handel mit Wertpapieren für eigene oder fremde Rechnung einschließt, vorübergehend Anteile an einem Unternehmen zum Zweck der Veräußerung erwerben, sofern sie die mit den Anteilen verbundenen Stimmrechte nicht ausüben, um das Wettbewerbsverhalten des Unternehmens zu bestimmen, oder sofern sie die Stimmrechte nur ausüben, um die Veräußerung der Gesamtheit oder von Teilen des Unternehmens oder seiner Vermögenswerte oder die Veräußerung der Anteile vorzubereiten, und sofern die Veräußerung innerhalb eines Jahres nach dem Zeitpunkt des Erwerbs erfolgt; diese Frist kann von der Kommission auf Antrag verlängert werden, wenn die genannten Institute oder Gesellschaften nachweisen, dass die Veräußerung innerhalb der vorgeschriebenen Frist unzumutbar war;

b) wenn der Träger eines öffentlichen Mandats aufgrund der Gesetzgebung eines Mitgliedstaats über die Auflösung von Unternehmen, die Insolvenz, die Zahlungseinstellung, den Vergleich oder ähnliche Verfahren die Kontrolle erwirbt;

c) wenn die in Absatz 1 Buchstabe b) bezeichneten Handlungen von Beteiligungsgesellschaften im Sinne von Artikel 5 Absatz 3 der Vierten Richtlinie 78/660/EWG des Rates vom 25. Juli 1978 aufgrund von Artikel 54 Absatz 3 Buchstabe g) des Vertrages über den Jahresabschluss von Gesellschaften bestimmter Rechtsformen(*) vorgenommen werden, jedoch mit der Einschränkung, dass die mit den erworbenen Anteilen verbundenen Stimmrechte, insbesondere wenn sie zur Ernennung der Mitglieder der geschäftsführenden oder aufsichtsführenden Organe der Unternehmen ausgeübt werden, an denen die Beteiligungsgesellschaften Anteile halten, nur zur Erhaltung des vollen Wertes der Investitionen und nicht dazu benutzt werden, unmittelbar oder mittelbar das Wettbewerbsverhalten dieser Unternehmen zu bestimmen.

Artikel 4
Vorherige Anmeldung von Zusammenschlüssen und
Verweisung vor der Anmeldung auf Antrag der Anmelder

(1) [1]Zusammenschlüsse von gemeinschaftsweiter Bedeutung im Sinne dieser Verordnung sind nach Vertragsabschluss, Veröffentlichung des Übernahmeangebots oder Erwerb einer die Kontrolle begründenden Beteiligung und vor ihrem Vollzug bei der Kommission anzumelden.

[2]Eine Anmeldung ist auch dann möglich, wenn die beteiligten Unternehmen der Kommission gegenüber glaubhaft machen, dass sie gewillt sind, einen Vertrag zu schließen, oder im Fall eines Übernahmeangebots öffentlich ihre Absicht zur Abgabe eines solchen Angebots bekundet haben, sofern der beabsichtigte Vertrag oder das beabsichtigte Angebot zu einem Zusammenschluss von gemeinschaftsweiter Bedeutung führen würde.

[3]Im Sinne dieser Verordnung bezeichnet der Ausdruck "angemeldeter Zusammenschluss" auch beabsichtigte Zusammenschlüsse, die nach Unterabsatz 2 angemeldet werden. [4]Für die Zwecke der Absätze 4 und 5 bezeichnet der Ausdruck "Zusammenschluss" auch beabsichtigte Zusammenschlüsse im Sinne von Unterabsatz 2.

(2) [1]Zusammenschlüsse in Form einer Fusion im Sinne des Artikels 3 Absatz 1 Buchstabe a) oder in Form der Begründung einer gemeinsamen Kontrolle im Sinne des Artikels 3 Absatz 1 Buchstabe b) sind von den an der Fusion oder der Begründung der gemeinsamen Kontrolle Beteiligten gemeinsam anzumelden. [2]In allen anderen Fällen ist die Anmeldung von der Person oder dem Unternehmen vorzunehmen, die oder das die Kontrolle über die Gesamtheit oder über Teile eines oder mehrerer Unternehmen erwirbt.

(3) [1]Stellt die Kommission fest, dass ein Zusammenschluss unter diese Verordnung fällt, so veröffentlicht sie die Tatsache der Anmeldung unter Angabe der Namen der beteiligten Unternehmen, ihres Herkunftslands, der Art des Zusammenschlusses sowie der betroffenen Wirtschaftszweige. [2]Die Kommission trägt den berechtigten Interessen der Unternehmen an der Wahrung ihrer Geschäftsgeheimnisse Rechnung.

---

* ABl. L 222 vom 14.8.1978, S. 11. Richtlinie zuletzt geändert durch die Richtlinie 2003/51/EG des Europäischen Parlaments und des Rates (ABl. L 178 vom 17.7.2003, S. 16).

(4) [1]Vor der Anmeldung eines Zusammenschlusses gemäß Absatz 1 können die Personen oder Unternehmen im Sinne des Absatzes 2 der Kommission in einem begründeten Antrag mitteilen, dass der Zusammenschluss den Wettbewerb in einem Markt innerhalb eines Mitgliedstaats, der alle Merkmale eines gesonderten Marktes aufweist, erheblich beeinträchtigen könnte und deshalb ganz oder teilweise von diesem Mitgliedstaat geprüft werden sollte.

[2]Die Kommission leitet diesen Antrag unverzüglich an alle Mitgliedstaaten weiter. [3]Der in dem begründeten Antrag genannte Mitgliedstaat teilt innerhalb von 15 Arbeitstagen nach Erhalt dieses Antrags mit, ob er der Verweisung des Falles zustimmt oder nicht. [4]Trifft der betreffende Mitgliedstaat eine Entscheidung nicht innerhalb dieser Frist, so gilt dies als Zustimmung.

[5]Soweit dieser Mitgliedstaat der Verweisung nicht widerspricht, kann die Kommission, wenn sie der Auffassung ist, dass ein gesonderter Markt besteht und der Wettbewerb in diesem Markt durch den Zusammenschluss erheblich beeinträchtigt werden könnte, den gesamten Fall oder einen Teil des Falles an die zuständigen Behörden des betreffenden Mitgliedstaats verweisen, damit das Wettbewerbsrecht dieses Mitgliedstaats angewandt wird.

[6]Die Entscheidung über die Verweisung oder Nichtverweisung des Falls gemäß Unterabsatz 3 ergeht innerhalb von 25 Arbeitstagen nach Eingang des begründeten Antrags bei der Kommission. [7]Die Kommission teilt ihre Entscheidung den übrigen Mitgliedstaaten und den beteiligten Personen oder Unternehmen mit. [8]Trifft die Kommission innerhalb dieser Frist keine Entscheidung, so gilt der Fall entsprechend dem von den beteiligten Personen oder Unternehmen gestellten Antrag als verwiesen.

[9]Beschließt die Kommission die Verweisung des gesamten Falles oder gilt der Fall gemäß den Unterabsätzen 3 und 4 als verwiesen, erfolgt keine Anmeldung gemäß Absatz 1, und das Wettbewerbsrecht des betreffenden Mitgliedstaats findet Anwendung. Artikel 9 Absätze 6 bis 9 finden entsprechend Anwendung.

(5) [1]Im Fall eines Zusammenschlusses im Sinne des Artikels 3, der keine gemeinschaftsweite Bedeutung im Sinne von Artikel 1 hat und nach dem Wettbewerbsrecht mindestens dreier Mitgliedstaaten geprüft werden könnte, können die in Absatz 2 genannten Personen oder Unternehmen vor einer Anmeldung bei den zuständigen Behörden der Kommission in einem begründeten Antrag mitteilen, dass der Zusammenschluss von der Kommission geprüft werden sollte.

[2]Die Kommission leitet diesen Antrag unverzüglich an alle Mitgliedstaaten weiter.

[3]Jeder Mitgliedstaat, der nach seinem Wettbewerbsrecht für die Prüfung des Zusammenschlusses zuständig ist, kann innerhalb von 15 Arbeitstagen nach Erhalt dieses Antrags die beantragte Verweisung ablehnen.

[4]Lehnt mindestens ein Mitgliedstaat gemäß Unterabsatz 3 innerhalb der Frist von 15 Arbeitstagen die beantragte Verweisung ab, so wird der Fall nicht verwiesen. [5]Die Kommission unterrichtet unverzüglich alle Mitgliedstaaten und die beteiligten Personen oder Unternehmen von einer solchen Ablehnung.

[6]Hat kein Mitgliedstaat gemäß Unterabsatz 3 innerhalb von 15 Arbeitstagen die beantragte Verweisung abgelehnt, so wird die gemeinschaftsweite Bedeutung des Zusammenschlusses vermutet und er ist bei der Kommission gemäß den Absätzen 1 und 2 anzumelden. [7]In diesem Fall wendet kein Mitgliedstaat sein innerstaatliches Wettbewerbsrecht auf den Zusammenschluss an.

(6) Die Kommission erstattet dem Rat spätestens bis 1. Juli 2009 Bericht über das Funktionieren der Absätze 4 und 5. Der Rat kann im Anschluss an diesen Bericht auf Vorschlag der Kommission die Absätze 4 und 5 mit qualifizierter Mehrheit ändern.

Artikel 5
Berechnung des Umsatzes

(1) [1]Für die Berechnung des Gesamtumsatzes im Sinne dieser Verordnung sind die Umsätze zusammenzuzählen, welche die beteiligten Unternehmen im letzten Geschäftsjahr mit Waren und Dienstleistungen erzielt haben und die dem normalen geschäftlichen Tätigkeitsbereich der Unternehmen zuzuordnen sind, unter Abzug von Erlösschmälerungen, der Mehrwertsteuer und anderer unmittelbar auf den Umsatz bezogener Steuern. [2]Bei der Berechnung des Gesamtumsatzes eines beteiligten Unternehmens werden Umsätze zwischen den in Absatz 4 genannten Unternehmen nicht berücksichtigt.

[3]Der in der Gemeinschaft oder in einem Mitgliedstaat erzielte Umsatz umfasst den Umsatz, der mit Waren und Dienstleistungen für Unternehmen oder Verbraucher in der Gemeinschaft oder in diesem Mitgliedstaat erzielt wird.

(2) [1]Wird der Zusammenschluss durch den Erwerb von Teilen eines oder mehrerer Unternehmen bewirkt, so ist unabhängig davon, ob diese Teile eigene Rechtspersönlichkeit besitzen, abweichend von Absatz 1 aufseiten des Veräußerers nur der Umsatz zu berücksichtigen, der auf die veräußerten Teile entfällt.

[2]Zwei oder mehr Erwerbsvorgänge im Sinne von Unterabsatz 1, die innerhalb von zwei Jahren zwischen denselben Personen oder Unternehmen getätigt werden, werden hingegen als ein einziger Zusammenschluss behandelt, der zum Zeitpunkt des letzten Erwerbsvorgangs stattfindet.

(3) [1]An die Stelle des Umsatzes tritt

    a)   bei Kredit- und sonstigen Finanzinstituten die Summe der folgenden in der Richtlinie 86/635/EWG des Rates (*) definierten Ertragsposten gegebenenfalls nach Abzug der Mehrwertsteuer und sonstiger direkt auf diese Erträge erhobener Steuern:

        i)   Zinserträge und ähnliche Erträge,

        ii)   Erträge aus Wertpapieren:

            –   Erträge aus Aktien, anderen Anteilsrechten und nicht festverzinslichen Wertpapieren,

            –   Erträge aus Beteiligungen,

            –   Erträge aus Anteilen an verbundenen Unternehmen,

        iii)   Provisionserträge,

        iv)   Nettoerträge aus Finanzgeschäften,

        v)   sonstige betriebliche Erträge.

(*) ABl. L 372 vom 31.12.1986, S. 1. Richtlinie zuletzt geändert durch die Richtlinie 2003/51/EG des Europäischen Parlaments und des Rates.

²Der Umsatz eines Kredit- oder Finanzinstituts in der Gemeinschaft oder in einem Mitgliedstaat besteht aus den vorerwähnten Ertragsposten, die die in der Gemeinschaft oder dem betreffenden Mitgliedstaat errichtete Zweig- oder Geschäftsstelle des Instituts verbucht;

b) bei Versicherungsunternehmen die Summe der Bruttoprämien; diese Summe umfasst alle vereinnahmten sowie alle noch zu vereinnahmenden Prämien aufgrund von Versicherungsverträgen, die von diesen Unternehmen oder für ihre Rechnung abgeschlossen worden sind, einschließlich etwaiger Rückversicherungsprämien und abzüglich der aufgrund des Betrags der Prämie oder des gesamten Prämienvolumens berechneten Steuern und sonstigen Abgaben. Bei der Anwendung von Artikel 1 Absatz 2 Buchstabe b) und Absatz 3 Buchstaben b), c) und d) sowie den letzten Satzteilen der genannten beiden Absätze ist auf die Bruttoprämien abzustellen, die von in der Gemeinschaft bzw. in einem Mitgliedstaat ansässigen Personen gezahlt werden.

(4) Der Umsatz eines beteiligten Unternehmens im Sinne dieser Verordnung setzt sich unbeschadet des Absatzes 2 zusammen aus den Umsätzen

a) des beteiligten Unternehmens;

b) der Unternehmen, in denen das beteiligte Unternehmen unmittelbar oder mittelbar entweder

    i) mehr als die Hälfte des Kapitals oder des Betriebsvermögens besitzt oder

    ii) über mehr als die Hälfte der Stimmrechte verfügt oder

    iii) mehr als die Hälfte der Mitglieder des Aufsichtsrats, des Verwaltungsrats oder der zur gesetzlichen Vertretung berufenen Organe bestellen kann oder

    iv) das Recht hat, die Geschäfte des Unternehmens zu führen;

c) der Unternehmen, die in dem beteiligten Unternehmen die unter Buchstabe b) bezeichneten Rechte oder Einflussmöglichkeiten haben;

d) der Unternehmen, in denen ein unter Buchstabe c) genanntes Unternehmen die unter Buchstabe b) bezeichneten Rechte oder Einflussmöglichkeiten hat;

e) der Unternehmen, in denen mehrere der unter den Buchstaben a) bis d) genannten Unternehmen jeweils gemeinsam die in Buchstabe b) bezeichneten Rechte oder Einflussmöglichkeiten haben.

(5) Haben an dem Zusammenschluss beteiligte Unternehmen gemeinsam die in Absatz 4 Buchstabe b) bezeichneten Rechte oder Einflussmöglichkeiten, so gilt für die Berechnung des Umsatzes der beteiligten Unternehmen im Sinne dieser Verordnung folgende Regelung:

a) Nicht zu berücksichtigen sind die Umsätze mit Waren und Dienstleistungen zwischen dem Gemeinschaftsunternehmen und jedem der beteiligten Unternehmen oder mit einem Unternehmen, das mit diesen im Sinne von Absatz 4 Buchstaben b) bis e) verbunden ist.

b) Zu berücksichtigen sind die Umsätze mit Waren und Dienstleistungen zwischen dem Gemeinschaftsunternehmen und jedem dritten Unternehmen. Diese Umsätze sind den beteiligten Unternehmen zu gleichen Teilen zuzurechnen.

Artikel 6
Prüfung der Anmeldung und Einleitung des Verfahrens

(1) Die Kommission beginnt unmittelbar nach dem Eingang der Anmeldung mit deren Prüfung.

a)   Gelangt sie zu dem Schluss, dass der angemeldete Zusammenschluss nicht unter diese Verordnung fällt, so stellt sie dies durch Entscheidung fest.

b)   Stellt sie fest, dass der angemeldete Zusammenschluss zwar unter diese Verordnung fällt, jedoch keinen Anlass zu ernsthaften Bedenken hinsichtlich seiner Vereinbarkeit mit dem Gemeinsamen Markt gibt, so trifft sie die Entscheidung, keine Einwände zu erheben und erklärt den Zusammenschluss für vereinbar mit dem Gemeinsamen Markt.

c)   Durch eine Entscheidung, mit der ein Zusammenschluss für vereinbar erklärt wird, gelten auch die mit seiner Durchführung unmittelbar verbundenen und für sie notwendigen Einschränkungen als genehmigt.

d)   Stellt die Kommission unbeschadet des Absatzes 2 fest, dass der angemeldete Zusammenschluss unter diese Verordnung fällt und Anlass zu ernsthaften Bedenken hinsichtlich seiner Vereinbarkeit mit dem Gemeinsamen Markt gibt, so trifft sie die Entscheidung, das Verfahren einzuleiten. Diese Verfahren werden unbeschadet des Artikels 9 durch eine Entscheidung nach Artikel 8 Absätze 1 bis 4 abgeschlossen, es sei denn, die beteiligten Unternehmen haben der Kommission gegenüber glaubhaft gemacht, dass sie den Zusammenschluss aufgegeben haben.

(2) [1]Stellt die Kommission fest, dass der angemeldete Zusammenschluss nach Änderungen durch die beteiligten Unternehmen keinen Anlass mehr zu ernsthaften Bedenken im Sinne des Absatzes 1 Buchstabe c) gibt, so erklärt sie gemäß Absatz 1 Buchstabe b) den Zusammenschluss für vereinbar mit dem Gemeinsamen Markt.

[2]Die Kommission kann ihre Entscheidung gemäß Absatz 1 Buchstabe b) mit Bedingungen und Auflagen verbinden, um sicherzustellen, dass die beteiligten Unternehmen den Verpflichtungen nachkommen, die sie gegenüber der Kommission hinsichtlich einer mit dem Gemeinsamen Markt zu vereinbarenden Gestaltung des Zusammenschlusses eingegangen sind.

(3) Die Kommission kann eine Entscheidung gemäß Absatz 1 Buchstabe a) oder b) widerrufen, wenn

a)   die Entscheidung auf unrichtigen Angaben, die von einem beteiligten Unternehmen zu vertreten sind, beruht oder arglistig herbeigeführt worden ist oder

b)   die beteiligten Unternehmen einer in der Entscheidung vorgesehenen Auflage zuwiderhandeln.

(4) In den in Absatz 3 genannten Fällen kann die Kommission eine Entscheidung gemäß Absatz 1 treffen, ohne an die in Artikel 10 Absatz 1 genannten Fristen gebunden zu sein.

(5) Die Kommission teilt ihre Entscheidung den beteiligten Unternehmen und den zuständigen Behörden der Mitgliedstaaten unverzüglich mit.

[…]

Artikel 8
Entscheidungsbefugnisse der Kommission

(1) [1]Stellt die Kommission fest, dass ein angemeldeter Zusammenschluss dem in Artikel 2 Absatz 2 festgelegten Kriterium und - in den in Artikel 2 Absatz 4 genannten Fällen - den Kriterien des Artikels 81 Absatz 3 des Vertrags entspricht, so erlässt sie eine Entscheidung, mit der der Zusammenschluss für vereinbar mit dem Gemeinsamen Markt erklärt wird.

[2]Durch eine Entscheidung, mit der ein Zusammenschluss für vereinbar erklärt wird, gelten auch die mit seiner Durchführung unmittelbar verbundenen und für sie notwendigen Einschränkungen als genehmigt.

(2) [1]Stellt die Kommission fest, dass ein angemeldeter Zusammenschluss nach entsprechenden Änderungen durch die beteiligten Unternehmen dem in Artikel 2 Absatz 2 festgelegten Kriterium und - in den in Artikel 2 Absatz 4 genannten Fällen - den Kriterien des Artikels 81 Absatz 3 des Vertrags entspricht, so erlässt sie eine Entscheidung, mit der der Zusammenschluss für vereinbar mit dem Gemeinsamen Markt erklärt wird.

[2]Die Kommission kann ihre Entscheidung mit Bedingungen und Auflagen verbinden, um sicherzustellen, dass die beteiligten Unternehmen den Verpflichtungen nachkommen, die sie gegenüber der Kommission hinsichtlich einer mit dem Gemeinsamen Markt zu vereinbarenden Gestaltung des Zusammenschlusses eingegangen sind.

[3]Durch eine Entscheidung, mit der ein Zusammenschluss für vereinbar erklärt wird, gelten auch die mit seiner Durchführung unmittelbar verbundenen und für sie notwendigen Einschränkungen als genehmigt.

(3) Stellt die Kommission fest, dass ein Zusammenschluss dem in Artikel 2 Absatz 3 festgelegten Kriterium entspricht oder - in den in Artikel 2 Absatz 4 genannten Fällen - den Kriterien des Artikels 81 Absatz 3 des Vertrags nicht entspricht, so erlässt sie eine Entscheidung, mit der der Zusammenschluss für unvereinbar mit dem Gemeinsamen Markt erklärt wird.

(4) [1]Stellt die Kommission fest, dass ein Zusammenschluss

a) bereits vollzogen wurde und dieser Zusammenschluss für unvereinbar mit dem Gemeinsamen Markt erklärt worden ist oder

b) unter Verstoß gegen eine Bedingung vollzogen wurde, unter der eine Entscheidung gemäß Absatz 2 ergangen ist, in der festgestellt wird, dass der Zusammenschluss bei Nichteinhaltung der Bedingung das Kriterium des Artikels 2 Absatz 3 erfüllen würde oder - in den in Artikel 2 Absatz 4 genannten Fällen - die Kriterien des Artikels 81 Absatz 3 des Vertrags nicht erfüllen würde,

kann sie die folgenden Maßnahmen ergreifen:

– Sie kann den beteiligten Unternehmen aufgeben, den Zusammenschluss rückgängig zu machen, insbesondere durch die Auflösung der Fusion oder die Veräußerung aller erworbenen Anteile oder Vermögensgegenstände, um den Zustand vor dem Vollzug des Zusammenschlusses wiederherzustellen. Ist es nicht möglich, den Zustand vor dem Vollzug des Zusammenschlusses dadurch wiederherzustellen, dass der Zusammenschluss rückgängig gemacht wird, so kann die Kommission jede andere geeignete Maßnahme treffen, um diesen Zustand soweit wie möglich wiederherzustellen.

- Sie kann jede andere geeignete Maßnahme anordnen, um sicherzustellen, dass die beteiligten Unternehmen den Zusammenschluss rückgängig machen oder andere Maßnahmen zur Wiederherstellung des früheren Zustands nach Maßgabe ihrer Entscheidung ergreifen.

²In den in Unterabsatz 1 Buchstabe a) genannten Fällen können die dort genannten Maßnahmen entweder durch eine Entscheidung nach Absatz 3 oder durch eine gesonderte Entscheidung auferlegt werden.

(5) Die Kommission kann geeignete einstweilige Maßnahmen anordnen, um wirksamen Wettbewerb wiederherzustellen oder aufrecht zu erhalten, wenn ein Zusammenschluss

    a)   unter Verstoß gegen Artikel 7 vollzogen wurde und noch keine Entscheidung über die Vereinbarkeit des Zusammenschlusses mit dem Gemeinsamen Markt ergangen ist;

    b)   unter Verstoß gegen eine Bedingung vollzogen wurde, unter der eine Entscheidung gemäß Artikel 6 Absatz 1 Buchstabe b) oder Absatz 2 des vorliegenden Artikels ergangen ist;

    c)   bereits vollzogen wurde und für mit dem Gemeinsamen Markt unvereinbar erklärt wird.

(6) Die Kommission kann eine Entscheidung gemäß Absatz 1 oder Absatz 2 widerrufen, wenn

    a)   die Vereinbarkeitserklärung auf unrichtigen Angaben beruht, die von einem der beteiligten Unternehmen zu vertreten sind, oder arglistig herbeigeführt worden ist oder

    b)   die beteiligten Unternehmen einer in der Entscheidung vorgesehenen Auflage zuwiderhandeln.

(7) Die Kommission kann eine Entscheidung gemäß den Absätzen 1 bis 3 treffen, ohne an die in Artikel 10 Absatz 3 genannten Fristen gebunden zu sein, wenn

    a)   sie feststellt, dass ein Zusammenschluss vollzogen wurde

        i)   unter Verstoß gegen eine Bedingung, unter der eine Entscheidung gemäß Artikel 6 Absatz 1 Buchstabe b) ergangen ist oder

        ii)   unter Verstoß gegen eine Bedingung, unter der eine Entscheidung gemäß Absatz 2 ergangen ist, mit der in Einklang mit Artikel 10 Absatz 2 festgestellt wird, dass der Zusammenschluss bei Nichterfüllung der Bedingung Anlass zu ernsthaften Bedenken hinsichtlich seiner Vereinbarkeit mit dem Gemeinsamen Markt geben würde oder

    b)   eine Entscheidung gemäß Absatz 6 widerrufen wurde.

(8) Die Kommission teilt ihre Entscheidung den beteiligten Unternehmen und den zuständigen Behörden der Mitgliedstaaten unverzüglich mit.

Artikel 9
Verweisung an die zuständigen Behörden der Mitgliedstaaten

(1) Die Kommission kann einen angemeldeten Zusammenschluss durch Entscheidung unter den folgenden Voraussetzungen an die zuständigen Behörden des betreffenden Mitgliedstaats verweisen; sie unterrichtet die beteiligten Unternehmen und die zuständigen Behörden der übrigen Mitgliedstaaten unverzüglich von dieser Entscheidung.

(2) Ein Mitgliedstaat kann der Kommission, die die beteiligten Unternehmen entsprechend unterrichtet, von Amts wegen oder auf Aufforderung durch die Kommission binnen 15 Arbeitstagen nach Erhalt der Kopie der Anmeldung mitteilen, dass

a) ein Zusammenschluss den Wettbewerb auf einem Markt in diesem Mitgliedstaat, der alle Merkmale eines gesonderten Marktes aufweist, erheblich zu beeinträchtigen droht oder

b) ein Zusammenschluss den Wettbewerb auf einem Markt in diesem Mitgliedstaat beeinträchtigen würde, der alle Merkmale eines gesonderten Marktes aufweist und keinen wesentlichen Teil des Gemeinsamen Marktes darstellt.

(3) [1]Ist die Kommission der Auffassung, dass unter Berücksichtigung des Marktes der betreffenden Waren oder Dienstleistungen und des räumlichen Referenzmarktes im Sinne des Absatzes 7 ein solcher gesonderter Markt und eine solche Gefahr bestehen,

a) so behandelt sie entweder den Fall nach Maßgabe dieser Verordnung selbst oder

b) verweist die Gesamtheit oder einen Teil des Falls an die zuständigen Behörden des betreffenden Mitgliedstaats, damit das Wettbewerbsrecht dieses Mitgliedstaats angewandt wird.

[2]Ist die Kommission dagegen der Auffassung, dass ein solcher gesonderter Markt oder eine solche Gefahr nicht besteht, so stellt sie dies durch Entscheidung fest, die sie an den betreffenden Mitgliedstaat richtet, und behandelt den Fall nach Maßgabe dieser Verordnung selbst.

[3]In Fällen, in denen ein Mitgliedstaat der Kommission gemäß Absatz 2 Buchstabe b) mitteilt, dass ein Zusammenschluss in seinem Gebiet einen gesonderten Markt beeinträchtigt, der keinen wesentlichen Teil des Gemeinsamen Marktes darstellt, verweist die Kommission den gesamten Fall oder den Teil des Falls, der den gesonderten Markt betrifft, an die zuständigen Behörden des betreffenden Mitgliedstaats, wenn sie der Auffassung ist, dass ein gesonderter Markt betroffen ist.

(4) Die Entscheidung über die Verweisung oder Nichtverweisung nach Absatz 3 ergeht

a) in der Regel innerhalb der in Artikel 10 Absatz 1 Unterabsatz 2 genannten Frist, falls die Kommission das Verfahren nach Artikel 6 Absatz 1 Buchstabe b) nicht eingeleitet hat; oder

b) spätestens 65 Arbeitstage nach der Anmeldung des Zusammenschlusses, wenn die Kommission das Verfahren nach Artikel 6 Absatz 1 Buchstabe c) eingeleitet, aber keine vorbereitenden Schritte zum Erlass der nach Artikel 8 Absätze 2, 3 oder 4 erforderlichen Maßnahmen unternommen hat, um wirksamen Wettbewerb auf dem betroffenen Markt aufrechtzuerhalten oder wiederherzustellen.

(5) Hat die Kommission trotz Erinnerung durch den betreffenden Mitgliedstaat innerhalb der in Absatz 4 Buchstabe b) bezeichneten Frist von 65 Arbeitstagen weder eine Entscheidung gemäß Absatz 3 über die Verweisung oder Nichtverweisung erlassen noch die in Absatz 4 Buchstabe b) bezeichneten vorbereitenden Schritte unternommen, so gilt die unwiderlegbare Vermutung, dass sie den Fall nach Absatz 3 Buchstabe b) an den betreffenden Mitgliedstaat verwiesen hat.

(6) [1]Die zuständigen Behörden des betreffenden Mitgliedstaats entscheiden ohne unangemessene Verzögerung über den Fall.

[2]Innerhalb von 45 Arbeitstagen nach der Verweisung von der Kommission teilt die zuständige Behörde des betreffenden Mitgliedstaats den beteiligten Unternehmen das Ergebnis einer vorläufigen wettbewerbsrechtlichen Prüfung sowie die gegebenenfalls von ihr beabsichtigten Maßnahmen mit. [3]Der betreffende Mitgliedstaat

kann diese Frist ausnahmsweise hemmen, wenn die beteiligten Unternehmen die nach seinem innerstaatlichen Wettbewerbsrecht zu übermittelnden erforderlichen Angaben nicht gemacht haben.

[4]Schreibt das einzelstaatliche Recht eine Anmeldung vor, so beginnt die Frist von 45 Arbeitstagen an dem Arbeitstag, der auf den Eingang der vollständigen Anmeldung bei der zuständigen Behörde des betreffenden Mitgliedstaats folgt.

(7) [1]Der räumliche Referenzmarkt besteht aus einem Gebiet, auf dem die beteiligten Unternehmen als Anbieter oder Nachfrager von Waren oder Dienstleistungen auftreten, in dem die Wettbewerbsbedingungen hinreichend homogen sind und das sich von den benachbarten Gebieten unterscheidet; dies trifft insbesondere dann zu, wenn die in ihm herrschenden Wettbewerbsbedingungen sich von denen in den letztgenannten Gebieten deutlich unterscheiden. [2]Bei dieser Beurteilung ist insbesondere auf die Art und die Eigenschaften der betreffenden Waren oder Dienstleistungen abzustellen, ferner auf das Vorhandensein von Zutrittsschranken, auf Verbrauchergewohnheiten sowie auf das Bestehen erheblicher Unterschiede bei den Marktanteilen der Unternehmen oder auf nennenswerte Preisunterschiede zwischen dem betreffenden Gebiet und den benachbarten Gebieten.

(8) In Anwendung dieses Artikels kann der betreffende Mitgliedstaat nur die Maßnahmen ergreifen, die zur Aufrechterhaltung oder Wiederherstellung wirksamen Wettbewerbs auf dem betreffenden Markt unbedingt erforderlich sind.

(9) Zwecks Anwendung seines innerstaatlichen Wettbewerbsrechts kann jeder Mitgliedstaat nach Maßgabe der einschlägigen Vorschriften des Vertrags beim Gerichtshof Klage erheben und insbesondere die Anwendung des Artikels 243 des Vertrags beantragen.

Artikel 10
Fristen für die Einleitung des Verfahrens und für Entscheidungen

(1) [1]Unbeschadet von Artikel 6 Absatz 4 ergehen die Entscheidungen nach Artikel 6 Absatz 1 innerhalb von höchstens 25 Arbeitstagen. [2]Die Frist beginnt mit dem Arbeitstag, der auf den Tag des Eingangs der Anmeldung folgt, oder, wenn die bei der Anmeldung zu erteilenden Auskünfte unvollständig sind, mit dem Arbeitstag, der auf den Tag des Eingangs der vollständigen Auskünfte folgt.

[3]Diese Frist beträgt 35 Arbeitstage, wenn der Kommission ein Antrag eines Mitgliedstaats gemäß Artikel 9 Absatz 2 zugeht oder wenn die beteiligten Unternehmen gemäß Artikel 6 Absatz 2 anbieten, Verpflichtungen einzugehen, um den Zusammenschluss in einer mit dem Gemeinsamen Markt zu vereinbarenden Weise zu gestalten.

(2) Entscheidungen nach Artikel 8 Absatz 1 oder 2 über angemeldete Zusammenschlüsse sind zu erlassen, sobald offenkundig ist, dass die ernsthaften Bedenken im Sinne des Artikels 6 Absatz 1 Buchstabe c) - insbesondere durch von den beteiligten Unternehmen vorgenommene Änderungen - ausgeräumt sind, spätestens jedoch vor Ablauf der nach Absatz 3 festgesetzten Frist.

(3) [1]Unbeschadet des Artikels 8 Absatz 7 müssen die in Artikel 8 Absätze 1 bis 3 bezeichneten Entscheidungen über angemeldete Zusammenschlüsse innerhalb einer Frist von höchstens 90 Arbeitstagen nach der Einleitung des Verfahrens erlassen werden. [2]Diese Frist erhöht sich auf 105 Arbeitstage, wenn die beteiligten

Unternehmen gemäß Artikel 8 Absatz 2 Unterabsatz 2 anbieten, Verpflichtungen einzugehen, um den Zusammenschluss in einer mit dem Gemeinsamen Markt zu vereinbarenden Weise zu gestalten, es sei denn, dieses Angebot wurde weniger als 55 Arbeitstage nach Einleitung des Verfahrens unterbreitet.

[3]Die Fristen gemäß Unterabsatz 1 werden ebenfalls verlängert, wenn die Anmelder dies spätestens 15 Arbeitstage nach Einleitung des Verfahrens gemäß Artikel 6 Absatz 1 Buchstabe c) beantragen. [4]Die Anmelder dürfen eine solche Fristverlängerung nur einmal beantragen. [5]Ebenso kann die Kommission die Fristen gemäß Unterabsatz 1 jederzeit nach Einleitung des Verfahrens mit Zustimmung der Anmelder verlängern. [6]Die Gesamtdauer aller etwaigen Fristverlängerungen nach diesem Unterabsatz darf 20 Arbeitstage nicht übersteigen.

(4) [1]Die in den Absätzen 1 und 3 genannten Fristen werden ausnahmsweise gehemmt, wenn die Kommission durch Umstände, die von einem an dem Zusammenschluss beteiligten Unternehmen zu vertreten sind, eine Auskunft im Wege einer Entscheidung nach Artikel 11 anfordern oder im Wege einer Entscheidung nach Artikel 13 eine Nachprüfung anordnen musste.

[2]Unterabsatz 1 findet auch auf die Frist gemäß Artikel 9 Absatz 4 Buchstabe b) Anwendung.

(5) [1]Wird eine Entscheidung der Kommission, die einer in diesem Artikel festgesetzten Frist unterliegt, durch Urteil des Gerichtshofs ganz oder teilweise für nichtig erklärt, so wird der Zusammenschluss erneut von der Kommission geprüft; die Prüfung wird mit einer Entscheidung nach Artikel 6 Absatz 1 abgeschlossen.

[2]Der Zusammenschluss wird unter Berücksichtigung der aktuellen Marktverhältnisse erneut geprüft.

[3]Ist die ursprüngliche Anmeldung nicht mehr vollständig, weil sich die Marktverhältnisse oder die in der Anmeldung enthaltenen Angaben geändert haben, so legen die Anmelder unverzüglich eine neue Anmeldung vor oder ergänzen ihre ursprüngliche Anmeldung. [4]Sind keine Änderungen eingetreten, so bestätigen die Anmelder dies unverzüglich.

[5]Die in Absatz 1 festgelegten Fristen beginnen mit dem Arbeitstag, der auf den Tag des Eingangs der vollständigen neuen Anmeldung, der Anmeldungsergänzung oder der Bestätigung im Sinne von Unterabsatz 3 folgt.

[6]Die Unterabsätze 2 und 3 finden auch in den in Artikel 6 Absatz 4 und Artikel 8 Absatz 7 bezeichneten Fällen Anwendung.

(6) Hat die Kommission innerhalb der in Absatz 1 beziehungsweise Absatz 3 genannten Fristen keine Entscheidung nach Artikel 6 Absatz 1 Buchstabe b) oder c) oder nach Artikel 8 Absätze 1, 2 oder 3 erlassen, so gilt der Zusammenschluss unbeschadet des Artikels 9 als für mit dem Gemeinsamen Markt vereinbar erklärt.

[...]

Gesetz gegen den unlauteren Wettbewerb (UWG)

Gesetz gegen den unlauteren Wettbewerb
zuletzt geändert durch Art. 21 Gesetz vom 06.05.2024 (BGBl. 2024 I Nr. 149) m.W.v. 14.05.2024
– Nichtamtliche Fassung –

Kapitel 1
Allgemeine Bestimmungen

§ 1 Zweck des Gesetzes

(1) [1]Dieses Gesetz dient dem Schutz der Mitbewerber, der Verbraucherinnen und Verbraucher sowie der sonstigen Marktteilnehmer vor unlauteren geschäftlichen Handlungen. [2]Es schützt zugleich das Interesse der Allgemeinheit an einem unverfälschten Wettbewerb.

(2) Vorschriften zur Regelung besonderer Aspekte unlauterer geschäftlicher Handlungen gehen bei der Beurteilung, ob eine unlautere geschäftliche Handlung vorliegt, den Regelungen dieses Gesetzes vor.

§ 2 Definitionen

(1) Im Sinne dieses Gesetzes bedeutet
1. „geschäftliche Entscheidung" jede Entscheidung eines Verbrauchers oder sonstigen Marktteilnehmers darüber, ob, wie und unter welchen Bedingungen er ein Geschäft abschließen, eine Zahlung leisten, eine Ware oder Dienstleistung behalten oder abgeben oder ein vertragliches Recht im Zusammenhang mit einer Ware oder Dienstleistung ausüben will, unabhängig davon, ob der Verbraucher oder sonstige Marktteilnehmer sich entschließt, tätig zu werden;
2. „geschäftliche Handlung" jedes Verhalten einer Person zugunsten des eigenen oder eines fremden Unternehmens vor, bei oder nach einem Geschäftsabschluss, das mit der Förderung des Absatzes oder des Bezugs von Waren oder Dienstleistungen oder mit dem Abschluss oder der Durchführung eines Vertrags über Waren oder Dienstleistungen unmittelbar und objektiv zusammenhängt; als

Waren gelten auch Grundstücke und digitale Inhalte, Dienstleistungen sind auch digitale Dienstleistungen, als Dienstleistungen gelten auch Rechte und Verpflichtungen;

3. „Marktteilnehmer" neben Mitbewerber und Verbraucher auch jede weitere Person, die als Anbieter oder Nachfrager von Waren oder Dienstleistungen tätig ist;

4. „Mitbewerber" jeder Unternehmer, der mit einem oder mehreren Unternehmern als Anbieter oder Nachfrager von Waren oder Dienstleistungen in einem konkreten Wettbewerbsverhältnis steht;

5. „Nachricht" jede Information, die zwischen einer endlichen Zahl von Beteiligten über einen öffentlich zugänglichen elektronischen Kommunikationsdienst ausgetauscht oder weitergeleitet wird; nicht umfasst sind Informationen, die als Teil eines Rundfunkdienstes über ein elektronisches Kommunikationsnetz an die Öffentlichkeit weitergeleitet werden, soweit diese Informationen nicht mit dem identifizierbaren Teilnehmer oder Nutzer, der sie erhält, in Verbindung gebracht werden können;

6. „Online-Marktplatz" ein Dienst, der es Verbrauchern ermöglicht, durch die Verwendung von Software, die von einem Unternehmer oder in dessen Namen betrieben wird, einschließlich einer Website, eines Teils einer Website oder einer Anwendung, Fernabsatzverträge (§ 312c des Bürgerlichen Gesetzbuchs) mit anderen Unternehmern oder Verbrauchern abzuschließen;

7. „Ranking" die von einem Unternehmer veranlasste relative Hervorhebung von Waren oder Dienstleistungen, unabhängig von den hierfür verwendeten technischen Mitteln;

8. „Unternehmer" jede natürliche oder juristische Person, die geschäftliche Handlungen im Rahmen ihrer gewerblichen, handwerklichen oder beruflichen Tätigkeit vornimmt, und jede Person, die im Namen oder Auftrag einer solchen Person handelt;

9. „unternehmerische Sorgfalt" der Standard an Fachkenntnissen und Sorgfalt, von dem billigerweise angenommen werden kann, dass ein Unternehmer ihn in seinem Tätigkeitsbereich gegenüber Verbrauchern nach Treu und Glauben unter Berücksichtigung der anständigen Marktgepflogenheiten einhält;

10. „Verhaltenskodex" jede Vereinbarung oder Vorschrift über das Verhalten von Unternehmern, zu welchem diese sich in Bezug auf Wirtschaftszweige oder einzelne geschäftliche Handlungen verpflichtet haben, ohne dass sich solche Verpflichtungen aus Gesetzes- oder Verwaltungsvorschriften ergeben;

11. „wesentliche Beeinflussung des wirtschaftlichen Verhaltens des Verbrauchers" die Vornahme einer geschäftlichen Handlung, um die Fähigkeit des Verbrauchers, eine informierte Entscheidung zu treffen, spürbar zu beeinträchtigen und damit den Verbraucher zu einer geschäftlichen Entscheidung zu veranlassen, die er andernfalls nicht getroffen hätte;

(2) Für den Verbraucherbegriff ist § 13* des Bürgerlichen Gesetzbuchs entsprechend anwendbar.

---

* § 13 BGB: «Verbraucher ist jede natürliche Person, die ein Rechtsgeschäft zu Zwecken abschließt, die überwiegend weder ihrer gewerblichen noch ihrer selbständigen beruflichen Tätigkeit zugerechnet werden können.»

§ 3 Verbot unlauterer geschäftlicher Handlungen

(1) Unlautere geschäftliche Handlungen sind unzulässig.

(2) Geschäftliche Handlungen, die sich an Verbraucher richten oder diese erreichen, sind unlauter, wenn sie nicht der unternehmerischen Sorgfalt entsprechen und dazu geeignet sind, das wirtschaftliche Verhalten des Verbrauchers wesentlich zu beeinflussen.

(3) Die im Anhang dieses Gesetzes aufgeführten geschäftlichen Handlungen gegenüber Verbrauchern sind stets unzulässig.

(4) [1]Bei der Beurteilung von geschäftlichen Handlungen gegenüber Verbrauchern ist auf den durchschnittlichen Verbraucher oder, wenn sich die geschäftliche Handlung an eine bestimmte Gruppe von Verbrauchern wendet, auf ein durchschnittliches Mitglied dieser Gruppe abzustellen. [2]Geschäftliche Handlungen, die für den Unternehmer vorhersehbar das wirtschaftliche Verhalten nur einer eindeutig identifizierbaren Gruppe von Verbrauchern wesentlich beeinflussen, die auf Grund von geistigen oder körperlichen Beeinträchtigungen, Alter oder Leichtgläubigkeit im Hinblick auf diese geschäftlichen Handlungen oder die diesen zugrunde liegenden Waren oder Dienstleistungen besonders schutzbedürftig sind, sind aus der Sicht eines durchschnittlichen Mitglieds dieser Gruppe zu beurteilen.

§ 3a Rechtsbruch

Unlauter handelt, wer einer gesetzlichen Vorschrift zuwiderhandelt, die auch dazu bestimmt ist, im Interesse der Marktteilnehmer das Marktverhalten zu regeln, und der Verstoß geeignet ist, die Interessen von Verbrauchern, sonstigen Marktteilnehmern oder Mitbewerbern spürbar zu beeinträchtigen.

§ 4 Mitbewerberschutz

Unlauter handelt, wer

1. die Kennzeichen, Waren, Dienstleistungen, Tätigkeiten oder persönlichen oder geschäftlichen Verhältnisse eines Mitbewerbers herabsetzt oder verunglimpft;

2. über die Waren, Dienstleistungen oder das Unternehmen eines Mitbewerbers oder über den Unternehmer oder ein Mitglied der Unternehmensleitung Tatsachen behauptet oder verbreitet, die geeignet sind, den Betrieb des Unternehmens oder den Kredit des Unternehmers zu schädigen, sofern die Tatsachen nicht erweislich wahr sind; handelt es sich um vertrauliche Mitteilungen und hat der Mitteilende oder der Empfänger der Mitteilung an ihr ein berechtigtes Interesse, so ist die Handlung nur dann unlauter, wenn die Tatsachen der Wahrheit zuwider behauptet oder verbreitet wurden;

3. Waren oder Dienstleistungen anbietet, die eine Nachahmung der Waren oder Dienstleistungen eines Mitbewerbers sind, wenn er
   a) eine vermeidbare Täuschung der Abnehmer über die betriebliche Herkunft herbeiführt,
   b) die Wertschätzung der nachgeahmten Ware oder Dienstleistung unangemessen ausnutzt oder beeinträchtigt oder
   c) die für die Nachahmung erforderlichen Kenntnisse oder Unterlagen unredlich erlangt hat;

4. Mitbewerber gezielt behindert.

§ 4a Aggressive geschäftliche Handlungen

(1) ¹Unlauter handelt, wer eine aggressive geschäftliche Handlung vornimmt, die geeignet ist, den Verbraucher oder sonstigen Marktteilnehmer zu einer geschäftlichen Entscheidung zu veranlassen, die dieser andernfalls nicht getroffen hätte. ²Eine geschäftliche Handlung ist aggressiv, wenn sie im konkreten Fall unter Berücksichtigung aller Umstände geeignet ist, die Entscheidungsfreiheit des Verbrauchers oder sonstigen Marktteilnehmers erheblich zu beeinträchtigen durch

    1.   Belästigung,

    2.   Nötigung einschließlich der Anwendung körperlicher Gewalt oder

    3.   unzulässige Beeinflussung.

³Eine unzulässige Beeinflussung liegt vor, wenn der Unternehmer eine Machtposition gegenüber dem Verbraucher oder sonstigen Marktteilnehmer zur Ausübung von Druck, auch ohne Anwendung oder Androhung von körperlicher Gewalt, in einer Weise ausnutzt, die die Fähigkeit des Verbrauchers oder sonstigen Marktteilnehmers zu einer informierten Entscheidung wesentlich einschränkt.

(2) ¹Bei der Feststellung, ob eine geschäftliche Handlung aggressiv im Sinne des Absatzes 1 Satz 2 ist, ist abzustellen auf

    1.   Zeitpunkt, Ort, Art oder Dauer der Handlung;

    2.   die Verwendung drohender oder beleidigender Formulierungen oder Verhaltensweisen;

    3.   die bewusste Ausnutzung von konkreten Unglückssituationen oder Umständen von solcher Schwere, dass sie das Urteilsvermögen des Verbrauchers oder sonstigen Marktteilnehmers beeinträchtigen, um dessen Entscheidung zu beeinflussen;

    4.   belastende oder unverhältnismäßige Hindernisse nichtvertraglicher Art, mit denen der Unternehmer den Verbraucher oder sonstigen Marktteilnehmer an der Ausübung seiner vertraglichen Rechte zu hindern versucht, wozu auch das Recht gehört, den Vertrag zu kündigen oder zu einer anderen Ware oder Dienstleistung oder einem anderen Unternehmer zu wechseln;

    5.   Drohungen mit rechtlich unzulässigen Handlungen.

²Zu den Umständen, die nach Nummer 3 zu berücksichtigen sind, zählen insbesondere geistige und körperliche Beeinträchtigungen, das Alter, die geschäftliche Unerfahrenheit, die Leichtgläubigkeit, die Angst und die Zwangslage von Verbrauchern.

§ 5 Irreführende geschäftliche Handlungen

(1) Unlauter handelt, wer eine irreführende geschäftliche Handlung vornimmt, die geeignet ist, den Verbraucher oder sonstigen Marktteilnehmer zu einer geschäftlichen Entscheidung zu veranlassen, die er andernfalls nicht getroffen hätte.

(2) Eine geschäftliche Handlung ist irreführend, wenn sie unwahre Angaben enthält oder sonstige zur Täuschung geeignete Angaben über folgende Umstände enthält:

1. die wesentlichen Merkmale der Ware oder Dienstleistung wie Verfügbarkeit, Art, Ausführung, Vorteile, Risiken, Zusammensetzung, Zubehör*, Verfahren oder Zeitpunkt der Herstellung, Lieferung oder Erbringung, Zwecktauglichkeit, Verwendungsmöglichkeit, Menge, Beschaffenheit, Kundendienst und Beschwerdeverfahren, geographische** oder betriebliche Herkunft, von der Verwendung zu erwartende Ergebnisse oder die Ergebnisse oder wesentlichen Bestandteile von Tests der Waren oder Dienstleistungen;

2. den Anlass des Verkaufs wie das Vorhandensein eines besonderen Preisvorteils, den Preis oder die Art und Weise, in der er berechnet wird, oder die Bedingungen, unter denen die Ware geliefert oder die Dienstleistung erbracht wird;

3. die Person, Eigenschaften oder Rechte des Unternehmers wie Identität, Vermögen einschließlich der Rechte des geistigen Eigentums, den Umfang von Verpflichtungen, Befähigung, Status, Zulassung, Mitgliedschaften oder Beziehungen, Auszeichnungen oder Ehrungen, Beweggründe für die geschäftliche Handlung oder die Art des Vertriebs;

4. Aussagen oder Symbole, die im Zusammenhang mit direktem oder indirektem Sponsoring stehen oder sich auf eine Zulassung des Unternehmers oder der Waren oder Dienstleistungen beziehen;

5. die Notwendigkeit einer Leistung, eines Ersatzteils, eines Austauschs oder einer Reparatur;

6. die Einhaltung eines Verhaltenskodexes, auf den sich der Unternehmer verbindlich verpflichtet hat, wenn er auf diese Bindung hinweist, oder

7. Rechte des Verbrauchers, insbesondere solche auf Grund von Garantieversprechen oder Gewährleistungsrechte bei Leistungsstörungen.

(3) Eine geschäftliche Handlung ist auch irreführend, wenn

1. sie im Zusammenhang mit der Vermarktung von Waren oder Dienstleistungen einschließlich vergleichender Werbung eine Verwechslungsgefahr mit einer anderen Ware oder Dienstleistung oder mit der Marke oder einem anderen Kennzeichen eines Mitbewerbers hervorruft oder

2. mit ihr eine Ware in einem Mitgliedstaat der Europäischen Union als identisch mit einer in anderen Mitgliedstaaten der Europäischen Union auf dem Markt bereitgestellten Ware vermarktet wird, obwohl sich diese Waren in ihrer Zusammensetzung oder in ihren Merkmalen wesentlich voneinander unterscheiden, sofern dies nicht durch legitime und objektive Faktoren gerechtfertigt ist.

---

* vgl. § 97 BGB   ** vgl. § 126 ff. MarkenG

(4) Angaben im Sinne von Absatz 1 sind auch Angaben im Rahmen <u>vergleichender Werbung</u> sowie <u>bildliche Darstellungen</u> und <u>sonstige Veranstaltungen</u>, die darauf zielen und geeignet sind, solche Angaben zu ersetzen.

(5) [1]Es wird vermutet, dass es irreführend ist, mit der <u>Herabsetzung eines Preises</u> zu werben, <u>sofern der Preis</u> nur <u>für eine unangemessen kurze Zeit gefordert worden ist</u>. [2]Ist streitig, ob und in welchem Zeitraum der Preis gefordert worden ist, so trifft die Beweislast denjenigen, der mit der Preisherabsetzung geworben hat.

§ 5a Irreführung durch Unterlassen

(1) <u>Unlauter handelt</u> auch, <u>wer einen Verbraucher</u> <u>oder</u> <u>sonstigen Marktteilnehmer</u> <u>irreführt</u>, indem er ihm eine <u>wesentliche Information</u> <u>vorenthält</u>,

    1.   <u>die der Verbraucher</u> <u>oder</u> der <u>sonstige Marktteilnehmer</u> nach den jeweiligen Umständen <u>benötigt</u>, um eine <u>informierte geschäftliche Entscheidung</u> zu treffen, und

    2.   deren <u>Vorenthalten</u> dazu <u>geeignet ist</u>, den Verbraucher oder den sonstigen Marktteilnehmer zu einer <u>geschäftlichen Entscheidung</u> zu <u>veranlassen</u>, die er <u>andernfalls nicht getroffen hätte</u>.

(2) <u>Als Vorenthalten gilt</u> auch

    1.   das <u>Verheimlichen wesentlicher Informationen</u>,

    2.   die Bereitstellung <u>wesentlicher Informationen in unklarer</u>, <u>unverständlicher</u> oder <u>zweideutiger</u> Weise sowie

    3.   die <u>nicht rechtzeitige Bereitstellung</u> wesentlicher Informationen.

(3) Bei der Beurteilung, ob wesentliche Informationen vorenthalten wurden, sind zu berücksichtigen:

    1.   räumliche oder zeitliche Beschränkungen durch das für die geschäftliche Handlung gewählte Kommunikationsmittel sowie

    2.   alle Maßnahmen des Unternehmers, um dem Verbraucher oder sonstigen Marktteilnehmer die Informationen auf andere Weise als durch das für die geschäftliche Handlung gewählte Kommunikationsmittel zur Verfügung zu stellen.

(4) [1]<u>Unlauter handelt auch</u>, wer den <u>kommerziellen Zweck</u> einer <u>geschäftlichen Handlung</u> <u>nicht kenntlich macht</u>, sofern sich dieser nicht unmittelbar aus den Umständen ergibt, und das Nichtkenntlichmachen geeignet ist, den Verbraucher oder sonstigen Marktteilnehmer zu einer geschäftlichen Entscheidung zu veranlassen, die er andernfalls nicht getroffen hätte. [2]Ein kommerzieller Zweck liegt bei einer Handlung zugunsten eines fremden Unternehmens nicht vor, wenn der Handelnde kein Entgelt oder keine ähnliche Gegenleistung für die Handlung von dem fremden Unternehmen erhält oder sich versprechen lässt. [3]Der Erhalt oder das Versprechen einer Gegenleistung wird vermutet, es sei denn der Handelnde macht glaubhaft, dass er eine solche nicht erhalten hat.

§ 5b Wesentliche Informationen

(1) Werden <u>Waren oder Dienstleistungen</u> unter Hinweis auf deren <u>Merkmale</u> und <u>Preis</u> in einer dem verwendeten Kommunikationsmittel <u>angemessenen Weise so angeboten</u>, <u>dass</u> ein <u>durchschnittlicher Verbraucher</u>

das Geschäft abschließen kann, so gelten die folgenden Informationen als wesentlich im Sinne des § 5a Absatz 1, sofern sie sich nicht unmittelbar aus den Umständen ergeben:

1. alle wesentlichen Merkmale der Ware oder Dienstleistung in dem der Ware oder Dienstleistung und dem verwendeten Kommunikationsmittel angemessenen Umfang,

2. die Identität und Anschrift des Unternehmers, gegebenenfalls die Identität und Anschrift desjenigen Unternehmers, für den er handelt,

3. der Gesamtpreis oder in Fällen, in denen ein solcher Preis auf Grund der Beschaffenheit der Ware oder Dienstleistung nicht im Voraus berechnet werden kann, die Art der Preisberechnung sowie gegebenenfalls alle zusätzlichen Fracht-, Liefer- und Zustellkosten oder in Fällen, in denen diese Kosten nicht im Voraus berechnet werden können, die Tatsache, dass solche zusätzlichen Kosten anfallen können,

4. Zahlungs-, Liefer- und Leistungsbedingungen, soweit diese von den Erfordernissen unternehmerischer Sorgfalt abweichen,

5. das Bestehen des Rechts auf Rücktritt oder Widerruf und

6. bei Waren oder Dienstleistungen, die über einen Online-Marktplatz angeboten werden, die Information, ob es sich bei dem Anbieter der Waren oder Dienstleistungen nach dessen eigener Erklärung gegenüber dem Betreiber des Online-Marktplatzes um einen Unternehmer handelt.

(2) [1]Bietet ein Unternehmer Verbrauchern die Möglichkeit, nach Waren oder Dienstleistungen zu suchen, die von verschiedenen Unternehmern oder von Verbrauchern angeboten werden, so gelten unabhängig davon, wo das Rechtsgeschäft abgeschlossen werden kann, folgende allgemeine Informationen als wesentlich:

1. die Hauptparameter zur Festlegung des Rankings der dem Verbraucher als Ergebnis seiner Suchanfrage präsentierten Waren oder Dienstleistungen sowie

2. die relative Gewichtung der Hauptparameter zur Festlegung des Rankings im Vergleich zu anderen Parametern.

[2]Die Informationen nach Satz 1 müssen von der Anzeige der Suchergebnisse aus unmittelbar und leicht zugänglich sein. [3]Die Sätze 1 und 2 gelten nicht für Betreiber von Online-Suchmaschinen im Sinne des Artikels 2 Nummer 6 der Verordnung (EU) 1150/2019 des Europäischen Parlaments und des Rates vom 20. Juni 2019 zur Förderung von Fairness und Transparenz für gewerbliche Nutzer von Online-Vermittlungsdiensten (ABl. L 186 vom 11.7.2019, S. 57).

(3) Macht ein Unternehmer Bewertungen zugänglich, die Verbraucher im Hinblick auf Waren oder Dienstleistungen vorgenommen haben, so gelten als wesentlich Informationen darüber, ob und wie der Unternehmer sicherstellt, dass die veröffentlichten Bewertungen von solchen Verbrauchern stammen, die die Waren oder Dienstleistungen tatsächlich genutzt oder erworben haben.

(4) Als wesentlich im Sinne des § 5a Absatz 1 gelten auch solche Informationen, die dem Verbraucher auf Grund unionsrechtlicher Verordnungen oder nach Rechtsvorschriften zur Umsetzung unionsrechtlicher Richtlinien für kommerzielle Kommunikation einschließlich Werbung und Marketing nicht vorenthalten werden dürfen.

§ 5c Verbotene Verletzung von Verbraucherinteressen durch unlautere geschäftliche Handlungen

(1) Die Verletzung von Verbraucherinteressen durch unlautere geschäftliche Handlungen ist verboten, wenn es sich um einen weitverbreiteten Verstoß gemäß Artikel 3 Nummer 3 der Verordnung (EU) 2017/2394 des Europäischen Parlaments und des Rates vom 12. Dezember 2017 über die Zusammenarbeit zwischen den für die Durchsetzung der Verbraucherschutzgesetze zuständigen nationalen Behörden und zur Aufhebung der Verordnung (EG) Nr. 2006/2004 (ABl. L 345 vom 27.12.2017, S. 1), die zuletzt durch die Richtlinie (EU) 2019/771 (ABl. L 136 vom 22.5.2019, S. 28; L 305 vom 26.11.2019, S. 66) geändert worden ist, oder einen weitverbreiteten Verstoß mit Unions-Dimension gemäß Artikel 3 Nummer 4 der Verordnung (EU) 2017/2394 handelt.

(2) Eine Verletzung von Verbraucherinteressen durch unlautere geschäftliche Handlungen im Sinne des Absatzes 1 liegt vor, wenn

　　1.　eine unlautere geschäftliche Handlung nach § 3 Absatz 3 in Verbindung mit den Nummern 1 bis 31 des Anhangs vorgenommen wird,

　　2.　eine aggressive geschäftliche Handlung nach § 4a Absatz 1 Satz 1 vorgenommen wird,

　　3.　eine irreführende geschäftliche Handlung nach § 5 Absatz 1 oder § 5a Absatz 1 vorgenommen wird oder

　　4.　eine unlautere geschäftliche Handlung nach § 3 Absatz 1 fortgesetzt vorgenommen wird, die durch eine vollziehbare Anordnung der zuständigen Behörde im Sinne des Artikels 3 Nummer 6 der Verordnung (EU) 2017/2394 oder durch eine vollstreckbare Entscheidung eines Gerichts untersagt worden ist, sofern die Handlung nicht bereits von den Nummern 1 bis 3 erfasst ist.

(3) Eine Verletzung von Verbraucherinteressen durch unlautere geschäftliche Handlungen im Sinne des Absatzes 1 liegt auch vor, wenn

　　1.　eine geschäftliche Handlung die tatsächlichen Voraussetzungen eines der in Absatz 2 geregelten Fälle erfüllt und

　　2.　auf die geschäftliche Handlung das nationale Recht eines anderen Mitgliedstaates der Europäischen Union anwendbar ist, welches eine Vorschrift enthält, die der jeweiligen in Absatz 2 genannten Vorschrift entspricht.

§ 6 Vergleichende Werbung

(1) Vergleichende Werbung ist jede Werbung, die unmittelbar oder mittelbar einen Mitbewerber oder die von einem Mitbewerber angebotenen Waren oder Dienstleistungen erkennbar macht.

(2) Unlauter handelt, wer vergleichend wirbt, wenn der Vergleich

　　1.　sich nicht auf Waren oder Dienstleistungen für den gleichen Bedarf oder dieselbe Zweckbestimmung bezieht,

　　2.　nicht objektiv auf eine oder mehrere wesentliche, relevante, nachprüfbare und typische Eigenschaften oder den Preis dieser Waren oder Dienstleistungen bezogen ist,

3. im geschäftlichen Verkehr zu einer <u>Gefahr von Verwechslungen</u> zwischen dem Werbenden und einem Mitbewerber oder zwischen den von diesen angebotenen Waren oder Dienstleistungen oder den von ihnen verwendeten Kennzeichen führt,

4. den <u>Ruf</u> des von einem Mitbewerber <u>verwendeten Kennzeichens</u> in unlauterer Weise <u>ausnutzt oder beeinträchtigt</u>,

5. die <u>Waren</u>, <u>Dienstleistungen</u>, <u>Tätigkeiten</u> oder <u>persönlichen oder geschäftlichen Verhältnisse</u> eines Mitbewerbers <u>herabsetzt</u> oder <u>verunglimpft</u> oder

6. eine Ware oder Dienstleistung als <u>Imitation oder Nachahmung</u> einer unter einem <u>geschützten Kennzeichen</u> vertriebenen Ware oder Dienstleistung darstellt.

§ 7 Unzumutbare Belästigungen

(1) ¹Eine <u>geschäftliche Handlung</u>, durch die ein Marktteilnehmer in <u>unzumutbarer Weise belästigt</u> wird, ist <u>unzulässig</u>. ²Dies gilt <u>insbesondere für Werbung</u>, obwohl erkennbar ist, dass der angesprochene Marktteilnehmer diese <u>Werbung nicht wünscht</u>.

(2) Eine <u>unzumutbare Belästigung</u> ist <u>stets anzunehmen</u>

1. bei <u>Werbung</u> mit einem <u>Telefonanruf gegenüber einem Verbraucher</u> <u>ohne</u> dessen <u>vorherige ausdrückliche Einwilligung</u> oder gegenüber einem <u>sonstigen Marktteilnehmer</u> <u>ohne</u> dessen <u>zumindest mutmaßliche Einwilligung</u>;

2. bei <u>Werbung</u> unter Verwendung einer <u>automatischen Anrufmaschine</u>, eines <u>Faxgerätes</u> oder <u>elektronischer Post</u>, <u>ohne</u> dass eine <u>vorherige</u> <u>ausdrückliche Einwilligung</u> des Adressaten vorliegt, oder

3. bei <u>Werbung</u> mit einer Nachricht,

    a) bei der die <u>Identität des Absenders</u>, in dessen Auftrag die Nachricht übermittelt wird, <u>verschleiert oder verheimlicht</u> wird oder

    b) bei der <u>gegen § 6 Absatz 1 des Digitale-Dienste-Gesetzes</u> verstoßen wird oder in der der Empfänger aufgefordert wird, eine <u>Website aufzurufen, die gegen diese Vorschrift verstößt</u>, oder

    c) bei der <u>keine gültige Adresse vorhanden</u> ist, an die der Empfänger eine Aufforderung zur Einstellung solcher Nachrichten richten kann, ohne dass hierfür andere als die Übermittlungskosten nach den Basistarifen entstehen.

(3) <u>Abweichend von Absatz 2 Nummer 2</u> ist eine <u>unzumutbare Belästigung</u> bei einer <u>Werbung</u> unter Verwendung <u>elektronischer Post</u> <u>nicht anzunehmen, wenn</u>

1. ein Unternehmer im Zusammenhang mit dem Verkauf einer Ware oder Dienstleistung von dem Kunden dessen elektronische Postadresse erhalten hat,

2. der Unternehmer die Adresse zur Direktwerbung für eigene ähnliche Waren oder Dienstleistungen verwendet,

3. der Kunde der Verwendung nicht widersprochen hat und

4. der Kunde bei Erhebung der Adresse und bei jeder Verwendung klar und deutlich darauf hingewiesen wird, dass er der Verwendung jederzeit widersprechen kann, ohne dass hierfür andere als die Übermittlungskosten nach den Basistarifen entstehen.

§ 7a Einwilligung in Telefonwerbung

(1) Wer mit einem Telefonanruf gegenüber einem Verbraucher wirbt, hat dessen vorherige ausdrückliche Einwilligung in die Telefonwerbung zum Zeitpunkt der Erteilung in angemessener Form zu dokumentieren und gemäß Absatz 2 Satz 1 aufzubewahren.

(2) [1]Die werbenden Unternehmen müssen den Nachweis nach Absatz 1 ab Erteilung der Einwilligung sowie nach jeder Verwendung der Einwilligung fünf Jahre aufbewahren. [2]Die werbenden Unternehmen haben der nach § 20 Absatz 3 zuständigen Verwaltungsbehörde den Nachweis nach Absatz 1 auf Verlangen unverzüglich vorzulegen.

Kapitel 2
Rechtsfolgen

§ 8 Beseitigung und Unterlassung

(1) [1]Wer eine nach § 3 oder § 7 unzulässige geschäftliche Handlung vornimmt, kann auf Beseitigung und bei Wiederholungsgefahr auf Unterlassung in Anspruch genommen werden. [2]Der Anspruch auf Unterlassung besteht bereits dann, wenn eine derartige Zuwiderhandlung gegen § 3 oder § 7 droht.

(2) Werden die Zuwiderhandlungen in einem Unternehmen von einem Mitarbeiter oder Beauftragten begangen, so sind der Unterlassungsanspruch und der Beseitigungsanspruch auch gegen den Inhaber des Unternehmens begründet.

(3) Die Ansprüche aus Absatz 1 stehen zu:

1. jedem Mitbewerber, der Waren oder Dienstleistungen in nicht unerheblichem Maße und nicht nur gelegentlich vertreibt oder nachfragt;

2. denjenigen rechtsfähigen Verbänden zur Förderung gewerblicher oder selbstständiger beruflicher Interessen, die in der Liste der qualifizierten Wirtschaftsverbände nach § 8b eingetragen sind, soweit ihnen eine erhebliche Zahl von Unternehmern angehört, die Waren oder Dienstleistungen gleicher oder verwandter Art auf demselben Markt vertreiben, und die Zuwiderhandlung die Interessen ihrer Mitglieder berührt.

3. den qualifizierten Verbraucherverbänden, die in der Liste nach § 4 des Unterlassungsklagengesetzes eingetragen sind, und den qualifizierten Einrichtungen aus anderen Mitgliedstaaten der Europäischen Union, die in dem Verzeichnis der Europäischen Kommission nach Artikel 5 Absatz 1 Satz 4 der Richtlinie (EU) 2020/1828 des Europäischen Parlaments und des Rates vom 25. November 2020 über Verbandsklagen zum Schutz der Kollektivinteressen der Verbraucher und zur Aufhebung der Richtlinie 2009/22/EG (ABl. L 409 vom 4.12.2020, S. 1) eingetragen sind.

4. den <u>Industrie- und Handelskammern</u>, den <u>nach der Handwerksordnung errichteten Organisationen</u> und anderen <u>berufsständischen Körperschaften des öffentlichen Rechts</u> im Rahmen der Erfüllung ihrer Aufgaben sowie den <u>Gewerkschaften</u> im Rahmen der Erfüllung ihrer Aufgaben bei der Vertretung selbstständiger beruflicher Interessen.

(4) Stellen nach Absatz 3 Nummer 2 und 3 können die Ansprüche nicht geltend machen, solange ihre Eintragung ruht.

(5) [1]§ 13 des Unterlassungsklagengesetzes ist entsprechend anzuwenden; in § 13 Absatz 1 und 3 Satz 2 des Unterlassungsklagengesetzes treten an die Stelle der dort aufgeführten Ansprüche nach dem Unterlassungsklagengesetz die Ansprüche nach dieser Vorschrift. [2]Macht eine anspruchsberechtigte Stelle nach Absatz 3 Nummer 3 Ansprüche nach Absatz 1 gerichtlich geltend, so sind die §§ 5a und 6a des Unterlassungsklagengesetzes entsprechend anzuwenden. [3]Im Übrigen findet das Unterlassungsklagengesetz keine Anwendung, es sei denn, es liegt ein Fall des § 2a des Unterlassungsklagengesetzes vor.

§ 8a Anspruchsberechtigte bei einem Verstoß gegen die Verordnung (EU) 2019/1150

Anspruchsberechtigt nach § 8 Absatz 1 sind bei einem Verstoß gegen die Verordnung (EU) 2019/1150 des Europäischen Parlaments und des Rates vom 20. Juni 2019 zur Förderung von Fairness und Transparenz für gewerbliche Nutzer von Online-Vermittlungsdiensten (ABl. L 186 vom 11.7.2019, S. 57) abweichend von § 8 Absatz 3 die Verbände, Organisationen und öffentlichen Stellen, die die Voraussetzungen des Artikels 14 Absatz 3 und 4 der Verordnung (EU) 2019/1150 erfüllen.

§ 8b Liste der qualifizierten Wirtschaftsverbände

(1) Das Bundesamt für Justiz führt eine Liste der qualifizierten Wirtschaftsverbände und veröffentlicht sie in der jeweils aktuellen Fassung auf seiner Internetseite.

(2) Ein rechtsfähiger Verband, zu dessen satzungsmäßigen Aufgaben es gehört, gewerbliche oder selbstständige berufliche Interessen zu verfolgen und zu fördern sowie zu Fragen des lauteren Wettbewerbs zu beraten und zu informieren, wird auf seinen Antrag in die Liste eingetragen, wenn

1. er mindestens 75 Unternehmer als Mitglieder hat,
2. er zum Zeitpunkt der Antragstellung seit mindestens einem Jahr seine satzungsmäßigen Aufgaben wahrgenommen hat,
3. auf Grund seiner bisherigen Tätigkeit sowie seiner personellen, sachlichen und finanziellen Ausstattung gesichert erscheint, dass er
    a) seine satzungsmäßigen Aufgaben auch künftig dauerhaft wirksam und sachgerecht erfüllen wird und
    b) seine Ansprüche nicht vorwiegend geltend machen wird, um für sich Einnahmen aus Abmahnungen oder Vertragsstrafen zu erzielen,
4. seinen Mitgliedern keine Zuwendungen aus dem Verbandsvermögen gewährt werden und Personen, die für den Verband tätig sind, nicht durch unangemessen hohe Vergütungen oder andere Zuwendungen begünstigt werden.

(3) [1]Die Vorschriften für qualifizierte Verbraucherverbände in § 4 Absatz 3 und 4 und in den §§ 4a bis 4c und 4f des Unterlassungsklagengesetzes sind auf die qualifizierten Wirtschaftsverbände entsprechend anzuwenden. [2]Ergänzend zu den Berichtspflichten der qualifizierten Wirtschaftsverbände nach § 4b Absatz 1 Satz 1 Nummer 1 des Unterlassungsklagengesetzes sind auch die Anzahl der gestellten Anträge auf Erlass von einstweiligen Verfügungen und die Anzahl der erhobenen Klagen zur Durchsetzung der in dieser Vorschrift genannten Ansprüche anzugeben.

§ 8c Verbot der missbräuchlichen Geltendmachung von Ansprüchen; Haftung

(1) Die Geltendmachung der Ansprüche aus § 8 Absatz 1 ist unzulässig, wenn sie unter Berücksichtigung der gesamten Umstände missbräuchlich ist.

(2) Eine missbräuchliche Geltendmachung ist im Zweifel anzunehmen, wenn

1. die Geltendmachung der Ansprüche vorwiegend dazu dient, gegen den Zuwiderhandelnden einen Anspruch auf Ersatz von Aufwendungen oder von Kosten der Rechtsverfolgung oder die Zahlung einer Vertragsstrafe entstehen zu lassen,

2. ein Mitbewerber eine erhebliche Anzahl von Verstößen gegen die gleiche Rechtsvorschrift durch Abmahnungen geltend macht, wenn die Anzahl der geltend gemachten Verstöße außer Verhältnis zum Umfang der eigenen Geschäftstätigkeit steht oder wenn anzunehmen ist, dass der Mitbewerber das wirtschaftliche Risiko seines außergerichtlichen oder gerichtlichen Vorgehens nicht selbst trägt,

3. ein Mitbewerber den Gegenstandswert für eine Abmahnung unangemessen hoch ansetzt,

4. offensichtlich überhöhte Vertragsstrafen vereinbart oder gefordert werden,

5. eine vorgeschlagene Unterlassungsverpflichtung offensichtlich über die abgemahnte Rechtsverletzung hinausgeht,

6. mehrere Zuwiderhandlungen, die zusammen hätten abgemahnt werden können, einzeln abgemahnt werden oder

7. wegen einer Zuwiderhandlung, für die mehrere Zuwiderhandelnde verantwortlich sind, die Ansprüche gegen die Zuwiderhandelnden ohne sachlichen Grund nicht zusammen geltend gemacht werden.

(3) [1]Im Fall der missbräuchlichen Geltendmachung von Ansprüchen kann der Anspruchsgegner vom Anspruchsteller Ersatz der für seine Rechtsverteidigung erforderlichen Aufwendungen fordern. [2]Weitergehende Ersatzansprüche bleiben unberührt.

§ 9 Schadensersatz

(1) Wer vorsätzlich oder fahrlässig eine nach § 3 oder § 7 unzulässige geschäftliche Handlung vornimmt, ist den Mitbewerbern zum Ersatz des daraus entstehenden Schadens verpflichtet.

(2) [1]Wer vorsätzlich oder fahrlässig eine nach § 3 unzulässige geschäftliche Handlung vornimmt und hierdurch Verbraucher zu einer geschäftlichen Entscheidung veranlasst, die sie andernfalls nicht getroffen hätten,

ist ihnen zum Ersatz des daraus entstehenden Schadens verpflichtet. [2]Dies gilt nicht für unlautere geschäftliche Handlungen nach den §§ 3a, 4 und 6 sowie nach Nummer 32 des Anhangs.

(3) Gegen verantwortliche Personen von periodischen Druckschriften kann der Anspruch auf Schadensersatz nach den Absätzen 1 und 2 nur bei einer vorsätzlichen Zuwiderhandlung geltend gemacht werden.

§ 10 Gewinnabschöpfung

(1) [1]Wer vorsätzlich oder grob fahrlässig eine nach § 3 oder § 7 unzulässige geschäftliche Handlung vornimmt und hierdurch zu Lasten einer Vielzahl von Abnehmern einen Gewinn erzielt, kann von den gemäß § 8 Abs. 3 Nr. 2 bis 4 zur Geltendmachung eines Unterlassungsanspruchs Berechtigten auf Herausgabe dieses Gewinns an den Bundeshaushalt in Anspruch genommen werden. [2]Ist zwischen den Parteien streitig, ob durch die unzulässige geschäftliche Handlung zu Lasten einer Vielzahl von Abnehmern ein Gewinn erzielt wurde oder wie hoch der erzielte Gewinn ist, so entscheidet hierüber das Gericht unter Würdigung aller Umstände nach freier Überzeugung.

(2) [1]Auf den Gewinn sind die Leistungen anzurechnen, die der Schuldner auf Grund der Zuwiderhandlung an Dritte oder an den Staat erbracht hat. [2]Soweit der Schuldner solche Leistungen erst nach Erfüllung des Anspruchs nach Absatz 1 erbracht hat, erstattet das Bundesamt für Justiz dem Schuldner den abgeführten Gewinn in Höhe der nachgewiesenen Zahlungen zurück.

(3) Beanspruchen mehrere Gläubiger den Gewinn, so gelten die §§ 428 bis 430 des Bürgerlichen Gesetzbuchs entsprechend.

(4) Die Gläubiger haben dem Bundesamt für Justiz über die Geltendmachung von Ansprüchen nach Absatz 1 Auskunft zu erteilen.

(5) [1]Haben die Gläubiger einen Anspruch gegen den Schuldner auf Ersatz der für die Geltendmachung des Anspruchs erforderlichen Aufwendungen und können sie vom Schuldner keinen Ausgleich erlangen, so können sie die Erstattung dieser Aufwendungen vom Bundesamt für Justiz verlangen. [2]Der Anspruch nach Satz 1 ist auf die Höhe des an den Bundeshaushalt abgeführten Gewinns beschränkt.

(6) [1]Die Gläubiger können vom Bundesamt für Justiz Ersatz der Aufwendungen verlangen, die für eine Finanzierung des gerichtlichen Verfahrens durch einen gewerblichen Prozessfinanzierer entstanden sind, wenn das Bundesamt für Justiz vor Einleitung des gerichtlichen Verfahrens die Inanspruchnahme dieser Finanzierung bewilligt hat. [2]Das Bundesamt für Justiz bewilligt die Inanspruchnahme der Finanzierung, wenn die beabsichtigte Rechtsverfolgung unter Berücksichtigung der gesamten Umstände nicht missbräuchlich ist und die Aufwendungen für den Prozessfinanzierer üblich und angemessen sind.

§ 11 Verjährung

(1) Die Ansprüche aus den §§ 8, 9 Absatz 1 und 13 Absatz 3 verjähren in sechs Monaten und der Anspruch aus § 9 Absatz 2 Satz 1 verjährt in einem Jahr.

(2) Die Verjährungsfrist beginnt, wenn

    1.   der Anspruch entstanden ist und

2. der Gläubiger von den den Anspruch begründenden Umständen und der Person des Schuldners Kenntnis erlangt oder ohne grobe Fahrlässigkeit erlangen müsste.

(3) <u>Schadensersatzansprüche</u> verjähren ohne Rücksicht auf die Kenntnis oder grob fahrlässige Unkenntnis <u>in zehn Jahren</u> <u>von ihrer Entstehung, spätestens in 30 Jahren</u> von der den <u>Schaden auslösenden Handlung</u> an.

(4) <u>Andere Ansprüche</u> verjähren <u>ohne Rücksicht auf die Kenntnis</u> oder <u>grob fahrlässige Unkenntnis</u> in <u>drei Jahren</u> <u>von der Entstehung</u> an.

Kapitel 3
Verfahrensvorschriften

§ 12 Einstweiliger Rechtsschutz; Veröffentlichungsbefugnis; Streitwertminderung

(1) Zur Sicherung der in diesem Gesetz bezeichneten Ansprüche auf Unterlassung können <u>einstweilige Verfügungen</u> auch ohne die Darlegung und Glaubhaftmachung der in den §§ 935 und 940 der Zivilprozessordnung bezeichneten Voraussetzungen erlassen werden.

(2) [1]Ist auf Grund dieses Gesetzes <u>Klage auf Unterlassung</u> erhoben worden, so kann das Gericht der <u>obsiegenden Partei</u> die Befugnis zusprechen, das <u>Urteil auf Kosten der unterliegenden Partei öffentlich bekannt</u> zu machen, wenn sie ein <u>berechtigtes Interesse</u> dartut. [2]Art und Umfang der Bekanntmachung werden im Urteil bestimmt. [3]Die Befugnis erlischt, wenn von ihr nicht innerhalb von drei Monaten nach Eintritt der Rechtskraft Gebrauch gemacht worden ist. [4]Der Ausspruch nach Satz 1 ist nicht vorläufig vollstreckbar.

(3) [1]Macht eine Partei in Rechtsstreitigkeiten, in denen durch Klage ein Anspruch aus einem der in diesem Gesetz geregelten Rechtsverhältnisse geltend gemacht wird, glaubhaft, dass die Belastung mit den Prozesskosten nach dem vollen Streitwert ihre wirtschaftliche Lage erheblich gefährden würde, so kann das Gericht auf ihren Antrag anordnen, dass die Verpflichtung dieser Partei zur Zahlung von Gerichtskosten sich nach einem ihrer Wirtschaftslage angepassten Teil des Streitwerts bemisst. [2]Die Anordnung hat zur Folge, dass

1. die begünstigte Partei die Gebühren ihres Rechtsanwalts ebenfalls nur nach diesem Teil des Streitwerts zu entrichten hat,

2. die begünstigte Partei, soweit ihr Kosten des Rechtsstreits auferlegt werden oder soweit sie diese übernimmt, die von dem Gegner entrichteten Gerichtsgebühren und die Gebühren seines Rechtsanwalts nur nach dem Teil des Streitwerts zu erstatten hat und

3. der Rechtsanwalt der begünstigten Partei, soweit die außergerichtlichen Kosten dem Gegner auferlegt oder von ihm übernommen werden, seine Gebühren von dem Gegner nach dem für diesen geltenden Streitwert beitreiben kann.

(4) [1]Der Antrag nach Absatz 4 kann vor der Geschäftsstelle des Gerichts zur Niederschrift erklärt werden. [2]Er ist vor der Verhandlung zur Hauptsache anzubringen. [3]Danach ist er nur zulässig, wenn der angenommene oder festgesetzte Streitwert später durch das Gericht heraufgesetzt wird. [4]Vor der Entscheidung über den Antrag ist der Gegner zu hören.

§ 13 Abmahnung; Unterlassungsverpflichtung; Haftung

(1) Die zur Geltendmachung eines Unterlassungsanspruchs Berechtigten sollen den Schuldner vor der Einleitung eines gerichtlichen Verfahrens abmahnen und ihm Gelegenheit geben, den Streit durch Abgabe einer mit einer angemessenen Vertragsstrafe bewehrten Unterlassungsverpflichtung beizulegen.

(2) In der Abmahnung muss klar und verständlich angegeben werden:

1. Name oder Firma des Abmahnenden sowie im Fall einer Vertretung zusätzlich Name oder Firma des Vertreters,

2. die Voraussetzungen der Anspruchsberechtigung nach § 8 Absatz 3,

3. ob und in welcher Höhe ein Aufwendungsersatzanspruch geltend gemacht wird und wie sich dieser berechnet,

4. die Rechtsverletzung unter Angabe der tatsächlichen Umstände,

5. in den Fällen des Absatzes 4, dass der Anspruch auf Aufwendungsersatz ausgeschlossen ist.

(3) Soweit die Abmahnung berechtigt ist und den Anforderungen des Absatzes 2 entspricht, kann der Abmahnende vom Abgemahnten Ersatz der erforderlichen Aufwendungen verlangen.

(4) Der Anspruch auf Ersatz der erforderlichen Aufwendungen nach Absatz 3 ist für Anspruchsberechtigte nach § 8 Absatz 3 Nummer 1 ausgeschlossen bei

1. im elektronischen Geschäftsverkehr oder in digitalen Diensten nach § 1 Absatz 4 Nummer 1 des Digitale-Dienste-Gesetzes begangenen Verstößen gegen gesetzliche Informations- und Kennzeichnungspflichten oder

2. sonstigen Verstößen gegen die Verordnung (EU) 2016/679 des Europäischen Parlaments und des Rates vom 27. April 2016 zum Schutz natürlicher Personen bei der Verarbeitung personenbezogener Daten, zum freien Datenverkehr und zur Aufhebung der Richtlinie 95/46/EG (Datenschutz-Grundverordnung) (ABl. L 119 vom 4.5.2016, S. 1; L 314 vom 22.11.2016, S. 72; L 127 vom 23.5.2018, S. 2) und das Bundesdatenschutzgesetz durch Unternehmen sowie gewerblich tätige Vereine, sofern sie in der Regel weniger als 250 Mitarbeiter beschäftigen.

(5) [1]Soweit die Abmahnung unberechtigt ist oder nicht den Anforderungen des Absatzes 2 entspricht oder soweit entgegen Absatz 4 ein Anspruch auf Aufwendungsersatz geltend gemacht wird, hat der Abgemahnte gegen den Abmahnenden einen Anspruch auf Ersatz der für seine Rechtsverteidigung erforderlichen Aufwendungen. [2]Der Anspruch nach Satz 1 ist beschränkt auf die Höhe des Aufwendungsersatzanspruchs, die der Abmahnende geltend macht. [3]Bei einer unberechtigten Abmahnung ist der Anspruch nach Satz 1 ausgeschlossen, wenn die fehlende Berechtigung der Abmahnung für den Abmahnenden zum Zeitpunkt der Abmahnung nicht erkennbar war. [4]Weitergehende Ersatzansprüche bleiben unberührt.

§ 13a Vertragsstrafe

(1) Bei der Festlegung einer angemessenen Vertragsstrafe nach § 13 Absatz 1 sind folgende Umstände zu berücksichtigen:

1. Art, Ausmaß und Folgen der Zuwiderhandlung,

2.   Schuldhaftigkeit der Zuwiderhandlung und bei schuldhafter Zuwiderhandlung die Schwere des Verschuldens,

3.   Größe, Marktstärke und Wettbewerbsfähigkeit des Abgemahnten sowie

4.   wirtschaftliches Interesse des Abgemahnten an erfolgten und zukünftigen Verstößen.

(2) Die Vereinbarung einer Vertragsstrafe nach Absatz 1 ist für Anspruchsberechtigte nach § 8 Absatz 3 Nummer 1 bei einer erstmaligen Abmahnung bei Verstößen nach § 13 Absatz 4 ausgeschlossen, wenn der Abgemahnte in der Regel weniger als 100 Mitarbeiter beschäftigt.

(3) Vertragsstrafen dürfen eine Höhe von 1.000 Euro nicht überschreiten, wenn die Zuwiderhandlung angesichts ihrer Art, ihres Ausmaßes und ihrer Folgen die Interessen von Verbrauchern, Mitbewerbern und sonstigen Marktteilnehmern in nur unerheblichem Maße beeinträchtigt und wenn der Abgemahnte in der Regel weniger als 100 Mitarbeiter beschäftigt.

(4) Verspricht der Abgemahnte auf Verlangen des Abmahnenden eine unangemessen hohe Vertragsstrafe, schuldet er lediglich eine Vertragsstrafe in angemessener Höhe.

(5) [1]Ist lediglich eine Vertragsstrafe vereinbart, deren Höhe noch nicht beziffert wurde, kann der Abgemahnte bei Uneinigkeit über die Höhe auch ohne Zustimmung des Abmahnenden eine Einigungsstelle nach § 15 anrufen. [2]Das Gleiche gilt, wenn der Abgemahnte nach Absatz 4 nur eine Vertragsstrafe in angemessener Höhe schuldet. [3]Ist ein Verfahren vor der Einigungsstelle anhängig, so ist eine erst nach Anrufung der Einigungsstelle erhobene Klage nicht zulässig.

§ 14 Sachliche und örtliche Zuständigkeit; Verordnungsermächtigung

(1) Für alle bürgerlichen Rechtsstreitigkeiten, mit denen ein Anspruch auf Grund dieses Gesetzes geltend gemacht wird, sind die Landgerichte ausschließlich zuständig.

(2) [1]Für alle bürgerlichen Rechtsstreitigkeiten, mit denen ein Anspruch auf Grund dieses Gesetzes geltend gemacht wird, ist das Gericht zuständig, in dessen Bezirk der Beklagte seinen allgemeinen Gerichtsstand hat. [2]Für alle bürgerlichen Rechtsstreitigkeiten, mit denen ein Anspruch auf Grund dieses Gesetzes geltend gemacht wird, ist außerdem das Gericht zuständig, in dessen Bezirk die Zuwiderhandlung begangen wurde. [3]Satz 2 gilt nicht für

1.   Rechtsstreitigkeiten wegen Zuwiderhandlungen im elektronischen Geschäftsverkehr oder in digitalen Diensten nach § 1 Absatz 4 Nummer 1 des Digitale-Dienste-Gesetzes oder

2.   Rechtsstreitigkeiten, die von den nach § 8 Absatz 3 Nummer 2 bis 4 zur Geltendmachung eines Unterlassungsanspruchs Berechtigten geltend gemacht werden,

es sei denn, der Beklagte hat im Inland keinen allgemeinen Gerichtsstand.

(3) [1]Die Landesregierungen werden ermächtigt, durch Rechtsverordnung für die Bezirke mehrerer Landgerichte eines von ihnen als Gericht für Wettbewerbsstreitsachen zu bestimmen, wenn dies der Rechtspflege in Wettbewerbsstreitsachen dienlich ist. [2]Die Landesregierungen können die Ermächtigung durch Rechtsverordnung auf die Landesjustizverwaltungen übertragen. [3]Die Länder können außerdem durch Vereinbarung die den Gerichten eines Landes obliegenden Klagen nach Absatz 1 insgesamt oder teilweise dem zuständigen Gericht eines anderen Landes übertragen.

(3) Abweichend von den Absätzen 1 bis 3 richtet sich die Zuständigkeit für bürgerliche Rechtsstreitigkeiten, mit denen ein Anspruch nach § 9 Absatz 2 Satz 1 geltend gemacht wird, nach den allgemeinen Vorschriften.

§ 15 Einigungsstellen

(1) Die Landesregierungen errichten bei Industrie- und Handelskammern Einigungsstellen zur Beilegung von bürgerlichen Rechtsstreitigkeiten, in denen ein Anspruch auf Grund dieses Gesetzes geltend gemacht wird (Einigungsstellen).

(2) [1]Die Einigungsstellen sind mit einer vorsitzenden Person, die die Befähigung zum Richteramt nach dem Deutschen Richtergesetz hat, und beisitzenden Personen zu besetzen. [2]Als beisitzende Personen werden im Falle einer Anrufung durch eine nach § 8 Absatz 3 Nummer 3 zur Geltendmachung eines Unterlassungsanspruchs berechtigte qualifizierte Einrichtung Unternehmer und Verbraucher in gleicher Anzahl tätig, sonst mindestens zwei sachverständige Unternehmer. [3]Die vorsitzende Person soll auf dem Gebiet des Wettbewerbsrechts erfahren sein. [4]Die beisitzenden Personen werden von der vorsitzenden Person für den jeweiligen Streitfall aus einer alljährlich für das Kalenderjahr aufzustellenden Liste berufen. [5]Die Berufung soll im Einvernehmen mit den Parteien erfolgen. [6]Für die Ausschließung und Ablehnung von Mitgliedern der Einigungsstelle sind die §§ 41 bis 43 und § 44 Absatz 2 bis 4 der Zivilprozessordnung entsprechend anzuwenden. [7]Über das Ablehnungsgesuch entscheidet das für den Sitz der Einigungsstelle zuständige Landgericht (Kammer für Handelssachen oder, falls es an einer solchen fehlt, Zivilkammer).

(3) [1]Die Einigungsstellen können bei bürgerlichen Rechtsstreitigkeiten, in denen ein Anspruch auf Grund dieses Gesetzes geltend gemacht wird, angerufen werden, wenn der Gegner zustimmt. [2]Soweit die geschäftlichen Handlungen Verbraucher betreffen, können die Einigungsstellen von jeder Partei zu einer Aussprache mit dem Gegner über den Streitfall angerufen werden; einer Zustimmung des Gegners bedarf es nicht.

(4) Für die Zuständigkeit der Einigungsstellen ist § 14 entsprechend anzuwenden.

(5) [1]Die der Einigungsstelle vorsitzende Person kann das persönliche Erscheinen der Parteien anordnen. [2]Gegen eine unentschuldigt ausbleibende Partei kann die Einigungsstelle ein Ordnungsgeld festsetzen. [3]Gegen die Anordnung des persönlichen Erscheinens und gegen die Festsetzung des Ordnungsgeldes findet die sofortige Beschwerde nach den Vorschriften der Zivilprozessordnung an das für den Sitz der Einigungsstelle zuständige Landgericht (Kammer für Handelssachen oder, falls es an einer solchen fehlt, Zivilkammer) statt.

(6) [1]Die Einigungsstelle hat einen gütlichen Ausgleich anzustreben. [2]Sie kann den Parteien einen schriftlichen, mit Gründen versehenen Einigungsvorschlag machen. [3]Der Einigungsvorschlag und seine Begründung dürfen nur mit Zustimmung der Parteien veröffentlicht werden.

(7) [1]Kommt ein Vergleich zustande, so muss er in einem besonderen Schriftstück niedergelegt und unter Angabe des Tages seines Zustandekommens von den Mitgliedern der Einigungsstelle, welche in der Verhandlung mitgewirkt haben, sowie von den Parteien unterschrieben werden. [2]Aus einem vor der Einigungsstelle geschlossenen Vergleich findet die Zwangsvollstreckung statt; § 797a der Zivilprozessordnung ist entsprechend anzuwenden.

(8) Die Einigungsstelle kann, wenn sie den geltend gemachten Anspruch von vornherein für unbegründet oder sich selbst für unzuständig erachtet, die Einleitung von Einigungsverhandlungen ablehnen.

(9) ¹Durch die Anrufung der Einigungsstelle wird die Verjährung in gleicher Weise wie durch Klageerhebung gehemmt. ²Kommt ein Vergleich nicht zustande, so ist der Zeitpunkt, zu dem das Verfahren beendet ist, von der Einigungsstelle festzustellen. ³Die vorsitzende Person hat dies den Parteien mitzuteilen.

(10) ¹Ist ein Rechtsstreit der in Absatz 3 Satz 2 bezeichneten Art ohne vorherige Anrufung der Einigungsstelle anhängig gemacht worden, so kann das Gericht auf Antrag den Parteien unter Anberaumung eines neuen Termins aufgeben, vor diesem Termin die Einigungsstelle zur Herbeiführung eines gütlichen Ausgleichs anzurufen. ²In dem Verfahren über den Antrag auf Erlass einer einstweiligen Verfügung ist diese Anordnung nur zulässig, wenn der Gegner zustimmt. ³Absatz 8 ist nicht anzuwenden. ⁴Ist ein Verfahren vor der Einigungsstelle anhängig, so ist eine erst nach Anrufung der Einigungsstelle erhobene Klage des Antragsgegners auf Feststellung, dass der geltend gemachte Anspruch nicht bestehe, nicht zulässig.

(11) ¹Die Landesregierungen werden ermächtigt, durch Rechtsverordnung die zur Durchführung der vorstehenden Bestimmungen und zur Regelung des Verfahrens vor den Einigungsstellen erforderlichen Vorschriften zu erlassen, insbesondere über die Aufsicht über die Einigungsstellen, über ihre Besetzung unter angemessener Beteiligung der nicht den Industrie- und Handelskammern angehörenden Unternehmern (§ 2 Absatz 2 bis 6 des Gesetzes zur vorläufigen Regelung des Rechts der Industrie- und Handelskammern in der im Bundesgesetzblatt Teil III, Gliederungsnummer 701-1, veröffentlichten bereinigten Fassung) und über die Vollstreckung von Ordnungsgeldern sowie Bestimmungen über die Erhebung von Auslagen durch die Einigungsstelle zu treffen. ²Bei der Besetzung der Einigungsstellen sind die Vorschläge der für ein Bundesland errichteten, mit öffentlichen Mitteln geförderten Verbraucherzentralen zur Bestimmung der in Absatz 2 Satz 2 genannten Verbraucher zu berücksichtigen.

(12) Abweichend von Absatz 2 Satz 1 kann in den Ländern Brandenburg, Mecklenburg-Vorpommern, Sachsen, Sachsen-Anhalt und Thüringen die Einigungsstelle auch mit einem Rechtskundigen als Vorsitzendem besetzt werden, der die Befähigung zum Berufsrichter nach dem Recht der Deutschen Demokratischen Republik erworben hat.

§ 15a Überleitungsvorschrift zum Gesetz zur Stärkung des fairen Wettbewerbs

(1) § 8 Absatz 3 Nummer 2 ist nicht anzuwenden auf Verfahren, die am 1. September 2021 bereits rechtshängig sind.

(2) Die §§ 13 und 13a Absatz 2 und 3 sind nicht anzuwenden auf Abmahnungen, die vor dem 2. Dezember 2020 bereits zugegangen sind.

Kapitel 4
Straf- und Bußgeldvorschriften

§ 16 Strafbare Werbung

(1) Wer in der Absicht, den <u>Anschein eines besonders günstigen Angebots</u> hervorzurufen, in öffentlichen Bekanntmachungen oder in Mitteilungen, die für einen größeren Kreis von Personen bestimmt sind, durch <u>unwahre Angaben irreführend wirbt</u>, wird mit <u>Freiheitsstrafe bis zu zwei Jahren</u> <u>oder</u> mit <u>Geldstrafe</u> bestraft.

(2) Wer es im geschäftlichen Verkehr unternimmt, Verbraucher zur Abnahme von Waren, Dienstleistungen oder Rechten durch das Versprechen zu veranlassen, sie würden entweder vom Veranstalter selbst oder von einem Dritten besondere Vorteile erlangen, wenn sie andere zum Abschluss gleichartiger Geschäfte veranlassen, die ihrerseits nach der Art dieser Werbung derartige Vorteile für eine entsprechende Werbung weiterer Abnehmer erlangen sollen, wird mit Freiheitsstrafe bis zu zwei Jahren oder mit Geldstrafe bestraft.

§ 17 (aufgehoben)

§ 18 (aufgehoben)

§ 19 Bußgeldvorschriften bei einem weitverbreiteten Verstoß und einem weitverbreiteten Verstoß mit Unions-Dimension

(1) Ordnungswidrig handelt, wer vorsätzlich oder fahrlässig entgegen § 5c Absatz 1 Verbraucherinteressen verletzt.

(2) [1]Die Ordnungswidrigkeit kann mit einer Geldbuße bis zu fünfzigtausend Euro geahndet werden. [2]Gegenüber einem Unternehmer, der in den von dem Verstoß betroffenen Mitgliedstaaten der Europäischen Union in dem der Behördenentscheidung vorausgegangenen Geschäftsjahr mehr als eine Million zweihundertfünfzigtausend Euro Jahresumsatz erzielt hat, kann eine höhere Geldbuße verhängt werden; diese darf 4 Prozent des Jahresumsatzes nicht übersteigen. [3]Die Höhe des Jahresumsatzes kann geschätzt werden. [4]Liegen keine Anhaltspunkte für eine Schätzung des Jahresumsatzes vor, so beträgt das Höchstmaß der Geldbuße zwei Millionen Euro. [5]Abweichend von den Sätzen 2 bis 4 gilt gegenüber einem Täter oder einem Beteiligten, der im Sinne des § 9 des Gesetzes über Ordnungswidrigkeiten für einen Unternehmer handelt, und gegenüber einem Beteiligten im Sinne des § 14 Absatz 1 Satz 2 des Gesetzes über Ordnungswidrigkeiten, der kein Unternehmer ist, der Bußgeldrahmen des Satzes 1. [6]Das für die Ordnungswidrigkeit angedrohte Höchstmaß der Geldbuße im Sinne des § 30 Absatz 2 Satz 2 des Gesetzes über Ordnungswidrigkeiten ist das nach den Sätzen 1 bis 4 anwendbare Höchstmaß.

(3) Die Ordnungswidrigkeit kann nur im Rahmen einer koordinierten Durchsetzungsmaßnahme nach Artikel 21 der Verordnung (EU) 2017/2394 geahndet werden.

(4) Verwaltungsbehörden im Sinne des § 36 Absatz 1 Nummer 1 des Gesetzes über Ordnungswidrigkeiten sind

1. das Umweltbundesamt,
2. die Bundesanstalt für Finanzdienstleistungsaufsicht bei einer Zuwiderhandlung, die sich auf die Tätigkeit eines Unternehmens im Sinne des § 2 Nummer 2 des EU-Verbraucherschutzdurchführungsgesetzes bezieht, und
3. die nach Landesrecht zuständige Behörde bei einer Zuwiderhandlung, die sich auf die Tätigkeit eines Unternehmens im Sinne des § 2 Nummer 4 des EU-Verbraucherschutzdurchführungsgesetzes bezieht. Dienstleistungen.

§ 20 Bußgeldvorschriften

(1) Ordnungswidrig handelt, wer vorsätzlich oder fahrlässig

1. entgegen § 7 Absatz 1 Satz 1 in Verbindung mit Absatz 2 Nummer 1 oder 2 mit einem Telefonanruf oder unter Verwendung einer automatischen Anrufmaschine gegenüber einem Verbraucher ohne dessen vorherige ausdrückliche Einwilligung wirbt,

2. entgegen § 7a Absatz 1 eine dort genannte Einwilligung nicht, nicht richtig, nicht vollständig oder nicht rechtzeitig dokumentiert oder nicht oder nicht mindestens fünf Jahre aufbewahrt,

3. entgegen § 8 Absatz 5 Satz 2 in Verbindung mit § 6a Absatz 1 Satz 3 des Unterlassungsklagenge-setzes eine dort genannte Zustellung nicht oder nicht rechtzeitig bekannt macht,

4. einer Rechtsverordnung nach § 8b Absatz 3 Satz 1 in Verbindung mit § 4f Nummer 1 oder 2 des Unterlassungsklagengesetzes oder einer vollziehbaren Anordnung auf Grund einer solchen Rechtsverordnung zuwiderhandelt, soweit die Rechtsverordnung für einen bestimmten Tatbestand auf diese Bußgeldvorschrift verweist, oder

5. entgegen § 8b Absatz 3 in Verbindung mit § 4b Absatz 1 Satz 1 des Unterlassungsklagengesetzes, auch in Verbindung mit einer Rechtsverordnung nach § 4f Nummer 3 des Unterlassungsklagenge-setzes, einen dort genannten Bericht nicht, nicht richtig, nicht vollständig oder nicht rechtzeitig er-stattet.

(2) Die Ordnungswidrigkeit kann in den Fällen des Absatzes 1 Nummer 1 mit einer Geldbuße bis zu dreihun-derttausend Euro, in den Fällen des Absatzes 1 Nummer 2 mit einer Geldbuße bis zu fünfzigtausend Euro und in den übrigen Fällen mit einer Geldbuße bis zu hunderttausend Euro geahndet werden.

(3) Verwaltungsbehörde im Sinne des § 36 Absatz 1 Nummer 1 des Gesetzes über Ordnungswidrigkeiten ist in den Fällen des Absatzes 1 Nummer 1 und 2 die Bundesnetzagentur für Elektrizität, Gas, Telekommunika-tion, Post und Eisenbahnen, in den übrigen Fällen das Bundesamt für Justiz.

Anhang (zu § 3 Absatz 3 UWG)

Folgende geschäftliche Handlungen sind gegenüber Verbrauchern stets unzulässig:

Irreführende geschäftliche Handlungen

1. unwahre Angabe über die Unterzeichnung eines Verhaltenskodexes
   die unwahre Angabe eines Unternehmers, zu den Unterzeichnern eines Verhaltenskodexes zu gehören;
2. unerlaubte Verwendung von Gütezeichen und Ähnlichem
   die Verwendung von Gütezeichen, Qualitätskennzeichen oder Ähnlichem ohne die erforderliche Genehmigung;
3. unwahre Angabe über die Billigung eines Verhaltenskodexes
   die unwahre Angabe, ein Verhaltenskodex sei von einer öffentlichen oder anderen Stelle gebilligt;
4. unwahre Angabe über Anerkennungen durch Dritte
   die unwahre Angabe,
   a) ein Unternehmer, eine von ihm vorgenommene geschäftliche Handlung oder eine Ware oder Dienstleistung sei von einer öffentlichen oder privaten Stelle bestätigt, gebilligt oder genehmigt worden, oder
   b) den Bedingungen für die Bestätigung, Billigung oder Genehmigung werde entsprochen;
5. Lockangebote ohne Hinweis auf Unangemessenheit der Bevorratungsmenge
   Waren- oder Dienstleistungsangebote im Sinne des § 5b Absatz 1 zu einem bestimmten Preis, wenn der Unternehmer nicht darüber aufklärt, dass er hinreichende Gründe für die Annahme hat, er werde nicht in der Lage sein, diese oder gleichartige Waren oder Dienstleistungen für einen angemessenen Zeitraum in angemessener Menge zum genannten Preis bereitzustellen oder bereitstellen zu lassen; ist die Bevorratung kürzer als zwei Tage, obliegt es dem Unternehmer, die Angemessenheit nachzuweisen;
6. Lockangebote zum Absatz anderer Waren oder Dienstleistungen
   Waren- oder Dienstleistungsangebote im Sinne des § 5b Absatz 1 zu einem bestimmten Preis, wenn der Unternehmer sodann in der Absicht, stattdessen eine andere Ware oder Dienstleistung abzusetzen,
   a) eine fehlerhafte Ausführung der Ware oder Dienstleistung vorführt,
   b) sich weigert zu zeigen, was er beworben hat, oder
   c) sich weigert, Bestellungen dafür anzunehmen oder die beworbene Leistung innerhalb einer vertretbaren Zeit zu erbringen;
7. unwahre Angabe über zeitliche Begrenzung des Angebots
   die unwahre Angabe, bestimmte Waren oder Dienstleistungen seien allgemein oder zu bestimmten Bedingungen nur für einen sehr begrenzten Zeitraum verfügbar, um den Verbraucher zu einer sofortigen

geschäftlichen Entscheidung zu veranlassen, ohne dass dieser Zeit und Gelegenheit hat, sich auf Grund von Informationen zu entscheiden;

8. Sprachenwechsel für Kundendienstleistungen bei einer in einer Fremdsprache geführten Vertragsverhandlung

   Kundendienstleistungen in einer anderen Sprache als derjenigen, in der die Verhandlungen vor dem Abschluss des Geschäfts geführt worden sind, wenn die ursprünglich verwendete Sprache nicht Amtssprache desjenigen Mitgliedstaats der Europäischen Union ist, in dem der Unternehmer niedergelassen ist; dies gilt nicht, soweit Verbraucher vor dem Abschluss des Geschäfts darüber aufgeklärt werden, dass diese Leistungen in einer anderen als der ursprünglich verwendeten Sprache erbracht werden;

9. unwahre Angabe über die Verkehrsfähigkeit

   die unwahre Angabe oder das Erwecken des unzutreffenden Eindrucks, eine Ware oder Dienstleistung sei verkehrsfähig;

10. Darstellung gesetzlicher Verpflichtungen als Besonderheit eines Angebots

    die unwahre Angabe oder das Erwecken des unzutreffenden Eindrucks, gesetzlich bestehende Rechte stellten eine Besonderheit des Angebots dar;

11. als Information getarnte Werbung

    der vom Unternehmer finanzierte Einsatz redaktioneller Inhalte zu Zwecken der Verkaufsförderung, ohne dass sich dieser Zusammenhang aus dem Inhalt oder aus der Art der optischen oder akustischen Darstellung eindeutig ergibt;

11a. verdeckte Werbung in Suchergebnissen

    die Anzeige von Suchergebnissen aufgrund der Online-Suchanfrage eines Verbrauchers, ohne dass etwaige bezahlte Werbung oder spezielle Zahlungen, die dazu dienen, ein höheres Ranking der jeweiligen Waren oder Dienstleistungen im Rahmen der Suchergebnisse zu erreichen, eindeutig offengelegt werden;

12. unwahre Angabe über Gefahren für die persönliche Sicherheit

    unwahre Angaben über Art und Ausmaß einer Gefahr für die persönliche Sicherheit des Verbrauchers oder seiner Familie für den Fall, dass er die angebotene Ware nicht erwirbt oder die angebotene Dienstleistung nicht in Anspruch nimmt;

13. Täuschung über betriebliche Herkunft

    Werbung für eine Ware oder Dienstleistung, die der Ware oder Dienstleistung eines bestimmten Herstellers ähnlich ist, wenn in der Absicht geworben wird, über die betriebliche Herkunft der beworbenen Ware oder Dienstleistung zu täuschen;

14. Schneeball- oder Pyramidensystem

    die Einführung, der Betrieb oder die Förderung eines Systems zur Verkaufsförderung, bei dem vom Verbraucher ein finanzieller Beitrag für die Möglichkeit verlangt wird, eine Vergütung allein oder zumindest hauptsächlich durch die Einführung weiterer Teilnehmer in das System zu erlangen;

15. unwahre Angabe über Geschäftsaufgabe

    die unwahre Angabe, der Unternehmer werde demnächst sein Geschäft aufgeben oder seine Geschäfts-
    räume verlegen;

16. Angaben über die Erhöhung der Gewinnchancen bei Glücksspielen

    die Angabe, durch eine bestimmte Ware oder Dienstleistung ließen sich die Gewinnchancen bei einem
    Glücksspiel erhöhen;

17. unwahre Angaben über die Heilung von Krankheiten

    die unwahre Angabe, eine Ware oder Dienstleistung könne Krankheiten, Funktionsstörungen oder Miss-
    bildungen heilen;

18. unwahre Angabe über Marktbedingungen oder Bezugsquellen

    eine unwahre Angabe über die Marktbedingungen oder Bezugsquellen, um den Verbraucher dazu zu
    bewegen, eine Ware oder Dienstleistung zu weniger günstigen Bedingungen als den allgemeinen Markt-
    bedingungen abzunehmen oder in Anspruch zu nehmen;

19. Nichtgewährung ausgelobter Preise

    das Angebot eines Wettbewerbs oder Preisausschreibens, wenn weder die in Aussicht gestellten Preise
    noch ein angemessenes Äquivalent vergeben werden;

20. unwahre Bewerbung als kostenlos

    das Angebot einer Ware oder Dienstleistung als „gratis", „umsonst", „kostenfrei" oder dergleichen, wenn
    für die Ware oder Dienstleistung gleichwohl Kosten zu tragen sind; dies gilt nicht für Kosten, die im Zu-
    sammenhang mit dem Eingehen auf das Waren- oder Dienstleistungsangebot oder für die Abholung
    oder Lieferung der Ware oder die Inanspruchnahme der Dienstleistung unvermeidbar sind;

21. Irreführung über das Vorliegen einer Bestellung

    die Übermittlung von Werbematerial unter Beifügung einer Zahlungsaufforderung, wenn damit der unzu-
    treffende Eindruck vermittelt wird, die beworbene Ware oder Dienstleistung sei bereits bestellt;

22. Irreführung über Unternehmereigenschaft

    die unwahre Angabe oder das Erwecken des unzutreffenden Eindrucks, der Unternehmer sei Verbrau-
    cher oder nicht für Zwecke seines Geschäfts, Handels, Gewerbes oder Berufs tätig;

23. Irreführung über Kundendienst in anderen Mitgliedstaaten der Europäischen Union

    die unwahre Angabe oder das Erwecken des unzutreffenden Eindrucks, es sei im Zusammenhang mit
    Waren oder Dienstleistungen in einem anderen Mitgliedstaat der Europäischen Union als dem des Wa-
    renverkaufs oder der Dienstleistung ein Kundendienst verfügbar;

23a. Wiederverkauf von Eintrittskarten für Veranstaltungen

    der Wiederverkauf von Eintrittskarten für Veranstaltungen an Verbraucher, wenn der Unternehmer diese
    Eintrittskarten unter Verwendung solcher automatisierter Verfahren erworben hat, die dazu dienen, Be-
    schränkungen zu umgehen in Bezug auf die Zahl der von einer Person zu erwerbenden Eintrittskarten
    oder in Bezug auf andere für den Verkauf der Eintrittskarten geltende Regeln;

23b. Irreführung über die Echtheit von Verbraucherbewertungen

die Behauptung, dass Bewertungen einer Ware oder Dienstleistung von solchen Verbrauchern stammen, die diese Ware oder Dienstleistung tatsächlich erworben oder genutzt haben, ohne dass angemessene und verhältnismäßige Maßnahmen zur Überprüfung ergriffen wurden, ob die Bewertungen tatsächlich von solchen Verbrauchern stammen;

23c. gefälschte Verbraucherbewertungen

die Übermittlung oder Beauftragung gefälschter Bewertungen oder Empfehlungen von Verbrauchern sowie die falsche Darstellung von Bewertungen oder Empfehlungen von Verbrauchern in sozialen Medien zu Zwecken der Verkaufsförderung;

Aggressive geschäftliche Handlungen

24. räumliches Festhalten des Verbrauchers

das Erwecken des Eindrucks, der Verbraucher könne bestimmte Räumlichkeiten nicht ohne vorherigen Vertragsabschluss verlassen;

25. Nichtverlassen der Wohnung des Verbrauchers trotz Aufforderung

bei persönlichem Aufsuchen des Verbrauchers in dessen Wohnung die Nichtbeachtung seiner Aufforderung, die Wohnung zu verlassen oder nicht zu ihr zurückzukehren, es sei denn, das Aufsuchen ist zur rechtmäßigen Durchsetzung einer vertraglichen Verpflichtung gerechtfertigt;

26. unzulässiges hartnäckiges Ansprechen über Fernabsatzmittel

hartnäckiges und unerwünschtes Ansprechen des Verbrauchers mittels Telefonanrufen, unter Verwendung eines Faxgerätes, elektronischer Post oder sonstiger für den Fernabsatz geeigneter Mittel der kommerziellen Kommunikation, es sei denn, dieses Verhalten ist zur rechtmäßigen Durchsetzung einer vertraglichen Verpflichtung gerechtfertigt;

27. Verhinderung der Durchsetzung vertraglicher Rechte im Versicherungsverhältnis

Maßnahmen, durch die der Verbraucher von der Durchsetzung seiner vertraglichen Rechte aus einem Versicherungsverhältnis dadurch abgehalten werden soll, dass

a) von ihm bei der Geltendmachung eines Anspruchs die Vorlage von Unterlagen verlangt wird, die zum Nachweis dieses Anspruchs nicht erforderlich sind, oder

b) Schreiben zur Geltendmachung eines Anspruchs systematisch nicht beantwortet werden;

28. Kaufaufforderung an Kinder

die in eine Werbung einbezogene unmittelbare Aufforderung an Kinder, selbst die beworbene Ware zu erwerben oder die beworbene Dienstleistung in Anspruch zu nehmen oder ihre Eltern oder andere Erwachsene dazu zu veranlassen;

29. Aufforderung zur Bezahlung nicht bestellter Waren oder Dienstleistungen

    die Aufforderung zur Bezahlung nicht bestellter, aber gelieferter Waren oder erbrachter Dienstleistungen oder eine Aufforderung zur Rücksendung oder Aufbewahrung nicht bestellter Waren;

30. Angaben über die Gefährdung des Arbeitsplatzes oder des Lebensunterhalts

    die ausdrückliche Angabe, dass der Arbeitsplatz oder der Lebensunterhalt des Unternehmers gefährdet sei, wenn der Verbraucher die Ware oder Dienstleistung nicht abnehme;

31. Irreführung über Preis oder Gewinn

    die unwahre Angabe oder das Erwecken des unzutreffenden Eindrucks, der Verbraucher habe bereits einen Preis gewonnen oder werde ihn gewinnen oder werde durch eine bestimmte Handlung einen Preis gewinnen oder einen sonstigen Vorteil erlangen, wenn

    a)   es einen solchen Preis oder Vorteil tatsächlich nicht gibt oder

    b)   die Möglichkeit, einen solchen Preis oder Vorteil zu erlangen, von der Zahlung eines Geldbetrags oder der Übernahme von Kosten abhängig gemacht wird.

32. Aufforderung zur Zahlung bei unerbetenen Besuchen in der Wohnung eines Verbrauchers am Tag des Vertragsschlusses

    bei einem im Rahmen eines unerbetenen Besuchs in der Wohnung eines Verbrauchers geschlossenen Vertrag die an den Verbraucher gerichtete Aufforderung zur Bezahlung der Ware oder Dienstleistung vor Ablauf des Tages des Vertragsschlusses; dies gilt nicht, wenn der Verbraucher einen Betrag unter 50 Euro schuldet.

„P2B-Verordnung" – Verordnung (EU) 2019/1150

Verordnung (EU) 2019/1150 des Europäischen Parlaments und des Rates vom 20. Juni 2019 zur Förderung von Fairness und Transparenz für gewerbliche Nutzer von Online-Vermittlungsdiensten („P2B-Verordnung", „P2B-VO") – Nichtamtliche Fassung (Auszug) –

Artikel 1
Gegenstand und Anwendungsbereich

(1) Mit dieser Verordnung soll zum reibungslosen Funktionieren des Binnenmarkts beigetragen werden, indem Vorschriften festgelegt werden, mit denen sichergestellt wird, dass für gewerbliche Nutzer von Online-Vermittlungsdiensten und Nutzer mit Unternehmenswebsite im Hinblick auf Suchmaschinen eine angemessene Transparenz, Fairness und wirksame Abhilfemöglichkeiten geschaffen werden.

(2) Diese Verordnung gilt für Online-Vermittlungsdienste und Online-Suchmaschinen, unabhängig vom Niederlassungsort oder Sitz der Anbieter dieser Dienste und unabhängig vom ansonsten anzuwendenden Recht, die gewerblichen Nutzern und Nutzern mit Unternehmenswebsite bereitgestellt bzw. zur Bereitstellung angeboten werden, die ihre Niederlassung oder ihren Wohnsitz in der Europäischen Union haben und die über diese Online-Vermittlungsdienste oder Online-Suchmaschinen Waren oder Dienstleistungen in der Europäischen Union befindlichen Verbrauchern anbieten.

(3) Diese Verordnung gilt nicht für Online-Zahlungsdienste, Online-Werbeinstrumente oder Online-Werbebörsen, die nicht bereitgestellt werden, um die Anbahnung direkter Transaktionen zu vermitteln, und bei denen kein Vertragsverhältnis mit Verbrauchern besteht.

(4) [1]Diese Verordnung gilt unbeschadet der Vorschriften der Mitgliedstaaten, durch die im Einklang mit dem Unionsrecht einseitige Handlungen oder unlautere Geschäftspraktiken verboten oder geahndet werden, soweit die relevanten Aspekte nicht durch diese Verordnung geregelt werden. [2]Diese Verordnung berührt nicht das nationale Zivilrecht, insbesondere das Vertragsrecht, etwa die Bestimmungen über die Wirksamkeit, das Zustandekommen, die Wirkungen oder die Beendigung eines Vertrags, soweit die Vorschriften des nationalen Zivilrechts mit dem Unionsrecht in Einklang stehen und soweit die relevanten Aspekte nicht durch diese Verordnung geregelt werden.

(5) Diese Verordnung gilt unbeschadet der Rechtsvorschriften der Union, insbesondere jener für die Bereiche justizielle Zusammenarbeit in Zivilsachen, Wettbewerb, Datenschutz, Schutz von Geschäftsgeheimnissen, Verbraucherschutz, elektronischer Geschäftsverkehr und Finanzdienstleistungen.

Artikel 2
Begriffsbestimmungen

Für die Zwecke dieser Verordnung bezeichnet der Ausdruck:

1. „gewerblicher Nutzer" jede im Rahmen einer geschäftlichen oder beruflichen Tätigkeit handelnde Privatperson oder jede juristische Person, die über Online-Vermittlungsdienste und für Zwecke im Zusammenhang mit ihrer gewerblichen, geschäftlichen, handwerklichen oder beruflichen Tätigkeit Verbrauchern Waren oder Dienstleistungen anbietet;

2. „Online-Vermittlungsdienste" Dienste, die alle nachstehenden Anforderungen erfüllen:

   a) Es handelt sich um Dienste der Informationsgesellschaft im Sinne des Artikels 1 Absatz 1 Buchstabe b der Richtlinie (EU) 2015/1535 des Europäischen Parlaments und des Rates.

   b) Sie ermöglichen es gewerblichen Nutzern, Verbrauchern Waren oder Dienstleistungen anzubieten, indem sie die Einleitung direkter Transaktionen zwischen diesen gewerblichen Nutzern und Verbrauchern vermitteln, unabhängig davon, wo diese Transaktionen letztlich abgeschlossen werden.

   c) Sie werden gewerblichen Nutzern auf der Grundlage eines Vertragsverhältnisses zwischen dem Anbieter dieser Dienste und den gewerblichen Nutzern, die den Verbrauchern Waren oder Dienstleistungen anbieten, bereitgestellt;

3. „Anbieter von Online-Vermittlungsdiensten" jede natürliche oder juristische Person, die gewerblichen Nutzern Online-Vermittlungsdienste bereitstellt oder zur Bereitstellung anbietet;

4. „Verbraucher" jede natürliche Person, die zu Zwecken handelt, die außerhalb der gewerblichen, geschäftlichen, handwerklichen oder beruflichen Tätigkeit dieser Person liegen;

5. „Online-Suchmaschine" einen digitalen Dienst, der es Nutzern ermöglicht, in Form eines Stichworts, einer Spracheingabe, einer Wortgruppe oder einer anderen Eingabe Anfragen einzugeben, um prinzipiell auf allen Websites oder auf allen Websites in einer bestimmten Sprache eine Suche zu einem beliebigen Thema vorzunehmen und Ergebnisse in einem beliebigen Format angezeigt zu bekommen, über die sie Informationen im Zusammenhang mit dem angeforderten Inhalt finden können;

6. „Anbieter von Online-Suchmaschinen" eine natürliche oder juristische Person, die Verbrauchern Online-Suchmaschinen bereitstellt oder zur Bereitstellung anbietet;

7. „Nutzer mit Unternehmenswebsite" eine natürliche oder juristische Person, die über eine Online-Schnittstelle, d. h. über eine Software (darunter Websites oder Teile davon und Anwendungen, einschließlich mobiler Anwendungen) und für Zwecke im Zusammenhang mit ihrer gewerblichen, geschäftlichen, handwerklichen oder beruflichen Tätigkeit Verbrauchern Waren oder Dienstleistungen anbietet;

8. „Ranking" die relative Hervorhebung von Waren und Dienstleistungen, die über Online-Vermittlungsdienste angeboten werden, oder die Relevanz, die Suchergebnissen von Online-Suchmaschinen zugemessen wird, wie von Anbietern von Online-Vermittlungsdiensten bzw. von

Anbietern von Online-Suchmaschinen organisiert, dargestellt und kommuniziert, unabhängig von den für diese Darstellung, Organisation oder Kommunikation verwendeten technischen Mitteln;

9. „Kontrolle" das Eigentum an einem Unternehmen oder die Fähigkeit, bestimmenden Einfluss auf ein Unternehmen auszuüben, im Sinne von Artikel 3 Absatz 2 der Verordnung (EG) Nr. 139/2004 des Rates;

10. „allgemeine Geschäftsbedingungen" alle Bedingungen oder Bestimmungen, die unabhängig von ihrer Bezeichnung oder Form das Vertragsverhältnis zwischen dem Anbieter von Online-Vermittlungsdiensten und ihren gewerblichen Nutzern regeln und einseitig vom Anbieter der Online-Vermittlungsdienste festgelegt werden, wobei diese einseitige Festlegung auf der Grundlage einer Gesamtbewertung festgestellt wird, im Rahmen derer die relative Größe der betroffenen Parteien, die Tatsache, dass Verhandlungen stattgefunden haben, oder die Tatsache, dass einzelne Bestimmungen in diesen Bedingungen möglicherweise Gegenstand von Verhandlungen waren und gemeinsam von dem jeweiligen Anbieter und dem jeweiligen gewerblichen Nutzer festgelegt wurden, für sich genommen nicht entscheidend ist;

11. „Nebenwaren und -dienstleistungen" Waren und Dienstleistungen, die dem Verbraucher vor Abschluss der Transaktion, die mittels der Online-Vermittlungsdienste angebahnt wurde, zusätzlich und ergänzend zu der vom gewerblichen Nutzer über die Online-Vermittlungsdienste angebotenen Hauptware oder -dienstleistung angeboten werden;

12. „Mediation" ein strukturiertes Verfahren im Sinne des Artikels 3 Buchstabe a der Richtlinie 2008/52/EG;

13. „dauerhafter Datenträger" jedes Medium, das es gewerblichen Nutzern gestattet, an sie persönlich gerichtete Informationen so zu speichern, dass sie sie in der Folge für eine den Zwecken der Informationen angemessene Dauer abrufen und einsehen können, und das die unveränderte Wiedergabe der gespeicherten Informationen ermöglicht.

Artikel 3
Allgemeine Geschäftsbedingungen

(1) Anbieter von Online-Vermittlungsdiensten stellen sicher, dass ihre allgemeinen Geschäftsbedingungen

a) klar und verständlich formuliert sind;

b) für gewerbliche Nutzer zu jedem Zeitpunkt ihrer Geschäftsbeziehung mit dem Anbieter von Online-Vermittlungsdiensten, auch während der Phase vor Vertragsabschluss, leicht verfügbar sind;

c) die Gründe benennen, bei deren Vorliegen entschieden werden kann, die Bereitstellung ihrer Online-Vermittlungsdienste für gewerbliche Nutzer vollständig oder teilweise auszusetzen oder zu beenden oder sie in irgendeiner anderen Art einzuschränken;

d) Informationen über zusätzliche Vertriebskanäle oder etwaige Partnerprogramme enthalten, über die der Anbieter von Online-Vermittlungsdiensten die vom gewerblichen Nutzer angebotenen Waren und Dienstleistungen vermarkten könnte;

e) allgemeine Informationen zu den Auswirkungen der allgemeinen Geschäftsbedingungen auf die Inhaberschaft und die Kontrolle von Rechten des geistigen Eigentums gewerblicher Nutzer enthalten.

(2) [1]Anbieter von Online-Vermittlungsdiensten unterrichten die betroffenen gewerblichen Nutzer auf einem dauerhaften Datenträger über jegliche vorgeschlagene Änderung ihrer allgemeinen Geschäftsbedingungen. [2]Die vorgeschlagenen Änderungen dürfen erst nach Ablauf einer im Hinblick auf Art und Umfang der geplanten Änderungen und deren Folgen für den betroffenen gewerblichen Nutzer angemessenen und verhältnismäßigen Frist umgesetzt werden. [3]Diese Frist beträgt mindestens 15 Tage ab dem Zeitpunkt, an dem der Anbieter der Online-Vermittlungsdienste die betroffenen gewerblichen Nutzer über die vorgeschlagenen Änderungen unterrichtet hat. [4]Die Anbieter von Online-Vermittlungsdiensten müssen längere Fristen einräumen, wenn dies erforderlich ist, um es gewerblichen Nutzern zu ermöglichen, die aufgrund der Änderung notwendigen technischen oder geschäftlichen Anpassungen vorzunehmen.

[5]Der betroffene gewerbliche Nutzer hat das Recht, den Vertrag mit dem Anbieter der Online-Vermittlungsdienste vor Ablauf der Frist zu kündigen. [6]Eine entsprechende Kündigung entfaltet innerhalb von 15 Tagen nach Eingang der Mitteilung gemäß Unterabsatz 1 Wirkung, sofern für den Vertrag keine kürzere Frist gilt.

[7]Die betroffenen gewerblichen Nutzer können nach Erhalt der Mitteilung nach Unterabsatz 1 jederzeit entweder durch eine schriftliche Erklärung oder eine eindeutige bestätigende Handlung auf die in Unterabsatz 2 genannte Frist verzichten.

[8]Das Einstellen neuer Waren oder Dienstleistungen in den Online-Vermittlungsdiensten vor Ablauf der Frist ist als eindeutige bestätigende Handlung zu betrachten, durch die auf die Frist verzichtet wird, außer in den Fällen, in denen die angemessene und verhältnismäßige Frist mehr als 15 Tage beträgt, weil der gewerbliche Nutzer aufgrund der Änderungen der allgemeinen Geschäftsbedingungen erhebliche technische Anpassungen an seinen Waren oder Dienstleistungen vornehmen muss. [9]In diesen Fällen gilt das Einstellen neuer Waren und Dienstleistungen durch den gewerblichen Nutzer nicht automatisch als Verzicht auf die Frist.

(3) Allgemeine Geschäftsbedingungen oder darin enthaltene Einzelbestimmungen, die den Anforderungen des Absatzes 1 nicht genügen, sowie vom Anbieter von Online-Vermittlungsdiensten vorgenommene Änderungen der allgemeinen Geschäftsbedingungen, die den Bestimmungen von Absatz 2 zuwiderlaufen, sind nichtig.

(4) Die Frist nach Absatz 2 Unterabsatz 2 gilt nicht, wenn ein Anbieter von Online-Vermittlungsdiensten

a) aufgrund gesetzlicher oder behördlich angeordneter Verpflichtungen Änderungen der allgemeinen Geschäftsbedingungen in einer Art und Weise vornehmen muss, die es ihm nicht gestatten, die in Absatz 2 Unterabsatz 2 genannte Frist einzuhalten;

b) in Ausnahmefällen seine allgemeinen Geschäftsbedingungen zur Abwehr einer unvorhergesehenen und unmittelbar drohenden Gefahr ändern muss, um die Online-Vermittlungsdienste, Verbraucher oder gewerbliche Nutzer vor Betrug, Schadsoftware, Spam, Verletzungen des Datenschutzes oder anderen Cybersicherheitsrisiken zu schützen.

(5) Anbieter von Online-Vermittlungsdiensten stellen sicher, dass die Identität der gewerblichen Nutzer, die Waren und Dienstleistungen über die Online-Vermittlungsdienste anbieten, klar erkennbar ist.

Artikel 4
Einschränkung, Aussetzung und Beendigung

(1) Beschließt ein Anbieter von Online-Vermittlungsdiensten, die Bereitstellung seiner Online-Vermittlungsdienste für einen bestimmten gewerblichen Nutzer in Bezug auf einzelne von diesem gewerblichen Nutzer angebotene Waren oder Dienstleistungen einzuschränken oder auszusetzen, so übermittelt er dem betroffenen gewerblichen Nutzer vor oder gleichzeitig mit dem Wirksamwerden der Aussetzung oder Einschränkung auf einem dauerhaften Datenträger eine Begründung dieser Entscheidung.

(2) Beschließt ein Anbieter von Online-Vermittlungsdiensten, die Bereitstellung seiner Online-Vermittlungsdienste für einen bestimmten gewerblichen Nutzer vollständig zu beenden, so übermittelt er dem betroffenen gewerblichen Nutzer mindestens 30 Tage vor dem Wirksamwerden der Beendigung auf einem dauerhaften Datenträger eine Begründung dieser Entscheidung.

(3) [1]Im Falle einer Einschränkung, Aussetzung oder Beendigung bietet der Anbieter von Online-Vermittlungsdiensten dem gewerblichen Nutzer die Möglichkeit, die Tatsachen und Umstände im Rahmen des internen Beschwerdemanagementverfahrens gemäß Artikel 11 zu klären. [2]Wird die Einschränkung, Aussetzung oder Beendigung durch den Anbieter von Online-Vermittlungsdiensten aufgehoben, setzt er den gewerblichen Nutzer umgehend wieder ein, wozu auch der Zugang zu personenbezogenen oder sonstigen Daten oder beidem gehört, die durch die Nutzung der einschlägigen Online-Vermittlungsdienste vor dem Wirksamwerden der Einschränkung, Aussetzung oder Beendigung generiert wurden.

(4) [1]Die Frist gemäß Absatz 2 gilt nicht, wenn ein Anbieter von Online-Vermittlungsdiensten

a) gesetzlichen oder behördlich angeordneten Verpflichtungen unterliegt, die eine vollständige Beendigung der Bereitstellung der Online-Vermittlungsdienste für einen bestimmten gewerblichen Nutzer erfordern und ihm dabei keine Einhaltung der Frist erlauben;

b) sein Recht auf Beendigung aufgrund eines zwingenden Grunds nach nationalem Recht, das im Einklang mit dem Unionsrecht steht, ausübt;

c) nachweisen kann, dass der betroffene gewerbliche Nutzer wiederholt gegen die geltenden allgemeinen Geschäftsbedingungen verstoßen hat, was zur vollständigen Beendigung der betreffenden Online-Vermittlungsdienste geführt hat.

[2]In den Fällen, in denen die in Absatz 2 genannte Frist nicht gilt, stellt der Anbieter von Online-Vermittlungsdiensten dem betroffenen gewerblichen Nutzer unverzüglich eine Begründung für seine Entscheidung auf einem dauerhaften Datenträger zur Verfügung.

(5) [1]In der in den Absätzen 1 und 2 und Absatz 4 Unterabsatz 2 genannten Begründung gibt der Anbieter der Online-Vermittlungsdienste die konkreten Tatsachen oder Umstände, einschließlich des Inhalts der Mitteilungen Dritter, die ihn zu seiner Entscheidung bewogen haben, und die für diese Entscheidung geltenden Gründe gemäß Artikel 3 Absatz 1 Buchstabe c an.

[2]Ein Anbieter von Online-Vermittlungsdiensten ist nicht verpflichtet, eine Begründung abzugeben, wenn er aufgrund gesetzlicher oder behördlich angeordneter Verpflichtungen die konkreten Tatsachen oder Umstände und den zutreffenden Grund bzw. die zutreffenden Gründe nicht offenlegen darf, oder wenn er nachweisen kann, dass der betroffene gewerbliche Nutzer wiederholt gegen die geltenden allgemeinen Geschäftsbedingungen verstoßen hat, was zur vollständigen Beendigung der betreffenden Online-Vermittlungsdienste geführt hat.

Artikel 5
Ranking

(1) Anbieter von Online-Vermittlungsdiensten stellen in ihren allgemeinen Geschäftsbedingungen die das Ranking bestimmenden Hauptparameter und die Gründe für die relative Gewichtung dieser Hauptparameter gegenüber anderen Parametern dar.

(2) [1]Die Anbieter von Online-Suchmaschinen stellen die Hauptparameter, die einzeln oder gemeinsam für die Festlegung des Rankings am wichtigsten sind, und die relative Gewichtung dieser Hauptparameter dar, indem sie in ihren Online-Suchmaschinen klar und verständlich formulierte Erläuterungen bereitstellen, die öffentlich und leicht verfügbar sind. [2]Sie sorgen dafür, dass diese Beschreibungen stets aktuell sind.

(3) Enthalten die Hauptparameter die Möglichkeit, dass die gewerblichen Nutzer oder die Nutzer mit Unternehmenswebsite das Ranking beeinflussen können, indem sie dem jeweiligen Anbieter direkt oder indirekt ein Entgelt entrichten, so erläutert der Anbieter diese Möglichkeit und legt gemäß den in Absatz 1 und 2 genannten Anforderungen dar, wie sich derartige Entgelte auf das Ranking auswirken.

(4) Hat der Anbieter einer Online-Suchmaschine die Reihenfolge des Rankings in einem konkreten Fall geändert oder eine bestimmte Website infolge der Mitteilung eines Dritten ausgelistet, bietet der Anbieter dem Nutzer mit Unternehmenswebsite die Möglichkeit, den Inhalt der Mitteilung einzusehen.

(5) Die in den Absätzen 1, 2 und 3 genannten Erläuterungen müssen den gewerblichen Nutzern oder den Nutzern mit Unternehmenswebsite ein angemessenes Verständnis der Frage ermöglichen, ob und gegebenenfalls wie und in welchem Umfang der Rankingmechanismus Folgendes berücksichtigt:

    a)   die Merkmale der Waren und Dienstleistungen, die Verbrauchern über Online-Vermittlungsdienste oder Online-Suchmaschinen angeboten werden;

    b)   die Relevanz dieser Merkmale für diese Verbraucher;

    c)   im Falle von Online-Suchmaschinen die Gestaltungsmerkmale der Website, die von Nutzern mit Unternehmenswebsite verwendet werden.

(6) [1]Die Anbieter von Online-Vermittlungsdiensten und Anbieter von Online-Suchmaschinen sind zur Einhaltung der Anforderungen dieses Artikels nicht verpflichtet, Algorithmen oder Informationen offenzulegen, die mit hinreichender Sicherheit dazu führen würden, dass eine Täuschung oder Schädigung von Verbrauchern durch die Manipulation von Suchergebnissen möglich wird. [2]Dieser Artikel gilt unbeschadet der Richtlinie (EU) 2016/943.

(7) Um die Anbieter von Online-Vermittlungsdiensten und die Anbieter von Online-Suchmaschinen bei der Einhaltung der Anforderungen dieses Artikels zu unterstützen und um deren Durchsetzung zu erleichtern, begleitet die Kommission die in diesem Artikel festgelegten Transparenzanforderungen durch Leitlinien.

Artikel 6
Nebenwaren und -dienstleistungen

Wenn Verbrauchern über die Online-Vermittlungsdienste entweder durch den Anbieter von Online-Vermittlungsdiensten oder durch Dritte Nebenwaren und -dienstleistungen, einschließlich Finanzprodukten, angeboten werden, nimmt der Anbieter von Online-Vermittlungsdiensten in seine allgemeinen Geschäftsbedingungen eine Beschreibung der Art der angebotenen Nebenwaren und -dienstleistungen und eine Angabe dazu auf, ob und unter welchen Bedingungen der gewerbliche Nutzer ebenfalls berechtigt ist, seine eigenen Nebenwaren und -dienstleistungen über die Online-Vermittlungsdienste anzubieten.

Artikel 7
Differenzierte Behandlung

(1) [1]Die Anbieter von Online-Vermittlungsdiensten erläutern in ihren allgemeinen Geschäftsbedingungen jegliche etwaige differenzierte Behandlung von Waren und Dienstleistungen, die Verbrauchern über diese Online-Vermittlungsdienste einerseits entweder von diesem Anbieter selbst oder von gewerblichen Nutzern, die von diesem Anbieter kontrolliert werden, und andererseits von sonstigen gewerblichen Nutzern angeboten werden. [2]Diese Erläuterung bezieht sich auf die wichtigsten wirtschaftlichen, geschäftlichen oder rechtlichen Erwägungen, die einer solchen differenzierten Behandlung zugrunde liegen.

(2) Die Anbieter von Online-Suchmaschinen erläutern jegliche etwaige differenzierte Behandlung von Waren und Dienstleistungen, die Verbrauchern über diese Online-Suchmaschinen einerseits entweder von diesem Anbieter selbst oder von Nutzern mit Unternehmenswebsite, die von diesem Anbieter kontrolliert werden, und andererseits von sonstigen Nutzern mit Unternehmenswebsite angeboten werden.

(3) Die in den Absätzen 1 und 2 genannte Erläuterung umfasst gegebenenfalls insbesondere Angaben zu jeglicher differenzierten Behandlung durch konkrete Maßnahmen oder durch das Verhalten des Anbieters von Online-Vermittlungsdiensten oder des Anbieters von Online-Suchmaschinen in Bezug auf Folgendes:

a) etwaiger Zugang des Anbieters oder der gewerblichen Nutzer, oder der Nutzer mit Unternehmenswebsite, die der Anbieter kontrolliert, zu personenbezogenen oder sonstigen Daten oder beidem, die gewerbliche Nutzer, Nutzer mit Unternehmenswebsite oder Verbraucher für die Nutzung der betreffenden Online-Vermittlungsdienste oder der betreffenden Online-Suchmaschinen zur Verfügung stellen oder die im Zuge der Bereitstellung dieser Dienste generiert werden;

b) Ranking oder andere Einstellungen, die der Anbieter anwendet und die den Zugang der Verbraucher zu Waren oder Dienstleistungen beeinflussen, die von anderen gewerblichen Nutzern über diese Online-Vermittlungsdienste oder von anderen Nutzern mit Unternehmenswebsite über diese Online-Suchmaschinen angeboten werden;

c) etwaige direkte oder indirekte Entgelte für die Nutzung der betreffenden Online-Vermittlungsdienste oder Online-Suchmaschinen;

d) Zugang zu den Diensten, Funktionen oder technischen Schnittstellen, die für den gewerblichen
Nutzer oder den Nutzer mit Unternehmenswebsite relevant sind und mit der Nutzung der betreffenden Online-Vermittlungsdienste oder Online-Suchmaschinen unmittelbar im Zusammenhang
stehen oder eine Ergänzung zu deren Nutzung sind, sowie die Bedingungen und die direkt oder
indirekt erhobene Vergütung für die Nutzung dieser Dienste, Funktionen oder technischen
Schnittstellen.

Artikel 8
Besondere Vertragsbestimmungen

Um sicherzustellen, dass die Vertragsbeziehungen zwischen den Anbietern von Online-Vermittlungsdiensten und den gewerblichen Nutzern nach Treu und Glauben und auf der Grundlage des redlichen Geschäftsverkehrs gestaltet werden, sind die Anbieter von Online-Vermittlungsdiensten zu Folgendem verpflichtet:

a) Sie erlegen keine rückwirkenden Änderungen an den allgemeinen Geschäftsbedingungen auf, es
sei denn, dies geschieht in Erfüllung einer gesetzlichen oder behördlich angeordneten Verpflichtung oder die rückwirkenden Änderungen sind für die gewerblichen Nutzer von Vorteil;

b) Sie sorgen dafür, dass ihre allgemeinen Geschäftsbedingungen Informationen über die Bedingungen enthalten, unter denen die gewerblichen Nutzer die Vertragsbeziehung mit dem Anbieter von
Online-Vermittlungsdiensten beenden können; und

c) Sie nehmen in ihre allgemeinen Geschäftsbedingungen eine Beschreibung des vorhandenen
oder nicht vorhandenen technischen und vertraglichen Zugangs zu den von dem gewerblichen
Nutzer bereitgestellten oder generierten Informationen auf, den sie behalten, nachdem der Vertrag zwischen dem Anbieter von Online-Vermittlungsdiensten und dem gewerblichen Nutzer abgelaufen ist.

Artikel 9
Datenzugang

(1) Die Anbieter von Online-Vermittlungsdiensten erläutern in ihren allgemeinen Geschäftsbedingungen den
technischen und vertraglichen Zugang oder das Fehlen eines solchen Zugangs für gewerbliche Nutzer zu personenbezogenen oder sonstigen Daten oder beidem, die gewerbliche Nutzer oder Verbraucher für die Nutzung der betreffenden Online-Vermittlungsdienste zur Verfügung stellen oder die im Zuge der Bereitstellung
dieser Dienste generiert werden.

(2) Mittels der in Absatz 1 genannten Erläuterung informieren die Anbieter von Online-Vermittlungsdiensten
gewerbliche Nutzer angemessen insbesondere darüber,

a) ob der Anbieter der Online-Vermittlungsdienste Zugang zu personenbezogenen oder sonstigen
Daten oder zu beidem hat, die gewerbliche Nutzer oder Verbraucher für die Nutzung dieser
Dienste zur Verfügung stellen oder die im Zuge der Bereitstellung dieser Dienste generiert

werden, sowie gegebenenfalls darüber, zu welchen Kategorien dieser Daten und zu welchen Bedingungen er Zugang hat;

b)   ob ein gewerblicher Nutzer Zugang zu personenbezogenen oder sonstigen Daten oder beidem hat, die dieser gewerbliche Nutzer im Zusammenhang mit der Nutzung der betreffenden Online-Vermittlungsdienste durch den gewerblichen Nutzer zur Verfügung gestellt hat oder die im Zuge der Bereitstellung dieser Dienste für diesen gewerblichen Nutzer und die Verbraucher der Waren oder Dienstleistungen des gewerblichen Nutzers generiert wurden, sowie gegebenenfalls darüber, zu welchen Kategorien dieser Daten und zu welchen Bedingungen er Zugang hat;

c)   zusätzlich zu Buchstabe b, ob ein gewerblicher Nutzer Zugang zu personenbezogenen Daten oder sonstigen Daten oder beidem, auch in aggregierter Form, hat, die im Zuge der allen gewerblichen Nutzern und Verbrauchern bereitgestellten Online-Vermittlungsdienste zur Verfügung gestellt oder generiert wurden, und gegebenenfalls darüber, zu welchen Kategorien dieser Daten und zu welchen Bedingungen er Zugang hat; und

d)   ob die unter Buchstabe a genannten Daten Dritten zur Verfügung gestellt werden, einschließlich, wenn die Bereitstellung dieser Daten für Dritte für das ordnungsgemäße Funktionieren der Online-Vermittlungsdienste nicht erforderlich ist, Informationen zur Konkretisierung des Zwecks einer solchen Datenweitergabe sowie Möglichkeiten, die gewerblichen Nutzern für eine Ablehnung dieser Datenweitergabe offenstehen.

(3) Dieser Artikel lässt die Anwendung der Verordnung (EU) 2016/679, der Richtlinie (EU) 2016/680 und der Richtlinie 2002/58/EC unberührt.

Artikel 10
Einschränkung der Möglichkeit, andere Bedingungen auf anderem Wege anzubieten

(1) [1]Schränken die Anbieter von Online-Vermittlungsdiensten bei der Bereitstellung ihrer Dienste gewerbliche Nutzer in ihrer Möglichkeit ein, Verbrauchern dieselben Waren und Dienstleistungen zu anderen Bedingungen auf anderem Wege als über ihre Dienste anzubieten, müssen sie in ihren allgemeinen Geschäftsbedingungen die Gründe für diese Einschränkung angeben und diese öffentlich leicht verfügbar machen. [2]Hierbei sind die wichtigsten wirtschaftlichen, geschäftlichen oder rechtlichen Gründe für die Einschränkungen anzugeben.

(2) Die in Absatz 1 genannte Verpflichtung berührt nicht etwaige Verbote oder Beschränkungen in Bezug auf die Auferlegung solcher Einschränkungen, die sich für Anbieter von Online-Vermittlungsdiensten aus der Anwendung anderer Unionsrechtsakte oder von nationalem Recht ergeben, das im Einklang mit dem Unionsrecht steht, denen der Anbieter von Online-Vermittlungsdiensten unterliegt.

Artikel 11
Internes Beschwerdemanagementsystem

(1) [1]Die Anbieter von Online-Vermittlungsdiensten richten ein internes System für die Bearbeitung von Beschwerden gewerblicher Nutzer ein.

[2]Dieses interne Beschwerdemanagementsystem muss für gewerbliche Nutzer leicht zugänglich und kostenfrei sein, und eine Bearbeitung innerhalb eines angemessenen Zeitrahmens muss sichergestellt sein. [3]Es muss auf den Grundsätzen der Transparenz, der Gleichbehandlung in gleichen Situationen und der Behandlung von Beschwerden in einer Art und Weise beruhen, die ihrer Bedeutung und ihrer Komplexität angemessen ist. [4]Es muss gewerblichen Nutzern die Möglichkeit bieten, Beschwerden in Bezug auf die folgenden Probleme direkt bei dem betreffenden Anbieter einzureichen:

  a) die mutmaßliche Nichteinhaltung einer der in dieser Verordnung festgelegten Verpflichtungen durch den Anbieter, die sich auf den Beschwerde führenden gewerblichen Nutzer (im Folgenden „Beschwerdeführer") auswirkt,

  b) technische Probleme, die in direktem Zusammenhang mit der Bereitstellung von Online-Vermittlungsdiensten stehen und die sich auf den Beschwerdeführer auswirken;

  c) Maßnahmen oder Verhaltensweisen des Anbieters, die in direktem Zusammenhang mit der Bereitstellung der Online-Vermittlungsdienste stehen und die sich auf den Beschwerdeführer auswirken.

(2) Im Rahmen ihres internen Beschwerdemanagementsystems haben Anbieter von Online-Vermittlungsdiensten folgende Pflichten:

  a) die sorgfältige Prüfung der eingereichten Beschwerden und die möglicherweise notwendige weitere Bearbeitung der Beschwerden, um eine angemessene Lösung für das Problem herbeizuführen;

  b) die zügige und wirksame Bearbeitung von Beschwerden unter Berücksichtigung der Bedeutung und Komplexität des Problems;

  c) die individuelle sowie klar und verständlich formulierte Unterrichtung des Beschwerdeführers über das Ergebnis des internen Beschwerdemanagementverfahrens.

(3) Die Anbieter von Online-Vermittlungsdiensten stellen in ihren allgemeinen Geschäftsbedingungen alle einschlägigen Informationen zur Verfügung, die sich auf den Zugang zu ihrem internen Beschwerdemanagementsystem und dessen Funktionsweise beziehen.

(4) [1]Die Anbieter von Online-Vermittlungsdiensten erstellen Informationen zur Funktionsweise und Wirksamkeit ihres internen Beschwerdemanagementsystems und machen diese Informationen öffentlich leicht verfügbar. Sie überprüfen die Informationen mindestens einmal jährlich und aktualisieren sie, wenn wesentliche Änderungen erforderlich sind.

[2]Hierbei sind die Anzahl der eingereichten Beschwerden, die wichtigsten Arten von Beschwerden, der durchschnittliche Zeitbedarf für die Bearbeitung der Beschwerden und aggregierte Informationen über das Ergebnis der Beschwerden anzugeben.

(5) Die Bestimmungen dieses Artikels gelten nicht für Anbieter von Online-Vermittlungsdiensten, bei denen es sich um kleine Unternehmen im Sinne des Anhangs zur Empfehlung 2003/361/EG der Kommission handelt.

Artikel 12
Mediation

(1) [1]Die Anbieter von Online-Vermittlungsdiensten geben in ihren allgemeinen Geschäftsbedingungen zwei oder mehr Mediatoren an, mit denen sie bereit sind zusammenzuarbeiten, um mit gewerblichen Nutzern eine außergerichtliche Beilegung etwaiger Streitigkeiten zwischen dem Anbieter und dem gewerblichen Nutzer zu erzielen, die sich auf die Bereitstellung der betreffenden Online-Vermittlungsdienste, darunter auch auf Beschwerden beziehen, die nicht mit den in Artikel 11 genannten Mitteln des internen Beschwerdemanagementsystems gelöst werden können. [2]Die Anbieter von Online-Vermittlungsdiensten können nur dann Mediatoren benennen, die ihre Mediationsdienste von einem Ort außerhalb der Europäischen Union erbringen, wenn sichergestellt ist, dass den betroffenen gewerblichen Nutzern effektiv kein im Unionsrecht oder dem Recht eines Mitgliedstaats festgelegter Rechtsschutz infolge der Tatsache vorenthalten wird, dass die Mediatoren ihre Mediationsdienste von außerhalb der Europäischen Union erbringen.

(2) Die in Absatz 1 genannten Mediatoren müssen folgende Bedingungen erfüllen:

   a)   Sie sind unparteiisch und unabhängig.
   b)   Ihre Mediationsdienste sind für gewerbliche Nutzer der betreffenden Online-Vermittlungsdienste erschwinglich.
   c)   Sie sind in der Lage, ihre Mediationsdienste in der Sprache der allgemeinen Geschäftsbedingungen zu erbringen, die das Vertragsverhältnis zwischen dem Anbieter der Online-Vermittlungsdienste und dem betroffenen gewerblichen Nutzer regeln.
   d)   Sie sind entweder physisch am Ort der Niederlassung oder am Wohnsitz des gewerblichen Nutzers oder mittels Kommunikationstechnik aus der Ferne leicht zu erreichen.
   e)   Sie können ihre Mediationsdienste unverzüglich erbringen.
   f)   Sie verfügen über ein ausreichendes Verständnis der allgemeinen Geschäftsbeziehungen zwischen Unternehmen, sodass sie wirksam zum Versuch der Streitbeilegung beitragen können.

(3) Ungeachtet des freiwilligen Charakters der Mediation beteiligen sich Anbieter von Online-Vermittlungsdiensten und gewerbliche Nutzer nach Treu und Glauben an allen Mediationsversuchen, die gemäß diesem Artikel unternommen werden.

(4) [1]Die Anbieter von Online-Vermittlungsdiensten tragen in jedem Einzelfall einen angemessenen Anteil an den Gesamtkosten der Mediation. [2]Der angemessene Anteil an den Gesamtkosten wird ausgehend von einem Vorschlag des Mediators unter Berücksichtigung aller einschlägigen Elemente des jeweiligen Falls, insbesondere der Stichhaltigkeit der Forderungen der Streitparteien, des Verhaltens der Parteien sowie der Größe und der Finanzstärke der Parteien im Verhältnis zueinander, bestimmt.

(5) Jeder Versuch, nach diesem Artikel eine Einigung über die Streitbeilegung durch Mediation herbeizuführen, berührt nicht das Recht der betreffenden Anbieter von Online-Vermittlungsdiensten und der betroffenen gewerblichen Nutzer, zu jedem Zeitpunkt vor, während oder nach der Mediation Klage vor Gericht zu erheben.

(6) Auf Ersuchen eines gewerblichen Nutzers müssen die Anbieter von Online-Vermittlungsdiensten vor oder während einer Mediation Informationen über das Funktionieren und die Wirksamkeit der Mediation im Zusammenhang mit ihren Tätigkeiten bereitstellen.

(7) Die in Absatz 1 genannte Verpflichtung gilt nicht für Anbieter von Online-Vermittlungsdiensten, bei denen es sich um kleine Unternehmen im Sinne des Anhangs zur Empfehlung 2003/361/EG handelt.

Artikel 13
Spezialisierte Mediatoren

Die Kommission fordert in enger Zusammenarbeit mit den Mitgliedstaaten Anbieter von Online-Vermittlungsdiensten sowie Organisationen und Verbände, die diese vertreten, auf, einzeln oder gemeinsam eine oder mehrere Organisationen zu gründen, die Mediationsdienste anbieten und die in Artikel 12 Absatz 2 genannten Bedingungen erfüllen, um speziell die außergerichtliche Beilegung von Streitigkeiten mit gewerblichen Nutzern im Zusammenhang mit der Bereitstellung von Online-Vermittlungsdiensten und unter besonderer Berücksichtigung des grenzüberschreitenden Charakters dieser Dienste zu erleichtern.

Artikel 14
Klageeinreichung vor Gericht durch repräsentative Organisationen
oder Verbände und durch öffentliche Stellen

(1) Organisationen und Verbände, die ein berechtigtes Interesse an der Vertretung gewerblicher Nutzer oder von Nutzern mit Unternehmenswebsite haben, sowie in den Mitgliedstaaten eingerichtete öffentliche Stellen haben das Recht, zuständige nationale Gerichte in der Europäischen Union anzurufen, und zwar entsprechend den Rechtsvorschriften des Mitgliedstaats, in dem die Klage gegen einen Anbieter von Online-Vermittlungsdiensten oder von Online-Suchmaschinen wegen der Nichteinhaltung der einschlägigen, in dieser Verordnung festgelegten Bestimmungen mit dem Ziel eingereicht wird, diese Nichteinhaltung zu beenden oder zu untersagen.

(2) Die Kommission ermutigt die Mitgliedstaaten, bewährte Verfahren und Informationen mit anderen Mitgliedstaaten auf der Grundlage von Registern rechtswidriger Handlungen, die Gegenstand von Unterlassungsverfügungen seitens nationaler Gerichte waren, auszutauschen, sofern solche Register von den einschlägigen öffentlichen Stellen oder Behörden eingerichtet wurden.

(3) [1]Organisationen oder Verbände haben das in Absatz 1 genannte Recht nur dann, wenn sie alle folgenden Bedingungen erfüllen:

  a)   Sie sind nach dem Recht eines Mitgliedstaats ordnungsgemäß errichtet.

  b)   Sie verfolgen Ziele, die im kollektiven Interesse der Gruppe gewerblicher Nutzer oder der Nutzer mit Unternehmenswebsite sind, die sie dauerhaft vertreten.

c)   Sie verfolgen keine Gewinnerzielungsabsicht.

d)   Ihre Entscheidungsfindung wird nicht unangemessen durch Drittgeldgeber, insbesondere durch Anbieter von Online-Vermittlungsdiensten oder Online-Suchmaschinen, beeinflusst.

²Zu diesem Zweck veröffentlichen die Organisationen und Verbände alle Informationen darüber, wer ihre Mitglieder sind, und über ihre Finanzierungsquellen.

(4) In Mitgliedstaaten, in denen öffentliche Stellen eingerichtet wurden, sind diese berechtigt, das in Absatz 1 genannte Recht auszuüben, sofern sie nach dem Recht des betreffenden Mitgliedstats damit beauftragt wurden, die kollektiven Interessen von gewerblichen Nutzern oder von Nutzern mit Unternehmenswebsite wahrzunehmen, oder dafür zu sorgen, dass die in dieser Verordnung festgelegten Bestimmungen eingehalten werden.

(5) ¹Die Mitgliedstaaten können

a)   Organisationen oder Verbände mit Sitz in ihrem Mitgliedstaat, die mindestens die Anforderungen des Absatzes 3 erfüllen, auf deren Antrag sowie

b)   öffentlichen Stellen mit Sitz in ihrem Mitgliedstaat, die die Anforderungen des Absatzes 4 erfüllen,

benennen, die das in Absatz 1 genannte Recht erhalten. ²Die Mitgliedstaaten teilen der Kommission Namen und Zweck aller solcher benannten Organisationen, Verbände oder öffentlichen Stellen mit.

(6) ¹Die Kommission erstellt ein Verzeichnis der gemäß Absatz 5 benannten Organisationen, Verbände und öffentlichen Stellen. ²Dieses Verzeichnis enthält den Zweck dieser Organisationen, Verbände und öffentlichen Stellen. ³Es wird im Amtsblatt der Europäischen Union veröffentlicht. ⁴Änderungen an diesem Verzeichnis werden umgehend veröffentlicht, und ein aktualisiertes Verzeichnis wird alle sechs Monate veröffentlicht.

(7) Die Gerichte akzeptieren die Liste nach Absatz 6 als Nachweis der Berechtigung der Organisation, des Verbands oder der öffentlichen Stelle zur Klageerhebung unbeschadet ihres Rechts zu prüfen, ob der Zweck des Klägers dessen Klageerhebung im Einzelfall rechtfertigt.

(8) Äußert ein Mitgliedstaat oder die Kommission Bedenken hinsichtlich der Erfüllung der in Absatz 3 genannten Kriterien durch eine Organisation oder einen Verband oder der in Absatz 4 genannten Kriterien durch eine öffentliche Stelle, so prüft der Mitgliedstaat, der die Organisation, den Verband oder die öffentliche Stelle nach Absatz 5 benannt hat, die Bedenken und widerruft gegebenenfalls die Benennung, wenn eines oder mehrere der Kriterien nicht erfüllt sind.

(9) Das in Absatz 1 genannte Recht gilt unbeschadet des Rechts gewerblicher Nutzer und der Nutzer mit Unternehmenswebsite, vor den zuständigen nationalen Gerichten und entsprechend dem Recht des Mitgliedstaats, in dem die Klage eingereicht wird, eine Klage zu erheben, die auf individuellen Rechten beruht und darauf abzielt, eine Nichteinhaltung der einschlägigen in dieser Verordnung festgelegten Bestimmungen durch Anbieter von Online-Vermittlungsdiensten oder Anbieter von Online-Suchmaschinen zu unterbinden.

Artikel 15
Durchsetzung

(1) Jeder Mitgliedstaat sorgt für eine angemessene und wirksame Durchsetzung dieser Verordnung.

(2) ¹Die Mitgliedstaaten erlassen Vorschriften über die Maßnahmen, die bei Verstößen gegen diese Verordnung anwendbar sind, und stellen deren Umsetzung sicher. ²Die Maßnahmen müssen wirksam, verhältnismäßig und abschreckend sein.

Artikel 16
Überwachung

¹Die Kommission überwacht sorgfältig und in enger Zusammenarbeit mit den Mitgliedstaaten die Auswirkungen dieser Verordnung auf die Beziehungen zwischen Online-Vermittlungsdiensten und ihren gewerblichen Nutzern einerseits und Online-Suchmaschinen und Nutzern mit Unternehmenswebsite andererseits. ²Zu diesem Zweck sammelt die Kommission, auch durch Durchführung einschlägiger Studien, relevante Informationen, mit deren Hilfe die Entwicklung dieser Beziehungen überwacht werden kann. ³Die Mitgliedstaaten unterstützen die Kommission, indem sie auf Anfrage alle einschlägigen gesammelten Informationen, auch zu konkreten Fällen, übermitteln. ⁴Die Kommission kann für die Zwecke dieses Artikels und des Artikels 18 Informationen von Anbietern von Online-Vermittlungsdiensten einholen.

Artikel 17
Verhaltenskodex

(1) Die Kommission fordert die Anbieter von Online-Vermittlungsdiensten sowie Organisationen und Verbände, die diese vertreten, auf, zusammen mit gewerblichen Nutzern, einschließlich KMU, und ihren Vertretungsorganisationen Verhaltenskodizes auszuarbeiten, die die ordnungsgemäße Anwendung dieser Verordnung unterstützen und die den besonderen Merkmalen der verschiedenen Branchen, in denen Online-Vermittlungsdienste angeboten werden, sowie den besonderen Merkmalen von KMU Rechnung tragen.

(2) Die Kommission fordert die Anbieter von Online-Suchmaschinen sowie Organisationen und Verbände, die diese vertreten, auf, Verhaltenskodizes auszuarbeiten, die speziell darauf ausgerichtet sind, die ordnungsgemäße Anwendung von Artikel 5 zu unterstützen.

(3) Die Kommission fordert die Anbieter von Online-Vermittlungsdiensten auf, branchenspezifische Verhaltenskodizes anzunehmen und umzusetzen, wenn solche branchenspezifischen Verhaltenskodizes existieren und weit verbreitet sind.

Artikel 18
Überprüfung

(1) Bis zum 13. Januar 2022 und danach alle drei Jahre wird die Kommission diese Verordnung evaluieren und dem Europäischen Parlament, dem Rat und dem Europäischen Wirtschafts- und Sozialausschuss einen Bericht vorlegen.

(2) ¹Bei der ersten Evaluierung dieser Verordnung wird vor allem auf Folgendes geachtet:

a) Bewertung der Einhaltung der in den Artikeln 3 bis 10 festgelegten Verpflichtungen und deren Auswirkungen auf die Online-Plattformwirtschaft;

b) Bewertung der Auswirkungen und der Wirksamkeit etwaiger erstellter Verhaltenskodizes bei der Verbesserung von Fairness und Transparenz;

c) weitere Untersuchung der Probleme, die durch die Abhängigkeit gewerblicher Nutzer von Online-Vermittlungsdiensten verursacht werden, und der Probleme, die durch unlautere Geschäftsprakti-ken von Anbietern von Online-Vermittlungsdiensten verursacht werden, und genauere Feststel-lung, in welchem Maß diese Praktiken weiterhin weit verbreitet sind;

d) Untersuchung der Frage, ob zwischen Waren und Dienstleistungen, die durch einen gewerblichen Nutzer angeboten werden, und Waren und Dienstleistungen, die von einem Anbieter von Online-Vermittlungsdiensten angeboten oder kontrolliert werden, ein lauterer Wettbewerb herrscht, und ob die Anbieter von Online-Vermittlungsdiensten diesbezüglich privilegierte Daten missbräuchlich nutzen;

e) Bewertung der Auswirkung dieser Verordnung auf etwaige Ungleichgewichte in den Beziehungen zwischen den Anbietern von Betriebssystemen und ihren gewerblichen Nutzern;

f) Bewertung der Frage, ob der Geltungsbereich der Verordnung, insbesondere hinsichtlich der Be-stimmung des Begriffs „gewerblicher Nutzer", geeignet ist, Scheinselbstständigkeit keinen Vor-schub zu leisten.

[2]Durch die erste und die folgenden Evaluierungen wird ermittelt, ob zusätzliche Vorschriften, etwa zur Durchsetzung, möglicherweise notwendig sind, um für ein faires, vorhersehbares, tragfähiges und vertrauens-würdiges Online-Geschäftsumfeld im Binnenmarkt zu sorgen. [3]Im Anschluss an die Evaluierungen ergreift die Kommission geeignete Maßnahmen, wozu auch Gesetzgebungsvorschläge gehören können.

(3) Die Mitgliedstaaten übermitteln der Kommission alle ihnen vorliegenden einschlägigen Informationen, die diese für die Ausarbeitung des in Absatz 1 genannten Berichts benötigt.

(4) [1]Bei der Evaluierung dieser Verordnung berücksichtigt die Kommission unter anderem die Stellungnah-men und Berichte, die ihr von der Expertengruppe für die Beobachtungsstelle für die Online-Plattformwirt-schaft vorgelegt werden. [2]Außerdem berücksichtigt sie den Inhalt und die Funktionsweise der Verhaltenskodi-zes, die gegebenenfalls nach Artikel 17 erstellt wurden.

Artikel 19
Inkrafttreten und Geltungsbeginn

(1) Diese Verordnung tritt am zwanzigsten Tag nach ihrer Veröffentlichung im Amtsblatt der Europäischen Union in Kraft.

(2) Sie gilt ab dem 12. Juli 2020.

Unterlassungsklagengesetz (UKlaG)

Gesetz über Unterlassungsklagen bei Verbraucherrechts- und anderen Verstößen
zuletzt geändert durch Art. 18 Gesetz vom 06.05.2024 (BGBl. 2024 I Nr. 149) m.W.v. 14.05.2024
– Nichtamtliche Fassung (Auszug) –

§ 1 Unterlassungs- und Widerrufsanspruch bei Allgemeinen Geschäftsbedingungen
Wer in Allgemeinen Geschäftsbedingungen Bestimmungen, die nach den §§ 307 bis 309 des Bürgerlichen Gesetzbuchs unwirksam sind, verwendet oder für den rechtsgeschäftlichen Verkehr empfiehlt, kann auf Unterlassung und im Fall des Empfehlens auch auf Widerruf in Anspruch genommen werden.

§ 1a Unterlassungsanspruch wegen der Beschränkung der Haftung bei Zahlungsverzug
Wer in anderer Weise als durch Verwendung oder Empfehlung von Allgemeinen Geschäftsbedingungen den Vorschriften des § 271a Absatz 1 bis 3, des § 286 Absatz 5 oder des § 288 Absatz 6 des Bürgerlichen Gesetzbuchs zuwiderhandelt, kann auf Unterlassung in Anspruch genommen werden.

§ 2 Ansprüche bei verbraucherschutzgesetzwidrigen Praktiken
(1) ¹Wer in anderer Weise als durch Verwendung oder Empfehlung von Allgemeinen Geschäftsbedingungen Vorschriften zuwiderhandelt, die dem Schutz der Verbraucher dienen (Verbraucherschutzgesetze), kann im Interesse des Verbraucherschutzes auf Unterlassung und Beseitigung in Anspruch genommen werden. ²Werden die Zuwiderhandlungen in einem Unternehmen von einem Mitarbeiter oder Beauftragten begangen, so ist der Unterlassungsanspruch oder der Beseitigungsanspruch auch gegen den Inhaber des Unternehmens begründet. ³Bei Zuwiderhandlungen gegen die in Absatz 2 Nummer 13 genannten Vorschriften richtet sich der Beseitigungsanspruch nach den entsprechenden datenschutzrechtlichen Vorschriften.

(2) Verbraucherschutzgesetze im Sinne dieser Vorschrift sind insbesondere

1.   die Vorschriften den Bürgerlichen Rechts, die für folgende Verträge zwischen Unternehmern und Verbrauchern gelten:

    a)   außerhalb von Geschäftsräumen geschlossene Verträge,

    b)   Fernabsatzverträge,

    c)   Verträge im elektronischen Geschäftsverkehr,

    d)   Verbraucherverträge über digitale Produkte,

    e)   Kaufverträge,

    f)   Teilzeit-Wohnrechteverträge, Verträge über langfristige Urlaubsprodukte sowie Vermittlungsverträge und Tauschsystemverträge,

    g)   Verbraucherdarlehensverträge, Finanzierungshilfen und Ratenlieferungsverträge,

    h)   Bauverträge,

    i)   Pauschalreiseverträge, Verträge über die Vermittlung von Reisen und verbundener Reise-
leistungen,

    j)   Darlehensvermittlungsverträge sowie

    k)   Zahlungsdiensteverträge.

2.   die Vorschriften des Fernunterrichtsschutzgesetzes,

3.   diejenigen Vorschriften des Digitale-Dienste-Gesetzes, die das Verhältnis zwischen Anbietern von elektronischen Informations- und Kommunikationsdiensten und Verbrauchern regeln, die §§ 8, 9, 70, 74 und 98 des Medienstaatsvertrags vom 14. bis 28. April 2020, die §§ 4, 5, 5a, 5b und 6 des Jugendmedienschutz-Staatsvertrags vom 10. bis 27. September 2002 und die §§ 10 und 11 des Deutsche-Welle-Gesetzes,

4.   diejenigen Vorschriften des Telekommunikation-Digitale-Dienste-Datenschutz-Gesetzes, die das Verhältnis zwischen Unternehmern und Verbrauchern regeln,

5.   die Vorschriften des Arzneimittelgesetzes, die das Verhältnis zwischen Unternehmern und Ver-brauchern regeln,

6.   die §§ 3 bis 13 des Heilmittelwerbegesetzes,

7.   diejenigen Vorschriften des Kapitalanlagegesetzbuchs, die das Verhältnis zwischen Kapitalver-waltungsgesellschaften und Verbrauchern regeln,

8.   diejenigen Vorschriften des Abschnitts 11 des Wertpapierhandelsgesetzes, die das Verhältnis zwischen Wertpapierdienstleistungsunternehmen und Verbrauchern regeln,

9.   die Vorschriften des Rechtsdienstleistungsgesetzes,

10.   § 79 Absatz 2 und 3 sowie § 80 des Erneuerbare-Energien-Gesetzes,

11.   die Vorschriften des Wohn- und Betreuungsvertragsgesetzes,

12.   § 2 Absatz 2 sowie die §§ 36 und 37 des Verbraucherstreitbeilegungsgesetzes und Artikel 14 der Verordnung (EU) Nr. 524/2013 des Europäischen Parlaments und des Rates vom 21. Mai 2013 über die Online-Beilegung verbraucherrechtlicher Streitigkeiten und zur Änderung der Verordnung (EG) Nr. 2006/2004 und der Richtlinie 2009/22/EG (Verordnung über Online-Streitbeilegung in Verbraucherangelegenheiten) (ABl. L 165 vom 18.6.2013, S. 1),

13.   die Vorschriften der Verordnung (EU) 2016/679 des Europäischen Parlaments und des Rates vom 27. April 2016 zum Schutz natürlicher Personen bei der Verarbeitung personenbezogener Daten, zum freien Datenverkehr und zur Aufhebung der Richtlinie 95/46/EG (Datenschutz-Grund-verordnung) (ABl. L 119 vom 4.5.2016, S. 1; L 314 vom 22.11.2016, S. 72; L 127 vom 23.5.2018, S. 2; L 074 vom 4.3.2021, S. 35) in der jeweils geltenden Fassung, die für die Verarbeitung von Daten von Verbrauchern durch Unternehmer gelten,

14.   § 31 des Bundesdatenschutzgesetzes,

15.   diejenigen Vorschriften des Zahlungskontengesetzes, die das Verhältnis zwischen Zahlungs-dienstleistern und Verbrauchern regeln,

16. diejenigen Vorschriften des Telekommunikationsgesetzes, die das Verhältnis zwischen Anbietern von öffentlich zugänglichen Telekommunikationsleistungen und Verbrauchern regeln,

17. die Vorschriften des Produkthaftungsgesetzes,

18. die Vorschriften der Verordnung (EG) Nr. 2027/97 des Rates vom 9. Oktober 1997 über die Haftung bei der Beförderung von Fluggästen und deren Gepäck im Luftverkehr (ABl. L 285 vom 17.10.1997, S. 1), die zuletzt durch die Verordnung (EG) Nr. 889/2002 (ABl. L 140 vom 30.5.2002, S. 2), geändert worden ist, in der jeweils geltenden Fassung,

19. die Vorschriften der Preisangabenverordnung,

20. die §§ 3 bis 7 des Produktsicherheitsgesetzes, § 7 des Gasgerätedurchführungsgesetzes, § 7 des PSA-Durchführungsgesetzes und die Vorschriften der Verordnung über elektrische Betriebsmittel, der Verordnung über die Sicherheit von Spielzeug, der Verordnung über einfache Druckbehälter, der Maschinenverordnung, der Verordnung über Sportboote und Wassermotorräder, der Explosionsschutzverordnung, der Aufzugsverordnung, der Aerosolpackungsverordnung sowie der Druckgeräteverordnung, soweit diese Pflichten von Unternehmern zum Schutz der Verbraucher regeln,

21. die Vorschriften der Verordnung (EG) Nr. 178/2002 des Europäischen Parlaments und des Rates vom 28. Januar 2002 zur Festlegung der allgemeinen Grundsätze und Anforderungen des Lebensmittelrechts, zur Errichtung der Europäischen Behörde für Lebensmittelsicherheit und zur Festlegung von Verfahren zur Lebensmittelsicherheit (ABl. L 31 vom 1.2.2002, S. 1), die zuletzt durch die Verordnung (EU) 2019/1381 (ABl. L 231 vom 6.9.2019, S. 1) geändert worden ist, in der jeweils geltenden Fassung, soweit sie das Verhältnis zwischen Unternehmern und Verbrauchern regeln,

22. die Vorschriften der Verordnung (EG) Nr. 261/2004 des Europäischen Parlaments und des Rates vom 11. Februar 2004 über die gemeinsame Regelung für Ausgleichs und Unterstützungsleistungen für Fluggäste im Fall der Nichtbeförderung und bei Annullierung oder großer Verspätung von Flügen und zur Aufhebung der Verordnung (EWG) Nr. 295/91 (ABl. L 46 vom 17.2.2004, S. 1; L 119 vom 7.5.2019, S. 202) in der jeweils geltenden Fassung,

23. die Vorschriften der Verordnung (EG) Nr. 1107/2006 des Europäischen Parlaments und des Rates vom 5. Juli 2006 über die Rechte von behinderten Flugreisenden und Flugreisenden mit eingeschränkter Mobilität (ABl. L 204 vom 26.7.2006, S. 1; L 26 vom 26.1.2013, S. 34), in der jeweils geltenden Fassung,

24. die Vorschriften der Verordnung (EU) 2021/782 des Europäischen Parlaments und des Rates vom 29. April 2021 über die Rechte und Pflichten der Fahrgäste im Eisenbahnverkehr (ABl. L 172 vom 17.5.2021, S. 1), in der jeweils geltenden Fassung,

25. Artikel 23 der Verordnung (EG) Nr. 1008/2008 des Europäischen Parlaments und des Rates vom 24. September 2008 über gemeinsame Vorschriften für die Durchführung von Luftverkehrsdiensten in der Gemeinschaft (ABl. L 293 vom 31.10.2008, S. 3), die zuletzt durch die Delegierte

Verordnung (EU) 2020/2115 (ABl. L 426 vom 17.12.2020, S. 4) geändert worden ist, in der jeweils geltenden Fassung,

26. die Artikel 1 bis 35 der Verordnung (EG) Nr. 1272/2008 des Europäischen Parlaments und des Rates vom 16. Dezember 2008 über die Einstufung, Kennzeichnung und Verpackung von Stoffen und Gemischen, zur Änderung und Aufhebung der Richtlinien 67/548/EWG und 1999/45/EG und zur Änderung der Verordnung (EG) Nr. 1907/2006 (ABl. L 353 vom 31.12.2008, S. 1; L 16 vom 20.1.2011, S. 1; L 94 vom 10.4.2015, S. 9; L 349 vom 21.12.2016, S. 1; L 190 vom 27.7.2018, S. 20; L 55 vom 25.2.2019, S. 18; L 117 vom 3.5.2019, S. 8), die zuletzt durch die Delegierte Verordnung (EU) 2021/1962 (ABl. L 400 vom 12.11.2021, S. 16) geändert worden ist, in der jeweils geltenden Fassung,

27. die §§ 20a, 36, 40 bis 41, 41b, 42, 53a und 111a des Energiewirtschaftsgesetzes,

28. die Vorschriften des Zahlungsdiensteaufsichtsgesetzes, die das Verhältnis zwischen E-Geldinstituten und Verbrauchern regeln,

29. die §§ 4 und 5 des Energieverbrauchsrelevante-Produkte-Gesetzes,

30. die §§ 1a, 6a, 7 bis 9, 59 Absatz 1 Satz 2 und 3 und Absatz 4 Satz 2, die §§ 152, 154 und 155, auch in Verbindung mit den §§ 176 und 177 Absatz 1 des Versicherungsvertragsgesetzes,

31. die VVG-Informationspflichtenverordnung,

32. die Vorschriften der Verordnung (EG) Nr. 392/2009 des Europäischen Parlaments und des Rates vom 23. April 2009 über die Unfallhaftung von Beförderern von Reisenden auf See (ABl. L 131 vom 28.5.2009, S. 24), die zuletzt durch die Verordnung (EU) 2019/1243 (ABl. L 198 vom 25.7.2019, S. 241) geändert worden ist, in der jeweils geltenden Fassung,

33. die Vorschriften der Verordnung (EU) 2021/1230 des Europäischen Parlaments und des Rates vom 14. Juli 2021 über grenzüberschreitende Zahlungen in der Union (ABl. L 274 vom 30.7.2021, S. 20), in der jeweils geltenden Fassung,

34. die Artikel 4 bis 7 der Verordnung (EU) 2020/740 des Europäischen Parlaments und des Rates vom 25. Mai 2020 über die Kennzeichnung von Reifen in Bezug auf die Kraftstoffeffizienz und andere Parameter, zur Änderung der Verordnung (EU) 2017/1369 und zur Aufhebung der Verordnung (EG) Nr. 1222/2009 (ABl. L 177 vom 5.6.2020, S. 1; L 241 vom 27.7.2020, S. 46; L 147 vom 30.4.2021, S. 23; L 382 vom 28.10.2021, S. 52), in der jeweils geltenden Fassung,

35. die Artikel 3 bis 8 und die Artikel 19 bis 21 der Verordnung (EG) Nr. 1223/2009 des Europäischen Parlaments und des Rates vom 30. November 2009 über kosmetische Mittel (ABl. L 342 vom 22.12.2009, S. 59; L 318 vom 15.11.2012, S. 74; L 72 vom 15.3.2013, S. 16), die zuletzt durch die Verordnung (EU) 2022/135 (ABl. L 22 vom 1.2.2022, S. 2) geändert worden ist, in der jeweils geltenden Fassung,

36. die Artikel 9 und 10 der Verordnung (EG) Nr. 66/2010 des Europäischen Parlaments und des Rates vom 25. November 2009 über das EU-Umweltzeichen (ABl. L 27 vom 30.1.2010, S. 1), die

zuletzt durch die Verordnung (EU) 2017/1941 (ABl. L 275 vom 25.10.2017, S. 9) geändert worden ist, in der jeweils geltenden Fassung,

37. die Vorschriften der Verordnung (EU) Nr. 1177/2010 des Europäischen Parlaments und des Rates vom 24. November 2010 über die Fahrgastrechte im See- und Binnenschiffsverkehr und zur Änderung der Verordnung (EG) Nr. 2006/2004 (ABl. L 334 vom 17.12.2010, S. 1), in der jeweils geltenden Fassung,

38. die Vorschriften der Verordnung (EU) Nr. 181/2011 des Europäischen Parlaments und des Rates vom 16. Februar 2011 über die Fahrgastrechte im Kraftomnibusverkehr und zur Änderung der Verordnung (EG) Nr. 2006/2004 (ABl. L 55 vom 28.2.2011, S. 1), in der jeweils geltenden Fassung,

39. die Vorschriften der Verordnung (EU) Nr. 1169/2011 des Europäischen Parlaments und des Rates vom 25. Oktober 2011 betreffend die Information der Verbraucher über Lebensmittel und zur Änderung der Verordnungen (EG) Nr. 1924/2006 und (EG) Nr. 1925/2006 des Europäischen Parlaments und des Rates und zur Aufhebung der Richtlinie 87/250/EWG der Kommission, der Richtlinie 90/496/EWG des Rates, der Richtlinie 1999/10/EG der Kommission, der Richtlinie 2000/13/EG des Europäischen Parlaments und des Rates, der Richtlinien 2002/67/EG und 2008/5/EG der Kommission und der Verordnung (EG) Nr. 608/2004 der Kommission (ABl. L 304 vom 22.11.2011, S. 18; L 331 vom 18.11.2014, S. 41; L 50 vom 21.2.2015, S. 48; L 266 vom 30.9.2016, S. 7), die zuletzt durch die Verordnung (EU) 2015/2283 (ABl. L 327 vom 11.12.2015, S. 1) geändert worden ist, in der jeweils geltenden Fassung,

40. die §§ 4 bis 11 der Verordnung über Heizkostenabrechnung, die §§ 3 bis 5 der Fernwärme- oder Fernkälte-Verbrauchserfassungs- und -Abrechnungsverordnung und die §§ 29 bis 32 des Messstellenbetriebsgesetzes,

41. die §§ 11 bis 18 der Gasgrundversorgungsverordnung,

42. die §§ 11 bis 18 der Stromgrundversorgungsverordnung,

43. die Vorschriften der Verordnung (EU) Nr. 260/2012 des Europäischen Parlaments und des Rates vom 14. März 2012 zur Festlegung der technischen Vorschriften und der Geschäftsanforderungen für Überweisungen und Lastschriften in Euro und zur Änderung der Verordnung (EG) Nr. 924/2009 (ABl. L 94 vom 30.3.2012, S. 22), die durch die Verordnung (EU) Nr. 248/2014 (ABl. L 84 vom 20.3.2014, S. 1) geändert worden ist, in der jeweils geltenden Fassung,

44. die Vorschriften der Verordnung (EU) Nr. 531/2012 des Europäischen Parlaments und des Rates vom 13. Juni 2012 über das Roaming in öffentlichen Mobilfunknetzen in der Union (ABl. L 172 vom 30.6.2012, S. 10), in der jeweils geltenden Fassung,

45. die Vorschriften des Mess- und Eichgesetzes sowie der Mess- und Eichverordnung, soweit sie das Verhältnis zwischen Unternehmern und Verbrauchern regeln,

46. die Vorschriften der Verordnung (EU) Nr. 1286/2014 des Europäischen Parlaments und des Rates vom 26. November 2014 über Basisinformationsblätter für verpackte Anlageprodukte für

Kleinanleger und Versicherungsanlageprodukte (PRIIP) (ABl. L 352 vom 9.12.2014, S. 1; L 358 vom 13.12.2014, S. 50), die zuletzt durch die Verordnung (EU) 2021/2259 (ABl. L 455 vom 20.12.2021, S. 1) geändert worden ist, in der jeweils geltenden Fassung,

47. die Vorschriften der Verordnung (EU) 2015/760 des Europäischen Parlaments und des Rates vom 29. April 2015 über europäische langfristige Investmentfonds (ABl. L 123 vom 19.5.2015, S. 98), die durch die Delegierte Verordnung (EU) 2018/480 (ABl. L 81 vom 23.3.2018, S. 1) geändert worden ist, in der jeweils geltenden Fassung,

48. die Vorschriften der Verordnung (EU) 2015/2120 des Europäischen Parlaments und des Rates vom 25. November 2015 über Maßnahmen zum Zugang zum offenen Internet und zur Änderung der Richtlinie 2002/22/EG über den Universaldienst und Nutzerrechte bei elektronischen Kommunikationsnetzen und -diensten sowie der Verordnung (EU) Nr. 531/2012 über das Roaming in öffentlichen Mobilfunknetzen in der Union (ABl. L 310 vom 26.11.2015, S. 1), die zuletzt durch die Verordnung (EU) 2018/1971 (ABl. L 321 vom 17.12.2018, S. 1) geändert worden ist, in der jeweils geltenden Fassung,

49. die Vorschriften des Kapitels II der Verordnung (EU) 2017/745 des Europäischen Parlaments und des Rates vom 5. April 2017 über Medizinprodukte, zur Änderung der Richtlinie 2001/83/EG, der Verordnung (EG) Nr. 178/2002 und der Verordnung (EG) Nr. 1223/2009 und zur Aufhebung der Richtlinien 90/385/EWG und 93/42/EWG des Rates (ABl. L 117 vom 5.5.2017, S. 1; L 117 vom 3.5.2019, S. 9; L 334 vom 27.12.2019, S. 165; L 241 vom 8.7.2021, S. 7), die zuletzt durch die Verordnung (EU) 2020/561 (ABl. L 130 vom 24.4.2020, S. 18) geändert worden ist, in der jeweils geltenden Fassung,

50. die Vorschriften des Kapitels II der Verordnung (EU) 2017/746 des Europäischen Parlaments und des Rates vom 5. April 2017 über In-vitro-Diagnostika und zur Aufhebung der Richtlinie 98/79/EG und des Beschlusses 2010/227/EU der Kommission (ABl. L 117 vom 5.5.2017, S. 176; L 117 vom 3.5.2019, S. 11; L 334 vom 27.12.2019, S. 167; L 233 vom 1.7.2021, S. 9), die zuletzt durch die Verordnung (EU) 2022/112 (ABl. L 19 vom 28.1.2022, S. 3) geändert worden ist, in der jeweils geltenden Fassung,

51. die Vorschriften der Verordnung (EU) 2017/1128 des Europäischen Parlaments und des Rates vom 14. Juni 2017 zur grenzüberschreitenden Portabilität von Online-Inhaltediensten im Binnenmarkt (ABl. L 168 vom 30.6.2017, S. 1; L 198 vom 28.7.2017, S. 42), in der jeweils geltenden Fassung,

52. die Vorschriften der Verordnung (EU) 2017/1129 des Europäischen Parlaments und des Rates vom 14. Juni 2017 über den Prospekt, der beim öffentlichen Angebot von Wertpapieren oder bei deren Zulassung zum Handel an einem geregelten Markt zu veröffentlichen ist, und zur Aufhebung der Richtlinie 2003/71/EG (ABl. L 168 vom 30.6.2017, S. 12), die zuletzt durch die Delegierte Verordnung (EU) 2021/528 (ABl. L 106 vom 26.3.2021, S. 32) geändert worden ist, in der jeweils geltenden Fassung,

53. die Vorschriften der Verordnung (EU) 2017/1131 des Europäischen Parlaments und des Rates vom 14. Juni 2017 über Geldmarktfonds (ABl. L 169 vom 30.6.2017, S. 8), die zuletzt durch die Delegierte Verordnung (EU) 2018/990 (ABl. L 177 vom 13.7.2018, S. 1) geändert worden ist, in der jeweils geltenden Fassung,

54. die Artikel 3 bis 6 der Verordnung (EU) 2017/1369 des Europäischen Parlaments und des Rates vom 4. Juli 2017 zur Festlegung eines Rahmens für die Energieverbrauchskennzeichnung und zur Aufhebung der Richtlinie 2010/30/EU (ABl. L 198 vom 28.7.2017, S. 1), die zuletzt durch die Verordnung (EU) 2020/740 (ABl. L 177 vom 5.6.2020, S. 1) geändert worden ist, in der jeweils geltenden Fassung,

55. die Artikel 3 bis 5 der Verordnung (EU) 2018/302 des Europäischen Parlaments und des Rates vom 28. Februar 2018 über Maßnahmen gegen ungerechtfertigtes Geoblocking und andere Formen der Diskriminierung aufgrund der Staatsangehörigkeit, des Wohnsitzes oder des Ortes der Niederlassung des Kunden innerhalb des Binnenmarkts und zur Änderung der Verordnungen (EG) Nr. 2006/2004 und (EU) 2017/2394 sowie der Richtlinie 2009/22/EG (ABl. L 60 I vom 2.3.2018, S. 1; L 66 vom 8.3.2018, S. 1), in der jeweils geltenden Fassung,

56. die Vorschriften der Verordnung (EU) 2022/1925 des Europäischen Parlaments und des Rates vom 14. September 2022 über bestreitbare und faire Märkte im digitalen Sektor und zur Änderung der Richtlinien (EU) 2019/1937 und (EU) 2020/1828 (Gesetz über digitale Märkte) (ABl. L 265 vom 12.10.2022, S. 1), in der jeweils geltenden Fassung und

57. die Vorschriften der Verordnung (EU) 2022/2065 des Europäischen Parlaments und des Rates vom 19. Oktober 2022 über einen Binnenmarkt für digitale Dienste und zur Änderung der Richtlinie 2000/31/EG (Gesetz über digitale Dienste) (ABl. L 277 vom 27.10.2022, S. 1), in der jeweils geltenden Fassung.

§ 2a Unterlassungsanspruch bei Verstößen innerhalb der Europäischen Union

Wer einen Verstoß im Sinne des Artikels 3 Nummer 5 der Verordnung (EU) 2017/2394 des Europäischen Parlaments und des Rates vom 12. Dezember 2017 über die Zusammenarbeit zwischen den für die Durchsetzung der Verbraucherschutzgesetze zuständigen nationalen Behörden und zur Aufhebung der Verordnung (EG) Nr. 2006/2004 (ABl. L 345 vom 27.12.2017, S. 1), die zuletzt durch die Richtlinie (EU) 2019/771 (ABl. L 136 vom 22.5.2019, S. 28) geändert worden ist, in der jeweils geltenden Fassung, begeht, kann auf Unterlassung in Anspruch genommen werden.

§ 2b Unterlassungsanspruch nach dem Urheberrechtsgesetz

Wer gegen § 95b Absatz 1 Satz 1 des Urheberrechtsgesetzes verstößt, kann auf Unterlassung in Anspruch genommen werden.

§ 2c Missbräuchliche Geltendmachung von Ansprüchen

[1]Die Geltendmachung eines Anspruchs nach den §§ 1 bis 2b ist unzulässig, wenn sie unter Berücksichtigung der gesamten Umstände missbräuchlich ist, insbesondere wenn sie vorwiegend dazu dient, gegen den

Anspruchsgegner einen Anspruch auf Ersatz von Aufwendungen oder Kosten der Rechtsverfolgung entstehen zu lassen. [2]Eine Eine missbräuchliche Geltendmachung ist im Zweifel anzunehmen, wenn

1. die Vereinbarung einer offensichtlich überhöhten Vertragsstrafe verlangt wird,
2. die vorgeschlagene Unterlassungsverpflichtung offensichtlich über die abgemahnte Rechtsverletzung hinausgeht,
3. mehrere Zuwiderhandlungen, die zusammen hätten abgemahnt werden können, einzeln abgemahnt werden oder
4. wegen einer Zuwiderhandlung, für die mehrere Zuwiderhandelnde verantwortlich sind, die Ansprüche gegen die Zuwiderhandelnden ohne sachlichen Grund nicht zusammen geltend gemacht werden.

[3]In diesen Fällen kann der Anspruchsgegner Ersatz der für seine Rechtsverteidigung erforderlichen Aufwendungen verlangen. [4]Weitergehende Ersatzansprüche bleiben unberührt.

§ 3 Anspruchsberechtigte Stellen

(1) [1]Die in den §§ 1 bis 2a bezeichneten Ansprüche auf Unterlassung, auf Widerruf und auf Beseitigung stehen zu:

1. den qualifizierten Verbraucherverbänden, die in der Liste nach § 4 eingetragen sind, und den qualifizierten Einrichtungen aus anderen Mitgliedstaaten der Europäischen Union, die in dem Verzeichnis der Europäischen Kommission nach Artikel 5 Absatz 1 Satz 4 der Richtlinie (EU) 2020/1828 des Europäischen Parlaments und des Rates vom 25. November 2020 über Verbandsklagen zum Schutz der Kollektivinteressen der Verbraucher und zur Aufhebung der Richtlinie 2009/22/EG (ABl. L 409 vom 4.12.2020, S. 1) eingetragen sind,
2. den qualifizierten Wirtschaftsverbänden, die in die Liste nach § 8b des Gesetzes gegen den unlauteren Wettbewerb eingetragen sind, soweit ihnen eine erhebliche Zahl von Unternehmern angehört, die Waren und Dienstleistungen gleicher oder verwandter Art auf demselben Markt vertreiben, und die Zuwiderhandlung die Interessen ihrer Mitglieder berührt,
3. den Industrie- und Handelskammern, den nach der Handwerksordnung errichteten Organisationen und anderen berufsständischen Körperschaften des öffentlichen Rechts sowie den Gewerkschaften im Rahmen der Erfüllung ihrer Aufgaben bei der Vertretung selbstständiger beruflicher Interessen.

[2]Für Ansprüche nach § 2a wird unwiderleglich vermutet, dass ein nach § 7 Absatz 3 des EU-Verbraucherschutzdurchführungsgesetzes benannter qualifizierter Wirtschaftsverband die Voraussetzungen des Absatzes 1 Satz 1 Nummer 2 erfüllt. [3]Stellen nach Satz 1 Nummer 1 und 2 können die Ansprüche nicht geltend machen, solange ihre Eintragung ruht.

(2) [1]Qualifizierte Verbraucherverbände und qualifizierte Wirtschaftsverbände nach Absatz 1 Satz 1 Nummer 1 und 2 können die Ansprüche nach den §§ 1 bis 2a nicht geltend machen, solange ihre Eintragung ruht. [2]Die Ansprüche nach den §§ 1 bis 2a können nur an Stellen im Sinne des Absatzes 1 Satz 1 abgetreten werden

(3) Die in Absatz 1 Satz 1 Nummer 1 bezeichneten Stellen können die folgenden Ansprüche nicht geltend machen:

1. Ansprüche nach § 1, wenn Allgemeine Geschäftsbedingungen gegenüber einem Unternehmer (§ 14 des Bürgerlichen Gesetzbuchs) oder einem öffentlichen Auftraggeber (§ 99 Nummer 1 bis 3 des Gesetzes gegen Wettbewerbsbeschränkungen) verwendet oder wenn Allgemeine Geschäftsbedingungen zur ausschließlichen Verwendung zwischen Unternehmern oder zwischen Unternehmern und öffentlichen Auftraggebern empfohlen werden,

2. Ansprüche nach § 1a, es sei denn, eine Zuwiderhandlung gegen § 288 Absatz 6 des Bürgerlichen Gesetzbuchs betrifft einen Anspruch eines Verbrauchers.

§ 3a Anspruchsberechtigte Verbände nach § 2b

[1]Der in § 2b bezeichnete Anspruch auf Unterlassung steht rechtsfähigen Verbänden zur nicht gewerbsmäßigen und nicht nur vorübergehenden Förderung der Interessen derjenigen zu, die durch § 95b Abs. 1 Satz 1 des Urheberrechtsgesetzes begünstigt werden. [2]Der Anspruch kann nur an Verbände im Sinne des Satzes 1 abgetreten werden.

§ 4 Liste der qualifizierten Verbraucherverbände

(1) Das Bundesamt für Justiz führt eine Liste der qualifizierten Verbraucherverbände und veröffentlicht sie in der jeweils aktuellen Fassung auf seiner Internetseite.

(2) [1]Ein eingetragener Verein, zu dessen satzungsmäßigen Aufgaben es gehört, Interessen der Verbraucher durch nicht gewerbsmäßige Aufklärung und Beratung wahrzunehmen, wird auf seinen Antrag in die Liste eingetragen, wenn

1. er mindestens drei Verbände, die im gleichen Aufgabenbereich tätig sind, oder mindestens 75 natürliche Personen als Mitglieder hat.

2. er zum Zeitpunkt der Antragstellung seit mindestens einem Jahr im Vereinsregister eingetragen ist und ein Jahr seine satzungsmäßigen Aufgaben wahrgenommen hat.

3. auf Grund seiner bisherigen Tätigkeit sowie seiner personellen, sachlichen und finanziellen Ausstattung gesichert erscheint, dass er

   a) seine satzungsgemäßen Aufgaben auch künftig dauerhaft wirksam und sachgerecht erfüllen wird und

   b) seine Ansprüche nicht vorwiegend geltend machen wird, um für sich Einnahmen aus Abmahnungen oder Vertragsstrafen zu erzielen,

4. den Mitgliedern keine Zuwendungen aus dem Vereinsvermögen gewährt werden und Personen, die für den Verein tätig sind, nicht durch unangemessen hohe Vergütungen oder andere Zuwendungen begünstigt werden.

[2]Es wird unwiderleglich vermutet, dass Verbraucherzentralen sowie andere Verbraucherverbände, wenn sie überwiegend mit öffentlichen Mitteln gefördert werden, diese Voraussetzungen erfüllen.

(3) [1]Die Entscheidung über den Eintragungsantrag ist dem Antragsteller zuzustellen. [2]Auf der Grundlage einer wirksamen dem Antrag stattgebenden Entscheidung ist der Verein unter Angabe des Namens, der

Anschrift, des zuständigen Registergerichts, der Registernummer und des satzungsmäßigen Zwecks in die Liste einzutragen.

(4) Auf Antrag erteilt das Bundesamt für Justiz einem qualifizierten Verbraucherverband, der in der Liste eingetragen ist, eine Bescheinigung über ihre Eintragung.

§ 4a Überprüfung der Eintragung in der Liste nach § 4

(1) Das Bundesamt für Justiz überprüft von Amts wegen, ob ein qualifizierter Verbraucherverband, der in der Liste nach § 4 eingetragen ist, die Eintragungsvoraussetzungen nach § 4 Absatz 2 Satz 1 erfüllt,

1. nach Ablauf von zwei Jahren nach seiner Ersteintragung und danach jeweils nach Ablauf von fünf Jahren nach Abschluss der letzten Überprüfung oder

2. unabhängig von den Fristen nach Nummer 1, wenn begründete Zweifel am Vorliegen der Eintragungsvoraussetzungen bestehen.

(2) Ergeben sich in einem Rechtsstreit begründete Zweifel daran, ob ein qualifizierter Verbraucherverband, der in der Liste nach § 4 eingetragen ist, die Eintragungsvoraussetzungen nach § 4 Absatz 2 Satz 1 erfüllt, kann das Gericht das Bundesamt für Justiz zur Überprüfung der Eintragung auffordern und die Verhandlung bis zum Abschluss der Überprüfung aussetzen.

(3) Das Bundesamt für Justiz kann die qualifizierten Verbraucherverbände und deren Vorstandsmitglieder zur Befolgung der Pflichten im Verfahren zur Überprüfung der Eintragung durch die Festsetzung eines Zwangsgelds anhalten.

§ 4b Berichtspflicht und Mitteilungspflichten der qualifizierten Verbraucherverbände

(1) [1]Die qualifizierten Verbraucherverbände, die in der Liste nach § 4 Absatz 1 eingetragen sind, sind verpflichtet, dem Bundesamt für Justiz bis zum 30. Juni eines jeden Kalenderjahres für das vergangene Kalenderjahr zu berichten über

1. die Anzahl der von ihnen ausgesprochenen Abmahnungen zur Durchsetzung ihrer Ansprüche unter Angabe der den Abmahnungen zugrunde liegenden Zuwiderhandlungen,

2. die Anzahl der aufgrund von Abmahnungen vereinbarten strafbewehrten Unterlassungsverpflichtungen und die Höhe der vereinbarten Vertragstrafen,

3. die Gesamthöhe der entstandenen Ansprüche auf Aufwendungsersatz für Abmahnungen und die Gesamthöhe der Ansprüche auf verwirkte Vertragstrafen sowie

4. die Anzahl ihrer Mitglieder zum 31. Dezember und deren Bezeichnung.

[2]Satz 1 Nummer 4 ist nicht anzuwenden auf qualifizierte Verbraucherverbände, für die die Vermutung nach § 4 Absatz 2 Satz 2 gilt.

(2) Das Bundesamt für Justiz kann die qualifizierten Verbraucherverbände und deren Vorstandsmitglieder zur Befolgung der Pflichten nach Absatz 1 durch die Festsetzung eines Zwangsgelds anhalten.

(3) Gerichte haben dem Bundesamt für Justiz Entscheidungen mitzuteilen, in denen festgestellt wird, dass ein qualifizierter Verbraucherverband, der in der Liste nach § 4 eingetragen ist, einen Anspruch missbräuchlich geltend gemacht hat.

§ 4c Aufhebung der Eintragung in der Liste nach § 4

(1) Die Eintragung eines qualifizierten Verbraucherverbands in der Liste nach § 4 ist mit Wirkung für die Zukunft aufzuheben, wenn

1. der qualifizierte Verbraucherverband dies beantragt oder
2. bei dem qualifizierten Verbraucherverband die Voraussetzungen für die Eintragung in der Liste nach § 4 Absatz 2 Satz 1 nicht vorlagen oder weggefallen sind.

(2) [1]Ist auf Grund tatsächlicher Anhaltspunkte damit zu rechnen, dass die Eintragung nach Absatz 1 Nummer 2 zurückzunehmen oder zu widerrufen ist, so soll das Bundesamt für Justiz das Ruhen der Eintragung für einen bestimmten Zeitraum anordnen. [2]Das Ruhen darf für längstens drei Monate angeordnet werden. [3]Ruht die Eintragung, ist dies in der Liste nach § 4 zu vermerken.

(3) Widerspruch und Anfechtungsklage gegen Entscheidungen nach Absatz 1 oder Absatz 2 haben keine aufschiebende Wirkung.

(4) Auf Antrag bescheinigt das Bundesamt für Justiz einem Dritten, der ein rechtliches Interesse daran hat, dass die Eintragung eines qualifizierten Verbraucherverbandes in der Liste nach § 4 ruht oder aufgehoben worden ist.

§ 4d Liste der qualifizierten Einrichtungen für grenzüberschreitende Verbandsklagen

(1) [1]Das Bundesamt für Justiz führt eine Liste der qualifizierten Einrichtungen, die grenzüberschreitende Verbandsklagen nach Artikel 3 Nummer 7 der Richtlinie (EU) 2020/1828 erheben können. [2]Es veröffentlicht die Liste in ihrer jeweils aktuellen Fassung auf seiner Internetseite. [3]Es teilt der Europäischen Kommission zum 1. Dezember 2023 die bestehenden qualifizierten Einrichtungen unter Angabe des Namens oder der Firma und des satzungsmäßigen Zwecks mit und unterrichtet sie unverzüglich, wenn

1. eine qualifizierte Einrichtung in die Liste neu eingetragen wurde,
2. die Eintragung einer qualifizierten Einrichtung in der Liste aufgehoben wurde,
3. der Name oder der Satzungszweck einer qualifizierten Einrichtung geändert wurde.

(2) [1]Eine nach inländischem Recht gegründete juristische Person des Privatrechts wird auf ihren Antrag in die Liste der qualifizierten Einrichtungen eingetragen, wenn

1. ihr Satzungszweck auf den Schutz von Verbraucherinteressen, die in den Anwendungsbereich der Richtlinie (EU) 2020/1828 fallen, und nicht auf einen Erwerbszweck gerichtet ist,
2. sie vor der Antragstellung mindestens ein Jahr zum Schutz von Verbraucherinteressen öffentlich tätig war,
3. sie nicht aufgelöst werden muss oder aufgelöst wurde, insbesondere durch die Eröffnung eines Insolvenzverfahrens oder durch die Rechtskraft des Beschlusses, durch den die Eröffnung des Insolvenzverfahrens abgelehnt wurde,
4. sie durch interne Verfahren sicherstellt, dass
   a) sie nicht unter dem Einfluss von anderen Personen als Verbrauchern steht, insbesondere nicht unter dem Einfluss von Unternehmern, die ein wirtschaftliches Interesse an Verbandsklagen nach der Richtlinie (EU) 2020/1828 haben, und

     b)   Konflikte zwischen den Interessen Dritter, die Verbandsklagen nach der Richtlinie (EU) 2020/1828 aus wirtschaftlichem Interesse finanzieren, und den mit den finanzierten Klagen verfolgten Verbraucherinteressen vermieden werden und

   5.   sie auf ihrer Internetseite klare und verständliche Angaben veröffentlicht zu

     a)   ihrer Rechtsform,

     b)   ihrem Satzungszweck,

     c)   ihrer Mitglieder- und Organisationsstruktur, insbesondere zu ihren Geschäftsführungsorganen,

     d)   ihren Tätigkeiten,

     e)   den internen Verfahren nach Nummer 4 sowie

     f)   ihrer Finanzierung im Allgemeinen.

[2]Aus den Angaben nach Satz 1 Nummer 5 muss für die Öffentlichkeit auch erkennbar sein, dass die qualifizierte Einrichtung alle Eintragungsvoraussetzungen nach Satz 1 erfüllt.

(3) [1]Die Entscheidung über den Eintragungsantrag ist der Antragstellerin zuzustellen. [2]Auf der Grundlage einer wirksamen, dem Antrag stattgebenden Entscheidung ist die juristische Person mit folgenden Angaben in die Liste einzutragen:

   1.   Name,

   2.   Anschrift und

   3.   satzungsmäßiger Zweck.

[3]Ist die qualifizierte Einrichtung in einem Register eingetragen, so sind auch die Registernummer und die registerführende Stelle in der Liste anzugeben. [4]§ 4 Absatz 4 ist entsprechend anzuwenden.

§ 4e Überprüfung und Aufhebung einer Eintragung in der Liste nach § 4d

(1) Für die Überprüfung, ob eine qualifizierte Einrichtung, die in die Liste nach § 4d eingetragen ist, die Eintragungsvoraussetzungen nach § 4d Absatz 2 Satz 1 erfüllt, ist § 4a Absatz 1 und 3 entsprechend anzuwenden.

(2) Das Bundesamt für Justiz ist verpflichtet, die Eintragung einer qualifizierten Einrichtung in der Liste nach § 4d auch dann zu überprüfen, wenn die Europäische Kommission oder ein anderer Mitgliedstaat der Europäischen Union um die Überprüfung der Eintragung ersucht.

(3) [1]Die Eintragung einer qualifizierten Einrichtung in die Liste nach § 4d ist aufzuheben, wenn

   1.   die qualifizierte Einrichtung dies beantragt oder

   2.   die Voraussetzungen für die Eintragung nach § 4d Absatz 2 nicht vorlagen oder weggefallen sind.

[2]§ 4c Absatz 3 und 4 ist entsprechend anzuwenden.

§ 4f Verordnungsermächtigung

Das Bundesministerium der Justiz wird ermächtigt, durch Rechtsverordnung ohne Zustimmung des Bundesrates die Einzelheiten zu regeln zu

1. der Eintragung von eingetragenen Vereinen in die Liste der qualifizierten Verbraucherverbände nach § 4, insbesondere zu den in dem Verfahren bestehenden Mitwirkungs- und Nachweispflichten,
2. der Überprüfung und Aufhebung von Eintragungen eines qualifizierten Verbraucherverbands in der Liste der qualifizierten Verbraucherverbände nach § 4, insbesondere zu den in diesem Verfahren bestehenden Mitwirkungs- und Nachweispflichten,
3. den Berichtspflichten der qualifizierten Verbraucherverbände nach § 4b Absatz 1 und
4. der Eintragung von juristischen Personen in die Liste der qualifizierten Einrichtungen für grenzüberschreitende Verbandsklagen nach § 4d, insbesondere zu den in diesem Verfahren bestehenden Mitwirkungs- und Nachweispflichten sowie
5. der Überprüfung und Aufhebung von Eintragungen einer qualifizierten Einrichtung in der Liste, insbesondere zu den in diesem Verfahren bestehenden Mitwirkungs- und Nachweispflichten.

§ 5a Informationspflichten der qualifizierten Verbraucherverbände und qualifizierten Einrichtungen zu gerichtlichen Verfahren im Inland

(1) [1]Anspruchsberechtigte Stellen nach § 3 Absatz 1 Satz 1 Nummer 1, die Unterlassungsansprüche nach den §§ 1, 2 oder § 2a im Inland gerichtlich geltend machen, haben auf ihrer Internetseite spätestens mit der Einreichung des Antrags auf Erlass einer einstweiligen Verfügung oder mit der Einreichung einer Klage beim Gericht über den jeweils aktuellen Stand des Verfahrens zu berichten. [2]Zu dem Verfahren sind dort während dessen Dauer mindestens folgende bekannte Tatsachen unverzüglich zu veröffentlichen:

1. der Name oder die Firma und die Anschrift des Unternehmers, gegen den sich der Antrag auf Erlass einer einstweiligen Verfügung oder die Klage richtet,
2. die behauptete Zuwiderhandlung des Unternehmers, zu deren Verhinderung oder Beendigung die einstweilige Verfügung beantragt oder die Klage eingereicht wurde,
3. das Datum der Einreichung des Antrags auf Erlass der einstweiligen Verfügung oder der Klage beim Gericht,
4. die Zustellung des Antrags auf Erlass einer einstweiligen Verfügung oder der einstweiligen Verfügung an den Antragsgegner oder das Datum der Klageerhebung,
5. das Aktenzeichen des gerichtlichen Verfahrens,
6. der Hinweis, dass die einstweilige Verfügung oder die Klage im Verbandsklageregister bekannt gemacht ist und
7. das Datum der Beendigung des Verfahrens und die Art der Verfahrensbeendigung.

(2) Wurde ein in Absatz 1 genanntes Verfahren durch unanfechtbaren Beschluss oder unanfechtbares Urteil beendet, so ist der Beschluss oder das Urteil mindestens sechs Monate auf der Internetseite der anspruchsberechtigten Stelle zu veröffentlichen.

(3) Die Kosten der Veröffentlichungen auf der Internetseite nach den Absätzen 1 und 2 sind Kosten des Rechtsstreits.

[…]

§ 13 Auskunftsanspruch der anspruchsberechtigten Stellen

(1) Wer geschäftsmäßig Post-, Telekommunikations- oder digitale Dienste nach § 1 Absatz 4 Nummer 1 des Digitale-Dienste-Gesetzes erbringt oder an der Erbringung solcher Dienste mitwirkt, hat anspruchsberechtigten Stellen nach § 3 Absatz 1 Satz 1 auf deren Verlangen den Namen und die zustellfähige Anschrift eines an Post-, Telekommunikations- oder digitalen Diensten Beteiligten mitzuteilen, wenn diese Stellen schriftlich versichern, dass sie die Angaben zur Durchsetzung eines Anspruchs nach den §§ 1 bis 2b benötigen und nicht anderweitig beschaffen können.

(2) [1]Der Anspruch besteht nur, soweit die Auskunft ausschließlich anhand der bei dem Auskunftspflichtigen vorhandenen Bestandsdaten erteilt werden kann. [2]Die Auskunft darf nicht deshalb verweigert werden, weil der Beteiligte, dessen Angaben mitgeteilt werden sollen, in die Übermittlung nicht einwilligt.

(3) [1]Der Auskunftspflichtige kann von dem Auskunftsberechtigten einen angemessenen Ausgleich für die Erteilung der Auskunft verlangen. [2]Der Auskunftsberechtigte kann von dem Beteiligten, dessen Angaben mitgeteilt worden sind, Erstattung des gezahlten Ausgleichs verlangen, wenn er gegen diesen Beteiligten einen Anspruch nach den §§ 1 bis 2b.

[...]

Digitale-Dienste-Gesetz (DDG)

Digitale-Dienste-Gesetz
zuletzt geändert durch Art. 1 Gesetz vom 06.05.2024 (BGBl. 2024 I Nr. 149) m.W.v. 14.05.2024
– Nichtamtliche Fassung (Auszug) –

Gliederung
- Teil 1: Allgemeine Vorschriften (§§ 1 – 4 DDG)
- Teil 2: Informationspflichten (§§ 5 – 6 DDG)

[...]

Teil 1
Allgemeine Vorschriften

§ 1 Anwendungsbereich, Begriffsbestimmungen

(1) [1]Dieses Gesetz gilt für alle Diensteanbieter nach Absatz 4 Nummer 5, sofern in diesem Gesetz nichts anderes bestimmt ist. [2]Abweichend von Satz 1 gelten die Vorschriften dieses Gesetzes zur Durchsetzung der Verordnung (EU) 2019/1150 des Europäischen Parlaments und des Rates vom 20. Juni 2019 zur Förderung von Fairness und Transparenz für gewerbliche Nutzer von Online-Vermittlungsdiensten (ABl. L 186 vom 11.7.2019, S. 57) für Anbieter von Online-Vermittlungsdiensten nach Artikel 2 Nummer 2 und 3 sowie für Anbieter von Online-Suchmaschinen nach Artikel 2 Nummer 5 und 6 dieser Verordnung. [3]Dieses Gesetz gilt nicht für Rundfunk im Sinne der medienrechtlichen Bestimmungen der Länder.

(2) [1]Dies inhalts- und vielfaltsbezogenen Anforderungen an digitale Dienste und die hierfür zuständigen Aufsichtsbehörden ergeben sich aus den medienrechtlichen Bestimmungen der Länder. [2]Die Vorschriften des Gesetzes gegen Wettbewerbsbeschränkungen einschließlich dessen §§ 19 bis 20 sowie der Regelungen zu den Aufgaben, Befugnissen und Zuständigkeiten der Kartellbehörden bleiben unberührt.

(3) Dieses Gesetz trifft weder Regelungen im Bereich des internationalen Privatrechts noch regelt es die Zuständigkeit der Gerichte.

(4) Im Sinne dieses Gesetzes ist oder sind

1. „digitaler Dienst" ein Dienst im Sinne des Artikels 1 Absatz 1 Buchstabe b der Richtlinie (EU) 2015/1535 des Europäischen Parlaments und des Rates vom 9. September 2015 über ein Informationsverfahren auf dem Gebiet der technischen Vorschriften und der Vorschriften für die Dienste der Informationsgesellschaft (ABl. L 241 vom 17.9.2015, S. 1);

2. „Koordinierungsstelle für digitale Dienste" der nationale Koordinator für digitale Dienste im Sinne des Artikels 49 Absatz 2 der Verordnung (EU) 2022/2065 des Europäischen Parlaments und des

Rates vom 19. Oktober 2022 über einen Binnenmarkt für digitale Dienste und zur Änderung der Richtlinie 2000/31/EG (Gesetz über digitale Dienste) (ABl. L 277 vom 27.10.2022, S. 1; L 310 vom 1.12.2022, S. 17);

3. „drahtloses lokales Netzwerk" ein Drahtloszugangssystem mit geringer Leistung und geringer Reichweite sowie mit geringem Störungsrisiko für weitere, von anderen Nutzern in unmittelbarer Nähe installierte Systeme dieser Art, das nicht exklusive Grundfrequenzen nutzt;

4. „audiovisuelle Mediendienste"
   a) audiovisuelle Mediendienste auf Abruf (Nummer 6) und
   b) die audiovisuelle kommerzielle Kommunikation (Nummer 7);

5. „Diensteanbieter" Anbieter digitaler Dienste;

6. „audiovisuelle Mediendienste auf Abruf" nichtlineare audiovisuelle Mediendienste, bei denen der Hauptzweck des Dienstes oder eines trennbaren Teils des Dienstes darin besteht, unter der redaktionellen Verantwortung eines Anbieters von audiovisuellen Mediendiensten der Allgemeinheit Sendungen zur Information, Unterhaltung oder Bildung zum individuellen Abruf zu einem vom Nutzer gewählten Zeitpunkt bereitzustellen;

7. „audiovisuelle kommerzielle Kommunikation" jede Form der Kommunikation mit Bildern mit oder ohne Ton, die einer Sendung oder einem nutzergenerierten Video gegen Entgelt oder gegen eine ähnliche Gegenleistung oder als Eigenwerbung beigefügt oder darin enthalten ist, wenn die Kommunikation der unmittelbaren oder mittelbaren Förderung des Absatzes von Waren und Dienstleistungen oder der Förderung des Erscheinungsbilds natürlicher oder juristischer Personen, die einer wirtschaftlichen Tätigkeit nachgehen, dient, einschließlich Sponsoring und Produktplatzierung;

8. „Videosharingplattform-Dienste"
   a) digitale Dienste, bei denen der Hauptzweck oder eine wesentliche Funktion darin besteht, Sendungen oder nutzergenerierte Videos, für die der Diensteanbieter keine redaktionelle Verantwortung trägt, der Allgemeinheit bereitzustellen, wobei der Diensteanbieter die Organisation der Sendungen und der nutzergenerierten Videos, auch mit automatischen Mitteln, bestimmt,
   b) trennbare Teile digitaler Dienste, wenn für den trennbaren Teil der in Buchstabe a genannte Hauptzweck vorliegt;

9. „Videosharingplattform-Anbieter" ein Diensteanbieter, der Videosharingplattform-Dienste betreibt;

10. „redaktionelle Verantwortung" die Ausübung einer wirksamen Kontrolle hinsichtlich der Zusammenstellung der Sendungen und ihrer Bereitstellung mittels eines Katalogs;

11. „Sendung" eine Abfolge von bewegten Bildern mit oder ohne Ton, die unabhängig von ihrer Länge Einzelbestandteil eines von einem Diensteanbieter erstellten Sendeplans oder Katalogs ist;

12. „nutzergeneriertes Video" eine von einem Nutzer erstellte Abfolge von bewegten Bildern mit oder ohne Ton, die unabhängig von ihrer Länge einen Einzelbestandteil darstellt und die von diesem Nutzer oder einem anderen Nutzer auf einen Videosharingplattform-Dienst hochgeladen wird;

13. „Mitgliedstaat" jeder Mitgliedstaat der Europäischen Union und jeder andere Vertragsstaat des Abkommens über den Europäischen Wirtschaftsraum, für den die Richtlinie 2010/13/EU des Europäischen Parlaments und des Rates vom 10. März 2010 zur Koordinierung bestimmter Rechts- und Verwaltungsvorschriften der Mitgliedstaaten über die Bereitstellung audiovisueller Mediendienste (Richtlinie über audiovisuelle Mediendienste) (ABl. L 95 vom 15.4.2010, S. 1; L 263 vom 6.10.2010, S. 15), die durch die Richtlinie (EU) 2018/1808 (ABl. L 303 vom 28.11.2018, S. 69) geändert worden ist, gilt;

14. „Drittstaat" jeder Staat, der nicht Mitgliedstaat ist;

15. „Mutterunternehmen" ein Unternehmen, das ein oder mehrere Tochterunternehmen kontrolliert;

16. „Tochterunternehmen" ein Unternehmen, das unmittelbar oder mittelbar von einem Mutterunternehmen kontrolliert wird;

17. „Gruppe" die Gesamtheit eines Mutterunternehmens und seiner Tochterunternehmen sowie aller anderen mit dem Mutterunternehmen und seinen Tochterunternehmen wirtschaftlich und rechtlich verbundenen Unternehmen.

§ 2 Europäisches Sitzland

(1) ¹Sitzland des Diensteanbieters innerhalb des Geltungsbereichs der Richtlinie 2000/31/EG des Europäischen Parlaments und des Rates vom 8. Juni 2000 über bestimmte rechtliche Aspekte der Dienste der Informationsgesellschaft, insbesondere des elektronischen Geschäftsverkehrs, im Binnenmarkt (Richtlinie über den elektronischen Geschäftsverkehr) (ABl. L 178 vom 17.7.2000, S. 1), die zuletzt durch die Verordnung (EU) 2022/2065 (ABl. L 277 vom 27.10.2022, S. 1; L 310 vom 1.12.2022, S. 17) geändert worden ist, ist der Mitgliedstaat, in dessen Hoheitsgebiet der Diensteanbieter niedergelassen ist.

(2) ¹Abweichend von Absatz 1 gilt bei audiovisuellen Mediendiensten im Anwendungsbereich der Richtlinie 2010/13/EU derjenige Mitgliedstaat als Sitzland des Anbieters von audiovisuellen Mediendiensten, in dem die Hauptverwaltung des Diensteanbieters liegt und in dem die redaktionellen Entscheidungen über den audiovisuellen Mediendienst getroffen werden. ²Werden die redaktionellen Entscheidungen über den audiovisuellen Mediendienst in einem anderen Mitgliedstaat als in dem des Sitzes der Hauptverwaltung getroffen, so gilt als Sitzland des Diensteanbieters

1. derjenige dieser beiden Mitgliedstaaten, in dem ein erheblicher Teil des Personals des Diensteanbieters, das mit der Durchführung der programmbezogenen Tätigkeiten des audiovisuellen Mediendienstes betraut ist, tätig ist,

2. derjenige dieser beiden Mitgliedstaaten, in dem die Hauptverwaltung des Diensteanbieters liegt, wenn ein erheblicher Teil des Personals des Anbieters audiovisueller Mediendienste, das mit der Ausübung der sendungsbezogenen Tätigkeiten betraut ist, in beiden Mitgliedstaaten tätig ist, oder

3. derjenige dieser beiden Mitgliedstaaten, in dem der Diensteanbieter zuerst mit seiner Tätigkeit nach Maßgabe des Rechts dieses Mitgliedstaats begonnen hat, sofern

   a) eine dauerhafte und tatsächliche Verbindung mit der Wirtschaft dieses Mitgliedstaats fortbesteht und

   b) ein erheblicher Teil des Personals des Anbieters von audiovisuellen Mediendiensten, das mit der Ausübung der sendungsbezogenen Tätigkeiten betraut ist, in keinem der beiden Mitgliedstaaten tätig ist.

[3]Werden die redaktionellen Entscheidungen über den audiovisuellen Mediendienst in einem Drittstaat getroffen, so gilt derjenige Mitgliedstaat als Sitzland, in dem die Hauptverwaltung des Diensteanbieters liegt. [4]Liegt die Hauptverwaltung des Diensteanbieters in einem Drittstaat und werden die redaktionellen Entscheidungen über den audiovisuellen Mediendienst in einem Mitgliedstaat getroffen, gilt der Mitgliedstaat als Sitzland, in dem ein erheblicher Teil des mit der Bereitstellung des audiovisuellen Mediendienstes betrauten Personals tätig ist.

(3) [1]Für Anbieter von <u>audiovisuellen Mediendiensten</u>, die nicht bereits aufgrund ihrer Niederlassung der Rechtshoheit eines Mitgliedstaats unterliegen, gilt derjenige Mitgliedstaat als Sitzland, in dem sie

1. eine dort gelegene Satelliten-Bodenstation für die Aufwärtsstrecke nutzen oder

2. zwar keine dort gelegene Satelliten-Bodenstation für die Aufwärtsstrecke, aber eine diesem Mitgliedstaat zugewiesene Übertragungskapazität eines Satelliten nutzen.

[2]Liegt keines dieser beiden Kriterien vor, gilt derjenige Mitgliedstaat, in dem der Anbieter von audiovisuellen Mediendiensten gemäß den Artikeln 49 bis 55 des Vertrages über die Arbeitsweise der Europäischen Union niedergelassen ist, auch als Sitzland für diesen Anbieter von audiovisuellen Mediendiensten.

(4) Ist ein <u>Videosharingplattform-Anbieter</u> im Anwendungsbereich der Richtlinie 2010/13/EU <u>nicht im Hoheitsgebiet eines Mitgliedstaats niedergelassen</u>, so gilt abweichend von Absatz 1 derjenige Mitgliedstaat als Sitzland, in dessen Hoheitsgebiet

1. ein Mutterunternehmen oder ein Tochterunternehmen des Videosharingplattform-Anbieters niedergelassen ist oder

2. ein anderes Unternehmen einer Gruppe, von der der Videosharingplattform-Anbieter ein Teil ist, niedergelassen ist.

(5) Sind <u>in den Fällen des Absatzes 4</u> das <u>Mutterunternehmen</u>, das <u>Tochterunternehmen</u> <u>oder</u> die <u>anderen Unternehmen der Gruppe</u> jeweils <u>in verschiedenen Mitgliedstaaten niedergelassen</u>, so gilt der Videosharingplattform-Anbieter als in dem Mitgliedstaat niedergelassen, in dem

1. sein Mutterunternehmen niedergelassen ist,

2. mangels einer Niederlassung nach Nummer 1 sein Tochterunternehmen niedergelassen ist oder

3. mangels einer Niederlassung nach Nummer 2 das oder die anderen Unternehmen der Gruppe niedergelassen ist oder sind.

(6) [1]Gibt es <u>mehrere Tochterunternehmen</u> und ist jedes dieser Tochterunternehmen in einem anderen Mitgliedstaat niedergelassen, so gilt der Videosharingplattform-Anbieter als in dem Mitgliedstaat niedergelassen,

in dem eines der Tochterunternehmen zuerst seine Tätigkeit aufgenommen hat. ²Voraussetzung ist, dass eine dauerhafte und tatsächliche Verbindung zwischen dem Tochterunternehmen und der Wirtschaft dieses Mitgliedstaats besteht.

(7) ¹Gibt es <u>mehrere andere Unternehmen,</u> die Teil der Gruppe sind und von denen jedes in einem anderen Mitgliedstaat niedergelassen ist, so gilt der Videosharingplattform-Anbieter als in dem Mitgliedstaat niedergelassen, in dem eines dieser Unternehmen zuerst seine Tätigkeit aufgenommen hat. ²Voraussetzung ist, dass eine dauerhafte und tatsächliche Verbindung zwischen dem Unternehmen und der Wirtschaft dieses Mitgliedstaats besteht.

(8) Treten zwischen der zuständigen inländischen Behörde und einer Behörde eines anderen Mitgliedstaats Meinungsverschiedenheiten darüber auf, welcher Mitgliedstaat Sitzland des Diensteanbieters nach den Absätzen 2 bis 7 ist oder als solcher gilt, so bringt die zuständige inländische Behörde diese Meinungsverschiedenheiten der Europäischen Kommission unverzüglich zur Kenntnis.

§ 3 Herkunftslandprinzip

(1) Diensteanbieter und ihre digitalen Dienste, die nach § 2 in Deutschland niedergelassen sind, unterliegen den Anforderungen des deutschen Rechts auch dann, wenn die digitalen Dienste innerhalb des Geltungsbereichs der Richtlinie 2000/31/EG und der Richtlinie 2010/13/EU in einem anderen Mitgliedstaat geschäftsmäßig angeboten oder verbreitet werden, soweit nicht die Verordnung (EU) 2022/2065 unmittelbar gilt.

(2) Der freie Verkehr von digitalen Diensten, die innerhalb des Geltungsbereichs der Richtlinien 2000/31/EG und 2010/13/EU in Deutschland von Diensteanbietern, die in einem anderen Mitgliedstaat niedergelassen sind, geschäftsmäßig angeboten oder verbreitet werden, wird vorbehaltlich der Absätze 5 bis 7 nicht eingeschränkt.

[…]

§ 4 Zulassungsfreiheit

<u>Anbieten von digitalen Diensten</u> ist im Rahmen der Gesetze <u>zulassungs- und anmeldefrei</u>.

Abschnitt 2
Informationspflichten

§ 5 Allgemeine Informationspflichten

(1) <u>Diensteanbieter</u> haben für <u>geschäftsmäßige</u>, <u>in der Regel gegen Entgelt</u> angebotene <u>digitale Dienste</u> folgende Informationen, die <u>leicht erkennbar</u> und <u>unmittelbar erreichbar</u> sein müssen, <u>ständig verfügbar</u> zu halten:

1. den <u>Namen</u> und die <u>Anschrift</u>, unter der sie niedergelassen sind, bei juristischen Personen zusätzlich die Rechtsform, den Vertretungsberechtigten und, sofern Angaben über das Kapital der Gesellschaft gemacht werden, das Stamm- oder Grundkapital sowie, wenn nicht alle in Geld zu leistenden Einlagen eingezahlt sind, der Gesamtbetrag der ausstehenden Einlagen,

2. Angaben, die eine schnelle elektronische Kontaktaufnahme und eine unmittelbare Kommunikation mit ihnen ermöglichen, einschließlich der Adresse der elektronischen Post,

3. soweit der Dienst im Rahmen einer Tätigkeit angeboten oder erbracht wird, die der behördlichen Zulassung bedarf, Angaben zur zuständigen Aufsichtsbehörde,

4. die Angabe des Handelsregisters oder ähnlicher Register, in das sie eingetragen sind, und die entsprechende Registernummer,

5. soweit der Dienst angeboten oder erbracht wird in Ausübung eines Berufs im Sinne von Artikel 1 Buchstabe d der Richtlinie 89/48/EWG des Rates vom 21. Dezember 1988 über eine allgemeine Regelung zur Anerkennung der Hochschuldiplome, die eine mindestens dreijährige Berufsausbildung abschließen (ABl. L 19 vom 24.1.1989, S. 16), oder im Sinne von Artikel 1 Buchstabe f der Richtlinie 92/51/EWG des Rates vom 18. Juni 1992 über eine zweite allgemeine Regelung zur Anerkennung beruflicher Befähigungsnachweise in Ergänzung zur Richtlinie 89/48/EWG (ABl. L 209 vom 24.7.1992, S. 25; L 17 vom 25.1.1995, S. 20), die zuletzt durch die Richtlinie 2006/100/EG (ABl. L 363 vom 20.12.2006, S. 141) geändert worden ist, Angaben über

    a) die Kammer, der die Diensteanbieter angehören,

    b) die gesetzliche Berufsbezeichnung und den Staat, in dem die Berufsbezeichnung verliehen worden ist,

    c) die Bezeichnung der berufsrechtlichen Regelungen und die Angabe, wie diese Regelungen zugänglich sind,

6. in Fällen, in denen sie eine Umsatzsteueridentifikationsnummer nach § 27a Absatz 1 Satz 1, 2 oder 3 des Umsatzsteuergesetzes oder eine Wirtschafts-Identifikationsnummer nach § 139c Absatz 1 der Abgabenordnung besitzen, die Angabe dieser Nummer,

7. bei Aktiengesellschaften, Kommanditgesellschaften auf Aktien und Gesellschaften mit beschränkter Haftung, die sich in Abwicklung oder Liquidation befinden, die Angabe hierüber,

8. bei Anbietern von audiovisuellen Mediendiensten die Angabe

    a) des Mitgliedstaats, der für sie Sitzland ist oder als Sitzland gilt sowie

    b) der zuständigen Regulierungs- und Aufsichtsbehörden.

(2) Weitergehende Informationspflichten nach anderen Rechtsvorschriften bleiben unberührt.

§ 6 Besondere Pflichten bei kommerziellen Kommunikationen

(1) Diensteanbieter haben bei kommerziellen Kommunikationen, die digitale Dienste oder Bestandteile von digitalen Diensten sind, mindestens zu beachten, dass

1. kommerzielle Kommunikationen klar als solche zu erkennen sein müssen,

2. die natürliche oder juristische Person, in deren Auftrag kommerzielle Kommunikationen erfolgen, klar identifizierbar sein muss,

3. Angebote zur Verkaufsförderung wie Preisnachlässe, Zugaben und Geschenke klar als solche erkennbar sein müssen und die Bedingungen für ihre Inanspruchnahme leicht zugänglich sein sowie klar und unzweideutig angegeben werden müssen und

4. Preisausschreiben oder Gewinnspiele mit Werbecharakter klar als solche erkennbar sein müssen und die Teilnahmebedingungen leicht zugänglich sein sowie klar und unzweideutig angegeben werden müssen.

(2) [1]Werden kommerzielle Kommunikationen per elektronischer Post versandt, darf in der Kopf- und und in der Betreffzeile weder der Absender noch der kommerzielle Charakter der Nachricht verschleiert oder verheimlicht werden. [2]Ein Verschleiern oder Verheimlichen liegt dann vor, wenn die Kopf- oder die Betreffzeile absichtlich so gestaltet ist, dass der Empfänger vor Einsichtnahme in den Inhalt der Kommunikation keine oder irreführende Informationen über die tatsächliche Identität des Absenders oder den kommerziellen Charakter der Nachricht erhält.

(3) Die Videosharingplattform-Anbieter müssen eine Funktion bereitstellen, mit der Nutzer, die nutzergenerierte Videos hochladen, erklären können, ob diese Videos audiovisuelle kommerzielle Kommunikation enthalten.

(4) Videosharingplattform-Anbieter sind verpflichtet, audiovisuelle kommerzielle Kommunikation, die Nutzer auf den Videosharingplattform-Dienst hochgeladen haben, als solche zu kennzeichnen, soweit sie nach Absatz 3 oder anderweitig Kenntnis von dieser erlangt haben.

(5) Die Vorschriften des Gesetzes gegen den unlauteren Wettbewerb und der Preisangabenverordnung bleiben unberührt.

[...]

Telekommunikationsgesetz (TKG)

Telekommunikationsgesetz
zuletzt geändert durch Art. 35 Gesetz vom 06.05.2024 (BGBl. 2024 I Nr. 149) m.W.v. 14.05.2024
– Nichtamtliche Fassung (Auszug) –

Teil 1
Allgemeine Vorschriften

§ 1 Zweck des Gesetzes

(1) Zweck dieses Gesetzes ist es, durch technologieneutrale Regulierung den Wettbewerb im Bereich der Telekommunikation und leistungsfähige Telekommunikationsinfrastrukturen zu fördern und flächendeckend angemessene und ausreichende Dienstleistungen zu gewährleisten.

(2) Diesem Gesetz unterliegen alle Unternehmen oder Personen, die im Geltungsbereich dieses Gesetzes Telekommunikationsnetze oder Telekommunikationsanlagen betreiben oder Telekommunikationsdienste erbringen sowie die weiteren, nach diesem Gesetz Berechtigten und Verpflichteten.

§ 2 Ziele und Grundsätze der Regulierung

(1) Die Die Regulierung der Telekommunikation ist eine hoheitliche Aufgabe des Bundes.
[...]

(4) [1]Die Vorschriften des Gesetzes gegen Wettbewerbsbeschränkungen bleiben, soweit nicht durch dieses Gesetz ausdrücklich abschließende Regelungen getroffen werden, anwendbar. [2]Die Aufgaben und Zuständigkeiten der Kartellbehörden bleiben unberührt.

(5) Die hoheitlichen Rechte des Bundesministeriums der Verteidigung bleiben unberührt.

(6) Die Belange der Behörden und Organisationen mit Sicherheitsaufgaben des Bundes und der Länder sind zu berücksichtigen, ebenso nach Maßgabe dieses Gesetzes die Belange der Bundeswehr.

(7) [1]Die Belange des Rundfunks und vergleichbarer digitaler Dienste nach § 1 Absatz 4 Nummer 1 des Digitale-Dienste-Gesetzes sind unabhängig von der Art der Übertragung zu berücksichtigen. [2]Die medienrechtlichen Bestimmungen der Länder bleiben unberührt.

§ 3 Begriffsbestimmungen

Im Sinne dieses Gesetzes ist oder sind

1. "Anbieter von Telekommunikationsdiensten" jeder, der Telekommunikationsdienste erbringt;
2. "Anruf" eine über einen öffentlich zugänglichen interpersonellen Telekommunikationsdienst aufgebaute Verbindung, die eine zweiseitige oder mehrseitige Sprachkommunikation ermöglicht;

3. "Anschlusskennung" eine Rufnummer oder andere eindeutige und einmalige Zeichenfolge, die einem bestimmten Anschlussinhaber dauerhaft zugewiesen ist und die Telekommunikation über den jeweiligen Anschluss eindeutig und gleichbleibend kennzeichnet;

[...]

6. "Bestandsdaten" Daten eines Endnutzers, die erforderlich sind für die Begründung, inhaltliche Ausgestaltung, Änderung oder Beendigung eines Vertragsverhältnisses über Telekommunikationsdienste;

7. "Betreiber" ein Unternehmen, das ein öffentliches Telekommunikationsnetz oder eine zugehörige Einrichtung bereitstellt oder zur Bereitstellung hiervon befugt ist;

[...]

13. "Endnutzer" ein Nutzer, der weder öffentliche Telekommunikationsnetze betreibt noch öffentlich zugängliche Telekommunikationsdienste erbringt;

[...]

23. "Internetzugangsdienst" ein Internetzugangsdienst im Sinne der Begriffsbestimmung des Artikels 2 Absatz 2 Nummer 2 der Verordnung (EU) 2015/2120 des Europäischen Parlaments und des Rates vom 25. November 2015 über Maßnahmen zum Zugang zum offenen Internet und zu Endkundenentgelten für regulierte intra-EU-Kommunikation sowie zur Änderung der Richtlinie 2002/22/EG und der Verordnung (EU) Nr. 531/2012 (ABl. L 310 vom 26.11.2015, S. 1), die zuletzt durch die Verordnung (EU) 1971/2018 (ABl. L 321 vom 17.12.2018, S. 1) geändert worden ist;

24. "interpersoneller Telekommunikationsdienst" ein gewöhnlich gegen Entgelt erbrachter Dienst, der einen direkten interpersonellen und interaktiven Informationsaustausch über Telekommunikationsnetze zwischen einer endlichen Zahl von Personen ermöglicht, wobei die Empfänger von den Personen bestimmt werden, die die Telekommunikation veranlassen oder daran beteiligt sind; dazu zählen keine Dienste, die eine interpersonelle und interaktive Telekommunikation lediglich als untrennbar mit einem anderen Dienst verbundene untergeordnete Nebenfunktion ermöglichen;

25. "Kennung" einem Nutzer, einem Anschluss oder einem Endgerät zu einem bestimmten Zeitpunkt zugewiesene eindeutige Zeichenfolge, die eine eindeutige Identifizierung des Nutzers, des Anschlusses oder des Endgerätes ermöglicht;

[...]

31. "Nationale Teilnehmerrufnummern" Rufnummern, insbesondere des Rufnummernbereichs (0)32, die für Dienste verwendet werden, die den Zugang zu öffentlichen Telekommunikationsnetzen ermöglichen und nicht an einen bestimmten Standort gebunden sind;

[...]

41. "Nutzer" jede natürliche oder juristische Person, die einen öffentlich zugänglichen Telekommunikationsdienst für private oder geschäftliche Zwecke in Anspruch nimmt oder beantragt;

[...]

46. "Persönliche Rufnummern" Rufnummern, insbesondere des Rufnummernbereichs (0)700, durch die ein Zugang zu und von allen Telekommunikationsnetzen unter einer Rufnummer - unabhängig von Standort, Endgerät, Übertragungsart und Technologie - möglich ist;

47. "Premium-Dienste" Dienste, insbesondere des Rufnummernbereichs (0)900, bei denen über die Telekommunikationsdienstleistung hinaus eine weitere Dienstleistung erbracht wird, die gegenüber dem Anrufer gemeinsam mit der Telekommunikationsdienstleistung abgerechnet wird und die nicht einer anderen Nummernart zuzurechnen ist;

48. "Roaming" die Ermöglichung der Nutzung von Mobilfunknetzen anderer Betreiber außerhalb des Versorgungsbereichs des nachfragenden Mobilfunknetzbetreibers für dessen Endnutzer;

49. "Rufnummer" eine Nummer des Nummernraums für das öffentliche Telekommunikationsnetz oder eines Nummernraums für Kurzwahldienste;

50. "Rufnummernbereich" eine für eine Nummernart bereitgestellte Teilmenge des Nummernraums für das öffentliche Telekommunikationsnetz oder eines Nummernraums für Kurzwahldienste;

51. "Service-Dienste" Dienste, insbesondere des Rufnummernbereichs (0)180, die bundesweit zu einem einheitlichen Entgelt zu erreichen sind;

[...]

56. "Standortdaten" Daten, die in einem Telekommunikationsnetz oder von einem Telekommunikationsdienst verarbeitet werden und die den Standort des Endgeräts eines Nutzers eines öffentlich zugänglichen Telekommunikationsdienstes angeben;

[...]

59. "Telekommunikation" der technische Vorgang des Aussendens, Übermittelns und Empfangens von Signalen mittels Telekommunikationsanlagen;

[...]

61. "Telekommunikationsdienste" in der Regel gegen Entgelt über Telekommunikationsnetze erbrachte Dienste, die - mit der Ausnahme von Diensten, die Inhalte über Telekommunikationsnetze und -dienste anbieten oder eine redaktionelle Kontrolle über sie ausüben - folgende Dienste umfassen:
    a) Internetzugangsdienste,
    b) interpersonelle Telekommunikationsdienste und
    c) Dienst, die ganz oder überwiegend in der Übertragung von Signalen bestehen, wie Übertragungsdienste, die für Maschine-Maschine-Kommunikation und für den Rundfunk genutzt werden;

[...]

63. "telekommunikationsgestützte Dienste" Dienste, die keinen räumlich und zeitlich trennbaren Leistungsfluss auslösen, sondern bei denen die Inhaltsleistung noch während der Telekommunikationsverbindung erbracht wird;

[...]

70. "Verkehrsdaten" Daten, deren Erhebung, Verarbeitung oder Nutzung bei der Erbringung eines Telekommunikationsdienstes erforderlich sind;

[...]

73. "Warteschleife" jede vom Nutzer eines Telekommunikationsdienstes eingesetzte Vorrichtung oder Geschäftspraxis, über die Anrufe entgegengenommen oder aufrechterhalten werden, ohne dass das Anliegen des Anrufers bearbeitet wird; dies umfasst die Zeitspanne ab Rufaufbau vom Anschluss des Anrufers bis zu dem Zeitpunkt, an dem mit der Bearbeitung des Anliegens des Anrufers begonnen wird, gleichgültig, ob dies über einen automatisierten Dialog, ein Vorauswahlmenü oder durch eine persönliche Bearbeitung erfolgt; ein automatisierter Dialog oder ein Vorauswahlmenü beginnt, sobald automatisiert Informationen abgefragt werden, die für die Bearbeitung des Anliegens erforderlich sind; eine persönliche Bearbeitung des Anliegens beginnt, sobald eine natürliche Person den Anruf entgegennimmt und bearbeitet; hierzu zählt auch die Abfrage von Informationen, die für die Bearbeitung des Anliegens erforderlich sind; als Warteschleife ist ferner die Zeitspanne anzusehen, die anlässlich einer Weiterleitung zwischen Beendigung der vorhergehenden Bearbeitung des Anliegens und der weiteren Bearbeitung vergeht, ohne dass der Anruf technisch unterbrochen wird; keine Warteschleife sind automatische Bandansagen, wenn die Dienstleistung für den Anrufer vor Herstellung der Verbindung erkennbar ausschließlich in einer Bandansage besteht;

[...]

Teil 7

Nummerierung

§ 109 Preisangabe

(1) [1]Wer gegenüber Endnutzern

    1.   Premium-Dienste,

    2.   Auskunftsdienste,

    3.   Massenverkehrsdienste,

    4.   Service-Dienste,

    5.   Kurzwahldienste oder

    6.   Dienste über Nationale Teilnehmerrufnummern

anbietet oder dafür wirbt, hat dabei den für die Inanspruchnahme des Dienstes zu zahlenden Höchstpreis nach § 112 Absatz 1 bis 5 oder 6 Satz 4 zeitabhängig je Minute oder zeitunabhängig je Inanspruchnahme einschließlich der Umsatzsteuer und sonstiger Preisbestandteile anzugeben. [2]Bei nach § 123 Absatz 7 Satz 1 festgelegten Preisen ist dieser Preis anzugeben. [3]Besteht einheitlich netzübergreifend bei sämtlichen Anbietern ein niedrigerer Preis als der Höchstpreis, darf auch dieser angegeben werden.

(2) [1]Der Preis ist gut lesbar, deutlich sichtbar und in unmittelbarem Zusammenhang mit der Rufnummer anzugeben. [2]Die Preisangabe hat nach Möglichkeit barrierefrei zu erfolgen. [3]Bei Anzeige der Rufnummer darf

die Preisangabe nicht zeitlich kürzer als die Rufnummer angezeigt werden. [4]Auf den Abschluss eines Dauerschuldverhältnisses ist hinzuweisen.

(3) Bei Telefax-Diensten ist zusätzlich die Anzahl der zu übermittelnden Seiten anzugeben.

§ 110 Preisansage

(1) [1]Wer den vom Endnutzer zu zahlenden Preis für die Inanspruchnahme von

1. sprachgestützten Premium-Diensten,
2. Kurzwahl-Sprachdiensten,
3. sprachgestützten Auskunftsdiensten und
4. sprachgestützter Betreiberauswahl

festlegt, hat vor Beginn der Entgeltpflichtigkeit dem Endnutzer den für die Inanspruchnahme dieses Dienstes zu zahlenden Preis zeitabhängig je Minute oder zeitunabhängig je Datenvolumen oder sonstiger Inanspruchnahme einschließlich der Umsatzsteuer und sonstiger Preisbestandteile anzusagen. [2]Für sprachgestützte Betreiberauswahl ist der Preis dauerhaft in Euro oder in Cent anzusagen; ein Wechsel zwischen der Preisansage in Euro und in Cent ist unzulässig.

(2) [1]Die Preisansage nach Absatz 1 ist spätestens drei Sekunden vor Beginn der Entgeltpflichtigkeit unter Hinweis auf den Zeitpunkt des Beginns derselben abzuschließen. [2]Ändert sich dieser Preis während der Inanspruchnahme des Dienstes, so ist vor Beginn des neuen Tarifabschnitts der nach der Änderung zu zahlende Preis entsprechend Absatz 1 und Satz 1 anzusagen mit der Maßgabe, dass die Ansage auch während der Inanspruchnahme des Dienstes erfolgen kann. [3]Beim Einsatz von Warteschleifen nach § 115 Absatz 1 Nummer 5 stellt weder der Beginn noch das Ende der Warteschleife eine Änderung des Preises im Sinne von Satz 2 dar, wenn der vom Endnutzer im Sinne des Absatzes 1 Satz 1 zu zahlende Preis für den Tarifabschnitt nach der Warteschleife unverändert gegenüber dem Preis für den Tarifabschnitt vor der Warteschleife ist.

(3) [1]Bei Inanspruchnahme von sprachgestützten Massenverkehrsdiensten hat der Diensteanbieter dem Endnutzer den für die Inanspruchnahme dieses Dienstes zu zahlenden Preis nach Maßgabe der Absätze 1 und 2 anzusagen. [2]Abweichend von Satz 1 kann die Preisansage unmittelbar im Anschluss an die Inanspruchnahme des Dienstes erfolgen, wenn der Preis 1 Euro pro Minute oder Inanspruchnahme nicht übersteigt.

(4) [1]Im Falle der Weitervermittlung durch einen sprachgestützten Auskunftsdienst besteht die Preisansageverpflichtung nach Absatz 1 auch für das weiterzuvermittelnde Gespräch für den Auskunftsdiensteanbieter. [2]Die Ansage kann während der Inanspruchnahme des sprachgestützten Auskunftsdienstes erfolgen, ist jedoch vor der Weitervermittlung vorzunehmen; Absatz 2 Satz 2 und 3 gilt entsprechend. [3]Auf die aus der Weitervermittlung resultierende Entgeltpflichtigkeit etwaiger Warteschleifen und die Unbeachtlichkeit anderslautender Preisansagen im Rahmen der Warteschleifen ist hinzuweisen. [4]Bei der Weitervermittlung auf entgeltfreie Telefondienste ist auf die Unbeachtlichkeit etwaiger Hinweise auf die Kostenfreiheit hinzuweisen.

§ 111 Preisanzeige

(1) Für Kurzwahl-Datendienste hat derjenige, der den vom Endnutzer zu zahlenden Preis für die Inanspruchnahme dieses Dienstes festlegt,

1. vor Beginn der Entgeltpflichtigkeit den für die Inanspruchnahme dieses Dienstes zu zahlenden Preis einschließlich der Umsatzsteuer und sonstiger Preisbestandteile ab einem Preis von 1 Euro pro Inanspruchnahme deutlich sichtbar und gut lesbar anzuzeigen und

2. sich vom Endnutzer den Erhalt der Information bestätigen zu lassen.

(2) [1]Von den Verpflichtungen nach Absatz 1 kann abgewichen werden, wenn

1. der Dienst im öffentlichen Interesse erbracht wird oder

2. sich der Endnutzer vor Inanspruchnahme der Dienstleistung gegenüber dem Verpflichteten nach Absatz 1 durch ein geeignetes Verfahren legitimiert.

[2]Die Einzelheiten regelt und veröffentlicht die Bundesnetzagentur.

§ 112 Preishöchstgrenzen

(1) [1]Preise für zeitabhängig über Rufnummern für Premium-Dienste, Kurzwahldienste und Auskunftsdienste abgerechnete Verbindungen und Dienstleistungen dürfen nur erhoben werden, wenn sie insgesamt höchstens 3 Euro pro Minute betragen, soweit nach Absatz 6 keine abweichenden Preise erhoben werden können. [2]Dies gilt auch im Falle der Weitervermittlung durch einen Auskunftsdienst. [3]Die Abrechnung darf höchstens im 60-Sekunden-Takt erfolgen. [4]Satz 3 gilt entsprechend für die Betreiberauswahl.

(2) Preise für zeitunabhängig über Rufnummern für Premium-Dienste, Kurzwahldienste und Auskunftsdienste abgerechnete Verbindungen und Dienstleistungen dürfen nur erhoben werden, wenn sie höchstens 30 Euro pro Verbindung betragen, soweit nach Absatz 6 keine abweichenden Preise erhoben werden können.

(3) [1]Wird der Preis von über Rufnummern für Premium-Dienste, Kurzwahldienste und Auskunftsdienste abgerechnete Dienstleistungen aus zeitabhängigen und zeitunabhängigen Leistungsanteilen gebildet, so müssen diese Preisanteile entweder im Einzelverbindungsnachweis, soweit dieser erteilt wird, getrennt ausgewiesen werden oder Verfahren nach Absatz 6 Satz 3 zur Anwendung kommen. [2]Der Preis nach Satz 1 darf höchstens 30 Euro je Verbindung betragen, soweit nach Absatz 6 keine abweichenden Preise erhoben werden können.

(4) [1]Preise für Anrufe bei Service-Diensten dürfen nur erhoben werden, wenn sie höchstens 0,14 Euro pro Minute oder 0,20 Euro pro Anruf betragen, soweit nach Absatz 6 keine abweichenden Preise erhoben werden können. [2]Die Abrechnung darf höchstens im 60-Sekunden-Takt erfolgen.

(5) [1]Preise für Anrufe bei Nationalen Teilnehmerrufnummern und Persönlichen Rufnummern dürfen nur erhoben werden, wenn sie höchstens 0,09 Euro pro Minute betragen, soweit nach Absatz 6 keine abweichenden Preise erhoben werden können. [2]Die Abrechnung darf höchstens im 60-Sekunden-Takt erfolgen.

(6) [1]Über die Preisgrenzen der Absätze 1 bis 3 hinausgehende Preise dürfen nur erhoben werden, wenn sich der Kunde vor Inanspruchnahme der Dienstleistung gegenüber dem Anbieter durch ein geeignetes Verfahren legitimiert. [2]Die Einzelheiten regelt die Bundesnetzagentur. [3]Sie kann durch Allgemeinverfügung Einzelheiten zu zulässigen Verfahren in Bezug auf Tarifierungen nach den Absätzen 1 bis 5 festlegen. [4]Darüber

hinaus kann die Bundesnetzagentur entsprechend dem Verfahren nach § 123 Absatz 7 von den Absätzen 1 bis 5 abweichende Preishöchstgrenzen festlegen, wenn die allgemeine Entwicklung der Preise oder des Marktes dies erforderlich macht.

§ 113 Verbindungstrennung

(1) [1]Der Anbieter öffentlich zugänglicher Telekommunikationsdienste, bei dem die Rufnummer für Premium-Dienste, Kurzwahl-Sprachdienste oder Auskunftsdienste eingerichtet ist, hat jede zeitabhängig abgerechnete Verbindung zu dieser Rufnummer nach 60 Minuten zu trennen. [2]Dies gilt auch, wenn zu einer Rufnummer für Premium-Dienste oder für Kurzwahl-Sprachdienste weitervermittelt wurde.

(2) [1]Von der Verpflichtung nach Absatz 1 kann abgewichen werden, wenn sich der Endnutzer vor der Inanspruchnahme der Dienstleistung gegenüber dem Anbieter durch ein geeignetes Verfahren legitimiert. [2]Die Einzelheiten regelt die Bundesnetzagentur. [3]Sie kann durch Allgemeinverfügung die Einzelheiten der zulässigen Verfahren zur Verbindungstrennung festlegen.

§ 114 Anwählprogramme (Dialer)

(1) Anwählprogramme, die Verbindungen zu einer Nummer herstellen, bei denen neben der Telekommunikationsdienstleistung Inhalte abgerechnet werden (Dialer), sind unzulässig.

(2) [1]Für die Nutzung von Anwählprogrammen, die der Anrufende verwendet, um Verbindungen zu einer Nummer herzustellen, bei denen neben der Telekommunikationsdienstleistung keine Inhalte abgerechnet werden (Telefonie-Dialer), legt die Bundesnetzagentur Verfahren und Grenzwerte zum Schutz der Angerufenen vor unzumutbaren Belästigungen durch Anrufversuche fest. [2]Die Festlegung erfolgt durch Allgemeinverfügung. [3]Vor der Festlegung sind die betroffenen Unternehmen, Fachkreise und Verbraucherverbände anzuhören.

(3) [1]Die nach Absatz 2 festgelegten Verfahren und Grenzwerte sind spätestens ein Jahr nach ihrem Inkrafttreten einzuhalten, sofern in der Festlegung keine abweichende Umsetzungsfrist bestimmt ist. [2]Ab diesem Zeitpunkt dürfen Telefonie-Dialer nur eingesetzt werden, wenn hierbei die von der Bundesnetzagentur festgelegten Verfahren und Grenzwerte eingehalten werden. [3]Die Bundesnetzagentur überprüft die festgelegten Verfahren und Grenzwerte in regelmäßigen Abständen auf ihre Wirksamkeit

§ 115 Warteschleifen

(1) Warteschleifen dürfen nur eingesetzt werden, wenn eine der folgenden Voraussetzungen erfüllt ist:

1. der Anruf erfolgt zu einer entgeltfreien Rufnummer,
2. der Anruf erfolgt zu einer ortsgebundenen Rufnummer oder zu einer Rufnummer, die die Bundesnetzagentur den ortsgebundenen Rufnummern nach Absatz 3 gleichgestellt hat,
3. der Anruf erfolgt zu einer Rufnummer für mobile Dienste (015, 016 oder 017),
4. für den Anruf gilt ein Festpreis pro Verbindung oder

5. der Anruf ist für die Dauer der Warteschleife für den Anrufer kostenfrei, soweit es sich nicht um Kosten handelt, die bei Anrufen aus dem Ausland für die Herstellung der Verbindung im Ausland entstehen.

(2) [1]Beim ersten Einsatz einer Warteschleife im Rahmen des Anrufs, die nicht unter Absatz 1 Nummer 1 bis 3 fällt, hat der Angerufene sicherzustellen, dass der Anrufende mit Beginn der Warteschleife über ihre voraussichtliche Dauer und, unbeschadet der §§ 109 bis 111, darüber informiert wird, ob für den Anruf ein Festpreis gilt oder ob der Anruf gemäß Absatz 1 Nummer 5 für die Dauer des Einsatzes dieser Warteschleife für den Anrufer kostenfrei ist. [2]Die Ansage kann mit Beginn der Bearbeitung vorzeitig beendet werden.

(3) Die Bundesnetzagentur stellt auf Antrag eines Zuteilungsnehmers Rufnummern den ortsgebundenen Rufnummern nach Absatz 1 Nummer 2 in Bezug auf den Einsatz von Warteschleifen gleich, wenn

1. der Angerufene vom Anrufer weder unmittelbar noch mittelbar über den Anbieter von Telekommunikationsdiensten ein Entgelt für den Anruf zu dieser Nummer erhält und Anrufe zu dieser Nummer in der Regel von den am Markt verfügbaren Pauschaltarifen erfasst sind und

2. die Tarifierung dieser Rufnummer auch im Übrigen keine abweichende Behandlung gegenüber den ortsgebundenen Rufnummern rechtfertigt.

§ 116 Wegfall des Entgeltanspruchs

[1]Der Endbenutzer ist zur Zahlung eines Entgelts nicht verpflichtet, wenn und soweit

1. entgegen § 110 Absatz 1, 2 und 3 Satz 1 nicht vor Beginn der Inanspruchnahme, entgegen § 110 Absatz 3 Satz 2 nicht unmittelbar im Anschluss an die Inanspruchnahme oder entgegen § 110 Absatz 4 nicht während der Inanspruchnahme des Dienstes über den erhobenen Preis informiert wurde,

2. entgegen § 111 nicht vor Beginn der Inanspruchnahme über den erhobenen Preis informiert wurde und keine Bestätigung des Endnutzers erfolgt,

3. entgegen § 112 die Preishöchstgrenzen nicht eingehalten wurden,

4. entgegen § 113 die zeitliche Obergrenze nicht eingehalten wurde,

5. Dialer entgegen § 114 Absatz 1 betrieben wurden,

6. der Angerufene entgegen § 115 Absatz 1 während des Anrufs eine oder mehrere Warteschleifen einsetzt oder die Angaben nach § 115 Absatz 2 nicht, nicht vollständig oder nicht rechtzeitig gemacht werden,

7. entgegen § 119 Absatz 1 Satz 2 R-Gesprächsdienste mit Zahlungen an den Anrufer angeboten werden,

8. nach Eintragung in die Sperr-Liste nach § 119 Absatz 2 ein R-Gespräch zum gesperrten Anschluss erfolgt oder

9. die Bundesnetzagentur ein Rechnungslegungs- und Inkassierungsverbot nach § 123 Absatz 5 Satz 1 erlassen hat.

[2]In diesen Fällen entfällt die Entgeltzahlungspflicht des Anrufers für den gesamten Anruf

[...]

§ 119 R-Gespräche

(1) [1]Aufgrund von Verbindungen, bei denen dem Angerufenen das Verbindungsentgelt in Rechnung gestellt wird (R-Gespräche), dürfen keine Zahlungen an den Anrufer erfolgen. [2]Das Angebot von R-Gesprächsdiensten mit einer Zahlung an den Anrufer nach Satz 1 ist unzulässig.

(2) [1]Die Bundesnetzagentur führt eine Sperr-Liste mit Rufnummern, die von R-Gesprächsdiensten für eingehende R-Gespräche zu sperren sind. [2]Endnutzer können ihren Anbieter von Telekommunikationsdiensten beauftragen, die Aufnahme ihrer Nummern in die Sperr-Liste unentgeltlich zu veranlassen. [3]Eine Löschung von der Liste kann kostenpflichtig sein. [4]Der Anbieter übermittelt den Wunsch des Endnutzers sowie etwaig erforderliche Streichungen wegen Wegfalls der abgeleiteten Zuteilung an die Bundesnetzagentur. [5]Die Bundesnetzagentur stellt die Sperr-Liste Anbietern von R-Gesprächsdiensten zum Abruf bereit

§ 120 Rufnummernübermittlung

(1) [1]Anbieter von öffentlich zugänglichen nummerngebundenen interpersonellen Telekommunikationsdiensten, die Endnutzern den Aufbau von abgehenden Verbindungen ermöglichen, müssen sicherstellen, dass beim Verbindungsaufbau als Rufnummer des Anrufers eine vollständige national signifikante Rufnummer des deutschen Nummernraums übermittelt und als solche gekennzeichnet wird. [2]Die Rufnummer muss dem Endnutzer für den Dienst zugeteilt sein, im Rahmen dessen die Verbindung aufgebaut wird. [3]Rufnummern für Auskunftsdienste, Massenverkehrsdienste oder Premium-Dienste, Nummern für Kurzwahldienste sowie die Notrufnummern 110 und 112 dürfen nicht als Rufnummer des Anrufers übermittelt werden. [4]Andere an der Verbindung beteiligte Anbieter dürfen übermittelte Rufnummern nicht verändern.

(2) [1]Endnutzer dürfen zusätzliche Rufnummern nur aufsetzen und in das öffentliche Telekommunikationsnetz übermitteln, wenn sie ein Nutzungsrecht an der entsprechenden Rufnummer haben und es sich um eine Rufnummer des deutschen Nummernraums handelt. [2]Abweichend von Satz 1 darf im Falle einer Rufumleitung als zusätzliche Rufnummer die übermittelte und angezeigte Rufnummer des Anrufers aufgesetzt werden. [3]Rufnummern für Auskunftsdienste, Massenverkehrsdienste oder Premium-Dienste, Nummern für Kurzwahldienste sowie die Notrufnummern 110 und 112 dürfen von Endnutzern nicht als zusätzliche Rufnummer aufgesetzt und in das öffentliche Telekommunikationsnetz übermittelt werden. [4]Die Bundesnetzagentur kann nach Anhörung der betroffenen Fachkreise und Verbraucherverbände Voraussetzungen festlegen, unter denen das Aufsetzen einer ausländischen Rufnummer abweichend von Satz 1 zulässig ist.

(3) [1]Sämtliche an der Verbindung beteiligte Anbieter öffentlich zugänglicher Telekommunikationsdienste müssen sicherstellen, dass Rufnummern für Auskunftsdienste, Massenverkehrsdienste oder Premium-Dienste, Nummern für Kurzwahldienste sowie die Notrufnummern 110 und 112 nicht als Rufnummer des Anrufers übermittelt und angezeigt werden. [2]Sie haben Verbindungen, bei denen als Rufnummer des Anrufers Rufnummern nach Satz 1 übermittelt und angezeigt werden, abzubrechen.

(4) [1]Sämtliche an der Verbindung beteiligte Anbieter öffentlich zugänglicher Telekommunikationsdienste müssen sicherstellen, dass als Rufnummer des Anrufers nur dann eine national signifikante Rufnummer des

deutschen Nummernraums angezeigt wird, wenn die Verbindung aus dem öffentlichen deutschen Telefonnetz übergeben wird. [2]Wird eine Verbindung, bei der eine national signifikante Rufnummer des deutschen Nummernraums angezeigt wird, aus dem ausländischen Telefonnetz übergeben, haben die Anbieter sicherzustellen, dass netzintern der Eintrittsweg der Verbindung in das deutsche Netz eindeutig gekennzeichnet wird; die Rufnummernanzeige ist zu unterdrücken. [3]Ausgenommen von Satz 1 ist das internationale Roaming im Mobilfunk. [4]Angerufene müssen die Möglichkeit haben, Anrufe mit unterdrückter Rufnummernanzeige auf einfache Weise und unentgeltlich abzuweisen.

(5) [1]Absatz 1 gilt entsprechend für Anbieter nummerngebundener interpersoneller Telekommunikationsdienste bei der Übertragung von Textnachrichten über das öffentliche Telekommunikationsnetz. [2]Abweichend von Satz 1 sind Nummern für Kurzwahldienste sowie alphanumerische Absenderkennungen zulässig, wenn der Absender für den Empfänger hierüber eindeutig identifizierbar ist und hierüber keine zweiseitige Kommunikation ermöglicht wird.

[...]

Telekommunikation-Digitale-Dienste-Datenschutz-Gesetz (TDDDG)

Gesetz über den Datenschutz und den Schutz der Privatsphäre in der Telekommunikation und bei digitalen Diensten (TDDDG)
zuletzt geändert durch Art. 44 Gesetz vom 12.07.2024 (BGBl. 2024 I Nr. 234) m.W.v. 17.07.2024
– Nichtamtliche Fassung (Auszug) –

Teil 1
Allgemeine Vorschriften

§ 1 Anwendungsbereich des Gesetzes

Dieses Gesetz regelt

1. das Fernmeldegeheimnis, einschließlich des Abhörverbotes und der Geheimhaltungspflicht der Betreiber von Funkanlagen,
2. besondere Vorschriften zum Schutz personenbezogener Daten bei der Nutzung von Telekommunikationsdiensten und digitalen Diensten,
3. die Anforderungen an den Schutz der Privatsphäre im Hinblick auf die Mitteilung ankommender Verbindungen, die Rufnummernunterdrückung und -anzeige und die automatische Anrufweiterschaltung,
4. die Anforderungen an die Aufnahme in Endnutzerverzeichnisse und die Bereitstellung von Endnutzerdaten an Auskunftsdienste, Dienste zur Unterrichtung über einen individuellen Gesprächswunsch eines anderen Nutzers und Anbieter von Endnutzerverzeichnissen,
5. die von Anbietern von digitalen Diensten zu beachtenden technischen und organisatorischen Vorkehrungen,
6. die Anforderungen an die Erteilung von Auskünften über Bestands- und Nutzungsdaten durch Anbieter von digitalen Diensten,
7. den Schutz der Privatsphäre bei Endeinrichtungen hinsichtlich der Anforderungen an die Speicherung von Informationen in Endeinrichtungen der Endnutzer und den Zugriff auf Informationen, die bereits in Endeinrichtungen der Endnutzer gespeichert sind, und
8. die Aufsichtsbehörden und die Aufsicht im Hinblick auf den Datenschutz und den Schutz der Privatsphäre in der Telekommunikation; bei digitalen Diensten bleiben die Aufsicht durch die nach Landesrecht zuständigen Behörden und § 40 des Bundesdatenschutzgesetzes unberührt.

(2) Dem Fernmeldegeheimnis unterliegende Einzelangaben über Verhältnisse einer bestimmten oder bestimmbaren juristischen Person oder Personengesellschaft, die mit der Fähigkeit ausgestattet ist, Rechte zu erwerben oder Verbindlichkeiten einzugehen, stehen den personenbezogenen Daten gleich.

(3) [1]Diesem Gesetz unterliegen alle Unternehmen und Personen, die im Geltungsbereich dieses Gesetzes eine Niederlassung haben oder Dienstleistungen erbringen oder daran mitwirken oder Waren auf dem Markt bereitstellen. [2]§ 3 des Digitale-Dienste-Gesetzes bleibt unberührt.

§ 2 Begriffsbestimmungen

(1) Die Begriffsbestimmungen des Telekommunikationsgesetzes, des Digitale-Dienste-Gesetzes und der Verordnung (EU) 2016/679 des Europäischen Parlaments und des Rates vom 27. April 2016 zum Schutz natürlicher Personen bei der Verarbeitung personenbezogener Daten, zum freien Datenverkehr und zur Aufhebung der Richtlinie 95/46/EG (Datenschutz-Grundverordnung) gelten auch für dieses Gesetz, soweit in Absatz 2 keine abweichende Begriffsbestimmung getroffen wird.

(2) Im Sinne dieses Gesetzes ist oder sind

1. „Anbieter von digitalen Diensten" jede natürliche oder juristische Person, die eigene oder fremde digitale Dienste erbringt, an der Erbringung mitwirkt oder den Zugang zur Nutzung von eigenen oder fremden digitalen Diensten vermittelt,

2. „Bestandsdaten" im Sinne des Teils 3 dieses Gesetzes die personenbezogenen Daten, deren Verarbeitung zum Zweck der Begründung, inhaltlichen Ausgestaltung oder Änderung eines Vertragsverhältnisses zwischen dem Anbieter von digitalen Diensten und dem Nutzer über die Nutzung von digitalen Diensten erforderlich ist,

3. „Nutzungsdaten" die personenbezogenen Daten eines Nutzers von digitalen Diensten, deren Verarbeitung erforderlich ist, um die Inanspruchnahme von digitalen Diensten zu ermöglichen und abzurechnen; dazu gehören insbesondere

    a) Merkmale zur Identifikation des Nutzers,

    b) Angaben über Beginn und Ende sowie über den Umfang der jeweiligen Nutzung und

    c) Angaben über die vom Nutzer in Anspruch genommenen digitalen Dienste,

4. „Nachricht" jede Information, die zwischen einer endlichen Zahl von Beteiligten über einen Telekommunikationsdienst ausgetauscht oder weitergeleitet wird; davon ausgenommen sind Informationen, die als Teil eines Rundfunkdienstes über ein öffentliches Telekommunikationsnetz an die Öffentlichkeit weitergeleitet werden, soweit die Informationen nicht mit dem identifizierbaren Nutzer, der sie erhält, in Verbindung gebracht werden können,

5. „Dienst mit Zusatznutzen" jeder von einem Anbieter eines Telekommunikationsdienstes bereitgehaltene zusätzliche Dienst, der die Verarbeitung von Verkehrsdaten oder anderen Standortdaten als Verkehrsdaten in einem Maße erfordert, das über das für die Übermittlung einer Nachricht oder für die Entgeltabrechnung des Telekommunikationsdienstes erforderliche Maß hinausgeht,

6. „Endeinrichtung" jede direkt oder indirekt an die Schnittstelle eines öffentlichen Telekommunikationsnetzes angeschlossene Einrichtung zum Aussenden, Verarbeiten oder Empfangen von

Nachrichten; sowohl bei direkten als auch bei indirekten Anschlüssen kann die Verbindung über Draht, optische Faser oder elektromagnetisch hergestellt werden; bei einem indirekten Anschluss ist zwischen der Endeinrichtung und der Schnittstelle des öffentlichen Netzes ein Gerät geschaltet.

[...]

Kapitel 3
Mitteilen ankommender Verbindungen,
Rufnummernanzeige und -unterdrückung, automatische Anrufweiterschaltung

§ 14 Mitteilen ankommender Verbindungen

(1) [1]Trägt ein Anschlussinhaber in einem Verfahren schlüssig vor, dass bei seinem Anschluss bedrohende oder belästigende Anrufe ankommen, hat der Anbieter des Telekommunikationsdienstes auf schriftlichen Antrag auch netzübergreifend Auskunft über die Inhaber der Anschlusskennungen zu erteilen, von denen die Verbindungen ausgehen; das Verfahren ist zu dokumentieren. [2]Die Auskunft darf sich nur auf Verbindungen und Verbindungsversuche beziehen, die nach Stellung des Antrags stattgefunden haben. [3]Der Anbieter des Telekommunikationsdienstes darf die Anschlusskennungen, Namen und Anschriften der Inhaber dieser Anschlusskennungen sowie Datum und Uhrzeit des Beginns der Verbindungen und der Verbindungsversuche verarbeiten sowie diese Daten dem betroffenen Anschlussinhaber mitteilen.

(2) Die Bekanntgabe nach Absatz 1 Satz 3 darf nur erfolgen, wenn der betroffene Anschlussinhaber des betroffenen Anschlusses zuvor die Verbindungen nach Datum, Uhrzeit oder anderen geeigneten Kriterien eingrenzt, soweit ein Missbrauch dieses Verfahrens nicht auf andere Weise ausgeschlossen werden kann.

(3) Im Fall einer netzübergreifenden Auskunft sind die an der Verbindung mitwirkenden anderen Anbieter und Betreiber nach § 3 Absatz 2 Satz 1 verpflichtet, dem Anbieter des Telekommunikationsdienstes des bedrohten oder belästigten Anschlussinhabers die erforderlichen Auskünfte zu erteilen, sofern sie über diese Daten verfügen.

(4) [1]Der Inhaber der Anschlusskennung, von der die festgestellten Verbindungen ausgegangen sind, ist darüber zu unterrichten, dass über diese Verbindungen Auskunft erteilt wurde. [2]Davon kann abgesehen werden, wenn der Antragsteller schriftlich schlüssig vorgetragen hat, dass ihm aus dieser Mitteilung wesentliche Nachteile entstehen können, und diese Nachteile bei Abwägung mit den schutzwürdigen Interessen der Anrufenden als wesentlich schwerwiegender erscheinen. [3]Erhält der Inhaber der Anschlusskennung, von der die als bedrohend oder belästigend bezeichneten Anrufe ausgegangen sind, auf andere Weise Kenntnis von der Auskunftserteilung nach Absatz 1 Satz 3, so ist er auf Verlangen über die Auskunftserteilung zu unterrichten.

(5) Die Aufsichtsbehörde ist über die Einführung und Änderungen des Verfahrens zur Einhaltung der Anforderungen der Absätze 1 bis 4 unverzüglich in Kenntnis zu setzen

§ 15 Rufnummernanzeige und -unterdrückung

(1) [1]Bietet der Anbieter eines Sprachkommunikationsdienstes bei Anrufen die Anzeige der Rufnummer der anrufenden Endnutzer an, so müssen anrufende und angerufene Endnutzer die Möglichkeit haben, die Rufnummernanzeige dauernd oder für jeden Anruf einzeln auf einfache Weise und unentgeltlich zu unterdrücken. [2]Angerufene Endnutzer müssen die Möglichkeit haben, eingehende Anrufe, bei denen die Rufnummernanzeige durch den anrufenden Endnutzer unterdrückt wurde, auf einfache Weise und unentgeltlich abzuweisen. [3]Wird die Anzeige der Rufnummer von angerufenen Endnutzern angeboten, so müssen angerufene Endnutzer die Möglichkeit haben, die Anzeige ihrer Rufnummer beim anrufenden Endnutzer auf einfache Weise und unentgeltlich zu unterdrücken. [4]Die Anzeige von Rufnummern von anrufenden Endnutzern darf bei den Notrufnummern 112 und 110 sowie den Rufnummern 124 124 und 116 117 nicht ausgeschlossen werden.

(2) Bei <u>Anrufen zum Zweck der Werbung</u> dürfen <u>anrufende Nutzer</u> <u>weder</u> die <u>Rufnummernanzeige unterdrücken</u> noch bei dem Anbieter des Telekommunikationsdienstes veranlassen, dass diese <u>unterdrückt wird</u>; der <u>anrufende Nutzer hat sicherzustellen</u>, dass dem Angerufenen die <u>dem anrufenden Nutzer</u> <u>zugeteilte Rufnummer übermittelt</u> wird.

(3) [1]Sofern Anschlussinhaber es beantragen, müssen Anbieter von Sprachkommunikationsdiensten einen Anschluss bereitstellen, bei dem die Übermittlung der Rufnummer unentgeltlich ausgeschlossen ist. [2]Auf Antrag des Anschlussinhabers sind solche Anschlüsse im Endnutzerverzeichnis (§ 17) zu kennzeichnen. [3]Ist eine Kennzeichnung nach Satz 2 erfolgt, so darf an den gekennzeichneten Anschluss eine Übermittlung der Rufnummer des Anschlusses, von dem der Anruf ausgeht, erst dann erfolgen, wenn die Kennzeichnung in der aktualisierten Fassung des Endnutzerverzeichnisses nicht mehr enthalten ist.

(4) Hat der Anschlussinhaber die Eintragung in das Endnutzerverzeichnis nicht nach § 17 beantragt, unterbleibt die Anzeige seiner Rufnummer bei dem angerufenen Anschluss, es sei denn, dass der Anschlussinhaber die Übermittlung seiner Rufnummer ausdrücklich wünscht.

(5) Die Absätze 1 bis 4 gelten auch für Anrufe in das Ausland und für aus dem Ausland kommende Anrufe, soweit sie Anrufende oder Angerufene im Inland betreffen.

§ 16 Automatische Anrufweiterschaltung

Anbieter von Sprachkommunikationsdiensten sind verpflichtet, ihren Endnutzern die Möglichkeit einzuräumen, eine von einem Dritten veranlasste automatische Weiterschaltung auf das Endgerät des Endnutzers auf einfache Weise und unentgeltlich abzustellen, soweit dies technisch möglich ist.

[...]

TK-Transparenzverordnung (TKTransparenzV)

Verordnung zur Förderung der Transparenz auf dem Telekommunikationsmarkt
zuletzt geändert durch Art. 45 Gesetz vom 23.06.2021 (BGBl. I S. 1858) m.W.v. 01.12.2021
– Nichtamtliche Fassung (ohne Anlage) –

§ 1 Produktinformationsblatt

(1) Anbieter anderer öffentlich zugänglicher Telekommunikationsdienste als für die Bereitstellung von Diensten der Maschine-Maschine-Kommunikation genutzte Übertragungsdienste müssen für alle Angebote, die gegenüber Verbrauchern vermarktet werden, ein Produktinformationsblatt gemäß Absatz 2 und § 2 Absatz 1 bereitstellen.

(2) Das Produktinformationsblatt enthält ausschließlich folgende Angaben:

1. Name des Produkts und der darin enthaltenen Zugangsdienste,
2. das Datum der Markteinführung des Produkts,
3. die Vertragslaufzeit,
4. die Voraussetzungen für die Verlängerung und Beendigung des Vertrages,
5. die minimale, die normalerweise zur Verfügung stehende und die maximale Datenübertragungsrate für Download und Upload; für den Zugang zu Mobilfunknetzen ausschließlich die geschätzte maximale Datenübertragungsrate für Download und Upload,
6. im Fall einer Datenvolumenbeschränkung:
   a) den Schwellenwert, ab dem die Datenübertragungsrate reduziert oder weiteres Datenvolumen gebucht wird,
   b) die Datenübertragungsrate, die ab Erreichen einer Datenvolumenbeschränkung angeboten wird,
   c) welche Dienste oder Anwendungen in das vertraglich vereinbarte Datenvolumen eingerechnet werden und welche nicht,
7. die für die Nutzung der Zugangsdienste geltenden Preise,
8. der Name und die ladungsfähige Anschrift des Anbieters.

(3) ¹Die Bundesnetzagentur gibt ein standardisiertes Musterinformationsblatt vor, um sicherzustellen, dass die Angaben im Produktinformationsblatt einheitlich dargestellt werden. ²Das Musterinformationsblatt ist im Amtsblatt bekannt zu geben.

§ 2 Art und Zeitpunkt der Zurverfügungstellung

(1) Produktinformationsblätter für Angebote, die gegenüber Verbrauchern vermarktet werden, sind ab dem Beginn der Vermarktung in leicht zugänglicher Form bereitzustellen.

(2) ¹Der Verbraucher muss vor Vertragsschluss auf die bereitgestellten Informationen hingewiesen werden. ²Diese Pflicht gilt auch vor einer Vertragsverlängerung, die mit einer Veränderung der im Produktinformationsblatt genannten Konditionen verbunden ist.

(3) Die Produktinformationsblätter von Angeboten, die nicht mehr vermarktet werden, sind auf der Internetseite des Anbieters in einem Archiv zur Verfügung zu stellen.

§ 3 Informationsrechte der Bundesnetzagentur

(1) Der Bundesnetzagentur ist auf Verlangen ein Exemplar des Produktinformationsblattes zur Verfügung zu stellen und nachzuweisen, wie dieses den Verbrauchern zugänglich gemacht wird.

(2) ¹Der Bundesnetzagentur sind die Angaben zur Datenübertragungsrate gemäß § 1 Absatz 2 Nummer 5 spätestens zum Zeitpunkt der Markteinführung des Angebots in einer Form zu übermitteln, die sich zur elektronischen Weiterverarbeitung eignet. ²Für Angebote, die im Zeitpunkt des Inkrafttretens dieser Verordnung bereits vermarktet werden, sind die Angaben nach Satz 1 unverzüglich zu übermitteln. ³Die Bundesnetzagentur kann weitere Vorgaben zum Format der Übermittlung nach Satz 1 festlegen und auf ihrer Internetseite veröffentlichen.

§ 4 Informationen zur Vertragslaufzeit, Kündigung und zum Anbieterwechsel

¹Anbieter öffentlich zugänglicher Telekommunikationsdienste, bei denen es sich weder um nummernunabhängige interpersonelle Telekommunikationsdienste noch um für die Bereitstellung von Diensten der Maschine-Maschine-Kommunikation genutzte Übertragungsdienste handelt, müssen gegenüber Verbrauchern in der Rechnung sowie in der Information über den besten Tarif nach § 57 Absatz 3 des Telekommunikationsgesetzes Folgendes angeben:

1. das Datum des Vertragsbeginns,
2. den aktuellen Zeitpunkt des Endes der Mindestvertragslaufzeit,
3. die Kündigungsfrist und den letzten Kalendertag, an dem die Kündigung eingehen muss, um eine Vertragsverlängerung zu verhindern, und
4. einen Hinweis auf die Information zum generellen Ablauf des Anbieterwechsels auf der Internetseite der Bundesnetzagentur.

²Satz 1 gilt nicht für Vertragsverhältnisse mit einer Laufzeit von einem Monat oder weniger.

§ 5 Informationspflicht der Anbieter von öffentlichen Telekommunikationsnetzen

Anbieter von öffentlichen Telekommunikationsnetzen sind verpflichtet, Anbietern öffentlich zugänglicher Telekommunikationsdienste, die einen Zugang zu diesen Telekommunikationsnetzen anbieten, diejenigen Informationen zur Verfügung zu stellen, die diese zur Erfüllung ihrer Pflichten nach dieser Verordnung benötigen und nicht selbst besitzen.

§ 6 Überprüfbarkeit der Datenübertragungsrate

(1) Anbieter öffentlich zugänglicher Telekommunikationsdienste, bei denen es sich weder um nummernunabhängige interpersonelle Telekommunikationsdienste noch um für die Bereitstellung von Diensten der

Maschine-Maschine-Kommunikation genutzte Übertragungsdienste handelt, müssen es Verbrauchern ermöglichen, sich nach der Schaltung des Anschlusses über die aktuelle Qualität der in Absatz 2 genannten Produktmerkmale zu informieren, indem

1. eine anbieterinitiierte Messung durchgeführt wird,
2. ein Angebot des Anbieters zur Messung besteht, die durch den Verbraucher oder Endnutzer durchgeführt werden kann, oder
3. ein Angebot der Bundesnetzagentur zur Messung besteht.

(2) Die Messung der Datenübertragungsrate, die über den Zugang des Verbrauchers erreicht wird, umfasst mindestens

1. die aktuelle Download-Rate,
2. die aktuelle Upload-Rate und
3. die Paketlaufzeit.

§ 7 Information zur Überprüfbarkeit der Datenübertragungsrate

(1) Anbieter öffentlich zugänglicher Telekommunikationsdienste, bei denen es sich weder um nummernunabhängige interpersonelle Telekommunikationsdienste noch um für die Bereitstellung von Diensten der Maschine-Maschine-Kommunikation genutzte Übertragungsdienste handelt, müssen Verbraucher unverzüglich nach der Schaltung des jeweiligen Anschlusses auf die Überprüfbarkeit der Datenübertragungsrate nach § 6 Absatz 1 hinweisen.

(2) Sofern die Schaltung des jeweiligen Anschlusses vor Inkrafttreten dieser Verordnung erfolgt ist, sind Verbraucher gemäß Absatz 3 unverzüglich auf die Überprüfbarkeit der Datenübertragungsrate nach § 6 Absatz 1 hinzuweisen.

(3) [1]Die Hinweise nach den Absätzen 1 und 2 haben durch Fernkommunikationsmittel in Textform, insbesondere durch E-Mail oder SMS, zu erfolgen. [2]Dabei ist ein direkter Link auf den Ort anzugeben, an dem die Angebote zur Messung abgerufen werden können.

§ 8 Darstellung und Speicherung von anbietereigenen Messergebnissen

(1) Anbieter öffentlich zugänglicher Telekommunikationsdienste, bei denen es sich weder um nummernunabhängige interpersonelle Telekommunikationsdienste noch um für die Bereitstellung von Diensten der Maschine-Maschine-Kommunikation genutzte Übertragungsdienste handelt, müssen im Fall einer anbietereigenen Messung nach § 6 Absatz 1 Nummer 1 oder 2 die Ergebnisse

1. direkt im Anschluss an die Messung gemäß der Anlage darstellen und
2. so bereithalten, dass sie auf der Internetseite des Anbieters im Online-Kundencenter abgerufen und ausgedruckt werden können.

(2) Die Ergebnisse sind mindestens für sechs Monate bereitzuhalten.

§ 9 Informationspflichten bei beschränktem Datenvolumen

(1) Anbieter öffentlich zugänglicher Telekommunikationsdienste, bei denen es sich weder um nummernunabhängige interpersonelle Telekommunikationsdienste noch um für die Bereitstellung von Diensten der Maschine-Maschine-Kommunikation genutzte Übertragungsdienste handelt, die einen Zugang zu einem öffentlichen Telekommunikationsnetz in Verbindung mit einem beschränkten Datenvolumen anbieten, müssen Verbrauchern folgende Informationen gemäß Absatz 2 zur Verfügung stellen:

1. mindestens tagesaktuell den Anteil des bislang verbrauchten Datenvolumens innerhalb des vereinbarten Abrechnungszeitraums und

2. nach Ende des vereinbarten Abrechnungszeitraums das insgesamt verbrauchte Datenvolumen und das vertraglich vereinbarte Datenvolumen.

(2) [1]Die Informationen nach Absatz 1 sind auf der Internetseite des Anbieters im Online-Kundencenter oder mittels einer unternehmenseigenen Software-Applikation zur Verfügung zu stellen. [2]Die Informationen nach Absatz 1 Nummer 2 sind zusätzlich im Einzelverbindungsnachweis oder auf der Rechnung aufzuführen.

(3) [1]Werden während der Nutzung 80 Prozent des vertraglich vereinbarten Datenvolumens erreicht, so ist der Verbraucher spätestens nach Beendigung der aktuellen Datenverbindung und Auswertung der Kommunikationsdatensätze darauf hinzuweisen. [2]Dieser Hinweis kann durch den Verbraucher kostenlos abbestellt und wieder bestellt werden.

§ 10 Kostenkontrolle bei Sprachkommunikationsdiensten, Internetzugangsdiensten und öffentlich zugänglichen nummerngebundenen interpersonellen Telekommunikationsdiensten

(1) [1]Anbieter öffentlich zugänglicher Telekommunikationsdienste, bei denen es sich weder um nummernunabhängige interpersonelle Telekommunikationsdienste noch um für die Bereitstellung von Diensten der Maschine-Maschine-Kommunikation genutzte Übertragungsdienste handelt, müssen Verbrauchern eine geeignete Einrichtung anbieten, um die Kosten von Sprachkommunikationsdiensten, Internetzugangsdiensten und nummerngebundenen interpersonellen Telekommunikationsdiensten zu kontrollieren. [2]Diese Einrichtung umfasst auch unentgeltliche Warnhinweise bei anormalem oder übermäßigem Verbrauchsverhalten.

(2) Die Pflicht nach Absatz 1 entfällt, wenn Anbieter gegenüber der Bundesnetzagentur anzeigen, dass dem Verbraucher bei erstmalig auftretenden anormalen oder übermäßig hohen Kosten aufgrund einer regelmäßigen unternehmensindividuellen Praxis ausschließlich verhältnismäßige Kosten in Rechnung gestellt werden.

§ 11 Evaluation und Kontrolle durch die Bundesnetzagentur

(1) [1]Anbieter öffentlich zugänglicher Telekommunikationsdienste, die einen Zugang zu einem öffentlichen Telekommunikationsnetz anbieten, und Betreiber von öffentlichen Telekommunikationsnetzen sind verpflichtet, der Bundesnetzagentur mindestens einmal im Kalenderjahr über die Erfahrungen bei der praktischen Anwendung der in dieser Verordnung geregelten Instrumente zu berichten. [2]Die Bundesnetzagentur kann weitere Angaben zum Umfang, zu weiteren Inhalten und zum zeitlichen Ablauf der Berichtspflicht festlegen und auf ihrer Internetseite veröffentlichen. [3]Anbieter öffentlich zugänglicher Telekommunikationsdienste sind verpflichtet, der Bundesnetzagentur auf Verlangen Musternutzerprofile für einen Zugang zum Online-

Kundencenter auf ihrer Internetseite einzurichten, soweit dieses notwendig ist, um die Transparenz, die Verständlichkeit und die leichte Zugänglichkeit der Informationen für die Verbraucher zu kontrollieren.

(2) Anbieter öffentlich zugänglicher Telekommunikationsdienste, die über einen Zugang zu einem öffentlichen Telekommunikationsnetz Internetzugangsdienste anbieten, sind verpflichtet, der Bundesnetzagentur auf Verlangen eine genaue Darstellung der Funktionsweise der ihren Verbrauchern angebotenen Verfahren zur Messung der Datenübertragungsrate zur Verfügung zu stellen.

§ 12 Ordnungswidrigkeiten

Ordnungswidrig im Sinne des § 228 Absatz 2 Nummer 6 des Telekommunikationsgesetzes handelt, wer vorsätzlich oder fahrlässig

1. entgegen § 1 Absatz 1 Satz 1, auch in Verbindung mit Satz 2, ein Produktinformationsblatt nicht, nicht richtig, nicht vollständig oder nicht rechtzeitig bereitstellt,

2. entgegen § 4 Satz 1 eine Angabe nicht, nicht richtig, nicht vollständig oder nicht rechtzeitig macht,

3. entgegen § 6 Absatz 1 Satz 1 eine dort genannte Information nicht, nicht richtig, nicht vollständig oder nicht rechtzeitig ermöglicht,

4. entgegen § 7 Absatz 1 oder 2 einen Hinweis nicht, nicht richtig, nicht vollständig, nicht in der vorgeschriebenen Weise oder nicht rechtzeitig gibt,

5. entgegen § 8 Absatz 1 Nummer 1 ein Messergebnis nicht, nicht richtig, nicht vollständig, nicht in der vorgeschriebenen Weise oder nicht rechtzeitig darstellt oder,

6. § 9 Absatz 1 eine Information nicht, nicht richtig, nicht vollständig, nicht in der vorgeschriebenen Weise oder nicht rechtzeitig zur Verfügung stellt.

§ 13 Inkrafttreten

Diese Verordnung tritt am 1. Juni 2017 in Kraft.

Medienstaatsvertrag (MStV)

Staatsvertrag zur Modernisierung der Medienordnung in Deutschland (Medienstaatsvertrag)
in der Fassung des Fünften Staatsvertrages zur Änderung medienrechtlicher Staatsverträge (Fünfter Medienänderungsstaatsvertrag) m.W.v. 01.10.2024
– Nichtamtliche Fassung (Auszug) –

I. Abschnitt
Anwendungsbereich, Begriffsbestimmungen

§ 1 Anwendungsbereich

(1) Dieser Staatsvertrag gilt für die <u>Veranstaltung</u> und das <u>Angebot</u>, die <u>Verbreitung</u> und die <u>Zugänglichmachung</u> <u>von Rundfunk und Telemedien in Deutschland</u>.

(2) Soweit dieser Staatsvertrag keine anderweitigen Regelungen für die Veranstaltung und Verbreitung von Rundfunk enthält oder solche Regelungen zulässt, sind die für die jeweilige Rundfunkanstalt oder den jeweiligen privaten Veranstalter geltenden landesrechtlichen Vorschriften anzuwenden.

(3) [1]Für <u>Fernsehveranstalter</u> gelten dieser Staatsvertrag und die landesrechtlichen Vorschriften, <u>wenn sie in</u> <u>Deutschland niedergelassen</u> sind. [2]Ein Fernsehveranstalter gilt als in Deutschland niedergelassen, wenn

1. die Hauptverwaltung in Deutschland liegt und die redaktionellen Entscheidungen über das Programm dort getroffen werden,

2. die Hauptverwaltung in Deutschland liegt und die redaktionellen Entscheidungen über das Programm in einem anderen Mitgliedstaat der Europäischen Union getroffen werden, jedoch

    a) ein wesentlicher Teil des mit der Durchführung programmbezogener Tätigkeiten betrauten Personals in Deutschland tätig ist oder

    b) ein wesentlicher Teil des mit der Ausübung programmbezogener Tätigkeiten betrauten Personals sowohl in Deutschland als auch dem anderen Mitgliedstaat der Europäischen Union tätig ist oder

    c) ein wesentlicher Teil des mit programmbezogenen Tätigkeiten betrauten Personals weder in Deutschland noch dem anderen Mitgliedstaat der Europäischen Union tätig ist, aber der Fernsehveranstalter in Deutschland zuerst seine Tätigkeit begonnen hat und eine dauerhafte und tatsächliche Verbindung mit der Wirtschaft Deutschlands fortbesteht, oder

3. die Hauptverwaltung in Deutschland liegt und die redaktionellen Entscheidungen über das Programm in einem Drittstaat getroffen werden oder umgekehrt und vorausgesetzt, ein wesentlicher Teil des mit der Durchführung programmbezogener Tätigkeiten betrauten Personals ist in Deutschland tätig.

(4) Für Fernsehveranstalter, sofern sie nicht bereits aufgrund der Niederlassung der Rechtshoheit Deutschlands oder eines anderen Mitgliedstaats der Europäischen Union unterliegen, gelten dieser Staatsvertrag und die landesrechtlichen Vorschriften auch, wenn sie

1. eine in Deutschland gelegene Satelliten-Bodenstation für die Aufwärtsstrecke nutzen oder

2. zwar keine in einem Mitgliedstaat der Europäischen Union gelegene Satelliten-Bodenstation für die Aufwärtsstrecke nutzen, aber eine Deutschland zugewiesene Übertragungskapazität eines Satelliten nutzen. Liegt keines dieser beiden Kriterien vor, gelten dieser Staatsvertrag und die landesrechtlichen Vorschriften auch für Fernsehveranstalter, wenn sie in Deutschland gemäß den Artikeln 49 bis 55 des Vertrags über die Arbeitsweise der Europäischen Union (ABl. C 202 vom 7.6.2016, S. 47) niedergelassen sind.

(5) Dieser Staatsvertrag und die landesrechtlichen Vorschriften gelten nicht für Programme von Fernsehveranstaltern, die

1. ausschließlich zum Empfang in Drittländern bestimmt sind und

2. nicht unmittelbar oder mittelbar von der Allgemeinheit mit handelsüblichen Verbraucherendgeräten in einem Staat innerhalb des Geltungsbereichs der Richtlinie 2010/13/EU des Europäischen Parlaments und des Rates vom 10. März 2010 zur Koordinierung bestimmter Rechts- und Verwaltungsvorschriften der Mitgliedstaaten über die Bereitstellung audiovisueller Mediendienste (Richtlinie über audiovisuelle Mediendienste) (ABl. L 95 vom 15.4.2010, S. 1), die durch die Richtlinie (EU) 2018/1808 (ABl. L 303 vom 28.11.2018, S. 69) geändert worden ist, empfangen werden.

(6) Die Bestimmungen des II. und IV. Abschnitts gelten für Teleshoppingkanäle nur, sofern dies ausdrücklich bestimmt ist.

(7) [1]Für <u>Anbieter von Telemedien</u>, die zugleich digitale Dienste gemäß § 1 Abs. 4 Nr. 1 des Digitale-Dienste-Gesetzes sind, gilt dieser Staatsvertrag, wenn sie nach den §§ 2 und 3 des Digitale-Dienste-Gesetzes <u>in Deutschland niedergelassen</u> sind. [2]Die §§ 2 und 3 des Digitale-Dienste-Gesetzes gelten entsprechend für Anbieter von Telemedien im Übrigen.

(8) [1]Abweichend von Absatz 7 gelten für Medienintermediäre, Medienplattformen und Benutzeroberflächen die besonderen Bestimmungen des 2. und 3. Unterabschnitts des V. Abschnitts, soweit sie zur Nutzung in Deutschland bestimmt sind. [2]Medienintermediäre, Medienplattformen oder Benutzeroberflächen sind dann als zur Nutzung in Deutschland bestimmt anzusehen, wenn sie sich in der Gesamtschau, insbesondere durch die verwendete Sprache, die angebotenen Inhalte oder Marketingaktivitäten, an Nutzer in Deutschland richten oder in Deutschland einen nicht unwesentlichen Teil ihrer Refinanzierung erzielen. [3]Für die Zwecke der §§ 97 bis 99 gilt dieser Staatsvertrag für Video-Sharing-Dienste im Anwendungsbereich der Richtlinie 2010/13/EU, wenn sie nach den §§ 2 und 3 des Digitale-Dienste-Gesetzes in Deutschland niedergelassen sind; im Übrigen gilt Satz 1.

(9) Für <u>Vermittlungsdienste</u> im Sinne des Artikels 3 Buchst. g der Verordnung (EU) 2022/2065 des Europäischen Parlaments und des Rates vom 19. Oktober 2022 über einen Binnenmarkt für digitale Dienste und zur Änderung der Richtlinie 2000/31/EG (Gesetz über digitale Dienste) (ABl. L 277 vom 27.10.2022, S. 1, L 310

vom 1.12.2022, S. 17) gilt dieser Staatsvertrag, soweit nicht die Verordnung (EU) 2022/2065 Anwendung findet.

(10) [1]Fernsehveranstalter sind verpflichtet, die nach Landesrecht zuständige Stelle über alle Änderungen zu informieren, die die Feststellung der Rechtshoheit nach den Absätzen 3 und 4 berühren könnten. [2]Die Landesmedienanstalten erstellen eine Liste der der Rechtshoheit Deutschlands unterworfenen privaten Fernsehveranstalter, halten die Liste auf dem neuesten Stand und geben an, auf welchen der in den Absätzen 3 und 4 genannten Kriterien die Rechtshoheit beruht. [3]Sie übermitteln die Liste an die nach § 111a zuständigen Behörde.

§ 2 Begriffsbestimmungen

(1) [1]Rundfunk ist ein linearer Informations- und Kommunikationsdienst; er ist die für die Allgemeinheit und zum zeitgleichen Empfang bestimmte Veranstaltung und Verbreitung von journalistisch-redaktionell gestalteten Angeboten in Bewegtbild oder Ton entlang eines Sendeplans mittels Telekommunikation. [2]Der Begriff schließt Angebote ein, die verschlüsselt verbreitet werden oder gegen besonderes Entgelt empfangbar sind. [3]Telemedien sind alle elektronischen Informations- und Kommunikationsdienste, soweit sie nicht Telekommunikationsdienste nach § 3 Nr. 61 des Telekommunikationsgesetzes sind, die ganz in der Übertragung von Signalen bestehen, oder telekommunikationsgestützte Dienste nach § 3 Nr. 63 des Telekommunikationsgesetzes oder Rundfunk nach Satz 1 und 2 sind.

(2) Im Sinne dieses Staatsvertrages ist

1. Rundfunkprogramm eine nach einem Sendeplan zeitlich geordnete Folge von Inhalten,

2. Sendeplan die auf Dauer angelegte, vom Veranstalter bestimmte und vom Nutzer nicht veränderbare Festlegung der inhaltlichen und zeitlichen Abfolge von Sendungen,

3. Sendung ein unabhängig von seiner Länge inhaltlich zusammenhängender, geschlossener, zeitlich begrenzter Einzelbestandteil eines Sendeplans oder Katalogs,

4. Vollprogramm ein Rundfunkprogramm mit vielfältigen Inhalten, in welchem Information, Bildung, Beratung und Unterhaltung einen wesentlichen Teil des Gesamtprogramms bilden,

5. Spartenprogramm ein Rundfunkprogramm mit im Wesentlichen gleichartigen Inhalten,

6. Regionalfensterprogramm ein zeitlich und räumlich begrenztes Rundfunkprogramm mit im Wesentlichen regionalen Inhalten im Rahmen eines Hauptprogramms,

7. Werbung jede Äußerung, die der unmittelbaren oder mittelbaren Förderung des Absatzes von Waren und Dienstleistungen, einschließlich unbeweglicher Sachen, Rechte und Verpflichtungen, oder des Erscheinungsbilds natürlicher oder juristischer Personen, die einer wirtschaftlichen Tätigkeit nachgehen, dient und gegen Entgelt oder eine ähnliche Gegenleistung oder als Eigenwerbung im Rundfunk oder in einem Telemedium aufgenommen ist. Werbung ist insbesondere Rundfunkwerbung, Sponsoring, Teleshopping und Produktplatzierung; § 8 Abs. 9 und § 22 Abs. 1 Satz 3 bleiben unberührt,

8. Rundfunkwerbung jede Äußerung bei der Ausübung eines Handels, Gewerbes, Handwerks oder freien Berufs, die im Rundfunk von einem öffentlich-rechtlichen oder einem privaten Veranstalter

oder einer natürlichen Person entweder gegen Entgelt oder eine ähnliche Gegenleistung oder als Eigenwerbung gesendet wird, mit dem Ziel, den Absatz von Waren oder die Erbringung von Dienstleistungen, einschließlich unbeweglicher Sachen, Rechte und Verpflichtungen, gegen Entgelt zu fördern,

9. Schleichwerbung die Erwähnung oder Darstellung von Waren, Dienstleistungen, Namen, Marken oder Tätigkeiten eines Herstellers von Waren oder eines Erbringers von Dienstleistungen in Sendungen, wenn sie vom Veranstalter absichtlich zu Werbezwecken vorgesehen ist und mangels Kennzeichnung die Allgemeinheit hinsichtlich des eigentlichen Zweckes dieser Erwähnung oder Darstellung irreführen kann. Eine Erwähnung oder Darstellung gilt insbesondere dann als zu Werbezwecken beabsichtigt, wenn sie gegen Entgelt oder eine ähnliche Gegenleistung erfolgt,

10. Sponsoring jeder Beitrag einer natürlichen oder juristischen Person oder einer Personenvereinigung, die an Rundfunktätigkeiten, der Bereitstellung von rundfunkähnlichen Telemedien oder Video-Sharing-Diensten oder an der Produktion audiovisueller Werke nicht beteiligt ist, zur direkten oder indirekten Finanzierung von Rundfunkprogrammen, rundfunkähnlichen Telemedien, Video-Sharing-Diensten, nutzergenerierten Videos oder einer Sendung, um den Namen, die Marke, das Erscheinungsbild der Person oder Personenvereinigung, ihre Tätigkeit oder ihre Leistungen zu fördern,

11. Teleshopping die Sendung direkter Angebote an die Öffentlichkeit für den Absatz von Waren oder die Erbringung von Dienstleistungen, einschließlich unbeweglicher Sachen, Rechte und Verpflichtungen, gegen Entgelt in Form von Teleshoppingkanälen, -fenstern und -spots,

12. Produktplatzierung jede Form der Werbung, die darin besteht, gegen Entgelt oder eine ähnliche Gegenleistung ein Produkt, eine Dienstleistung oder die entsprechende Marke einzubeziehen oder darauf Bezug zu nehmen, sodass diese innerhalb einer Sendung oder eines nutzergenerierten Videos erscheinen. Die kostenlose Bereitstellung von Waren oder Dienstleistungen ist Produktplatzierung, sofern die betreffende Ware oder Dienstleistung von bedeutendem Wert ist,

13. rundfunkähnliches Telemedium ein Telemedium mit Inhalten, die nach Form und Gestaltung hörfunk- oder fernsehähnlich sind und die aus einem von einem Anbieter festgelegten Katalog zum individuellen Abruf zu einem vom Nutzer gewählten Zeitpunkt bereitgestellt werden (Audio- und audiovisuelle Mediendienste auf Abruf); Inhalte sind insbesondere Hörspiele, Spielfilme, Serien, Reportagen, Dokumentationen, Unterhaltungs-, Informations- oder Kindersendungen,

14. Medienplattform jedes Telemedium, soweit es Rundfunk, rundfunkähnliche Telemedien oder Telemedien nach § 19 Abs. 1 zu einem vom Anbieter bestimmten Gesamtangebot zusammenfasst. Die Zusammenfassung von Rundfunk, rundfunkähnlichen Telemedien oder Telemedien nach § 19 Abs. 1 ist auch die Zusammenfassung von softwarebasierten Anwendungen, welche im Wesentlichen der unmittelbaren Ansteuerung von Rundfunk, rundfunkähnlichen Telemedien, Telemedien nach § 19 Abs. 1 oder Telemedien im Sinne des Satz 1 dienen. Keine Medienplattformen in diesem Sinne sind

a) Angebote, die analog über eine Kabelanlage verbreitet werden,

b) das Gesamtangebot von Rundfunk, rundfunkähnlichen Telemedien oder Telemedien nach § 19 Abs. 1, welches ausschließlich in der inhaltlichen Verantwortung einer oder mehrerer öffentlich-rechtlicher Rundfunkanstalten oder eines privaten Anbieters von Rundfunk, rundfunkähnlichen Telemedien oder Telemedien nach § 19 Abs. 1 oder von Unternehmen, deren Programme ihm nach § 62 zuzurechnen sind, stehen; Inhalte aus nach § 59 Abs. 4 aufgenommenen Fensterprogrammen oder Drittsendezeiten im Sinne des § 65 sind unschädlich,

15. <u>Benutzeroberfläche</u> die textlich, bildlich oder akustisch vermittelte Übersicht über Angebote oder Inhalte einzelner oder mehrerer Medienplattformen, die der Orientierung dient und unmittelbar die Auswahl von Angeboten, Inhalten oder softwarebasierten Anwendungen, welche im Wesentlichen der unmittelbaren Ansteuerung von Rundfunk, rundfunkähnlichen Telemedien oder Telemedien nach § 19 Abs. 1 dienen, ermöglicht. Benutzeroberflächen sind insbesondere

   a) Angebots- oder Programmübersichten einer Medienplattform,

   b) Angebots- oder Programmübersichten, die nicht zugleich Teil einer Medienplattform sind,

   c) visuelle oder akustische Präsentationen auch gerätegebundener Medienplattformen, sofern sie die Funktion nach Satz 1 erfüllen,

16. <u>Medienintermediär</u> jedes Telemedium, das auch journalistisch-redaktionelle Angebote Dritter aggregiert, selektiert und allgemein zugänglich präsentiert, ohne diese zu einem Gesamtangebot zusammenzufassen,

17. <u>Rundfunkveranstalter</u>, wer ein Rundfunkprogramm unter eigener inhaltlicher Verantwortung anbietet,

18. <u>Anbieter rundfunkähnlicher Telemedien</u>, wer über die Auswahl der Inhalte entscheidet und die inhaltliche Verantwortung trägt,

19. <u>Anbieter einer Medienplattform</u>, wer die Verantwortung für die Auswahl der Angebote einer Medienplattform trägt,

20. <u>Anbieter einer Benutzeroberfläche</u>, wer über die Gestaltung der Übersicht abschließend entscheidet,

21. <u>Anbieter eines Medienintermediärs</u>, wer die Verantwortung für die Aggregation, Selektion und allgemein zugängliche Präsentation von Inhalten trägt,

22. <u>Video-Sharing-Dienst</u> ein Telemedium, bei dem der Hauptzweck des Dienstes oder eines trennbaren Teils des Dienstes oder eine wesentliche Funktion des Dienstes darin besteht, Sendungen mit bewegten Bildern oder nutzergenerierte Videos, für die der Diensteanbieter keine redaktionelle Verantwortung trägt, der Allgemeinheit bereitzustellen, wobei der Diensteanbieter die Organisation der Sendungen oder der nutzergenerierten Videos, auch mit automatischen Mitteln oder Algorithmen, bestimmt,

23. <u>Video-Sharing-Diensteanbieter</u>, wer einen Video-Sharing-Dienst betreibt,

24. nutzergeneriertes Video eine von einem Nutzer erstellte Abfolge von bewegten Bildern mit oder ohne Ton, die unabhängig von ihrer Länge einen Einzelbestandteil darstellt und die von diesem oder einem anderen Nutzer auf einen Video-Sharing-Dienst hochgeladen wird,

25. unter Information insbesondere Folgendes zu verstehen: Nachrichten und Zeitgeschehen, politische Information, Wirtschaft, Auslandsberichte, Religiöses, Sport, Regionales, Gesellschaftliches, Service und Zeitgeschichtliches,

26. unter Bildung insbesondere Folgendes zu verstehen: Wissenschaft und Technik, Alltag und Ratgeber, Theologie und Ethik, Tiere und Natur, Gesellschaft, Kinder und Jugend, Erziehung, Geschichte und andere Länder,

27. unter Kultur insbesondere Folgendes zu verstehen: Bühnenstücke, Musik, Fernsehspiele, Fernsehfilme und Hörspiele, bildende Kunst, Architektur, Philosophie und Religion, Literatur und Kino,

28. unter Unterhaltung insbesondere Folgendes zu verstehen: Kabarett und Comedy, Filme, Serien, Shows, Talk-Shows, Spiele, Musik,

29. unter öffentlich-rechtlichen Telemedienangeboten zu verstehen: von den in der Arbeitsgemeinschaft der öffentlich-rechtlichen Rundfunkanstalten der Bundesrepublik Deutschland (ARD) zusammengeschlossenen Landesrundfunkanstalten, dem Zweiten Deutschen Fernsehen (ZDF) und dem Deutschlandradio jeweils nach Maßgabe eines nach § 32 Abs. 4 durchgeführten Verfahrens angebotene Telemedien, die journalistisch-redaktionell veranlasst und journalistisch-redaktionell gestaltet sind, Bild, Ton, Bewegtbild, Text und internetspezifische Gestaltungsmittel enthalten können und diese miteinander verbinden,

30. ein barrierefreies Angebot ein Angebot, das für Menschen mit Behinderungen in der allgemein üblichen Weise, bei Nutzung behinderungsbedingt notwendiger Hilfsmittel, nach dem jeweiligen Stand der Technik ohne besondere Erschwernis und möglichst ohne fremde Hilfe auffindbar, zugänglich und nutzbar ist,

31. ein Dienst, der Zugang zu audiovisuellen Mediendiensten ermöglicht, ein Telemedium, das genutzt wird, um Fernsehprogramme und fernsehähnliche Telemedien sowie alle bereitgestellten Funktionen, die auf die Umsetzung von Maßnahmen zurückgehen, die getroffen werden, um diese Angebote nach den §§ 7 und 76 zugänglich zu machen, zu ermitteln, auszuwählen, Informationen darüber zu erhalten und diese Angebote anzusehen; einschließlich elektronischer Programmführer.

(3) Kein Rundfunk sind Angebote, die aus Sendungen bestehen, die jeweils gegen Einzelentgelt freigeschaltet werden.

II. Abschnitt
Allgemeine Bestimmungen

1. Unterabschnitt: Rundfunk

[...]

§ 7 Barrierefreiheit

(1) Veranstalter nach § 3 Satz 1 sollen über ihr bereits bestehendes Engagement hinaus im Rahmen der technischen und ihrer finanziellen Möglichkeiten barrierefreie Angebote aufnehmen und den Umfang solcher Angebote stetig und schrittweise ausweiten, wobei den Belangen von Menschen mit unterschiedlichen Behinderungen Rechnung zu tragen ist.

(2) [1]Die Veranstalter bundesweit ausgerichteter privater Fernsehprogramme erstatten der jeweils zuständigen Landesmedienanstalt, die in der ARD zusammengeschlossenen Landesrundfunkanstalten, das ZDF sowie das Deutschlandradio ihren jeweiligen Aufsichtsgremien mindestens alle drei Jahre gemäß Artikel 7 Abs. 2 der Richtlinie 2010/13/EU Bericht über die getroffenen und zukünftigen Maßnahmen nach Absatz 1. [2]Die Berichte werden anschließend der Europäischen Kommission übermittelt, die Verbindlichkeit der geplanten Maßnahmen und die dabei erzielten Fortschritte (Aktionspläne).

(3) [1]Verlautbarungen, die entsprechend den landesrechtlichen Bestimmungen über das Verlautbarungsrecht verbreitet werden, sind den Umständen der Verlautbarung entsprechend barrierefrei zu gestalten. [2]Landesrechtliche Regelungen bleiben unberührt.

§ 8 Werbegrundsätze, Kennzeichnungspflichten

(1) Werbung darf nicht

1. die Menschenwürde verletzen,

2. Diskriminierungen aufgrund von Geschlecht, Rasse oder ethnischer Herkunft, Staatsangehörigkeit, Religion oder Glauben, Behinderung, Alter oder sexueller Orientierung beinhalten oder fördern,

3. irreführen oder den Interessen der Verbraucher schaden oder

4. Verhaltensweisen fördern, die die Gesundheit oder Sicherheit sowie in hohem Maße den Schutz der Umwelt gefährden.

(2) [1]Rundfunkwerbung ist Teil des Programms. [2]Rundfunkwerbung oder Werbetreibende dürfen das übrige Programm inhaltlich und redaktionell nicht beeinflussen. [3]Die Sätze 1 und 2 gelten für Teleshopping-Spots, Teleshopping-Fenster und deren Anbieter entsprechend.

(3) [1]Werbung muss als solche leicht erkennbar und vom redaktionellen Inhalt unterscheidbar sein. [2]In der Werbung dürfen keine Techniken der unterschwelligen Beeinflussung eingesetzt werden. [3]Auch bei Einsatz neuer Werbetechniken müssen Rundfunkwerbung und Teleshopping dem Medium angemessen durch optische oder akustische Mittel oder räumlich eindeutig von anderen Sendungsteilen abgesetzt sein.

(4) [1]Eine Teilbelegung des ausgestrahlten Bildes mit Rundfunkwerbung ist zulässig, wenn die Rundfunkwerbung vom übrigen Programm eindeutig optisch getrennt und als solche gekennzeichnet ist. [2]Diese Rundfunkwerbung wird auf die Dauer der Spotwerbung nach den §§ 39 und 70 angerechnet. [3]§ 9 Abs. 1 gilt entsprechend.

(5) [1]Dauerwerbesendungen sind zulässig, wenn der Werbecharakter erkennbar im Vordergrund steht und die Werbung einen wesentlichen Bestandteil der Sendung darstellt. [2]Sie müssen zu Beginn als Dauerwerbesendung angekündigt und während ihres gesamten Verlaufs als solche gekennzeichnet werden.

(6) [1]Die Einfügung virtueller Werbung in Sendungen ist zulässig, wenn

1. am Anfang und am Ende der betreffenden Sendung darauf hingewiesen wird und

2. durch sie eine am Ort der Übertragung ohnehin bestehende Werbung ersetzt wird.

[2]Andere Rechte bleiben unberührt.

(7) [1]Schleichwerbung und Themenplatzierung sowie entsprechende Praktiken sind unzulässig. [2]Produktplatzierung ist gestattet, außer in Nachrichtensendungen und Sendungen zur politischen Information, Verbrauchersendungen, Regionalfensterprogrammen nach § 59 Abs. 4, Fensterprogrammen nach § 65, Sendungen religiösen Inhalts und Kindersendungen. [3]Sendungen, die Produktplatzierung enthalten, müssen folgende Voraussetzungen erfüllen:

1. die redaktionelle Verantwortung und Unabhängigkeit hinsichtlich Inhalt und Platzierung im Sendeplan müssen unbeeinträchtigt bleiben,

2. die Produktplatzierung darf nicht unmittelbar zu Kauf, Miete oder Pacht von Waren oder Dienstleistungen anregen, insbesondere nicht durch spezielle verkaufsfördernde Hinweise auf diese Waren oder Dienstleistungen, und

3. das Produkt darf nicht zu stark herausgestellt werden; dies gilt auch für kostenlos zur Verfügung gestellte geringwertige Güter.

[4]Auf eine Produktplatzierung ist eindeutig hinzuweisen. [5]Sie ist zu Beginn und zum Ende einer Sendung sowie bei deren Fortsetzung nach einer Werbeunterbrechung oder im Hörfunk durch einen gleichwertigen Hinweis angemessen zu kennzeichnen. [6]Die Kennzeichnungspflicht entfällt für Sendungen, die nicht vom Veranstalter selbst oder von einem mit dem Veranstalter verbundenen Unternehmen produziert oder in Auftrag gegeben worden sind, wenn nicht mit zumutbarem Aufwand ermittelbar ist, ob Produktplatzierung enthalten ist; hierauf ist hinzuweisen. [7]Die in der ARD zusammengeschlossenen Landesrundfunkanstalten, das ZDF und die Landesmedienanstalten legen eine einheitliche Kennzeichnung fest.

(8) In der Fernsehwerbung und beim Teleshopping im Fernsehen dürfen keine Personen auftreten, die regelmäßig Nachrichtensendungen oder Sendungen zum politischen Zeitgeschehen vorstellen.

(9) [1]Werbung politischer, weltanschaulicher oder religiöser Art ist unzulässig. [2]Unentgeltliche Beiträge im Dienst der Öffentlichkeit einschließlich von Spendenaufrufen zu Wohlfahrtszwecken gelten nicht als Werbung im Sinne von Satz 1. [3]§ 68 bleibt unberührt.

(10) Werbung für alkoholische Getränke darf den übermäßigen Genuss solcher Getränke nicht fördern.

(11) [1]Die nichtbundesweite Verbreitung von Rundfunkwerbung oder anderen Inhalten in einem bundesweit ausgerichteten oder zur bundesweiten Verbreitung beauftragten oder zugelassenen Programm ist nur zulässig, wenn und soweit das Recht des Landes, in dem die nichtbundesweite Verbreitung erfolgt, dies gestattet. [2]Die nichtbundesweit verbreitete Rundfunkwerbung oder andere Inhalte privater Veranstalter bedürfen einer gesonderten landesrechtlichen Zulassung; diese kann von gesetzlich zu bestimmenden inhaltlichen Voraussetzungen abhängig gemacht werden.

(12) Die Absätze 1 bis 11 gelten auch für Teleshoppingkanäle.

§ 9 Einfügung von Rundfunkwerbung und Teleshopping

(1) Übertragungen von Gottesdiensten sowie Sendungen für Kinder dürfen nicht durch Werbung oder Teleshopping-Spots unterbrochen werden.

(2) [1]Einzeln gesendete Werbe- und Teleshopping-Spots im Fernsehen müssen die Ausnahme bleiben; dies gilt nicht bei der Übertragung von Sportveranstaltungen. [2]Die Einfügung von Werbe- oder Teleshopping-Spots im Fernsehen darf den Zusammenhang von Sendungen unter Berücksichtigung der natürlichen Sendeunterbrechungen sowie der Dauer und der Art der Sendung nicht beeinträchtigen noch die Rechte von Rechteinhabern verletzen.

(3) Filme mit Ausnahme von Serien, Reihen und Dokumentarfilmen sowie Kinofilme und Nachrichtensendungen dürfen für jeden programmierten Zeitraum von mindestens 30 Minuten einmal für Fernsehwerbung oder Teleshopping unterbrochen werden.

(4) [1]Richten sich Rundfunkwerbung oder Teleshopping in einem Fernsehprogramm eigens und häufig an Zuschauer eines anderen Staates, der das Europäische Übereinkommen über das grenzüberschreitende Fernsehen ratifiziert hat und nicht Mitglied der Europäischen Union ist, dürfen die für die Fernsehwerbung oder das Teleshopping dort geltenden Vorschriften nicht umgangen werden. [2]Satz 1 gilt nicht, wenn die Vorschriften dieses Staatsvertrages über die Rundfunkwerbung oder das Teleshopping strenger sind als jene Vorschriften, die in dem betreffenden Staat gelten, ferner nicht, wenn mit dem betroffenen Staat Übereinkünfte auf diesem Gebiet geschlossen wurden.

§ 10 Sponsoring

(1) [1]Auf das Bestehen einer Sponsoring-Vereinbarung muss eindeutig hingewiesen werden; bei Sendungen, die ganz oder teilweise gesponsert werden, muss zu Beginn oder am Ende auf die Finanzierung durch den Sponsor in vertretbarer Kürze und in angemessener Weise deutlich hingewiesen werden; der Hinweis ist in diesem Rahmen auch durch Bewegtbild möglich. [2]Neben oder anstelle des Namens des Sponsors kann auch dessen Firmenemblem oder eine Marke, ein anderes Symbol des Sponsors, ein Hinweis auf seine Produkte oder Dienstleistungen oder ein entsprechendes unterscheidungskräftiges Zeichen eingeblendet werden.

(2) Der Inhalt eines gesponserten Rundfunkprogramms oder einer gesponserten Sendung und der Programmplatz einer Sendung dürfen vom Sponsor nicht in der Weise beeinflusst werden, dass die redaktionelle Verantwortung und Unabhängigkeit des Rundfunkveranstalters beeinträchtigt werden.

(3) Gesponserte Sendungen dürfen nicht zum Verkauf, zum Kauf oder zur Miete oder Pacht von Erzeugnissen oder Dienstleistungen des Sponsors oder eines Dritten, vor allem durch entsprechende besondere Hinweise, anregen.

(4) [1]Nachrichtensendungen und Sendungen zur politischen Information dürfen nicht gesponsert werden. [2]In Kindersendungen und Sendungen religiösen Inhalts ist das Zeigen von Sponsorenlogos untersagt.

(5) Die Absätze 1 bis 4 gelten auch für Teleshoppingkanäle.

(6) § 8 Abs. 3 Satz 3 und Abs. 8 bis 10 gilt entsprechend.

§ 11 Gewinnspiele

(1) [1]Gewinnspielsendungen und Gewinnspiele sind zulässig. [2]Sie unterliegen dem Gebot der Transparenz und des Teilnehmerschutzes. [3]Sie dürfen nicht irreführen und den Interessen der Teilnehmer nicht schaden. [4]Insbesondere ist im Programm über die Kosten der Teilnahme, die Teilnahmeberechtigung, die Spielgestaltung sowie über die Auflösung der gestellten Aufgabe zu informieren. [5]Die Belange des Jugendschutzes sind zu wahren. [6]Für die Teilnahme darf nur ein Entgelt bis zu 0,50 Euro verlangt werden; § 35 Satz 3 bleibt unberührt.

(2) Der Veranstalter hat der für die Aufsicht zuständigen Stelle auf Verlangen alle Unterlagen vorzulegen und Auskünfte zu erteilen, die zur Überprüfung der ordnungsgemäßen Durchführung der Gewinnspielsendungen und Gewinnspiele erforderlich sind.

(3) Die Absätze 1 und 2 gelten auch für Teleshoppingkanäle.

[...]

2. Unterabschnitt: Telemedien

[...]

§ 22 Werbung, Sponsoring, Gewinnspiele

(1) [1]Werbung muss als solche klar erkennbar und vom übrigen Inhalt der Angebote eindeutig getrennt sein. [2]In der Werbung dürfen keine unterschwelligen Techniken eingesetzt werden. [3]Bei Werbung politischer, weltanschaulicher oder religiöser Art muss auf den Werbetreibenden oder Auftraggeber in angemessener Weise deutlich hingewiesen werden; § 10 Abs. 1 Satz 2 gilt entsprechend.

(2) Für Sponsoring bei Fernsehtext gilt § 10 entsprechend.

(3) Für Gewinnspiele in Telemedien nach § 19 Abs. 1 gilt § 11 entsprechend.

[...]

III. Abschnitt
Besondere Bestimmungen für den öffentlich-rechtlichen Rundfunk

[...]

§ 38 Zulässige Produktplatzierung

[1]Über die Anforderungen nach § 8 Abs. 7 Satz 2 hinaus ist Produktplatzierung in Kinofilmen, Filmen und Serien, Sportsendungen und Sendungen der leichten Unterhaltung nur dann zulässig,

1. wenn diese nicht vom Veranstalter selbst oder von einem mit dem Veranstalter verbundenen Unternehmen produziert oder in Auftrag gegeben wurden oder

2. wenn kein Entgelt geleistet wird, sondern lediglich bestimmte Waren oder Dienstleistungen, wie Produktionshilfen und Preise, im Hinblick auf ihre Einbeziehung in eine Sendung kostenlos bereitgestellt werden.

[2]Keine Sendungen der leichten Unterhaltung sind insbesondere Sendungen, die neben unterhaltenden Elementen im Wesentlichen informierenden Charakter haben, und Ratgebersendungen mit Unterhaltungselementen.

§ 39 Dauer der Rundfunkwerbung, Sponsoring

(1) [1]Die Gesamtdauer der Rundfunkwerbung beträgt im Ersten Fernsehprogramm der ARD und im Programm „Zweites Deutsches Fernsehen" jeweils höchstens 20 Minuten werktäglich im Jahresdurchschnitt. [2]Nicht angerechnet werden auf die zulässigen Werbezeiten Sendezeiten mit Produktplatzierungen und Sponsorhinweise. [3]Nicht vollständig genutzte Werbezeit darf höchstens bis zu fünf Minuten werktäglich nachgeholt werden. [4]Nach 20:00 Uhr sowie an Sonntagen und im ganzen Bundesgebiet anerkannten Feiertagen dürfen Werbesendungen nicht ausgestrahlt werden. [5]§ 46 bleibt unberührt.

(2) In weiteren Fernsehprogrammen von ARD und ZDF sowie in den Dritten Fernsehprogrammen findet Rundfunkwerbung nicht statt.

(3) Im Fernsehen darf die Dauer der Spotwerbung innerhalb eines Zeitraums von einer Stunde 20 vom Hundert nicht überschreiten.

(4) Hinweise der Rundfunkanstalten auf Sendungen, Rundfunkprogramme oder rundfunkähnliche Telemedien des öffentlich-rechtlichen Rundfunks und auf Begleitmaterialien, die direkt von diesen Programmen und Sendungen abgeleitet sind, unentgeltliche Beiträge im Dienst der Öffentlichkeit, einschließlich von Spendenaufrufen zu Wohlfahrtszwecken, gesetzliche Pflichthinweise und neutrale Einzelbilder zwischen redaktionellen Inhalten und Fernsehwerbe- oder Teleshoppingspots sowie zwischen einzelnen Spots, gelten nicht als Werbung.

(5) Die Länder sind berechtigt, den Landesrundfunkanstalten bis zu 90 Minuten werktäglich im Jahresdurchschnitt Werbung im Hörfunk einzuräumen; ein am 1. Januar 1987 in den Ländern abweichender zeitlicher Umfang der Rundfunkwerbung und ihre tageszeitliche Begrenzung kann beibehalten werden.

(6) Sponsoring findet nach 20.00 Uhr sowie an Sonntagen und im ganzen Bundesgebiet anerkannten Feiertagen im Fernsehen nicht statt; dies gilt nicht für das Sponsoring der Übertragung von Großereignissen nach § 13 Abs. 2.

§ 40 Kommerzielle Tätigkeiten

(1) [1]Die in der ARD zusammengeschlossenen Landesrundfunkanstalten, das ZDF und das Deutschlandradio sind berechtigt, kommerzielle Tätigkeiten auszuüben. [2]Kommerzielle Tätigkeiten sind Betätigungen, bei denen Leistungen auch für Dritte im Wettbewerb angeboten werden, insbesondere Werbung und Sponsoring, Verwertungsaktivitäten, Merchandising, Produktion für Dritte und die Vermietung von Senderstandorten an Dritte. [3]Diese Tätigkeiten dürfen nur unter Marktbedingungen erbracht werden. [4]Die kommerziellen Tätigkeiten sind durch rechtlich selbständige Tochtergesellschaften zu erbringen. [5]Bei geringer Marktrelevanz kann eine kommerzielle Tätigkeit durch die Rundfunkanstalt selbst erbracht werden; in diesem Fall ist eine getrennte Buchführung vorzusehen. [6]Die in der ARD zusammengeschlossenen Landesrundfunkanstalten, das ZDF und das Deutschlandradio haben sich bei den Beziehungen zu ihren kommerziell tätigen

Tochterunternehmen marktkonform zu verhalten und die entsprechenden Bedingungen, wie bei einer kommerziellen Tätigkeit, auch ihnen gegenüber einzuhalten.

(2) [1]Die Tätigkeitsbereiche sind von den zuständigen Gremien der Rundfunkanstalten vor Aufnahme der Tätigkeit zu genehmigen. [2]Die Prüfung umfasst folgende Punkte:

1. die Beschreibung der Tätigkeit nach Art und Umfang, die die Einhaltung der marktkonformen Bedingungen begründet (Marktkonformität), einschließlich eines Fremdvergleichs,

2. den Vergleich mit Angeboten privater Konkurrenten,

3. Vorgaben für eine getrennte Buchführung und

4. Vorgaben für eine effiziente Kontrolle.

[...]

§ 46 Änderung der Werbung

Die Länder können Änderungen der Gesamtdauer der Werbung, der tageszeitlichen Begrenzung der Werbung und ihrer Beschränkung auf Werktage im öffentlich-rechtlichen Rundfunk vereinbaren.

§ 47 Ausschluss von Teleshopping

Teleshopping findet mit Ausnahme von Teleshopping-Spots im öffentlich-rechtlichen Rundfunk nicht statt.

IV. Abschnitt
Bestimmungen für den privaten Rundfunk

[...]

4. Unterabschnitt: Finanzierung, Werbung

[...]

§ 69 Finanzierung

[1]Private Veranstalter können ihre Rundfunkprogramme durch Einnahmen aus Werbung, durch sonstige Einnahmen, insbesondere durch Entgelte der Teilnehmer (Abonnements oder Einzelentgelte), sowie aus eigenen Mitteln finanzieren. [2]Eine Finanzierung privater Veranstalter aus dem Rundfunkbeitrag ist unzulässig. [3]§ 112 bleibt unberührt.

§ 70 Dauer der Fernsehwerbung

(1) [1]Der Anteil an Sendezeit für Fernsehwerbespots und Teleshopping-Spots darf in den Zeiträumen von 6.00 Uhr bis 18.00 Uhr, von 18.00 Uhr bis 23.00 Uhr sowie von 23.00 Uhr bis 24.00 Uhr jeweils 20 vom Hundert dieses Zeitraums nicht überschreiten. [2]Satz 1 gilt nicht für Produktplatzierungen und Sponsorhinweise.

(2) Hinweise des Rundfunkveranstalters auf eigene Sendungen und auf Begleitmaterialien, die direkt von diesen Sendungen abgeleitet sind, oder auf Sendungen, Rundfunkprogramme oder rundfunkähnliche Telemedien anderer Teile derselben Sendergruppe, unentgeltliche Beiträge im Dienst der Öffentlichkeit, einschließlich von Spendenaufrufen zu Wohlfahrtszwecken, gesetzliche Pflichthinweise und neutrale Einzelbilder

zwischen redaktionellen Inhalten und Fernsehwerbe- oder Teleshoppingspots sowie zwischen einzelnen Spots gelten nicht als Werbung.

(3) Die Absätze 1 und 2 sowie § 9 gelten nicht für reine Werbekanäle.

§ 71 Teleshopping-Fenster und Eigenwerbekanäle

(1) [1]Teleshopping-Fenster, die in einem Programm gesendet werden, das nicht ausschließlich für Teleshopping bestimmt ist, müssen eine Mindestdauer von 15 Minuten ohne Unterbrechung haben. [2]Sie müssen optisch und akustisch klar als Teleshopping Fenster gekennzeichnet sein.

(2) [1]Für Eigenwerbekanäle gelten die §§ 8 und 10 entsprechend. [2]Die §§ 9 und 70 gelten nicht für Eigenwerbekanäle.

[...]

V. Abschnitt
Besondere Bestimmungen für einzelne Telemedien

1. Unterabschnitt: Rundfunkähnliche Telemedien

§ 74 Werbung, Gewinnspiele

[1]Für rundfunkähnliche Telemedien gelten die §§ 8, 10, 11 und 72 entsprechend. [2]Für Angebote nach § 2 Abs. 3 und sonstige linear verbreitete fernsehähnliche Telemedien gelten die §§ 3 bis 16 und § 72 entsprechend.

[...]

§ 76 Barrierefreiheit

Für fernsehähnliche Telemedien gilt § 7 entsprechend.

[...]

4. Unterabschnitt: Video-Sharing-Dienste

§ 97 Anwendungsbereich

[1]Dieser Unterabschnitt gilt für Video-Sharing-Dienste im Sinne von § 2 Abs. 2 Nr. 22. [2]Weitere Anforderungen nach dem V. Abschnitt bleiben unberührt.

§ 98 Werbung

(1) Für Werbung in Video-Sharing-Diensten gelten § 8 Abs. 1, Abs. 3 Satz 1 und 2, Abs. 7 und 10 dieses Staatsvertrages sowie § 6 Abs. 2 und 7 des Jugendmedienschutz-Staatsvertrages.

(2) Der Anbieter eines Video-Sharing-Dienstes hat sicherzustellen, dass Werbung, die von ihm vermarktet, verkauft oder zusammengestellt wird, den Vorgaben des Absatzes 1 entspricht.

(3) Der Anbieter eines Video-Sharing-Dienstes hat nachfolgende Maßnahmen zu ergreifen, um sicherzustellen, dass Werbung die nicht von ihm selbst vermarktet, verkauft oder zusammengestellt wird, die Vorgaben des Absatzes 1 erfüllt:

1. Aufnahme und Umsetzung von Bestimmungen in seinen Allgemeinen Geschäftsbedingungen, die zur Einhaltung der Vorgaben des Absatzes 1 verpflichten,
2. Bereitstellung einer Funktion zur Kennzeichnung von Werbung nach § 6 Abs. 3 des Digitale-
3. Dienste-Gesetzes.

[…]

Anlage (zu § 30 Abs. 5 Satz 1 Nr. 4 des Medienstaatsvertrages)
Negativliste öffentlich-rechtlicher Telemedien
1. Anzeigenrubriken, Anzeigen oder Kleinanzeigen,
2. Branchenregister und -verzeichnisse,
3. Preisvergleichsrubriken sowie Berechnungsprogramme (z.B. Preisrechner, Versicherungsrechner),
4. Rubriken für die Bewertung von Dienstleistungen, Einrichtungen und Produkten,
5. Partner-, Kontakt-, Stellen-, Tauschbörsen,
6. Ratgeberrubriken ohne Bezug zu Sendungen,
7. Business-Networks,
8. Telekommunikationsdienstleistungen im Sinne von § 3 Nr. 24 des Telekommunikationsgesetzes,
9. Wetten im Sinne von § 762 des Bürgerlichen Gesetzbuches,
10. Softwareangebote, soweit nicht zur Wahrnehmung des eigenen Angebots erforderlich,
11. Routenplaner,
12. Verlinkungen ohne redaktionelle Prüfung und Verlinkungen, die unmittelbar zu Kaufaufforderungen führen mit der Ausnahme von Verlinkungen auf eigene audio-visuelle Inhalte kommerzieller Tochtergesellschaften,
13. Musikdownload von kommerziellen Fremdproduktionen; dies gilt nicht soweit es sich um ein zeitlich befristetes aktionsbezogenes Angebot zum Download von Musiktiteln handelt,
14. Spieleangebote ohne Bezug zu einer Sendung,
15. Fotodownload ohne Bezug zu einer Sendung,
16. Veranstaltungskalender (auf eine Sendung bezogene Hinweise auf Veranstaltungen sind zulässig),
17. Foren, Chats ohne Bezug zu Sendungen und redaktionelle Begleitung; Foren, Chats unter Programm- oder Sendermarken sind zulässig. Foren und Chats dürfen nicht inhaltlich auf Angebote ausgerichtet sein, die nach den Nummern 1 bis 16 unzulässig sind.

Tabakerzeugnisgesetz (TabakerzG)

Gesetz über Tabakerzeugnisse und verwandte Erzeugnisse (Tabakerzeugnisgesetz)
zuletzt geändert durch Art. 3 Gesetz vom 08.12.2024 (BGBl. 2024 I Nr. 405) m.W.v. 13.12.2024
– Nichtamtliche Fassung (Auszug) –

Abschnitt 1
Allgemeine Bestimmungen

§ 1 Begriffsbestimmungen; Anwendbarkeit weiterer Bestimmungen

(1) ¹Für die Anwendung dieses Gesetzes und der auf Grund dieses Gesetzes erlassenen Rechtsverordnungen gelten die Begriffsbestimmungen

1. des Artikels 2 der Richtlinie 2014/40/EU des Europäischen Parlaments und des Rates vom 3. April 2014 zur Angleichung der Rechts- und Verwaltungsvorschriften der Mitgliedstaaten über die Herstellung, die Aufmachung und den Verkauf von Tabakerzeugnissen und verwandten Erzeugnissen und zur Aufhebung der Richtlinie 2001/37/EG (ABl. L 127 vom 29.4.2014, S. 1) mit folgenden Maßgaben:

   a) die Nummer 14 mit der Maßgabe, dass der Begriff 'neuartiges Tabakerzeugnis' auch erhitzte Tabakerzeugnisse im Sinne des Artikels 7 Absatz 12 Unterabsatz 2 der Richtlinie 2014/40/EU umfasst,

   b) die Nummern 16 und 17 mit der Maßgabe, dass die dort bezeichneten Begriffe auch nicht nikotinhaltige elektronische Zigaretten und nicht nikotinhaltige Nachfüllbehälter umfassen,

   c) die Nummer 40 mit der Maßgabe, dass die Bereitstellung von Produkten jede Abgabe eines Produkts zum Vertrieb, Verbrauch oder zur Verwendung auf dem Gemeinschaftsmarkt im Rahmen einer Geschäftstätigkeit umfasst,

2. des Artikels 2 der Durchführungsverordnung (EU) 2018/574 der Kommission vom 15. Dezember 2017 über technische Standards für die Errichtung und den Betrieb eines Rückverfolgbarkeitssystems für Tabakerzeugnisse (ABl. L 96 vom 16.4.2018, S. 7),

3. des Artikels 2 der Delegierten Verordnung (EU) 2018/573 der Kommission vom 15. Dezember 2017 über Kernelemente der im Rahmen eines Rückverfolgbarkeitssystems für Tabakerzeugnisse zu schließenden Datenspeicherungsverträge (ABl. L 96 vom 16.4.2018, S. 1) und

4. des Artikels 2 des Durchführungsbeschlusses (EU) 2018/576 der Kommission vom 15. Dezember 2017 über technische Standards für Sicherheitsmerkmale von Tabakerzeugnissen (ABl. L 96 vom 16.4.2018, S. 57).

(2) Bestimmungen über den Schutz der menschlichen Gesundheit oder zum Schutz der Verbraucherinnen und Verbraucher vor Täuschung aufgrund anderer Gesetze und der aufgrund dieser Gesetze erlassenen Rechtsverordnungen bleiben unberührt.

§ 2 Sonstige Begriffsbestimmungen

Im Sinne dieses Gesetzes und der aufgrund dieses Gesetzes erlassenen Rechtsverordnungen ist oder sind:

1. Erzeugnisse: Tabakerzeugnisse und verwandte Erzeugnisse,
2. verwandte Erzeugnisse: elektronische Zigaretten, Nachfüllbehälter und pflanzliche Raucherzeugnisse,
3. Behandeln: das Wiegen, Messen, Um- und Abfüllen, Stempeln, Bedrucken, Verpacken, Kühlen, Lagern, Aufbewahren, Befördern sowie jede sonstige Tätigkeit, die nicht als Herstellen oder Inverkehrbringen anzusehen ist,
4. werbliche Informationen: Bezeichnungen, Angaben, Aufmachungen, Darstellungen, Zeichen und Symbole zu Zwecken der Werbung,
5. Werbung: jede Art kommerzieller Kommunikation mit dem Ziel oder mit der direkten oder indirekten Wirkung, den Verkauf eines Erzeugnisses zu fördern,
6. Sponsoring: jeder öffentliche oder private Beitrag zu einer Veranstaltung oder einer Aktivität oder jede Unterstützung von Einzelpersonen mit dem Ziel oder der direkten oder indirekten Wirkung, den Verkauf eines Erzeugnisses zu fördern,
7. Dienste der Informationsgesellschaft: Dienste im Sinne des Artikels 1 Absatz 1 Buchstabe b der Richtlinie (EU) 2015/1535 des Europäischen Parlaments und des Rates vom 9. September 2015 über ein Informationsverfahren auf dem Gebiet der technischen Vorschriften und der Vorschriften für die Dienste der Informationsgesellschaft (ABl. L 241 vom 17.9.2015, S. 1),
8. Bedarfsgegenstände: Packungen, Behältnisse oder sonstige Umhüllungen, die dazu bestimmt sind, mit Erzeugnissen in Berührung zu kommen,
9. Außenwerbung: jede Werbung außerhalb geschlossener Räume einschließlich Schaufensterwerbung,
10. Zollbehörden: die Hauptzollämter und Zollfahndungsämter.

§ 3 Verantwortliche Personen

(1) [1]Die Wirtschaftsteilnehmer und die Inhaber erster Verkaufsstellen sind im Rahmen ihrer Geschäftstätigkeit gleichermaßen verpflichtet sicherzustellen, dass nur Erzeugnisse in den Verkehr gebracht werden, die den Anforderungen dieses Gesetzes und der aufgrund dieses Gesetzes erlassenen Rechtsverordnungen genügen. [2]Soweit in den in Satz 1 bezeichneten Rechtsvorschriften ein oder mehrere Wirtschaftsteilnehmer oder die Inhaber erster Verkaufsstellen besonders verpflichtet werden, gelten diese Vorschriften zusätzlich.

(2) Die Werbeverbote der §§ 19 bis 21 richten sich an den Hersteller, den Importeur, den Händler und jede natürliche oder juristische Person, die Werbung oder Sponsoring betreibt.

[...]

Abschnitt 4
Gemeinsame Vorschriften für Tabakerzeugnisse und verwandte Erzeugnisse

§ 18 Verbote zum Schutz vor Täuschung

(1) Es ist verboten,

1. nicht zum Konsum geeignete Erzeugnisse oder Erzeugnisse, die entgegen den Vorschriften des § 25 hergestellt oder behandelt worden sind, in den Verkehr zu bringen,

2. Erzeugnisse ohne ausreichende Kenntlichmachung in den Verkehr zu bringen, die

    a) nachgemacht sind,

    b) hinsichtlich ihrer Beschaffenheit von der Verkehrsauffassung abweichen und dadurch in ihrem Wert oder in ihrer Brauchbarkeit nicht unerheblich gemindert sind oder

    c) geeignet sind, den Anschein einer besseren als der tatsächlichen Beschaffenheit zu erwecken.

(2) ¹Es ist verboten, Tabakerzeugnisse unter Verwendung irreführender werblicher Informationen auf Packungen, Außenverpackungen oder auf dem Tabakerzeugnis selbst in den Verkehr zu bringen. ²Eine Irreführung liegt insbesondere dann vor,

1. wenn Tabakerzeugnissen insbesondere gesundheitliche oder stimulierende Wirkungen zugeschrieben werden, die ihnen nach den Erkenntnissen der Wissenschaft nicht zukommen oder die wissenschaftlich nicht hinreichend gesichert sind,

2. wenn der Eindruck erweckt wird, dass ein Tabakerzeugnis weniger schädlich als andere sei oder auf die Reduzierung schädlicher Bestandteile des Rauchs abziele,

3. wenn sich die werblichen Informationen auf Geschmack, Geruch, Aromastoffe oder sonstige Zusatzstoffe oder auf deren Fehlen beziehen,

4. wenn Tabakerzeugnissen der Anschein eines Arzneimittels, Lebensmittels oder kosmetischen Mittels gegeben wird,

5. wenn zur Täuschung geeignete werbliche Informationen über die Herkunft der Tabakerzeugnisse, über ihre Menge, ihr Gewicht, über den Zeitpunkt der Herstellung oder Abpackung, über ihre Haltbarkeit, über sonstige, insbesondere natürliche oder ökologische Eigenschaften oder über Umstände, die für ihre Bewertung mitbestimmend sind, verwendet werden.

(3) Es ist verboten, Tabakerzeugnisse in den Verkehr zu bringen,

1. wenn die Packung, die Außenverpackung oder werbliche Informationen Angaben über den Gehalt des Tabakerzeugnisses an Nikotin, Teer oder Kohlenmonoxid enthalten oder

2. wenn die Packung oder die Außenverpackung den Eindruck erweckt, Verbraucherinnen oder Verbraucher könnten einen wirtschaftlichen Vorteil erlangen.

(4) Für elektronische Zigaretten und Nachfüllbehälter gelten die Verbote der Absätze 2 und 3 mit Ausnahme der Informationen über die Aromastoffe und den Nikotingehalt entsprechend.

(5) ¹Für pflanzliche Raucherzeugnisse gelten die Verbote nach Absatz 2 Satz 1 und 2 Nummer 1, 2 und 4 entsprechend. ²Es ist ferner verboten, pflanzliche Raucherzeugnisse in den Verkehr zu bringen, bei denen

Packungen oder Außenverpackungen werbliche Informationen aufweisen, die sich auf das Fehlen von Zusatz- oder Aromastoffen beziehen.

§ 19 Verbot der Hörfunkwerbung, der Werbung in Druckerzeugnissen und in Diensten der Informationsgesellschaft, Verbot des Sponsorings

(1) Es ist verboten, für Tabakerzeugnisse, elektronische Zigaretten oder Nachfüllbehälter im Hörfunk zu werben.

(2) ¹Es ist verboten, für Tabakerzeugnisse, elektronische Zigaretten oder Nachfüllbehälter in der Presse oder in einer anderen gedruckten Veröffentlichung zu werben. ²Abweichend von Satz 1 darf in einer gedruckten Veröffentlichung geworben werden,

1. die ausschließlich für im Handel mit Tabakerzeugnissen oder elektronischen Zigaretten oder Nachfüllbehältern tätige Personen bestimmt ist,

2. die in einem Staat, der kein Mitgliedstaat der Europäischen Union ist, gedruckt und herausgegeben wird, sofern diese Veröffentlichung nicht hauptsächlich für den Markt in der Europäischen Union bestimmt ist.

(3) Absatz 2 gilt für die Werbung in Diensten der Informationsgesellschaft entsprechend.

(4) Es ist verboten, Hörfunkprogramme zur Förderung des Verkaufs von Tabakerzeugnissen, elektronischen Zigaretten oder Nachfüllbehältern zu sponsern.

(5) Es ist verboten, eine Veranstaltung oder Aktivität mit dem Ziel oder der direkten oder indirekten Wirkung zu sponsern, den Verkauf von Tabakerzeugnissen, elektronischen Zigaretten oder Nachfüllbehältern zu fördern, wenn

1. an der Veranstaltung oder Aktivität mehrere Mitgliedstaaten der Europäischen Union beteiligt sind,

2. die Veranstaltung oder Aktivität in mehreren Mitgliedstaaten der Europäischen Union stattfindet oder

3. die Veranstaltung oder Aktivität eine sonstige grenzüberschreitende Wirkung hat.

§ 20 Verbot der audiovisuellen kommerziellen Kommunikation

Es ist verboten, audiovisuelle kommerzielle Kommunikation* im Sinne des Artikels 1 Absatz 1 Buchstabe h der Richtlinie 2010/13/EU des Europäischen Parlaments und des Rates vom 10. März 2010 zur Koordinierung bestimmter Rechts- und Verwaltungsvorschriften der Mitgliedstaaten über die Bereitstellung audiovisueller

---

*Art. 1 Abs.1 Buchst. h der Richtlinie 2010/13/EU des Europäischen Parlaments u. des Rates v. 10. März 2010: «„audiovisuelle kommerzielle Kommunikation" Bilder mit oder ohne Ton, die der unmittelbaren oder mittelbaren Förderung des Absatzes von Waren und Dienstleistungen oder des Erscheinungsbilds natürlicher oder juristischer Personen, die einer wirtschaftlichen Tätigkeit nachgehen, dienen. Diese Bilder sind einer Sendung gegen Entgelt oder eine ähnliche Gegenleistung oder als Eigenwerbung beigefügt oder darin enthalten. Zur audiovisuellen kommerziellen Kommunikation zählen unter anderem Fernsehwerbung, Sponsoring, Teleshopping und Produktplatzierung;»

Mediendienste (Richtlinie über audiovisuelle Mediendienste) (ABl. L 95 vom 15.4.2010, S. 1), die durch die Richtlinie (EU) 2018/1808 (ABl. L 303 vom 28.11.2018, S. 69) geändert worden ist, für Tabakerzeugnisse, elektronische Zigaretten oder Nachfüllbehälter oder zugunsten von Unternehmen, deren Haupttätigkeit die Herstellung oder der Verkauf dieser Erzeugnisse ist, zu betreiben.

§ 20a Verbot der Außenwerbung

¹Es ist verboten, Außenwerbung für Tabakerzeugnisse, elektronische Zigaretten oder Nachfüllbehälter zu betreiben. ²Satz 1 gilt nicht für Werbung an Außenflächen einschließlich dazugehöriger Fensterflächen von Geschäftsräumen des Fachhandels.

§ 20b Verbot der kostenlosen Abgabe und der Ausspielung

(1) Es ist verboten, Zigaretten, Tabak zum Selbstdrehen oder Wasserpfeifentabak außerhalb von Geschäftsräumen des Fachhandels gewerbsmäßig kostenlos abzugeben.

(2) Es ist verboten, Tabakerzeugnisse, elektronische Zigaretten oder Nachfüllbehälter gewerbsmäßig auszuspielen.

§ 21 Verbot von Werbung mit qualitativen Zielen

(1) Es ist verboten, im Verkehr mit Tabakerzeugnissen oder in der Werbung dafür werbliche Informationen zu verwenden,

1. durch die der Eindruck erweckt wird, dass der Genuss oder die bestimmungsgemäße Verwendung von Tabakerzeugnissen gesundheitlich unbedenklich oder dazu geeignet ist, die Funktion des Körpers, die Leistungsfähigkeit oder das Wohlbefinden günstig zu beeinflussen,

2. die ihrer Art nach besonders dazu geeignet sind, Jugendliche oder Heranwachsende zum Konsum zu veranlassen oder darin zu bestärken,

3. die das Inhalieren des Tabakrauchs als nachahmenswert erscheinen lassen,

4. die den Eindruck erwecken, dass die Inhaltsstoffe natürlich oder naturrein seien.

(2) Das Bundesministerium für Ernährung und Landwirtschaft wird ermächtigt, im Einvernehmen mit dem Bundesministerium für Wirtschaft und Klimaschutz durch Rechtsverordnung mit Zustimmung des Bundesrates, soweit dies zum Schutz der Verbraucherinnen und Verbraucher vor Gesundheitsschäden erforderlich ist, Vorschriften zur Durchführung der Verbote des Absatzes 1 zu erlassen, insbesondere

1. die Art, den Umfang oder die Gestaltung der Werbung durch bestimmte Werbemittel oder an bestimmten Orten oder zu bestimmten Zeiten zu regeln,

2. die Verwendung von Darstellungen oder Äußerungen von Angehörigen bestimmter Personengruppen zu verbieten oder zu beschränken.

§ 22 Grenzüberschreitender Fernabsatz an Verbraucher; Datenschutz

(1) Wer grenzüberschreitenden Fernabsatz von Tabakerzeugnissen, elektronischen Zigaretten oder Nachfüllbehältern an Verbraucherinnen und Verbraucher in der Europäischen Union betreiben will, muss

1. ein <u>Altersüberprüfungssystem</u> verwenden, das beim Verkauf kontrolliert, ob der bestellende Verbraucher das für den Erwerb von Erzeugnissen vorgeschriebene Mindestalter hat, das in dem jeweiligen Mitgliedstaat der Europäischen Union gilt, in dem die Erzeugnisse in den Verkehr gebracht werden sollen, und

2. <u>bei der zuständigen Behörde registriert</u> sein.

(2) Die Registrierung erfolgt,

1. wenn sich der Ort der Geschäftstätigkeit im Inland befindet,

    a) bei der zuständigen Behörde im Inland sowie

    b) bei der zuständigen Behörde des jeweiligen Mitgliedstaates der Europäischen Union, in dem die Erzeugnisse in den Verkehr gebracht werden oder werden sollen;

2. wenn sich der Ort der Geschäftstätigkeit in einem anderen Mitgliedstaat der Europäischen Union befindet,

    a) bei der zuständigen Behörde im Inland sowie

    b) bei der zuständigen Behörde des Mitgliedstaates der Europäischen Union, in dem sich der Ort der Geschäftstätigkeit befindet;

3. wenn sich der Ort der Geschäftstätigkeit außerhalb des Gebiets der Europäischen Union befindet, bei der zuständigen Behörde im Inland.

(3) Wer grenzüberschreitenden Fernabsatz ausschließlich von nicht nikotinhaltigen elektronischen Zigaretten und nicht nikotinhaltigen Nachfüllbehältern an Verbraucherinnen und Verbraucher in der Europäischen Union betreiben will, muss abweichend von Absatz 2 Nummer 1 und 2 nur bei der zuständigen Behörde im Inland registriert sein.

(4) Wenn die Länder für den Zweck der Registrierung nach Absatz 2 Nummer 1 Buchstabe a, Nummer 2 Buchstabe a und Nummer 3 eine gemeinsame Stelle einrichten oder beauftragen, ist diese zuständig.

(5) [1]Die für die Registrierung zuständige Behörde oder Stelle stellt eine Bestätigung über die Registrierung aus. [2]Sie überprüft auch das Vorliegen des Altersüberprüfungssystems nach Absatz 1 Nummer 1 sowie das Vorliegen gültiger Registrierungen der zuständigen Behörden nach Absatz 2 Nummer 1 Buchstabe b und Absatz 2 Nummer 2 Buchstabe b. [3]Sie gibt die Listen aller bei ihr registrierten Verkaufsstellen, die grenzüberschreitenden Fernabsatz nach Absatz 1 betreiben, in geeigneter Weise bekannt.

(6) [1]Wer grenzüberschreitenden Fernabsatz von Tabakerzeugnissen, elektronischen Zigaretten und Nachfüllbehältern an Verbraucherinnen und Verbraucher betreibt, darf deren personenbezogene Daten nur im Einklang mit den einschlägigen Vorschriften zum Schutz personenbezogener Daten verarbeiten. [2]Herstellern von Tabakerzeugnissen, elektronischen Zigaretten und Nachfüllbehältern, den zur selben Unternehmensgruppe gehörenden Unternehmen oder sonstigen Dritten dürfen diese Daten nicht übermittelt werden. [3]Personenbezogene Daten der Verbraucherinnen und Verbraucher dürfen nicht für andere Zwecke als den jeweiligen Verkauf verarbeitet werden; dies gilt auch, wenn Hersteller Tabakerzeugnisse, elektronische Zigaretten und Nachfüllbehälter im grenzüberschreitenden Fernabsatz an Verbraucherinnen und Verbraucher vertreiben.

(7) Das Bundesministerium für Ernährung und Landwirtschaft wird ermächtigt, im Einvernehmen mit dem Bundesministerium der Finanzen und dem Bundesministerium für Wirtschaft und Klimaschutz durch Rechtsverordnung mit Zustimmung des Bundesrates zur Durchführung von Rechtsakten der Europäischen Union

1. Inhalt, Art und Weise und das Verfahren der Registrierung zu regeln,
2. die Zuständigkeit für die Registrierung nach Absatz 2 Nummer 1 Buchstabe a, Nummer 2 Buchstabe a und Nummer 3 ganz oder teilweise auf das Bundesamt für Verbraucherschutz und Lebensmittelsicherheit zu übertragen.

[...]

Abschnitt 5
Bedarfsgegenstände

§ 24 Allgemeine Anforderungen an das Inverkehrbringen von Bedarfsgegenständen

Es ist Bedarfsgegenstände dürfen nur in den Verkehr gebracht werden, wenn sie aufgrund ihrer stofflichen Zusammensetzung, insbesondere durch toxikologisch wirksame Stoffe oder Verunreinigungen, die Sicherheit und Gesundheit von Verbraucherinnen und Verbrauchern bei bestimmungsgemäßer oder vorhersehbarer Verwendung nicht gefährden.

§ 25 Übergang von Stoffen auf Erzeugnisse

(1) [1]Es ist verboten, Bedarfsgegenstände so zu verwenden oder für solche Verwendungszwecke in den Verkehr zu bringen, dass von ihnen Stoffe auf Erzeugnisse übergehen. [2]Davon ausgenommen sind stoffliche Anteile, deren Übergang gesundheitlich, geruchlich und geschmacklich unbedenklich und technisch unvermeidbar ist.

(2) [1]Das Bundesministerium für Ernährung und Landwirtschaft wird ermächtigt, durch Rechtsverordnung mit Zustimmung des Bundesrates, soweit dies mit dem Schutz der Verbraucherinnen und Verbraucher vor Gesundheitsschäden vereinbar ist, für bestimmte Stoffe die Anteile festzusetzen, deren Übergang als unbedenklich und unvermeidbar im Sinne des Absatzes 1 anzusehen ist. [2]Das Bundesministerium für Ernährung und Landwirtschaft kann die Ermächtigung durch Rechtsverordnung mit Zustimmung des Bundesrates auf das Bundesamt für Verbraucherschutz und Lebensmittelsicherheit übertragen. [3]Das Bundesamt für Verbraucherschutz und Lebensmittelsicherheit bedarf zum Erlass solcher Rechtsverordnungen nicht der Zustimmung des Bundesrates.

[...]

Jugendschutzgesetz (JuSchG)

Jugendschutzgesetz (JuSchG)
Zuletzt geändert durch Art. 12 Gesetz vom 06.05.2024 (BGBl. 2024 I Nr. 149) m.W.v. 14.05.2024
– Nichtamtliche Fassung (Auszug) –

Abschnitt 1

Allgemeines

§ 1 Begriffsbestimmungen

(1) Im Sinne dieses Gesetzes

1. sind <u>Kinder</u> Personen, die noch nicht 14 Jahre alt sind,

2. sind <u>Jugendliche</u> Personen, die 14, aber noch nicht 18 Jahre alt sind,

3. ist <u>personensorgeberechtigte Person</u>, wem allein oder gemeinsam mit einer anderen Person nach den Vorschriften des Bürgerlichen Gesetzbuchs die Personensorge zusteht,

4. ist <u>erziehungsbeauftragte Person</u>, jede Person über 18 Jahren, soweit sie auf Dauer oder zeitweise aufgrund einer Vereinbarung mit der personensorgeberechtigten Person Erziehungsaufgaben wahrnimmt oder soweit sie ein Kind oder eine jugendliche Person im Rahmen der Ausbildung oder der Jugendhilfe betreut.

(1a) <u>Medien</u> im Sinne dieses Gesetzes sind Trägermedien und digitale Dienste sowie abgrenzbare Inhalte innerhalb eines digitalen Dienstes im Sinne einer Bewertungseinheit.

(2) [1]<u>Trägermedien</u> im Sinne dieses Gesetzes sind Medien mit Texten, Bildern oder Tönen auf gegenständlichen Trägern, die zur Weitergabe geeignet, zur unmittelbaren Wahrnehmung bestimmt oder in einem Vorführ- oder Spielgerät eingebaut sind. [2]Dem gegenständlichen Verbreiten, Überlassen, Anbieten oder Zugänglichmachen von Trägermedien steht das elektronische Verbreiten, Überlassen, Anbieten oder Zugänglichmachen gleich, soweit es sich nicht um Rundfunk im Sinne des § 2 des Rundfunkstaatsvertrages handelt.

(3) <u>Digitale Dienste</u> im Sinne dieses Gesetzes sind digitale Dienste nach § 1 Absatz 4 Nummer 1 des Digitale-Dienste-Gesetzes.

(4) <u>Versandhandel</u> im Sinne dieses Gesetzes ist jedes entgeltliche Geschäft, das im Wege der Bestellung und Übersendung einer Ware durch Postversand oder elektronischen Versand ohne persönlichen Kontakt zwischen Lieferant und Besteller oder ohne dass durch technische oder sonstige Vorkehrungen sichergestellt ist, dass kein Versand an Kinder und Jugendliche erfolgt, vollzogen wird.

(5) Die Vorschriften der §§ <u>2 bis 14</u> dieses Gesetzes gelten <u>nicht für verheiratete Jugendliche</u>.

(6) <u>Diensteanbieter</u> im Sinne dieses Gesetzes sind Diensteanbieter nach dem Digitale-Dienste-Gesetz in der jeweils geltenden Fassung.

§ 2 Prüfungs- und Nachweispflicht

(1) ¹Soweit es nach diesem Gesetz auf die Begleitung durch eine erziehungsbeauftragte Person ankommt, haben die in § 1 Abs. 1 Nr. 4 genannten Personen ihre Berechtigung auf Verlangen darzulegen. ²Veranstalter und Gewerbetreibende haben in Zweifelsfällen die Berechtigung zu überprüfen.

(2) ¹Personen, bei denen nach diesem Gesetz Altersgrenzen zu beachten sind, haben ihr Lebensalter auf Verlangen in geeigneter Weise nachzuweisen. ²Veranstalter und Gewerbetreibende haben in Zweifelsfällen das Lebensalter zu überprüfen.

[...]

Abschnitt 3
Jugendschutz im Bereich der Medien

Unterabschnitt 1
Trägermedien

§ 10a Schutzziele des Kinder- und Jugendmedienschutzes

Zum Schutz im Bereich der Medien gehören

1. der Schutz vor Medien, die geeignet sind, die Entwicklung von Kindern oder Jugendlichen oder ihre Erziehung zu einer eigenverantwortlichen und gemeinschaftsfähigen Persönlichkeit zu beeinträchtigen (entwicklungsbeeinträchtigende Medien),

2. der Schutz vor Medien, die geeignet sind, die Entwicklung von Kindern oder Jugendlichen oder ihre Erziehung zu einer eigenverantwortlichen und gemeinschaftsfähigen Persönlichkeit zu gefährden (jugendgefährdende Medien),

3. der Schutz der persönlichen Integrität von Kindern und Jugendlichen bei der Mediennutzung und

4. die Förderung von Orientierung für Kinder, Jugendliche, personensorgeberechtigte Personen sowie pädagogische Fachkräfte bei der Mediennutzung und Medienerziehung; die Vorschriften des Achten Buches Sozialgesetzbuch bleiben unberührt

§ 10b Entwicklungsbeeinträchtigende Medien

(1) Zu den entwicklungsbeeinträchtigenden Medien nach § 10a Nummer 1 zählen insbesondere übermäßig ängstigende, Gewalt befürwortende oder das sozialethische Wertebild beeinträchtigende Medien.

(2) Bei der Beurteilung der Entwicklungsbeeinträchtigung können auch außerhalb der medieninhaltlichen Wirkung liegende Umstände der jeweiligen Nutzung des Mediums berücksichtigt werden, wenn diese auf Dauer angelegter Bestandteil des Mediums sind und eine abweichende Gesamtbeurteilung über eine Kennzeichnung nach § 14 Absatz 2a hinaus rechtfertigen.

(3) ¹Insbesondere sind nach konkreter Gefahrenprognose als erheblich einzustufende Risiken für die persönliche Integrität von Kindern und Jugendlichen, die im Rahmen der Nutzung des Mediums auftreten können, unter Einbeziehung etwaiger Vorsorgemaßnahmen im Sinne des § 24a Absatz 1 und 2 angemessen zu

berücksichtigen. [2]Hierzu zählen insbesondere Risiken durch Kommunikations- und Kontaktfunktionen, durch Kauffunktionen, durch glücksspielähnliche Mechanismen, durch Mechanismen zur Förderung eines exzessiven Mediennutzungsverhaltens, durch die Weitergabe von Bestands- und Nutzungsdaten ohne Einwilligung an Dritte sowie durch nicht altersgerechte Kaufappelle insbesondere durch werbende Verweise auf andere Medien.

§ 11 Filmveranstaltungen

(1) Die Anwesenheit bei öffentlichen Filmveranstaltungen darf Kindern und Jugendlichen nur gestattet werden, wenn die Filme von der obersten Landesbehörde oder einer Organisation der freiwilligen Selbstkontrolle im Rahmen des Verfahrens nach § 14 Abs. 6 zur Vorführung vor ihnen freigegeben worden sind oder wenn es sich um Informations-, Instruktions- und Lehrfilme handelt, die vom Anbieter mit "Infoprogramm" oder "Lehrprogramm" gekennzeichnet sind.

(2) Abweichend von Absatz 1 darf die Anwesenheit bei öffentlichen Filmveranstaltungen mit Filmen, die für Kinder und Jugendliche ab zwölf Jahren freigegeben und gekennzeichnet sind, auch Kindern ab sechs Jahren gestattet werden, wenn sie von einer personensorgeberechtigten oder erziehungsbeauftragten Person begleitet sind.

(3) Unbeschadet der Voraussetzungen des Absatzes 1 darf die Anwesenheit bei öffentlichen Filmveranstaltungen nur mit Begleitung einer personensorgeberechtigten oder erziehungsbeauftragten Person gestattet werden

1. Kindern unter sechs Jahren,
2. Kindern ab sechs Jahren, wenn die Vorführung nach 20 Uhr beendet ist,
3. Jugendlichen unter 16 Jahren, wenn die Vorführung nach 22 Uhr beendet ist,
4. Jugendlichen ab 16 Jahren, wenn die Vorführung nach 24 Uhr beendet ist.

(4) [1]Die Absätze 1 bis 3 gelten für die öffentliche Vorführung von Filmen unabhängig von der Art der Aufzeichnung und Wiedergabe. [2]Sie gelten auch für Werbevorspanne und Beiprogramme. [3]Sie gelten nicht für Filme, die zu nichtgewerblichen Zwecken hergestellt werden, solange die Filme nicht gewerblich genutzt werden.

(5) Werbefilme oder Werbeprogramme, die für alkoholische Getränke werben, dürfen unbeschadet der Voraussetzungen der Absätze 1 bis 4 nur nach 18 Uhr vorgeführt werden.

(6) Werbefilme oder Werbeprogramme, die für Tabakerzeugnisse, elektronische Zigaretten oder Nachfüllbehälter im Sinne des § 1 Absatz 1 Nummer 1 des Tabakerzeugnisgesetzes werben, dürfen nur im Zusammenhang mit Filmen vorgeführt werden, die

1. von der obersten Landesbehörde oder einer Organisation der freiwilligen Selbstkontrolle im Rahmen des Verfahrens nach § 14 Absatz 6 mit „Keine Jugendfreigabe" nach § 14 Absatz 2 gekennzeichnet sind oder
2. nicht nach den Vorschriften dieses Gesetzes gekennzeichnet sind.

§ 12 Bildträger mit Filmen oder Spielen

(1) Zur Weitergabe geeignete, für die Wiedergabe auf oder das Spiel an Bildschirmgeräten mit Filmen oder Spielen programmierte Datenträger (Bildträger) dürfen einem Kind oder einer jugendlichen Person in der Öffentlichkeit nur zugänglich gemacht werden, wenn die Programme von der obersten Landesbehörde oder einer Organisation der freiwilligen Selbstkontrolle im Rahmen des Verfahrens nach § 14 Abs. 6 für ihre Altersstufe freigegeben und gekennzeichnet worden sind oder wenn es sich um Informations-, Instruktions- und Lehrprogramme handelt, die vom Anbieter mit "Infoprogramm" oder "Lehrprogramm" gekennzeichnet sind.

(2) ¹Auf die Kennzeichnungen nach Absatz 1 ist auf dem Bildträger und der Hülle mit einem deutlich sichtbaren Zeichen hinzuweisen. ²Das Zeichen ist auf der Frontseite der Hülle links unten auf einer Fläche von mindestens 1.200 Quadratmillimetern und dem Bildträger auf einer Fläche von mindestens 250 Quadratmillimetern anzubringen. ³Die oberste Landesbehörde kann

1. Näheres über Inhalt, Größe, Form, Farbe und Anbringung der Zeichen anordnen und

2. Ausnahmen für die Anbringung auf dem Bildträger oder der Hülle genehmigen.

⁴Anbieter von digitalen Diensten, die Filme und Spielprogramme verbreiten, müssen auf eine vorhandene Kennzeichnung in ihrem Angebot deutlich hinweisen.

(3) Bildträger, die die nicht oder mit "Keine Jugendfreigabe" nach § 14 Abs. 2 von der obersten Landesbehörde oder einer Organisation der freiwilligen Selbstkontrolle im Rahmen des Verfahrens nach § 14 Abs. 6 oder nach § 14 Abs. 7 vom Anbieter gekennzeichnet sind, dürfen

1. einem Kind oder einer jugendlichen Person nicht angeboten, überlassen oder sonst zugänglich gemacht werden,

2. nicht im Einzelhandel außerhalb von Geschäftsräumen, in Kiosken oder anderen Verkaufsstellen, die Kunden nicht zu betreten pflegen, oder im Versandhandel angeboten oder überlassen werden.

(4) Automaten zur Abgabe bespielter Bildträger dürfen

1. auf Kindern oder Jugendlichen zugänglichen öffentlichen Verkehrsflächen,

2. außerhalb von gewerblich oder in sonstiger Weise beruflich oder geschäftlich genutzten Räumen oder

3. in deren unbeaufsichtigten Zugängen, Vorräumen oder Fluren

nur aufgestellt werden, wenn ausschließlich nach § 14 Abs. 2 Nr. 1 bis 4 gekennzeichnete Bildträger angeboten werden und durch technische Vorkehrungen gesichert ist, dass sie von Kindern und Jugendlichen, für deren Altersgruppe ihre Programme nicht nach § 14 Abs. 2 Nr. 1 bis 4 freigegeben sind, nicht bedient werden können

(5) ¹Bildträger, die Auszüge von Filme und Spielprogrammen enthalten, dürfen abweichend von den Absätzen 1 und 3 im Verbund mit periodischen Druckschriften nur vertrieben werden, wenn sie mit einem Hinweis des Anbieters versehen sind, der deutlich macht, dass eine Organisation der freiwilligen Selbstkontrolle festgestellt hat, dass diese Auszüge keine Jugendbeeinträchtigungen enthalten. ²Der Hinweis ist sowohl auf der periodischen Druckschrift als auch auf dem Bildträger vor dem Vertrieb mit einem deutlich sichtbaren Zeichen

anzubringen. [3]Absatz 2 Satz 1 bis 3 gilt entsprechend. [4]Die Berechtigung nach Satz 1 kann die oberste Landesbehörde für einzelne Anbieter ausschließen.

[...]

§ 14 Kennzeichnung von Filmen und Spielprogrammen

(1) Filme und Spielprogramme dürfen nicht für Kinder und Jugendliche freigegeben werden, wenn sie für Kinder und Jugendliche in der jeweiligen Altersstufe entwicklungsbeeinträchtigend sind.

(2) Die oberste Landesbehörde oder eine Organisation der freiwilligen Selbstkontrolle im Rahmen des Verfahrens nach Absatz 6 kennzeichnet die Filme und Spielprogramme mit

1. "Freigegeben ohne Altersbeschränkung",
2. "Freigegeben ab sechs Jahren",
3. "Freigegeben ab zwölf Jahren",
4. "Freigegeben ab sechzehn Jahren",
5. "Keine Jugendfreigabe".

(2a) [1]Die oberste Landesbehörde oder eine Organisation der freiwilligen Selbstkontrolle soll im Rahmen des Verfahrens nach Absatz 6 über die Altersstufen des Absatzes 2 hinaus Filme und Spielprogramme mit Symbolen und weiteren Mitteln kennzeichnen, mit denen die wesentlichen Gründe für die Altersfreigabe des Mediums und dessen potenzielle Beeinträchtigung der persönlichen Integrität angegeben werden. [2]Die oberste Landesbehörde kann Näheres über die Ausgestaltung und Anbringung der Symbole und weiteren Mittel anordnen.

(3) [1]Hat ein Film oder ein Spielprogramm nach Einschätzung der obersten Landesbehörde oder einer Organisation der freiwilligen Selbstkontrolle im Rahmen des Verfahrens nach Absatz 6 einen der in § 15 Abs. 2 Nr. 1 bis 5 bezeichneten Inhalte oder ist es in die Liste nach § 18 aufgenommen, wird es nicht gekennzeichnet. [2]Die oberste Landesbehörde hat Tatsachen, die auf einen Verstoß gegen § 15 Abs. 1 schließen lassen, der zuständigen Strafverfolgungsbehörde mitzuteilen.

(4) [1]Ist ein Film oder ein Spielprogramm mit einem in die Liste nach § 18 aufgenommenen Medium ganz oder im Wesentlichen inhaltsgleich, ist die Kennzeichnung ausgeschlossen. [2]Über das Vorliegen einer Inhaltsgleichheit entscheidet die Prüfstelle für jugendgefährdende Medien. [3]Satz 1 gilt entsprechend, wenn die Voraussetzungen für eine Aufnahme in die Liste vorliegen. [4]In Zweifelsfällen führt die oberste Landesbehörde oder eine Organisation der freiwilligen Selbstkontrolle im Rahmen des Verfahrens nach Absatz 6 eine Entscheidung der Prüfstelle für jugendgefährdende Medien herbei.

(4a) Absatz 4 gilt nicht für Freigabeentscheidungen nach § 11 Absatz 1.

(5) [1]Die Kennzeichnungen von Filmen gelten auch für die Vorführung in öffentlichen Filmveranstaltungen von inhaltsgleichen Filmen, wenn und soweit die obersten Landesbehörden nicht in der Vereinbarung zum Verfahren nach Absatz 6 etwas Anderes bestimmen. [2]Die Kennzeichnung von Filmen für öffentliche Filmveranstaltungen können auf inhaltsgleiche Filme für Bildträger, Bildschirmspielgeräte und digitale Dienste übertragen werden; Absatz 4 gilt entsprechend.

(6) [1]Die obersten Landesbehörden können ein gemeinsames Verfahren für die Freigabe und Kennzeichnung der Filme sowie Spielprogramme auf der Grundlage der Ergebnisse der Prüfung durch von Verbänden der Wirtschaft getragene oder unterstützte Organisationen freiwilliger Selbstkontrolle vereinbaren. [2]Im Rahmen dieser Vereinbarung kann bestimmt werden, dass die Freigaben und Kennzeichnungen durch eine Organisation der freiwilligen Selbstkontrolle Freigaben und Kennzeichnungen der obersten Landesbehörden aller Länder sind, soweit nicht eine oberste Landesbehörde für ihren Bereich eine abweichende Entscheidung trifft. [3]Nach den Bestimmungen des Jugendmedienschutz-Staatsvertrages anerkannte Einrichtungen der freiwilligen Selbstkontrolle können nach den Sätzen 1 und 2 eine Vereinbarung mit den obersten Landesbehörden schließen.

(6a) [1]Das gemeinsame Verfahren nach Absatz 6 soll vorsehen, dass von der zentralen Aufsichtsstelle der Länder für den Jugendmedienschutz bestätigte Altersbewertungen nach dem Jugendmedienschutz-Staatsvertrag oder Altersbewertungen der Veranstalter des öffentlichrechtlichen Rundfunks als Freigaben im Sinne des Absatzes 6 Satz 2 wirken, sofern dies mit der Spruchpraxis der obersten Landesbehörden nicht unvereinbar ist. [2]Die Absätze 3 und 4 bleiben unberührt.

(7) [1]Filme und Spielprogramme zu Informations-, Instruktions- oder Lehrzwecken dürfen vom Anbieter mit "Infoprogramm" oder "Lehrprogramm" nur gekennzeichnet werden, wenn sie offensichtlich nicht die Entwicklung oder Erziehung von Kindern und Jugendlichen beeinträchtigen. [2]Die Absätze 1 bis 5 finden keine Anwendung. [3]Die oberste Landesbehörde kann das Recht zur Anbieterkennzeichnung für einzelne Anbieter oder für besondere Filme und Spielprogramme ausschließen und durch den Anbieter vorgenommene Kennzeichnungen aufheben.

(8) Enthalten Filme, Bildträger oder Bildschirmspielgeräte neben den zu kennzeichnenden Filmen oder Spielprogrammen Titel, Zusätze oder weitere Darstellungen in Texten, Bildern oder Tönen, bei denen in Betracht kommt, dass sie die Entwicklung oder Erziehung von Kindern oder Jugendlichen beeinträchtigen, so sind diese bei der Entscheidung über die Kennzeichnung mit zu berücksichtigen.

(9) Die Absätze 1 bis 6 und 8 gelten für die Kennzeichnung von zur Verbreitung in digitalen Diensten bestimmten und kennzeichnungsfähigen Filmen und Spielprogrammen entsprechend.

(10) Die oberste Landesbehörde kann Näheres über die Ausgestaltung und Anbringung der Kennzeichnung nach § 14a Absatz 1 mit den Einrichtungen der freiwilligen Selbstkontrolle vereinbaren.

§ 14a Kennzeichnung bei Film- und Spielplattformen

(1) [1]Film- und Spielplattformen sind Diensteanbieter, die Filme oder Spielprogramme in einem Gesamtangebot zusammenfassen und mit Gewinnerzielungsabsicht als eigene Inhalte zum individuellen Abruf zu einem von den Nutzerinnen und Nutzern gewählten Zeitpunkt bereithalten. [2]Film- und Spielplattformen nach Satz 1 dürfen einen Film oder ein Spielprogramm nur bereithalten, wenn sie gemäß den Altersstufen des § 14 Absatz 2 mit einer entsprechenden deutlich wahrnehmbaren Kennzeichnung versehen sind, die

    1.   im Rahmen des Verfahrens des § 14 Absatz 6 oder

2. durch eine nach § 19 des Jugendmedienschutz-Staatsvertrages anerkannte Einrichtung der freiwilligen Selbstkontrolle oder durch einen von einer Einrichtung der freiwilligen Selbstkontrolle zer-
tifizierten Jugendschutzbeauftragten nach § 7 des Jugendmedienschutz-Staatsvertrages oder,

3. wenn keine Kennzeichnung im Sinne der Nummer 1 oder 2 gegeben ist, durch ein von den obersten Landesbehörden anerkanntes automatisiertes Bewertungssystem einer im Rahmen einer Vereinbarung nach § 14 Absatz 6 tätigen Einrichtung der freiwilligen Selbstkontrolle

vorgenommen wurde. [3]Die §§ 10b und 14 Absatz 2a gelten entsprechend.

(2) [1]Der Diensteanbieter ist von der Pflicht nach Absatz 1 Satz 2 befreit, wenn die Film- oder Spielplattform
im Inland nachweislich weniger als eine Million Nutzerinnen und Nutzer hat. [2]Die Pflicht besteht zudem bei
Filmen und Spielprogrammen nicht, bei denen sichergestellt ist, dass sie ausschließlich Erwachsenen zugänglich gemacht werden.

(3) [1]Die Vorschrift findet auch auf Diensteanbieter Anwendung, deren Sitzland nicht Deutschland ist. [2]Die
§§ 2 und 3 des Digitale-Dienste-Gesetzes bleiben unberührt.

[…]

§ 18 Liste jugendgefährdender Medien

(1) [1]<u>Medien, die geeignet sind</u>, die <u>Entwicklung von Kindern oder Jugendlichen</u> oder ihre <u>Erziehung zu einer
eigenverantwortlichen und gemeinschaftsfähigen Persönlichkeit</u> zu <u>gefährden</u>, sind von der Bundeszentrale
nach Entscheidung der Prüfstelle für jugendgefährdende Medien in eine Liste (Liste jugendgefährdender Medien) aufzunehmen. [2]Dazu zählen vor allem unsittliche, verrohend wirkende, zu Gewalttätigkeit, Verbrechen
oder Rassenhass anreizende Medien sowie Medien, in denen

1. Gewalthandlungen wie Mord- und Metzelszenen selbstzweckhaft und detailliert dargestellt werden oder

2. Selbstjustiz als einzig bewährtes Mittel zur Durchsetzung der vermeintlichen Gerechtigkeit nahe
gelegt wird.

(2) (weggefallen)

(3) Ein Medium darf nicht in die Liste aufgenommen werden

1. allein wegen seines politischen, sozialen, religiösen oder weltanschaulichen Inhalts,

2. wenn es der Kunst oder der Wissenschaft, der Forschung oder der Lehre dient,

3. wenn es im öffentlichen Interesse liegt, es sei denn, dass die Art der Darstellung zu beanstanden
ist.

(4) In Fällen von geringer Bedeutung kann davon abgesehen werden, ein Medium in die Liste aufzunehmen.

(5) [1]Medien sind in die Liste aufzunehmen, wenn ein Gericht in einer rechtskräftigen Entscheidung festgestellt hat, dass das Medium einen der in § 86, § 130, § 130a, § 131, § 184, § 184a, 184b oder § 184c des
Strafgesetzbuches bezeichneten Inhalte hat. [2]§ 21 Absatz 5 Nummer 2 bleibt unberührt.

(5a) Erlangt die Prüfstelle für jugendgefährdende Medien davon Kenntnis, dass eine den Listeneintrag auslösende Entscheidung nach Absatz 5 Satz 1 aufgehoben wurde, hat sie unverzüglich von Amts wegen zu prüfen, ob die Voraussetzungen für den Verbleib des Mediums in der Liste weiterhin vorliegen.

(6) [1]Die Prüfstelle für jugendgefährdende Medien schätzt in ihren Entscheidungen ein, ob ein Medium einen der in den §§ 86, 130, 130a, 131, 184, 184a, 184b oder 184c des Strafgesetzbuches genannten Inhalte hat. [2]Im Bejahungsfall hat sie ihre auch insoweit begründete Entscheidung der zuständigen Strafverfolgungsbehörde zuzuleiten.

(7) [1]Medien sind aus der Liste zu streichen, wenn die Voraussetzungen für eine Aufnahme nicht mehr vorliegen. [2]Nach Ablauf von 25 Jahren verliert eine Aufnahme in die Liste ihre Wirkung.

(8) [1]Auf Filme und Spielprogramme, die nach § 14 Abs. 2 Nr. 1 bis 5, auch in Verbindung mit § 14 Absatz 9 gekennzeichnet sind, findet Absatz 1 keine Anwendung. [2]Absatz 1 ist außerdem nicht anzuwenden, wenn die zentrale Aufsichtsstelle der Länder für den Jugendmedienschutz über den digitalen Dienst zuvor eine Entscheidung dahin gehend getroffen hat, dass die Voraussetzungen für die Aufnahme in die Liste jugendgefährdender Medien nach Absatz 1 nicht vorliegen. [3]Hat eine anerkannte Einrichtung der Selbstkontrolle den digitalen Dienst zuvor bewertet, so findet Absatz 1 nur dann Anwendung, wenn die zentrale Aufsichtsstelle der Länder für den Jugendmedienschutz die Voraussetzungen für die Aufnahme in die Liste jugendgefährdender Medien nach Absatz 1 für gegeben hält oder eine Entscheidung der zentralen Aufsichtsstelle der Länder für den Jugendmedienschutz nicht vorliegt.

[…]

Jugendmedienschutz-Staatsvertrag (JMStV)

Staatsvertrag über den Schutz der Menschenwürde und den Jugendschutz in Rundfunk und Telemedien (JMStV)
m.W.v. 01.10.2024
– Nichtamtliche Fassung (Auszug) –

I. Abschnitt
Allgemeine Vorschriften

§ 1 Zweck des Staatsvertrages

Zweck des Staatsvertrages ist der einheitliche Schutz der Kinder und Jugendlichen vor Angeboten in elektronischen Informations- und Kommunikationsmedien, die deren Entwicklung oder Erziehung beeinträchtigen oder gefährden, sowie der Schutz vor solchen Angeboten in elektronischen Informations- und Kommunikationsmedien, die die Menschenwürde oder sonstige durch das Strafgesetzbuch geschützte Rechtsgüter verletzen.

§ 2 Geltungsbereich

(1) [1]Dieser Staatsvertrag gilt für Rundfunk und Telemedien im Sinne des Medienstaatsvertrages. [2]Die Vorschriften dieses Staatsvertrages gelten auch für Anbieter, die ihren Sitz nach den Vorschriften des Digitale-Dienste-Gesetze sowie des Medienstaatsvertrages nicht in Deutschland haben, soweit die Angebote zur Nutzung in Deutschland bestimmt sind und unter Beachtung der Vorgaben der Artikel 3 und 4 der Richtlinie 2010/13/EU des Europäischen Parlaments und des Rates vom 10. März 2010 zur Koordinierung bestimmter Rechts- und Verwaltungsvorschriften der Mitgliedstaaten über die Bereitstellung audiovisueller Mediendienste (Richtlinie über audiovisuelle Mediendienste) (ABl. L 95 vom 15. April 2010, S. 1), die durch die Richtlinie 2018/1808/EU (ABl. L 303 vom 28. November 2018, S. 69) geändert wurde, sowie des Artikels 3 der Richtlinie 2000/31/EG des Europäischen Parlaments und des Rates vom 8. Juni 2000 über bestimmte rechtliche Aspekte der Dienste der Informationsgesellschaft, insbesondere des elektronischen Geschäftsverkehrs, im Binnenmarkt (Richtlinie über den elektronischen Geschäftsverkehr) (ABl. L 178 vom 17. Juli 2000, S. 1). [3]Von der Bestimmung zur Nutzung in Deutschland ist auszugehen, wenn sich die Angebote in der Gesamtschau, insbesondere durch die verwendete Sprache, die angebotenen Inhalte oder Marketingaktivitäten, an Nutzer in Deutschland richten oder in Deutschland einen nicht unwesentlichen Teil ihrer Refinanzierung erzielen. [4]Im Anwendungsbereich der Richtlinie 2010/13/EU gilt dieser Staatsvertrag für Anbieter von Video-Sharing-Diensten, wenn sie nach den Vorschriften des Telemediengesetzes in Deutschland niedergelassen sind; im Übrigen gelten die Sätze 1 bis 3.

(2) Für Vermittlungsdienste im Sinne des Artikels 3 Buchst. g der Verordnung (EU) 2022/2065 des Europäischen Parlaments und des Rates vom 19. Oktober 2022 über einen Binnenmarkt für digitale Dienste und zur

Änderung der Richtlinie 2000/31/EG (Gesetz über digitale Dienste) (ABl. L 277 vom 27.10.2022, S. 1, L 310 vom 1.12.2022, S. 17) gilt dieser Staatsvertrag, soweit nicht die Verordnung (EU) 2022/2065 Anwendung findet.

(3) Das Digitale-Dienste-Gesetz und die für Telemedien anwendbaren Bestimmungen des Medienstaatsvertrages bleiben unberührt.

§ 3 Begriffsbestimmungen

Im Sinne dieses Staatsvertrages ist

1. <u>Angebot</u> eine Sendung oder der Inhalt von Telemedien,
2. <u>Anbieter</u> Rundfunkveranstalter oder Anbieter von Telemedien,
3. <u>Kind</u>, wer noch nicht 14 Jahre alt ist,
4. <u>Jugendlicher</u>, wer 14 Jahre, aber noch nicht 18 Jahre alt ist.

§ 4 Unzulässige Angebote

(1) [1]Unbeschadet strafrechtlicher Verantwortlichkeit sind <u>Angebote unzulässig, wenn</u> sie

1. Propagandamittel im Sinne des § 86 des Strafgesetzbuches darstellen, deren Inhalt gegen die freiheitliche demokratische Grundordnung oder den Gedanken der Völkerverständigung gerichtet ist,
2. Kennzeichen verfassungswidriger Organisationen im Sinne des § 86a des Strafgesetzbuches verwenden,
3. zum Hass gegen Teile der Bevölkerung oder gegen eine nationale, rassische, religiöse oder durch ihr Volkstum bestimmte Gruppe aufstacheln, zu Gewalt- oder Willkürmaßnahmen gegen sie auffordern oder die Menschenwürde anderer dadurch angreifen, dass Teile der Bevölkerung oder eine vorbezeichnete Gruppe beschimpft, böswillig verächtlich gemacht oder verleumdet werden,
4. eine unter der Herrschaft des Nationalsozialismus begangene Handlung der in § 6 Abs. 1 des Völkerstrafgesetzbuches bezeichneten Art in einer Weise, die geeignet ist, den öffentlichen Frieden zu stören, leugnen oder verharmlosen, oder den öffentlichen Frieden in einer die Würde der Opfer verletzenden Weise dadurch stören, dass die nationalsozialistische Gewalt- und Willkürherrschaft gebilligt, verherrlicht oder gerechtfertigt wird,
5. grausame oder sonst unmenschliche Gewalttätigkeiten gegen Menschen in einer Art schildern, die eine Verherrlichung oder Verharmlosung solcher Gewalttätigkeiten ausdrückt oder die das Grausame oder Unmenschliche des Vorgangs in einer die Menschenwürde verletzenden Weise darstellt; dies gilt auch bei virtuellen Darstellungen,
6. als Anleitung zu einer in § 126 Abs. 1 des Strafgesetzbuches genannten rechtswidrigen Tat dienen,
7. den Krieg verherrlichen,
8. gegen die Menschenwürde verstoßen, insbesondere durch die Darstellung von Menschen, die sterben oder schweren körperlichen oder seelischen Leiden ausgesetzt sind oder waren, wobei

ein tatsächliches Geschehen wiedergegeben wird, ohne dass ein berechtigtes Interesse gerade für diese Form der Darstellung oder Berichterstattung vorliegt; eine Einwilligung ist unbeachtlich,

9.   Kinder oder Jugendliche in unnatürlich geschlechtsbetonter Körperhaltung darstellen; dies gilt auch bei virtuellen Darstellungen,

10. kinderpornografisch im Sinne des § 184b Abs. 1 des Strafgesetzbuches oder jugendpornografisch im Sinne des § 184c Abs. 1 des Strafgesetzbuches sind oder pornografisch sind und Gewalttätigkeiten oder sexuelle Handlungen von Menschen mit Tieren zum Gegenstand haben; dies gilt auch bei virtuellen Darstellungen, oder

11. in die Liste jugendgefährdender Medien nach § 18 Abs. 1 des Jugendschutzgesetzes aufgenommen sind und eine Feststellung nach § 18 Abs. 5 des Jugendschutzgesetzes oder eine bejahende Einschätzung nach § 18 Abs. 6 des Jugendschutzgesetzes erfolgt ist oder sie mit einem in diese Liste aufgenommenen Werk, für das eine Feststellung nach § 18 Abs. 5 des Jugendschutzgesetzes oder eine bejahende Einschätzung nach § 18 Abs. 6 des Jugendschutzgesetzes erfolgt ist, ganz oder im Wesentlichen inhaltsgleich sind.

[2]In den Fällen der Nummern 1 bis 4 und 6 gilt § 86 Abs. 3 des Strafgesetzbuches, im Falle der Nummer 5 § 131 Abs. 2 des Strafgesetzbuches entsprechend.

(2) [1]Unbeschadet strafrechtlicher Verantwortlichkeit sind Angebote ferner unzulässig, wenn sie

1.   in sonstiger Weise pornografisch sind,

2.   in die Liste jugendgefährdender Medien nach § 18 Abs. 1 des Jugendschutzgesetzes aufgenommen sind, ohne dass eine Feststellung nach § 18 Abs. 5 des Jugendschutzgesetzes oder eine bejahende Einschätzung nach § 18 Abs. 6 des Jugendschutzgesetzes erfolgt ist oder sie mit einem in diese Liste aufgenommenen Werk, für das keine Feststellung nach § 18 Abs. 5 des Jugendschutzgesetzes oder bejahende Einschätzung nach § 18 Abs. 6 des Jugendschutzgesetzes erfolgt ist, ganz oder im Wesentlichen inhaltsgleich sind, oder

3.   offensichtlich geeignet sind, die Entwicklung von Kindern und Jugendlichen oder ihre Erziehung zu einer eigenverantwortlichen und gemeinschaftsfähigen Persönlichkeit unter Berücksichtigung der besonderen Wirkungsform des Verbreitungsmediums schwer zu gefährden.

[2]In Telemedien sind Angebote abweichend von Satz 1 zulässig, wenn von Seiten des Anbieters sichergestellt ist, dass sie nur Erwachsenen zugänglich gemacht werden (geschlossene Benutzergruppe).

[...]

§ 5a Video-Sharing-Dienste

(1) Unbeschadet der Verpflichtungen nach den §§ 4 und 5 treffen Anbieter von Video-Sharing-Diensten angemessene Maßnahmen, um Kinder und Jugendliche vor entwicklungsbeeinträchtigenden Angeboten zu schützen.

(2) [1]Als Maßnahmen im Sinne des Absatzes 1 kommen insbesondere in Betracht:

1.   die Einrichtung und der Betrieb von Systemen zur Altersverifikation,

2. die Einrichtung und der Betrieb von Systemen, durch die Eltern den Zugang zu entwicklungsbe-einträchtigenden Angeboten kontrollieren können.

²Anbieter von Video-Sharing-Diensten richten Systeme ein, mit denen Nutzer die von ihnen hochgeladenen Angebote bewerten können und die von den Systemen nach Satz 1 ausgelesen werden können.

[...]

§ 6 Jugendschutz in der Werbung und im Teleshopping

(1) ¹Werbung für indizierte Angebote ist nur unter den Bedingungen zulässig, die auch für die Verbreitung des Angebotes selbst gelten. ²Gleiches gilt für Werbung für Angebote nach § 4 Abs. 1. ³Die Liste der jugend-gefährdenden Medien (§ 18 des Jugendschutzgesetzes) darf nicht zum Zwecke der Werbung verbreitet oder zugänglich gemacht werden. ⁴Bei Werbung darf nicht darauf hingewiesen werden, dass ein Verfahren zur Aufnahme eines Angebotes oder eines inhaltsgleichen Trägermediums in die Liste nach § 18 des Jugend-schutzgesetzes anhängig ist oder gewesen ist.

(2) Werbung darf Kinder und Jugendliche weder körperlich noch seelisch beeinträchtigen, darüber hinaus darf sie nicht

1. direkte Aufrufe zum Kaufen oder Mieten von Waren oder Dienstleistungen an Kinder oder Ju-gendliche enthalten, die deren Unerfahrenheit und Leichtgläubigkeit ausnutzen,

2. Kinder oder Jugendliche unmittelbar auffordern, ihre Eltern oder Dritte zum Kauf der beworbenen Waren oder Dienstleistungen zu bewegen,

3. das besondere Vertrauen ausnutzen, das Kinder oder Jugendliche zu Eltern, Lehrern und ande-ren Personen haben, oder

4. Kinder oder Jugendliche ohne berechtigten Grund in gefährlichen Situationen zeigen.

(3) Werbung, deren Inhalt geeignet ist, die Entwicklung von Kindern oder Jugendlichen zu einer eigenverant-wortlichen und gemeinschaftsfähigen Persönlichkeit zu beeinträchtigen, muss getrennt von Angeboten erfol-gen, die sich an Kinder oder Jugendliche richten.

(4) Werbung, die sich auch an Kinder oder Jugendliche richtet oder bei der Kinder oder Jugendliche als Dar-steller eingesetzt werden, darf nicht den Interessen von Kindern oder Jugendlichen schaden oder deren Uner-fahrenheit ausnutzen.

(5) Werbung für alkoholische Getränke darf sich weder an Kinder oder Jugendliche richten noch durch die Art der Darstellung Kinder und Jugendliche besonders ansprechen oder diese beim Alkoholgenuss darstellen.

(6) Teleshopping darf darüber hinaus Kinder oder Jugendliche nicht dazu anhalten, Kauf- oder Miet- bzw. Pachtverträge für Waren oder Dienstleistungen zu schließen.

(7) Die Anbieter treffen geeignete Maßnahmen, um die Einwirkung von im Umfeld von Kindersendungen verbreiteter Werbung für Lebensmittel, die Nährstoffe und Substanzen mit ernährungsbezogener oder physio-logischer Wirkung enthalten, insbesondere Fett, Transfettsäuren, Salz, Natrium, Zucker, deren übermäßige Aufnahme im Rahmen der Gesamternährung nicht empfohlen wird, auf Kinder wirkungsvoll zu verringern.

[...]

Markengesetz (MarkenG)

Gesetz über den Schutz von Marken und sonstigen Kennzeichen (Markengesetz)
Zuletzt geändert durch Art. 1 Verordnung vom 24.06.2024 (BGBl. 2024 I Nr. 215) m.W.v. 28.06.2024
– Nichtamtliche Fassung (Auszug) –

Teil 6
Geographische Herkunftsangaben

Abschnitt 1
Schutz geographischer Herkunftsangaben

§ 126 Als geographische Herkunftsangaben geschützte Namen, Angaben oder Zeichen

(1) Geographische Herkunftsangaben im Sinne dieses Gesetzes sind die Namen von Orten, Gegenden, Gebieten oder Ländern sowie sonstige Angaben oder Zeichen, die im geschäftlichen Verkehr zur Kennzeichnung der geographischen Herkunft von Waren oder Dienstleistungen benutzt werden.

(2) [1]Dem Schutz als geographische Herkunftsangaben sind solche Namen, Angaben oder Zeichen im Sinne des Absatzes 1 nicht zugänglich, bei denen es sich um Gattungsbezeichnungen handelt. [2]Als Gattungsbezeichnungen sind solche Bezeichnungen anzusehen, die zwar eine Angabe über die geographische Herkunft im Sinne des Absatzes 1 enthalten oder von einer solchen Angabe abgeleitet sind, die jedoch ihre ursprüngliche Bedeutung verloren haben und als Namen von Waren oder Dienstleistungen oder als Bezeichnungen oder Angaben der Art, der Beschaffenheit, der Sorte oder sonstiger Eigenschaften oder Merkmale von Waren oder Dienstleistungen dienen.

§ 127 Schutzinhalt

(1) Geographische Herkunftsangaben dürfen im geschäftlichen Verkehr nicht für Waren oder Dienstleistungen benutzt werden, die nicht aus dem Ort, der Gegend, dem Gebiet oder dem Land stammen, das durch die geographische Herkunftsangabe bezeichnet wird, wenn bei der Benutzung solcher Namen, Angaben oder Zeichen für Waren oder Dienstleistungen anderer Herkunft eine Gefahr der Irreführung über die geographische Herkunft besteht.

(2) Haben die durch eine geographische Herkunftsangabe gekennzeichneten Waren oder Dienstleistungen besondere Eigenschaften oder eine besondere Qualität, so darf die geographische Herkunftsangabe im geschäftlichen Verkehr für die entsprechenden Waren oder Dienstleistungen dieser Herkunft nur benutzt werden, wenn die Waren oder Dienstleistungen diese Eigenschaften oder diese Qualität aufweisen.

(3) Genießt eine geographische Herkunftsangabe einen besonderen Ruf, so darf sie im geschäftlichen Verkehr für Waren oder Dienstleistungen anderer Herkunft auch dann nicht benutzt werden, wenn eine Gefahr der Irreführung über die geographische Herkunft nicht besteht, sofern die Benutzung für Waren oder Dienstleistungen anderer Herkunft geeignet ist, den Ruf der geographischen Herkunftsangabe oder ihre Unterscheidungskraft ohne rechtfertigenden Grund in unlauterer Weise auszunutzen oder zu beeinträchtigen.

(4) Die vorstehenden Absätze finden auch dann Anwendung, wenn Namen, Angaben oder Zeichen benutzt werden, die der geschützten geographischen Herkunftsangabe ähnlich sind oder wenn die geographische Herkunftsangabe mit Zusätzen benutzt wird, sofern

1. in den Fällen des Absatzes 1 trotz der Abweichung oder der Zusätze eine Gefahr der Irreführung über die geographische Herkunft besteht oder

2. in den Fällen des Absatzes 3 trotz der Abweichung oder der Zusätze die Eignung zur unlauteren Ausnutzung oder Beeinträchtigung des Rufs oder der Unterscheidungskraft der geographischen Herkunftsangabe besteht.

§ 128 Ansprüche wegen Verletzung

(1) [1]Wer im geschäftlichen Verkehr Namen, Angaben oder Zeichen entgegen § 127 benutzt, kann von den nach § 8 Abs. 3 des Gesetzes gegen den unlauteren Wettbewerb zur Geltendmachung von Ansprüchen Berechtigten bei Wiederholungsgefahr auf Unterlassung in Anspruch genommen werden. [2]Der Anspruch besteht auch dann, wenn eine Zuwiderhandlung droht. [3]Die §§ 18, 19, 19a und 19c gelten entsprechend.

(2) [1]Wer dem § 127 vorsätzlich oder fahrlässig zuwiderhandelt, ist dem berechtigten Nutzer der geographischen Herkunftsangabe zum Ersatz des durch die Zuwiderhandlung entstandenen Schadens verpflichtet. [2]Bei der Bemessung des Schadensersatzes kann auch der Gewinn, den der Verletzer durch die Verletzung des Rechts erzielt hat, berücksichtigt werden. [3]§ 19b gilt entsprechend.

(3) § 14 Abs. 7 und § 19d gelten entsprechend.

§ 129 Verjährung

Ansprüche nach § 128 verjähren gemäß § 20*.

Abschnitt 2
Schutz von geographischen Angaben und Ursprungsbezeichnungen
gemäß der Verordnung (EU) Nr. 1151/2012

§ 130 Verfahren vor dem Deutschen Patent- und Markenamt; nationales Einspruchsverfahren

(1) Anträge auf Eintragung einer geographischen Angabe oder einer Ursprungsbezeichnung in das Register der geschützten Ursprungsbezeichnungen und der geschützten geographischen Angaben, das von der Europäischen Kommission nach Artikel 22 Absatz 1 in Verbindung mit Artikel 5 Absatz 1 Unterabsatz 1 Buchstabe c der Verordnung (EU) 2024/1143 des Europäischen Parlaments und des Rates vom 11. April 2024 über geografische Angaben für Wein, Spirituosen und landwirtschaftliche Erzeugnisse und über garantiert traditionelle Spezialitäten und fakultative Qualitätsangaben für landwirtschaftliche Erzeugnisse sowie zur Änderung der Verordnungen (EU) Nr. 1308/2013, (EU) 2019/787 und (EU) 2019/1753 und zur Aufhebung der Verordnung (EU) Nr. 1151/2012 (ABl. L, 2024/1143, 23.4.2024) in ihrer jeweils geltenden Fassung geführt wird, sind beim Deutschen Patent- und Markenamt einzureichen.

(2) Für die in diesem Abschnitt geregelten Verfahren sind die im Deutschen Patent- und Markenamt errichteten Markenabteilungen zuständig.

(3) Bei der Prüfung des Antrags holt das Deutsche Patent- und Markenamt die Stellungnahmen des Bundesministeriums für Ernährung und Landwirtschaft, der zuständigen Fachministerien der betroffenen Länder, der interessierten öffentlichen Körperschaften sowie der interessierten Verbände und Organisationen der Wirtschaft ein.

(4) [1]Das Deutsche Patent- und Markenamt veröffentlicht den Antrag. [2]Gegen den Antrag kann innerhalb von zwei Monaten seit Veröffentlichung von jeder Person mit einem berechtigten Interesse, die im Gebiet der Bundesrepublik Deutschland niedergelassen oder ansässig ist, beim Deutschen Patent- und Markenamt Einspruch eingelegt werden.

(5) [1]Entspricht der Antrag den Anforderungen der Verordnung (EU) 2024/1143 und den zu ihrer Durchführung erlassenen Vorschriften, stellt das Deutsche Patent- und Markenamt dies durch Beschluss fest. Andernfalls wird der Antrag durch Beschluss zurückgewiesen. [2]Das Deutsche Patent- und Markenamt veröffentlicht den stattgebenden Beschluss. [3]Kommt es zu wesentlichen Änderungen der nach Absatz 4 veröffentlichten Angaben, so werden diese zusammen mit dem stattgebenden Beschluss veröffentlicht. [4]Der Beschluss nach Satz 1 und nach Satz 2 ist dem Antragsteller und denjenigen zuzustellen, die fristgemäß Einspruch eingelegt haben.

(6) [1]Steht rechtskräftig fest, dass der Antrag den Anforderungen der Verordnung (EU) 2024/1143 und den zu ihrer Durchführung erlassenen Vorschriften entspricht, so unterrichtet das Deutsche Patent- und

---

* vgl. Vorschriften des Buch 1 Abschn. 5 des BGB (§§ 194 – 202 BGB); § 852 BGB

Markenamt den Antragsteller hierüber und übermittelt den Antrag mit den erforderlichen Unterlagen dem Bundesministerium der Justiz und für Verbraucherschutz. [2]Ferner veröffentlicht das Deutsche Patent- und Markenamt die Fassung der Spezifikation, auf die sich die positive Entscheidung bezieht. [3]Das Bundesministerium der Justiz und für Verbraucherschutz übermittelt den Antrag mit den erforderlichen Unterlagen an die Europäische Kommission.

(7) Sofern die Spezifikation im Eintragungsverfahren bei der Europäischen Kommission geändert worden ist, veröffentlicht das Deutsche Patent- und Markenamt die der Eintragung zugrunde liegende Fassung der Spezifikation.

§ 131 Zwischenstaatliches Einspruchsverfahren

(1) Einsprüche nach Artikel 17 Absatz 2 der Verordnung (EU) 2024/1143 gegen die beabsichtigte Eintragung von geographischen Angaben oder Ursprungsbezeichnungen in das von der Europäischen Kommission geführte Register der geschützten Ursprungsbezeichnungen und der geschützten geographischen Angaben sind beim Deutschen Patent- und Markenamt innerhalb von zwei Monaten ab der Veröffentlichung einzulegen, die im Amtsblatt der Europäischen Union nach Artikel 15 Absatz 4 der Verordnung (EU) 2024/1143 vorgenommen wird.

(2) [1]Die Zahlungsfrist für die Einspruchsgebühr richtet sich nach § 6 Abs. 1 Satz 1 des Patentkostengesetzes. [2]Eine Wiedereinsetzung in die Einspruchsfrist und in die Frist zur Zahlung der Einspruchsgebühr ist nicht gegeben.

§ 132 Antrag auf Änderung der Spezifikation, Löschungsverfahren

(1) Für Anträge auf Änderung der Spezifikation einer geschützten geographischen Angabe oder einer geschützten Ursprungsbezeichnung nach Artikel 24 Absatz 2 der Verordnung (EU) 2024/1143 gelten die §§ 130 und 131 entsprechend.

(2) Für Anträge auf Löschung einer geschützten geographischen Angabe oder einer geschützten Ursprungsbezeichnung nach Artikel 25 Absatz 1 und 2 der Verordnung (EU) 2024/1143 gelten die §§ 130 und 131 entsprechend.

§ 133 Rechtsmittel

[1]Gegen Entscheidungen, die das Deutsche Patent- und Markenamt nach den Vorschriften dieses Abschnitts trifft, findet die Beschwerde zum Bundespatentgericht und die Rechtsbeschwerde zum Bundesgerichtshof statt. [2]Gegen eine Entscheidung nach § 130 Abs. 5 Satz 1 steht die Beschwerde denjenigen Personen zu, die gegen den Antrag fristgerecht Einspruch eingelegt haben oder die durch den stattgebenden Beschluss auf Grund der nach § 130 Abs. 5 Satz 4 veröffentlichten geänderten Angaben in ihrem berechtigten Interesse betroffen sind. [3]Im Übrigen sind die Vorschriften dieses Gesetzes über das Beschwerdeverfahren vor dem Bundespatentgericht (§§ 66 bis 82) und über das Rechtsbeschwerdeverfahren vor dem Bundesgerichtshof (§§ 83 bis 90) entsprechend anzuwenden.

§ 134 Überwachung

(1) Die nach der Verordnung (EU) 2024/1143 und den zu ihrer Durchführung erlassenen Vorschriften erforderliche Überwachung und Kontrolle obliegt den nach Landesrecht zuständigen Stellen.

(2) [1]Soweit es zur Überwachung und Kontrolle im Sinn des Absatzes 1 erforderlich ist, können die Beauftragten der zuständigen Stellen bei Betrieben, die Agrarerzeugnisse oder Lebensmittel in Verkehr bringen oder herstellen (§ 3 Absatz 1 Nummer 1 des Lebensmittel- und Futtermittelgesetzbuchs) oder innergemeinschaftlich verbringen, einführen oder ausführen, während der Geschäfts- oder Betriebszeit

1. Geschäftsräume und Grundstücke, Verkaufseinrichtungen und Transportmittel betreten und dort Besichtigungen vornehmen,
2. Proben gegen Empfangsbescheinigung entnehmen; auf Verlangen des Betroffenen ist ein Teil der Probe oder, falls diese unteilbar ist, eine zweite Probe amtlich verschlossen und versiegelt zurückzulassen,
3. Geschäftsunterlagen einsehen und prüfen,
4. Auskunft verlangen.

[2]Diese Befugnisse erstrecken sich auch auf Agrarerzeugnisse oder Lebensmittel, die an öffentlichen Orten, insbesondere auf Märkten, Plätzen, Straßen oder im Umherziehen in den Verkehr gebracht werden.

(3) Inhaber oder Leiter der Betriebe sind verpflichtet, das Betreten der Geschäftsräume und Grundstücke, Verkaufseinrichtungen und Transportmittel sowie die dort vorzunehmenden Besichtigungen zu gestatten, die zu besichtigenden Agrarerzeugnisse oder Lebensmittel selbst oder durch andere so darzulegen, dass die Besichtigung ordnungsgemäß vorgenommen werden kann, selbst oder durch andere die erforderliche Hilfe bei Besichtigungen zu leisten, die Proben entnehmen zu lassen, die geschäftlichen Unterlagen vorzulegen, prüfen zu lassen und Auskünfte zu erteilen.

(4) Erfolgt die Überwachung bei der Einfuhr oder bei der Ausfuhr, so gelten die Absätze 2 und 3 entsprechend auch für denjenigen, der die Agrarerzeugnisse oder Lebensmittel für den Betriebsinhaber innergemeinschaftlich verbringt, einführt oder ausführt.

(5) Der zur Erteilung einer Auskunft Verpflichtete kann die Auskunft auf solche Fragen verweigern, deren Beantwortung ihn selbst oder einen der in § 383 Abs. 1 Nr. 1 bis 3 der Zivilprozessordnung bezeichneten Angehörigen der Gefahr strafrechtlicher Verfolgung oder eines Verfahrens nach dem Gesetz über Ordnungswidrigkeiten aussetzen würde.

(6) [1]Für Amtshandlungen, die nach Artikel 39 Absatz 3 der Verordnung (EU) 2024/1143 zu Kontrollzwecken vorzunehmen sind, werden kostendeckende Gebühren und Auslagen erhoben. [2]Die kostenpflichtigen Tatbestände werden durch das Landesrecht bestimmt.

§ 135 Ansprüche wegen Verletzung

(1) [1]Wer im geschäftlichen Verkehr Handlungen vornimmt, die <u>gegen Artikel 26 der Verordnung (EU) 2024/1143 verstoßen</u>, kann bei Wiederholungsgefahr auf Unterlassung in Anspruch genommen werden. [2]Der Anspruch besteht auch dann, wenn eine Zuwiderhandlung erstmalig droht. [3]Die Ansprüche nach Satz 1 stehen zu

1. den nach § 8 Absatz 3 des Gesetzes gegen den unlauteren Wettbewerb zur Geltendmachung von Ansprüchen Berechtigten,

2. Vereinigungen im Sinne des Artikels 32 der Verordnung (EU) 2024/1143,

3. anerkannten Erzeugerorganisationen, anerkannten Vereinigungen von Erzeugerorganisationen und anerkannten Branchenverbänden im Sinne der Verordnung (EU) Nr. 1308/2013 des Europäischen Parlaments und des Rates vom 17. Dezember 2013 über eine gemeinsame Marktorganisation für landwirtschaftliche Erzeugnisse und zur Aufhebung der Verordnungen (EWG) Nr. 922/72, (EWG) Nr. 234/79, (EG) Nr. 1037/2001 und (EG) Nr. 1234/2007 (ABl. L 347 vom 20.12.2013, S. 671; L 189 vom 27.6.2014, S. 261; L 130 vom 19.5.2016, S. 18; L 34 vom 9.2.2017, S. 41; L 106 vom 6.4.2020, S. 12), die zuletzt durch die Verordnung (EU) 2024/1143 geändert worden ist, in ihrer jeweils geltenden Fassung, wenn deren Zielsetzung auch den Schutz gegen Verstöße nach Artikel 26 der Verordnung (EU) 2024/1143 umfasst.

[4]Die §§ 18, 19, 19a und 19c gelten entsprechend.

(2) § 128 Abs. 2 und 3 gilt entsprechend.

§ 136 Verjährung

Die Ansprüche nach § 135 verjähren nach § 20[*].

Abschnitt 3

Ermächtigungen zum Erlaß von Rechtsverordnungen

§ 137 Nähere Bestimmungen zum Schutz einzelner geographischer Herkunftsangaben

(1) Das Bundesministerium der Justiz und für Verbraucherschutz wird ermächtigt, im Einvernehmen mit den Bundesministerien für Wirtschaft und Energie und für Ernährung und Landwirtschaft durch Rechtsverordnung mit Zustimmung des Bundesrates nähere Bestimmungen über einzelne geographische Herkunftsangaben zu treffen.

(2) [1]In der Rechtsverordnung können

1. durch Bezugnahme auf politische oder geographische Grenzen das Herkunftsgebiet,

2. die Qualität oder sonstige Eigenschaften im Sinne des § 127 Abs. 2 sowie die dafür maßgeblichen Umstände, wie insbesondere Verfahren oder Art und Weise der Erzeugung oder Herstellung der Waren oder der Erbringung der Dienstleistungen oder Qualität oder sonstige Eigenschaften der verwendeten Ausgangsmaterialien wie deren Herkunft, und

3. die Art und Weise der Verwendung der geographischen Herkunftsangabe

geregelt werden. [2]Bei der Regelung sind die bisherigen lauteren Praktiken, Gewohnheiten und Gebräuche bei der Verwendung der geographischen Herkunftsangabe zu berücksichtigen.

---

[*] vgl. Vorschriften des Buch 1 Abschn. 5 des BGB (§§ 194 – 202 BGB); § 852 BGB

§ 138 Sonstige Vorschriften für das Verfahren bei Anträgen und Einsprüchen nach der Verordnung (EU) 2024/1143

(1) Das Bundesministerium der Justiz und für Verbraucherschutz wird ermächtigt, durch Rechtsverordnung ohne Zustimmung des Bundesrates nähere Bestimmungen über das Antrags-, Einspruchs-, Änderungs- und Löschungsverfahren (§§ 130 bis 132) zu treffen.

(2) Das Bundesministerium der Justiz und für Verbraucherschutz kann die Ermächtigung zum Erlass von Rechtsverordnungen nach Absatz 1 durch Rechtsverordnung ohne Zustimmung des Bundesrates ganz oder teilweise auf das Deutsche Patent- und Markenamt übertragen.

§ 139 Durchführungsbestimmungen zur Verordnung (EU) 2024/1143; Verordnungsermächtigung

(1) [1]Das Bundesministerium der Justiz und für Verbraucherschutz wird ermächtigt, im Einvernehmen mit dem Bundesministerium für Wirtschaft und Energie und dem Bundesministerium für Ernährung und Landwirtschaft durch Rechtsverordnung mit Zustimmung des Bundesrates weitere Einzelheiten des Schutzes von Ursprungsbezeichnungen und geographischen Angaben nach der Verordnung (EU) 2024/1143 zu regeln, soweit sich das Erfordernis hierfür aus der Verordnung (EU) 2024/1143 oder den zu ihrer Durchführung erlassenen Vorschriften des Rates oder der Europäischen Kommission ergibt. [2]In Rechtsverordnungen nach Satz 1 können insbesondere Vorschriften über

1. die Kennzeichnung der Agrarerzeugnisse oder Lebensmittel,
2. die Berechtigung zum Verwenden der geschützten Bezeichnungen oder
3. die Voraussetzungen und das Verfahren bei der Überwachung oder Kontrolle beim innergemeinschaftlichen Verbringen oder bei der Einfuhr oder Ausfuhr

erlassen werden. [3]Rechtsverordnungen nach Satz 1 können auch erlassen werden, wenn die Mitgliedstaaten nach den dort genannten gemeinschaftsrechtlichen Vorschriften befugt sind, ergänzende Vorschriften zu erlassen.

(2) [1]Die Landesregierungen werden ermächtigt, durch Rechtsverordnung die Durchführung der nach Artikel 39 Absatz 3 der Verordnung (EU) 2024/1143 erforderlichen Kontrollen zugelassenen privaten Kontrollstellen zu übertragen oder solche an der Durchführung dieser Kontrollen zu beteiligen. [2]Die Landesregierungen können auch die Voraussetzungen und das Verfahren der Zulassung privater Kontrollstellen durch Rechtsverordnung regeln. [3]Sie sind befugt, die Ermächtigung nach den Sätzen 1 und 2 durch Rechtsverordnung ganz oder teilweise auf andere Behörden zu übertragen.

Teil 7

Verfahren in Kennzeichenstreitsachen

§ 140 Kennzeichenstreitsachen

(1) Für alle Klagen, durch die ein Anspruch aus einem der in diesem Gesetz geregelten Rechtsverhältnisse geltend gemacht wird (Kennzeichenstreitsachen), sind die Landgerichte ohne Rücksicht auf den Streitwert ausschließlich zuständig.

(2) [1]Die Landesregierungen werden ermächtigt, durch Rechtsverordnung die Kennzeichenstreitsachen insgesamt oder teilweise für die Bezirke mehrerer Landgerichte einem von ihnen zuzuweisen, sofern dies der sachlichen Förderung oder schnelleren Erledigung der Verfahren dient. [2]Die Landesregierungen können diese Ermächtigung auf die Landesjustizverwaltungen übertragen. [3]Die Länder können außerdem durch Vereinbarung den Gerichten eines Landes obliegende Aufgaben insgesamt oder teilweise dem zuständigen Gericht eines anderen Landes übertragen.

(3) Zur Sicherung der in diesem Gesetz bezeichneten Ansprüche auf Unterlassung können einstweilige Verfügungen auch ohne die Darlegung und Glaubhaftmachung der in den §§ 935 und 940 der Zivilprozessordnung bezeichneten Voraussetzungen erlassen werden.

(4) Von den Kosten, die durch die Mitwirkung eines Patentanwalts in einer Kennzeichenstreitsache entstehen, sind die Gebühren nach § 13 des Rechtsanwaltsvergütungsgesetzes und außerdem die notwendigen Auslagen des Patentanwalts zu erstatten.

§ 141 Gerichtsstand bei Ansprüchen nach diesem Gesetz und dem Gesetz gegen den unlauteren Wettbewerb

Ansprüche, welche die in diesem Gesetz geregelten Rechtsverhältnisse betreffen und auf <u>Vorschriften des Gesetzes gegen den unlauteren Wettbewerb gegründet</u> werden, brauchen <u>nicht im Gerichtsstand des § 14 des Gesetzes gegen den unlauteren Wettbewerb</u> geltend gemacht zu werden.

§ 142 Streitwertbegünstigung

(1) Macht in bürgerlichen Rechtsstreitigkeiten, in denen durch Klage ein Anspruch aus einem der in diesem Gesetz geregelten Rechtsverhältnisse geltend gemacht wird, eine Partei glaubhaft, daß die Belastung mit den Prozeßkosten nach dem vollen Streitwert ihre wirtschaftliche Lage erheblich gefährden würde, so kann das Gericht auf ihren Antrag anordnen, daß die Verpflichtung dieser Partei zur Zahlung von Gerichtskosten sich nach einem ihrer Wirtschaftslage angepaßten Teil des Streitwerts bemißt.

(2) [1]Die Anordnung nach Absatz 1 hat zur Folge, daß die begünstigte Partei die Gebühren ihres Rechtsanwalts ebenfalls nur nach diesem Teil des Streitwerts zu entrichten hat. [2]Soweit ihr Kosten des Rechtsstreits auferlegt werden oder soweit sie diese übernimmt, hat sie die von dem Gegner entrichteten Gerichtsgebühren und die Gebühren seines Rechtsanwalts nur nach dem Teil des Streitwerts zu erstatten. [3]Soweit die außergerichtlichen Kosten dem Gegner auferlegt oder von ihm übernommen werden, kann der Rechtsanwalt der begünstigten Partei seine Gebühren von dem Gegner nach dem für diesen geltenden Streitwert beitreiben.

(3) [1]Der Antrag nach Absatz 1 kann vor der Geschäftsstelle des Gerichts zur Niederschrift erklärt werden. [2]Er ist vor der Verhandlung zur Hauptsache zu stellen. [3]Danach ist er nur zulässig, wenn der angenommene oder festgesetzte Streitwert später durch das Gericht heraufgesetzt wird. [4]Vor der Entscheidung über den Antrag ist der Gegner zu hören.

[...]

„Health-Claims-Verordnung" – Verordnung (EG) Nr. 1924/2006

Verordnung (EG) Nr. 1924/2006 des Europäischen Parlaments und des Rates vom 20. Dezember 2006 über nährwert- und gesundheitsbezogene Angaben über Lebensmittel
letzte berücksichtigte Änderung: Berichtigung, ABl. L 024 vom 30.01.2015, S. 60 (107/2008)
– Nichtamtliche Fassung, ohne Fußnoten (Auszug) –

KAPITEL I
GEGENSTAND, ANWENDUNGSBEREICH UND BEGRIFFSBESTIMMUNGEN

Artikel 1
Gegenstand und Anwendungsbereich

(1) Mit dieser Verordnung werden die Rechts- und Verwaltungsvorschriften der Mitgliedstaaten über nährwert- und gesundheitsbezogene Angaben harmonisiert, um das ordnungsgemäße Funktionieren des Binnenmarkts zu gewährleisten und gleichzeitig ein hohes Verbraucherschutzniveau zu bieten.

(2) [1]Diese Verordnung gilt für nährwert- und gesundheitsbezogene Angaben, die in kommerziellen Mitteilungen bei der Kennzeichnung und Aufmachung von oder bei der Werbung für Lebensmittel gemacht werden, die als solche an den Endverbraucher abgegeben werden sollen.

[2]Auf nicht vorverpackte Lebensmittel (einschließlich Frischprodukte wie Obst, Gemüse oder Brot), die dem Endverbraucher oder Einrichtungen zur Gemeinschaftsverpflegung zum Kauf angeboten werden, und auf Lebensmittel, die entweder an der Verkaufsstelle auf Wunsch des Käufers verpackt oder zum sofortigen Verkauf fertig verpackt werden, finden Artikel 7 und Artikel 10 Absatz 2 Buchstaben a und b keine Anwendung. [3]Einzelstaatliche Bestimmungen können angewandt werden, bis gegebenenfalls Gemeinschaftsmaßnahmen zur Änderung nicht wesentlicher Bestimmungen dieser Verordnung, auch durch Ergänzung, nach dem in Artikel 25 Absatz 3 genannten Regelungsverfahren mit Kontrolle erlassen werden.

[4]Diese Verordnung gilt auch für Lebensmittel, die für Restaurants, Krankenhäuser, Schulen, Kantinen und ähnliche Einrichtungen zur Gemeinschaftsverpflegung bestimmt sind.

(3) Handelsmarken, Markennamen oder Phantasiebezeichnungen, die in der Kennzeichnung, Aufmachung oder Werbung für ein Lebensmittel verwendet werden und als nährwert- oder gesundheitsbezogene Angabe aufgefasst werden können, dürfen ohne die in dieser Verordnung vorgesehenen Zulassungsverfahren verwendet werden, sofern der betreffenden Kennzeichnung, Aufmachung oder Werbung eine nährwert- oder gesundheitsbezogene Angabe beigefügt ist, die dieser Verordnung entspricht.

(4) [1]Im Fall allgemeiner Bezeichnungen, die traditionell zur Angabe einer Eigenschaft einer Kategorie von Lebensmitteln oder Getränken verwendet werden und die auf Auswirkungen auf die menschliche Gesundheit hindeuten könnten, kann auf Antrag der betroffenen Lebensmittelunternehmer eine Ausnahme von Absatz 3, die eine Änderung nicht wesentlicher Bestimmungen dieser Verordnung durch Ergänzung bewirkt, nach dem in Artikel 25 Absatz 3 genannten Regelungsverfahren mit Kontrolle erlassen werden. [2]Der Antrag ist an die zuständige nationale Behörde eines Mitgliedstaats zu richten, die ihn unverzüglich an die Kommission weiterleitet. [3]Die Kommission erlässt und veröffentlicht Regeln, nach denen Lebensmittelunternehmer derartige Anträge stellen können, um sicherzustellen, dass der Antrag in transparenter Weise und innerhalb einer vertretbaren Frist bearbeitet wird.

(5) Diese Verordnung gilt unbeschadet der folgenden Bestimmungen des Gemeinschaftsrechts:

a) Richtlinie 89/398/EWG und Richtlinien, die über Lebensmittel erlassen werden, die für besondere Ernährungszwecke bestimmt sind;

b) Richtlinie 80/777/EWG des Rates vom 15. Juli 1980 zur Angleichung der Rechtsvorschriften der Mitgliedstaaten über die Gewinnung von und den Handel mit natürlichen Mineralwässern;

c) Richtlinie 98/83/EG des Rates vom 3. November 1998 über die Qualität von Wasser für den menschlichen Gebrauch;

d) Richtlinie 2002/49/EG

Artikel 2
Begriffsbestimmungen

(1) Für die Zwecke dieser Verordnung

a) gelten für „Lebensmittel", „Lebensmittelunternehmer", „Inverkehrbringen" und „Endverbraucher" die Begriffsbestimmungen in Artikel 2 und Artikel 3 Nummern 3, 8 und 18 der Verordnung (EG) Nr. 178/2002 des Europäischen Parlaments und des Rates vom 28. Januar 2002 zur Festlegung der allgemeinen Grundsätze und Anforderungen des Lebensmittelrechts, zur Errichtung der Europäischen Behörde für Lebensmittelsicherheit und zur Festlegung von Verfahren zur Lebensmittelsicherheit;

b) gilt für „Nahrungsergänzungsmittel" die Begriffsbestimmung der Richtlinie 2002/46/EG;

c) gelten für „Nährwertkennzeichnung", „Eiweiß", „Kohlenhydrat", „Zucker", „Fett", „gesättigte Fettsäuren", „einfach ungesättigte Fettsäuren", „mehrfach ungesättigte Fettsäuren" und „Ballaststoffe" die Begriffsbestimmungen der Richtlinie 90/496/EWG;

d) gilt für „Kennzeichnung" die Begriffsbestimmung in Artikel 1 Absatz 3 Buchstabe a der Richtlinie 2000/13/EG.

(2) Ferner bezeichnet der Ausdruck

1. „Angabe" jede Aussage oder Darstellung, die nach dem Gemeinschaftsrecht oder den nationalen Vorschriften nicht obligatorisch ist, einschließlich Darstellungen durch Bilder, grafische Elemente oder Symbole in jeder Form, und mit der erklärt, suggeriert oder auch nur mittelbar zum Ausdruck gebracht wird, dass ein Lebensmittel besondere Eigenschaften besitzt;

2. „Nährstoff" ein Protein, ein Kohlenhydrat, ein Fett, einen Ballaststoff, Natrium, eines der im Anhang der Richtlinie 90/496/EWG aufgeführten Vitamine und Mineralstoffe, sowie jeden Stoff, der zu einer dieser Kategorien gehört oder Bestandteil eines Stoffes aus einer dieser Kategorien ist;

3. „andere Substanz" einen anderen Stoff als einen Nährstoff, der eine ernährungsbezogene Wirkung oder eine physiologische Wirkung hat;

4. „nährwertbezogene Angabe" jede Angabe, mit der erklärt, suggeriert oder auch nur mittelbar zum Ausdruck gebracht wird, dass ein Lebensmittel besondere positive Nährwerteigenschaften besitzt, und zwar aufgrund

   a) der Energie (des Brennwerts), die es
      i) liefert,
      ii) in vermindertem oder erhöhtem Maße liefert oder
      iii) nicht liefert, und/oder

   b) der Nährstoffe oder anderen Substanzen, die es
      i) enthält,
      ii) in verminderter oder erhöhter Menge enthält oder
      iii) nicht enthält;

5. „gesundheitsbezogene Angabe" jede Angabe, mit der erklärt, suggeriert oder auch nur mittelbar zum Ausdruck gebracht wird, dass ein Zusammenhang zwischen einer Lebensmittelkategorie, einem Lebensmittel oder einem seiner Bestandteile einerseits und der Gesundheit andererseits besteht;

6. „Angabe über die Reduzierung eines Krankheitsrisikos" jede Angabe, mit der erklärt, suggeriert oder auch nur mittelbar zum Ausdruck gebracht wird, dass der Verzehr einer Lebensmittelkategorie, eines Lebensmittels oder eines Lebensmittelbestandteils einen Risikofaktor für die Entwicklung einer Krankheit beim Menschen deutlich senkt;

7. „Behörde" die Europäische Behörde für Lebensmittelsicherheit, die durch die Verordnung (EG) Nr. 178/2002 eingesetzt wurde.

KAPITEL II
ALLGEMEINE GRUNDSÄTZE

Artikel 3
Allgemeine Grundsätze für alle Angaben

[1]Nährwert- und gesundheitsbezogene Angaben dürfen bei der Kennzeichnung und Aufmachung von Lebensmitteln, die in der Gemeinschaft in Verkehr gebracht werden, bzw. bei der Werbung hierfür nur verwendet werden, wenn sie der vorliegenden Verordnung entsprechen.

[2]Unbeschadet der Richtlinien 2000/13/EG und 84/450/EWG dürfen die verwendeten nährwert- und gesundheitsbezogenen Angaben

a) nicht falsch, mehrdeutig oder irreführend sein;

b) keine Zweifel über die Sicherheit und/oder die ernährungsphysiologische Eignung anderer Lebensmittel wecken;

c) nicht zum übermäßigen Verzehr eines Lebensmittels ermutigen oder diesen wohlwollend darstellen;

d) nicht erklären, suggerieren oder auch nur mittelbar zum Ausdruck bringen, dass eine ausgewogene und abwechslungsreiche Ernährung generell nicht die erforderlichen Mengen an Nährstoffen liefern kann; bei Nährstoffen, von denen eine ausgewogene und abwechslungsreiche Ernährung keine ausreichenden Mengen liefern kann, können unter Beachtung der in Mitgliedstaaten vorliegenden besonderen Umstände abweichende Regelungen, einschließlich der Bedingungen für ihre Anwendung zur Änderung nicht wesentlicher Bestimmungen dieser Verordnung durch Ergänzung nach dem in Artikel 25 Absatz 3 genannten Regelungsverfahren mit Kontrolle erlassen werden;

e) nicht — durch eine Textaussage oder durch Darstellungen in Form von Bildern, grafischen Elementen oder symbolische Darstellungen — auf Veränderungen bei Körperfunktionen Bezug nehmen, die beim Verbraucher Ängste auslösen oder daraus Nutzen ziehen könnten.

Artikel 4
Bedingungen für die Verwendung nährwert- und gesundheitsbezogener Angaben

(1) [1]Bis zum 19. Januar 2009 legt die Kommission spezifische Nährwertprofile, einschließlich der Ausnahmen, fest, denen Lebensmittel oder bestimmte Lebensmittelkategorien entsprechen müssen, um nährwert- oder gesundheitsbezogene Angaben tragen zu dürfen, sowie die Bedingungen für die Verwendung von nährwert- oder gesundheitsbezogenen Angaben bei Lebensmitteln oder Lebensmittelkategorien in Bezug auf die Nährwertprofile. [2]Diese Maßnahmen zur Änderungen nicht wesentlicher Bestimmungen dieser Verordnung durch Ergänzung werden nach dem in dem in Artikel 25 Absatz 3 genannten Regelungsverfahren mit Kontrolle erlassen.

[3]Die Nährwertprofile für Lebensmittel und/oder bestimmte Lebensmittelkategorien werden insbesondere unter Berücksichtigung folgender Faktoren festgelegt:

a) der Mengen bestimmter Nährstoffe und anderer Substanzen, die in dem betreffenden Lebensmittel enthalten sind, wie z.B. Fett, gesättigte Fettsäuren, trans-Fettsäuren, Zucker und Salz/Natrium;

b) der Rolle und der Bedeutung des Lebensmittels (oder der Lebensmittelkategorie) und seines (oder ihres) Beitrags zur Ernährung der Bevölkerung allgemein oder gegebenenfalls bestimmter Risikogruppen, einschließlich Kindern;

c) der gesamten Nährwertzusammensetzung des Lebensmittels und des Vorhandenseins von Nährstoffen, deren Wirkung auf die Gesundheit wissenschaftlich anerkannt ist.

[4]Die Nährwertprofile stützen sich auf wissenschaftliche Nachweise über die Ernährung und ihre Bedeutung für die Gesundheit.

[5]Bei der Festlegung der Nährwertprofile fordert die Kommission die Behörde auf, binnen zwölf Monaten sachdienliche wissenschaftliche Ratschläge zu erarbeiten, die sich auf folgende Kernfragen konzentrieren:

i) ob Nährwertprofile für Lebensmittel generell und/oder für Lebensmittelkategorien erarbeitet werden sollten

ii) die Auswahl und Ausgewogenheit der zu berücksichtigenden Nährstoffe

iii) die Wahl der Referenzqualität/Referenzbasis für Nährwertprofile

iv) den Berechnungsansatz für die Nährwertprofile

v) die Durchführbarkeit und die Erprobung eines vorgeschlagenen Systems.

[6]Bei der Festlegung der Nährwertprofile führt die Kommission Anhörungen der Interessengruppen, insbesondere von Lebensmittelunternehmern und Verbraucherverbänden, durch.

[7]Nährwertprofile und die Bedingungen für ihre Verwendung, die eine Änderung nicht wesentlicher Bestimmungen dieser Verordnung durch Ergänzung bewirken, werden zur Berücksichtigung maßgeblicher wissenschaftlicher Entwicklungen nach Anhörung der Interessengruppen, insbesondere von Lebensmittelunternehmern und Verbraucherverbänden, nach dem in Artikel 25 Absatz 3 genannten Regelungsverfahren mit Kontrolle aktualisiert.

(2) Abweichend von Absatz 1 sind nährwertbezogene Angaben zulässig,

a) die sich auf die Verringerung von Fett, gesättigten Fettsäuren, trans-Fettsäuren, Zucker und Salz/Natrium beziehen, ohne Bezugnahme auf ein Profil für den/die konkreten Nährstoff(e), zu dem/denen die Angabe gemacht wird, sofern sie den Bedingungen dieser Verordnung entsprechen;

b) wenn ein einziger Nährstoff das Nährstoffprofil übersteigt, sofern in unmittelbarer Nähe der nährwertbezogenen Angabe auf derselben Seite und genau so deutlich sichtbar wie diese ein Hinweis auf diesen Nährstoff angebracht wird. Dieser Hinweis lautet: „Hoher Gehalt an ".

(3) [1]Getränke mit einem Alkoholgehalt von mehr als 1,2 Volumenprozent dürfen keine gesundheitsbezogenen Angaben tragen.

[2]Bei Getränken mit einem Alkoholgehalt von mehr als 1,2 Volumenprozent sind nur nährwertbezogene Angaben zulässig, die sich auf einen geringen Alkoholgehalt oder eine Reduzierung des Alkoholgehalts oder eine Reduzierung des Brennwerts beziehen.

(4) In Ermangelung spezifischer Gemeinschaftsbestimmungen über nährwertbezogene Angaben zu geringem Alkoholgehalt oder dem reduzierten bzw. nicht vorhandenen Alkoholgehalt oder Brennwert von

Getränken, die normalerweise Alkohol enthalten, können nach Maßgabe der Bestimmungen des Vertrags die einschlägigen einzelstaatlichen Regelungen angewandt werden.

(5) Maßnahmen zur Bestimmung anderer als der in Absatz 3 genannten Lebensmittel oder Kategorien von Lebensmitteln, bei denen die Verwendung nährwert- oder gesundheitsbezogener Angaben eingeschränkt oder verboten werden soll, und zur Änderung nicht wesentlicher Bestimmungen dieser Verordnung können im Licht wissenschaftlicher Nachweise nach dem in Artikel 25 Absatz 3 genannten Regelungsverfahren mit Kontrolle erlassen werden.

Artikel 5
Allgemeine Bedingungen

(1) Die Verwendung nährwert- und gesundheitsbezogener Angaben ist nur zulässig, wenn die nachstehenden Bedingungen erfüllt sind:

a) Es ist anhand allgemein anerkannter wissenschaftlicher Erkenntnisse nachgewiesen, dass das Vorhandensein, das Fehlen oder der verringerte Gehalt des Nährstoffs oder der anderen Substanz, auf die sich die Angabe bezieht, in einem Lebensmittel oder einer Kategorie von Lebensmitteln eine positive ernährungsbezogene Wirkung oder physiologische Wirkung hat.

b) Der Nährstoff oder die andere Substanz, für die die Angabe gemacht wird,

    i) ist im Endprodukt in einer gemäß dem Gemeinschaftsrecht signifikanten Menge oder, wo einschlägige Bestimmungen nicht bestehen, in einer Menge vorhanden, die nach allgemein anerkannten wissenschaftlichen Erkenntnissen geeignet ist, die behauptete ernährungsbezogene Wirkung oder physiologische Wirkung zu erzielen, oder

    ii) ist nicht oder in einer verringerten Menge vorhanden, was nach allgemein anerkannten wissenschaftlichen Erkenntnissen geeignet ist, die behauptete ernährungsbezogene Wirkung oder physiologische Wirkung zu erzielen.

c) Soweit anwendbar, liegt der Nährstoff oder die andere Substanz, auf die sich die Angabe bezieht, in einer Form vor, die für den Körper verfügbar ist.

d) Die Menge des Produkts, deren Verzehr vernünftigerweise erwartet werden kann, liefert eine gemäß dem Gemeinschaftsrecht signifikante Menge des Nährstoffs oder der anderen Substanz, auf die sich die Angabe bezieht, oder, wo einschlägige Bestimmungen nicht bestehen, eine signifikante Menge, die nach allgemein anerkannten wissenschaftlichen Erkenntnissen geeignet ist, die behauptete ernährungsbezogene Wirkung oder physiologische Wirkung zu erzielen.

e) Die besonderen Bedingungen in Kapitel III bzw. Kapitel IV, soweit anwendbar, sind erfüllt.

(2) Die Verwendung nährwert- oder gesundheitsbezogener Angaben ist nur zulässig, wenn vom durchschnittlichen Verbraucher erwartet werden kann, dass er die positive Wirkung, wie sie in der Angabe dargestellt wird, versteht.

(3) Nährwert- und gesundheitsbezogene Angaben müssen sich gemäß der Anweisung des Herstellers auf das verzehrfertige Lebensmittel beziehen.

Artikel 6
Wissenschaftliche Absicherung von Angaben

(1) Nährwert- und gesundheitsbezogene Angaben müssen sich auf allgemein akzeptierte wissenschaftliche Erkenntnisse stützen und durch diese abgesichert sein.

(2) Ein Lebensmittelunternehmer, der eine nährwert- oder gesundheitsbezogene Angabe macht, muss die Verwendung dieser Angabe begründen.

(3) Die zuständigen Behörden der Mitgliedstaaten können einen Lebensmittelunternehmer oder eine Person, die ein Produkt in Verkehr bringt, verpflichten, alle einschlägigen Angaben zu machen und Daten vorzulegen, die die Übereinstimmung mit dieser Verordnung belegen.

Artikel 7
Nährwertkennzeichnung

[1]Die Nährwertkennzeichnung von Erzeugnissen, bei denen nährwert- und/oder gesundheitsbezogene Angaben gemacht werden, ist obligatorisch, es sei denn, es handelt sich um produktübergreifende Werbeaussagen. [2]Es sind die in Artikel 30 Absatz 1 der Verordnung (EU) Nr. 1169/2011 des Europäischen Parlaments und des Rates vom 25. Oktober 2011 betreffend die Information der Verbraucher über Lebensmittel aufgeführten Angaben zu machen. [3]Bei nährwert- und/oder gesundheitsbezogenen Angaben für einen in Artikel 30 Absatz 2 der Verordnung (EU) Nr. 1169/2011 genannten Nährstoff wird die Menge dieses Nährstoffs nach Maßgabe der Artikel 31 bis 34 der genannten Verordnung angegeben.

[4]Für Stoffe, die Gegenstand einer nährwert- oder gesundheitsbezogenen Angabe sind und nicht in der Nährwertkennzeichnung erscheinen, sind die jeweiligen Mengen nach Maßgabe der Artikel 31, 32 und 33 der Verordnung (EU) Nr. 1169/2011 in demselben Blickfeld anzugeben wie die Nährwertkennzeichnung. [5]Zur Angabe der Mengen werden den jeweiligen einzelnen Stoffen angemessene Maßeinheiten verwendet.

[6]Im Falle von Nahrungsergänzungsmitteln ist die Nährwertkennzeichnung gemäß Artikel 8 der Richtlinie 2002/46/EG anzugeben.

KAPITEL III
NÄHRWERTBEZOGENE ANGABEN

Artikel 8
Besondere Bedingungen

(1) Nährwertbezogene Angaben dürfen nur gemacht werden, wenn sie im Anhang aufgeführt sind und den in dieser Verordnung festgelegten Bedingungen entsprechen.

(2) [1]Änderungen des Anhangs werden nach dem in Artikel 25 Absatz 3 genannten Regelungsverfahren mit Kontrolle, gegebenenfalls nach Anhörung der Behörde, erlassen. [2]Gegebenenfalls bezieht die Kommission Interessengruppen, insbesondere Lebensmittelunternehmer und Verbraucherverbände, ein, um die Wahrnehmung und das Verständnis der betreffenden Angaben zu bewerten.

Artikel 9
Vergleichende Angaben

(1) [1]Unbeschadet der Richtlinie 84/450/EWG ist ein Vergleich nur zwischen Lebensmitteln derselben Kategorie und unter Berücksichtigung einer Reihe von Lebensmitteln dieser Kategorie zulässig. [2]Der Unterschied in der Menge eines Nährstoffs und/oder im Brennwert ist anzugeben, und der Vergleich muss sich auf dieselbe Menge des Lebensmittels beziehen.

(2) Vergleichende nährwertbezogene Angaben müssen die Zusammensetzung des betreffenden Lebensmittels mit derjenigen einer Reihe von Lebensmitteln derselben Kategorie vergleichen, deren Zusammensetzung die Verwendung einer Angabe nicht erlaubt, darunter auch Lebensmittel anderer Marken.

KAPITEL IV
GESUNDHEITSBEZOGENE ANGABEN

Artikel 10
Spezielle Bedingungen

(1) Gesundheitsbezogene Angaben sind verboten, sofern sie nicht den allgemeinen Anforderungen in Kapitel II und den speziellen Anforderungen im vorliegenden Kapitel entsprechen, gemäß dieser Verordnung zugelassen und in die Liste der zugelassenen Angaben gemäß den Artikeln 13 und 14 aufgenommen sind.

(2) Gesundheitsbezogene Angaben dürfen nur gemacht werden, wenn die Kennzeichnung oder, falls diese Kennzeichnung fehlt, die Aufmachung der Lebensmittel und die Lebensmittelwerbung folgende Informationen tragen:

a) einen Hinweis auf die Bedeutung einer abwechslungsreichen und ausgewogenen Ernährung und einer gesunden Lebensweise,

b) Informationen zur Menge des Lebensmittels und zum Verzehrmuster, die erforderlich sind, um die behauptete positive Wirkung zu erzielen,

c) gegebenenfalls einen Hinweis an Personen, die es vermeiden sollten, dieses Lebensmittel zu verzehren, und

d) einen geeigneten Warnhinweis bei Produkten, die bei übermäßigem Verzehr eine Gesundheitsgefahr darstellen könnten.

(3) Verweise auf allgemeine, nichtspezifische Vorteile des Nährstoffs oder Lebensmittels für die Gesundheit im Allgemeinen oder das gesundheitsbezogene Wohlbefinden sind nur zulässig, wenn ihnen eine in einer der Listen nach Artikel 13 oder 14 enthaltene spezielle gesundheitsbezogene Angabe beigefügt ist.

(4) Gegebenenfalls werden nach dem in Artikel 24 Absatz 2 genannten Verfahren und, falls erforderlich, nach der Anhörung der Interessengruppen, insbesondere von Lebensmittelunternehmern und Verbraucherverbänden, Leitlinien für die Durchführung dieses Artikels angenommen.

Artikel 11
Nationale medizinische Vereinigungen oder karitative medizinische Einrichtungen

Fehlen spezifische Gemeinschaftsvorschriften über Empfehlungen oder Bestätigungen von nationalen Vereinigungen von Fachleuten der Bereiche Medizin, Ernährung oder Diätetik oder karitativen gesundheitsbezogenen Einrichtungen, so können nach Maßgabe der Bestimmungen des Vertrags einschlägige nationale Regelungen angewandt werden.

Artikel 12
Beschränkungen der Verwendung bestimmter gesundheitsbezogener Angaben

Die folgenden gesundheitsbezogenen Angaben sind nicht zulässig:

a) Angaben, die den Eindruck erwecken, durch Verzicht auf das Lebensmittel könnte die Gesundheit beeinträchtigt werden;

b) Angaben über Dauer und Ausmaß der Gewichtsabnahme;

c) Angaben, die auf Empfehlungen von einzelnen Ärzten oder Angehörigen von Gesundheitsberufen und von Vereinigungen, die nicht in Artikel 11 genannt werden, verweisen.

Artikel 13
Andere gesundheitsbezogene Angaben als Angaben über die Reduzierung eines Krankheitsrisikos

(1) In der in Absatz 3 vorgesehenen Liste genannte gesundheitsbezogene Angaben, die

a) die Bedeutung eines Nährstoffs oder einer anderen Substanz für Wachstum, Entwicklung und Körperfunktionen,

b) die psychischen Funktionen oder Verhaltensfunktionen oder

c) unbeschadet der Richtlinie 96/8/EG die schlank machenden oder gewichtskontrollierenden Eigenschaften des Lebensmittels oder die Verringerung des Hungergefühls oder ein verstärktes Sättigungsgefühl oder eine verringerte Energieaufnahme durch den Verzehr des Lebensmittels

beschreiben oder darauf verweisen, dürfen gemacht werden, ohne den Verfahren der Artikel 15 bis 19 zu unterliegen, wenn sie

i) sich auf allgemein anerkannte wissenschaftliche Nachweise stützen und

ii) vom durchschnittlichen Verbraucher richtig verstanden werden.

(2) Die Mitgliedstaaten übermitteln der Kommission spätestens am 31. Januar 2008 Listen von Angaben gemäß Absatz 1 zusammen mit den für sie geltenden Bedingungen und mit Hinweisen auf die entsprechende wissenschaftliche Absicherung.

(3) Nach Anhörung der Behörde verabschiedet die Kommission nach dem in Artikel 25 Absatz 3 genannten Regelungsverfahren mit Kontrolle spätestens am 31. Januar 2010 als Änderung nicht wesentlicher Bestimmungen dieser Verordnung durch Ergänzung eine Gemeinschaftsliste zulässiger Angaben gemäß Absatz 1 sowie alle für die Verwendung dieser Angaben notwendigen Bedingungen.

(4) Änderungen an der in Absatz 3 genannten Liste, die auf allgemein anerkannten wissenschaftlichen Nachweisen beruhen, und zur Änderung nicht wesentlicher Elemente dieser Verordnung durch Ergänzung werden nach Anhörung der Behörde auf eigene Initiative der Kommission oder auf Antrag eines Mitgliedstaats nach dem in Artikel 25 Absatz 3 genannten Regelungsverfahren mit Kontrolle erlassen.

(5) Weitere Angaben, die auf neuen wissenschaftlichen Nachweisen beruhen und/oder einen Antrag auf den Schutz geschützter Daten enthalten, werden nach dem Verfahren des Artikels 18 in die in Absatz 3 genannte Liste aufgenommen, mit Ausnahme der Angaben über die Entwicklung und die Gesundheit von Kindern, die nach dem Verfahren der Artikel 15, 16, 17 und 19 zugelassen werden.

Artikel 14
Angaben über die Verringerung eines Krankheitsrisikos sowie Angaben über die Entwicklung und die Gesundheit von Kindern

(1) Ungeachtet des Artikels 2 Absatz 1 Buchstabe b der Richtlinie 2000/13/EG können die folgenden Angaben gemacht werden, wenn sie nach dem Verfahren der Artikel 15, 16, 17 und 19 der vorliegenden Verordnung zur Aufnahme in eine Gemeinschaftsliste zulässiger Angaben und aller erforderlichen Bedingungen für die Verwendung dieser Angaben zugelassen worden sind:

a) Angaben über die Verringerung eines Krankheitsrisikos,

b) Angaben über die Entwicklung und die Gesundheit von Kindern.

(2) Zusätzlich zu den allgemeinen Anforderungen dieser Verordnung und den spezifischen Anforderungen in Absatz 1 muss bei Angaben über die Verringerung eines Krankheitsrisikos die Kennzeichnung oder, falls diese Kennzeichnung fehlt, die Aufmachung der Lebensmittel und die Lebensmittelwerbung außerdem eine Erklärung dahin gehend enthalten, dass die Krankheit, auf die sich die Angabe bezieht, durch mehrere Risikofaktoren bedingt ist und dass die Veränderung eines dieser Risikofaktoren eine positive Wirkung haben kann oder auch nicht.

Artikel 15
Beantragung der Zulassung

(1) Bei Bezugnahme auf diesen Artikel ist ein Antrag auf Zulassung nach Maßgabe der nachstehenden Absätze zu stellen.

(2) Der Antrag wird der zuständigen nationalen Behörde eines Mitgliedstaats zugeleitet.

a) Die zuständige nationale Behörde

i) bestätigt den Erhalt eines Antrags schriftlich innerhalb von 14 Tagen nach Eingang. In der Bestätigung ist das Datum des Antragseingangs zu vermerken,

ii) informiert die Behörde unverzüglich und

iii) stellt der Behörde den Antrag und alle vom Antragsteller ergänzend vorgelegten Informationen zur Verfügung.

b) Die Behörde

i) unterrichtet die Mitgliedstaaten und die Kommission unverzüglich über den Antrag und stellt ihnen den Antrag sowie alle vom Antragsteller ergänzend vorgelegten Informationen zur Verfügung;

ii) stellt die in Absatz 3 Buchstabe g genannte Zusammenfassung des Antrags der Öffentlichkeit zur Verfügung.

(3) Der Antrag muss Folgendes enthalten:

a) Name und Anschrift des Antragstellers;

b) Bezeichnung des Nährstoffs oder der anderen Substanz oder des Lebensmittels oder der Lebensmittelkategorie, wofür die gesundheitsbezogene Angabe gemacht werden soll, sowie die jeweiligen besonderen Eigenschaften;

c) eine Kopie der Studien einschließlich — soweit verfügbar — unabhängiger und nach dem Peer-Review-Verfahren erstellter Studien zu der gesundheitsbezogenen Angabe sowie alle sonstigen verfügbaren Unterlagen, aus denen hervorgeht, dass die gesundheitsbezogene Angabe die Kriterien dieser Verordnung erfüllt;

d) gegebenenfalls einen Hinweis, welche Informationen als eigentumsrechtlich geschützt einzustufen sind, zusammen mit einer entsprechenden nachprüfbaren Begründung;

e) eine Kopie anderer wissenschaftlicher Studien, die für die gesundheitsbezogene Angabe relevant sind;

f) einen Vorschlag für die Formulierung der gesundheitsbezogenen Angabe, deren Zulassung beantragt wird, gegebenenfalls einschließlich spezieller Bedingungen für die Verwendung;

g) eine Zusammenfassung des Antrags.

(4) Nach vorheriger Anhörung der Behörde legt die Kommission nach dem in Artikel 24 Absatz 2 genannten Verfahren Durchführungsvorschriften zum vorliegenden Artikel, einschließlich Vorschriften zur Erstellung und Vorlage des Antrags, fest.

(5) Um den Lebensmittelunternehmern, insbesondere den KMU, bei der Vorbereitung und Stellung eines Antrags auf wissenschaftliche Bewertung behilflich zu sein, stellt die Kommission in enger Zusammenarbeit mit der Behörde geeignete technische Anleitungen und Hilfsmittel bereit.

[...]

KAPITEL V
ALLGEMEINE UND SCHLUSSBESTIMMUNGEN

Artikel 20
Gemeinschaftsregister

(1) Die Kommission erstellt und unterhält ein Gemeinschaftsregister* der nährwert- und gesundheitsbezogenen Angaben über Lebensmittel, nachstehend „Register" genannt.

---

* siehe http://ec.europa.eu/nuhclaims/

(2) [1]Das Register enthält Folgendes:

    a)   die nährwertbezogenen Angaben und die Bedingungen für ihre Verwendung gemäß dem Anhang;

    b)   gemäß Artikel 4 Absatz 5 festgelegte Einschränkungen;

    c)   die zugelassenen gesundheitsbezogenen Angaben und die Bedingungen für ihre Verwendung nach Artikel 13 Absätze 3 und 5, Artikel 14 Absatz 1, Artikel 19 Absatz 2, Artikel 21, Artikel 24 Absatz 2 und Artikel 28 Absatz 6 sowie die innerstaatlichen Maßnahmen nach Artikel 23 Absatz 3;

    d)   eine Liste abgelehnter gesundheitsbezogener Angaben und die Gründe für ihre Ablehnung.

[2]Gesundheitsbezogene Angaben, die aufgrund geschützter Daten zugelassen wurden, werden in einen gesonderten Anhang des Registers aufgenommen, zusammen mit folgenden Informationen:

    1.   Datum der Zulassung der gesundheitsbezogenen Angabe durch die Kommission und Name des ursprünglichen Antragstellers, dem die Zulassung erteilt wurde;

    2.   die Tatsache, dass die Kommission die gesundheitsbezogene Angabe auf der Grundlage geschützter Daten und mit Einschränkung der Verwendung zugelassen hat;

    3.   in den in Artikel 17 Absatz 3 Unterabsatz 2 und Artikel 18 Absatz 5 Unterabsatz 2 genannten Fällen die Tatsache, dass die gesundheitsbezogene Angabe auf begrenzte Zeit zugelassen ist.

(3) Das Register wird veröffentlicht.

[…]

Anhang zur „Health-Claims-Verordnung"

Anhang zur Verordnung (EG) Nr. 1924/2006; vgl. Art. 8 der Verordnung
letzte berücksichtigte Änderung: Berichtigung, ABl. L 024 vom 30.01.2015, S. 60 (107/2008)
– Nichtamtliche Fassung (Auszug) –

ANHANG
Nährwertbezogene Angaben und Bedingungen für ihre Verwendung

ENERGIEARM

Die Angabe, ein Lebensmittel sei energiearm, sowie jede Angabe, die für den Verbraucher voraussichtlich dieselbe Bedeutung hat, ist nur zulässig, wenn das Produkt im Falle von festen Lebensmitteln nicht mehr als 40 kcal (170 kJ)/100 g oder im Falle von flüssigen Lebensmitteln nicht mehr als 20 kcal (80 kJ)/100 ml enthält. Für Tafelsüßen gilt ein Grenzwert von 4 kcal (17 kJ) pro Portion, die der süßenden Wirkung von 6 g Saccharose (ca. 1 Teelöffel Zucker) entspricht.

ENERGIEREDUZIERT

Die Angabe, ein Lebensmittel sei energiereduziert, sowie jegliche Angabe, die für den Verbraucher voraussichtlich dieselbe Bedeutung hat, ist nur zulässig, wenn der Brennwert um mindestens 30 % verringert ist; dabei sind die Eigenschaften anzugeben, die zur Reduzierung des Gesamtbrennwerts des Lebensmittels führen.

ENERGIEFREI

Die Angabe, ein Lebensmittel sei energiefrei, sowie jegliche Angabe, die für den Verbraucher voraussichtlich dieselbe Bedeutung hat, ist nur zulässig, wenn das Produkt nicht mehr als 4 kcal (17 kJ)/100 ml enthält. Für Tafelsüßen gilt ein Grenzwert von 0,4 kcal (1,7 kJ) pro Portion, die der süßenden Wirkung von 6 g Saccharose (ca. 1 Teelöffel Zucker) entspricht.

FETTARM

Die Angabe, ein Lebensmittel sei fettarm, sowie jegliche Angabe, die für den Verbraucher voraussichtlich dieselbe Bedeutung hat, ist nur zulässig, wenn das Produkt im Fall von festen Lebensmitteln nicht mehr als 3 g Fett/100 g oder nicht mehr als 1,5 g Fett/100 ml im Fall von flüssigen Lebensmitteln enthält (1,8 g Fett pro 100 ml bei teilentrahmter Milch).

FETTFREI/OHNE FETT

Die Angabe, ein Lebensmittel sei fettfrei/ohne Fett, sowie jegliche Angabe, die für den Verbraucher voraussichtlich dieselbe Bedeutung hat, ist nur zulässig, wenn das Produkt nicht mehr als 0,5 g Fett pro 100 g oder 100 ml enthält. Angaben wie „X % fettfrei" sind verboten.

ARM AN GESÄTTIGTEN FETTSÄUREN

Die Angabe, ein Lebensmittel sei arm an gesättigten Fettsäuren, sowie jegliche Angabe, die für den Verbraucher voraussichtlich dieselbe Bedeutung hat, ist nur zulässig, wenn die Summe der gesättigten Fettsäuren und der trans-Fettsäuren bei einem Produkt im Fall von festen Lebensmitteln 1,5 g/100 g oder 0,75 g/100 ml im Fall von flüssigen Lebensmitteln nicht übersteigt; in beiden Fällen dürfen die gesättigten Fettsäuren und die trans-Fettsäuren insgesamt nicht mehr als 10 % des Brennwerts liefern.

FREI VON GESÄTTIGTEN FETTSÄUREN

Die Angabe, ein Lebensmittel sei frei von gesättigten Fettsäuren, sowie jegliche Angabe, die für den Verbraucher voraussichtlich dieselbe Bedeutung hat, ist nur zulässig, wenn die Summe der gesättigten Fettsäuren und der trans-Fettsäuren 0,1 g je 100 g bzw. 100 ml nicht übersteigt.

ZUCKERARM

Die Angabe, ein Lebensmittel sei zuckerarm, sowie jegliche Angabe, die für den Verbraucher voraussichtlich dieselbe Bedeutung hat, ist nur zulässig, wenn das Produkt im Fall von festen Lebensmitteln nicht mehr als 5 g Zucker pro 100 g oder im Fall von flüssigen Lebensmitteln 2,5 g Zucker pro 100 ml enthält.

ZUCKERFREI

Die Angabe, ein Lebensmittel sei zuckerfrei, sowie jegliche Angabe, die für den Verbraucher voraussichtlich dieselbe Bedeutung hat, ist nur zulässig, wenn das Produkt nicht mehr als 0,5 g Zucker pro 100 g bzw. 100 ml enthält.

OHNE ZUCKERZUSATZ

Die Angabe, einem Lebensmittel sei kein Zucker zugesetzt worden, sowie jegliche Angabe, die für den Verbraucher voraussichtlich dieselbe Bedeutung hat, ist nur zulässig, wenn das Produkt keine zugesetzten Mono- oder Disaccharide oder irgend ein anderes wegen seiner süßenden Wirkung verwendetes Lebensmittel enthält. Wenn das Lebensmittel von Natur aus Zucker enthält, sollte das Etikett auch den folgenden Hinweis enthalten: „**ENTHÄLT VON NATUR AUS ZUCKER**".

NATRIUMARM/KOCHSALZARM

Die Angabe, ein Lebensmittel sei natrium-/kochsalzarm, sowie jegliche Angabe, die für den Verbraucher voraussichtlich dieselbe Bedeutung hat, ist nur zulässig, wenn das Produkt nicht mehr als 0,12 g Natrium oder den gleichwertigen Gehalt an Salz pro 100 g bzw. 100 ml enthält. Bei anderen Wässern als natürlichen Mineralwässern, die in den Geltungsbereich der Richtlinie 80/777/EWG fallen, darf dieser Wert 2 mg Natrium pro 100 ml nicht übersteigen.

SEHR NATRIUMARM/KOCHSALZARM

Die Angabe, ein Lebensmittel sei sehr natrium-/salzarm, sowie jegliche Angabe, die für den Verbraucher voraussichtlich dieselbe Bedeutung hat, ist nur zulässig, wenn das Produkt nicht mehr als 0,04 g Natrium oder den entsprechenden Gehalt an Salz pro 100 g bzw. 100 ml enthält. Für natürliche Mineralwässer und andere Wässer darf diese Angabe nicht verwendet werden.

NATRIUMFREI oder KOCHSALZFREI

Die Angabe, ein Lebensmittel sei natriumfrei oder kochsalzfrei, sowie jegliche Angabe, die für den Verbraucher voraussichtlich dieselbe Bedeutung hat, ist nur zulässig, wenn das Produkt nicht mehr als 0,005 g Natrium oder den gleichwertigen Gehalt an Salz pro 100 g enthält.

OHNE ZUSATZ VON NATRIUM/KOCHSALZ

Die Angabe, einem Lebensmittel sei kein Natrium/Kochsalz zugesetzt worden, sowie jegliche Angabe, die für den Verbraucher voraussichtlich dieselbe Bedeutung hat, ist nur zulässig, wenn das Produkt kein zugesetztes Natrium/Kochsalz oder irgendeine andere Zutat enthält, der Natrium/Kochsalz zugesetzt wurde, und das Produkt nicht mehr als 0,12 g Natrium oder den entsprechenden Gehalt an Kochsalz pro 100 g bzw. 100 ml enthält.

BALLASTSTOFFQUELLE

Die Angabe, ein Lebensmittel sei eine Ballaststoffquelle, sowie jegliche Angabe, die für den Verbraucher voraussichtlich dieselbe Bedeutung hat, ist nur zulässig, wenn das Produkt mindestens 3 g Ballaststoffe pro 100 g oder mindestens 1,5 g Ballaststoffe pro 100 kcal enthält.

HOHER BALLASTSTOFFGEHALT

Die Angabe, ein Lebensmittel habe einen hohen Ballaststoffgehalt, sowie jegliche Angabe, die für den Verbraucher voraussichtlich dieselbe Bedeutung hat, ist nur zulässig, wenn das Produkt mindestens 6 g Ballaststoffe pro 100 g oder mindestens 3 g Ballaststoffe pro 100 kcal enthält.

PROTEINQUELLE

Die Angabe, ein Lebensmittel sei eine Proteinquelle, sowie jegliche Angabe, die für den Verbraucher voraussichtlich dieselbe Bedeutung hat, ist nur zulässig, wenn auf den Proteinanteil mindestens 12 % des gesamten Brennwerts des Lebensmittels entfallen.

HOHER PROTEINGEHALT

Die Angabe, ein Lebensmittel habe einen hohen Proteingehalt, sowie jegliche Angabe, die für den Verbraucher voraussichtlich dieselbe Bedeutung hat, ist nur zulässig, wenn auf den Proteinanteil mindestens 20 % des gesamten Brennwerts des Lebensmittels entfallen.

[NAME DES VITAMINS/DER VITAMINE] UND/ODER [NAME DES MINERALSTOFFS/DER MINERAL-STOFFE]-QUELLE

Die Angabe, ein Lebensmittel sei eine Vitaminquelle oder Mineralstoffquelle, sowie jegliche Angabe, die für den Verbraucher voraussichtlich dieselbe Bedeutung hat, ist nur zulässig, wenn das Produkt mindestens eine gemäß dem Anhang der Richtlinie 90/496/EWG signifikante Menge oder eine Menge enthält, die den gemäß Artikel 6 der Verordnung (EG) Nr. 1925/2006 des Europäischen Parlaments und des Rates vom 20. Dezember 2006 über den Zusatz von Vitaminen und Mineralstoffen sowie bestimmten anderen Stoffen zu Lebensmitteln zugelassenen Abweichungen entspricht.

HOHER [NAME DES VITAMINS/DER VITAMINE] UND/ODER [NAME DES MINERALSTOFFS/DER MINE-RALSTOFFE]-GEHALT

Die Angabe, ein Lebensmittel habe einen hohen Vitamingehalt und/oder Mineralstoffgehalt, sowie jegliche Angabe, die für den Verbraucher voraussichtlich dieselbe Bedeutung hat, ist nur zulässig, wenn das Produkt mindestens das Doppelte des unter „[NAME DES VITAMINS/ DER VITAMINE] und/oder [NAME DES MINE-RALSTOFFS/DER MINERALSTOFFE]-Quelle" genannten Werts enthält.

ENTHÄLT [NAME DES NÄHRSTOFFS ODER DER ANDEREN SUBSTANZ]

Die Angabe, ein Lebensmittel enthalte einen Nährstoff oder eine andere Substanz, für die in dieser Verordnung keine besonderen Bedingungen vorgesehen sind, sowie jegliche Angabe, die für den Verbraucher voraussichtlich dieselbe Bedeutung hat, ist nur zulässig, wenn das Produkt allen entsprechenden Bestimmungen dieser Verordnung und insbesondere Artikel 5 entspricht. Für Vitamine und Mineralstoffe gelten die Bedingungen für die Angabe „Quelle von".

ERHÖHTER [NAME DES NÄHRSTOFFS]-ANTEIL

Die Angabe, der Gehalt an einem oder mehreren Nährstoffen, die keine Vitamine oder Mineralstoffe sind, sei erhöht worden, sowie jegliche Angabe, die für den Verbraucher voraussichtlich dieselbe Bedeutung hat, ist nur zulässig, wenn das Produkt die Bedingungen für die Angabe „Quelle von" erfüllt und die Erhöhung des Anteils mindestens 30 % gegenüber einem vergleichbaren Produkt ausmacht.

REDUZIERTER [NAME DES NÄHRSTOFFS]-ANTEIL

Die Angabe, der Gehalt an einem oder mehreren Nährstoffen sei reduziert worden, sowie jegliche Angabe, die für den Verbraucher voraussichtlich dieselbe Bedeutung hat, ist nur zulässig, wenn die Reduzierung des Anteils mindestens 30 % gegenüber einem vergleichbaren Produkt ausmacht; ausgenommen sind Mikronährstoffe, für die ein 10 %iger Unterschied im Nährstoffbezugswert gemäß der Richtlinie 90/496/EWG akzeptabel ist, sowie Natrium oder der entsprechende Gehalt an Salz, für das ein 25 %iger Unterschied akzeptabel ist.

Die Angabe „reduzierter Anteil an gesättigten Fettsäuren" sowie jegliche Angabe, die für den Verbraucher voraussichtlich dieselbe Bedeutung hat, ist nur in folgenden Fällen zulässig:

a) wenn bei einem Produkt mit dieser Angabe die Summe der gesättigten Fettsäuren und der trans-Fettsäuren mindestens 30 % unter der Summe der gesättigten Fettsäuren und der trans-Fettsäuren eines vergleichbaren Produkts liegt und

b) wenn bei einem Produkt mit dieser Angabe der Gehalt an trans-Fettsäuren gleich oder geringer ist als in einem vergleichbaren Produkt.

Die Angabe „reduzierter Zuckeranteil" sowie jegliche Angabe, die für den Verbraucher voraussichtlich dieselbe Bedeutung hat, ist nur zulässig, wenn der Brennwert des Produkts mit dieser Angabe gleich oder geringer ist als der Brennwert eines vergleichbaren Produkts.

LEICHT

Die Angabe, ein Produkt sei „leicht", sowie jegliche Angabe, die für den Verbraucher voraussichtlich dieselbe Bedeutung hat, muss dieselben Bedingungen erfüllen wie die Angabe „reduziert"; die Angabe muss außerdem mit einem Hinweis auf die Eigenschaften einhergehen, die das Lebensmittel „leicht" machen.

VON NATUR AUS/NATÜRLICH

Erfüllt ein Lebensmittel von Natur aus die in diesem Anhang aufgeführte(n) Bedingung(en) für die Verwendung einer nährwertbezogenen Angabe, so darf dieser Angabe der Ausdruck „von Natur aus/natürlich" vorangestellt werden.

QUELLE VON OMEGA-3-FETTSÄUREN

Die Angabe, ein Lebensmittel sei eine Quelle von Omega-3-Fettsäuren, sowie jegliche Angabe, die für den Verbraucher voraussichtlich dieselbe Bedeutung hat, ist nur zulässig, wenn das Produkt mindestens 0,3 g Alpha-Linolensäure pro 100 g und pro 100 kcal oder zusammengenommen mindestens 40 mg Eicosapentaensäure und Docosahexaenoidsäure pro 100 g und pro 100 kcal enthält.

MIT EINEM HOHEN GEHALT AN OMEGA-3-FETTSÄUREN

Die Angabe, ein Lebensmittel habe einen hohen Gehalt an Omega-3-Fettsäuren, sowie jegliche Angabe, die für den Verbraucher voraussichtlich dieselbe Bedeutung hat, ist nur zulässig, wenn das Produkt mindestens 0,6 g Alpha-Linolensäure pro 100 g und pro 100 kcal oder zusammengenommen mindestens 80 mg Eicosapentaensäure und Docosahexaenoidsäure pro 100 g und pro 100 kcal enthält.

MIT EINEM HOHEN GEHALT AN EINFACH UNGESÄTTIGTEN FETTSÄUREN

Die Angabe, ein Lebensmittel habe einen hohen Gehalt an einfach ungesättigten Fettsäuren, sowie jegliche Angabe, die für den Verbraucher voraussichtlich dieselbe Bedeutung hat, ist nur zulässig, wenn mindestens 45 % der im Produkt enthaltenen Fettsäuren aus einfach ungesättigten Fettsäuren stammen und sofern die einfach ungesättigten Fettsäuren über 20 % der Energie des Produktes liefern.

MIT EINEM HOHEN GEHALT AN MEHRFACH UNGESÄTTIGTEN FETTSÄUREN

Die Angabe, ein Lebensmittel habe einen hohen Gehalt an mehrfach ungesättigten Fettsäuren, sowie jegliche Angabe, die für den Verbraucher voraussichtlich dieselbe Bedeutung hat, ist nur zulässig, wenn mindestens 45 % der im Produkt enthaltenen Fettsäuren aus mehrfach ungesättigten Fettsäuren stammen und sofern die mehrfach ungesättigten Fettsäuren über 20 % der Energie des Produktes liefern.

MIT EINEM HOHEN GEHALT AN UNGESÄTTIGTEN FETTSÄUREN

Die Angabe, ein Lebensmittel habe einen hohen Gehalt an ungesättigten Fettsäuren, sowie jegliche Angabe, die für den Verbraucher voraussichtlich dieselbe Bedeutung hat, ist nur zulässig, wenn mindestens 70 % der Fettsäuren im Produkt aus ungesättigten Fettsäuren stammen und sofern die ungesättigten Fettsäuren über 20 % der Energie des Produktes liefern.

Preisangabenverordnung (PAngV)

Preisangabenverordnung (PAngV)
zuletzt geändert durch Art. 1 VO vom 12.11.2021 (BGBl. I S. 4921) m.W.v. 28.05.2022
– Nichtamtliche Fassung –

Abschnitt 1
Allgemeine Bestimmungen

§ 1 Anwendungsbereich; Grundsatz

(1) Diese Verordnung regelt die Angabe von Preisen für Waren oder Leistungen von Unternehmern gegen-über Verbrauchern.

(2) Diese Verordnung gilt nicht für

1. Leistungen von Gebietskörperschaften des öffentlichen Rechts, soweit es sich nicht um Leistungen handelt, für die Benutzungsgebühren oder privatrechtliche Entgelte zu entrichten sind;
2. Waren und Leistungen, soweit für sie auf Grund von Rechtsvorschriften eine Werbung untersagt ist;
3. mündliche Angebote, die ohne Angabe von Preisen abgegeben werden;
4. Warenangebote bei Versteigerungen.

(3) [1]Wer zu Angaben nach dieser Verordnung verpflichtet ist, hat diese

1. dem Angebot oder der Werbung eindeutig zuzuordnen sowie
2. leicht erkennbar und deutlich lesbar oder sonst gut wahrnehmbar zu machen.

[2]Angaben über Preise müssen der allgemeinen Verkehrsauffassung und den Grundsätzen von Preisklarheit und Preiswahrheit entsprechen.

§ 2 Begriffsbestimmungen

Im Sinne dieser Verordnung bedeutet

1. „Arbeits- oder Mengenpreis" den verbrauchsabhängigen Preis je Mengeneinheit einschließlich der Umsatzsteuer und aller besonderen Verbrauchssteuern für die leitungsgebundene Abgabe von Elektrizität, Gas, Fernwärme oder Wasser;
2. „Fertigpackung" eine Verpackung im Sinne des § 42 Absatz 1 des Mess- und Eichgesetzes;
3. „Gesamtpreis" den Preis, der einschließlich der Umsatzsteuer und sonstiger Preisbestandteile für eine Ware oder eine Leistung zu zahlen ist;
4. „Grundpreis" den Preis je Mengeneinheit einer Ware einschließlich der Umsatzsteuer und sonstiger Preisbestandteile;
5. „lose Ware" unverpackte Ware, die durch den Unternehmer in Anwesenheit der Verbraucher, durch die Verbraucher selbst oder auf deren Veranlassung abgemessen wird;

6. „offene Packung" eine Verkaufseinheit im Sinne des § 42 Absatz 2 Nummer 1 des Mess- und Eichgesetzes;

7. „Selbstabfüllung" die Abgabe von flüssiger loser Ware, die durch die Verbraucher selbst in die jeweilige Umverpackung abgefüllt wird;

8. „Unternehmer" jede natürliche oder juristische Person im Sinne des § 2 Absatz 1 Nummer 8 des Gesetzes gegen den unlauteren Wettbewerb in der Fassung der Bekanntmachung vom 3. März 2010 (BGBl. I S. 254), das zuletzt durch Artikel 1 des Gesetzes vom 10. August 2021 (BGBl. I S. 3504) geändert worden ist, in der am 28. Mai 2022 geltenden Fassung;

9. „Verbraucher" jede natürliche Person im Sinne des § 13 des Bürgerlichen Gesetzbuchs.

Abschnitt 2
Grundvorschriften

§ 3 Pflicht zur Angabe des Gesamtpreises

(1) Wer als Unternehmer Verbrauchern Waren oder Leistungen anbietet oder als Anbieter von Waren oder Leistungen gegenüber Verbrauchern unter Angabe von Preisen wirbt, hat die Gesamtpreise anzugeben.

(2) ¹Soweit es der allgemeinen Verkehrsauffassung entspricht, sind auch die Verkaufs- oder Leistungseinheit und die Gütebezeichnung anzugeben, auf die sich die Preise beziehen. ²Auf die Bereitschaft, über den angegebenen Preis zu verhandeln, kann hingewiesen werden, soweit es der allgemeinen Verkehrsauffassung entspricht und Rechtsvorschriften nicht entgegenstehen.

(3) Wird ein Preis aufgegliedert, ist der Gesamtpreis hervorzuheben.

§ 4 Pflicht zur Angabe des Grundpreises

(1) ¹Wer als Unternehmer Verbrauchern Waren in Fertigpackungen, offenen Packungen oder als Verkaufseinheiten ohne Umhüllung nach Gewicht, Volumen, Länge oder Fläche anbietet oder als Anbieter dieser Waren gegenüber Verbrauchern unter Angabe von Preisen wirbt, hat neben dem Gesamtpreis auch den Grundpreis unmissverständlich, klar erkennbar und gut lesbar anzugeben. ²Auf die Angabe des Grundpreises kann verzichtet werden, wenn dieser mit dem Gesamtpreis identisch ist.

(2) Wer als Unternehmer Verbrauchern lose Ware nach Gewicht, Volumen, Länge oder Fläche anbietet oder als Anbieter dieser Waren gegenüber Verbrauchern unter Angabe von Preisen wirbt, hat lediglich den Grundpreis anzugeben.

(3) Absatz 1 ist nicht anzuwenden auf

1. Waren, die über ein Nenngewicht oder Nennvolumen von weniger als 10 Gramm oder 10 Milliliter verfügen;

2. Waren, die verschiedenartige Erzeugnisse enthalten, die nicht miteinander vermischt oder vermengt sind;

3. Waren, die von kleinen Direktvermarktern, insbesondere Hofläden, Winzerbetrieben oder Imkern, sowie kleinen Einzelhandelsgeschäften, insbesondere Kiosken, mobilen Verkaufsstellen oder

Ständen auf Märkten oder Volksfesten, angeboten werden, bei denen die Warenausgabe überwiegend im Wege der Bedienung erfolgt, es sei denn, dass das Warensortiment im Rahmen eines Vertriebssystems bezogen wird;

4.   Waren, die im Rahmen einer Dienstleistung angeboten werden;

5.   Waren, die in Getränke- und Verpflegungsautomaten angeboten werden;

6.   Kau- und Schnupftabak mit einem Nenngewicht bis 25 Gramm;

7.   kosmetische Mittel, die ausschließlich der Färbung oder Verschönerung der Haut, des Haares oder der Nägel dienen;

8.   Parfüms und parfümierte Duftwässer, die mindestens 3 Volumenprozent Duftöl und mindestens 70 Volumenprozent reinen Ethylalkohol enthalten.

§ 5 Mengeneinheit für die Angabe des Grundpreises

(1) [1]Die Mengeneinheit für den Grundpreis ist jeweils 1 Kilogramm, 1 Liter, 1 Kubikmeter, 1 Meter oder 1 Quadratmeter der Ware. [2]Bei Waren, die üblicherweise in Mengen von 100 Liter und mehr, 50 Kilogramm und mehr oder 100 Meter und mehr abgegeben werden, ist für den Grundpreis die Mengeneinheit zu verwenden, die der allgemeinen Verkehrsauffassung entspricht.

(2) Bei nach Gewicht oder nach Volumen angebotener loser Ware ist als Mengeneinheit für den Grundpreis entsprechend der allgemeinen Verkehrsauffassung entweder 1 Kilogramm oder 100 Gramm oder 1 Liter oder 100 Milliliter zu verwenden.

(3) Bei zur Selbstabfüllung angebotener flüssiger loser Ware kann abweichend von der allgemeinen Verkehrsauffassung zusätzlich zum Grundpreis nach Absatz 2 der Grundpreis nach Gewicht angegeben werden.

(4) Bei Waren, bei denen das Abtropfgewicht anzugeben ist, ist der Grundpreis auf das angegebene Abtropfgewicht zu beziehen.

(5) [1]Bei Haushaltswaschmitteln kann als Mengeneinheit für den Grundpreis eine übliche Anwendung verwendet werden. [2]Dies gilt auch für Wasch- und Reinigungsmittel, sofern sie einzeln portioniert sind und die Zahl der Portionen zusätzlich zur Gesamtfüllmenge angegeben ist.

§ 6 Preisangaben bei Fernabsatzverträgen

(1) Wer als Unternehmer Verbrauchern Waren oder Leistungen zum Abschluss eines Fernabsatzvertrages anbietet, hat zusätzlich zu den nach § 3 Absatz 1 und 2 und § 4 Absatz 1 und 2 verlangten Angaben anzugeben,

1.   dass die für Waren oder Leistungen geforderten Preise die Umsatzsteuer und sonstige Preisbestandteile enthalten und

2.   ob zusätzlich Fracht-, Liefer- oder Versandkosten oder sonstige Kosten anfallen.

(2) Fallen zusätzliche Fracht-, Liefer- oder Versandkosten oder sonstige Kosten an, so ist deren Höhe anzugeben, soweit diese Kosten vernünftigerweise im Voraus berechnet werden können.

(3) Die Absätze 1 und 2 sind nicht anzuwenden auf die in § 312 Absatz 2 Nummer 2, 3, 6, 9 und 10 und Absatz 6 des Bürgerlichen Gesetzbuchs genannten Verträge.

§ 7 Rückerstattbare Sicherheit

[1]Wer neben dem Gesamtpreis für eine Ware oder Leistung eine rückerstattbare Sicherheit fordert, insbesondere einen Pfandbetrag, hat deren Höhe neben dem Gesamtpreis anzugeben und nicht in diesen einzubeziehen. [2]Der für die rückerstattbare Sicherheit zu entrichtende Betrag hat bei der Berechnung des Grundpreises unberücksichtigt zu bleiben.

§ 8 Preisangaben mit Änderungsvorbehalt; Reisepreisänderungen

(1) Die Angabe von Preisen mit einem Änderungsvorbehalt ist nur zulässig

1. bei Waren oder Leistungen, für die Liefer- oder Leistungsfristen von mehr als vier Monaten bestehen, soweit zugleich die voraussichtlichen Liefer- und Leistungsfristen angegeben werden, oder

2. bei Waren oder Leistungen, die im Rahmen von Dauerschuldverhältnissen erbracht werden.

(2) Der in der Werbung, auf der Webseite oder in Prospekten eines Reiseveranstalters angegebene Reisepreis darf nach Maßgabe des § 651d Absatz 3 Satz 1 des Bürgerlichen Gesetzbuchs und des Artikels 250 § 1 Absatz 2 des Einführungsgesetzes zum Bürgerlichen Gesetzbuche geändert werden.

§ 9 Preisermäßigungen

(1) Die Pflicht zur Angabe eines neuen Gesamtpreises oder Grundpreises gilt nicht bei

1. individuellen Preisermäßigungen;

2. nach Kalendertagen zeitlich begrenzten und durch Werbung oder in sonstiger Weise bekannt gemachten generellen Preisermäßigungen;

3. schnell verderblichen Waren oder Waren mit kurzer Haltbarkeit, wenn der geforderte Gesamtpreis wegen einer drohenden Gefahr des Verderbs oder eines drohenden Ablaufs der Haltbarkeit herabgesetzt wird und dies für die Verbraucher in geeigneter Weise kenntlich gemacht wird.

(2) Die Pflicht zur Angabe eines neuen Grundpreises gilt nicht bei Waren ungleichen Nenngewichts oder -volumens oder ungleicher Nennlänge oder -fläche mit gleichem Grundpreis, wenn der geforderte Gesamtpreis um einen einheitlichen Betrag oder Prozentsatz ermäßigt wird.

Abschnitt 3
Besondere Bestimmungen

§ 10 Preisangaben im Handel

(1) [1]Wer Verbrauchern Waren, die von diesen unmittelbar entnommen werden können, anbietet, hat die Waren durch Preisschilder oder Beschriftung der Waren auszuzeichnen. [2]Satz 1 gilt auch für das sichtbare Anbieten von Waren innerhalb oder außerhalb des Verkaufsraumes in Schaufenstern, Schaukästen, auf Regalen, Verkaufsständen oder in sonstiger Weise.

(2) Wer Verbrauchern Waren nicht unter den in Absatz 1 genannten Voraussetzungen im Verkaufsraum anbietet, hat diese Waren durch Preisschilder, Beschriftung der Ware, Anbringung oder Auslage von Preisverzeichnissen oder Beschriftung der Behältnisse oder Regale, in denen sich die Waren befinden, auszuzeichnen.

(3) Wer Waren nach Musterbüchern anbietet, hat diese Waren durch Angabe der Preise für die Verkaufseinheit auf den Mustern oder damit verbundenen Preisschildern oder in Preisverzeichnissen auszuzeichnen.

(4) Wer Waren nach Katalogen oder Warenlisten oder auf Bildschirmen anbietet, hat diese Waren durch unmittelbare Angabe der Preise bei den Abbildungen oder Beschreibungen der Waren oder in Preisverzeichnissen, die mit den Katalogen oder Warenlisten im Zusammenhang stehen, auszuzeichnen.

(5) Wer Waren anbietet, deren Preise üblicherweise auf Grund von Tarifen oder Gebührenregelungen bemessen werden, hat Preisverzeichnisse nach Maßgabe des § 12 Absatz 1 und 2 aufzustellen und bekannt zu machen.

(6) Die Absätze 1 bis 5 sind nicht anzuwenden auf

1. Kunstgegenstände, Sammlungsstücke und Antiquitäten im Sinne des Kapitels 97 des Anhangs I der Verordnung (EWG) Nr. 2658/87 des Rates vom 23. Juli 1987 über die zolltarifliche und statistische Nomenklatur sowie den Gemeinsamen Zolltarif (ABl. L 256 vom 7.9.1987, S. 1), die zuletzt durch die Durchführungsverordnung (EU) 2020/2159 (ABl. L 431 vom 21.12.2020, S. 34) geändert worden ist;

2. Waren, die in Werbevorführungen angeboten werden, sofern der Preis der jeweiligen Ware bei deren Vorführung und unmittelbar vor Abschluss des Kaufvertrags genannt wird;

3. Blumen und Pflanzen, die unmittelbar vom Freiland, Treibbeet oder Treibhaus verkauft werden.

§ 11 Zusätzliche Preisangabenpflicht bei Preisermäßigungen für Waren

(1) Wer zur Angabe eines Gesamtpreises verpflichtet ist, hat gegenüber Verbrauchern bei jeder Bekanntgabe einer Preisermäßigung für eine Ware den niedrigsten Gesamtpreis anzugeben, den er innerhalb der letzten 30 Tage vor der Anwendung der Preisermäßigung gegenüber Verbrauchern angewendet hat.

(2) Im Fall einer schrittweisen, ohne Unterbrechung ansteigenden Preisermäßigung des Gesamtpreises einer Ware kann während der Dauer der Preisermäßigung der niedrigste Gesamtpreis nach Absatz 1 angegeben werden, der vor Beginn der schrittweisen Preisermäßigung gegenüber Verbrauchern für diese Ware angewendet wurde.

(3) Die Absätze 1 und 2 gelten entsprechend für nach § 4 Absatz 2 lediglich zur Angabe des Grundpreises Verpflichtete.

(4) Die Absätze 1 bis 3 gelten nicht bei der Bekanntgabe von

1. individuellen Preisermäßigungen oder

2. Preisermäßigungen für schnell verderbliche Waren oder Waren mit kurzer Haltbarkeit, wenn der geforderte Preis wegen einer drohenden Gefahr des Verderbs oder eines drohenden Ablaufs der Haltbarkeit herabgesetzt wird und dies für die Verbraucher in geeigneter Weise kenntlich gemacht wird.

§ 12 Preisangaben für Leistungen

(1) [1]Wer Verbrauchern Leistungen anbietet, hat ein <u>Preisverzeichnis</u> über die <u>Preise für seine wesentlichen Leistungen</u> oder über seine <u>Verrechnungssätze</u> nach Maßgabe der Sätze 2 bis 4 aufzustellen. [2]Soweit üblich, können für Leistungen Stundensätze, Kilometersätze und andere Verrechnungssätze angegeben werden. [3]Diese müssen alle Leistungselemente einschließlich der anteiligen Umsatzsteuer enthalten. [4]Die Materialkosten können in die Verrechnungssätze einbezogen werden.

(2) [1]Das Preisverzeichnis nach Absatz 1 ist in den <u>Geschäftsräumen</u> oder am <u>sonstigen Ort des Leistungsangebots</u> anzubringen. [2]Ist ein <u>Schaufenster oder Schaukasten</u> vorhanden, ist es auch dort anzubringen. [3]Werden die Leistungen in <u>Fachabteilungen</u> von Handelsbetrieben angeboten, so genügt das Anbringen der Preisverzeichnisse in den Fachabteilungen. [4]Ist das Anbringen des Preisverzeichnisses wegen des Umfangs nicht zumutbar, so ist es zur Einsichtnahme am Ort des Leistungsangebots bereitzuhalten.

(3) Wer eine <u>Leistung über Bildschirmanzeige</u> erbringt und nach Einheiten berechnet, hat eine gesonderte Anzeige über den Preis der fortlaufenden Nutzung unentgeltlich anzubieten.

(4) Die Absätze 1 bis 3 sind <u>nicht anzuwenden auf</u>

1. Leistungen, die üblicherweise aufgrund von schriftlichen Angeboten oder schriftlichen Voranschlägen erbracht werden, die auf den Einzelfall abgestellt sind;

2. künstlerische, wissenschaftliche und pädagogische Leistungen, sofern diese Leistungen nicht in Konzertsälen, Theatern, Filmtheatern, Schulen, Instituten oder dergleichen erbracht werden;

3. Leistungen, bei denen in Gesetzen oder Rechtsverordnungen die Angabe von Preisen besonders geregelt ist.

§ 13 Gaststätten, Beherbergungsbetriebe

(1) [1]Wer in <u>Gaststätten</u> und <u>ähnlichen Betrieben Speisen oder Getränke anbietet</u>, hat deren Preise in einem <u>Preisverzeichnis</u> anzugeben. [2]Wer Speisen und Getränke sichtbar ausstellt oder Speisen und Getränke zur unmittelbaren Entnahme anbietet, hat diese während des Angebotes durch Preisschilder oder Beschriftung der Ware auszuzeichnen. [3]Werden Speisen und Getränke nach Satz 2 angeboten, kann die Preisangabe alternativ auch nach Satz 1 erfolgen. [4]§ 11 ist nicht anzuwenden auf die Bekanntgabe von Preisermäßigungen in Betrieben nach diesem Absatz.

(2) [1]Die <u>Preisverzeichnisse</u> sind zum Zeitpunkt des Angebotes entweder gut lesbar anzubringen, auf Tischen auszulegen oder jedem Gast vor Entgegennahme von Bestellungen und auf Verlangen bei der Abrechnung der Bestellung vorzulegen. [2]Neben dem Eingang der Gaststätte ist ein Preisverzeichnis anzubringen, aus dem die Preise für die wesentlichen angebotenen Speisen und Getränke ersichtlich sind. [3]Ist der Gaststättenbetrieb Teil eines anderen Betriebes, so genügt das Anbringen des Preisverzeichnisses am Eingang des Gaststättenteils.

(3) [1]Wer in <u>Beherbergungsbetrieben</u> Zimmer anbietet, hat beim Eingang oder bei der Anmeldestelle des Betriebes an gut sichtbarer Stelle ein Verzeichnis anzubringen oder auszulegen, aus dem die Preise der im Wesentlichen angebotenen Zimmer ersichtlich sind. [2]Satz 1 ist im Fall des Angebots eines Frühstückes für den Frühstückspreis entsprechend anzuwenden.

(4) Kann in <u>Gaststätten- und Beherbergungsbetrieben eine Telekommunikationsanlage</u> benutzt werden, so ist der bei Benutzung geforderte Preis in den Preisverzeichnissen nach Absatz 1 Satz 1 oder Absatz 3 anzugeben.

(5) Die in den <u>Preisverzeichnissen</u> <u>nach den Absätzen 1 bis 3</u> aufgeführten Preise müssen das Bedienungsgeld und alle sonstigen Zuschläge einschließen.

§ 14 Elektrizität, Gas, Fernwärme und Wasser

(1) Wer als Unternehmer Verbrauchern <u>Elektrizität</u>, <u>Gas</u>, <u>Fernwärme</u> oder <u>Wasser</u> <u>leitungsgebunden anbietet</u> oder als <u>Anbieter dieser Waren</u> gegenüber Verbrauchern unter Angabe von Preisen wirbt, hat den <u>Arbeits- oder Mengenpreis</u> im Angebot oder in der Werbung anzugeben.

(2) [1]Wer an einem <u>öffentlich zugänglichen Ladepunkt</u> Verbrauchern das punktuelle <u>Aufladen von elektrisch betriebenen Fahrzeugen</u> nach der Ladesäulenverordnung anbietet, hat beim Einsatz eines für das punktuelle Aufladen vorgesehenen Bezahlverfahrens den für den jeweiligen Ladepunkt geltenden Arbeitspreis an dem Ladepunkt oder in dessen unmittelbarer Nähe anzugeben. [2]Die Preisangabe hat mindestens zu erfolgen mittels

1. eines Aufdrucks, Aufklebers oder Preisaushangs,
2. einer Anzeige auf einem Display des Ladepunktes oder
3. einer registrierungsfreien und kostenlosen mobilen Webseite oder Abrufoption für eine Anzeige auf dem Display eines mobilen Endgerätes, auf die am Ladepunkt oder in dessen unmittelbarer Nähe hingewiesen wird.

[3]Wird für das punktuelle Aufladen von Verbrauchern ein webbasiertes System verwendet, so hat der Anbieter den Arbeitspreis für das punktuelle Laden über dieses webbasierte System spätestens vor dem Start des Ladevorgangs anzugeben.

(3) Wer in den Fällen des Absatzes 1 oder 2 zusätzlich leistungsabhängige oder nicht verbrauchsabhängige Preise fordert, hat diese vollständig in unmittelbarer Nähe der Angabe des Arbeits- oder Mengenpreises oder des Ladepunktes anzugeben.

(4) Als <u>Mengeneinheit</u> ist für die Angabe des <u>Arbeitspreises</u> bei <u>Elektrizität, Gas und Fernwärme</u> <u>1 Kilowattstunde</u> und für die Angabe des Mengenpreises bei <u>Wasser</u> <u>1 Kubikmeter</u> zu verwenden.

§ 15 Tankstellen, Parkplätze

(1) [1]Wer an einer <u>Tankstelle</u> Kraftstoffe anbietet, hat die Kraftstoffpreise so auszuzeichnen, dass sie deutlich lesbar für Kraftfahrer sind, die

1. auf der Straße heranfahren oder
2. auf Bundesautobahnen in den Tankstellenbereich einfahren.

[2]Satz 1 gilt nicht für die Preise von Kraftstoffmischungen, die erst in der Tankstelle hergestellt werden.

(2) Wer für einen <u>kürzeren Zeitraum als einen Monat</u> <u>Garagen</u>, <u>Einstellplätze</u> oder <u>Parkplätze</u> <u>vermietet oder bewacht</u> oder Kraftfahrzeuge <u>verwahrt</u>, hat zum Zeitpunkt des Angebotes am Anfang der Zufahrt ein Preisverzeichnis anzubringen, aus dem die von ihm geforderten Preise ersichtlich sind.

Abschnitt 4
Bestimmungen zu Finanzdienstleistungen

§ 16 Verbraucherdarlehen

(1) Wer als Unternehmer den Abschluss von Verbraucherdarlehen im Sinne des § 491 des Bürgerlichen Gesetzbuchs anbietet, hat als Preis die nach den Absätzen 2 bis 6 und 8 berechneten Gesamtkosten des Verbraucherdarlehens für den Verbraucher, ausgedrückt als jährlicher Prozentsatz des Nettodarlehensbetrags, soweit zutreffend, einschließlich der Kosten gemäß Absatz 3 Satz 2 Nummer 2, anzugeben und als effektiven Jahreszins zu bezeichnen.

(2) [1]Der effektive Jahreszins ist mit der in der Anlage angegebenen mathematischen Formel und nach den in der Anlage zugrunde gelegten Vorgehensweisen zu berechnen. [2]Bei der Berechnung des effektiven Jahreszinses wird von der Annahme ausgegangen, dass der Verbraucherdarlehensvertrag für den vereinbarten Zeitraum gilt und dass Darlehensgeber und Verbraucher ihren Verpflichtungen zu den im Verbraucherdarlehensvertrag niedergelegten Bedingungen und Terminen nachkommen.

(3) [1]In die Berechnung des effektiven Jahreszinses sind als Gesamtkosten die vom Verbraucher zu entrichtenden Zinsen und alle sonstigen Kosten einzubeziehen, die der Verbraucher im Zusammenhang mit dem Verbraucherdarlehensvertrag zu entrichten hat und die dem Darlehensgeber bekannt sind. [2]Zu den sonstigen Kosten nach Satz 1 gehören:

1. Kosten für die Vermittlung des Verbraucherdarlehens;
2. Kosten für die Eröffnung und Führung eines spezifischen Kontos, Kosten für die Verwendung eines Zahlungsmittels, mit dem sowohl Geschäfte auf diesem Konto getätigt als auch Verbraucherdarlehensbeträge in Anspruch genommen werden können, sowie sonstige Kosten für Zahlungsgeschäfte, wenn die Eröffnung oder Führung eines Kontos Voraussetzung dafür ist, dass das Verbraucherdarlehen überhaupt oder nach den vorgesehenen Vertragsbedingungen gewährt wird;
3. Kosten für die Immobilienbewertung, sofern eine solche Bewertung für die Gewährung des Verbraucherdarlehens erforderlich ist.

(4) Nicht in die Berechnung der Gesamtkosten einzubeziehen sind:

1. Kosten, die vom Verbraucher bei Nichterfüllung seiner Verpflichtungen aus dem Verbraucherdarlehensvertrag zu tragen sind;
2. Kosten für solche Versicherungen und für solche anderen Zusatzleistungen, die keine Voraussetzung für die Verbraucherdarlehensvergabe überhaupt oder zu den vorgesehenen Vertragsbedingungen sind;
3. Kosten mit Ausnahme des Kaufpreises, die vom Verbraucher beim Erwerb von Waren oder Dienstleistungen unabhängig davon zu tragen sind, ob es sich um ein Bar- oder Verbraucherdarlehensgeschäft handelt;
4. Gebühren für die Eintragung der Eigentumsübertragung oder der Übertragung eines grundstücksgleichen Rechts in das Grundbuch;
5. Notarkosten.

(5) Ist eine Änderung des Zinssatzes oder sonstiger in die Berechnung des effektiven Jahreszinses einzube-ziehender Kosten vorbehalten und ist ihre zahlenmäßige Bestimmung im Zeitpunkt der Berechnung des effektiven Jahreszinses nicht möglich, so wird bei der Berechnung von der Annahme ausgegangen, dass der Sollzinssatz und die sonstigen Kosten gemessen an der ursprünglichen Höhe fest bleiben und bis zum Ende des Verbraucherdarlehensvertrags gelten.

(6) Soweit die in der Anlage niedergelegten Annahmen zutreffend sind, sind diese bei der Berechnung des effektiven Jahreszinses zu berücksichtigen.

(7) Ist der Abschluss eines Vertrags über die Inanspruchnahme einer Nebenleistung, insbesondere eines Versicherungsvertrags oder allgemein einer Mitgliedschaft, zwingende Voraussetzung dafür, dass das Verbraucherdarlehen überhaupt oder nach den vorgesehenen Vertragsbedingungen gewährt wird, und können die Kosten der Nebenleistung nicht im Voraus bestimmt werden, so ist in klarer, eindeutiger und auffallender Art und Weise darauf hinzuweisen,

1. dass eine Verpflichtung zum Abschluss des Vertrages über die Nebenleistung besteht und

2. wie hoch der effektive Jahreszins des Verbraucherdarlehens ist.

(8) [1]Bei Bauspardarlehen ist bei der Berechnung des effektiven Jahreszinses davon auszugehen, dass im Zeitpunkt der Auszahlung des Verbraucherdarlehens das vertragliche Mindestsparguthaben angespart ist. [2]Von der Abschlussgebühr ist im Zweifel lediglich der Teil zu berücksichtigen, der auf den Verbraucherdarlehensanteil der Bausparvertragssumme entfällt. [3]Bei Verbraucherdarlehen, die der Vor- oder Zwischenfinanzierung von Leistungen einer Bausparkasse aus Bausparverträgen dienen und deren preisbestimmende Faktoren bis zur Zuteilung unveränderbar sind, ist als Laufzeit von den Zuteilungsfristen auszugehen, die sich aus der Zielbewertungszahl für Bausparverträge gleicher Art ergeben. [4]Bei vor- oder zwischenfinanzierten Bausparverträgen nach Satz 3 ist für das Gesamtprodukt aus Vor- oder Zwischenfinanzierungsdarlehen und Bausparvertrag der effektive Jahreszins für die Gesamtlaufzeit anzugeben.

§ 17 Werbung für Verbraucherdarlehen

(1) [1]Jegliche Kommunikation für Werbe- und Marketingzwecke, die Verbraucherdarlehen betrifft, hat den Kriterien der Redlichkeit und Eindeutigkeit zu genügen und darf nicht irreführend sein. [2]Insbesondere sind Formulierungen unzulässig, die bei Verbrauchern falsche Erwartungen wecken über die Kosten eines Verbraucherdarlehens oder in Bezug auf die Möglichkeit, ein Verbraucherdarlehen zu erhalten.

(2) [1]Wer gegenüber Verbrauchern für den Abschluss eines Verbraucherdarlehensvertrags mit Zinssätzen oder sonstigen Zahlen, die die Kosten betreffen, wirbt, hat in klarer, eindeutiger und auffallender Art und Weise anzugeben:

1. die Identität und Anschrift des Darlehensgebers oder gegebenenfalls des Darlehensvermittlers,

2. den Nettodarlehensbetrag,

3. den Sollzinssatz und die Auskunft, ob es sich um einen festen oder einen variablen Zinssatz oder um eine Kombination aus beiden handelt, sowie Einzelheiten aller für den Verbraucher anfallenden, in die Gesamtkosten einbezogenen Kosten,

4. den effektiven Jahreszins.

[2]In der Werbung ist der effektive Jahreszins mindestens genauso hervorzuheben wie jeder andere Zinssatz.

(3) In der Werbung nach Absatz 2 sind ferner, soweit zutreffend, folgende Angaben zu machen:

1. der vom Verbraucher zu zahlende Gesamtbetrag,
2. die Laufzeit des Verbraucherdarlehensvertrags,
3. die Höhe der Raten,
4. die Anzahl der Raten,
5. bei Immobiliar-Verbraucherdarlehen der Hinweis, dass der Verbraucherdarlehensvertrag durch ein Grundpfandrecht oder eine Reallast besichert wird,
6. bei Immobiliar-Verbraucherdarlehen in Fremdwährung ein Warnhinweis, dass sich mögliche Wechselkursschwankungen auf die Höhe des vom Verbraucher zu zahlenden Gesamtbetrags auswirken könnten.

(4) [1]Die in den Absätzen 2 und 3 genannten Angaben sind mit Ausnahme der Angaben nach Absatz 2 Satz 1 Nummer 1 und Absatz 3 Nummer 5 und 6 mit einem Beispiel zu versehen. [2]Bei der Auswahl des Beispiels muss der Werbende von einem effektiven Jahreszins ausgehen, von dem der Werbende erwarten darf, dass mindestens zwei Drittel der auf Grund der Werbung zustande kommenden Verträge zu dem angegebenen oder einem niedrigeren effektiven Jahreszins abgeschlossen werden.

(5) Verlangt der Werbende den Abschluss eines Versicherungsvertrags oder eines Vertrags über andere Zusatzleistungen und können die Kosten für diesen Vertrag nicht im Voraus bestimmt werden, ist auf die Verpflichtung zum Abschluss dieses Vertrags klar und verständlich an gestalterisch hervorgehobener Stelle zusammen mit dem effektiven Jahreszins hinzuweisen.

(6) Die Informationen nach den Absätzen 2, 3 und 5 müssen in Abhängigkeit vom Medium, das für die Werbung gewählt wird, akustisch gut verständlich oder deutlich lesbar sein.

(7) Auf Immobiliar-Verbraucherdarlehensverträge nach § 491 Absatz 2 Satz 2 Nummer 5 des Bürgerlichen Gesetzbuchs sind die Absätze 2 bis 6 nicht anwendbar.

§ 18 Überziehungsmöglichkeiten

Bei Überziehungsmöglichkeiten im Sinne des § 504 Absatz 2 des Bürgerlichen Gesetzbuchs hat der Darlehensgeber statt des effektiven Jahreszinses den Sollzinssatz pro Jahr und die Zinsbelastungsperiode anzugeben, wenn diese nicht kürzer als drei Monate ist und der Darlehensgeber außer den Sollzinsen keine weiteren Kosten verlangt.

§ 19 Entgeltliche Finanzierungshilfen

Die §§ 16 und 17 sind auf Verträge entsprechend anzuwenden, durch die ein Unternehmer einem Verbraucher einen entgeltlichen Zahlungsaufschub oder eine sonstige entgeltliche Finanzierungshilfe im Sinne des § 506 des Bürgerlichen Gesetzbuchs gewährt.

Abschnitt 5

Ordnungswidrigkeiten

§ 20 Ordnungswidrigkeiten

Ordnungswidrig im Sinne des § 3 Absatz 1 Satz 1 Nummer 2 des Wirtschaftsstrafgesetzes 1954 handelt, wer vorsätzlich oder fahrlässig

1. entgegen § 1 Absatz 3 Satz 1 Nummer 2, § 3 Absatz 1, auch in Verbindung mit Absatz 2 Satz 1 oder Absatz 3, entgegen § 4 Absatz 1 Satz 1 oder Absatz 2, § 6 Absatz 1 oder 2, § 7 Satz 1, § 10 Absatz 1 Satz 1, auch in Verbindung mit Satz 2, entgegen § 10 Absatz 2, 3 oder 4, § 11 Absatz 1, auch in Verbindung mit Absatz 3, entgegen § 13 Absatz 1 Satz 1 oder Absatz 4, § 14 Absatz 1, 2 oder 3, § 15 Absatz 1 Satz 1, § 17 Absatz 2 Satz 1, auch in Verbindung mit Absatz 3, oder entgegen § 18 eine Angabe oder Auszeichnung nicht, nicht richtig oder nicht vollständig macht,

2. entgegen § 12 Absatz 2 Satz 4, auch in Verbindung mit § 10 Absatz 5, ein Preisverzeichnis nicht, nicht richtig oder nicht vollständig bereithält,

3. entgegen § 12 Absatz 3 ein Angebot nicht, nicht richtig, nicht vollständig oder nicht in der vorgeschriebenen Weise macht,

4. entgegen § 13 Absatz 2 Satz 1 ein Preisverzeichnis nicht, nicht richtig, nicht vollständig oder nicht rechtzeitig vorlegt oder

5. entgegen § 16 Absatz 7 einen Hinweis nicht, nicht richtig oder nicht vollständig gibt.

Anlage (zu § 16 PAngV) Berechnung des effektiven Jahreszinses

1. Grundgleichung zur Darstellung der Gleichheit zwischen Verbraucherdarlehens-Auszahlungsbeträgen einerseits und Rückzahlungen (Tilgung, Zinsen und Verbraucherdarlehenskosten) andererseits.

   Die nachstehende Gleichung zur Ermittlung des effektiven Jahreszinses drückt auf jährlicher Basis die rechnerische Gleichheit zwischen der Summe der Gegenwartswerte der in Anspruch genommenen Verbraucherdarlehens-Auszahlungsbeträge einerseits und der Summe der Gegenwartswerte der Rückzahlungen (Tilgung, Zinsen und Verbraucherdarlehenskosten) andererseits aus:

$$\sum_{k=1}^{m} C_k (1+X)^{-t_k} = \sum_{l=1}^{m'} D_l (1+X)^{-s_l}$$

Hierbei ist
- X der effektive Jahreszins;
- m die laufende Nummer des letzten Verbraucherdarlehens-Auszahlungsbetrags;
- k die laufende Nummer eines Verbraucherdarlehens-Auszahlungsbetrags, wobei $1 \leq k \leq m$;
- C_k die Höhe des Verbraucherdarlehens-Auszahlungsbetrags mit der Nummer k;
- t_k der in Jahren oder Jahresbruchteilen ausgedrückte Zeitraum zwischen der ersten Verbraucherdarlehensvergabe und dem Zeitpunkt der einzelnen nachfolgenden in Anspruch genommenen Verbraucherdarlehens-Auszahlungsbeträge, wobei $t_1 = 0$;
- m´ die laufende Nummer der letzten Tilgungs-, Zins- oder Kostenzahlung;
- l die laufende Nummer einer Tilgungs-, Zins- oder Kostenzahlung;
- D_l der Betrag einer Tilgungs-, Zins- oder Kostenzahlung;
- s_l der in Jahren oder Jahresbruchteilen ausgedrückte Zeitraum zwischen dem Zeitpunkt der Inanspruchnahme des ersten Verbraucherdarlehens-Auszahlungsbetrags und dem Zeitpunkt jeder einzelnen Tilgungs-, Zins- oder Kostenzahlung.

Anmerkungen:

a) Die von beiden Seiten zu unterschiedlichen Zeitpunkten gezahlten Beträge sind nicht notwendigerweise gleich groß und werden nicht notwendigerweise in gleichen Zeitabständen entrichtet.

b) Anfangszeitpunkt ist der Tag der Auszahlung des ersten Verbraucherdarlehensbetrags.

c) Der Zeitraum zwischen diesen Zeitpunkten wird in Jahren oder Jahresbruchteilen ausgedrückt. Zugrunde gelegt werden für ein Jahr 365 Tage (bzw. für ein Schaltjahr 366 Tage), 52 Wochen oder 12 Standardmonate. Ein Standardmonat hat 30,41666 Tage (d. h. 365/12), unabhängig davon, ob es sich um ein Schaltjahr handelt oder nicht.

Können die Zeiträume zwischen den in den Berechnungen verwendeten Zeitpunkten nicht als ganze Zahl von Wochen, Monaten oder Jahren ausgedrückt werden, so sind sie als ganze Zahl eines dieser Zeitabschnitte in Kombination mit einer Anzahl von Tagen auszudrücken. Bei der Verwendung von Tagen

aa) werden alle Tage einschließlich Wochenenden und Feiertagen gezählt;

bb) werden gleich lange Zeitabschnitte und dann Tage bis zur Inanspruchnahme des ersten Verbraucherdarlehensbetrags zurückgezählt;

cc) wird die Länge des in Tagen bemessenen Zeitabschnitts ohne den ersten und einschließlich des letzten Tages berechnet und in Jahren ausgedrückt, indem dieser Zeitabschnitt durch die Anzahl von Tagen des gesamten Jahres (365 oder 366 Tage), zurückgezählt ab dem letzten Tag bis zum gleichen Tag des Vorjahres, geteilt wird.

d) Das Rechenergebnis wird auf zwei Dezimalstellen genau angegeben. Ist die Ziffer der dritten Dezimalstelle größer als oder gleich 5, so erhöht sich die Ziffer der zweiten Dezimalstelle um den Wert 1.

e) Mathematisch darstellen lässt sich diese Gleichung durch eine einzige Summation unter Verwendung des Faktors „Ströme" (A_k), die entweder positiv oder negativ sind, je nachdem, ob sie für Auszahlungen oder für Rückzahlungen innerhalb der Perioden 1 bis n, ausgedrückt in Jahren, stehen:

$$S = \sum_{k=1}^{n} A_k (1+X)^{-t_k},$$

dabei ist S der Saldo der Gegenwartswerte aller „Ströme", deren Wert gleich null sein muss, damit die Gleichheit zwischen den „Strömen" gewahrt bleibt.

2. Es gelten die folgenden zusätzlichen Annahmen für die Berechnung des effektiven Jahreszinses:

a) Ist dem Verbraucher nach dem Verbraucherdarlehensvertrag freigestellt, wann er das Verbraucherdarlehen in Anspruch nehmen will, so gilt das gesamte Verbraucherdarlehen als sofort in voller Höhe in Anspruch genommen.

b) Ist dem Verbraucher nach dem Verbraucherdarlehensvertrag generell freigestellt, wann er das Verbraucherdarlehen in Anspruch nehmen will, sind jedoch je nach Art der Inanspruchnahme

Beschränkungen in Bezug auf Verbraucherdarlehensbetrag und Zeitraum vorgesehen, so gilt das gesamte Verbraucherdarlehen als zu dem im Verbraucherdarlehensvertrag vorgesehenen frühestmöglichen Zeitpunkt mit den entsprechenden Beschränkungen in Anspruch genommen.

c) Sieht der Verbraucherdarlehensvertrag verschiedene Arten der Inanspruchnahme mit unterschiedlichen Kosten oder Sollzinssätzen vor, so gilt das gesamte Verbraucherdarlehen als zu den höchsten Kosten und zum höchsten Sollzinssatz in Anspruch genommen, wie sie für die Kategorie von Geschäften gelten, die bei dieser Art von Verbraucherdarlehensverträgen am häufigsten vorkommt.

d) Bei einer Überziehungsmöglichkeit gilt das gesamte Verbraucherdarlehen als in voller Höhe und für die gesamte Laufzeit des Verbraucherdarlehensvertrags in Anspruch genommen. Ist die Dauer der Überziehungsmöglichkeit nicht bekannt, so ist bei der Berechnung des effektiven Jahreszinses von der Annahme auszugehen, dass die Laufzeit des Verbraucherdarlehensvertrags drei Monate beträgt.

e) Bei einem Überbrückungsdarlehen gilt das gesamte Verbraucherdarlehen als in voller Höhe und für die gesamte Laufzeit des Verbraucherdarlehensvertrags in Anspruch genommen. Ist die Laufzeit des Verbraucherdarlehensvertrags nicht bekannt, so wird bei der Berechnung des effektiven Jahreszinses von der Annahme ausgegangen, dass sie 12 Monate beträgt.

f) Bei einem unbefristeten Verbraucherdarlehensvertrag, der weder eine Überziehungsmöglichkeit noch ein Überbrückungsdarlehen beinhaltet, wird angenommen, dass

aa) das Verbraucherdarlehen bei Immobiliar-Verbraucherdarlehensverträgen für einen Zeitraum von 20 Jahren ab der ersten Inanspruchnahme gewährt wird und dass mit der letzten Zahlung des Verbrauchers der Saldo, die Zinsen und etwaige sonstige Kosten ausgeglichen sind; bei Allgemein-Verbraucherdarlehensverträgen, die nicht für den Erwerb oder die Erhaltung von Rechten an Immobilien bestimmt sind oder bei denen das Verbraucherdarlehen im Rahmen von Debit-Karten mit Zahlungsaufschub oder Kreditkarten in Anspruch genommen wird, dieser Zeitraum ein Jahr beträgt und dass mit der letzten Zahlung des Verbrauchers der Saldo, die Zinsen und etwaige sonstige Kosten ausgeglichen sind;

bb) der Verbraucherdarlehensbetrag in gleich hohen monatlichen Zahlungen, beginnend einen Monat nach dem Zeitpunkt der ersten Inanspruchnahme, zurückgezahlt wird; muss der Verbraucherdarlehensbetrag jedoch vollständig, in Form einer einmaligen Zahlung, innerhalb jedes Zahlungszeitraums zurückgezahlt werden, so ist anzunehmen, dass spätere Inanspruchnahmen und Rückzahlungen des gesamten Verbraucherdarlehensbetrags durch den Verbraucher innerhalb eines Jahres stattfinden; Zinsen und sonstige Kosten werden entsprechend diesen Inanspruchnahmen und Tilgungszahlungen und nach den Bestimmungen des Verbraucherdarlehensvertrags festgelegt.

Als unbefristete Verbraucherdarlehensverträge gelten für die Zwecke dieses Buchstabens Verbraucherdarlehensverträge ohne feste Laufzeit, einschließlich solcher Verbraucherdarlehen, bei denen der Verbraucherdarlehensbetrag innerhalb oder nach Ablauf eines Zeitraums vollständig zurückgezahlt werden muss, dann aber erneut in Anspruch genommen werden kann.

g) Bei Verbraucherdarlehensverträgen, die weder Überziehungsmöglichkeiten beinhalten noch Überbrückungsdarlehen, Verbraucherdarlehensverträge mit Wertbeteiligung, Eventualverpflichtungen oder Garantien sind, und bei unbefristeten Verbraucherdarlehensverträgen (siehe die Annahmen unter den Buchstaben d, e, f, l und m) gilt Folgendes:

aa) Lassen sich der Zeitpunkt oder die Höhe einer vom Verbraucher zu leistenden Tilgungszahlung nicht feststellen, so ist anzunehmen, dass die Rückzahlung zu dem im Verbraucherdarlehensvertrag genannten frühestmöglichen Zeitpunkt und in der darin festgelegten geringsten Höhe erfolgt.

bb) Lässt sich der Zeitraum zwischen der ersten Inanspruchnahme und der ersten vom Verbraucher zu leistenden Zahlung nicht feststellen, so wird der kürzest mögliche Zeitraum angenommen.

cc) Ist der Zeitpunkt des Abschlusses des Verbraucherdarlehensvertrags nicht bekannt, so ist anzunehmen, dass das Verbraucherdarlehen erstmals zu dem Zeitpunkt in Anspruch genommen wurde, der sich aus dem kürzesten zeitlichen Abstand zwischen diesem Zeitpunkt und der Fälligkeit der ersten vom Verbraucher zu leistenden Zahlung ergibt.

h) Lassen sich der Zeitpunkt oder die Höhe einer vom Verbraucher zu leistenden Zahlung nicht anhand des Verbraucherdarlehensvertrags oder der Annahmen nach den Buchstaben d, e, f, g, l oder m feststellen, so ist anzunehmen, dass die Zahlung in Übereinstimmung mit den vom Darlehensgeber bestimmten Fristen und Bedingungen erfolgt, und dass, falls diese nicht bekannt sind,

aa) die Zinszahlungen zusammen mit den Tilgungszahlungen erfolgen,

bb) Zahlungen für Kosten, die keine Zinsen sind und die als Einmalbetrag ausgedrückt sind, bei Abschluss des Verbraucherdarlehensvertrags erfolgen,

cc) Zahlungen für Kosten, die keine Zinsen sind und die als Mehrfachzahlungen ausgedrückt sind, beginnend mit der ersten Tilgungszahlung in regelmäßigen Abständen erfolgen und es sich, falls die Höhe dieser Zahlungen nicht bekannt ist, um jeweils gleich hohe Beträge handelt,

dd) mit der letzten Zahlung der Saldo, die Zinsen und etwaige sonstige Kosten ausgeglichen sind.

i) Ist Verbraucherdarlehensobergrenze vereinbart, ist anzunehmen, dass die Obergrenze des gewährten Verbraucherdarlehens 170.000 EUR beträgt. Bei Verbraucherdarlehensverträgen, die weder Eventualverpflichtungen noch Garantien sind und die nicht für den Erwerb oder die Erhaltung eines Rechts an Wohnimmobilien oder Grundstücken bestimmt sind, sowie bei Überziehungsmöglichkeiten, Debit-Karten mit Zahlungsaufschub oder Kreditkarten ist anzunehmen, dass die Obergrenze des gewährten Verbraucherdarlehens 1.500 EUR beträgt.

j) Werden für einen begrenzten Zeitraum oder Betrag verschiedene Sollzinssätze und Kosten angeboten, so sind während der gesamten Laufzeit des Verbraucherdarlehensvertrags der höchste Sollzinssatz und die höchsten Kosten anzunehmen.

k) Bei Verbraucherdarlehensverträgen, bei denen für den Anfangszeitraum ein fester Sollzinssatz vereinbart wurde, nach dessen Ablauf ein neuer Sollzinssatz festgelegt wird, der anschließend in regelmäßigen Abständen nach einem vereinbarten Indikator oder einem internen Referenzzinssatz angepasst wird, wird bei der Berechnung des effektiven Jahreszinses von der Annahme ausgegangen, dass der Sollzinssatz ab dem Ende der Festzinsperiode dem Sollzinssatz entspricht, der sich aus dem Wert des vereinbarten Indikators oder des internen Referenzzinssatzes zum Zeitpunkt der Berechnung des effektiven Jahreszinses ergibt, die Höhe des festen Sollzinssatzes jedoch nicht unterschreitet.

l) Bei Eventualverpflichtungen oder Garantien wird angenommen, dass das gesamte Verbraucherdarlehen zum früheren der beiden folgenden Zeitpunkte als einmaliger Betrag vollständig in Anspruch genommen wird:

aa) zum letztzulässigen Zeitpunkt nach dem Verbraucherdarlehensvertrag, welcher die potenzielle Quelle der Eventualverbindlichkeit oder Garantie ist, oder

bb) bei einem Roll-over-Verbraucherdarlehensvertrag am Ende der ersten Zinsperiode vor der Erneuerung der Vereinbarung.

m) Bei Verbraucherdarlehensverträgen mit Wertbeteiligung wird angenommen, dass

aa) die Zahlungen der Verbraucher zu den letzten nach dem Verbraucherdarlehensvertrag möglichen Zeitpunkten geleistet werden;

bb) die prozentuale Wertsteigerung der Immobilie, die die Sicherheit für den Vertrag darstellt, und ein in dem Vertrag genannter Inflationsindex ein Prozentsatz ist, der - je nachdem, welcher Satz höher ist - dem aktuellen Inflationsziel der Zentralbank oder der Höhe der Inflation in dem Mitgliedstaat, in dem die Immobilie belegen ist, zum Zeitpunkt des Abschlusses des Verbraucherdarlehensvertrags oder dem Wert 0 %, falls diese Prozentsätze negativ sind, entspricht.

Stichwortverzeichnis